Langenscheidt
Universal-Wörterbuch

Isländisch

Isländisch – Deutsch
Deutsch – Isländisch

Langenscheidt

Bearbeitet von: Guðrún Helgadóttir

Entwickelt auf Basis des
Langenscheidt Universal-Wörterbuchs Isländisch
ISBN 978-3-12-514277-0

Neubearbeitung von Rebekka Magnúsdóttir-Olbrich
Bearbeitung der zugrunde liegenden Fassung:
Rita Duppler M. A. und Dr. Astrid von Nahl

Warenzeichen, Marken und gewerbliche Schutzrechte
Wörter, die unseres Wissens eingetragene Warenzeichen oder Marken oder sonstige gewerbliche Schutzrechte darstellen, sind als solche – soweit bekannt – gekennzeichnet.
Die jeweiligen Berechtigten sind und bleiben Eigentümer dieser Rechte.
Es ist jedoch zu beachten, dass weder das Vorhandensein noch das Fehlen derartiger Kennzeichnungen die Rechtslage hinsichtlich dieser gewerblichen Schutzrechte berührt.

1. Auflage 2023 (1,01 - 2023)

www.langenscheidt.com

Projektleitung: Helen Schmidt
Typografisches Konzept nach: KOCHAN & PARTNER GmbH, München
Satz: Claudia Wild, Konstanz
Druck und Bindung: Druckerei C. H. Beck, Nördlingen
Printed in Germany

ISBN **978-3-12-514481-1**

Inhalt

Hinweise für die Benutzung ... 5
Die Aussprache des Isländischen ... 7
Abkürzungen und Symbole ... 13

Isländisch – Deutsch ... 17

Deutsch – Isländisch ... 235

Zahlwörter ... 445

Hinweise für die Benutzung

Die Stichwörter sind streng alphabetisch geordnet ohne Rücksicht auf ethymologische Zusammengehörigkeit.

Die Tilde (~) ersetzt entweder das ganze Stichwort oder den vor dem senkrechten Strich (|) stehenden Teil davon, z. B.:

frí N (-s, -) Ferien *pl*, Urlaub *m*; **~dagur** M schulfreier, dienstfreier Tag

Die Tilde mit Kreis (˹) bezeichnet den jeweiligen Wechsel von Groß- in Kleinschreibung oder umgekehrt, z. B.:

E-Mail F tölvupóstur *m*; **~-Adresse** F netfang *n*; **˹en** senda tölvupóst

Das Genus der Substantive (F, M, N) und andere grammatische Hinweise (ADJ, ADV, PRÄP) stehen in abgekürzter Form nach dem Stichwort. Das Genus der Substantive wird auch bei den Übersetzungen stets angegeben (*f, m, n*):

skíðaferð F Skilaufen *n*

Die Wortart von Adjektiven und Verben wird nur dann angegeben, wenn ein Stichwort in zwei verschiedene grammatikalische Kategorien fällt:

ber **1** N (-s, -) Beere *f* **2** ADJ nackt, bloß

Bei den Substantiven des isländisch-deutschen Teils stehen in spitzen Klammern die Endungen von Genitiv Singular und Nominativ Plural. Bei zusammengesetzten Wörtern ohne Angabe ist unter dem entsprechenden Eintrag des letzten Wortgliedes nachzuschlagen:

morgunn M ⟨-uns, -nar⟩ Morgen *m*

Verständnishilfen und Erklärungen stehen in kursiver Schrift:

Mission F *(christlich)* kristniboð *n*; *(Auftrag)* erindi *n*

Sachgebietsangaben stehen in Kapitälchen:

tág F ⟨-ar, -ar⟩ BOT Weide *f*

Die Aussprache des Isländischen

Die Hauptbetonung eines Wortes fällt immer auf die erste Silbe, auch bei Komposita.

Die Vokale

Vokal vor einem einzelnen Konsonanten oder Vokal im Auslaut ist lang, sonst kurz.

Vokal	Buchstaben-verbindung	Aus-sprache	ähnlich wie in	**Beispiele**
a	allgemein	[ɑ]	Vater	**fara**
	vor **ng**/**nk**	[ɑu]	**Au**to	**langur, banki**
	vor **gi**	[ɑi]	R**ei**fen	**agi, magi**
á	allgem.	[ɑu]	f**au**l	**hás, ást**
e	allgem.	[ɛ]	B**ä**r	**vera**
			f**ä**llen	**verra**
	vor **ng**/**nk** u.	[ei]	engl.: gr**ey**	**lengi, skenkja**
	gi/**gj**	[ei]		**dreginn, segja**
	vereinzelt vor **ga**/**gu**	[ei]		**mega, megum**
é	allgem.	[jɛ]	j**ä**h	**ég, sérðu**
i	allgem.	[ɪ]	K**i**nd	**lifa, við**
í	allgem.	[i:]	L**ie**be	**bíða, síður**
o	allgem.	[ɔ:]	engl. w**a**lk	**og, svo, boli**
	allgem.	[ɔ]	L**o**ch	**bolli, oft**
ó	allgem.	[ou]	engl.: s**o**	**fólk, hjón**
u	allgem.	[y]	G**ü**nther	**gulur, kuldi**
	vor **ng**/**nk**	[u]	F**u**nktion	**þungur, munkur**

ú	allgem.	[uː]	**du**	**þú, rúst**
y	allgem.	[ɪ]	K**i**nd	**fyrir**
ý	allgem.	[iː]	L**ie**be	**dýr**
ö	allgem. vor **ng**/**nk**/**gi**	[œ] [œy]	L**ö**ffel franz.: f**eu**ille od.	**föt, köttur** **söngur, hönk**
au	allgem.	[œy]	schwed.: m**ö**jlig	**haus, raust**
æ	allgem.	[aɪ]	L**ei**d	**dæmi, læknir**
ei u. **ey**	allgem.	[ɛi]	engl.: gr**ey**	**þreifa, leyfa** **steinn, eyra**

Die Konsonanten

Stimmlose Konsonanten sind durch einen kleinen Kreis über (˚) oder unter (̥) dem Aussprachezeichen kenntlich gemacht.
Präaspiration von **p**, **t**, **k**, **l** wird durch hochgestelltes ʰ kenntlich gemacht, z. B. (ʰp).

Konso-nant	Buchstaben-verbindung	Aus-sprache	ähnlich wie in	**Beispiele**
b	Silbenanlaut	[b]	**B**ruder	**bati, atburður**
	Wortauslaut nach **m**	[p]	Lam**p**e	**lamb**
d	Silbenanlaut	[d]	**D**ame	**dagur**
	Wortauslaut	[t]	al**t**	**öld, síld**
ð	nach Vokal u. zw. **r** u. Vokal	[ð]	engl.: mo**th**er	**leiða** **verða**
	zw. **r** u. **n** od. **g** u. **s**	ver-stummt		**orðnir, bragðs**

f	Silbenanlaut	[f]	**f**inden	**fara, föt**
	Silbenauslaut vor **f**, **s** u. **þ**	[f]	Ab**f**all	**afföll, ofsækja**
	Silbenauslaut sonst	[v]	Skla**v**e	**starf, þörf**
	zw. Vokalen, zw. Vokal u. **ð**, **g** od. **j**, **r** zw. **l**, **r** und Vokal	[v]	La**w**ine	**hafa, lifa** **hafði, lífga** **tefja, hafrar** **hálfur, starfa**
	vor **l** und **n**	[b]	Lo**b**	**treflar, nafn**
g	Silbenanlaut vor **a**, **á**, **o**, **ó**, **u**, **ú**, **ö**, **au**, **l**, **n**, **r**	[g]	**g**eben	**gata, gos** **gulur, grafa** **glaður, gnótt**
	Silbenanlaut vor **e**, **i**, **í**, **y**, **ý**, **œ**, **ei**, **ey**, **j**	[g̊]		**gefa, ginna,** **gæfa, geysir**
	zw. Vokalen od. zw. Vokal u. **r** od. **ð**	[ɣ]	dänisch: da**g**e	**dagur, saga** **ögra, sagði**
	Wortauslaut nach Vokal	[ɣ]		**sög, lag**
	zw. Vokal und **i**, **j**	[j]	Ko**j**e	**bogi, segja**
	zw. Vokal und **l**, **n**	[g]	La**g**e	**ugla, gagn**
	zw. **f**, **g**, **l**, **r** und Vokal			**öfgar, ólga** **margur**
	in **guð**-	[gv]		**Guðni, Guðrún**
	zw. **l** und **d**, **t**, **n**, **s** zw. **r** und **ð**, **t**, **n**	verstummt		**fylgdi, bólgna** **fylgsni, mergð** **margt, morg-** **nar**
	g und **gg** vor **t** und **s**	[x]	Ma**ch**t	**hugsa, leggst**
h	Silbenanlaut vor Vokal	[h]	**h**eben	**hefja, heimur**
	hl, **hr**, **hj**, **hn**	stärker behaucht		**hlaupa, hrafn** **hjálpa, hnífur**

	hv	[kv]	**Q**uelle	**hvalur, hvað**
j	allgem.	[j]	**J**acke	**jata, eyja**
k	Silbenanlaut vor **a**, **á**, **o**, **ó**, **u**, **ú**, **ö**, **au**, **l**, **n**, **r**	[k^{h}]		**kokkur, köttur klútur, krakki**
	Silbenanlaut vor **e**, **i**, **í**, **y**, **œ**, **ei**, **ey**, **j**	[kj]		**kemur, kinn kyn, kær**
	in **sk**- vor **e**, **i**, **í**, **y** **ý**, **æ**, **ei**, **ey**	[kj]		**skera, skæri skeyti**
	im Wortinneren allgem.	[k]	Fa**k**ir	**leikur, akur**
	zw. Vokal u. **k**, **l**, **n**	[^{h}k]		**sokkur, ökkli**
	zw. Vokal u. **t** od. **s**	[x]	na**ch**	**spakt, fikta**
l	allgem.	[l]	**L**eben	**leita, mál**
	vor **p**, **t**, **k**	[^{h}l̥]		**telpa, stúlka**
	Wortauslaut nach **f**, **g**, **r**, **s**	[l̥]	Ge**l**	**rugl, karl rusl**
ll	zw. Vokalen u. zw. Vokal u. **n**, **r**	[dl]	ung.: Han**del**	**fullur, milli hellna, allra**
	Ausnahme: Kosenamen, Lehnwörter	[ll]	Pi**ll**e	**Kalli, Palli pilla**
m	allgem.	[m]	**M**acht	**máttur, rúm**
	vor **p**, **t**, **k**,	[m̥]	Sumpf	**lampi, heimt**
n	allgem.	[n]	**n**ieder	**núna, lán**
	vor **t**	[n̥]	Ka**n**te	**vanta**
	Wortauslaut nach **f**, **g**, **k**, **r**, **s**, **t**	[n̥]		**stofn, þögn tákn, lausn**

	nn des bestimmten Artikels u. **nn** nach kurzen Vokalen	[nn]	ka**nn**	**brúnni** **kann, senn** **kinn, önn**
	nach langen Vokalen	[dn]	ung.: La**d**en	**Spánn, brúnn** **grænn, hreinn**
ng	allgem.	[ŋg]	I**ng**o	**söngur**
	vor **l** u. **s**	[ŋ]	Di**ng**	**kringla, ungs**
	vor **t**	[ŋ̊]		**ungt**
	Wortauslaut	[ŋk]	A**nk**er	**göng**
nk	allgem.	[ŋk]	Ta**nk**	**tankur**
p	Silbenanlaut u. Wortauslaut	[pʰ]		**pöntun, pallur** **kaup**
	zw. Vokalen und zw. Vokal u. **j**, **r**, **s**	[p]	Pa**p**a	**sápa, dropi** **nepja, daprar**
	nach **l**, **m**, **r**, **s**	[p]	Ol**p**e	**úlpa, hampur** **varpa, spil**
	zw. Vokal u. **l**, **n**, **p**	[ʰp]		**epli, opna**
	vor **t**	[f]	Li**f**t	**keypt,** **september**
r	allgem.	[rr]	gerollt; ungef. wie im Bayr.	
	vor **p**, **t**, **k**, **s**, **f**	[r]		**harpa, kort**
rl	nach Vokal	[rdl̥]		**karl**
rn	nach Vokal	[rdn̥]		**örn, barn**
s	allgem.	[s̥]	Gra**s**	**gras, lesa**
t	Silbenanlaut u. Wortauslaut	[tʰ]	**Th**eo	**tíu, trappa** **burt, kort**

	zw. Vokalen u. zw. Vokal u. **j**, **r**, **v**, **s**, nach Konsonanten	[t]	etwa	**ýta, pota** **vitja, sötra** **festa, haltra**
	zw. Vokal u. **l**, **n**, **t**	[ʰt]		**ætla, vatna**
v	allgem.	[v]	Z**w**erg	**dvergur, svar**
x	allgem.	[ks]	se**chs**	**lax, kex**
y u. **ý**	s. unter **i**, **í**			
þ	nur Silbenanlaut	[θ̥]	engl.: **th**ink	**þú, þessi, þvottur**

Abkürzungen und Symbole

a.	auch
abk	Abkürzung
ADJ	Adjektiv
ADV	Adverb
akk	Akkusativ
ANAT	Anatomie
BAHN	Bahn
BERGB	Bergbau
bes	besonders
BOT	Botanik
bzw.	beziehungsweise
dat	Dativ
DEM PR	Demonstrativpronomen
e-a	einhverja, eine
e-ð	eitthvað, etwas
ELEK	Elektrotechnik und Elektrizität
e-m	einhverjum, einem
e-n	einhvern, einen
e-r	einhverrar, einer
e-s	einhvers, eines
etc	und so weiter
etw	etwas
e-u	einhverju, etwas
F, *f*	Femininum
fig	figurativ, in übertragenem Sinn
FLUG	Luftfahrt
FPL, *fpl*	Femininum Plural

gen	Genitiv
GEOG	Geografie
GRAM	Grammatik
HANDEL	Handel
hist	historisch
INDEF PR	Indefinitpronomen
INT PR	Interrogativpronomen
IN ZSSGN	in Zusammensetzungen
irr	unregelmäßig
IT	Informatik, Computer und Informationstechnologie
j-d	jemand
j-m	jemandem
j-n	jemanden
j-s	jemandes
JUR	Rechtswesen
komp	Komparativ
KONJ	Konjunktion
M, *m*	Maskulinum
MATH	Mathematik
m(f)	Maskulinum mit Femininendung in Klammern
MED	Medizin
m/f	Maskulinum und Femininum
m/f(m)	Maskulinum und Femininum mit zusätzlicher Maskulinendung in Klammern
MIL	Militär, militärisch
MPL, *mpl*	Maskulinum Plural
MUS	Musik
N, *n*	Neutrum
neg!	wird als beleidigend empfunden
NPL, *npl*	Neutrum Plural

od	oder
PL, *pl*	Plural
POL	Politik
POSS PR	Possesivpronomen
PRÄP	Präposition, Verhältniswort
PRON	Pronomen, Fürwort
®	eingetragene Marke
REL PR	Relativpronomen
SCHIFF	Schifffahrt
sl	Slang, saloppe Umgangssprache
SPORT	Sport
TECH	Technik
TEL	Telekommunikation
THEAT	Theater
umg	umgangssprachlich
undekl	undeklinierbar
V/I, *v/i*	Verb
V/R, *v/r*	Verb
V/T, *v/t*	Verb
z. B.	zum Beispiel
ZOOL	Zoologie
→	siehe

Isländisch – Deutsch

á F ‹-r, -r› Fluss *m*

á PRÄP *mit akk Ort*: auf; an; in; **~ stólinn** auf den Stuhl; **~ vegginn** an die Wand; *Zeit*: an; in; pro; zu; **~ föstudaginn** am Freitag; **~ vorin** im Frühling; **~ morgun** morgen; **~ dag** pro Tag; **~ sama tíma** zur selben Zeit; **~ páskunum** zu Ostern; *mit dat Ort*: auf; in; **~ bóndabænum** auf dem Bauernhof; **~ Íslandi** in Island; **nefið ~ mér** meine Nase; *Zeit*: an; in; innerhalb; **~ föstudögum** freitags; **~ tveimur vikum** in zwei Wochen; **~ einni viku** innerhalb einer Woche; **~ þenna(n) hátt** auf diese Weise; **~ þýsku** auf Deutsch; *adv*: **~ meðan** solange; **mér liggur ~** ich habe es eilig

ábatasamur vorteilhaft

abbadís F ‹-ar, -ir› Äbtissin *f*

ábending F ‹-ar, -ar› Tipp *m*

áberandi auffallend

ábótavant mangelhaft

ábóti M ‹-a, -ar› Abt *m*

ábreiða F ‹-u, -ur› Decke *f*

áburður M ‹-ar, -ir› **1** Salbe *f* **2** Dünger *m*, Mist *m* **3** Beschuldigung *f*

ábyggileg|a sicher, bestimmt; **~ur** zuverlässig

ábyrgð F ‹-ar, -ir› Verantwortung *f*; Garantie *f*; Bürgschaft *f*; **bera ~ á e-u** für etw verantwortlich sein

ábyrgðar|bréf N Einschreibbrief *m*; **~laus** verantwortungslos; **~leysi** N ‹-s› Verantwortungslosigkeit *f*; **~mikill** verantwortungsvoll

ábyrg|jast verantworten; garantieren; Bürgschaft leisten; **~ur** verantwortlich; bevollmächtigt

ábætir M ‹-s› Nachtisch *m*; Nachspeise *f*

ádeila F Kritik *f*; Satire *f*

ádrepa F ‹-u, -ur› scharfer Verweis

að **1** PRÄP *mit dat Ort*: an; zu; **~ fjallinu** zum Berg; **~ landi** an Land; **~ húsinu** zum Haus; *Zeit*: an; in; nach; zu; **~ morgni** am Morgen; **~ hausti** im Herbst; **~ litlum tíma liðnum** nach kurzer Zeit; **~ lokum** zum Schluss; **~ svo búnu** danach; **vertu ekki ~ þessu!** lass das! **2** KONJ dass; **til þess ~** damit; **af því ~** weil;

því ~ denn **3** (*vor inf.*) zu; **~ ganga** zu gehen **4** ADV **~ norðan** vom Norden; **hvað er ~?** was ist los?; **vera komminn langt ~** von weit hergekommen sein

aðal- IN ZSSGN Haupt-; **~atriði** N Hauptsache *f*; Hauptfrage *f*; **~áhersla** F Hauptgewicht *n*; Hauptbetonung *f*; **~braut** F Vorfahrtsstraße *f*; **~einkunn** F (*Schule*) Gesamtnote *f*, Gesamtzensur *f*; **~forstjóri** M Generaldirektor *m*; **~gata** F Hauptstraße *f*; **~hlutverk** N Hauptrolle *f*; **~hugmynd** F Grundgedanke *m*; **~hugtak** N Grundbegriff *m*

aðall M ‹-s› Adel *m*

aðallega hauptsächlich

aðal|ræðismaður M Generalkonsul *m*; **~smaður** M Adeliger *m*; **~umboð** N Hauptvertretung *f*, Generalagentur *f*; **~vinningur** M Hauptgewinn *m*

áðan soeben, eben; vorhin

aðdá|andi M ‹-a, -ur› Fan *m*; **~anlegur** bewundernswert; **~un** F ‹-ar› Bewunderung *f*; **~unarverður** bewundernswert

að|dráttarafl N Anziehungskraft *f*; **~dróttun** F ‹-unar, -anir› Beschuldigung *f*; Anspielung *f*

aðeins nur, bloß

aðfangadagskvöld N Heiligabend *m*; **á ~ið** am Heiligen Abend

að|ferð F Methode *f*; Vorgehen *n*; **~finnsla** F ‹-u, -ur› Tadel *m*

aðflutning|sbann N Einfuhrverbot *n*; **~stollur** M Einfuhrzoll *m*; **~ur** M Einfuhr *f*; Zufuhr *f*

aðgangur M Eintritt *m*; Zutritt *m*

að|gengi N Zugang *m*; **~ fatlaðra** behindertengerecht; **~gengilegur** annehmbar; zugänglich; **~gerð** F MED chirurgischer Eingriff; **~gerðir** FPL Maßnahmen *pl*

að|greina trennen; unterscheiden; **~greining** F Trennung *f*; Abtrennung *f*; Unterscheidung *f*; **~gæsla** F Achtsamkeit *f*; **~gætinn** vorsichtig; **~gætni** F Vorsicht *f*

aðgöngumiði M Eintrittskarte *f*

aðili M ‹-a, -ar› JUR Partei *f*; Beteiligte *m*; Betreffende *m*

að|kallandi eilig; **~kominn** fremd; **~komumaður** M Fremde *m*

að|laðandi anziehend; sympathisch; **~lögunarhæfni** F Anpassungsvermögen *n*

aðrennsli N Zufluss *m*

aðsetur N Wohnsitz *m*, Aufenthaltsort *m*

að|sjáll sparsam; geizig; **~skilinn** getrennt; **~skilja** trennen; **~skilnaður** M Trennung *f*; **~sókn** F Zulauf *m*; (Theater-)Besuch *m*; **mikil ~** viel Andrang *m*

að|sópsmikill (*Person*) imponierend; **~staða** F Lage *f*; **vera í örðugri aðstöðu** in einer schwierigen Lage sein; **~standandi** M Angehörige(r) *m/f(m)*; **~standendur** MPL Angehörige *pl*; **~stoð** F Hilfe *f*, Beistand *m*, Unterstützung *f*; **~stoða** helfen, beistehen, unterstützen, assistieren; **~stoðarmaður** M Assistent *m*

aðstreymi N ‹-s› Zustrom *m*

aðstæður FPL Situation *f*; Umstände *mpl*; Zustand *m*

áður früher; **~ en** *konj* ehe, bevor; **~nefndur** schon erwähnt; oben genannt

að|vara warnen; **gera aðvart** Bescheid geben; **~vörun** F ‹-ar, -varanir› Warnung *f*

áeggjun F ‹-unar, -anir› Aufforderung *f*; Anregung *f*

af PRÄP *mit dat* ab; aus; von; **talan fór ~** der Knopf ist ab; **barnið var spurt ~ kennaranum** das Kind wurde vom Lehrer gefragt; **vera kominn ~ barnsaldri** den Kinderschuhen entwachsen sein; **láta ~ e-u** mit etw aufhören; **það birtir ~ degi** der Tag bricht an; **~ hverju?** warum?; **~ því að** weil, denn

afabróðir M Großonkel *m*

áfall N Schaden *m*; Unglück *n*

áfangastaður M Reiseziel *n*; **~ fyrir dagsferð** Ausflugsziel *n*

afar- (*als erstes Glied in Zssgn verstärkend*); **~kostir** MPL harte Bedingungen

af|baka entstellen; **~borga** abzahlen; **~borgun** F Rate *f*, Teilzahlung *f*, Ratenzahlung *f*

afbrigðilegur anomal

afbrot N Vergehen *n*, Verbrechen *n*; **~amaður** M Verbrecher *m*

afbrýði F ‹-i› Eifersucht *f*; **~ssamur** eifersüchtig; **~ssemi** F Eifersucht *f*

afdrif NPL Schicksal *n*; **~aríkur** folgenschwer

áfeng|i N ‹-s› Alkohol *m*; **~isbann** N Alkoholverbot *n*; **~islaus** alkoholfrei; **~issjúklingur** M Alkoholiker(in) *m(f)*; **~isverslun** F Spirituosen-, Weinhandlung *f*; **~ur** alkoholhaltig; **áfengir drykkir** *mpl* Spirituosen *pl*

áfergj|a F ‹-u› Eifer *m*, Heftigkeit *f*; **~ulegur** eifrig, aufdringlich

af|fall N Ablauf *m*; **~ferma** abladen; (*Schiff*) löschen; **~ferming** F Abladen *n*, Löschen *n*; **~föll** NPL Rabatt *m*; Verlust *m*; **~gangs**: **vera ~** übrig bleiben; **~gangur** M Rest *m*

afgreið|a bedienen; abfertigen; **~sla** F Bedienung *f*; Abfertigung *f*; **~slukona** Verkäuferin *f*; **~slumaður** M Verkäufer *m*

af|henda abliefern, ausliefern; **~hending** F Ablieferung *f*; Auslieferung *f*; **~hjúpa** enthüllen; **~hjúpun** F ⟨-ar⟩ Enthüllung *f*; **~hýða** schälen

afi M ⟨-a, -ar⟩ Großvater *m*

áfir FPL Buttermilch *f*

áfjáður eifrig; vorlaut

afkasta leisten; **~maður** M fleißiger Mann; **~mikill** leistungsfähig

af|klippa F ⟨-u, -ur⟩ (Zeitungs-)Ausschnitt *m*; **~klæða** ausziehen; **~komandi** M ⟨-a, -endur⟩ Nachkomme *m*; Sprössling *m*; **~kvæmi** N ⟨-s⟩ Nachkommenschaft *f*; Brut *f*; **~köst** NPL (Arbeits-)Leistung *f*

afl N ⟨-s, öfl⟩ Kraft *f*, Stärke *f*; Gewalt *f*; **~a** (herbei)schaffen, erwerben; (*Fischerei*) fischen

aflabrögð NPL Fischfang *m*

aflaga in Unordnung bringen; entstellen; verderben; **hafa e-ð aflögu** etw übrig haben

aflangur länglich

af|lát N Unterbrechung *f*; **án ~s** ununterbrochen; **~leiðing** F ⟨-ar, -ar⟩ Folge *f*; **~leiðsla** F ⟨-u, -ur⟩ Ableitung *f*

afleitur sehr schlecht, indiskutabel

aflgjafi M ⟨-a, -ar⟩ Energie-, Kraftquelle *f*

afli M ⟨-a, -ar⟩ Fischfang *m*

áflog NPL Schlägerei *f*

aflraun F Anstrengung *f*; Kraftprobe *f*; **~amaður** M Athlet *m*

af|lýsa absagen; **~lýsing** F Absage *f*; **~læsa** abschließen; **~má** auswischen, tilgen; **~máning** F ⟨-ar, -ar⟩ Tilgung *f*; **~marka** abgrenzen; **~mynda** verzerren, entstellen; **~mæli** N ⟨-s, -⟩ Geburtstag *m*; **~nám** N Abschaffung *f*; Aufhebung *f*

af|neita (ver)leugnen; **~neitun** F Verleugnung *f*, Leugnen *n*; **~nema** abschaffen; **~not** NPL Gebrauch *m*, Benutzung *f*; **~notagjald** N Nutzungsgebühr *f*

áform N ⟨-s, -⟩ Absicht *f*, Plan *m*; **~a** beabsichtigen, planen

afpanta stornieren, abbestellen

af|plána sühnen; **~ráða** beschließen; **~rakstur** M Ertrag *m*

áfram vorwärts; **hann var þar ~** er blieb weiter dort; **~hald** N Fortsetzung *f*

af|rek N ⟨-s, -⟩ Leistung *f*; Tat *f*, Heldentat *f*; **~reka** leisten; ausführen; **~reksmaður** M tüchtiger Mann; Held *m*; **~reksverk** N Heldentat *f*; **~rennsli** N ⟨-s, -⟩ Abfluss *m*

af|rétt F ⟨-ar, -ir⟩, **~réttur** M Trift *f*, Hochweide *f*

Afríka F ⟨-u⟩ Afrika *n*

afrit N Abschrift *f*, Kopie *f*; **~a** abschreiben, kopieren
áfrýj|a appellieren, Berufung einlegen; **~andi** M ‹-anda, -endur› Berufungskläger *m*; **~un** F ‹-ar› Appellation *f*, Berufung *f*
af|saka entschuldigen; **~sakanlegur** entschuldbar
afsalsbréf N Kaufbrief *m*, Schenkungsurkunde *f*; Übertragungsurkunde *f*
afsíðis abseits
af|skaplegur übermäßig, schrecklich; **~skekktur** abgelegen, entlegen; isoliert; **~skipti** N ‹-s, -› Einmischung *f*
af|skræma verzerren; **~skræmi** N ‹-s› Ungeheuer *n*; **~sláttur** M Ermäßigung *f*, Rabatt *m*; **með afslætti** ermäßigt; **~spurn** F: **(af) ~** (vom) Hörensagen (*n*)
af|staða F: **taka afstöðu til e-s** zu etw Stellung nehmen; **~stýra** verhindern, vorbeugen; **~sökun** F Entschuldigung *f*
aftaka F Hinrichtung *f*
aftan: **að ~** von hinten; **fyrir ~ e-n** hinter j-m
aftanívagn M (*Auto*) Anhänger *m*
aftan|n M ‹-ans, -nar› Abend *m*; **~roði** M Abendrot *n*
aftra (ver)hindern
aftur zurück; wieder; **~ á bak** rückwärts; **~ á móti** andererseits; **fram og ~** hin und zurück; **~ og ~** immer wieder; **dragast ~ úr** zurückbleiben
aftur|bati M Besserung *f*; **~beygilegur** rückbezüglich, reflexiv; **~elding** F Dämmerung *f*, Tagesanbruch *m*; **~för** F Verschlechterung *f*; **~ganga** F Gespenst *n*; **~hluti** M Hinterteil *m/n*; **~hvarf** N Rückkehr *f*; Reue *f*; **~kalla** widerrufen; **~kast** N Reaktion *f*; **~kippur** M Rückgang *m*; **~koma** F Wiederkehr *f*; **~köllun** F Widerruf *m*; **~ljós** N (*Auto*) Rückstrahler *m*, Schlusslicht *n*; **~sæti** N Rücksitz *m*
afurðir FPL Erzeugnisse, Produkte *npl*
afvegaleiða verleiten, verführen
af|vikinn abgelegen, entlegen; **~vopna** abrüsten; entwaffnen; **~þakka** (mit Dank) ablehnen
aga züchtigen; **~laus** undiszipliniert; **~legur** furchtbar, schrecklich
ágalli M Mangel *m*, Fehler *m*
ágeng|ni F Übergriff *m*; Aufdringlichkeit *f*; Anmaßung *f*; **~ur** anmaßend, aufdringlich; **e-m verður ágengt** j-m gelingt es, etw zu tun
ágerast zunehmen; sich verschlimmern
agi M ‹-a› Zucht *f*, Disziplin *f*
ágirnast begehren, trachten

nach

á|giskun F ‹-unar, -anir› Vermutung *f*, Mutmaßung *f*; **~gjarn** habsüchtig, gierig

agn N ‹-s, ögn› Fischköder *m*; **~dofa** bestürzt

ágóði M ‹-a, -ar› Gewinn *m*

ágreining|satriði N Streitfrage *f*; **~ur** ‹-s, -ar› M Meinungsverschiedenheit *f*, Uneinigkeit *f*

ágrip N ‹-s, -› Abriss *m*; Auszug *m*, Kurzfassung *f*

agúrka F ‹-u, -ur› Gurke *f*

ágúst M (*undekl*) August *m*

ágæt|i N ‹-s› Vorzüglichkeit *f*; **~lega** vorzüglich, vortrefflich, hervorragend; **~ur** vorzüglich, ausgezeichnet

á|hald N Gerät *n*, Instrument *n*; **~hangandi** M ‹-anda, -endur› Anhänger *m*; **~hersla** F ‹-u, -ur› Betonung *f*, Nachdruck *m*; **leggja áherslu á e-ð** etw betonen; **~heyrandi** M ‹-anda, -endur› Zuhörer *m*; **~heyrn** F ‹-ar› Audienz *f*; Gegenwart *f*

áhlaup N Angriff *m*; **í fyrsta ~i** im ersten Anlauf

áhorf|andi M ‹-anda, -endur› Zuschauer *m*; **~endasvið** N Zuschauerraum *m*; Tribüne *f*

áhrif NPL Einfluss *m*; Eindruck *m*; **~agjarn** leicht zu beeinflussen; **~alaus** ohne Einfluss; **~amaður** M einflussreiche Person

áhræra angehen, betreffen

áhug|alaus uninteressiert; **~aleysi** N ‹-s› Gleichgültigkeit *f*, Mangel *m* an Interesse; **~amál** N Interessengebiet *n*; **~i** M ‹-a, -ar› Interesse *n*; **hafa áhuga á e-u** sich für etw interessieren

áhyggj|a F Sorge *f*; **~ufullur** besorgt, bekümmert; **~ulaus** sorgenfrei, sorglos; unbekümmert

áhætt|a F Wagnis, Risiko *n*; **~ulaus** ohne Risiko; **~usamur** riskant

áhöfn F Besatzung *f*

aka (*Auto*) fahren

ákaf|i M ‹-a› Eifer *m*; Heftigkeit *f*; **~lega** außerordentlich; **~ur** eifrig; heftig

ak|braut F Fahrdamm *m*; **~fær** fahrbar

ákjósanlegur wünschenswert

akkeri N ‹-s, -› Anker *m*

áklæði N ‹-s, -› Möbelüberzug *m*

akstur M ‹-s› Fahren *n*

aktygi NPL Pferdegeschirr *n*

akur M ‹-urs, -rar› Acker *m*, Feld *n*; **~yrkja** F ‹-u› Ackerbau *m*

á|kveða beschließen, bestimmen; vereinbaren; **~kveðinn** entschlossen

akvegur M befahrbare Straße

ákvæði NPL Bestimmungen *pl*; **~ í lögum** Paragraf *m*

ákvæðis|verk N, **~vinna** F

Akkordarbeit *f*; **~vinnumaður** M Akkordarbeiter *m*
ákvörðun F ‹-ar, ákvarðanir› Bestimmung *f*; **~arstaður** M Bestimmungsort *m*; Reiseziel *n*
ákæra 1 F JUR Anklage *f*; Klage *f* 2 anklagen, beschuldigen; **~ndi** M ‹-anda, -endur› Kläger *m*
ál N ‹-s› Aluminium *n*
ala V/T gebären; (*Vieh*) mästen; **~ upp** erziehen
á|lag N ‹-s› Belastung *f*; Verwünschung *f*; **~lagning** F Preiszuschlag *m*
álasa tadeln
albúm N ‹-s, -› Album *n*
alda F ‹öldu, öldur› Welle *f*; **~hvörf** NPL: **valda ~um** Epoche machen; **~mót** NPL Jahrhundertwende *f*; **~randi** M Zeitgeist *m*
alda|vinur M alter, vertrauter Freund; **~öðli**: **frá ~** von alters her, von jeher
aldin N ‹-s, -› Frucht *f*; **~garður** M Obstgarten *m*; **~mauk** N ‹-s› Marmelade *f*
aldraður bejahrt, alt
aldrei nie(mals); **~ framar** nie wieder
aldur M ‹-s› Alter *n*; **á besta aldri** in den besten Jahren; **um ~ og ævi** für immer; **~smunur** M Altersunterschied *m*
álegg N ‹-s› Aufschnitt *m*
áleiðis vorwärts; auf den Weg; **koma e-u ~** etw übermitteln
aleiga F Hab und Gut *n*
aleinn (ganz) allein
áleit|inn zudringlich, aufdringlich; **~ni** F ‹-i› Zudringlichkeit *f*
á|lengdar von Weitem; **~letrun** F ‹-unar, -anir› Inschrift *f*
álfa F ‹-u, -ur› Weltteil *m*
álfkona F Elfe *f*
alfræði(orða)bók F Enzyklopädie *f*
álft F ‹-ar, -ir› Schwan *m*
álfur M ‹-s, -ar› Elf *m*
algáður nüchtern
al|gengur allgemein; gewöhnlich; **~ger** vollkommen; **~gerlega** vollständig; **~heill** ganz gesund; unversehrt; **~heims-** international; **~heimsvefurinn** M Web *n*; **~heimur** M Weltall, Universum *n*; **~hliða** allseitig; **~hæfa** verallgemeinern
áliðinn spät
ali|dýr N Haustier *n*; **~fuglar** MPL Geflügel *n*
álíka ähnlich
alikálfur M Mastkalb *n*
álit N ‹-s, -› Ansicht *f*; Ansehen *n*; **vera í miklu ~i** hochangesehen sein; **koma til ~a** in Betracht kommen
álíta V/T meinen, denken, glauben
álit|amál N Ansichtssache *f*; **~legur** ansehnlich; vorteil-

haft; vielversprechend; **~-shnekkir** M Prestigeverlust *m*
alkaskótrygging F Vollkaskoversicherung *f*
alkunna F: **það er ~** es ist allgemein bekannt
áll M ⟨-s, -ar⟩ Aal *m*
allavega in jeder Hinsicht
all|góður ganz gut, brauchbar; **~oft** ziemlich häufig
allra|bestur der allerbeste; **~handa** allerlei, allerhand
alls insgesamt; **~ enginn** gar keiner; **~ber** ganz nackt
alls|herjarverkfall N Generalstreik *m*; **~konar** allerlei; **~nægtir** FPL Überfluss *m*; **~staðar** überall; → alstaðar
allt alles; **~ að því** fast, beinahe; **um fram ~** vor allem; **~ í lagi** in Ordnung
alltaf immer
allur all; ganz
allvel ganz gut
álma F ⟨-u, -ur⟩ *(Gebäude)* Flügel *m*
almanak N ⟨-s, -nök⟩ Almanach *m*, Kalender *m*
almannafæri N: **á ~** in aller Öffentlichkeit
almannatrygging F Volksversicherung *f*
almáttugur allmächtig
almenni|lega richtig; anständig; **~legur** freundlich; anständig
almenning|sálit N öffentliche Meinung *f*; **~ur** M ⟨-s, -ar⟩ Allgemeinheit *f*
almennur allgemein
almúg|amaður M einer aus dem Volk; **~i** M ⟨-a⟩ das Publikum, das einfache Volk
al|myrkvi M ⟨-a⟩ totale Finsternis; **~mætti** N ⟨-s, -⟩ Allmacht *f*
alpahúfa F Baskenmütze *f*
al|ræmdur berüchtigt; **~skegg** N Vollbart *m*; **~skipaður** voll besetzt; **~skýjaður** dicht bewölkt
al|staðar überall; **~sæll** glücklich
altari N ⟨-s⟩ Altar *m*; **ganga til ~s** zum Abendmahl gehen; **~sbrauð** N Oblate *f*, Hostie *f*; **~stafla** F Altarbild *n*
alúð F ⟨-ar⟩ Herzlichkeit *f*; **~arkveðja** F herzlicher Gruß; **~legur** herzlich
al|vara F Ernst *m*; **~varlegur** ernst(haft); **~veg** ganz, ganz und gar, vollständig
álver N Aluminiumhütte *f*
alvörugefinn ernst, ernsthaft
álykt|a folgern; **~un** F ⟨-unar, -anir⟩ Schluss *m*, Schlussfolgerung *f*; Beschluss *m*
Alþing|(i) N Althing *n*; **~ Íslendinga** Islands Parlament *n*
alþingis|kona F, **~maður** M Abgeordnete(r) *m*/*f*(*m*) *(im Althing)*
alþjóð F das ganze Volk; **~aréttur** M Völkerrecht *n*;

~legur international
alþýð|a F ‹-u, -ur› Volk *n*; Allgemeinheit *f*; **~legur** leutselig, freundlich
Alþýðuflokkurinn M Islands Sozialdemokratische Partei *f*
alþýðu|fólk N einfache Leute *pl*; **~lýðveldi** N Volksrepublik *f*; **~skóli** M Volkshochschule *f*
álösun F ‹-ar, álasanir› Tadel *m*, Vorwurf *m*
Ameríka F ‹-u› Amerika *n*
Ameríkani, ~kumaður M Amerikaner *m*
amerískur amerikanisch
áminn|a erinnern, mahnen; **~ing** F Mahnung *f*
amma F ‹ömmu, ömmur› Großmutter *f*
ámæl|a tadeln; **~i** N ‹-s, -› Tadel *m*; **~isverður** tadelnswert
án PRÄP *mit gen* ohne
ánamaðkur M Regenwurm *m*
ánauð F ‹-ar, -ir› Unterdrückung *f*; Knechtschaft *f*
anda atmen; **~rdráttur** M Atemzug *m*
andar|slitur NPL Todeskampf *m*; **~steggur** M Enterich *m*; **~tak** N Atemzug *m*; *fig* Augenblick *m*
andast sterben
andatrú F Spiritismus *m*; **~armaður** M Spiritist *m*
andi M ‹-a, -ar› Atem *m*; Geist *m*; **draga andann** Atem holen; **gefa upp andann** den Geist aufgeben
and|köf NPL Atemnot *f*; **taka ~** nach Luft schnappen; **~lát** N Tod *m*; Sterben *n*; **~laus** geistlos; **~legur** geistig
andlit N ‹-s, -› Gesicht *n*; **~sfall** N Gesichtsform *f*; **~sgríma** F MED Mundschutz *m*; **~skrem** N Gesichtscreme *f*; **~smynd** F Porträt *n*
andmæl|a widersprechen, protestieren; **~andi** M ‹-anda, -endur› Gegner *m*; **~i** NPL Einwand *m*; Widerspruch *m*
andríki N Geist, Witz *m*
andrúmsloft N Atmosphäre *f*; Luft *f*
and|skoti M ‹-a, -ar› Teufel *m*; **~spyrna** F ‹-u, -ur› Widerstand *m*; **~spænis** gegenüber; **~staða** F Widerstand *m*; Opposition *f*; **~streymi** N ‹-s› Schwierigkeit *f*; Widerwärtigkeit *f*; **~styggð** F Abscheu *m/f*; **~styggilegur** abscheulich, widerlich; **~stæða** F ‹-u, -ur› Gegensatz *m*; **~stæðingur** M ‹-s, -ar› Gegner *m*; **~úð** F ‹-ar› Abneigung *f*; **~vaka** F Schlaflosigkeit *f*; **verða ~** eine schlaflose Nacht verbringen
andvana tot, leblos; **~ fæddur** tot geboren
andvara|laus sorglos; **~leysi** N ‹-s, -› Sorglosigkeit *f*

and|vari M ⟨-a⟩ Wachsamkeit, Vorsicht *f*; Hauch *m*; **~varp** N ⟨-s, vörp⟩ Seufzer *m*; **~varpa** seufzen; **~virði** N ⟨-s⟩ Preis *m*, Wert *m*; **~vökunótt** F schlaflose Nacht

anga duften; **~n** F ⟨-ar⟩ Duft *m*; **~ndi** duftend, wohlriechend

angi M ⟨-a, -ar⟩ dünner Zweig *m*; *fig* Winzling *m*

angist F ⟨-ar, -ir⟩ Angst *f*; **~arfullur** angsterfüllt, angstvoll

angurvær wehmütig; **~ð** F ⟨-ar, -ir⟩ Wehmut *f*

annar INDEF PR ander-; **~ ... hinn** der eine ... der andere; **~hvor** einer von beiden; **annaðhvort ... eða** entweder ... oder; *Zahlwort* der Zweite

annars sonst; **~ staðar** anderswo

annast besorgen

ann|ríki N Geschäftigkeit *f*, Eile *f*; **~ríkt**: **eiga ~** viel zu tun haben, sehr beschäftigt sein

ansa antworten

ánæg|ður zufrieden; **~ja** F ⟨-u⟩ Zufriedenheit *f*

api M ⟨-a, -ar⟩ Affe *m*

apótek N ⟨-s, -⟩ Apotheke *f*; **~ari** M ⟨-a, -ar⟩ Apotheker *m*

app N ⟨-s, öpp⟩ IT App *f/n*

appelsína F ⟨-u, -ur⟩ Apfelsine *f*

apríl M (*undekl*) April *m*

ár **1** F ⟨-ar, -ar⟩ Ruder *n*, Riemen *m* **2** N ⟨-s, -⟩ Jahr *n*

Arabi M ⟨-a, -ar⟩ Araber *m*

árabil N: **um ~** jahrelang

arabískur arabisch

aragrúi M ⟨-a, -ar⟩ Gewimmel *n*; Unmenge *f*

áramót NPL Jahreswechsel *m*

árangur M ⟨-urs, -rar⟩ Erfolg *m*; Ergebnis *n*; **~slaus** erfolglos; vergeblich; **~slaust** vergebens

árás F ⟨-ar, -ir⟩ Angriff *m*

árásargjarn angriffslustig, aggressiv

áratugur M Jahrzehnt *n*

árdegi N ⟨-s, -⟩ Vormittag *m*; **~s** vormittags

arðberandi, arðbær gewinnbringend

arð|laus unrentabel; **~rán** N Ausbeutung *f*; **~ræna** ausbeuten; **~ur** M ⟨-s⟩ Gewinn *m*, Ausbeute *f*

áreiðan|legur zuverlässig; **~leiki** M ⟨-a⟩ Zuverlässigkeit *f*

árekstur M Zusammenstoß *m*

áreynsla F Anstrengung *f*

árfarvegur M Flussbett *n*

arfgeng|i N Erblichkeit *f*; **~ur** erblich

arfi M ⟨-a, -ar⟩ **1** Vogelmiere *f*; Unkraut *n* **2** Erbe *m*

arf|leiða vermachen; **~leiðsla** F Vermächtnis *n*; **~leiðsluskrá** F Testament *n*, Letzter Wille *m*; **~taki** M ⟨-a, -ar⟩ JUR Erbnehmer *m*;

~ur M ‹-s, -ar› Erbe *n*, Erbschaft *f*
árgangur M Jahrgang *m*
argur ärgerlich; schlecht
áríðandi wichtig; dringend
arinn M ‹-s, -ar› Herd *m*, Kamin *m*
áritun F ‹-unar, -anir› Vermerk *m*, Aufschrift *f*; Visum *n*
arkarbrot N Folio *n*
arkitekt M Architekt *m*
árla früh; ~ **dags** früh am Tage
árlegur jährlich
armband N Armband *n*; **~súr** N Armbanduhr *f*
armkútar MPL Schwimmflügel *mpl*
armur M ‹-s, -ar› Arm *m*
armæddur bekümmert
armæða F ‹-u› Kummer *m*
árnaðarósk F Glückwunsch *m*
áróður M Propaganda *f*, Agitation *f*
árrisull: **hann er ~** er ist Frühaufsteher
árroði M Morgenröte *f*
árs|fjórðungur M Vierteljahr *n*; **~tekjur** FPL Jahreseinkommen *n*; **~tíð** F Jahreszeit *f*; Saison *f*
áræð|a wagen; **~i** N ‹-s› Mut *m*; **~inn** mutig
ás M ‹-s, -ar› **1** (*Kartenspiel*) As *n* **2** Balken *m*; Achse *f*; Welle *f* **3** *Mythologie*: Ase *m*
á|saka anklagen, beschuldigen; **~samt** samt, mit, nebst;
~sáttur einig; zufrieden; **~setningur** M ‹-s, -ar› Vorsatz *m*, Absicht *f*
asi M ‹-a› Eile *f*, Hast *f*, Hetze *f*
Asía F ‹-u› Asien *n*
ásig|kominn beschaffen; **~komulag** N Beschaffenheit *f*, Zustand *m*
ásjá F ‹-r› Hilfe *f*; **biðja e-n ~r** j-n um Hilfe bitten; **~andi** M ‹-anda, -endur› Zuschauer *m*; **~legur** ansehnlich
aska F ‹ösku› Asche *f*
áskilja vorbehalten
á|skorun F ‹-unar, -anir› Aufforderung *f*; Herausforderung *f*; **~skrifandi** M ‹-anda, -endur› Subskribent *m*; Abonnent *m*
askur M ‹-s, -ar› Esche *f*
áskurður M Aufschnitt *m*; (*Holz*) Gravur *f*; Fräsung *f*
áskynja gewahr werden, etw merken
asna|legur dumm; **~skapur** M ‹-s› Dummheit *f*
asni M ‹-a, -ar› Esel *m*; *fig* Dummkopf *m*
ást F ‹-ar, -ir› Liebe *f*
ástand N ‹-s› Zustand *m*; Lage *f*, Situation *f*
ástar|kveðja F herzlicher Gruß *m*; **~ljóð** N Liebesgedicht *n*; **~saga** F Liebesgeschichte *f*; Liebesroman *m*; **~samband** N Affäre *f*
ástatt: **úr því svo(na) er ~** da es sich so verhält

ást|fanginn verliebt; **~fólginn** innig geliebt, teuer; **~leitinn** kokett; **~leitni** F Koketterie *f*
Ástralía F ‹-u› Australien *n*
ástralskur australisch
ástríð|a F ‹-u, -ur› Leidenschaft *f*; **~ufullur** leidenschaftlich
ást|ríki N Liebe *f*; **~ríkur** liebevoll; **~sæll** beliebt, populär; **~úð** F ‹-ar, -ir› liebevolle Zuneigung *f*; **~úðlegur** liebevoll, zärtlich
ástundun F ‹-ar› Eifer *m*, Fleiß *m*; **~arsamur** fleißig, arbeitsam
ástæð|a F ‹-u, -ur› Grund *m*, Ursache *f*; **eftir ástæðum** den Umständen nach; **~ulaus** ohne Grund
ásækja verfolgen
ásæl|ast begehren, trachten nach; **~inn** anmaßend, eigennützig
ásökun F ‹-ar, -sakanir› Beschuldigung *f*, Vorwurf *m*
át N ‹-s, -› *sl* Fressen *n*, Essen *n*
átak N Kraftanstrengung *f*; Ruck *m*; **~anlegur** ergreifend
atburður M ‹-ar, -ir› Ereignis *n*
atferli N ‹-s, -› Benehmen *n*; Verfahrensweise *f*
atgervi N ‹-s› Fähigkeit *f*
athafna|frelsi N Handlungsfreiheit *f*; **~maður** M tatkräftiger Mann *m*; **~samur** energisch, tatkräftig
athuga beobachten; erwägen; **~leysi** N ‹-s› Unachtsamkeit *f*, Zerstreutheit *f*; **~semd** F ‹-ar, -ir› Bemerkung *f*
at|hugun F ‹-ar, -anir› Beobachtung *f*; Erwägung *f*; **~hvarf** N ‹-s, -hvörf› Zufluchtsort *m*; **~hygli** F ‹-› Aufmerksamkeit *f*; **~höfn** F Handlung *f*
atkvæða|greiðsla F Abstimmung *f*; **~mikill** bedeutend; einflussreich
atkvæði N Stimme *f*; Silbe *f*; **greiða ~** abstimmen; **~sbær** stimmberechtigt; **~smiði** M Stimmzettel *m*; **~sréttur** M Stimmrecht *n*
Atlantshaf N Atlantik *m*; **~sbandalagið** N NATO *f*
atóm N ‹-s, -› Atom *n*; **~öld** F Atomzeitalter *n*
atork|a F Energie *f*, Tüchtigkeit *f*; **~usamur** energisch
atriði N ‹-s, -› Punkt *m*, Einzelheit *f*
átrúnaðar|goð N Abgott *m*, Idol *n*; **~ur** M Glaube *m*, Religion *f*
átt F ‹-ar, -ir› Richtung *f*
átta: **~ sig** sich orientieren; sich fassen
átta|villtur verirrt; **~viti** M Kompass *m*
átt|hagar MPL Heimat *f*; **~ræður** achtzigjährig

atvik N ⟨-s, -⟩ Ereignis *n*; **~ast** sich zutragen, geschehen; **~sorð** N Adverb *n*

atvinn|a F Arbeit *f*; Beruf *m*; **~ugrein** F Erwerbszweig *m*; **~ulaus** arbeitslos; **~uleysi** N ⟨-s⟩ Arbeitslosigkeit *f*; **~uleysisstyrkur** M Arbeitslosenunterstützung *f*; **~urekandi** M ⟨-anda, -endur⟩ Arbeitgeber *m*; Unternehmer *m*; **~urekstur** M Betrieb *m*; **~uvegur** M Erwerbszweig *m*

átylla F ⟨-u, -ur⟩ Vorwand *m*

auðga bereichern; **~st** reich werden

auð|kenna zeichnen, kennzeichnen, auszeichnen; **~kenni** N ⟨-s, -⟩ Kennzeichen *n*; **~kýfingur** M ⟨-s, -ar⟩ Kapitalist *m*; **~legð** F ⟨-ar, -ir⟩ Reichtum *m*; **~maður** M reicher Mann *m*; Kapitalist *m*; **~magn** N Kapital *n*; **~meltur** leicht verdaulich; **~mjúkur** demütig; **~mýking** F ⟨-ar, -ar⟩ Demütigung *f*; **~mýkja** demütigen; **~mýkt** F Demut *f*

auðn F ⟨-ar, -ir⟩ Wüste *f*, Wildnis *f*; **leggja í ~** verwüsten

auðnast: e-m ~ e-ð j-m gelingt etw

auðnuleysi N ⟨-s⟩ Misserfolg *m*, Unglück *n*

auð|séður deutlich, offenbar; **~skilinn** leicht verständlich; **~sæld** F ⟨-ar, -ir⟩ Wohlstand *m*, Reichtum *m*; **~sær** offenbar; **~trúa** leichtgläubig; **~ugur** reich, vermögend; **~ur** 1 M ⟨-s, -ir⟩ Reichtum *m*, Vermögen *n* 2 leer, öde; **~vald** N Kapitalismus *m*; **~velda** erleichtern; **~veldur** leicht, einfach; **~virðilegur** verächtlich; **~vitað** natürlich, selbstverständlich; **~þekktur** leicht erkennbar; **~æfi** NPL Reichtum *m*

aug|a N ⟨-a, -u⟩ Auge *n*; **depla augunum** mit den Augen blinzeln; **~abragð** N Augenblick *m*; **~abrún** F Augenbraue *f*; **~asteinn** M Pupille *f*

aug|ljós klar, einleuchtend; **~lýsa** anzeigen, annoncieren; **~lýsing** F Anzeige *f*, Annonce *f*

augna|blik N Augenblick *m*; **~hár** N Wimper *f*; **~ráð** N Blick *m*

augn|lok N Augenlid *n*; **~læknir** M Augenarzt *m*; **~veiki** F Augenkrankheit *f*

auk außer; **~ þess** außerdem; **þar að ~i** außerdem

auka vermehren

auka|atriði N Nebensache *f*; **~kostnaður** M Nebenkosten *pl*; **~merking** F Nebenbedeutung *f*

aukast sich vermehren

auka|tekjur FPL Nebenverdienst *m*, Nebeneinkünfte

fpl; **~verkanir** FPL Nebenwirkung *f*
auli M ‹-a, -ar› Tölpel *m*, Dummkopf *m*
aumingl|i M ‹-ja, -jar› Taugenichts *m*; armer Mensch; **~jalegur** erbärmlich
aumkunarverður beklagenswert
aumur elend; besorgt; **fingurinn á mér er ~** der Finger tut mir weh
aur M ‹-s, -ar› Lehm *m*; Schmutz *m*
aurar PL *von* **eyrir**
aurbretti N Kotflügel *m*
ausa 1 F ‹-u, -ur› Kelle *f*, Schöpflöffel *m* 2 schöpfen
austan von Osten; **~ við** östlich von; **~vindur** M Ostwind *m*
Austfirðir MPL die Ostfjorde auf Island
austfirskur zu den Ostfjorden gehörig
austur 1 N ‹-s› Osten *m* 2 ADV nach Osten
Austur|land N Ost-Island *n*; **~ríki** N Österreich *n*
austurrískur österreichisch
ávallt immer
ávalur rund; konvex
á|vani M (schlechte) Angewohnheit *f*; **~varp** N Anrede *f*; Ansprache *f*; **~varpa** anreden, ansprechen
ávaxta verzinsen; *fig* fruchtbar machen; **~hlaup** N Gelee *n*; **~mauk** N ‹-s› Marmelade *f*, Konfitüre *f*; **~safi** M Fruchtsaft *m*; **~tré** N Obstbaum *m*; **~vín** N Obstwein *m*
á|verki M ‹-a, -ar› Wunde *f*; **~vextir** PL Obst *n*; **~vinna**: **~ sér** erwerben; **~vinningur** M Gewinn *m*; Vorteil *m*; **~virðing** F Versehen *n*; Vergehen *n*; **~vísa** (*Geld*) anweisen; überweisen; **~vísun** F ‹-unar, -anir› Scheck *m*; **~víta** vorwerfen; **~væningur** M ‹-s, -ar› Andeutung *f*; Gerücht *n*; **~vöxtun** F ‹-ar› Verzinsung *f*; **~vöxtur** M Frucht *f*
ax N ‹-, öx› Ähre *f*
axarskaft N Axtstiel *m*; *fig* Dummheit *f*
axla|breiður breitschultrig; **~bönd** NPL Hosenträger *mpl*
á|þekkur ähnlich; **~þreifanlegur** greifbar, handgreiflich; **~ætla** berechnen, schätzen; **~ætlun** F Berechnung *f*, Überschlag *m*; Plan *m*; **~ætlunarbíll** M Omnibus *m*; Überlandbus *m*; **~ætlunarflug** N Linienflug *m*

B

bað N ‹-s, böð› Bad *n*; **~a**: **~ sig** (sich) baden, ein (warmes) Bad nehmen; **~föt** NPL Badeanzug *m;* **~herbergi** N Badezimmer *n;* **~ker** N Badewanne *f*

báðir beide

bað|mull F → bómull; **~staður** M Badeort *m*, Bad *n;* **~stofa** F Wohn- u. Schlafzimmer auf einem isl. Bauernhof; **~strönd** F Strand *m;* **fara á baðströndina** zum Strand gehen

bagalegur unbequem, ungelegen; lästig

bágborinn schlecht, elend

bág|indi NPL Not *f*, Elend *n*, schwierige Umstände *mpl;* **~staddur** Not leidend; bedrängt

bak N ⟨-s, bök⟩ Rücken *m;* **fara á ~** ein Pferd besteigen; **hafa mörg ár að ~i** viele Jahre auf dem Rücken haben; **ganga á ~ orða sinna** sein Wort brechen; **stand e-m að ~** hinter j-m zurückstehen, sich mit j-m nicht messen können; **ganga aftur á ~** rückwärtsgehen, zurückgehen; **fara á ~ við e-n** etw hinter j-s Rücken tun; **að fjalla ~i** hinter den Bergen

bak|a backen; **~aleið** F Rückweg *m*, Rückreise *f;* **~ari** M ⟨-a, -ar⟩ Bäcker *m;* **~arí** N ⟨-s, -⟩ Bäckerladen *m*, Bäckerei *f;* **~borði** M ⟨-a, -⟩ Backbord *n*

bakki M ⟨-a, -ar⟩ Bach-, See-, Flussufer *n;* Tablett *n*

bak|poki M Rucksack *m;* **~stur** M ⟨-s, -rar⟩ Backen *n;* **heitur ~** warmer Umschlag; **~sund** N Rückenschwimmen *n;* **~sæti** N Hintersitz *m;* **~tala** verleumden

baktería F ⟨-u, -ur⟩ Bakterie *f*

bakvörður M *(Sport)* Verteidiger *m*

bál N ⟨-s, -⟩ Feuer *n;* **~för** F Einäscherung *f;* **~köstur** M ⟨-kastar, -kestir⟩ Scheiterhaufen *m*

ball N ⟨-s, böll⟩ Ball *m;* **~i** M ⟨-a, -ar⟩ Ballen *m*

bál|reiður wütend, rasend; **~viðri** N ⟨-s⟩ Orkan *m*

bana töten; **~lega**: **liggja banaleguna** auf dem Sterbebett liegen; **~mein** N Todesursache *f*

banani M ⟨-a, -ar⟩ Banane *f*

bana|stríð N Todeskampf *m;* **~sæng** F Sterbebett *n;* **~tilræði** N Attentat *n*

band N ⟨-s, bönd⟩ Band *n;* **~alag** N Bündnis *n;* Koalition *f;* **~amaður** M Verbündete *m;* **~aríki** N Bundesstaat *m*

Bandaríkin NPL USA *pl*

band|hnykill M Garnknäuel *m/n;* **~óður** fuchsteufelswild; **~vitlaus** völlig verrückt

baneitraður giftig *(tödlich)*

bangsi M ⟨-a, -ar⟩ Teddybär *m*

banhungraður heißhungrig

bani M ⟨-a⟩ (gewaltsamer) Tod *m*

banka klopfen; **~bók** F Sparbuch *n*; **~stjóri** M ‹-a, -ar› Bankdirektor *m*

banki M ‹-a, -ar› (*Geld*) Bank *f*

bann N ‹-s, bönn› Verbot *n*; **~a** verbieten; **~færing** F ‹-ar› Exil *n*; **~helgi** F Tabu *n*; **~settur** verdammt

banvænn tödlich

bar M ‹-s, -ir› Bar *f*

bara nur

bára F ‹-u, -ur› Welle *f*, Woge *f*; **sjaldan er ein ~n stök** ein Unglück kommt selten allein

barátta F ‹-u, -ur› Kampf *m*

barborð N Theke *f*

bardagamaður M Kämpfer *m*

bardagi M ‹-a, -ar› Kampf *m*; Schlägerei *f*

barkakýli N Kehlkopf *m*

barki M ‹-a, -ar› Kehle *f*; Luftröhre *f*

barma: **~ sér** sich beklagen

barmur M ‹-s, -ar› Busen *m*; Rand *m*

barn N ‹-s, börn› Kind *n*

barna ein Kind zeugen; **~barn** N Enkelkind *n*; **~heimili** N Kinderheim *n*, Kindergarten *m*; **~herbergi** N Kinderzimmer *n*; **~kennari** M Volksschullehrer *m*; **~legur** kindisch, naiv; **~læknir** M Kinderarzt *m*; **~úm** N Kinderbett *n*; **~kapur** M Kindlichkeit *f*, ...ität *f*; **~skóli** M Volks... *f*; **~vagn** M Kinderwagen *m*; **~veiki** F Diphtherie *f*, Kinderkrankheit *f*

barn|elskur kinderlieb; **~fóstra** F Kindermädchen *n*; **~góður** kinderlieb

barns|aldur M Kindesalter *n*; **~burður** M ‹-s, -ir› Geburt *f*, Entbindung *f*; **~hafandi** schwanger; **~legur** kindlich; **~meðlag** N Alimente *pl*

barnvænn kindersicher, kindergerecht

barnæska F Kindheit *f*

báróttur wellig

barr N ‹-s, börr› BOT Nadeln *pl*; **~tré** N Nadelbaum *m*

bárujárn N Wellblech *n*

basl N ‹-s› Schwierigkeit *f*; *fig* Armut *f*; **~a** sich abmühen; sich mit etw beschäftigen; *fig* in Armut leben

bassi M ‹-a, -ar› Bass *m*

bast N ‹-s› Bast *m*

bátasmiður M Bootsbauer *m*

bati M ‹-a› MED Besserung *f*, Genesung *f*

batna genesen; besser werden

bátur M ‹-s, -ar› Boot *n*

baug|fingur M Ringfinger *m*; **~ur** M ‹-s, -ar› Ring *m*; Kreis *m*

baula muhen

baun F ‹-ar, -ir› Linse *f*; Bohne *f*; Erbse *f*; **~akaffi** N Bohnenkaffee *m*; **~ir** FPL (gelbe) Erbsensuppe

beð N ‹-s, -› Beet *n*

beiðni F ‹-, -ir› Bitte *f*; Ersu-

chen *n*
bein N ⟨-s, -⟩ Knochen *m*; **~agrind** F Skelett *n*; **~amikill** knochig; **~brotna** sich (*dat*) einen Knochenbruch zuziehen; **~himnubólga** F Knochenhautentzündung *f*
bein|kröm F Rachitis *f*; **~línis** unmittelbar, direkt
bein|n gerade; aufrecht; **~t** direkt
beiskja F ⟨-u⟩ Bitterkeit *f*
beisk|lega bitterlich; **~ur** bitter, herb
beisl|a bändigen; zäumen; **~i** ⟨-s, -⟩ Zaumzeug *n*
beit F ⟨-ar⟩ (Vieh-)Weide *f*; **vera á ~** weiden; **~a** F ⟨-u, -ur⟩ Köder *m*
beita auf die Weide treiben; weiden lassen; **~ e-n órétti** j-m ein Unrecht antun; **~ brögðum** List anwenden
beiti|lyng N Heidekraut *n*; **~ng** F ⟨-ar⟩ Weiden *n*; Anwendung *f*
beittur (*Messer*) scharf
bekkjar|bróðir M Klassenkamerad *m*; **~systir** F Klassenkameradin *f*
bekkur M ⟨-s, -ir⟩ Bank *f*; Sitzreihe *f*; (*Schule*) Klasse *f*
Belg|i M ⟨-a, -ar⟩ Belgier *m*; **~ía** F ⟨-u⟩ Belgien
belg|ískur belgisch; **~ur** M ⟨-s, -ir⟩ Balg *m*; **leggja orð í belg** auch seine Meinung sagen
belti N ⟨-s, -⟩ Gürtel *m*; **~staður** M Taille *f*; Gürtellinie *f*
benda zeigen, deuten (**á** auf *akk*); **~ e-m á e-ð** j-n auf etw (*akk*) aufmerksam machen
bensín N ⟨-s⟩ Benzin *n*; **blýlaust ~** bleifreies Benzin *n*; **~stöð** F Tankstelle *f*; **~tankur** M Benzintank *m*; **er bensínstöð hér í nágrenninu?** gibt es eine Tankstelle hier in der Nähe?
ber **1** N ⟨-s, -⟩ Beere *f* **2** ADJ nackt, bloß
bera V/T tragen; (*Kleider*) anhaben; *v/i* (*Kuh*) kalben; **~ e-ð á e-n** j-n e-r Sache beschuldigen; **~ af e-m** j-n übertreffen; **~ fram** (*Wort*) aussprechen; **~ (á) móti e-u** etw bestreiten; **~ saman** vergleichen; *v/i*: **~ við** geschehen; *unpersönlich*: **þér ber að gera það** du sollst, du musst es tun; **eins og vera ber** wie es sich gehört
berfættur barfuß
berg N ⟨-s, -⟩ Fels(en) *m*; **~kvika** F ⟨-u⟩ Magma *n*; **~mál** N Echo *n*; **~mála** widerhallen; **~málsdýptarmælir** M Echolot *n*; **~tegund** F Gesteinsart *f*; **~vatn** N Süßwasser *n*
ber|hendur ohne Handschuhe; **~höfðaður** ohne Mütze
berja schlagen; klopfen; **~ klagen**; **~st** kämpfen
berkla|hæli N Sanatorium *n*

für Lungenkranke; **~r** MPL Tuberkulose *f*; **~veiki** F Tuberkulose *f*

bernska F ⟨-u⟩ Kindheit *f*

berorður die Wahrheit ins Gesicht sagen

berserkur M ⟨-s, -ar⟩ Berserker *m*

ber|sýnilegur deutlich, offenbar; **~sögli** F (*undekl*) unverblümte Meinung *f*

betl N ⟨-s⟩ Bettelei *f*; **~a** betteln; **~ari** M ⟨-a, -ar⟩ Bettler *m*

betur besser

beyging F ⟨-ar, -ar⟩ Beugung *f*; Deklination *f*; Konjugation *f*; **~arending** F Deklinationsendung *f*; **~arfræði** F Flexionslehre *f*; **~arkerfi** N Flexionssystem *n*

beygja **1** F ⟨-u, -ur⟩ Biegung, Kurve *f* **2** biegen; beugen; (*Straße*) abbiegen; **~nlegur** biegsam; **~st** sich biegen

beygur M ⟨-s⟩ Angst *f*

beyki N ⟨-s, -⟩ Buche *f*

biblí|a F ⟨-u, -ur⟩ Bibel *f*; **~uskýring** F Schriftauslegung *f*

bið F ⟨-ar, -ir⟩ Warten *n*; Wartezeit *f*

bíða warten (**eftir e-m** auf j-n); **~ ósigur** Niederlage erleiden; **bíddu við!** *sl* warte mal!; moment mal!

~ill M ⟨-ils, -lar⟩ Freier *m*; **~[illegible]stur** M postlagernd(e Sendung *f*)

biðja bitten, ersuchen (**um** um); beten; **~ til guðs** zu Gott beten; **~st undan e-u** sich (*dat*) etw verbitten

bið|lund F ⟨-ar⟩ Geduld *f*; **~röð** F Menschenschlange *f*; **standa í ~** Schlange stehen; **~stofa** F Wartezimmer *n*; **~stöð** F Haltestelle *f*; **~ukolla** F ⟨-u, -ur⟩ Pusteblume *f*

bifa bewegen, rütteln

bifhjól N Motorrad *n*; **lítið ~** Motorroller *m*

bifreið F ⟨-ar, -ir⟩ Auto *n*; **~arstjóri** M Autofahrer *m*; **~astæði** N ⟨-s, -⟩ Parkplatz *m*

bifvél F Motor *m*; **~avirki** M ⟨-ja, -jar⟩ Autoschlosser *m*

bik N ⟨-s⟩ Pech *n*; **~a** teeren; **~ar** M ⟨-s, -ar⟩ Becher *m*

bikini N ⟨-is, -⟩ Bikini *m*

biksvartur pechschwarz

bil N ⟨-s, -⟩ Zwischenraum *m*; Abstand *m*; **í ~i** im Augenblick; vorläufig; **um það ~** ungefähr; **~a** kaputtgehen, entzweigehen; versagen; **~aður** kaputt, defekt

bíla|ferðatrygging F Auslandsschutzbrief *m*; **~ferja** F Autofähre *f*; **~geymsla** F Parkhaus *n*; Garage *f*; **~leiga** F Autoverleih *m*; **~leigubíll** M Mietwagen *m*; **~sali** M ⟨-a, -ar⟩ Autohändler *m*; **~stæði** N Parkplatz *m*; **~verkstæði** N Autowerk-

statt *f*
bíldekk N Autoreifen *m*
bíl|l M ⟨-s, -ar⟩ Auto *n*; **~lykill** M Autoschlüssel *m*; **~númer** N Autonummer *f*; **~próf** N Führerschein *m*; **~slys** N Autounfall *m*; **~stjóri** M ⟨-a, -ar⟩ Autofahrer *m*
bilun F ⟨-unar, -anir⟩ Schaden *m*; *sl* Panne *f*
binda binden; **~ um sár** eine Wunde verbinden; **~ vináttu við e-n** mit j-m Freundschaft schließen; **bundið mál** *n* Poesie *f*; **~ndi** verpflichtend
bindi N ⟨-s, -⟩ Band *n*; Krawatte *f*, Schlips *m*; **~ndi** N ⟨-s⟩ Enthaltsamkeit *f*; **hann er í ~** er ist Abstinenzler; **~ndisfélag** N Abstinenzlervereinigung *f*; **~ngshús** N Fachwerkhaus *n*
bíó N ⟨-s, -⟩ Kino *n*
birgðir FPL Vorrat *m*
birgur vorrätig haben
birkitré N Birke *f*
birna F ⟨-u, -ur⟩ Bärin *f*
birta **1** F ⟨-u⟩ Licht *n*, Schein *m*; Helligkeit *f* **2** hell werden; bekannt machen; publizieren; **það birtir af degi** der Tag bricht an, es tagt; **~ upp** (*Wetter*) sich aufklären; **~st** erscheinen
birting F ⟨-ar, -ar⟩ Tagesanbruch *m*; Bekanntmachung *f*; Veröffentlichung *f*
biskup M ⟨-s, -ar⟩ Bischof *m*; (*Schach*) Läufer *m*; **~sdæmi** N Bistum *n*; Diözese *f*; **~ssetur** N Bischofssitz *m*
bit N ⟨-s, -⟩ Biss *m*; (*Messer*) Schärfe *f*; **ég er alveg ~** ich bin sprachlos
bíta beißen; (*Messer*) scharf sein; **~ sundur** zerbeißen
biti M ⟨-a, -ar⟩ Bissen *m*; Stück *n*; Balken *m*
bitlaus stumpf
bitur bitter, barsch; (*Messer*) scharf; **~leiki** M ⟨-a⟩ Bitterkeit *f*
bjaga: **~ð (tungu)mál** gebrochene Sprache
bjálk|ahús N Blockhaus *n*; **~i** M ⟨-a, -ar⟩ Balken *m*
bjalla F ⟨bjöllu, bjöllur⟩ **1** Schelle *f*; Glöckchen *n* **2** ZOOL Käfer *m*
bjáni M ⟨-a, -ar⟩ Dummkopf *m*
bjarg N ⟨-s, björg⟩ Fels(en) *m*; **~a (e-m)** retten (j-n); **~ast** sich (*dat*) zu helfen wissen; sich durchschlagen
bjargvættur F ⟨-ar, -ir⟩ Schutzgeist *m*; *sl* Helfer *m*, Retter *m*
bjarmi M ⟨-a⟩ Schimmer *m*, Schein *m*; Glanz *m*
bjarn|dýr N Bär *m*; **~dýrsfeldur** M Bärenfell *n*
bjart|hærður blond; **~sýni** F Optimismus *m*; **~sýnn** optimistisch
bjart|ur hell; (*Wetter*) klar; **~viðri** N ⟨-s⟩ klares Wetter

bjóða (an)bieten; einladen; befehlen; **e-m býður við e-u** j-n ekelt etw an
bjór M ⟨-s, -ar⟩ **1** Biber *m* **2** Bier *n*
bjúga N ⟨-a, -u⟩ (geräucherte) Wurst *f*
björg F ⟨bjargar, bjargir⟩ Hilfe *f*; Lebensmittel *pl*; **~un** F ⟨-ar⟩ Rettung *f*
björgunar|bátur M Rettungsboot *n*; **~belti** N Rettungsgürtel *m*; **~maður** M Retter *m*
björn M ⟨bjarnar, birnir⟩ Bär *m*
bláber N Blaubeere *f*
blað N ⟨-s, blöð⟩ Blatt *n*; Zeitung *f*; **~a** blättern; **~adeila** F Zeitungspolemik *f*; **~agrein** F Zeitungsartikel *m*; **~amaður** M Journalist *m*; **~amennska** F ⟨-u⟩ Journalistik *f*, Zeitungswesen *n*
blaðra **1** F Blase *f* **2** schwatzen; **~ri** M ⟨-a, -ar⟩ Schwätzer *m*
blað|salat N Kopfsalat *m*; **~síða** F (*Buch*) Seite *f*; **~ur** N ⟨-s⟩ Schwatzen *n*
blá|eyg(ð)ur blauäugig; **~fátækur** bettelarm; **~grýti** N ⟨-s⟩ Basalt *m*
blakta wehen, flattern
blanda **1** F (*blöndu, blöndur*) Mischung *f* **2** mischen; **~ saman** vermischen; verwechseln; **~ sér í e-ð** sich in etw einmischen
blankur pleite
blár **1** M: **út í bláinn** aufs Geratewohl **2** ADJ blau
blása blasen, wehen; föhnen
blástur M ⟨-s, -rar⟩ Blasen *n*; Wind *m*; **~shljóðfæri** N Blasinstrument *n*
blautur nass
bleikja bleichen
bleikur bleich; rosa
blek N ⟨-s⟩ Tinte *f*; **~fiskur** M Tintenfisch *m*
blekking F ⟨-ar, -ar⟩ Täuschung *f*; Betrug *m*
blekkja täuschen; betrügen
blendingur M ⟨-s, -ar⟩ Mischung *f*
bless! ‹ auf Wiedersehen!, tschüss!
blessa segnen; *Begrüßung eines Mannes*: **komdu blessaður (og sæll)**; *Begrüßung einer Frau*: **komdu blessuð (og sæl)!** guten Tag!; *Verabschiedung eines Mannes*: **vertu blessaður**; *Verabschiedung einer Frau*: **vertu blessuð!** auf Wiedersehen!
blessun F ⟨-ar⟩ Segen *m*; Glück *n*; **~arríkur** segensreich
blett|óttur fleckig; **~ur** M ⟨-s, -ir⟩ Fleck *m*; Makel *m*
bleyða F ⟨-u, -ur⟩ Feigling *m*
bleyta **1** F ⟨-u⟩ Nässe *f* **2** benetzen; anfeuchten
blíð|a F ⟨-u⟩ Freundlichkeit *f*; Liebe *f*; **~alogn** Windstille *f*; **~lega** zärtlich; **~lyndi** N

⟨-s⟩ Sanftmut *f*; **~lyndur** sanftmütig
blíður sanft, mild
blika ■1 F ⟨-u, -ur⟩ Regenwolke *f*; **lítast ekki á ~ una** nicht geheuer vorkommen ■2 (*Stern*) leuchten; glänzen
blikk N ⟨-s⟩ Blech *n*; **~dós** F Blechbüchse *f*; **~smiður** M Klempner *m*
blinda F ⟨-u⟩ ■1 Blindheit *f* ■2 blenden; erblinden
blind|andi mit geschlossenen Augen; **~fullur** *umg* stockbesoffen; **~gata** F Sackgasse *f*; **~ingi** M ⟨-ja, -jar⟩ Blinde *m/f*; **~ur** blind; **~ maður** *m* Blinder *m*; **blind kona** *f* Blinde *f*
blíst|ra pfeifen; **~ur** N ⟨-s⟩ Pfeifen *n*; **~urhljóð** N Zischlaut *m*
bljúgur demütig; bescheiden
blóð N ⟨-s⟩ Blut *n*; **taka ~** Blut abnehmen; **~dropi** M Blutstropfen *m*; **~eitrun** F Blutvergiftung *f*; **~flokkur** M Blutgruppe *f*; **~færsla** F ⟨-u, -ur⟩ Blutübertragung *f*; **~ga** verwunden; **~gjafi** M ⟨-a, -ar⟩ Blutspender *m*; **~gjöf** F Blutspende *f*; **~latur** sehr faul; **~laus** blutarm; **~leysi** N ⟨-s⟩ Blutarmut *f*; **~missir** M Blutverlust *m*; **~mör** M ⟨-s, -var⟩ (eine Art) Blutwurst *f*; **~nasir** FPL Nasenbluten *n*; **~rás** F Bluten *n*; Blutkreislauf *m*; **~rauður** blutrot; **~roðna** stark erröten, einen roten Kopf bekommen; **~sótt** F Ruhr *f*; **~suga** F ⟨-u, -ur⟩ Blutsauger *m*; *fig* Wucherer *m*
blóðsúthelling F ⟨-ar, -ar⟩ Blutvergießen *n*
blóð|ugur blutig; **~þrýstingur** M Blutdruck *m*
blóm N ⟨-s, -⟩ Blume *f*; **~apottur** M Blumentopf *m*; **~avasi** M Blumenvase; **~kál** N Blumenkohl *m*; **~legur** blühend; **~stra** blühen; **~vöndur** M Blumenstrauß *m*
blossa flammen; **~ upp** auflodern; **~viti** M Blinkfeuer *n*
blossi M ⟨-a, -ar⟩ Flamme *f*
blóta fluchen; opfern
blotna nass werden
blótsyrði N ⟨-s, -⟩ Fluch *m*
blunda schlummern
blúnda F ⟨-u, -ur⟩ Spitze *f*
blundur M ⟨-s, -ar⟩ Schlummer *m*
blússa F ⟨-u, -ur⟩ Bluse *f*
blý N ⟨-s⟩ Blei *n*; (*Drehbleistift*) Mine *f*; **~antur** M ⟨-s, -ar⟩ Bleistift *m*; **~fastur** unverrückbar
blygð|ast: **~ sín** sich schämen; **~un** F ⟨-ar⟩ Scham *f*; **~unarleysi** N ⟨-s⟩ Frechheit *f*; Schamlosigkeit *f*; **~unartilfinning** F Schamgefühl *n*
blýlaus bleifrei; **~t bensín** bleifreies Benzin *n*
blys N ⟨-s, -⟩ Fackel *f*; **~för** F Fackelzug *m*
blæbrigði NPL Nuancen *pl*

blæða bluten
blæðing F ‹-ar, -ar› Blutung *f*
blæja F ‹-u, -ur› Schleier *m*; **~logn** N Windstille *f*
blær M ‹-s› Hauch *m*; (Farb-) Ton *m*; Schimmer *m*; Gepräge *n*
blæ|vængur M Fächer *m*; **~ösp** F Zitterpappel *f*
blóðberg N ‹-s, -› Wilder Thymian *m*
blöðrubólga F Blasenentzündung *f*
blöndungur M ‹-s, -ar› Vergaser *m*
blöskra (e-ð) entsetzt sein
boð N ‹-s, -› Botschaft *f*; Einladung *f*; Befehl *m*; Angebot *n*
boða verkünd(ig)en; **~ til fundar** e-e Versammlung einberufen
boð|beri M ‹-a, -ar› Bote *m*; **~háttur** M Imperativ *m*; **~hlaup** N Staffellauf *m*; **~orð** N Gebot *n*
bófi M ‹-a, -ar› Gauner *m*
bogi M ‹-a, -ar› (*Waffe*) Bogen *m*; **~nn** krumm; gebogen
bog|maður M Bogenschütze *m*; **~na** V/I biegen; *v/r* sich biegen
bógur M ‹-s, -ar› Bug *m*; **á báða bóga** auf beiden Seiten; **á hinn bóginn** andererseits
bók F ‹-ar, bækur› Buch *n*; **utan ~ar** auswendig; **~a** buchen; **láta ~ e-ð** etw zu Protokoll geben; **~ahilla** F Bücherregal *n*; **~ari** M ‹-a, -ar› Buchhalter *m*; **~asafn** N Bibliothek *f*; **~aútgáfa** F Verlag *m*; **~averslun** F Buchhandel *m*; Buchladen *m*; **~avörður** M Bibliothekar *m*
bók|bindari M ‹-a, -ar› Buchbinder *m*; **~fell** N Pergament *n*; **~færsla** F ‹-u, -ur› Buchführung *f*; **~hald** N Buchhaltung *f*; **~mál** N Schriftsprache *f*
bókmennta|fræði F (*undekl*) Literaturwissenschaft *f*; **~saga** F Literaturgeschichte *f*
bók|menntir FPL Literatur *f*; **~sali** M ‹-a, -ar› Buchhändler *m*; **~stafareikningur** M Algebra *f*; **~staflegur** buchstäblich; **~stafur** M Buchstabe *m*
bókun F ‹-unar, -anir› Protokoll *n*; Buchung *f*; **breyta ~** umbuchen
bóla F ‹-u, -ur› Pickel *m*; Reißzwecke *f*
bólga F ‹-u, -ur› Geschwulst *f*; Entzündung *f*
bólg|inn geschwollen; entzündet; **~na** anschwellen; sich entzünden
boli M ‹-a, -ar› Bulle *m*, Stier *m*
bolli M ‹-a, -ar› Tasse *f*
bólstr|a polstern; **~un** F ‹-unar, -anir› Polsterung *f*; Polstern *n*
bolti M ‹-a, -ar› (*Spiel*) Ball *m*;

Bolzen *m*
bolur M ⟨-s, -ir⟩ (*Baum*) Stamm *m*; Rumpf *m*; T-Shirt *n*
bólu|setja impfen; **~setning** F Impfung *f*; **~setningarskírteini** N Impfpass *m*
bómull F ⟨-ar⟩ Baumwolle *f*
bón F ⟨-ar, -ir⟩ Bitte *f*
bónda|bær M Bauernhof *m*; **~kona** F Bäuerin *f*
bóndi M ⟨-a, bœndur⟩ Bauer *m*; Ehemann *m*
bón|góður hilfsbereit; **~orð** N Brautwerbung *f*, Heiratsantrag *m*
bor M ⟨-s, -ar⟩ Bohrer *m*; **~a** bohren
borð N ⟨-s, -⟩ Tisch *m*; Brett *n*; **~a** essen
borð|dúkur M Tischdecke *f*; **~hald** N Festessen *n*; **~stofa** F Esszimmer *n*; **~stokkur** M ⟨-s, -ar⟩ Reling *f*
borg F ⟨-ar, -ir⟩ Stadt *f*; **~a** (be)zahlen; **~aralegur** bürgerlich; **~arastyrjöld** F Bürgerkrieg *m*; **~arbúi** M ⟨-a, -ar⟩ Stadtbewohner *m*; **~ardómari** M Stadtrichter *m* (*in Reykjavík*); **~arfógeti** M ⟨-a, -ar⟩ Gerichtsvollzieher *m* (*in Reykjavík*); **~arhluti** M Stadtteil *m*; **~ari** M ⟨-a, -ar⟩ Bürger *m*; **~arstjóri** M ⟨-a, -ar⟩ Bürgermeister *m*
borgun F ⟨-unar, -anir⟩ Zahlung *f*; **~arskilmálar** MPL Zahlungsbedingungen *pl*
borvél F Bohrmaschine *f*
bót F ⟨-ar, -bœtur⟩ Heilung *f*; Abhilfe *f*; Flicken *m*; **ráða ~ á e-u** abhelfen (*dat*)
botn M ⟨-s, -ar⟩ Grund *m*, Boden *m*; **~langabólga** F Blinddarmentzündung *f*; **~langi** M ⟨-a, -ar⟩ Blinddarm *m*; **~varpa** F Schleppnetz *n*; **~vörpungur** M Trawler *m*, Fischdampfer *m*
bráð F ⟨-ar, -ir⟩ Beute *f*; **verða e-m að ~** j-m zum Opfer fallen; **í ~(ina)** für den Augenblick
bráðabirgð F: **til ~a** vorläufig; provisorisch; **~alög** NPL provisorisches Gesetz
bráð|duglegur besonders tüchtig; **~gáfaður** hochbegabt; **~látur** ungeduldig; **~lega** bald
bráðum bald
bráðþroska frühreif
bragð N ⟨-s, brögð⟩ List *f*; Geschmack *m*; **að fyrra ~i** zuerst; **~a** kosten; probieren; **~ast** V/I schmecken; **~góður** wohlschmeckend
brag|snillingur M formvollendeter Dichter; **~ur** M ⟨-s, -ir⟩ Gedicht *n*; Gepräge *n*, Ton *m*
brak N ⟨-s⟩ Knarren *n*; **~a** krachen; knarren
bralla Spaß machen; feilschen; (unsaubere) Geschäfte machen; **~ri** M Geschäftemacher *m*

brandari M ⟨-a, -ar⟩ *sl* Witz *m*
brask N ⟨-s⟩ Profitmacherei *f*; Schiebung *f*; **~ari** M Spekulant *m*
brátt bald
bratt|i M ⟨-a⟩ Steilheit *f*; **~lendi** N ⟨-s⟩ steiles Gelände; **~ur** steil
brauð N ⟨-s, -⟩ Brot *n*; **~gerð** F Backen *n*; Bäckerei *f*; **~moli** M Brotkrume *f*; **~skorpa** F Brotkruste *f*; **~sneið** F (Brot-)Scheibe *f od* Schnitte *f*
braut F ⟨-ar, -ir⟩ Straße *f*; Bahn *f*; **~arstöð** F Bahnhof *m*; **~ryðjandi** M ⟨-anda, -endur⟩ Bahnbrecher *m*
bréf N ⟨-s, -⟩ Brief *m*; Papier *n*; **~aviðskipti** NPL Korrespondenz *f*, Briefwechsel *m*; **~beri** M ⟨-a, -ar⟩ Briefträger *m*; **~legur** brieflich
bregða schnell bewegen; **~st** V/I versagen
breidd F ⟨-ar, -ir⟩ Breite *f*; **~arstig** N Breitengrad *m*
breiður breit
breikk|a breiter machen; *v/i* breiter werden; **~un** F ⟨-unar, -anir⟩ Verbreiterung *f*
brekk|a F ⟨-u, -ur⟩ Böschung *f*; Abhang *m*; **~usnigill** M Schnecke *f*
brems|a **1** F ⟨-u, -ur⟩ Bremse *f* **2** bremsen; **~uborði** M ⟨-a, -ar⟩ Bremsbelag *m*
brenna **1** F ⟨-u, -ur⟩ Brand *m*, Feuer *n* **2** V/I brennen; *v/t* verbrennen
brenni N ⟨-s⟩ Brennholz *n*; **~sóley** F Butterblume *f*; **~steinn** M Schwefel *m*; **~steinshver** M Schwefelquelle *f*
brennivín N Branntwein *m*, (*Island*) Kümmelschnaps
breskur britisch
brest|a bersten, zerspringen; **~ur** M ⟨-s, -ir⟩ Krach *m*; Riss *m*; Mangel *m*
Bret|i M ⟨-a, -ar⟩ Brite *m*; **~land** N Britannien *n*
breysk|leiki M ⟨-a, -ar⟩ (*Moral*) Schwäche *f*; **~ur** schwach
breyt|a (ver)ändern; handeln; **~ilegur** veränderlich; **~ing** F ⟨-ar, -ar⟩ Veränderung *f*; Wandel *m*
breytni F ⟨-i⟩ Handeln *n*; Benehmen *n*
brigsl NPL Beschuldigung *f*
brim N ⟨-s, -⟩ Brandung *f*; **~bretti** N ⟨-s, -⟩ Surfbrett *n*; **~brjótur** M ⟨-s, -ar⟩ Wellenbrecher *m*
bring|a F ⟨-u, -ur⟩ Brust *f*; **~usund** N Brustschwimmen *n*
brjál|a in Unordnung bringen; **~ast** wahnsinnig werden; **~æði** N ⟨-s⟩ Geistesverwirrung *f*, Wahnsinn *m*
brjósk N ⟨-s, -⟩ Knorpel *m*
brjóst N ⟨-s, -⟩ Brust *f*; **~ahaldari** M ⟨-a, -ar⟩ Büstenhalter *m*; **~amjólk** F Mut-

termilch *f*; **~barn** N Säugling *m*; **~góður** barmherzig; **~kassi** M Brustkorb *m*; **~sviði** M Sodbrennen *n*; **~sykur** M Bonbon *m/n*; **~vit** N gesunder Menschenverstand

brjóta V/T (zer)schlagen, (zer-)brechen; **~ heilann um e-ð** sich (*dat*) den Kopf über etw (*akk*) zerbrechen; **~ lög** das Gesetz übertreten; **~st**: **~ út** ausbrechen

brodd|borgari M Spießbürger *m*; **~ur** M ‹-s, -ar› Stachel *m*; **í broddi fylkingar** an der Spitze

bróð|erni N ‹-s, -› Brüderlichkeit *f*, Freundschaft *f*; **~ir** M ‹-ur, brœður› Bruder *m*; **~urdóttir** F Nichte *f*; **~urlegur** brüderlich; **~ursonur** M Neffe *m*

brók F ‹-ar, -ir› Unterhose *f*

brokk N ‹-s› Trab *m*; **~a** traben

brokkolí N Brokkoli *pl*

bros N ‹-s, -› Lächeln *n*; **~a** lächeln; **~legur** lächerlich

brot N ‹-s, -› Bruch *m*; Vergehen *n*; (*Kleid*) Falte *f*; Buchformat *n*; **~areikningur** M Bruchrechnen *n*; **~hættur** zerbrechlich

brotna V/I (zer)brechen

brotsjór M Brecher *m*

brott weg, fort; **~fall** N Wegfall *m*; **~fararflug** N Abflug *m*; **~farartími** M Abflugzeit *f*; **~för** F Abreise *f*; Abfahrt *f*

brú F ‹-ar, brýr› Brücke *f*; **~a** überbrücken; **~argerð** F Brückenbau *m*

brúða F ‹-u, -ur› Puppe *f*

brúð|argjöf F Hochzeitsgeschenk *n*; **~gumi** M ‹-a, -ar› Bräutigam *m*; **~hjón** NPL Brautpaar *n*; **~kaup** N Hochzeit *f*; **~kaupsferð** F Hochzeitsreise *f*; **~ur** F ‹-ar, -ir› Braut *f*

brugg N ‹-s, -› Gebräu *n*; Brauen *n*; **~a** brauen; **~ari** M ‹-a, -ar› Brauer *m*

brúk|a gebrauchen, anwenden; **~un** F ‹-unar, -anir› Gebrauch *m*; Anwendung *f*

brum N ‹-s, -› Knospe *f*; **~a** knospen

brún F ‹-ar, -ir› Kante *f*; Rand *m*; Augenbraue *f*

bruna|bót F Schadenersatz *m* für Brandschäden; **~bótafélag** N Feuerversicherungsgesellschaft *f*; **~bótatrygging** F Feuerversicherung *f*

bruna|hætta F Brandgefahr *f*; **~lið** N Feuerwehr *f*

bruni M ‹-a, -ar› Brand *m*; Feuer *n*, Feuersbrunst *f*

brún|kol NPL Braunkohle *f*; **~n** braun

brunnur M ‹-s, -ar› Brunnen *m*

brúsi M ‹-a, -ar› Kanister *m*

brútto brutto; **~þyngd** F Bruttogewicht *n*

bryggja F ‹-u, -ur› Hafen-

damm *m*, Kai *m*; Anlegebrücke *f*
brýna wetzen, schleifen
brynja F ⟨-u, -ur⟩ Brünne *f*, Panzer *m*
brýnn wichtig
brynna (*Tier*) tränken; **~ músum** weinen
bryti M ⟨-a, -ar⟩ Steward *m*
brytja zerstückeln
bræða V/T schmelzen; **~nlegur** schmelzbar
bræði F (*undekl*) Wut *f*; Zorn *m*
bræðrungur M ⟨-s, -ar⟩ Vetter *m*
bræðslu|mark N Schmelzpunkt *m*; **~ofn** M Schmelzofen *m*; **~vatn** N Schmelzwasser *n*
brögðóttur listig
bú N ⟨-s, -⟩ Haushalt *m*; Gut *n*, Hof *m*; **~a** wohnen; bewirtschaften; **~ e-ð til** etw herstellen; **~ sig vel** sich warm anziehen; **~ um** das Bett machen; **~ um e-ð** etw einwickeln
búálfur M Kobold *m*
budda F ⟨-u, -ur⟩ Portemonnaie *n*; Geldbörse *f*
búð F ⟨-ar, -ir⟩ Laden *m*, Geschäft *n*; **~arverð** N Ladenpreis *m*
búðingur M ⟨-s, -ar⟩ Pudding *m*
búfé N Vieh *n*
buff N ⟨-s, -⟩ Beefsteak *n*
buffall M ⟨-als, -lar⟩ Büffel *m*
búfræðingur M ⟨-s, -ar⟩ Landwirt *m*, Agronom *m*
búgarður M Gut *n*
bugða ⟨-u, -ur⟩ Kurve *f*, Biegung *f*
bú|inn fertig; aufgebraucht; **að svo búnu** danach, darauf; **við svo búið** unverrichteter Dinge
bújörð F Bauernhof *m*
búkur M ⟨-s, -ar⟩ Rumpf *m*
bull N ⟨-s, -⟩ dummes Zeug; **~a** dummes Zeug reden
bulla F ⟨-u, -ur⟩ TECH Kolben *m*
bumba F ⟨-u, -ur⟩ Trommel *f*; Bauch *m*
buna F ⟨-u, -ur⟩ Wasserstrahl *m*
búnaðar|félag N Landwirtschaftsgesellschaft *f*; **~skóli** M Landwirtschaftsschule *f*; **~þing** N landwirtschaftlicher Kongress
búningur M ⟨-s, -ar⟩ (besondere) Kleidung *f*
bunki M ⟨-a, -ar⟩ Stapel *m*
búr N ⟨-s, -⟩ Vorratskammer *f*; Käfig *m*
burðargjald N Postgebühr *f*
bursla planschen
burst|a bürsten; **~i** M ⟨-a, -ar⟩ Bürste *f*
burt weg, fort; **~fararpróf** N Abschlussexamen *n*; **~för** F Abreise *f*; Abfahrt *f*; **~vera** F Abwesenheit *f*
búsafurðir FPL Landwirtschaftserzeugnisse *pl*

bú|skapur M ⟨-ar⟩ Landwirtschaft *f*; Haushalt *m*; **~slóð** F Hausrat *m*; **~staður** M Ferienhaus *n*; Wohnstätte *f*

bux|nadragt F Hosenanzug *m*; **~naklauf** F ⟨-ar, -ir⟩ Hosenschlitz *m*; **~ur** FPL Hose *f*

býfluga F Biene *f*

bygg N ⟨-s⟩ Gerste *f*; **~ing** F ⟨-ar, -ar⟩ Bau *m*, Gebäude *n*; **~ingarlist** F Architektur *f*; **~ingarvörur** FPL Baumaterialien *pl*

byggja bauen

bylgja F ⟨-u, -ur⟩ Woge *f*; Welle *f*

bylt|a F ⟨-u, -ur⟩ Fall *m*; **~ing** F ⟨-ar, -ar⟩ Revolution *f*; Umwälzung *f*

bylur M ⟨-s⟩ Windstoß *m*; Schneesturm *m*

byr M ⟨-s⟩ günstiger Wind; Rückenwind *m*

byrði F ⟨-ar, -ar⟩ Last *f*, Bürde *f*

byrja anfangen, beginnen; **~ndi** M ⟨-anda, -endur⟩ Anfänger *m*

byrjun F ⟨-unar, -anir⟩ Anfang *m*, Beginn *m*; **~arstig** N Anfangsstadium *n*; **~arörðugleikar** MPL Anfangsschwierigkeiten *pl*

byrstur barsch

býsna ziemlich

byssa F ⟨-u, -ur⟩ Flinte *f*, Gewehr *n*

bæði: **~** ... **og** sowohl ... als auch

bæjar|bókasafn N Stadtbücherei *f*; **~búi** M ⟨-a, -ar⟩ Stadtbewohner *m*; **~fulltrúi** M Stadtverordnete(r) *m/f(m)*; **~ráð** N Stadtrat *m*; **~skrifstofur** FPL Stadtkanzlei *f*; **~stjóri** M ⟨-a, -ar⟩ Bürgermeister *m*; **~stjórn** F Magistrat *m*

bækistöð F Quartier *n*; Aufenthaltsort *m*

bækl|aður behindert; **~ingur** M ⟨-s, -ar⟩ Broschüre *f*

bæn F ⟨-ar, -ir⟩ Gebet *n*; Bitte *f*; **~abók** F Gebetbuch *n*

bændagisting F Übernachtung *f* auf dem Bauernhof

bær M ⟨-jar, -ir⟩ Stadt *f*; Bauernhof *m*, Gut *n*, Farm *f*

bæta verbessern; ersetzen; **~ ráð sitt** sich bessern

bætiefni N Vitamin *n*

böðull M ⟨-uls, -lar⟩ Henker *m*

böggla zerknüllen

bögglapóstur M Paketpost *f*

böggull M ⟨-uls, -lar⟩ Paket *n*

böl N ⟨-s⟩ Unglück *n*; **~sýni** F *od* N ⟨-s⟩ Pessimismus *m*; **~sýnn** pessimistisch

bölv|a fluchen; verfluchen, verwünschen; **~un** F ⟨-ar⟩ Unglück *n*

börkur M ⟨barkar, berkir⟩ Rinde *f*

börur FPL Bahre *f*; Tragbahre *f*

D

dá **1** N ⟨-s⟩ Winterschlaf *m*; Scheintod *m*; Koma *n* **2** bewundern; **~st**: **~ að e-u** etw bewundern
dádýr N Damhirsch *m*
dáð F ⟨-ar, -ir⟩ Tat *f*; Mut *m*
daðla F ⟨döðlu, döðlur⟩ Dattel *f*
daðra flirten
daður N ⟨-s⟩ Flirt *m*
dafna gedeihen
daga: **það ~r** der Tag bricht an; **~tal** N ⟨-s, -töl⟩ Kalender *m*
dag|blað N Tageszeitung *f*; **~bók** F Tagebuch *n*
dag|heimili N Kindergarten *m*; **~kaup** N, **~laun** NPL Tagelohn *m*; **~legur** täglich
dag|renning F ⟨-ar⟩ Tagesanbruch *m*; **~sbirta** F Tageslicht *n*
dag|setja datieren; **~setning** F ⟨-ar, -ar⟩ Datierung *f*; Datum *n*; **~setur** N Sonnenuntergang *m*; **~sferð** F Tagesausflug *m*; **~skrá** F Tagesordnung *f*; Programm(heft) *n*; **~sljós** N Tageslicht *n*
dag|stjarna F Morgenstern *m*; **~stofa** F Wohnzimmer *n*
dagsverk N Tagewerk *n*
dagur M ⟨-s, -ar⟩ Tag *m*; **á daginn** am Tage, tagsüber; **í dag** heute; **í fyrradag** vorgestern; **eftir minn dag** nach meinem Tod
dáinn gestorben; tot
dá|leiða hypnotisieren; **~leiðsla** F ⟨-u, -ur⟩ Hypnose *f*
dálítið ein wenig, etwas
dálkur M ⟨-s, -ar⟩ (Zeitungs-)Spalte *f*
dalur M ⟨-s, -ir⟩ Tal *n*; Taler *m*; Dollar *m*
dama F ⟨dömu, dömur⟩ Dame *f*
dánar|bú N Nachlass *m*; **~orsök** F Todesursache *f*; **~tala** F Sterblichkeit *f*; **~vottorð** N Totenschein *m*
Dan|i M ⟨-a, -ar⟩ Däne *m*; **~mörk** F ⟨-merkur⟩ Dänemark *n*
dans M ⟨-, -ar⟩ Tanz *m*; **~a** tanzen
dansk|a F ⟨dönsku⟩ Dänisch *n*; **~ur** dänisch
dans|leikur M Ball *m*, Tanz *m*; **~mær** F Tänzerin *f*; **~staður** M Tanzlokal *n*
dapur traurig, niedergeschlagen; **~leiki** M ⟨-a⟩ Trauer *f*, Kummer *m*
dá|sama bewundern; loben; **~samlegur** wunderbar
dauða|dómur M Todesurteil *n*; **~hegning** F ⟨-ar, -ar⟩ Todesstrafe *f*; **~stríð** N Todeskampf *m*
dauði M ⟨-a, -ar⟩ Tod *m*

dauð|legur sterblich; **~lúinn** todmüde; **~ur** tot; **~veikur** todkrank; **~þreyttur** todmüde
daufdumbur *neg!* taubstumm
daufur matt
daun|a stinken; **~illur** stinkend; **~n** M ⟨-s⟩ Gestank *m*
deig N ⟨-s, -⟩ Teig *m*; **~la** F ⟨-u, -ur⟩ Feuchtigkeit *f*; Tiegel *m*; **vera í deiglunni** in Vorbereitung sein
deigur feucht; ängstlich
deila 1 F ⟨-u, -ur⟩ Streit *m* 2 streiten; teilen; dividieren
deild F ⟨-ar, -ir⟩ Abteilung *f*; Institut *n*; (*Universität*) Fakultät *f*; **efsta ~in í fótbolta** Bundesliga *f*; **~arstjóri** M ⟨-a, -ar⟩ Abteilungsleiter *m*
deiling F ⟨-ar⟩ MATH Division *f*
dekk N ⟨-s, -⟩ Deck *n*; Reifen *m*
demant(ur) M ⟨-s, -ar⟩ Diamant *m*
depill M ⟨-ils, -lar⟩ Punkt *m*; kleiner Fleck *m*
desember M (*undekl*) Dezember *m*
detta fallen; stürzen; **e-m dettur e-ð í hug** j-m fällt etw ein; **~ ofan á e-ð** auf etw (*akk*) stoßen; **það er dottið úr mér** es ist mir entfallen
deyða töten
deyja sterben
digur dick; korpulent
díki N ⟨-s, -⟩ Sumpf *m*
dimma 1 F ⟨-u⟩ Dunkel *n* 2 dunkel werden
dirfast sich erdreisten
dirfska F ⟨-u⟩ Kühnheit *f*; Mut *m*
dís F ⟨-ar, -ir⟩ Göttin *f*; Fee *f*
dísilolía M Diesel *m*
diskur M ⟨-s, -ar⟩ Teller *m*; **fljúgandi ~** fliegende Untertasse *f*, UFO *n*; *IT* **harður ~** Festplatte *f*
djákni M ⟨-a, -ar⟩ Küster *m*
djarfur mutig; kühn
djúp N ⟨-s, -⟩ Tiefe *f*; **~ur** tief; **~vitur** tiefsinnig
djöful|l M ⟨-uls, -lar⟩ Teufel *m*; **~óður** besessen
doktor M ⟨-s, -ar⟩ Doktor *m*
dóm|abók F Gerichtsprotokoll *n*; **~ari** M ⟨-a, -ar⟩ Richter *m*; (*Sport*) Schiedsrichter *m*; **~gerð** F Gerichtsverhandlung *f*; **~greind** F Urteilsvermögen *n*; **~gæsla** F Rechtspflege *f*; **~kirkja** F Dom *m*; **~nefnd** F Jury *f*, Preisrichterausschuss *m*
dómsdagur M das Jüngste Gericht
dómsmála|ráðherra M Justizminister *m*; **~ráðuneyti** N Justizministerium *n*
dóm|stóll M JUR Gericht *n*; **~súrskurður** M Gerichtsbeschluss *m*
dómur M ⟨-s, -ar⟩ Urteil *n*; Gericht *n*; **að mínum dómi**

meines Erachtens
dós F ‹-ar, -ir› Büchse *f*, Dose *f*; **~ahnífur** M Dosenöffner *m*; **~amatur** M Konserven *pl*
dósent M ‹-s, -ar› Dozent *m*
dót N ‹-s› Gepäck *n*; Sachen *mpl*; Spielsachen *mpl*
dóttir F ‹-ur, dœtur› Tochter *f*
draga ziehen; **~ e-n á tálar** betrügen; verführen; **~ frá** abziehen; **~ fram** hervorziehen
dramb N ‹-s› Hochmut *m*; **~samur** hochmütig
dráp N ‹-s, -› Totschlag *m*, Töten *n*
dráttar|afl N Zugkraft *f*; **~taug** F Abschleppseil *n*; **~vél** F Traktor *m*
draugur M ‹-s, -ar› Gespenst *n*
draum|óramaður M Träumer *m*, Schwärmer *m*; **~ráðning** F Traumdeutung *f*; **~ur** M ‹-s, -ar› Traum *m*
dreif|a (e-u etw) verteilen; zerstreuen, ausstreuen; **~ibréf** N Rundschreiben *n*
drekka trinken; saufen; **~ndi, ~nlegur** trinkbar; **~nlegur** trinkbar
drekkja ertränken
drenglyndi N ‹-s› Großmut *f*; Anständigkeit *f*
drengskaparorð N Ehrenwort *n*
drengur M ‹-s, -ir› Junge *m*; *fig* edler Mensch
drepa töten; **~ á dyr** anklopfen
dreym|a träumen; **mig dreymir** ich träume; **~inn** träumerisch
drífa **1** F ‹-u, -ur› Schneegestöber *n* **2** treiben; schneien; **~ sig** sich beeilen; **~ndi** energisch
drifhjól N TECH Getriebe *n*
drjúgur dünkelhaft; bedeutend
drjúpa tröpfeln, triefen
dropi M ‹-a, -ar› Tropfen *m*
drottinn M ‹-s› Herrgott *m*
drottn|a herrschen; **~ing** F ‹-ar, -ar› Königin *f*; (*Schach*) Dame *f*; **~unargjarn** herrschsüchtig
drukkinn betrunken
drukkna ertrinken
druslulegur liederlich, schlampig
drýgja ausüben; begehen; **~ glæp** ein Verbrechen begehen
drykkjarvatn N Trinkwasser *n*
drykkju|maður M Trinker *m*; **~peningar** MPL Trinkgeld *n*; **~skapur** M ‹-s› Trunkenheit *f*; Saufen *n*
drykkur M ‹-jar, -ir› Getränk *n*; **áfengir drykkir** *mpl* alkoholische Getränke *pl*
drynja dröhnen
dúfa F ‹-u, -ur› Taube *f*
dufl N ‹-s, -› Boje *f*; *sl* Flirt *m*
dúfnahús N Taubenschlag *m*
duft N ‹-s, -› Puder *m*; Pulver

n
duga helfen; taugen; ausreichen
dug|legur tüchtig; **~lítill** untüchtig; **~naður** M ‹-ar› Tüchtigkeit *f*; Energie *f*
dúkka F ‹-u, -ur› Puppe *f*
dúkur M ‹-s, -ar› Tischdecke *f*; Stoff *m*
dularfullur geheimnisvoll; mystisch
dul|búa verkleiden; **~búinn** verkleidet; **~mál** N Code *m*; **~málslykill** M Codeschlüssel *m*; **~nefni** N ‹-s, -› Pseudonym *n*; **~speki** F Esoterik *f*; **~spekingur** M Esoteriker *m*
dulur verschlossen, reserviert
dún|n M ‹-s› Daune *f*; Flaum *m*; **~sæng** F Daunenbett *n*
duttlung|afullur launisch, launenhaft; **~ur** M ‹-s, -ar› Marotte *f*
dúx M ‹-s, -ar› (*Schule*) Klassenbeste(r) *m/f(m)*, Primus *m*
dvalarstaður M Aufenthaltsort *m*
dveljast sich aufhalten
dvergur M ‹-s, -ar› Zwerg *m*
dvína V/I nachlassen; aufhören
dvöl F ‹dvalar, dvalir› Aufenthalt *m*
dýfa eintauchen (**í** in *akk*)
dyggð F ‹-ar, -ir› Tugend *f*; Treue *f*
dyggur treu
dylja verbergen; verhehlen
dýna F ‹-u, -ur› Matratze *f*
dynja ertönen; **hvað sem á dynur** was auch geschehen mag; **~ndi rigning** *f* Platzregen *m*
dýpi N ‹-s, -› Tiefe *f*
dýpka vertiefen; tiefer werden
dyr FPL Tür *f*; **~abjalla** F Türklingel *f*
dýr **1** N ‹-s, -› Tier *n* **2** teuer
dýra|fræði F Zoologie *f*; **~fræðingur** M ‹-s, -ar› Zoologe *m*; **~garður** M Zoo *m*, Zoologischer Garten; **~læknir** M Tierarzt *m*
dyravörður M Pförtner *m*, Portier *m*
dýrð F ‹-ar, -ir› Herrlichkeit *f*; **~legur** herrlich
dýrgripur M ‹-s, -ir› Kleinod *n*; Kostbarkeit *f*; *pl* Juwelen *pl*
dýrka anbeten; vergöttern; **~ndi** M ‹-anda, -endur› Anbeter *m*
dýrkun F ‹-unar, -anir› Anbetung *f*
dýr|legur herrlich; **~lingur** M ‹-s, -ar› Heilige(r) *m/f(m)*; **~mætur** wertvoll, kostbar; **~slegur** tierisch; bestialisch
dýrtíð F Teuerung *f*
dægra|dvöl F, **~stytting** F ‹-ar, -ar› Zeitvertreib *m*
dægurlag N Schlager *m*
dæla **1** F ‹-u, -ur› Pumpe *f*; Spritze *f* **2** pumpen; spritzen
dæld F ‹-ar, -ir› Niederung *f*; Vertiefung *f*

dæma ein Urteil sprechen *od* fällen, Recht sprechen, urteilen; **~ um e-ð** etw beurteilen; **~laus** unerhört, beispiellos

dæmi N ⟨-s, -⟩ Beispiel *n*; MATH Aufgabe *f*; **til ~s (t. d.)** zum Beispiel (z.B.); **~gerður** typisch; **~saga** F Fabel *f*; Gleichnis *n*

dögg F ⟨daggar, daggir⟩ Tau *m*

dögun F ⟨-ar⟩ Morgendämmerung *f*; Tagesanbruch *m*

dökk|blár dunkelblau; **~hærður** dunkelhaarig; **~na** dunkeln, dunkel werden; **~rauður** dunkelrot; **~ur** dunkel

dömubindi N Damenbinde *f*

E

edik N ⟨-s⟩ Essig *m*

edrú nüchtern

eða oder; **annaðhvort … ~** entweder … oder

eðla F ⟨-u, -ur⟩ Eidechse *f*

eðli N ⟨-s⟩ Natur *f*; Beschaffenheit *f*; **~legur** natürlich

eðlis|far N ⟨-s⟩ Natur *f*; Wesen *n*; **~fræði** F Physik *f*; **~fræðingur** M ⟨-s, -ar⟩ Physiker *m*; **~hvöt** F Instinkt *m*

ef wenn, falls

ef|a zweifeln; **~agjarn** skeptisch; **~alaust** zweifellos; **~asemd** F ⟨-ar, -ir⟩ Zweifel *m*, Bedenken *n*; **~ast** zweifeln; **~i** M ⟨-a⟩ Zweifel *m*; **án efa** ohne Zweifel; **draga e-ð í efa** etw bezweifeln

efl|a fördern; **~ing** F ⟨-ar⟩ Förderung *f*

efna erfüllen, halten; **~ loforð** ein Versprechen halten; **~breyting** F chemische Reaktion; Stoffwechsel *m*; **~ður** vermögend, wohlhabend; **~fræði** F Chemie *f*; **~fræðingur** M ⟨-s, -ar⟩ Chemiker *m*; **~greining** F ⟨-ar, -ar⟩ chemische Analyse

efna|hagsmál NPL Ökonomie *f*, Wirtschaft *f*; **~hagsvandamál** N Wirtschaftsproblem *n*; **~hagur** M ökonomische Verhältnisse *pl*; **~laug** F chemische Reinigung; **~laus** arm; **~rafali** M ⟨a, -ar⟩ Brennstoffzelle *f*

efni N ⟨-s, -⟩ Stoff *m*; Inhalt *m*; Material *n*; *pl* Vermögen *n*; **hafa ekki ~ á e-u** sich (*dat*) etw nicht leisten können; **~shyggja** F Materialismus *m*; **~shyggjumaður** M Materialist *m*; **~smaður** M ein vielversprechender Mann; **~syfirlit** N Inhaltsverzeichnis *n*

efri der obere; der höhere

efstur der oberste, der höchste; der beste

eftir nach, gemäß; **senda ~**

e-m nach j-m schicken; **~ tvo daga** nach (*od* in) zwei Tagen; **sjá ~ e-u** etw bereuen; **~ atvikum** den Umständen nach; **ár ~ ár** Jahr für Jahr; **~ á** hinterher; **á ~** nachher

eftirbátur M: **vera ~ e-s** hinter j-m zurückstehen; j-m unterlegen sein

eftirbreytnisverður vorbildlich, musterhaft

eftir|farandi folgend, nachstehend; **~för** F Verfolgung *f*

eftir|grennslun F ⟨-unar, -anir⟩ Nachforschung *f*, Ermittlung *f*; **~herming** F ⟨-ar, -ar⟩ Nachahmung *f*; **~komandi** M ⟨-anda, -endur⟩ Nachkomme *m*; **~köst** NPL Nachwirkungen *pl*, Folgen *pl*; **~látur** fügsam; **~laun** NPL Pension *f*; Rente *f*; **~líking** F Nachahmung *f*; **~lit** N ⟨-s⟩ Kontrolle *f*, Aufsicht *f*; **hafa ~lit með e-u** kontrollieren; **~litsmaður** M Aufseher *m*; **~læti** N ⟨-s, -⟩ Liebling *m*; Gunst *f*

eftir|maður M Nachfolger *m*; **~matur** M Nachspeise *f*; **~miðdagur** M Nachmittag *m*; **~minnilega** nachdrücklich; **~mynd** F Abbild *n*, Ebenbild *n*; Nachbildung *f*; **~mæli** NPL Nachruf *m*; **~nafn** N Nachname *m*; **~réttur** M Nachspeise *f*; **~rit** N Abschrift *f*; Kopie *f*; **~sóttur** gesucht, begehrt; **~spurn** F Nachfrage *f*; **~stöðvar** FPL Rückstand *m*; Rest *m*; **~tekt** F ⟨-ar, -ir⟩ Aufmerksamkeit *f*

eftirtektar|samur aufmerksam; **~verður** beachtenswert

eftir|vinna F Überstunden *fpl*; **~vænting** F ⟨-ar, -ar⟩ Spannung *f*; Erwartung *f*; **~væntingarfullur** erwartungsvoll

ég ich

egg **1** N ⟨-s, -⟩ Ei *n* **2** F ⟨-jar, -jar⟩ (*Messer*) Schneide *f*; **~ing** F ⟨-ar⟩ Antrieb *m*, Aufforderung *f*; **~ja** anspornen; aufreizen, reizen

eggja|bikar M Eierbecher *m*; **~hvíta** F Eiweiß *n*; **~kaka** F Eierkuchen *m*; **~rauða** F ⟨-u, -ur⟩ Eidotter *m/n*, Eigelb *n*; **~skurn** F/N Eierschale *f*; **~stokkur** M ⟨-s, -ar⟩ Eierstock *m*; **~suðutæki** N Eierkocher *m*

egglaga eiförmig, oval

eið|festa beeiden; beschwören; **~svarinn** vereidigt; **~ur** M ⟨-s, -ar⟩ Eid *m*, Schwur *m*; **vinna (sverja) eið** e-n Eid ablegen

eiga **1** F ⟨-u, -ur⟩ Eigentum *n*, Besitz *m* **2** besitzen, haben; sollen; **~ndi** M ⟨-anda, -endur⟩ Besitzer *m*, Eigentümer *m*; Inhaber *m*

eigin|girni F (*undekl*) Egoismus *m*, Selbstsucht *f*; **~gjarn** egoistisch; **~hönd**: **með eig-**

in **hendi** eigenhändig; **~kona** F Ehefrau *f*; **~lega** eigentlich; **~leiki** M ‹-a, -ar› Eigenschaft *f*; Eigenart *f*; **~maður** M Ehemann *m*
eiginn eigen; **upp á eigin spýtur** auf eigene Faust
eign F ‹-ar, -ir› Besitz *m*, Eigentum *n*
eignar|fall N Genitiv *m*; **~nám** N Enteignung *f*, Verstaatlichung *f*; **~réttur** M Eigentumsrecht *n*; **~skattur** M Eigentums- *od* Vermögenssteuer *f*
eigna|st in den Besitz von etw kommen; **~tjón** N Sachschaden *m*
eik F ‹-ar, -ur› Eiche *f*
eilífð F ‹-ar› Ewigkeit *f*
eilífur ewig
eim|reið F ‹-ar, -ir› Lokomotive *f*; **~skip** N Dampfschiff *n*
einangr|a isolieren; **~un** F ‹-unar, -anir› Isolation *f*; Isolierung *f*; **~unarband** N Isolierband *n*; **~unardýna** F Isomatte *f*
einarður freimütig
ein|beiting F Konzentration *f*; **~beittur** entschlossen; **~býlishús** N Einfamilienhaus *n*, Villa *f*
ein|dreginn entschieden; **~faldur** einfach; einfältig; **~göngu** ausschließlich, nur; **~hliða** einseitig; **~huga** einig; **~hver** irgendein(er), (irgend)jemand; **~n tíma** irgendwann; **~n veginn** irgendwie; **~s staðar** irgendwo; **~hæfur** einseitig
eining F ‹-ar, -ar› Einigkeit *f*; Einheit *f*; Harmonie *f*
einka|barn N Einzelkind *n*; **~framtak** N Eigeninitiative *f*; **~leyfi** N Patent *n*; **~líf** N Privatleben *n*; **~mál** N Privatsache *f*; **~nlega** besonders; **~ritari** M Privatsekretär *m*, Privatsekretärin *f*; **~sala** F Monopol *n*; **~umboð** N Alleinvertretung *f*
einkenn|a kennzeichnen; **~i** N ‹-s, -› Kennzeichnen *n*; Eigenart *f*; Symptom *n*; **~ilegur** eigenartig, eigentümlich
einkennisbúningur M Uniform *f*
einkum besonders
einkunn F ‹-ar, -ir› (*Schule*) Zeugnis *n*; Prädikat *n*; Zensur *f*; **~arorð** N Wahlspruch *m*; Motto *n*
ein|kvæður einsilbig; **~lyftur**: **einlyft hús** einstöckiges Haus; **~lægni** F (*undekl*) Aufrichtigkeit *f*; **~lægur** aufrichtig; **~mana** einsam; **~mitt** ADV eben, gerade
einn allein(e); *num.* ein(s); **~a bestur** einer von den besten; **~ig** auch; **í einu** auf einmal; zugleich; **einu sinni** einmal
ein|okun F ‹-unar, -anir› Monopol *n*; **~radda(ður)** MUS einstimmig; **~róma** (*Wahl*) einstimmig; **~ræði** N

⟨-s⟩ Diktatur *f*; **~ræðisherra** M Diktator *m*; **~rænn** menschenscheu
eins gleich; **alveg ~** völlig gleich; **~ og** sowie; **~ … og** ebenso … wie; **undir ~** sofort
einsamall allein(e)
eins|kis: **til ~** nutzlos; **~kisverður** wertlos; **~konar** eine Art von
einskorða beschränken; **~ sig við e-ð** sich auf (*akk*) etw versteifen
ein|skær lauter, rein; **~staka** einzeln; **~ sinnum** selten; **~staklingur** M ⟨-s, -ar⟩ Individuum *n*; **~stæður** einmalig; alleinstehend; **~söngvari** M Solist *m*; **~tak** N Exemplar *n*; **~tal** N Monolog *m*; **~tómur** bloß; **~veldi** N ⟨-s⟩ Monarchie *f*; **~vera** F ⟨-u⟩ Einsamkeit *f*; Alleinsein *n*; **~vígi** N Duell *n*; **~þykkur** eigensinnig
eir M ⟨-s⟩ Kupfer *n*
eirðarlaus rastlos
eitill M ⟨-ils, -lar⟩ Drüse *f*; Mandel *f*
eitraður giftig
eitthvað etwas
eitur N ⟨-s, -⟩ Gift *n*
eiturlyf N Droge *f*; **~janeysla** F Drogenkonsum *m*; **~janeytandi** M Drogenkonsument *m*; **~jasjúklingur** M Drogenabhängige(r) *m*/*f*(*m*); **~jasjúkur** drogenabhängig
ekkert nichts
ekki **1** M ⟨-a, -ar⟩ Schluchzen *n* **2** ADV nicht
ekk|ja F ⟨-u, -ur⟩ Witwe *f*; **~jumaður** M Witwer *m*
elda kochen; **~st** altern; **~vél** F Herd *m*
eld|fastur feuerfest; **~fimur** leicht entzündbar, feuergefährlich; **~fjall** N Vulkan *m*; **~gígur** M Krater *m*; **~gos** N Vulkanausbruch *m*; **~hugi** M ⟨-a⟩ Enthusiasmus *m*, Begeisterung *f*; Enthusiast *m*; **~hús** N Küche *f*; **~húsvifta** F ⟨-u, -ur⟩ Dunstabzugshaube *f*
eldhætta F Feuergefahr *f*; Brandgefahr *f*
elding F ⟨-ar, -ar⟩ Blitz *m*; **~avari** M ⟨-a, -ar⟩ Blitzableiter *m*
eld|rauður feuerrot; **~raun** F Feuerprobe *f*
eldsneyti N ⟨-s⟩ Brennstoff *m*; **taka ~** (auf)tanken
eld|spýta F Streichholz *n*; **~spýtnastokkur** M ⟨-s, -ar⟩ Streichholzschachtel *f*
eld|traustur feuerfest; **~unaraðstaða** F Kochgelegenheit *f*; Kochnische *f*; **~ur** M ⟨-s, -ar⟩ Feuer *n*
ella sonst
elli F (*undekl*) hohes Alter; **~styrkur** M (Alters-)Rente *f*; **~ær** senil
elska **1** F Liebe *f*; Schatz *m*; **~n mín** mein Schatz **2** lieben

elskhugi M ‹-a, -ar› Liebhaber *m*; Geliebte *m*
elta verfolgen
embætti N ‹-s, -› Amt *n*; **~sbróðir** M Kollege *m*; **~skona** F Beamtin *f*; **~smaður** M Beamte *m*; **~spróf** N Staatsexamen *n*
en aber
enda beenden; *v/i* enden, ausgehen; **~laus** endlos, unendlich; **~st** dauern; ausreichen; **~stöð** F Endstation *f*
endi M ‹-a, -ar› Ende *n*; **á endanum** zum Schluss; **~lega** unbedingt
endingargóður dauerhaft; haltbar
endir M ‹-s› Schluss *m*, Ende *n*
endur|borga zurück(be)zahlen; **~bót** F Reform *f*; **~bótamaður** M Reformer *m*; **~bæta** verbessern; reparieren; **~gjald** N Bezahlung *f*; **~gjalda** zurück(be)zahlen; **~greiðsla** F Rückzahlung *f*; **~hljóma** widerhallen; **~kast** N Reflexion *f*; **~minning** F Erinnerung *f*; **~nýja** erneuern; **~næring** F Erholung *f*; **~ómur** M Nachklang *m*; **~prenta** neu auflegen; **~rit** N Abschrift *f*; **~segja** nacherzählen; **~skipan** F Umgestaltung *f*; **~skoða** revidieren; **~skoðandi** M ‹-anda, -endur› Revisor *m*; **~taka** wiederholen; **~tekning** F ‹-ar, -ar› Wiederholung *f*
engi N ‹-s, -› Wiese *f*
engill M ‹-ils, -lar› Engel *m*
engilsaxneskur angelsächsisch
enginn niemand; kein(er)
engispretta F ‹-u, -ur› Heuschrecke *f*
Eng|land N England *n*; **~lendingur** M ‹-s, -ar› Engländer *m*
enn(þá) (immer) noch; **ekki ~** noch nicht; **~ betri** noch besser
enni N ‹-s, -› Stirn *f*
ensk|a F ‹-u› Englisch *n*; **~unám** N Anglistik *f*; **~ur** englisch
epl|atré N Apfelbaum *m*; **~i** N ‹-s, -› Apfel *m*
er **1** KONJ wenn, als **2** PRON der (die, das); welche(-r, -s)
erfa erben
erfða|fjárskattur M Erbschaftssteuer *f*; **~réttur** M Erbrecht *n*; **~skrá** F Testament *n*; **~synd** F Erbsünde *f*; **~venja** F Tradition *f*
erfiði N ‹-s› schwere Arbeit; Mühe *f*; **~smaður** M Schwerarbeiter *m*; **~svinna** F Schwerarbeit *f*
erfið|leiki M ‹-a, -ar› Schwierigkeit *f*; **~ur** schwer, schwierig
erfingi M ‹-ja, -jar› Erbe *m*
erindi N ‹-s, -› Besorgung *f*; Auftrag *m*; Vortrag *m*; **~reki** M Agent *m*; Beauftragte *m*, Bevollmächtigte *m*

erindisleysa: **hann fór erindisleysu** er kam unverrichteter Dinge zurück
erkibiskup M Erzbischof *m*
erlend|is im Ausland; **~ur** ausländisch
Ermarsund N Ärmelkanal *m*
ermi F ⟨-, -ar⟩ Ärmel *m*
ern rüstig
erta **1** F ⟨-u, -ur⟩ Erbse *f* **2** V/T reizen, necken
ESB N EU *f*
eski N ⟨-s, -⟩ Esche *f*
Eskimói M ⟨-a, -ar⟩ *neg!* Eskimo *m*
espressó ⟨-s, -⟩ M Espresso *m*
éta (*Tier*) fressen
evra ⟨-u, -ur⟩ F Euro *m*
Evrópa F ⟨-u⟩ Europa *n*
evrópskur europäisch
Evrópu|bikar M Europapokal *m*; **~maður** M Europäer *m*; **~sambandið** N Europäische Union *f*
evrusent N Eurocent *m*
ey F ⟨-jar, -jar⟩ Insel *f*
eyða **1** F ⟨-u, -ur⟩ Lücke *f* **2** verbrauchen; verschwenden; (*Zeit*) verbringen; (*Land*) verwüsten
eyði|leggja vernichten; verwüsten; **~legur** wüst; einsam; **~mörk** F ⟨-merkur, -merkur⟩ Wüste *f*; **~ng** F ⟨-ar⟩ Verwüstung *f*; Vernichtung *f*
eyðisandur M Sandwüste *f*
eyðni F (*undekl*) Aids *n*
eyðsla F ⟨-u⟩ Verbrauch *m*; Verschwendung *f*
eyðslusamur verschwenderisch
eyðublað N Formular *n*, Vordruck *m*
eyja F ⟨-u, -ur⟩ Insel *f*
Eyjahaf N Archipel *m*; Inselmeer *n*
eyja|klasi M Inselgruppe *f*; **~rskeggi** M ⟨-ja, -jar⟩ Inselbewohner *m*
eymd F ⟨-ar⟩ Elend *n*, Jammer *m*
eyra N ⟨-a, -u⟩ Ohr *n*; Henkel *m*; **reisa** *od* **sperra eyrun** die Ohren spitzen
eyrarvinna F Hafenarbeit *f*
eyri F ⟨-ar, -ar⟩ Sandbank *f*; **~r** M ⟨-s, aurar⟩ (*Münze*) Öre *f*
eyrna|dropar MPL Ohrentropfen *mpl*; **~lokkur** M Ohrring *m*; **~læknir** Ohrenarzt *m*; **~ verkur** M Ohrenschmerzen *pl*
Eystrasalt N Ostsee *f*
eystri östlicher, weiter östlich

F

fá bekommen, erhalten; **~ e-m e-ð** j-m etw übergeben; **~ e-u áorkað** etw zustande bringen
fáanlegur erhältlich; erreichbar
fá|bjáni M Idiot *m*; **~breytni**

F (undekl) Einförmigkeit *f*; **~breyttur** einförmig; eintönig; **~brotinn** einfach, dürftig
fádæma außerordentlich
faðerni N ‹-s› Vaterschaft *f*
faðir M ‹föður, feður› Vater *m*
Faðirvorið das Vaterunser
faðm|a umarmen; **~lag** N Umarmung *f*; **~ur** M ‹-s, -ar› Arme *pl*
fá|einir MPL (**~einar** FPL, **~ein** NPL) einige *pl*; **~fróður** unwissend; **~fræði** F Unwissenheit *f*
fag N ‹-s, fög› Fach *n*
fág|a putzen; **~aður** *fig* kultiviert
fagfélag N Gewerkschaft *f*
fagna: ~ **e-u** sich über etw (*akk*) freuen
fagnaðar|boðskapur M *od* **~erindi** N Evangelium *n*; **~læti** NPL Jubel *m*; **~tíðindi** NPL erfreuliche Nachricht
fagur schön; **~fræði** F Ästhetik *f*; **~fræðingur** M ‹-s, -ar› Ästhet *m*
fá|gætur selten; **~kunnandi** unwissend; **~kunnátta** F Unwissenheit *f*
faldur M ‹-s, -ar› Saum *m*
fálki M ‹-a, -ar› Falke *m*
fall N ‹-s, föll› Fall *m*, Sturz *m*; GRAM Kasus *m*; **~a** fallen; **~beyging** F Deklination *f*; **~beygja** deklinieren; **~egur** schön; **~hlíf** F Fallschirm *m*; **~valtur** vergänglich
fálma (umher)tasten; **~ri** M ‹-a, -ar› Fühler *m*
fals N ‹-› Falschheit *f*; Verfälschung *f*; **~a** (ver)fälschen; **~ari** M ‹-a, -ar› Fälscher *m*
falskur falsch
falur verkäuflich
fámáll wortkarg
fang|a ergreifen; **~abúðir** FPL Konzentrationslager *n*; **~aklefi** M Gefängniszelle *f*; **~amark** N Monogramm *n*; **~elsi** N ‹-s, -› Gefängnis *n*; **~i** M ‹-a, -ar› Gefangene(r) *m*/*f*(*m*)
fáni M ‹-a, -ar› Fahne *f*, Flagge *f*
far N ‹-s, för› Fahrgelegenheit *f*; Spur *f*; Abdruck *m*; Benehmen *n*
fár wenig; **fátt fólk** wenige Leute
fara gehen, reisen; ~ **að** mit etw beginnen; ~ **að sofa** schlafen gehen; ~ **fram hjá (e-m)** (an j-m) vorbei- *od* vorübergehen; ~ **í e-ð** sich anziehen; ~ **úr e-u** sich ausziehen; ~ **eftir e-u** sich nach etw richten
faraldur M ‹-s› Epidemie *f*; Pandemie *f*; Seuche *f*
farangur M ‹-s› Gepäck *n*; **~sgeymsla** F Gepäckaufbewahrung *f*
farar|stjóri M ‹-a, -ar› Reiseleiter *m*; **~tæki** N Beförderungsmittel *n*

farfugl M Zugvogel *m*; **~aheimili** N Jugendherberge *f*; **~aheimilisskírteini** N Jugendherbergsausweis *m*
farg N ⟨-s⟩ Druck *m*; schwere Last
fargjald N Fahrgeld *n*, Fahrpreis *m*
farmaður M Seefahrer *m*
farmgjald N Fracht *f*, Frachtgeld *n*
farmið|asala F Fahrkartenschalter *m*; **~i** M Fahrkarte *f*
farmskírteini N Frachtbrief *m*
farmur M ⟨-s, -ar⟩ Ladung *f*, Schiffsladung *f*; Fracht *f*
far|seðill M Fahrkarte *f*; **~sími** M Handy *n*; **~sótt** F Epidemie *f*; **~sæld** F ⟨-ar⟩ Glück *n*; **~sæll** glücklich; praktisch veranlagt; **~tölva** F Laptop *m*; **~vegur** M Flussbett *n*
fár|veikur schwer krank; **~viðri** N ⟨-s⟩ Orkan *m*
farþeg|aflutningur M Personenbeförderung *f*; **~amiðstöð** F (*Bus*) Terminal *m*; **~askip** N Passagierschiff *n*; **~i** M ⟨-a, -ar⟩ Passagier *m*, Fahrgast *m*
fas N ⟨-⟩ Wesen *n*, Haltung *f*, Auftreten *n*
fást: ~ **við e-ð** sich mit etw befassen *od* beschäftigen
fasta 1 F (*föstu, föstur*) Fasten *n* 2 fasten
fasta|gestur M Stammgast *m*; **~stjarna** F Fixstern *m*; **~svefn** M tiefer Schlaf
fast|eign F Immobilien *pl*; **~eignasali** M ⟨-a, -ar⟩ Immobilienmakler *m*; **~heldinn** konservativ; **~heldni** F (*undekl*) Konservatismus *m*
fastur fest, unverrückbar; **~ fyrir** standhaft
fat N ⟨-s, föt⟩ Schüssel *f*; Fass *n*; *pl* Kleidung *f*
fát N ⟨-s⟩ Verwirrung *f*
fata 1 F (*fötu, fötur*) Eimer *m* 2 einkleiden
fata|búð F Konfektionsgeschäft *n*; **~bursti** M Kleiderbürste *f*; **~efni** N Kleiderstoff *m*; **~geymsla** F Garderobe *f*
fata|skápur M Kleiderschrank *m*; **~snagi** M Kleiderhaken *m*
fatlaður behindert
fatnaður M ⟨-ar, -ir⟩ Bekleidung *f*, Kleider *pl*
fátæklingur M ⟨-s, -ar⟩ Arme(r) *m*/*f*(*m*)
fá|tækt F ⟨-ar⟩ Armut *f*; **~tækur** arm
fá|vís unwissend; **~viska** F Unwissenheit *f*, Dummheit *f*; **~viti** M ⟨-a, -ar⟩ Idiot *m*
fax N ⟨-, föx⟩ Mähne *f*; Faxgerät *n*; Fax *n* **senda ~** faxen; **~númer** F Faxnummer *f*
fé N ⟨fjár⟩ Vieh *n* (*besonders Schafe*); Geld *n*
febrúar M (*undekl*) Februar *m*
feðg|ar MPL Vater und Sohn; **~in** NPL Vater und Tochter

feginn froh
fégirnd F Geldgier *f*
fegra verschönern
fegurð F ‹-ar› Schönheit *f*
fé|hirðir M ‹-is, -ar› Kassierer *m*; **~hirsla** F ‹-u, -ur› Kasse *f*
feigur dem Tode geweiht; dem Tode nahe
feim|inn schüchtern; scheu; **~ni** F (*undekl*) Schüchternheit *f*
feit|i F (*undekl*) Fett *n*; Schmalz *n*; **~ur** fett; dick; beleibt
fela verstecken
félag N ‹-s, -lög› Verein *m*, Vereinigung *f*; Gesellschaft *f*; **~i** M ‹-a, -ar› Mitglied *n*; Kamerad *m*; Gefährte *m*
félags|fræði F Soziologie *f*; **~legur** sozial; **~lyndi** F (*undekl*) Geselligkeit *f*; **~lyndur** gesellig; **~mál** NPL Sozialpolitik *f*; **~skapur** M ‹-ar, -ir› Kameradschaft *f*; Vereinigung *f*
félaus ohne Geld, arm
feldur M ‹-s, -ir› Fell *n*
fell N ‹-s, -› Berg *m*
fella fällen, zu Fall bringen
fellibylur M Orkan *m*
felmtraður erschrocken
felustaður M Versteck *n*
fen N ‹-s, -› Sumpf *m*; Morast *m*
fénaður M ‹-ar› Schafe *pl*; Vieh *n*
fenna schneien
ferð F ‹-ar, -ir› Reise *f*; Fahrt *f*
ferða|apótek N Reiseapotheke *f*; **~ávísun** F Reisescheck *m*; **~áætlun** F Reiseplan *m*; Fahrplan *m*; **~bók** F Reiseschilderung *f*; **~bæklingur** M Reiseführer *m*; **~félag** Reiseveranstalter *m*; Reisegesellschaft *f*; **~félagi** M Reisegefährte *m*; **~handbók** F (*Buch*) Reiseführer *m*; **~kostnaður** M Reisekosten *pl*; **~maður** M Reisende *m*; Tourist *m*; **~mál** NPL Tourismus *m*; **~mannatími** M Hochsaison *f*; **ekki ~** Nebensaison *f*; **~saga** F Reiseschilderung *f*; **~sali** M Reiseveranstalter *m*; **~skrifstofa** F Reisebüro *n*
ferð|ast reisen; **~ataska** F Reisekoffer *m*; **~atékki** M Reisescheck *m*; **~atrygging** F Reiseversicherung *f*
ferfættur vierbeinig
ferja 1 F ‹-u, -ur› Fähre *f* 2 (*mit der Fähre*) übersetzen
ferju|maður M Fährmann *m*; **~staður** M Fährstelle *f*
fer|kílómetri M Quadratkilometer *m*; **~legur** ungeheuerlich; **~líki** N ‹-s, -› Ungeheuer *n*
ferma konfirmieren; (*Schiff*) laden; (*Wagen*) beladen
fermetri M Quadratmeter *m*
ferming F ‹-ar, -ar› Konfirmation *f*; Beladung *f* eines Schiffes
fermingarbarn N Konfirmand(in) *m(f)*

fernskonar viererlei
ferskeytla F ⟨-u, -ur⟩ *(eine Art)* Vierzeiler *m*
ferskja F ⟨-u, -ur⟩ Pfirsich *m*
ferskur frisch
fertugur vierzigjährig; **á fertugsaldri** in den Dreißigern
festa 1 F ⟨-u⟩ Halt *m*; Festigkeit *f*; Bestimmtheit *f* 2 befestigen; festmachen
fest|i F ⟨-ar, -ar⟩ Kette *f*; Seil *n*; **~ing** F ⟨-ar, -ar⟩ Befestigung *f*; Firmament *n*; **~ulaus** haltlos
fet N ⟨-s, -⟩ Schritt *m*; *(Maß)* Fuß *m*
feykja fliegen lassen; **~ burt** *v/t* wegwehen
fiðl|a F ⟨-u, -ur⟩ Geige *f*; **~uleikari** M Geiger *m*
fiðrildi N ⟨-s, -⟩ Schmetterling *m*
fiður N ⟨-s⟩ Gefieder *n*; Daunen *pl*; **~sæng** F Daunenbett *n*
fíf|a F ⟨-u, -ur⟩ Wollgras *n*; **~ill** M ⟨-ils, -lar⟩ Löwenzahn *m*
fífl N ⟨-s, -⟩ Narr *m*, Tor *m*
fífl|dirfska F Waghalsigkeit *f*; **~djarfur** waghalsig
fíkja F ⟨-u, -ur⟩ Feige *f*
fíkn F ⟨-ar⟩ Begierde *f*, Gier *f*; **~iefnalögregla** F Drogenfahnder *m*; **~iefnavandamál** N Drogenprobleme *pl*; **~iefni** NPL Drogen *pl*
fíl|abein N Elfenbein *n*; **~l** M ⟨-s, -ar⟩ Elefant *m*
filma F ⟨-u, -ur⟩ *(Kamera)* Film *m*
fimleika|kennari M Turnlehrer *m*; **~r** MPL Turnen *n*
fimm fünf; **~ hundruð** *npl* fünfhundert
fimmtudagur M Donnerstag *m*
fimur geschmeidig; wendig; gelenkig
fíngerður zart
fingraför NPL Fingerabdruck *m*
fingur M ⟨-s, -⟩ Finger *m*; **~björg** F Fingerhut *m*; **~gómur** M Fingerspitze *f*
fín|legur fein, elegant; **~n** fein, flott
finna finden; *(Land)* entdecken; **~ að e-u** etw bemängeln; **~ til** fühlen; **~ upp** erfinden; **~ndi** M ⟨-anda, -endur⟩ Finder *m*; **~st** sich treffen; meinen; empfinden; gefunden werden
Finn|i M ⟨-a, -ar⟩ Finne *m*; **~land** N Finnland *n*
finn|ska F ⟨-u⟩ Finnisch *n*; **~skur** finnisch
firra F ⟨-u, -ur⟩ Unsinn *m*
fisk|a fischen; **~afli** M Fischfang *m*
fiski F ⟨-jar⟩ Fischerei *f*; **~bátur** M Fischerboot *n*; **~bein** N Gräte *f*; **~flök** NPL Fischfilets *pl*; **~maður** M Fischer *m*; **~mið** NPL Fischgründe *pl*; **~net** N Fischnetz *n*;

~róður M Fischfang *m*; **~þorp** N Fischerdorf *n*
fisk|sali M ‹-a, -ar› Fischhändler *m*; **~ur** M ‹-s, -ar› Fisch *m*; **~veiðar** FPL Fischfang *m*
fistölva F Notebook *n*
fita **1** F ‹-u› Fett *n* **2** mästen
fitna dick werden
fitusnauður fettarm
fjaðurmagn N Elastizität *f*; **~aður** elastisch
fjall N ‹-s, fjöll› Berg *m*; **~aferð** F Bergtour *f*; **~agrös** NPL Isländisch-Moos *n*; **~akofi** M Berghütte *f*; **~aleiðsögumaður** M Bergführer *m*; **~askór** M Bergschuh *m*
fjallganga F Bergsteigen *n*
fjandi M ‹-a, -ar› Teufel *m*
fjand|maður M Feind *m*; **~samlegur** feindlich; **~semi** F (*undekl*) Feindseligkeit *f*
fjara F ‹fjöru, fjörur› Ebbe *f*; Strand *m*
fjár|dráttur M ‹-ar› Unterschlagung *f*; **~festing** F ‹-ar, -ar› Investition *f*
fjárhags|áætlun F Budget *n*; Haushaltsplan *m*; **~legur** ökonomisch, finanziell
fjár|hagur M Finanzen *pl*; **~haldsmaður** M Vormund *m*; **~hirðir** M Schäfer *m*; Hirte *m*; **~hús** N Schafstall *m*; **~hæð** F Geldbetrag *m*
fjárkúgun F Erpressung *f*
fjar|lægð F Entfernung *f*; **~lægja** entfernen
fjár|lög NPL Staatshaushaltsgesetz *n*; **~magn** N Kapital *n*; **~málalega** finanziell; **~málamaður** M Finanzmann *m*; **~málaráðherra** M Finanzminister *m*; **~málaráðuneyti** N Finanzministerium *n*; **~munir** MPL Habe *f*; Habseligkeiten *pl*; **~nám** N JUR Pfändung *f*; Zwangsvollstreckung *f*; **~ráðamaður** M Vormund *m*; **~sjóður** M Schatz *m*
fjarstýring F Fernbedienung *f*
fjar|stæður absurd, paradox; **~sýnn** weitsichtig; **~vera** F Abwesenheit *f*; **~verandi** abwesend
fjárveitinganefnd F Haushaltsausschuss *m*
fjól|a F ‹-u, -ur› Veilchen *n*; **~ublár** violett
fjós N ‹-s, -› Kuhstall *m*
fjúk N ‹-s› Schneewetter *n*; **~a** aufwirbeln; wegwehen; wegfliegen
fjöður F ‹fjaðrar, fjaðrir› Feder *f*
fjöl F ‹fjalar, fjalir› Brett *n*; **~býlishús** N Wohnblock *m*; **~di** M ‹-a› Menge *f*; Zahl *f*
fjölg|a V/T vermehren; *v/i* sich vermehren, zahlenmäßig zunehmen; **~un** F ‹-unar, -anir› Vermehrung *f*, zahlenmäßige Zunahme

fjöl|hæfur vielseitig; **~kynngi** F (*undekl*) Zauberkunst *f*
fjöll → fjall; **upp á ~** ins Gebirge; **uppi á ~um** im Gebirge
fjölleikahús N Varieté *n*
fjöllóttur gebirgig
fjöl|margur zahlreich; **~menni** N ‹-s, -› Menschenmenge *f*; **~rita** vervielfältigen; **~riti** M ‹-a, -ar› Kopierer *m*; **~skylda** F ‹-u, -ur› Familie *f*
fjör N ‹-s› Leben *n*; Lebhaftigkeit *f*; Kraft *f*; **~brot** NPL Todeskampf *m*
fjörður M ‹fjarðar, firðir› Fjord *m*
fjörefni N ‹-s, -› Vitamin *n*
fjörga beleben; erheitern
fjör|gamall uralt; **~legur** lebhaft, rege; **~ugur** lustig, lebhaft
fjötra fesseln, ketten
fjötur M ‹-urs, -rar› Fessel *f*; Kette *f*
flá schinden, abhäuten
flagg N ‹-s, flögg› Flagge *f*; Fahne *f*; **~a** flaggen; **~ í hálfa stöng** halbmast flaggen; **~stöng** F Fahnenmast *m*, (*tragbar*) Fahnenstange *f*
flagna abblättern, sich schälen
flak N ‹-s, flök› Wrack *n*; (Fisch-)Filet *n*
flakk N ‹-s, flökk› Umherstreifen *n*; **~a** umherstreifen; **~ari** M ‹-a, -ar› Landstreicher *m*
flasa F ‹flösu, flösur› (Haar) Schuppe *f*
flaska F ‹flösku, flöskur› Flasche *f*
flass N ‹-, flöss› Blitzlicht *n*; **~kubbur** M Blitzwürfel *m*
flatarmál N Flächenmaß *n*; Areal *n*, Flächeninhalt *m*; **~sfræði** F Geometrie *f*
flatkaka F Fladenbrot *n*
flatskjár M ‹-s, -ir› Flachbildschirm *m*
flatur flach, eben, platt
flauel N ‹-s, -› Samt *m*
flauta **1** F ‹-u, -ur› Pfeife *f*; MUS Flöte *f* **2** pfeifen
fleiri mehr
fleirtala F Mehrzahl *f*
fleki M ‹-a, -ar› Floß *n*
flekkóttur fleckig
flensa F ‹-u, -ur› Grippe *f*
flesk N ‹-s› Speck *m*
flestir die meisten
flet N ‹-s, -› schlechtes Bett *n*; Pritsche *f*
flétta **1** F ‹-u, -ur› Flechte *f*; Zopf *m* **2** flechten
fletta: **~ bók** ein Buch durchblättern; **~ ofan af e-u** etw bloßstellen
fleygja wegwerfen
fleygur flügge
fleyta **1** F ‹-u, -ur› Boot *n* **2** schwimmen lassen
flibbi M ‹-a, -ar› Hemdkragen *m*
flík F ‹-ar, -ur› Kleidungsstück *n*

flís F ⟨-ar, -ar⟩ Splitter *m*, Span *m*; Fliese *f*; Kachel *f*
fljót N ⟨-s, -⟩ Fluss *m*, Strom *m*
fljóta fließen, strömen; **~siglingar** FPL Rafting *n*
fljótur schnell; **~ á sér** unbesonnen; voreilig
fljúga fliegen
fló F ⟨-ar, flœr⟩ Floh *m*
flóð N ⟨-s, -⟩ Überschwemmung *f*; Flut *f*, Hochwasser *n*; **~ og fjara** Ebbe und Flut; **~garður** M Deich *m*; Damm *m*; **~gátt** F Schleuse *f*; **~ljós** N, **~lýsing** F Flutlicht *n*
flog N ⟨-s, -⟩ epileptischer Anfall; **~aveiki** F Epilepsie *f*; **~aveikur** epileptisch
flói M ⟨-a, -ar⟩ Bucht *f*
flókinn verwickelt, kompliziert
flokka klassifizieren, einteilen
flokks|blað N Parteiorgan *n*; **~foringi** M Parteiführer *m*; **~maður** M Parteimitglied *n*; Parteianhänger *m*
flokkur M ⟨-s, -ar⟩ Partei *f*; Gruppe *f*; Menge *f*; Schar *f*
flón N ⟨-s, -⟩ Dummkopf *m*; **~ska** F ⟨-u, -ur⟩ Dummheit *f*
flos N ⟨-s, -⟩ Plüsch *m*
flota|flugvél F Marineflugzeug *n*; **~foringi** M Admiral *m*; **~stöð** F Flottenstützpunkt *m*
floti M ⟨-a, -ar⟩ Flotte *f*
flóttamaður M Flüchtling *m*
flótti M ⟨-a, -ar⟩ Flucht *f*
flug N ⟨-s, -⟩ Flug *m*; Fliegen *n*; **~a** F ⟨-u, -ur⟩ Fliege *f*; **flug á áfangastað** *m* Hinflug *m*; **~braut** F Lande- und Startbahn *f*; **~eldar** MPL Feuerwerk *n*; **~farþegi** M Fluggast *m*; **~félag** N Fluggesellschaft *f*; **~floti** M Luftflotte *f*; **~freyja** F ⟨-u, -ur⟩ Stewardess *f*, Flugbegleiterin *f*; **~gáfaður** hochbegabt; **~hraði** M ⟨-a⟩ Fluggeschwindigkeit *f*; große Geschwindigkeit; **~leiðis** auf dem Luftweg, per Flugzeug; **~maður** M Flieger *m*, Pilot *m*; **~mál** NPL Luftfahrt *f*; **~miði** M Flugticket *n*; **~númer** N Flugnummer *f*; **~póstur** M Luftpost *f*; **~ríkur** steinreich; **~rit** N Flugschrift *f*; **~samgöngur** FPL Flugverkehr *m*; **~slys** N Flugzeugunglück *n*; **~stjóri** M ⟨-a, -ar⟩ Pilot *m*, Flugzeugführer *m*; **~stöð** F (*Flughafen*) Terminal *m*
flugufregn F Gerücht *n*
flugumferð F Luftfahrt *f*; Flugverkehr *m*
flugvallarstjóri M ⟨-a, -ar⟩ Flughafendirektor *m*
flug|vél F Flugzeug *n*; **~völlur** M Flugplatz *m*, Flughafen *m*; **~þjónn** M Flugbegleiter *m*; **~þreyta** F Jetlag *m*
flutninga|bíll M Lkw *m*; **~leið** F Transport *m*; Transportmöglichkeit *f*; **~skip** N Frachtschiff *n*

flutnings|afgreiðsla F Güterabfertigung *f*; **~gjald** N Frachtkosten *pl*; **~kostnaður** M Transportkosten *pl*; **~tæki** N Transportmittel *n*
flutningur M ⟨-s, -ar⟩ Umzug *m*; Transport *m*, Beförderung *f*; Frachtgut *n*
flyðra F ⟨-u, -ur⟩ Heilbutt *m*
flygill M ⟨-ils, -lar⟩ MUS Flügel *m*
flýja fliehen
flýta: ~ **sér** sich beeilen; **vera að ~ sér** es eilig haben; ~ **sér að e-u** sich mit etw beeilen; ~ **sér burt** forteilen; **flýttu þér!** *sl* mach schnell!
flýtir M ⟨-s⟩ Eile *f*
flytja umziehen, die Wohnung wechseln; *v/t* befördern; hersagen; deklamieren
flækja in Unordnung bringen; verwickeln; **~st** umherstreifen
flæma: ~ **burt** fortjagen, vertreiben
flögra flattern
flögusteinn M Schiefer *m*
flökra übel werden; ~ **við e-u** sich ekeln
flökta flackern
flöt F ⟨flatar, flatir⟩ Rasen (-platz) *m*; **~ur** M ⟨flatar, fletir⟩ Fläche *f*, Ebene *f*
fóð|ra füttern; **~run** F ⟨-ar⟩ Fütterung *f*, Füttern *n*; **~ur** N ⟨-s, -⟩ Futter *n*
foksandur M Flugsand *m*
folald N ⟨-alds, -öld⟩ Füllen *n*, Fohlen *n*
fólk N Leute *pl*; **~sbifreið** F, **~sbíll** M Personenwagen *m*; **~sfjöldi** M Menschenmenge *f*; Einwohnerzahl *f*; **~sflutningur** M Personenbeförderung *f*
fólsk|a F ⟨-u⟩ Brutalität *f*; **~ur** brutal
for F ⟨-ar⟩ Schmutz *m*; Schlamm *m*
for|boð N Verbot *n*; **~boði** M ⟨-a, -ar⟩ Vorbote *m*; Vorzeichen *n*; Anzeichen *n*
forða: ~ **e-m** j-n retten; ~ **sér** flüchten; **~búr** N Vorratskammer *f*; **~st** (**e-ð**) etw vermeiden, e-r Sache ausweichen
forði M ⟨-a, -ar⟩ Vorrat *m*
forðum einst, früher
foreldralaus elternlos
for|fallaður verhindert; **~fallalaus**: **að öllu ~u** wenn nichts dazwischenkommt; **~föll** NPL: **lögleg ~** Entschuldigungsgrund *m*; **án löglegra forfalla** JUR unentschuldigt
forgang|a F Leitung *f*; Initiative *f*; **~sréttur** M Vorrecht *n*; **~sröðun** F Priorisierung *f*; **~ur** M Priorität *f*
forgöngumaður M Urheber *m*; Anführer *m*
foringi M ⟨-ja, -jar⟩ Führer *m*, Anführer *m*; Offizier *m*
forkaupsréttindi NPL Vorkaufsrecht *n*
forlag N Verlag *m*
for|lagatrú F Schicksalsglaube *m*; **~leikur** M Vorspiel *n*,

Präludium *n*; Prolog *m*; **~lög** NPL Schicksal *n*, Geschick *n*
form N <-s, -> Form *f*, Formalität *f*
for|maður M (*Ausschuss*) Vorsitzende(r) *m/f(m)*; **~máli** M <-a, -ar> Vorwort *n*
formsatriði N Formalität *f*, Formsache *f*
fórn F <-ar, -ir> Opfer *n*; **~a** opfern
fornafn N **1** Vorname *m* **2** GRAM Pronomen *n*
fornbóka|sala F, **~verslun** F Antiquariat *n*
fórn|fús opferbereit; aufopfernd; **~fýsi** F (*undekl*) Aufopferung *f*
forn|gripasafn N archäologisches Museum; **~gripur** M Antiquität *f*; **~íslenska** F Altisländisch *n*; **~íslenskur** altisländisch; **~leif** F <-ar, -ar> archäologischer Fund *m*; **~leifafræði** F Archäologie *f*; **~leifafræðingur** M <-s, -ar> Archäologe *m*; **~menntastefna** F Humanismus *m*; **~minjar** FPL Altertümer *pl*; **~norrænn** altnordisch; **~saga** F Saga *f*; **~sali** M <-a, -ar> Antiquar *m*; **~öld** F Altertum *n*
for|ráðamaður M Vormund *m*; **~réttindi** NPL Vorrecht *n*, Privileg *n*; **~ríkur** steinreich
for|senda F <-u, -ur> Voraussetzung *f*, Prämisse *f*; **~seti** M <-a, -ar> Präsident *m*; **~setning** F <-ar, -ar> Präposition *f*; **~sjón** F <-ar> Vorsehung *f*; **~skeyti** N Präfix *n*; **~skot** N Vorsprung *m*; **~smá** verachten; **~spjall** N Einleitung *f*; **~stjóri** M <-a, -ar> Direktor *m*; **~stofa** F Gang *m*, Flur *m*; **~stöðukona** F Vorsteherin *f*; **~stöðumaður** M Vorsteher *m*; **~sætisráðherra** M Ministerpräsident *m*; Kanzler *m*; **~tíð** F Vergangenheit *f*; **~tölur** FPL Ermahnung *f*; Überredung *f*
for|usta F <-u> Führung *f*; **~ustumaður** M Führungspersönlichkeit *f*; **~vextir** MPL Diskont *m*; **~vígismaður** M Vorkämpfer *m*; **~vitinn** neugierig; **~vitni** F (*undekl*) Neugier *f*; **~ysta** F <-u, -ur> Führung *f*
foss M <-, -ar> Wasserfall *m*
fóstur N <-s, -> Pflege *f*; Embryo *m*; **~barn** N Pflegekind *n*
fóta|lag N Fußende *n*; **~tak** N Schritte *pl*
fót|leggur M; Bein *n*; **~ur** M <-ar, fœtur> Fuß *m*; Bein *n*
frá **1** PRÄP *mit dat* von; aus; **vera ~ sér** von Sinnen sein; **segja ~** erzählen **2** ADV: **héðan í ~** ab jetzt; **~breytni** F (*undekl*) Verschiedenheit *f*; **~brigðilegur** abweichend; **~brugðinn** verschieden; **~bær** hervorragend;

~dráttur M Abzug *m*; Subtraktion *f*; **~fall** N Tod *m*
frakki M ‹-a, -ar› Mantel *m*
Frakki M ‹-a, -ar› Franzose *m*
Frakkland N Frankreich *n*
frakkur dreist; frech
fram vorwärts; **~ og aftur** hin und zurück; auf und ab; hin und her; **~ með** entlang; **sitja ~ í** vorn sitzen
frama: **~ sig í e-u** sich in etw (*dat*) ausbilden
framan von vorn; **að ~** an der vorderen Seite; oben; **fyrir ~** davor (*örtlich*); **í ~** im Gesicht; **~di** fremd; **~greindur** *od* **~ritaður** oben erwähnt, oben genannt
fram|bjóðandi M ‹-anda, -endur› Kandidat *m*; **~boð** N Kandidatur *f*; **~burður** M ‹-ar, -ir› (*Zeuge*) Aussage *f*; Aussprache *f*; **~farir** FPL Fortschritt *m*; **~ferði** N ‹-s› Benehmen *n*; **~færa** ernähren, unterhalten; **~færsla** F ‹-u› Unterhalt *m*; **~færslueyrir** M Unterhaltsbeitrag *m*; **~færslukostnaður** M Lebenshaltungskosten *pl*
fram|för F Fortschritt *m*; **~hald** N ‹-s› Fortsetzung *f*; **~handleggur** M Unterarm *m*; **~herji** M ‹-ar, -ar› (*Fußball*) Stürmer *m*; **~hjá** vorbei; vorüber; **~hjáhald** N Ehebruch *m*
framhleypinn unbesonnen; übereilt; vorlaut
frami M ‹-a› Berühmtheit *f*; Karriere *f*
fram|kalla (*Film*) entwickeln; **~koma** F Benehmen *n*, Auftreten *n*; **~kvæma** durchführen, ausführen; **~kvæmd** F ‹-ar, -ir› Durchführung *f*; **~kvæmdamaður** M unternehmungslustiger und energischer Mann *m*; **~kvæmdastjóri** M ‹-a, -ar› Geschäftsführer *m*, geschäftsführender Direktor *m*; **~kvæmdastjórn** F Geschäftsleitung *f*; **~kvæmdavaldið** N Exekutive *f*
framköllun F ‹-ar› (*Foto*) Entwicklung *f*
fram|lag N Beitrag *m*; **~leiða** herstellen; erzeugen; **~leiðandi** M ‹-anda, -endur› Erzeuger *m*, Hersteller *m*; **~leiðsla** F ‹-u, -ur› Produktion *f*; **~leiðslumagn** N Produktionsmenge *f*; **~leiðslutæki** N Produktionsmittel *n*; **~lengja** verlängern
frammi vorn; **~staða** F Leistung *f*; Bedienung *f*
fram|orðið spät am Abend; **~reiða** (*beim Essen*) servieren, bedienen; **~reiðsla** F ‹-u, -ur› Bedienung *f*; **~selja** (*Verbrecher*) ausliefern; (*Brief*) aushändigen
Framsóknarflokkurinn M die (*isl.*) Fortschrittspartei *f*
fram|sóknarmaður M Mit-

glied *n od* Anhänger *m* der (*isl.*) Bauernpartei; **~söguháttur** M Indikativ *m*; **~tak** N Initiative *f*, Energie *f*; **~tal** N Steuererklärung *f*; **~tíð** F Zukunft *f*; GRAM Futur(um) *n*; **~tíðarhorfur** FPL Zukunftsperspektive *f*; **~tönn** F Vorderzahn *m*; **~úrakstur** M (*Auto*) Überholen *n*

fram|vegis hier- *od* danach; **og svo ~** (*abk* **o. s. frv.**) und so weiter (*abk* usw.); **~þróun** F Entwicklung *f*, Evolution *f*

fransk|a F ⟨frönsku⟩ Französisch *n*; **~ur** französisch

frá|rennsli N ⟨-s, -⟩ Abwasser *n*; Abfluss *m*; **~skilinn** geschieden; **~sögn** F Erzählung *f*; Bericht *m*; **~tekinn** reserviert, vorbestellt; belegt

frauðplast N Schaumgummi *m*

frá|vera F Abwesenheit *f*; **~verandi** abwesend

freð|fiskur M Gefrierfisch *m*; **~inn** gefroren; **~kjöt** N Gefrierfleisch *n*; **~mýri** F Tundra *f*

fregn F ⟨-ar, -ir⟩ Nachricht *f*, Neuigkeit *f*; **~a** Nachricht bekommen; erfahren

freist|a: **~ e-s** etw versuchen; j-n in Versuchung führen; **~ing** F ⟨-ar, -ar⟩ Versuchung *f*

frekja F ⟨-u, -ur⟩ Frechdachs *m*; Unverfrorenheit *f*; Frechheit *f*

frekna F ⟨-u, -ur⟩ Sommersprosse *f*

frekur unverfroren; frech

frels|a befreien; erlösen; **~ari** M ⟨-a, -ar⟩ Befreier *m*; Erlöser *m*; Heiland *m*; **~i** N ⟨-s⟩ Freiheit *f*

frelsis|barátta F Freiheitskampf *m*; **~hetja** F Befreiungskämpfer *m*

frelsun F ⟨-ar⟩ Befreiung *f*; Erlösung *f*

fremja (*Verbrechen*) begehen

fremri vorderer

fremstur vorderster

fremur ziemlich, eher

frest|a aufschieben; **~un** F ⟨-ar⟩ Aufschieben *n*, Aufschiebung *f*; **~ur** M ⟨-s⟩ Aufschub *m*; Frist *f*

frétt F ⟨-ar, -ir⟩ Nachricht *f*; **~a** erfahren, hören; **~amaður** M Berichterstatter *m*; Reporter *m*; Korrespondent *m*; **~astofa** F Nachrichtenbüro *n*

freyð|a schäumen; **~ivín** N Schaumwein *m*; Sekt *m*

frí N ⟨-s, -⟩ Ferien *pl*, Urlaub *m*; **~dagur** M schulfreier, dienstfreier Tag

friðar|hreyfing F Friedensbewegung *f*; **~kostir** MPL Friedensbedingungen *pl*; **~samningur** M Friedensschluss *m*; **~skilmálar** MPL → ~kostir; **~umleitanir** FPL Friedensverhandlungen *pl*

friðhelgur unverletzbar, un-

antastbar
fríðindi NPL Privileg *n*, Vorrecht *n*
friðland N Naturpark *m*
fríðleiki M ‹-a› Schönheit *f*
frið|samur friedlich; **~ur** M ‹-ar› Friede(n) *m*
fríður hübsch, schön
fríkirkja F Freikirche *f*
fríkka hübscher *od* schöner werden
frí|merki N Briefmarke *f*; **~merkja** frankieren; **~merkjasafnari** M Briefmarkensammler *m*, Philatelist *m*; **~mínútur** FPL (*Schule*) Pause *f*; **~múrari** M Freimaurer *m*
frír gratis
fríríki N Freistaat *m*
frísk|leiki M ‹-a› Keckheit *f*, Kraft *f*; Gesundheit *f*; **~ur** gesund; rasch
frístund F Freizeit *f*
frjáls frei; **~legur** freimütig, frei; **~lyndi** N ‹-s› Freisinn *m*; Liberalität *f*; **Frjálslyndi Flokkurinn** die (*isl.*) Liberalen; **~lyndur** liberal; **~ræði** N ‹-s› Freiheit *f*
frjór fruchtbar
frjósa frieren; gefrieren
frjó|samur fruchtbar; **~semi** F (*undekl*) Fruchtbarkeit *f*
frjóvg|a befruchten; **~un** F ‹-unar, -anir› Befruchtung *f*
froða F ‹-u› Schaum *m*
fróð|legur interessant; **~leiksást** F Wissbegierde *f*
froðuefni N Schaumstoff *m*
fróður gelehrt
froskur M ‹-s, -ar› Frosch *m*
frost N ‹-s› Frost *m*; **~mark** N Gefrierpunkt *m*; **~rósir** FPL Eisblumen *pl*
frú F ‹-ar, -r› Frau *f*
fruma F ‹-u, -ur› *Biologie*: Zelle *f*
frum|afl N Urkraft *f*; **~byggi** M ‹-ja, -jar› Ureinwohner *m*; **~drættir** MPL Skizze *f*; Grundzüge *pl*; **~eind** F ‹-ar, -ir› Atom *n*; **~hugsun** F Grundgedanke *m*; **~kvæði** N Initiative *f*; **~kvöðull** M ‹-uls, -lar› Urheber *m*; Initiator *m*
frum|legur original; **~maður** M Urmensch *m*; **~regla** F Grundsatz *m*; **~rit** N Original *n*; **~skilyrði** N Grundbedingung *f*; **~skógur** M Urwald *m*; **~stæður** primitiv; **~sýning** F Erstaufführung *f*, Premiere *f*; **~tala** F Grundzahl *f*; Kardinalzahl *f*
frumvarp N Gesetzesvorlage *f*
frýsa (*Pferd*) schnauben, schnaufen
frysta V/T einfrieren
frysti|hús N Gefrierhaus *n*, Kühlhaus *n*; **~kista** F Gefriertruhe *f*; **~skápur** M Gefrierschrank *m*
fræ N ‹-s, -› Same(n) *m*; **~ða** unterrichten, belehren
fræði F (*undekl*) Wissenschaft

f; **~grein** F Wissenschaft *f*, Fach *n*; **~kenning** F Theorie *f*; **~kerfi** N System *n*; **~legur** theoretisch; **~maður** M Gelehrte *m*

fræðsl|a F ⟨-u⟩ Unterricht *m*; Aufklärung *f*; **~umálastjóri** M ⟨-a, -ar⟩ Direktor *m* des Schul- und Erziehungswesens; Landesschulrat *m*

frægð F ⟨-ar⟩ Berühmtheit *f*

frægur berühmt

frækorn N Samenkorn *n*

frænd|fólk N Verwandtschaft *f*; **~i** ⟨-a, -ar⟩ Vetter *m*; Onkel *m*; Verwandte *m*; **~kona** F Verwandte *f*

frænka F ⟨-u, -ur⟩ Tante *f*; Kusine *f*; Verwandte *f*

frömuður M ⟨-ar, -ir⟩ Förderer *m*; Vorkämpfer *m*

fugl M ⟨-s, -ar⟩ Vogel *m*; **~ager** N ⟨-s⟩ Vogelschwarm *m*; **~asöngur** M Vogelgesang *m*; **~aveiði** F Vogelfang *m*

fúinn morsch, verfault

fullkom|inn vollkommen; **~leiki** M ⟨-a⟩ Vollkommenheit *f*; **~na** vervollkommnen

fullnaðarpróf N Hauptschulabschluss *m*

full|nægja zufriedenstellen, befriedigen; **~orðinn** erwachsen; **~ maður** *m* Erwachsene(r) *m*; **~ kona** *f* Erwachsene *f*; **~trúi** M ⟨-a, -ar⟩ Repräsentant *m*, Vertreter *m*; Bevollmächtigte(r) *m*/*f*(*m*)

full|ur voll; betrunken; **~valda** souverän; **~veðja** volljährig; **~veldi** N ⟨-s⟩ Souveränität *f*; **~vissa** 1 F (volle) Gewissheit; Sicherheit *f* 2 versichern

full|yrða behaupten, versichern; **~yrðing** F ⟨-ar, -ar⟩ Behauptung *f*

fund|arályktun F Resolution *f*; **~arbók** F (Sitzungs-) Protokoll *n*; **~argerð** F Protokoll *n*; **~arlaun** N Finderlohn *m*; **~arsamþykkt** F Versammlungsbeschluss *m*; **~arstjóri** M ⟨-a, -ar⟩ Tagungsleiter *m*; Sitzungsleiter *m*; **~ur** M ⟨-ar, -ir⟩ Versammlung *f*; Sitzung *f*; Fund *m*; Entdeckung *f*

fura F ⟨-u, -ur⟩ Kiefer *f*, Föhre *f*

furð|a 1 F ⟨-u, -ur⟩ Wunder *n* 2: **~ sig á e-u** sich über etw (*akk*) wundern, über etw (*akk*) staunen; **~ulegur** merkwürdig, erstaunlich

fursti M ⟨-a, -ar⟩ Fürst *m*

furutré N → fura

fús bereitwillig

fylgd F ⟨-ar, -ir⟩ Begleitung *f*; **~arlið** N Gefolge *n*; **~armaður** M Begleiter *m*, Führer *m*

fylgi N ⟨-s⟩ Anklang *m*, Beifall *m*, Zustimmung *f*; Anhängerschaft *f*; **~bréf** N Frachtbrief *m*; **~skjal** N Anlage *f*

fylgja begleiten; **~ndi** M

⟨-anda, -endur⟩ Anhänger *m*; **~st** zusammen gehen

fylgsni N ⟨-s, -⟩ Versteck *n*

fylki N ⟨-s, -⟩ Bundesland *n*

fyll|a füllen; **~ing** F ⟨-ar, -ar⟩ Erfüllung *f*; Mine *f*

fynd|inn witzig; **~ni** F (*undekl*) Witz *m*

fyrir **1** PRÄP *mit akk* für; über; vor; **þetta er ~ þig** das ist für dich; **gera e-ð ~ e-n** für j-n etw tun; **~ borð** über Bord; **~ hádegi** vormittags; **~ páska** vor Ostern; *mit dat* für; vor; **sjá ~ e-m** für j-n sorgen; **vera ~ e-m** j-m im Wege sein; **~ löngum tíma** vor langer Zeit; **hafa ~ e-u** sich (*dat*) große Mühe machen **2** ADV: **~ innan** drinnen; **~ utan** draußen; **~ norðan** im Norden

fyrir|boði M ⟨-a, -ar⟩ Anzeichen *n*; Omen *n*; **~brigði** N ⟨-s, -⟩ Phänomen *n*, Erscheinung *f*; **~ferð** F Umfang *m*; **~ferðarmikill** umfangreich; **~fram** im Voraus; **~framgreiðsla** F Vorschuss *m*; **~gefa** verzeihen, entschuldigen; **~gefið!** verzeihung!, entschuldigen Sie!; **~gefning** F ⟨-ar, -ar⟩ Verzeihung *f*, Vergebung *f*; **~greiðsla** F Hilfe *f*, Beistand *m*

fyrir|heit N ⟨-s, -⟩ Versprechen *n*, Verheißung *f*; **~hugaður** vorgesehen; **~hyggja** F Fürsorge *f*, Vorsorge *f*

fyrir|höfn F Anstrengung *f*, Mühe *f*, Umstände *pl*; **~komulag** N System *n*; Einrichtung *f*; Ordnung *f*; **~lesari** M ⟨-a, -ar⟩ Redner *m*; **~lestur** M Vortrag *m*; Vorlesung *f*; **~liggjandi** vorhanden; auf Lager; **~líta** verachten; **~litning** F ⟨-ar⟩ Verachtung *f*; **~mynd** F Vorbild *n*; **~mæli** NPL Instruktion *f*; Vorschrift *f*; **~rennari** M ⟨-a, -ar⟩ Vorgänger *m*; **~skipa** befehlen, verordnen; **~skipan, ~skipun** F ⟨-unar, -anir⟩ Befehl *m*, Verordnung *f*; **~sláttur** M Vorwand *m*; **~spurn** F Anfrage *f*; **~sögn** F Überschrift *f*; Vorschrift *f*; **~tæki** N Firma *f*; Unternehmen *n*

fyrir|vari M ⟨-a, -ar⟩ Vorbehalt *m*; Frist *f*; **~ætlun** F Plan *m*, Absicht *f*

fyrr früher, eher; **~adag** vorgestern; **~nefndur** oben genannt; **~um** früher, ehemals; **~verandi** ehemalig

fyrst anfangs, zuerst; **~ og fremst** in erster Linie, vor allem

fýsn F ⟨-ar, -ir⟩ Begierde *f*; Lust *f*

fæða **1** F ⟨-u⟩ Nahrung *f* **2** gebären; ernähren; **~st** geboren werden

fæði N ⟨-s⟩ Kost *f*, Verpflegung *f*; **~ng** F ⟨-ar, -ar⟩ Ge-

burt *f*; **~ngarár** N Geburtsjahr *n*; **~ngardagur** M Geburtstag *m*; **~ngarstaður** M Geburtsort *m*; **~ngarvottorð** N Geburtsurkunde *f*
fægja polieren
fækka an Zahl abnehmen
fær tüchtig, fähig
færa bringen; überbringen; **~ í** anziehen; **~ úr** ausziehen
Færeyingur M ‹-s, -ar› Färinger *m*, Färöer *m*
Færeyjar FPL die Färöer (*Inseln*) *pl*
færeyskur färöisch
færi N ‹-s, -› Gelegenheit *f*; Angelschnur *f*; **~band** N Fließband *n*
föður|bróðir M Onkel *m*, Bruder *m* des Vaters; **~land** N Vaterland *n*, *sl* lange Unterhose; **~legur** väterlich; **~systir** F Tante *f*, Schwester *f* des Vaters; **~ætt** F Verwandtschaft *f* väterlicherseits
fögnuður M ‹fagnaðar› Freude *f*
fölna erbleichen; verwelken
fölur bleich, blass
fönn F ‹fannar, fannir› Schnee *m*; Schneewehe *f*
för F ‹farar, farir› Reise *f*; Fahrt *f*
föru|nautur M ‹-s, -ar› Reisebegleiter *m*
föstudagur M Freitag *m*; **~inn langi** Karfreitag *m*
föt NPL Kleider *pl*

G

gá nachsehen; **~ að sér** vorsichtig sein
gabba zum Narren haben, anführen
gadd|avír M Stacheldraht *m*; **~ur** M ‹-s, -ar› Stachel *m*; Eiskälte *f*
gáfa F ‹-u, -ur› Gabe *f*, Begabung *f*; **~ður** begabt
gaffall M ‹-als, -lar› Gabel *f*
gafl M ‹-s, -ar› Giebel *m*
gáf|napróf N Intelligenztest *m*; **~ur** FPL Intelligenz *f*
gagn N ‹-s, gögn› Nutzen *m*; Hilfsmittel *pl*; Quellenmaterial *n*; **~a** nützen; **~auga** Schläfe *f*; **~fræðapróf** N mittlere Reife *f*; **~fræðaskóli** M Realschule *f*; **~gjör** total; **~kvæmur** gegenseitig; **~legur** nützlich; **~rýnandi** M ‹-anda, -endur› Kritiker *m*; **~rýni** F (*undekl*) Kritik *f*; **~rýninn** kritisch; **~rök** NPL Gegenargumente *pl*; **~semi** F Nutzen *m*
gagnslaus nutzlos
gagn|stæður entgegengesetzt; **~sær** durchsichtig; **~vart** gegenüber
gal N ‹-s› Krähen *n*; **~a** krähen
gá|laus unvorsichtig; **~leysi**

N ⟨-s⟩ Unvorsichtigkeit *f*
galdra hexen, zaubern; **~norn** F ⟨-ar, -ir⟩ Hexe *f*
galdur M ⟨-urs, -rar⟩ Zauber *m*, Zauberei *f*
gálgi M ⟨-a, -ar⟩ Galgen *m*
galinn verrückt; wütend
gall N ⟨-s⟩ Galle *f*
gallabuxur FPL Jeans *f*
gallaður mangelhaft; fehlerhaft
gallalaus fehlerfrei; makellos
gall|hraustur kerngesund; **~i** M ⟨-a, -ar⟩ Fehler *m*
gals|afullur ausgelassen; **~i** M ⟨-a⟩ Ausgelassenheit *f*
galtómur vollständig leer
gamal|dags altmodisch; **~l** alt
gaman N ⟨-s⟩ Spaß *m*, Scherz *m*; **það er ~** es ist lustig; **gera að gamni sínu** spaßen; **~leikur** M Lustspiel *n*
gamlárskvöld N Silvesterabend *m*
ganga **1** F ⟨göngu, göngur⟩ Wanderung *f* **2** gehen, wandern; spazieren gehen; **hvað gengur á?** was ist los?
gang|braut F, **~stétt** F Bürgersteig *m*; **~ur** M ⟨-s, -ar⟩ Gang *m*; Korridor *m*; Gangart *f*
gapa gaffen; offen stehen
garð|ávextir MPL Gartengemüse *n*; **~rækt** F Gartenbau *m*; **~ur** M ⟨-s, -ar⟩ Garten *m*; Erdwall *m*; **~yrkja** F Gärtnerei *f*; **~yrkjumaður** M Gärtner *m*
garga schreien
garn N ⟨-s⟩ Garn *n*
gárungi M ⟨-a, -ar⟩ Spaßvogel *m*; Schelm *m*
gas N ⟨-s⟩ Gas *n*; **~hitun** F Gasheizung *f*; **~lýsing** F Gasbeleuchtung *f*; **~stöð** F Gaswerk *n*
gat N ⟨-s, göt⟩ Loch *n*, Öffnung *f*
gát F Aufmerksamkeit *f*, Vorsicht *f*
gata **1** F ⟨götu, götur⟩⟩ Straße *f*; Weg *m*; Pfad *m* **2** durchlöchern
gáta F ⟨-u, -ur⟩ Rätsel *n*
gatnamót NPL Kreuzung *f*
gátt F ⟨-ar, -ir⟩ Türöffnung *f*
gaukur M ⟨-s, -ar⟩ Kuckuck *m*
gaumur M ⟨-s⟩ Aufmerksamkeit *f*; **gefa e-u gaum** etw beachten
gedda F ⟨-u, -ur⟩ Hecht *m*
geð N ⟨-s⟩ Temperament *n*; Laune *f*; Gemütsart *f*; **~blær** M Stimmung *f*
geð|felldur sympathisch; **~góður** gutmütig; **~illur** übellaunig
geðjast: **mér ~ að honum** er gefällt mir
geðlækn|ir M Psychiater(in) *m(f)*; **~ingar** FPL Psychatrie *f*
geðprúður ruhig, beherrscht
geðshræring F ⟨-ar, -ar⟩ Gemütsbewegung *f*
geð|veiki F Geisteskrankheit *f*; **~veikur** geisteskrank

gefa geben, schenken; **~ eftir** nachgeben; **~ í skyn** andeuten; **~ skýrslu** Bericht erstatten; **~ndi** M ⟨-anda, -endur⟩ Geber *m*; Spender *m*

gefins gratis

geggjaður geisteskrank; *a. sl* verrückt

gegn **1** PRÄP *mit dat* gegen, wider **2** ADV durch, hindurch; **~a** antworten; gehorchen

gegndarlaus maßlos, unbeschränkt

gegndrepa durchnässt

gegninn gehorsam

gegnsósa durchtränkt

gegnt gegenüber

gegnum durch

geig|laus unerschrocken; **~vænlegur** drohend, schreck(en)erregend

geim|far N Raumschiff *n*; **~ til tunglsins** Mondfähre *f*; **~fari** M ⟨-a, -ar⟩ Astronaut *m*; **~ferðir** FPL Raumfahrt *f*; **~ur** ⟨-s, -ar⟩ Weltraum *m*; (großer) leerer Raum

geisa rasen

geisla strahlen, bestrahlen; **~baugur** M Glorienschein *m*; **~brennari** M CD-Brenner *m*; **~diskur** M Compactdisc *f*, CD *f*; **~drif** N ⟨-s, -⟩: **~ fyrir CD-ROM** CD-ROM-Laufwerk *n*; **~meðferð** F Chemotherapie *f*; **~lækning** F Bestrahlung (-stherapie) *f*; **~virkni** F (*undekl*) Radioaktivität *f*; **~virkur** radioaktiv

geisli M ⟨-a, -ar⟩ Strahl *m*; Radius *m*

geislun F ⟨-unar, -anir⟩ Strahlung *f*

geisp|a gähnen; **~i** M ⟨-a, -ar⟩ Gähnen *n*

geit F ⟨-ar, -ur⟩ Ziege *f*; **~hafur** M Ziegenbock *m*

gel N Gel *n*

gelda kastrieren

gelgjuskeið N Pubertät *f*

gelt N ⟨-s⟩ Bellen *n*; **~a** bellen

gemsi M Handy *n*

gengi N ⟨-s, -⟩ Glück *n*; Erfolg *m*; (*Geld*) Kurs *m*; **~sfelling** F ⟨-ar, -ar⟩ (*Währung*) Abwertung *f*, Entwertung *f*; **~slækkun** F → gengisfelling

ger N ⟨-s⟩ Hefe *f*

gera machen, tun, ausrichten

gerð F ⟨-ar, -ir⟩ Handlung *f*; Konstruktion *f*; Kfz-Modell *n*; Schlichtung *f*

gerða|bók F Protokoll *n*; **~rdómur** M Schiedsgericht *n*

geril|l M ⟨-ils, -lar⟩ Bakterie *f*; **~sneyða** pasteurisieren

Germani M ⟨-a, -ar⟩ Germane *m*

germanskur germanisch; **germönsk fræði** *npl* Germanistik *f*

gersemi F ⟨-, -ar⟩ Kostbarkeit *f*, Kleinod *n*

gervi N ⟨-s, -⟩ Maske *f*; Verkleidung *f*; **~áburður** M Kunstdünger *m*; **~efni** N

Kunststoff *m*; **~hnöttur** M Satellit *m*; **~silki** N Kunstseide *f*; **~tennur** FPL künstliche Zähne *pl*; Gebiss *n*; **~tungl** N Satellit *m*
gesta|bók F Gästebuch *n*; **~hús** N Gästehaus *n*; **~rúm** N Gästebett *n*
gest|gjafi M Gastgeber *m*; Gastwirt *m*; **~risinn** gastfrei; **~risni** F (*undekl*) Gastfreiheit *f*; **~ur** M ⟨-s, -ir⟩ Gast *m*
geta 1 F ⟨-u⟩ Fähigkeit *f*, Vermögen *n* 2 können; imstande sein; erwähnen 3 V/T (er)zeugen
getgáta F Vermutung *f*; Mutmaßung *f*
getnað|arlimur M Penis *m*; **~arvarnir** FPL Verhütungsmittel *n*; **~arverja** F ⟨-u, -ur⟩ Präservativ *n*, Kondom *n*; **~ur** M ⟨-ar, -ir⟩ Empfängnis *f*; **koma í veg fyrir getnað** verhüten
geyma aufbewahren, aufheben; **hafa að ~** enthalten
geymir M ⟨-s, -ar⟩ Behälter *m*; Tank *m*
geymsla F ⟨-u, -ur⟩ Aufbewahrung *f*; Abstellraum *m*
geymslu|hólf N Banktresor *m*, Bankfach *n*; **~hús** N Lagerhaus *n*
Geysir M heiße Springquelle *f*, Geysir *m*
gifs N ⟨-⟩ Gips *m*; **~mynd** F Gipsfigur *f*
gift (*Frau*) verheiratet; **~a** F ⟨-u⟩; 1 Glück *n* 2 verheiraten; trauen; **~ sig** heiraten, sich verheiraten; **~ast** heiraten; **~ur** (*Mann*) verheiratet
gifting F ⟨-ar, -ar⟩ Heirat *f*; Trauung *f*; **~ardagur** M Hochzeitstag *m*; **~arhringur** M Trauring *m*; **~arvottorð** N Trauschein *m*
gígbarmur M Kraterrand *m*
gigt F ⟨-ar⟩ Gicht *f*; Rheuma *n*; **~veikur** rheumatisch
gígur M ⟨-s, -ar⟩ Krater *m*
gil N ⟨-s, -⟩ Kluft *f*; Schlucht *f*
gild|a gelten; soundso viel wert sein; **það gildir einu** es ist gleichgültig; **~i** N ⟨-s⟩ Wert *m*; Feier *f*; **ganga í ~** in Kraft treten; **ganga úr ~** außer Kraft treten; (*Reisepass*) ablaufen; ungültig werden; **~leiki** M ⟨-a⟩ Dicke *f*, Stärke *f*; **~na** dicker werden
gild|ra F ⟨-u, -ur⟩ Falle *f*; **~ur** dick; gültig; **~vaxinn** untersetzt, gedrungen
gimsteinn M Juwel *n*; Edelstein *m*
gin N ⟨-s, -⟩ Rachen *m*, Maul *n*
ginn|a verleiten, locken; **~ing** F ⟨-ar, -ar⟩ Lockung *f*
gír M ⟨-s, -ar⟩ (*Auto*) Gang *m*
girð|a einfrieden, einzäunen; **~ing** F ⟨-ar, -ar⟩ Zaun *m*
girnast begehren
girnd F ⟨-ar, -ir⟩ Begierde *f*, Wollust *f*; Verlangen *n*

girnilegur begehrenswert, (ver)lockend
gír|skipting F Schaltung *f*; **~stöng** F Schalthebel *m*
giska (er)raten; **á að ~** schätzungsweise
gist|a übernachten; **~ihús** N Hotel *n*; **~ing** F ‹-ar, -ar› Übernachtung *f*; **~istaður** M Nachtquartier *n*; Gasthof *m*
gítar M ‹-s, -ar› Gitarre *f*
gjá F ‹-r, -r› Kluft *f*; Schlucht *f*
gjafmild|i F Freigebigkeit *f*; **~ur** freigebig
gjaf| verð N *od* **~virði** N Spottpreis *m*
gjald N ‹-s, gjöld› Bezahlung *f*; **~a** vergelten; **~ e-s** für etw büßen; **~andi** M ‹-anda, -endur› (Ein-)Zahler *m*; **~dagi** M ‹-a, -ar› Fälligkeitsdatum *n*; Zahlungstermin *m*; **falla í gjalddaga** fällig werden; **~eyrir** M Devisen *fpl*, Valuta *f*; Währung *f*; **erlendur ~** Devisen *pl*; **~eyrisskipting** F Geldwechsel *m*; **~frestur** M Zahlungsfrist *f*; **~gengur** gültig, brauchbar; **~keri** M ‹-a, -ar› Kassierer *m*; **~miðill** M ‹-ils, -lar› Zahlungsmittel *n*; Währung *f*; **~mælir** M Taxameter *m*; **~skyldur** gebührenpflichtig; **~þrot** N ‹-s› Konkurs *m*; **~þrota** zahlungsunfähig
gjarnan gern(e)
gjósa (*Vulkan*) ausbrechen; (*Geysir*) springen; (*Springbrunnen*) sprudeln
gjóta **1** F ‹-u, -ur› Vertiefung *f* **2** Junge werfen; laichen
gjöf F ‹gjafar, gjafir› Geschenk *n*, Gabe *f*; **~ull** freigebig
gjör|breyta vollständig verändern; **~breyting** F vollständige Veränderung; **~bylting** F vollständige Umwälzung
gjör|eyða vollständig verwüsten, vernichten; **~kunnugur**: **~ e-u** mit etw vertraut
gjörla vollständig, genau
gjörsamlega ganz (und gar), vollkommen
glað|legur munter, lebhaft; **~lyndi** N ‹-s› Heiterkeit *f*, Fröhlichkeit *f*; **~na**: **það ~r til** es klärt sich auf; **~ur** froh; **~vakandi** wach
glamp|a blitzen, schimmern, glitzern; **~i** M ‹-a, -ar› Blitz *m*; Schimmer *m*, Glanz *m*
glamra rasseln, klirren
glamur N ‹-s› Klappern *n*
glanni M ‹-a, -ar› tollkühner Mensch
glappaskot N Fehlgriff *m*, Missgriff *m*
glas N ‹-s, glös› (Trink-)Glas *n*; Fläschchen *n*
glata verlieren; **~st** verloren gehen
gleði F (*undekl*) Freude *f*, Heiterkeit *f*; **hrópa af ~** jubeln; **~frétt** F erfreuliche Nachricht; **~laus** freudlos; **~leg-**

ur erfreulich; **~leikur** M Lustspiel *n*; **~tár** N Freudenträne *f*
gleðja freuen, erfreuen; j-m e-e Freude machen; **~st** sich freuen
glefsa (nach etw) schnappen
glepja verführen, verwirren
gler N ⟨-s⟩ (*Material*) Glas; **~augnaverslun** F Optiker *m* (*Geschäft*); **~augu** NPL Brille *f*; **~brot** N Glasscherbe *f*; **~rúða** F Glasscheibe *f*; **~skeri** M ⟨-a, -ar⟩ Glaser (-meister) *m*
gler|ungur M ⟨-s⟩ Email *n*, Emaille *f*; Zahnschmelz *m*; **~varningur** M Glaswaren *pl*
glettinn schelmisch
gleym|a (e-u) (*etw*) vergessen; **~inn** vergesslich; **~ni** F (*undekl*) Vergesslichkeit *f*; **~ska** F ⟨-u⟩ Vergessenheit *f*
gleypa verschlucken; verschlingen
glíma 1 F ⟨-u, -ur⟩ isländischer Ringkampf 2 ringen *a. fig*
glitra glitzern, blinken
gljá|andi blank; blendend; rein; **~fægður** blank, poliert
gljúfur N ⟨-s, -⟩ Schlucht *f*
gljúpur schwammig, porös
gló|a glühen; scheinen; **~ð** F ⟨-ar, glœður⟩ Glut *f*; **~ðarauga** N *fig* blaues Auge; **~ðarsteikja** grillen
glóð|heitur glühend heiß; **~rauður** rotglühend; **~volgur** behaglich warm
glóhærður hellblond
glóp|ska F ⟨-u⟩ Dummheit *f*; Unbesonnenheit *f*; **~ur** M ⟨-s, -ar⟩ Narr *m*
glott N ⟨-s, -⟩ Grinsen *n*; **~a** grinsen
glugga|kista F Fensterbrett *n*; **~rúða** F Fensterscheibe *f*; **~sæti** N Fensterplatz *m*; **~tjald** N Fenstervorhang *m*, Gardine *f*
gluggi M ⟨-a, -ar⟩ Fenster *n*
glys N ⟨-s, -⟩ Flitter *m*
glæða entfachen; **~st** aufflackern; *fig* zunehmen
glæfra|legur gewagt, gefährlich; **~maður** M Abenteurer *m*
glænýr ganz frisch
glæpa|maður M Verbrecher *m*; **~starfsemi** F Kriminalität *f*; **~verk** N Verbrechen *n*
glæpsamlegur verbrecherisch
glæpur M ⟨-s, -ir⟩ Verbrechen *n*; **drýgja (fremja) glæp** ein Verbrechen begehen
glær durchsichtig, klar
glæsi|legur elegant, prächtig; **~menni** N ⟨-s, -⟩ eleganter Mann; **~mennska** F ⟨-u⟩ Eleganz *f*
glötun F ⟨-ar⟩ Verlust *m*; Verderben *n*
glúten N ⟨-s, -⟩ Gluten *n*
gnísta: **~ tönnum** mit den Zähnen knirschen
gnótt F ⟨-ar, -ir⟩ Überfluss *m*;

Menge *f*
gnæfa ragen
gnægð F → gnótt
goð N ⟨-s, -⟩ heidnischer Gott; Götze *m*; **~afræði** F Mythologie *f*
góð|fús wohlwollend; **~gerðir** FPL Bewirtung *f*; **~girni** F (*undekl*) Wohlwollen *n*; **~gjarn** wohlwollend; **~gæti** N ⟨-s, -⟩ Leckerbissen *m*; **~hjartaður** gutherzig
góð|lyndi N ⟨-s⟩ Gutmütigkeit *f*, Sanftmut *f*; **~menni** N ⟨-s, -⟩ guter Mensch *m*; **~mennska** F ⟨-u⟩ Güte *f*, Gutmütigkeit *f*; **~meti** N ⟨-s, -⟩ Leckerbissen *m*
góðskáld N großer Dichter
goðsögn F Mythe *f*
góður gut; **góðan dag!** guten Tag!; **gott kvöld!** guten Abend!; **góða nótt!** gute Nacht!; **góðs viti** gutes Zeichen; **verði þér (ykkur) að góðu!** wohl bekomm's!
góð|verk N gute Tat; **~viðri** N ⟨-s⟩ gutes Wetter; **~vild** F ⟨-ar⟩ Wohlwollen *n*
gola F ⟨-u⟩ Lüftchen *n*; Brise *f*
gólf N ⟨-s, -⟩ Fußboden *m*
Golfstraumurinn M der Golfstrom
gólf|teppi N Teppich *m*; **~tuska** F Scheuerlappen *m*
góm|sætur lecker; **~ur** M ⟨-s, -ar⟩ Gaumen *m*; Fingerspitze *f*
góna gaffen
gormur M ⟨-s, -ar⟩ Spirale *f*
gort N ⟨-s⟩ Prahlen *n*; **~a** prahlen; **~ari** M ⟨-a, -ar⟩ Prahler *m*
gos N ⟨-s, -⟩ Vulkanausbruch *m*; *sl* Limonade *f*; **~brunnur** M Springbrunnen *m*; **~drykkur** M Limonade *f*; **~hver** M Geysir *m*
gotnesk|a F ⟨-u⟩ Gotisch *n*; **~ur** gotisch
gráða F ⟨-u, -ur⟩ Grad *m*
gráðostur M Edelpilzkäse *m*
grafa 1 graben; begraben, beerdigen 2 F ⟨gröfu, gröfur⟩ Schaufelbagger *m*
gráfíkja F Feige *f*
grafkyrr totenstill
graflax M gebeizter Lachs *m*, graved Lachs *m*
grafletur N Grabschrift *f*
gráhærður grauhaarig
grálúða F Schwarzer Heilbutt *m*
gramm N ⟨-s, grömm⟩ Gramm *n*
gramur ärgerlich
granda vernichten; zerstören
grandvar gewissenhaft; ehrlich
grann|i M ⟨-a, -ar⟩ Nachbar *m*; **~kona** F Nachbarin *f*
grann|ur, ~vaxinn schlank; schmächtig gebaut; **~vitur** dumm, beschränkt
grár grau
gras N ⟨-s, grös⟩ Gras *n*; **~afræði** F Botanik *f*; **~afræðingur** M ⟨-s, -ar⟩ Botaniker *m*; **~flöt** F Rasen-

platz *m*; **~lendi** N ‹-s, -› Wiese *f*; **~strá** N Grashalm *m*
grát|a weinen; **~bæna** anflehen; **~ur** M ‹-s› Weinen *n*
grautur M ‹-s, -ar› Grütze *f*, Brei *m*
greftr|a begraben; **~un** F ‹-unar, -anir› Begräbnis *n*
greiða **1** F ‹-u, -ur› Kamm *m* **2** bezahlen; **~ sér** sich kämmen; **~samur** hilfreich; **~semi** F (*undekl*) Hilfsbereitschaft *f*; **~sölustaður** M Gasthof *m*
greiði M ‹-a› Dienst *m*, Gefallen *m*
greiðsl|a F ‹-u, -ur› Zahlung *f*; (*Haar*) Frisur *f*; **~ufrestur** M Zahlungsfrist *f*; **~ujöfnuður** M (*jafnaðar*) Zahlungsbilanz *f*; **~ukort** N Kreditkarte *f*; **~utími** M Zahlungstermin *m*
greif|afrú F Gräfin *f*; **~i** ‹-a, -ar› M Graf *m*
grein F ‹-ar, -ar› Ast *m*; Zweig *m*; (*Zeitung*) Artikel *m*; JUR Paragraf *m*; (*Schule*) Fach *n*
greina unterscheiden; erkennen; **~ frá e-u** etw erzählen
greinar|merki N Satzzeichen *n*; **~munur** M Unterschied *m*; **~skil** NPL Absatz *m*
greind F ‹-ar› Intelligenz *f*; Begabung *f*, Verstand *m*; **~ur** begabt; intelligent
greinilegur deutlich, klar; ausführlich
greinir M ‹-s, -ar› GRAM Artikel *m*
gremj|a F ‹-u› Ärger *m*, Erbitterung *f*; **~ulegur** ärgerlich
greni N ‹-s, -› Tanne *f*; Fuchsbau *m*; **~skógur** M Tannenwald *m*; **~tré** N Tannenbaum *m*
grenja heulen, weinen, schreien
grennast schlanker *od* dünner werden
grennd F ‹-ar› Umgebung *f*, Nachbarschaft *f*
grennslast: **~ eftir e-u** sich nach etw erkundigen
gretta F ‹-u, -ur› Grimasse *f*; **~ sig** Gesichter schneiden
grið NPL Waffenstillstand *m*; Gnade *f*; **~astaður** M Zufluchtsort *m*
Grikk|i M ‹-ja, -ir› Grieche *m*; **~land** N Griechenland *n*
gríma F ‹-u, -ur› Maske *f*; MED Atemschutzmaske *f*
grimm|d F ‹-ar, -ir› Grausamkeit *f*; **~ur** grausam; bissig
grind F ‹-ar, -ir› Gitter *n*; **~ahlaup** N Hürdenlauf *m*; **~horaður** knochendürr; **~verk** N Lattenzaun *m*
grípa (er)greifen; (*Ball*) auffangen
gripahús N Stall *m*
gripur M ‹-s, -ir› Gegenstand *m*; Kostbarkeit *f*; ein Stück Vieh
grís M ‹-s, -ir› Ferkel *n*

grisja lichten
grísk|a F ⟨-u⟩ Griechisch *n*; **~ur** griechisch
grjón N ⟨-s, -⟩ Korn *n*; Körnchen *n*; Grieß *m*; Graupen *pl*
grjót N ⟨-s, -⟩ Gestein *n*; **~náma** F Steinbruch *m*
gró N ⟨-s, -⟩ BOT Spore *f*; **~a** (*Pflanze*) wachsen; (*Wunde*) heilen
grobb N ⟨-s⟩ Prahlerei *f*; **~a** prahlen; **~inn** prahlerisch
gróði M ⟨-a, -ar⟩ Profit *m*; Gewinn *m*; Verdienst *m*
gróður M ⟨-urs⟩ Pflanzenwuchs *m*, Vegetation *f*; **~hús** N Treibhaus *n*; **~setja** pflanzen; **~setning** F Pflanzen *n*
gróf|gerður, ~ur grob
grufl N ⟨-s⟩ Grübelei *f*; **~a** grübeln
gruggugur trüb
gruna ahnen, vermuten; verdächtigen
grundlaus nichts ahnend; ohne Verdacht
grundvalla gründen
grundvallarregla F Grundsatz *m*
grundvöllur M Grundlage *f*
grunn N ⟨-s, -⟩ (*Meer*) Sandbank *f*; **~fær** dumm, oberflächlich; **~hyggin** einfältig, dumm; **~ur** **1** M ⟨-s, -ar⟩ Grundlage *f*; (*Haus*) Fundament *n* **2** ADJ (*Wasser*) seicht, flach
grun|samlegur verdächtig; **~ur** M ⟨-s od -ar⟩ Verdacht *m*; Ahnung *f*
grútsyfjaður schlaftrunken
grútur M ⟨-ar⟩ Tran *m*; Geizhals *m*
gryfja F ⟨-u, -ur⟩ Grube *f*
grýlukerti N Eiszapfen *m*
grýt|a steinigen
grýttur steinig
græða profitieren, verdienen; heilen
græðgi F (*undekl*) Gier *f*
Græn|land N Grönland *n*; **~lendingur** M ⟨-s, -ar⟩ Grönländer *m*
grænmeti N ⟨-s⟩ Gemüse *n*; **~s-**vegetarisch; **~sæta** F Vegetarier(in) *m(f)*; **~ sem borðar ekkert úr dýraríkinu** Veganer(in) *m(f)*
grænn grün
gröf F ⟨grafar, grafir⟩ Grab *n*; **~tur** M ⟨graftar⟩ Graben *n*; (*Geschwür*) Eiter *m*
gubba erbrechen, sich übergeben
Guð M ⟨-s, -ir⟩ Gott *m*; **Guði sé lof!** Gott sei Dank!
guðdómlegur göttlich
guð|faðir M Pate *m*; **~fræði** F Theologie *f*; **~fræðideild** F theologische Fakultät; **~fræðingur** M ⟨-s, -ar⟩ Theologe *m*; **~hræddur** gottesfürchtig, fromm; **~hræðsla** F Frömmigkeit *f*; **~last** N ⟨-s⟩ Gotteslästerung *f*; **~móðir** F Patin *f*; **~rækinn** fromm

guðs|hús Gotteshaus *n*; **~móðir** F Jungfrau Maria

guð|speki F Theosophie *f*; **~spjall** N ⟨-s⟩ Evangelium *n*; **~sþjónusta** F Gottesdienst *m*

gufa **1** F ⟨-u, -ur⟩ Dampf *m* **2** dampfen

gufu|afl N Dampfkraft *f*; **~bað** N Dampfbad *n*; Sauna *f*; **~hvolf** N ⟨-s⟩ (*Erde*) Atmosphäre *f*; **~sjóða** dünsten; **~skip** N Dampfschiff *n*, Dampfer *m*

gull N ⟨-s, -⟩ Gold *n*; **~aldar**-klassisch; **~aldarrit** N klassische Literatur *f*

gúllas N Gulasch *m*/*n*

gulleitur gelblich

gull|fallegur außerordentlich schön; **~hamrar** MPL Schmeichelei *f*, Kompliment *n*; **~inn** golden

gull|peningur M Goldmünze *f*; **~smiður** M Goldschmied *m*, Juwelier *m*; **~öld** F klassisches Zeitalter

gul|rófa F Steckrübe *f*, Kohlrübe *f*; **~rót** F Mohrrübe *f*, Karotte *f*; **~ur** gelb

gúm|bátur M Schlauchboot *n*; **~mí** N ⟨-s⟩ Gummi *m*/*n*; **~místígvél** N ⟨-s, -⟩ Gummistiefel *m*

gung|a F ⟨-u, -ur⟩ Angsthase *m*, Feigling *m*; **~uháttur** M Feigheit *f*

gust|a blasen; **~ur** M ⟨-s⟩ Zug *m*, kalter Wind *m*

gutlari M ⟨-a, -ar⟩ Dilettant *m*

gyðingur M ⟨-s, -ar⟩ Jude *m*

gyðja F ⟨-u, -ur⟩ Göttin *f*

gyll|a vergolden; **~ing** F ⟨-ar, -ar⟩ Vergoldung *f*; **~tur** vergoldet

gylta F ⟨-u, -ur⟩ Sau *f*

gys N ⟨-s⟩ Spott *m*, Hohn *m*; **gera ~ að** verspotten, verhöhnen

gæði NPL Güte *f*; Qualität *f*

gæðingur M ⟨-s, -ar⟩ gutes Reitpferd *n*

gæf|a F ⟨-u⟩ Glück *n*; **~ulaus** ohne Glück; **~usamur** glücklich

gægjast gucken, sehen; **~ fram** hervorstehen

gæl|a kosen; **~unafn** N Kosename *m*

gær: **í ~** gestern; **~a** F ⟨-u, -ur⟩ Schaffell *n*; **~dagur** M der gestrige Tag; **~kvöld** N: **í ~i** gestern Abend; **~morgun**: **í ~** gestern Morgen

gæs F ⟨-ar, -ir⟩ Gans *f*; **~alappir** FPL *fig fam* Gänsefüßchen *pl*; **~arsteggur** M Gänserich *m*

gæska F ⟨-u⟩ Güte *f*

gæsl|a F ⟨-u⟩ Bewachung *f*; Arrest *m*; **~uvarðhald** N Untersuchungshaft *f*

gæta bewachen; bewahren; **~ sín** sich in Acht nehmen; aufpassen; sich vorsehen

gæti|lega vorsichtig; **~nn** vorsichtig, besonnen

gætni F (*undekl*) Vorsicht *f*, Besonnenheit *f*
gætt F ⟨-ar, -ir⟩ Türöffnung *f*
gætur FPL Aufmerksamkeit *f*; **gefa e-u ~** etw beachten, auf etw (*akk*) achtgeben
göfug|leiki M ⟨-a⟩, **~lyndi** N ⟨-s⟩ Edelmut *m*; **~lyndur** edel, edelmütig; **~menni** N ⟨-s⟩ edler Mensch; **~mennska** F ⟨-u⟩ Edelmut *m*; **~ur** edel
göldróttur zauberkundig
göltur M ⟨galtar, geltir⟩ Eber *m*
göng NPL Gang *m*; Tunnel *m*; **~udeild** F Ambulanz *f*; **~udeildar-** ambulant; **~uferð** F Spaziergang *m*; **~uför** F Wanderung *f*; **~ustafur** M (Spazier-)Stock *m*
gönur FPL Irrwege *pl*
görn F ⟨garnar, garnir⟩ Darm *m*
götóttur löcherig, durchlöchert
götu|auglýsing F (öffentlicher) Anschlag *m*, Plakat *n*; **~horn** N Straßenecke *f*; **~lýsing** F Straßenbeleuchtung *f*; **~ræsi** N Kloake *f*; Rinnstein *m*; **~sópari** M ⟨-a, -ar⟩ Straßenkehrer *m*; **~steinn** M Pflasterstein *m*

ha? bitte?, wie?
háð N ⟨-s⟩ Spott *m*, Hohn *m*; Ironie *f*
hádegi N ⟨-s⟩ Mittag *m*; **~sbaugur** M Meridian *m*; **~sverður** M ⟨-s, -ir⟩ Mittagessen *n*
háð|fugl M Spötter *m*; **~rit** N Schmähschrift *f*; **~skur, ~slegur** ironisch; **~syrði** N ⟨-s, -⟩ Schmähwort *n*; **~ung** F ⟨-ar⟩ Schande *f*
háður: **~ e-u** von etw abhängig; auf etw (*dat*) beruhen
haf N ⟨-s, höf⟩ Meer *n*, See *f*, Ozean *m*; **láta í ~** in See stechen
hafa haben; **~ e-ð fyrir satt** etw als wahr ansehen; **~ hátt** viel Lärm machen; **~ í för með sér** mit sich bringen; **~ í hyggju** beabsichtigen; **~ ráð á e-u** sich (*dat*) leisten können; **~ upp á e-u** etw aufspüren *od* ermitteln; **~ vit á e-u** sich auf etw (*akk*) verstehen; **~st**: **~ e-ð að** mit etw beschäftigt sein
haf|djúp N Meerestiefe *f*; **~flötur** M Meeresspiegel *m*; **~ís** M Treibeis *n*
há|fjara F tiefster Wasserstand bei Ebbe; **~flóð** N

Hochwasser *n*
haf|löður N ⟨-s⟩ Meeresschaum *m*; **~meyja** F ⟨-u, -ur⟩ Wassernixe *f*
hafna ablehnen, abschlagen
hafnar|bakki M Kai *m*; **~borg** F Hafenstadt *f*; **~garður** M Hafenmole *f*, Mole *f*; **~gerð** F Hafenbau *m*; **~stjóri** M ⟨-a, -ar⟩ Hafenmeister *m*
hafnarverkamaður M Hafenarbeiter *m*
hafnsögumaður M Lotse *m*
hafra|grautur M Haferbrei *m*; **~grjón** NPL, **~mjöl** N Haferflocken *pl*
hafrannsóknir FPL Ozeanografie *f*
hafrar MPL Hafer *m*
haf|ræna F Seewind *m*; **~sbotn** M Meeresboden *m*; **~skip** N Ozeandampfer *m*, Überseedampfer *m*
hafur M ⟨-urs, -rar⟩ Bock *m*, Ziegenbock *m*
háfur M ⟨-s, -ar⟩ Reuse *f*
haga ordnen, einrichten; **~ sér** sich benehmen; **~ sér eftir e-u** sich nach etw richten; **~mús** F Feldmaus *f*; **~nlegur** zweckmäßig
hag|fræði F Volkswirtschaftslehre *f*; Volkswirtschaft *f*; **~fræðingur** M ⟨-s, -ar⟩ Volkswirt *m*
hagi M ⟨-a, -ar⟩ Weide *f*
hag|kerfi N Wirtschaftssystem *n*; **~kvæmur** praktisch; zweckmäßig
hagl N ⟨-s, högl⟩ Hagel *m*; **~abyssa** F Schrotflinte *f*
hag|legur kunstfertig, kunstvoll; **~leikur** M Kunstfertigkeit *f*
haglél N ⟨-s, -⟩ Hagelschauer *m*
hagmæltur dichterisch begabt
hagn|aður M ⟨-ar⟩ Verdienst *m*; **~ast**: **~ á e-u** von etw profitieren
hag|nýta verwerten, nutzbar machen; **~nýting** F ⟨-ar⟩ Verwertung *f*; **~nýtur** praktisch
hag|ræði N ⟨-s⟩ Nutzen *m*; Vorteil *m*; **~rænn** ökonomisch
hagskýrsla F statistischer Bericht *m*; Statistik *f*
hagsmunir MPL Interessen *pl*
hagstofa F statistisches Büro *n od* Amt *n*
hag|stæður günstig, vorteilhaft; **~sýni** F praktischer Sinn; **~sæld** F ⟨-ar⟩ Wohlstand *m*
hagur 1 M ⟨-s⟩ Umstände *pl*; Verhältnisse *pl*; Vorteil *m* 2 ADJ kunstfertig, geschickt
haka F ⟨höku, hökur⟩ Kinn *n*
hákarl M Hai *m*; **~aveiði** F Haifischfang *m*
haki ⟨-a, -ar⟩ M Hacke *f*; Haken *m*
hakkabuff N ⟨-s, -⟩ Frikadelle *f*

hala ziehen; **hala niður** (IT) herunterladen, downloaden
halastjarna F Komet *m*
hald N ⟨-s, höld⟩ Griff *m*; Henkel *m*; Nutzen *m*; **hafa ~ á e-u** etw in seiner Gewalt haben; **vera í haldi** Gefangene(r) sein; **lúta í lægra haldi** unterliegen
halda glauben, denken; halten; behalten; **~ af stað** sich auf den Weg begeben; **~ áfram** fortsetzen; in etw (*dat*) fortfahren; **~ fram** behaupten; **~ fund** (*Ausschuss*) e-e Sitzung abhalten; **~ hátíðlegan** feiern; **~ sér saman** den Mund halten; **~ e-u við** etw aufrechterhalten; **~ við e-n** ein Verhältnis mit j-m haben; **vera þungt haldinn** schwer krank sein; **~st**: **~ við e-s staðar** sich irgendwo aufhalten
há|leitur *fig* erhaben; **~lendi** N ⟨-s, -⟩ Hochland *n*
hálfa: **frá hans hálfu** seinerseits; **frá minni hálfu** meinerseits
hálfdagsvinna F Halbtagsarbeit *f*
hálf|leikur M (*Sport*) Halbzeit *f*; **~ur** halb; **hálfu meira** doppelt so viel; **~vegis** halbwegs; **~viti** M ⟨-a, -ar⟩ Idiot *m*
hali M ⟨-a, -ar⟩ (*Rind*) Schwanz *m*
hálka F ⟨-u⟩ Glätte *f*; Glatteis *n*
háll (*Eis*) glatt; **þér verður hált á því** es kommt dir teuer zu stehen
halla lehnen; **~ sér** sich (an-)lehnen; sich hinlegen; **~mælir** M Wasserwaage *f*; **~st** schief *od* schräg stehen
halli M ⟨-a, -ar⟩ Abhang *m*; Neigung *f*; Verlust *m*; Defizit *n*
halloka: **fara ~** den Kürzeren ziehen
hallæri N ⟨-s, -⟩ Hungersnot *f*; Missernte *f*
hálm|strá N Strohhalm *m*; **~ur** M ⟨-s⟩ Stroh *n*
háls M ⟨-, -ar⟩ Hals *m*; GEOG Höhenzug *m*; **~band** N Halsband *n*; **~bólga** F Halsentzündung *f*; **~höggva** enthaupten, köpfen; **~kirtill** M ANAT Mandel *f*; **~klútur** M Halstuch *n*
halt|ra hinken; **~ur** hinkend
hamar M ⟨-ars, -rar⟩ Hammer *m*
hámark N Höhepunkt *m*; **~sverð** N Höchstpreis *m*
hamast rasen, toben
hamingj|a F ⟨-u⟩ Glück *n*; **~uósk** F Glückwunsch *m*; **~usamur** glücklich
hamla F ⟨hömlu, hömlur⟩ Bremse *f*; *fig* Hemmschuh *m*, Schranke *f*
hampur M ⟨-s⟩ Hanf *m*
hamra hämmern; **~gjá** F Felsenschlucht *f*

handa PRÄP *mit dat* für; **~hóf** N: **af ~i** zufällig; aufs Geratewohl; **~lögmál** NPL Handgemenge *n*; **~n**: **fyrir ~** 1 PRÄP *mit gen* jenseits, auf der anderen Seite 2 ADV jenseits; drüben; **~rbak** N Handrücken *m*; **~rhald** N Henkel *m*; **~rkriki** M ⟨-a, -ar⟩ Achselhöhle *f*

hand|avinna F Handarbeit *f*; **~bolti** M Handball *m*; **~bremsa** F Handbremse *f*; **~fang** N ⟨-s, föng⟩ Griff *m*; Henkel *m*; **~fylli** F (*undekl*) Handvoll *f*; **~hafi** M ⟨-a, -ar⟩ Inhaber *m*

hand|iðn F Handwerk *n*; **~iðnaðarmaður** M Handwerker *m*; **~klæði** N ⟨-s, -⟩ Handtuch *n*; **~laug** F Waschbecken *n*; **~leggur** M Arm *m*; **~læknir** M Chirurg *m*; **~rið** N ⟨-s, -⟩ Geländer *n*; **~rit** N Handschrift *f*, Manuskript *n*; **~sama** verhaften, festnehmen

hand|snyrting F Maniküre *f*, Handpflege *f*; **~sprengja** F Handgranate *f*; **~tak** N Händedruck *m*; **~taka** 1 F ⟨-töku, -tökur⟩ Verhaftung *f* 2 verhaften; **~taska** F Handtasche *f*

hanga VI hängen

hangikjöt N geräuchertes Lamm- *od* Hammelfleisch

hani M ⟨-a, -ar⟩ Hahn *m*

hann er

hanski M ⟨-a, -ar⟩ Handschuh *m*

happ N ⟨-s, höpp⟩ Glücksfall *m*; **~drætti** N ⟨-s, -⟩ Lotterie *f*, Auslosung *f*; **~drættismiði** M Los *n*, Lotterielos *n*

hár 1 N ⟨-s, -⟩ Haar *n* 2 hoch; **~alitur** M Haarfarbe *f*; **~bursti** M Haarbürste *f*

harð|brjósta hartherzig; **~fiskur** M Stockfisch *m*; **~leikinn** brutal; **~lífi** N ⟨-s⟩ Verstopfung *f*; **~ræði** N ⟨-s⟩ Tyrannei *f*; **~soðinn** hartgekocht; **~sperrur** PL Muskelkater *m*; **~stjórn** F Tyrannei *f*, Despotie *f*; **~ur** hart; abgehärtet

háreysti F (*undekl*) Lärm *m*, Schrei *m*

hár|fínn haarfein; **~flétta** F Haarflechte *f*, Haarzopf *m*; **~froða** F Schaumfestiger *m*; **~greiða** F Kamm *m*; **~greiðsla** F Frisur *f*; **~greiðsludama** F Friseuse *f*; **~greiðslustofa** F Frisiersalon *m*; **~klipping** F Haarschneiden *n*

harka F ⟨hörku⟩ Härte *f*, Strenge *f*

hár|kolla F ⟨-u, -ur⟩ Perücke *f*; **~lakk** N Haarspray *n*, Haarlack *m*; **~los** N ⟨-⟩ Haarausfall *m*

harm|a beklagen; **~ e-n** j-m nachtrauern; **~afregn** F Trauerbotschaft *f*; **~kvæði** N Trauerlied *n*; **~leikur** M

Tragödie *f*, Trauerspiel *n*
harmoníka F ‹-u, -ur› Ziehharmonika *f*, Akkordeon *n*
harmur M ‹-s, -ar› Trauer *f*; Kummer *m*
hárnál F Haarnadel *f*
harpa F ‹hörpu, hörpur› Harfe *f*
hár|réttur vollkommen richtig; **~sár** *fig* empfindlich; **~skeri** M ‹-a, -ar› Friseur *m*
hártog|a verdrehen; **~un** F ‹-unar, -anir› Haarspalterei *f*
hárþurrka F (*Haar*) Fön *m*
hás heiser
háseti M ‹-a, -ar› Matrose *m*
hásk|alegur gefährlich; **~i** M ‹-a, -ar› Gefahr *f*
háskóla|borgari M Akademiker *m*; **~deild** F Fakultät *f*; **~deildarfulltrúi** M Dekan *m*; **~kennari** M Professor *m*; **~nemi** M Student(in) *m(f)*; **~rektor** M Hochschulrektor *m*; (*Titel*) Rector magnificus *m*; **~ritari** M (*Island*) Universitätssekretär *m*
háskóli M ‹-a, -ar› Universität *f*, Hochschule *f*
há|slétta F Hochebene *f*; **~speki** F Metaphysik *f*; **~spenna** F Hochspannung *f*
hass N (-) Haschisch *n*
há|stig N GRAM Superlativ *m*; höchster Grad *m*; **~stökk** N Hochsprung *m*; **~sumar** N Hochsommer *m*; **~sæti** N Thron *m*, erhöhter Sitz *m*
hata hassen
há|talari M ‹-a, -ar› Lautsprecher *m*; **~tíð** F Feier *f*; Fest *n*; **~tíðlegur** feierlich; **~tign** F Majestät *f*; **~tindur** M Gipfelpunkt *m*
hátt|a zu Bett gehen; **~ sig** (*vor dem Schlafengehen*) sich ausziehen; **~atími** M Schlafenszeit *f*; **~erni** N ‹-s› Benehmen *n*; **~settur** hochgestellt, von hohem Rang
hattur M ‹-s, -ar› Hut *m*
háttur ‹-ar, hættir› Art und Weise *f*; Gewohnheit *f*; **á e-n hátt** auf irgendeine Weise
hátt|virtur hochgeehrt; (*Anrede*) sehr geehrter; **~vís** taktvoll; **~vísi** F (*undekl*) Taktgefühl *n*
hatur N ‹-s› Hass *m*
haukur M ‹-s, -ar› Habicht *m*
haus M ‹-s, -ar› Kopf *m*, Haupt *n*; **~kúpa** F ‹-u, -ur› Schädel *m*
haust N ‹-s, -› Herbst *m*; **~kvöld** N Herbstabend *m*
há|vaði M ‹-a› Lärm *m*; **~þrýsti** N ‹-s› Hochdruck *m*; **~þrýstisvæði** N Hochdruckgebiet *n*, Hoch *n*; **~þýska** F Hochdeutsch *n*
hebresk|a F ‹-u› Hebräisch *n*; **~ur** hebräisch
héðan von hier; **~ í frá** von jetzt ab
hefð F ‹-ar, -ir› Brauch *m*; Tradition *f*; **~bundinn** JUR althergebracht; traditionell
hefill M ‹-ils, -lar› Hobel *m*

hefja heben; beginnen
hefla hobeln
hefna rächen; **~ sín á e-m** sich an j-m rächen
hefnd F ⟨-ar, -ir⟩ Rache *f*; **~argirni** F Rachsucht *f*; **~arskyn** N: **í ~i** aus Rache
hefnigjarn rachsüchtig
hefti N ⟨-s, -⟩ Heft *n*
hegð|a: **~ sér** sich benehmen; **~un** F ⟨-unar, -anir⟩ Betragen *n*, Benehmen *n*
hegn|a bestrafen; **~ing** F ⟨-ar, -ar⟩ Strafe *f*, Bestrafung *f*; **~ingarlög** NPL Strafgesetz *n*; **~ingarverður** strafbar
heiðar|legur ehrlich; **~leiki** M ⟨-a, -ar⟩ Ehrlichkeit *f*
heiði F ⟨-ar, -ar⟩ Heide *f*; **~ngi** M ⟨-ja, -jar⟩ Heide *m*; **~nn** heidnisch
heiðlóa F Goldregenpfeifer *m*
heið|ra ehren; **~skír** (*Himmel*) klar; **~ur** 1 M ⟨-s⟩ Ehre *f* 2 ADJ (*Himmel*) klar
heiðurs|borgari M Ehrenbürger *m*; **~félagi** M Ehrenmitglied *n*; **~merki** N Orden *m*; Ehrenzeichen *n*
heift F ⟨-ar, -ir⟩ tödlicher Hass; Raserei *f*; Heftigkeit *f*; **~arfullur** hassvoll, gehässig; **~rækinn** rachsüchtig
heigul|l M ⟨-uls, -lar⟩ Feigling *m*; **~sháttur** M Feigheit *f*
heila|blóðfall N Schlaganfall *m*; **~brot** NPL Kopfzerbrechen *n*
heilagfiski N ⟨-s⟩ Heilbutt *m*
heilag|leiki M ⟨-a⟩ Heiligkeit *f*; **~ur** heilig
heila|himna F Gehirnhaut *f*; **~hristingur** M Gehirnerschütterung *f*
heilbrigð|i N ⟨-s⟩ Gesundheit *f*; **~ismál** NPL Gesundheitswesen *n*; **~isvottorð** N Gesundheitsattest *n*; **~isyfirvöld** NPL Gesundheitsbehörde *f*; **~ur** gesund
heild F ⟨-ar, -ir⟩ Ganzheit *f*, Gesamtheit *f*; **~arútgáfa** F Gesamtausgabe *f*; **~arverð** N Pauschalpreis *m*; **~sala** F Großhandel *m*; **~sali** M ⟨-a, -ar⟩ Großhändler *m*
heilhveitibrauð N Vollkornbrot *n*
heili M ⟨-a, -ar⟩ Gehirn *n*; **brjóta heilann um e-ð** sich (*dat*) den Kopf über etw (*akk*) zerbrechen
heill 1 F ⟨-ar, -ir⟩ Glück *n* 2 ADJ ganz, komplett; **~a** bezaubern, entzücken; **~andi** entzückend; interessant; **~aósk** F Glückwunsch *m*
heil|margir ziemlich viele; **~næmur** heilsam; gesund; **~ræði** N ⟨-s, -⟩ guter Rat
heilsa 1 F ⟨-u⟩ Gesundheit *f* 2 (be)grüßen; **ég bið að ~** ich lasse grüßen
heilsu|fræði F Gesundheitslehre *f*; **~hæli** N Sanatorium *n*; **~vernd** F Gesundheits-

pflege *f*
heim heim; nach Hause; **~a** zu Hause; **eiga ~** wohnen; **hvar áttu ~?** wo wohnst du?; **standa ~** stimmen, richtig sein
heimakennsla F ⟨-u, -⟩ Homeschooling *n*
heimalagað hausgemacht
heimanmundur M ⟨-ar, -ir⟩ Aussteuer *f*; Mitgift *f*
heima|síða F Homepage *f*; **~skrifstofa** F Homeoffice *n*; **~verkaefni** N Hausaufgaben *pl*; **~vistarskóli** M Internat *n*
heim|boð N Einladung *f*; **~ferð** F Heimreise *f*, Heimfahrt *f*
heimild F ⟨-ar, -ir⟩ (literarische) Quelle *f*; Erlaubnis *f*; Befugnis *f*; **~arleysi** N ⟨-s⟩: **í ~** ohne Erlaubnis; **~armaður** M; Gewährsmann *m*; **~arrit** N Quellenschrift *f*, Quelle *f*
heimili N ⟨-s, -⟩ Heim *n*; Wohnung *f*; **~sfaðir** M Familienvater *m*; **~sfang** N ⟨-s, föng⟩ Adresse *f*; **~sfastur** wohnhaft; **~slíf** N Familienleben *n*; **~slæknir** M Hausarzt *m*; **~sstarf** N Hausarbeit *f*
heims|álfa F Erdteil *m*; **~bókmenntirnar** FPL Weltliteratur *f*; **~borgari** M Weltbürger *m*; **~endir** M Weltuntergang *m*; **~frægur** weltberühmt
heimska F ⟨-u, -ur⟩ Dummheit *f*
heimskaut N ⟨-s, -⟩ Pol *m*; **~afari** M ⟨-a, -ar⟩ Polarfahrer *m*; **~aís** M Polareis *n*; **~akönnuður** M Polarforscher *m*; **~sbaugur** M Polarkreis *m*; **~shaf** N Polarmeer *n*
heimsk|ingi M ⟨-ja, -jar⟩ Dummkopf *m*; **~ulegur** töricht; **~upör** NPL Dummheiten *pl*; **~ur** dumm
heims|markaður M Weltmarkt *m*; **~met** N Weltrekord *m*
heim|sókn F Besuch *m*; **~speki** F Philosophie *f*; **~spekideild** F philosophische Fakultät; **~spekingur** M Philosoph *m*
heims|skoðun F Weltanschauung *f*; **~styrjöld** F Weltkrieg *m*; **~sýning** F Weltausstellung *f*
heimsækja besuchen
heimt|a fordern, verlangen; **~ing** F ⟨-ar, -ar⟩ Anspruch *m*, Forderung *f*; **~ufrekur** anspruchsvoll
heim|ur M ⟨-s, -ar⟩ Welt *f*; **~þrá** F Heimweh *n*
heit N ⟨-s, -⟩ Versprechen *n*; Gelübde *n*; **~a** versprechen; heißen
heit|i N ⟨-s, -⟩ Name *m*; Bezeichnung *f*; **~ur** heiß, warm
hekla häkeln
hektari M ⟨-a, -ar⟩ Hektar *m*
hel F ⟨-jar⟩ Totenreich *n*

héla F ‹-u› Raureif *m*, Reif *m*
heldur lieber; **ekki ~** auch nicht
helg|i 1 F (*undekl*) Heiligkeit *f* 2 F ‹-ar, -ar› Wochenende *n*; **~idagur** M Feiertag *m*; **~idómur** M Heiligtum *n*; **~isaga** F Legende *f*; **~söngur** M Hymne *f*; **~ur** heilig
hell|a 1 F ‹-u, -ur› flacher Stein; **fyrir neðan allar hellur** unter aller Kritik 2 gießen; **~ir** M ‹-s, -ar› Höhle *f*; **~irigning** F Platzregen *m*
helluþak N Schieferdach *n*
helming|a halbieren; **~ur** M ‹-s, -ar› Hälfte *f*
helvíti N ‹-s, -› Hölle *f*
hem|ill M ‹-ils, -lar› Bremse *f*; **~la** bremsen; **~laborði** M Bremsbelag *m*; **~lavegalengd** F Bremsweg *m*
hempa F ‹-u, -ur› Talar *m*
hend|a werfen, *sl* schmeißen; **~ing** F ‹-ar, -ar› Zufall *m*
hengi|brú F Hängebrücke *f*; **~rúm** N Hängematte *f*
hengja V/T hängen; **~ sig** sich erhängen
hent|a passen, recht sein; **~ugur** praktisch, zweckmäßig
hepp|inn glücklich; erfolgreich; **~nast** glücken, gelingen; **~ni** F (*undekl*) Glück *n*; Erfolg *m*
her M ‹-s, -ir› Heer *n*, Armee *f*; Militär *n*; **~afli** M Streitkräfte *pl*; **~bergi** N ‹-s, -› Zimmer *n*; **~búðir** FPL MIL Lager *n*; Kaserne *f*
hér hier; **~ um bil** (*abk* **h. u. b.**) ungefähr, etwa
hérað N ‹-s, héruð› Gegend *f*; Bezirk *m*; **~sdómari** M Amtsrichter *m*; **~sdómur** M Amtsgericht *n*
her|búnaður M ‹-ar, -ir› MIL Rüstung *f*; **~dómur** M Kriegsgericht *n*
herða härten, hart machen; **~breiður** breitschultrig; **~kistill** M ‹-ils, -lar› Buckel *m*; **~r** FPL Schultern *pl*; **~tré** N Kleiderbügel *m*
her|fangi M Kriegsgefangene(r) *m*/*f*(*m*); **~floti** M Kriegsflotte *f*
héri M ‹-a, -ar› Hase *m*
hér|lendis hierzulande; **~lendur** einheimisch
herlið N MIL Truppe *f*
herma berichten; **~ eftir** nachahmen
her|maður M Soldat *m*; **~málaráðherra** M Verteidigungsminister *m*
hérna hier; **~ megin** auf dieser Seite, diesseits (*präp mit gen*); **þessi ~** dieser
her|nám N Besetzung *f*; **~nema** (*Land*) besetzen
heróín N ‹-s› Heroin *n*
herra M Herr *m*; (*Anschrift*) *abk* **Hr.** Herrn
hershöfðingi M Feldherr *m*; General *m*
her|skip N Kriegsschiff *n*;

~skylda F Wehrpflicht *f*; **~væðing** F ‹-ar, -ar› Aufrüstung *f*; **~þjónusta** F Militärdienst *m*; **~æfingar** FPL Manöver *n*

hest|afl N (*abk* **ha.**, PL **hestöfl**, *abk* **hö.**) Pferdestärke *f* (*abk* PS); **~aleiga** F Pferdeverleih *m*; **~bak** N Pferderücken *m*; **fara á ~** reiten; **~hús** N Pferdestall *m*; **~ur** ‹-s, -ar› M Pferd *n*

hetj|a F ‹-u, -ur› Held *m*; **~ukvæði** N Heldenlied *n*; **~uöld** F Heldenzeitalter *n*

hett|a F ‹-u, -ur› Kapuze *f*; **~usótt** F MED Ziegenpeter *m*; Mumps *m*

hey N ‹-s, -› Heu *n*; **~bólstur** M Heuschober *m*

heyja Heu machen, heuen; **~ stríð** Krieg führen

heykvísl F ‹-ar, -ir› Forke *f*; Heugabel *f*

heyra hören; **~ndi** M ‹-anda, -endur› Zuhörer *m*; **~nlegur** hörbar

heyrn F ‹-ar› Gehör *n*; **~arlaus** taub; **~artæki** N Hörgerät *n*

hey|skapur M ‹-s›, **~vinna** F Heuarbeit *f*

híbýli NPL Heim *n*, Haus *n*; Wohnstätte *f*

hífaður angeheitert

hik N ‹-s› Zögern *n*; Schwanken *n*; **~a** zögern; schwanken; **~laust** ohne Zögern

hikst|a schlucken; **~i** M ‹-a, -ar› Schluckauf *m*

hill|a F ‹-u, -ur› Fach *n*, Regal *n*; **~ingar** FPL Luftspiegelung *f*

himin|geimur M Weltraum *m*; **~hvelfing** F Himmelsgewölbe *n*; **~n** M ‹-ins, -nar› Himmel *m*; **~tungl** N ‹-s, -› Himmelskörper *m*

himna F ‹-u, -ur› Häutchen *n*; **~för** F Himmelfahrt *f*; **~ríki** N Himmelreich *n*

himneskur himmlisch

hind F ‹-ar, -ir› Hirschkuh *f*; **~ra** (ver)hindern; **~run** F ‹-unar, -anir› Hindernis *n*; Verhinderung *f*; **~runarhlaup** N Hindernisrennen *n*

hingað hierher; **~ til** bisher

hinn (**hin, hitt**) DEM PR der (die, das); **hins vegar** dagegen, andererseits; **hinum megin** auf der anderen Seite, jenseits (*präp mit gen*)

hirð F ‹-ar, -ir› Hof *m*; **~a** (*Vieh*) pflegen; **~ingi** M ‹-ja, -jar› Nomade *m*; **~líf** N Hofleben *n*

hirðu|laus nachlässig; **~leysi** N ‹-s› Nachlässigkeit *f*; **~semi** F (*undekl*) Sorgfalt *f*

hirt|a tadeln; bestrafen; **~ing** F ‹-ar, -ar› Züchtigung *f*; Bestrafung *f*

hispurslaus ohne Umschweife; unbefangen; **segja e-ð hispurslaust** etw geradeheraus sagen

hissa erstaunt

hita wärmen, erwärmen; **~belti** N Tropen *pl*; **~beltis** tropisch; **~brúsi** M ‹-a, -ar› Thermosflasche® *f*; **~eining** ‹-ar, -ar› Kalorie *f*; **~einingasnauður** kalorienarm; **~kast** N Fieberanfall *m*; **~laus** fieberfrei; **~leiðsla** F Warmwasserleitung *f*; **~mælir** M ‹-s, -ar› Thermometer *n*; **~poki** M Wärmflasche *f*; **~stig** N Wärmegrad *m*; **~stillir** M ‹-s, -ar› Thermostat *m*; **~veita** F ‹-u, -ur› Warmwasserheizung *f*; Fernheizung *f*

hit|i M ‹-a, -ar› Wärme *f*; MED Fieber *n*; (*Haus*) Heizung *f*; **~na** warm werden

hitt|a treffen; **~ast** sich treffen; **~iðfyrra** N: **í ~** vor zwei Jahren; **~inn** treffsicher

hitun F ‹-unar, -anir› Erwärmung *f*; Heizung *f*

hjá PRÄP *mit dat* bei; neben; vorbei; **~guð** M Abgott *m*, Götze *m*; **~kátlegur** komisch; **~kona** F Geliebte *f*

hjálmur M ‹-s, -ar› Helm *m*

hjálp F ‹-ar› Hilfe *f*; **~ í viðlögum** Erste Hilfe; **~a** helfen; **~argagn** N Hilfsmittel *n*; **~arlaus** hilflos; **~arleysi** N ‹-s› Hilflosigkeit *f*; **~arsögn** F Hilfsverb *n*; **~arþurfi** hilfsbedürftig; **~fús** hilfsbereit; **~fýsi** F (*undekl*) Hilfsbereitschaft *f*; **~legur** behilflich; **~samur** hilfsbereit

hjarta N ‹-, hjörtu› Herz *n*; **~bilun** F ‹-ar› Herzfehler *m*; **~góður** gutherzig; barmherzig; **~kast** N Herzanfall *m*; **~nlegur** herzlich; **~slag** N Herzinfarkt *m*

hjart|næmur herzergreifend; **~sláttur** M Herzklopfen *n*; **~veiki** F Herzkrankheit *f*; Neurasthenie *f*; **~veikur** herzkrank

hjá|trú F Aberglaube *m*; **~trúarfullur** abergläubisch; **~verk** N Nebenbeschäftigung *f*; **gera e-ð í ~um** etw in seiner Freizeit arbeiten; eine Nebenbeschäftigung haben

hjól N ‹-s, -› Rad *n*; Fahrrad *n*; **~a** Rad fahren, *sl* radeln; **~askautar** MPL Rollschuhe *pl*; **~atúr** M ‹-s,-ar› Radtour *f*; **~barði** M ‹-a, -ar› (*Auto*) Reifen *m*; **~beinóttur** o-beinig; **~börur** FPL Schubkarre(n *m*) *f*; **~reiðarmaður** M Radfahrer *m*

hjón NPL Eheleute *pl*; Ehepaar *n*; **~aband** N Ehe *f*; **~askilnaður** M Ehescheidung *f*; **~avígsla** F ‹-u, -ur› Trauung *f*

hjú N ‹-s, -› Dienstboten *pl*

hjú|kra pflegen; **~krun** F ‹-ar› Krankenpflege *f*; **~krunarkona** F Krankenschwester *f*

hjúskapur M ‹-ar› Ehe *f*

hjörð F ‹hjarðar, hjarðir›

Herde *f*
hjörtur M ⟨hjartar, hirtir⟩ Hirsch *m*
hlað N ⟨-s⟩ Hof(platz) *m*; **~a** **1** F ⟨hlöðu, hlöður⟩ Scheune *f* **2** laden, beladen; **~i** M ⟨-a, -ar⟩ Stapel *m*
hlakka: **~ til e-s** sich auf etw (*akk*) freuen
hlána (auf)tauen
hland N ⟨-s⟩ Urin *m*
hlass N ⟨-, hlöss⟩ Fuhre *f*
hlátur M ⟨-urs, -rar⟩ Lachen *n*, Gelächter *n*; **~mildur** lachlustig
hlaup N ⟨-s, -⟩ Lauf *m*, Laufen *n*; **~a** laufen; springen; (*Stoff*) einlaufen; **~abóla** F Windpocken *pl*; **~ár** N Schaltjahr *n*; **~ari** M ⟨-a, -ar⟩ (*Sport*) Läufer *m*; **~ársdagur** M Schalttag *m*
hlé N ⟨-s, -⟩ Unterbrechung *f*; Pause *f*; SCHIFF Lee(seite) *f*; **~borði** M ⟨-a⟩ Leeseite *f*; **~drægur** zurückhaltend
hleðsl|a F ⟨-u, -ur⟩ Ladung *f*; Schicht *f*; **~utæki** N Ladegerät *n*
hleifur M ⟨-s, -ar⟩ Brotlaib *m*
hlekkur M ⟨-s, -ir⟩ Fessel *f*, Kette *f*
hler|a lauschen; **~i** M ⟨-a, -ar⟩ Fensterladen *m*; **~unartæki** N Abhörgerät *n*, Wanze *f*
hlessa erstaunt; befremdet
hleypa (*Pferd*) laufen lassen; **~ inn** (her)einlassen; **~ e-m upp** j-n böse (*od* wütend) machen
hleypidóm|alaus vorurteilsfrei; **~ur** M Vorurteil *n*
hlið **1** F ⟨-ar, -ar⟩ Seite *f*; **við ~(ina á) mér** an meiner Seite, neben mir **2** N ⟨-s, -⟩ Tor *n*
hlíð F ⟨-ar, -ar⟩ Abhang *m*, Berghang *m*, Hang *m*
hliðar|dyr FPL Seitentür *f*; **~gata** F Seitenweg *m*, Nebenstraße *f*
hlið|hollur günstig; wohlgesinnt; **~sjón** F ⟨-ar⟩: **með ~ af e-u** im Hinblick auf etw (*akk*), mit Rücksicht auf etw (*akk*); **~stæða** F ⟨-u, -ur⟩ Gegenstück *n*; Parallele *f*
hlíf F ⟨-ar, -ar⟩ Schutz *m*; Deckung *f*; **~a** schonen; **~ e-m við e-u** j-n mit etw verschonen; **~ð** F ⟨-ar, -ar⟩ Schonung *f*; Gnade *f*; **~ðarlaus** schonungslos
hljóð N ⟨-s, -⟩ Geräusch *n*; Laut *m*; Schrei *m*; Schall *m*; **í einu ~i** einstimmig; **~a** lauten; schreien; **~alda** F Schallwelle *f*
hljóð|fræði F Fonetik *f*, Lautlehre *f*; **~færi** N ⟨-s, -⟩ Musikinstrument *n*; **~himna** F Trommelfell *n*; **~múr** M Schallmauer *f*; **~myndun** F ⟨-ar⟩ Artikulation *f*; **~nemi** M Mikrofon *n*; **~skipti** N Ablaut *m*
hljóð|tákn N Lautzeichen *n*; **~ur** leise; **~varp** N Umlaut *m*

hljóm|a lauten; klingen; tönen; **~burður** M ‹-ar› Akustik *f*; **~kviða** F ‹-u, -ur› Sinfonie *f*; **~leikahús** N Konzerthaus *n*; **~leikar** MPL Konzert *n*; **~list** F Musik *f*; **~plata** F Schallplatte *f*; **~sveit** F Orchester *n*, Kapelle *f*; **~sveitarstjóri** M ‹-a, -ar› Dirigent *m*; Kapellmeister *m*; **~ur** M ‹-s, -ar› Klang *m*

hljóta erreichen; erhalten; müssen, sollen

hlóðir FPL Feuerstelle *f*

hlotnast zufallen

hlusta zuhören; horchen; **~ndi** M ‹-anda, -endur› Zuhörer *m*; **~rverkur** M Ohrenschmerzen *pl*

hluta|bréf N Aktie *f*; **~fé** N Aktienkapital *n*; **~félag** N Aktiengesellschaft *f*; **~velta** F Tombola *f*

hlut|deild F Anteil *m*; **~drægni** F (*undekl*) Parteilichkeit *f*; **~drægur** parteiisch; **~fall** N Verhältnis *n*, Proportion *f*; **í ~i við það** im Verhältnis dazu; **~fallslegur** verhältnismäßig, relativ; **~hafi** M ‹-a, -ar› Aktionär *m*

hlut|i M ‹-a, -ar› Teil *m/n*; **~kesti** N ‹-s, -› Losen *n*, Auslosung *f*; **~laus** neutral; **~leysi** N ‹-s› Neutralität *f*; **~lægni** F (*undekl*) Objektivität *f*; **~lægur** objektiv; **~skipti** N Los *n*; Schicksal *n*; **~stæður** konkret; **~taka** F ‹-töku, -tökur› Teilnahme *f*; **~takandi** M ‹-anda, -endur› Teilnehmer *m*; **~tekning** F ‹-ar, -ar› Mitgefühl *n*, Beileid *n*; **~ur** M ‹-ar, -ir› Ding *n*, Sache *f*; Anteil *m*; Gegenstand *m*; **~verk** N Aufgabe *f*; THEAT Rolle *f*

hlýð|a gehorchen; zuhören; **~ yfir** examinieren, abhören; **~inn** gehorsam; **~ni** F (*undekl*) Gehorsam *m*

hlý|indi NPL Wärme *f*; warmes Wetter; **~ja** **1** F ‹-u› Wärme *f* **2** wärmen (**e-m** j-n)

hlykk|jast (*Weg*) sich winden; **~jóttur** gewunden, verschlungen; **~ur** M ‹-s, -ir› Windung *f*, Krümmung *f*

hlýna wärmer werden

hlýr warm

hlægilegur lächerlich

hlæja lachen; **~ að e-m** über j-n lachen

hnakk|i M ‹-a, -ar› Nacken *m*; Hinterkopf *m*; **~ur** M ‹-s, -ar› Sattel *m*

hnapp|agat N Knopfloch *n*; **~ur** M ‹-s, -ar› Knopf *m*

hnattlíkan N ‹-ans, -ön› Globus *m*

hnattvæðing F Globalisierung *f*

hné N ‹-s, -› Knie *n*

hnefa|fylli F (*undekl*) Handvoll *f*; **~leikur** M Boxen *n*

hnefi M ‹-a, -ar› Faust *f*

hnéfiðla F Cello *n*

hneggja wiehern

hneigð F ‹-ar, -ir› Neigung *f*; **~ur**: **vera ~ fyrir** Gefallen an etw finden; begabt für etw sein
hneig|ing F ‹-ar, -ar› Verbeugung *f*; Knicks *m*; **~ja**: **~ sig** sich verbeugen
hneisa F ‹-u, -ur› Schande *f*, Schmach *f*
hnekkir M ‹-s› Schaden *m*; Verlust *m*; Rückschlag *m*
hné|liður M Kniegelenk *n*; **~skel** F Kniescheibe *f*
hneppa knöpfen; **~ að** zuknöpfen; **~ frá** aufknöpfen
hnerr|a niesen; **~i** M ‹-a, -ar› Niesen *n*
hnet|a F ‹-u, -ur› Nuss *f*; **~ubrjótur** M ‹-s, -ar› Nussknacker *m*
hneyksl|a Anstoß erregen; **~anlegur** skandalös, anstößig; **~ast**: **~ á e-u** Anstoß an etw nehmen; **~i** N ‹-s, -› Skandal *m*; **~unarhella** F Stein des Anstoßes
hnífur M ‹-s, -ar› Messer *n*
hníga fallen, hinsinken; (*Sonne*) untergehen
hnign|a zurückgehen; **e-m ~r** mit j-m geht es bergab; **~un** F ‹-ar› Rückgang *m*; Verfall *m*
hnjóta stolpern, straucheln
hnjúk|aþeyr M ‹-s› Föhn *m*; **~ur** M ‹-s, -ar› Berggipfel *m*, Bergspitze *f*
hnoða kneten
hnoss N ‹-, -› Kostbarkeit *f*; **~gæti** N ‹-s› Leckerbissen *m*
hnuggin niedergeschlagen
hnúi M ‹-a, -ar› (*Faust*) Knöchel *m*
hnupla stehlen, *sl* klauen
hnútur M ‹-s, -ar› (*Schnur*) Knoten *m*
hnykill M ‹-ils, -lar› (*Garn*) Knäuel *n*
hnykkur M ‹-s, -ir› Ruck *m*
hnýs|inn neugierig; **~ni** F (*undekl*) Neugier *f*
hnýta knüpfen, knoten; **~ saman** zusammenknüpfen (*od* -binden)
hnött|óttur kugelförmig; **~ur** M ‹hnattar, hnettir› Erdball *m*; Himmelskörper *m*
hof N ‹-s, -› Tempel *m*
hóf N ‹-s, -› Maß *n*; Fest *n*, Schmaus *m*; **fram úr ~i** über alle Maßen; **í ~i** mit Maßen; **~adynur** M ‹-s› Hufschlag *m*, Pferdegetrampel *n*
hóf|laus maßlos; **~legur** maßvoll; passend; **~samur** enthaltsam; mäßig; sparsam
hófur M ‹-s, -ar› Pferdehuf *m*
hóg|látur ruhig; **~lífi** N Bequemlichkeit *f*; **~vær** sanftmütig; **~værð** F ‹-ar› Sanftmut *f*
hól N ‹-s, -› Lob *n*
hola F ‹-u, -ur› Loch *n*
hold N ‹-s, -› Fleisch *n*; **~gun** F ‹-ar› Inkarnation *f*; **~legur** sexuell
holds|veiki F Aussatz *m*, Lepra *f*
hold|ugur korpulent; **~vot-**

ur durchnässt
hólf N ‹-s, -› (Schub-)Fach *n*, Lade *f*
hóll M ‹-s, -ar› Hügel *m*
Holl|and N Holland *n*; **~endingur** M ‹-s, -ar› Holländer *m*
holl|enska F ‹-u› Holländisch *n*; **~enskur** holländisch
hollur wohlgesinnt, wohlwollend; (*Essen*) gesund
hólmganga F Zweikampf *m*, Duell *n*
hol|spegill M Hohlspiegel *m*; **~ur** hohl
hómópat|ía F Homöopathie *f*; **~ískur** homöopathisch
honum (*dat v. hann*) ihm
hopa zurückweichen
hópafsláttur M Gruppenermäßigung *f*
hóp|a gruppieren; **~ast**: **~ saman** sich gruppieren; **~ferð** F Gruppenreise *f*; **~ganga** F Demonstration *f*
hopp N ‹-s, -› Hüpfen *n*, Springen *n*; **~a** hüpfen, springen
hópur M ‹-s, -ar› Gruppe *f*; Haufen *m*, Menge *f*; Schwarm *m*
horaður mager
horfa sehen, den Blick (gegen etw) richten; **~ á e-n** j-n ansehen; **það horfir vel fyrir honum** es sieht gut für ihn aus
horfinn verschwunden
horfur FPL Aussichten *pl*; Perspektive *f*
hormón N Hormon *n*
horn N ‹-s, -› Horn *n*; MATH Winkel *m*; Ecke *f*; **~afræði** F Trigonometrie *f*
horn|auga N Seitenblick *m*; **gjóta til e-s ~** nach etw schielen; **líta e-n ~** j-n schief ansehen; **~himna** F Hornhaut *f*; **~klofar** MPL eckige Klammern *pl*; **~steinn** M Grundstein *m*
hortugur unverschämt
hóst|a husten; **~abrjóstsykur** M Hustenbonbon *n*; **~akast** N Hustenanfall *m*; **~amixtúra** F ‹-u,-ur› Hustensaft *m*; **~i** M ‹-a› Husten *m*
hót|a drohen; **~el** N ‹-s, -› Hotel *n*; **~elherbergi** N Hotelzimmer *n*; **~un** F ‹-unar, -anir› Drohung *f*
hraða beschleunigen; **~ sér** eilen; **~mælir** M ‹-s, -ar› Geschwindigkeitsmesser *m*; Tachometer *m*
hrað|banki M Geldautomat *m*; **~boði** M ‹-a, -ar› Eilbote *m*; **~braut** F Autobahn *f*, Schnellstraße *f*; **~bréf** N Eilbrief *m*; **~i** M ‹-a› Geschwindigkeit *f*, Eile *f*; **~lest** F Eilzug *m*; Schnellzug *m*; **~námskeið** N Intensivkurs *m*
hrað|rita stenografieren; **~ritari** M Stenograf *m*; **~-ritun** F ‹-ar› Stenografie *f*; **~ur** schnell, geschwind

hráefni N Rohstoff *m*
hrafn M ⟨-s, -ar⟩ Rabe *m*; **~aspark** N ⟨-s⟩ Gekritzel *n*; **~svartur** rabenschwarz; **~tinna** F ⟨-u, -ur⟩ Obsidian *m*; Glaslava *f*
hrakför F Niederlage *f*
hráki M ⟨-a⟩ Spucke *f*
hrakningar MPL Strapazen *pl*; Seenot *f*
hráolía F Rohöl *n*; Heizöl *n*
hrap N ⟨-s, hröp⟩ Fall *m*; Absturz *m*
hrapa abstürzen
hrár roh
hrasa stolpern; sündigen
hraun N ⟨-s, -⟩ Lava(feld *n*) *f*; **~flóð** N Lavastrom *m*; **~leðja** F Lavamasse *f*
hraust|byggður kräftig, robust; **~ur** gesund; stark; tapfer
hreðka F ⟨-u, -ur⟩ Rettich *m*
hreiður N ⟨-s, -⟩ Nest *n*
hreifur fröhlich; angeheitert
hreim|fagur klangvoll, wohllautend; **~ur** M ⟨-s⟩ Tonfall *m*; Akzent *m*
hreindýr N Ren(tier) *n*
hrein|gerning F ⟨-ar, -ar⟩ Reinemachen *n*, Saubermachen *n*; **~legur** reinlich, sauber; **~lyndi** N ⟨-s⟩ Aufrichtigkeit *f*; **~lyndur** aufrichtig; **~læti** N ⟨-s⟩ Reinlichkeit *f*; Hygiene *f*; **~lætislegur** hygienisch; **~lætisvörur** FPL Wasch- und Putzmittel *npl*
hreinn rein, sauber; **~ gróði** *m* Nettoverdienst *m*
hrein|sa reinigen; **~skilinn** aufrichtig; **~skilni** F (*undekl*) Aufrichtigkeit *f*, Offenherzigkeit *f*; **~sun** F ⟨-unar, -anir⟩ Reinigung *f*; **~sunareldur** M Fegefeuer *n*
hreistur N ⟨-s⟩ Fischschuppe *f*
hrekja (*Argument*) widerlegen; **~ burtu** wegjagen
hrekkja: **~ e-n** j-m e-n Streich spielen; **~bragð** N Streich *m*; **~lómur** M ⟨-s, -ar⟩ Schelm *m*
hreppa erhalten, bekommen
hrepp|snefnd F Gemeinderat *m*; **~stjóri** M ⟨-a, -ar⟩ (*ungefähr*) Gemeindevorsteher *m*; **~ur** M ⟨-s, -ar⟩ (Land-) Gemeinde *f*, (*Island*) kleinster Verwaltungsbezirk *m*
hress frisch; fröhlich; **~a** erfrischen; beleben; **~andi** erfrischend; **~ast** genesen; **~ing** F ⟨-ar, -ar⟩ Erfrischung *f*
hreyf|a bewegen; **~anlegur** beweglich; **~ast** sich bewegen; **~ill** M ⟨-ils, -lar⟩ Propeller *m*; Motor *m*; **~ing** F ⟨-ar, -ar⟩ Bewegung *f*; **~ingarlaus** regungslos; unbeweglich
hreyfiskertur gehbehindert
hreykinn stolz
hreysti F (*undekl*) Tapferkeit *f*; Gesundheit *f*; Kraft *f*
hríð F ⟨-ar, -ir⟩ Schneesturm *m*; Zeitspanne *f*; *pl* Geburts-

wehen *pl*; **nokkra ~** eine Zeit lang; **~arbylur** M, **~arveður** N Schneesturm *m*; **~skotabyssa** F Maschinengewehr *n*
hrífa 1 F ‹-u, -ur› Rechen *m*, Harke *f* 2 bezaubern; begeistern; **~ndi** fesselnd, reizend
hrif|inn begeistert; **~ning** F ‹-ar› Begeisterung *f*
hrifsa an sich (*akk*) reißen; (nach etw) schnappen
hrikalegur (*Landschaft*) großartig; wild
hrím N ‹-s› Raureif *m*
hrína schreien
hrind|a stoßen
hring|ferð F Rundfahrt *f*; **~iða** F ‹-u, -ur› Strudel *m*; **~ing** F ‹-ar, -ar› Läuten *n*; Klingeln *n*; **~ja** (*Glocke*) läuten; **~ í e-n** j-n anrufen; **~jari** M ‹-a, -ar› Glöckner *m*; Küster *m*
hringla 1 F ‹-u, -ur› Rassel *f* 2 (*Kette*) klirren; rasseln; *fig* wankelmütig sein
hring|leikahús N Zirkus *m*; **~myndaður** rund, kreisförmig; **~rás** F Kreislauf *m*; **~torg** N Kreisverkehr *m*; **~ur** M ‹-s, -ar› Ring *m*; MATH Kreis *m*
hrís N ‹-s› Zwergbirke *f*; Reisig *n*; **~grjón** NPL Reis *m*
hrísla F ‹-u, -ur› Zweig *m*
hrist|a schütteln; **~ast** zittern; **~ingur** M ‹-s› Schütteln *n*; Zittern *n*
hrjóstrugur unfruchtbar, steinig
hrjóta schnarchen
hrjúfur grob; uneben; rau; (*Person*) barsch; unfreundlich
hroðalegur schrecklich
hróð|ugur triumphierend; **~ur** M ‹-s› Ruhm *m*
hrogn N ‹-s, -› Rogen *m*; (Fisch-)Laich *m*; **~amál** N Kauderwelsch *n*
hrok|afullur hochmütig; **~i** M ‹-a› Arroganz *f*; Hochmut *m*; **~kinhærður** kraushaarig; **~kinn** lockig
hrókur M ‹-s, -ar› (*Schach*) Turm *m*; **~ alls fagnaðar** Partylöwe *m*
hrollur M ‹-s› Schauder *m*; Frösteln *n*; **það fer ~ um mig** ich schaudere
hróp N ‹-s, -› Schrei *m*; Ruf *m*; **~a** rufen
hrós N ‹-s, -› Lob *n*; **~a** loben
hross N ‹-, -› Pferd *n*; **~arækt** F Pferdezucht *f*
hrott|alegur brutal; **~askapur** M Brutalität *f*; **~i** M ‹-a, -ar› Rohling *m*
hrúga F ‹-u, -ur› Haufen *m*
hrukk|a F ‹-u, -ur› Runzel *f*; Furche *f*; **~óttur** gerunzelt; gefurcht; zerknittert
hrumur altersschwach
hrun N ‹-s, -› Einsturz *m*; Zusammenbruch *m*; HANDEL Konkurs *m*
hrútur M ‹-s, -ar› Widder *m*
hryðjuverk N Gräueltat *f*; Kriegsverbrechen *n*

hrygg|brjóta *fig* j-m einen Korb geben; **~dýr** N Wirbeltier *n*
hryggð F ‹-ar› Trauer *f*, Schmerz *m*
hryggja betrüben
hryggur **1** M ‹-s, -ir› Rücken *m*; Rückgrat *n*; Wirbelsäule *f* **2** ADJ traurig
hrygla F ‹-u› Röcheln *n*
hrygna laichen
hryll|a: **mig hryllir við e-u** etw ekelt mich an; **~ingur** M ‹-s› Schauder *m*; Grauen *n*
hrynja einstürzen; fallen; **~ndi** M ‹-a› (*a.* F, *undekl*) Rhythmus *m*
hryssa F ‹-u, -ur› Stute *f*
hræ N ‹-s, -› Kadaver *m*; Aas *n*
hræða V/T erschrecken; **~st** V/I erschrecken
hræðilegur furchtbar, fürchterlich
hræðsl|a F ‹-u› Furcht *f*; Angst *f*; **~ugjarn** furchtsam; **~ulaus** unerschrocken
hræddur bange; erschrocken
hrækja spucken
hrær|a bewegen; umrühren; **~ivél** F Küchenmaschine *f*
hræsna heucheln; **~ri** M ‹-a, -ar› Heuchler *m*
hræsni F (*undekl*) Heuchelei *f*
hrökkbrauð N Knäckebrot *n*
hrökkva: **~ sundur** zerspringen; **~ við** zusammenfahren
hrörlegur (*Haus*) baufällig; (*Mensch*) gebrechlich
hrörn|a verfallen; **~un** F ‹-ar› Verfall *m*
húð F ‹-ar, -ir› Haut *f*, Fell *n*; **~sjúkdómalæknir** M Dermatologe *m*
húfa F ‹-u, -ur› Mütze *f*
huga: **~ að e-u** nach etw sehen; **~ður** mutig
hugar|ástand N Gemütszustand *m*; **~burður** M ‹-ar› Einbildung *f*; **~far** N ‹-s› Gesinnung *f*, Mentalität *f*; **~flug** N Fantasie *f*; **~heimur** M Gedankenwelt *f*; **~lund** F: **gera sér e-ð í ~** sich (*dat*) etw vorstellen; **~órar** MPL Wahnvorstellung *f*; **~(r)eikningur** M Kopfrechnen *n*; **~æsing** F ‹-ar› *od* **~æsingur** M ‹-s› Gemütsbewegung *f*
hug|blær M Stimmung *f*; **~boð** N Vorahnung *f*
hugbúnaður M (IT) Software *f*
hug|deigur feige; **~detta** F ‹-u, -ur› plötzlicher Einfall; **~dirfska** F Mut *m*; **~djarfur** mutig
hugðarefni N Lieblingsthema *n*; Interesse *n*
hugfallast: **láta ~** den Mut verlieren
hugg|a trösten; **~ulegur** gemütlich; gut aussehend; **~un** F ‹-ar› Trost *m*
hug|hraustur mutig; **~hreysta** trösten; **~hreysti** F Mut *m*; **~hvarf** N: **telja e-m ~** j-n überreden

hug|kvæmast: **mér hugkvæmist e-ð** mir fällt etw ein; **~kvæmur** erfinderisch; **~laus** feige; mutlos; **~leiða** überlegen, erwägen; **~leiðing** F ‹-ar, -ar› Überlegung *f*, Erwägung *f*; **~leysi** N ‹-s› Feigheit *f*; **~leysingi** M ‹-ja, -jar› Feigling *m*
hugmynd F Idee *f*, Vorstellung *f*; **hafa ekki ~ um e-ð** keine Ahnung von etw haben; **~aflug** N Fantasie *f*; **~aríkur** ideenreich
hug|rakkur mutig; **~rekki** N ‹-s› Mut *m*
hugs|a denken; glauben, meinen; **~ sig um** sich (*dat*) etw überlegen, nachdenken; **~ um e-ð** an etw (*akk*) denken; **ég ~ það** das glaube ich; **~anlegur** denkbar
hugsi nachdenklich
hugsjón F Ideal *n*; Idee *f*; **~amaður** M Idealist *m*
hugsun F ‹-unar, -anir› Gedanke *m*; **~arháttur** M Denkart *f*; **~arlaus** gedankenlos; **~samur** aufmerksam
hug|sýki F Schwermut *f*; Melancholie *f*; **~sæisstefna** F Idealismus *m*; **~tak** N (*Wort*) Begriff *m*; **~ur** M ‹-ar, -ir› Sinn *m*; Geist *m*; Gemüt *n*; **mér dettur í hug** es fällt mir ein; **vera annars hugar** zerstreut sein; **herða upp hugann** Mut fassen
hugvit N Genialität *f*; **~smaður** M Erfinder *m*
huldufólk N Elfen *pl*
hulstur N ‹-s, -› Futteral *n*
húm N ‹-s› Dämmerung *f*; **~a** dämmern
humall M ‹-als, -lar› Hopfen *m*
humar M ‹-ars, -rar› Hummer *m*
hún sie (*sg.*)
hunang N ‹-s› Honig *m*; **~sfluga** F Biene *f*
hunda|heppni F Glücksfall *m*; **~lít** N Hundeleben *n*; **~ól** F Hundeleine *f*; **~æði** N Tollwut *f*
hundleiðinlegur furchtbar langweilig
hundrað N ‹-aðs, -uð› Hundert *n*; **~asti** hundertster; **~shluti** M Prozent *n*
hund|ur M ‹-s, -ar› Hund *m*; **rauðir hundar** Röteln *pl*
hung|raður hungrig; **~ur** N ‹-s› Hunger *m*
hurð F ‹-ar, -ir› Tür *f*; **~arhúnn** M ‹-s, -ar› Türgriff *m*, Klinke *f*
húrrahróp N Hurraruf *m*, Hochruf *m*
hús N ‹-s, -› Haus *n*; **~(a)gerðarlist** F Architektur *f*; **~akynni** NPL Wohnung *f*; **~aleiga** F Miete *f*; **~ameistari** M Architekt *m*; **~askjól** N Unterkunft *f*; **~asmiður** M Zimmermann *m*
hús|bíll M Wohnmobil *n*; **~bóndi** M Herr *m* des Hau-

ses, Hausherr *m*; **~búnaður** M ‹-ar, -ir› Mobiliar *n*, Möbel *pl*; **~dýr** N Haustier *n*; **~dýraáburður** M Dünger *m*, (Stall-)Mist *m*; **~eigandi** M Hausbesitzer *m*; **~gagn** N ‹-s, -gögn› Möbelstück *n*; **~gagnasmiður** M Möbeltischler *m*; **~móðir** F Hausfrau *f*; **~mæðraskóli** M Haushaltsschule *f*

hús|númer N Hausnummer *f*; **~næði** N ‹-s, -› Wohnung *f*; **~næðisskortur** M Wohnungsnot *f*; **~ráðandi** M ‹-anda, -endur› Hauswirt *m*; **~vörður** M Hausmeister *m*; Pförtner *m*

hvað INT PR was?; bitte?; **~ segir þú?** wie bitte?; wie geht es?; **~ þá heldur** geschweige denn; **~ eftir annað** wiederholt; **~ er klukkan?** wie spät ist es?

hvaða INT PR was für ein(er), was für eine, was für ein(es)?

hvaðan woher?, von wo?

hval|skoðun F Walbeobachtung *f*; **~skoðunarferð** F Walbeobachtungstour *f*; **~ur** M ‹-s, -ir› Wal *m*; **~veiði** F Walfang *m*

hvar wo?; **víðast ~** fast überall

hvarf N ‹-s, hvörf› Verschwinden *n*; **~baugur** M Wendekreis *m*

hvarvetna überall

hvass scharf; (*Wetter*) stürmisch

hvat|amaður M Initiator *m*, Anstifter *m*; **~ning** F ‹-ar› Anregung *f*; Ermutigung *f*; **~ur** schnell, rasch; **~vís** unbesonnen; übereilt; vorlaut

hve: **að ~ miklu leyti?** inwiefern?

hveiti N ‹-s› Weizen *m*; **~brauð** N Weißbrot *n*; **~brauðsdagar** MPL Flitterwochen *pl*

hvelfing F ‹-ar, -ar› Gewölbe *n*; Wölbung *f*

hvellur M ‹-s, -ir› Knall *m*

hvenær wann?

hver 1 M ‹-s, -ar od -ir› heiße Quelle *f* 2 INT PR wer?, welcher?; *indef pr* jeder; **~ eftir annan** einer nach dem anderen

hverfa verschwinden; wenden; umkehren

hverfi N ‹-s, -› Stadtteil *m*, Viertel *n*, Siedlung *f*

hverf|lyndur wankelmütig; **~ull** vergänglich; **~ulleiki** M ‹-a› Vergänglichkeit *f*

hvergi nirgends

hverjum wem

hvern wen

hvernig wie?

hvers wessen; **~ konar** allerlei; welcher Art?; **~ vegna?** warum?

hversdags|föt NPL Alltagskleider *pl*; **~legur** alltäglich

hvers|kyns, ~lags was für ein(-e, -es)?

hversu: **~ gamall?** wie alt?
hvert wohin?
hvetja aufmuntern; ermutigen; anregen
hví warum?
hviða F ⟨-u, -ur⟩ Windstoß *m*; Anfall *m*
hvik|a wanken; (zurück)weichen; **~lyndi** N ⟨-s⟩ Wankelmut *m*; **~ull** flüchtig; unbeständig
hvíla 1 F ⟨-u, -ur⟩ Bett *n* 2 ruhen; **~ sig** sich ausruhen; **~st** ausruhen
hvíld F ⟨-ar, -ir⟩ Ruhe *f*; Pause *f*; Rast *f*; **~ardagur** M Feiertag *m*; **~arlaus** ruhelos; **~arstóll** M Liegestuhl *m*
hvílíkur welch; was für ein
hvína sausen; heulen
hvinur M ⟨-s⟩ Sausen *n*; Heulen *n*
hvirfil|l M ⟨-ils⟩ Scheitel *m*; **~punktur** M Scheitelpunkt *m*; **~vindur** M Wirbelwind *m*; Wirbelsturm *m*
hvísl N ⟨-s⟩ Flüstern *n*; **~a** flüstern
hvíta F ⟨-u⟩ Weiß *n*; Eiweiß *n*; **~björn** M Eisbär *m*; **~sunna** F ⟨-u⟩ Pfingsten *pl od n*; **~sunnudagur** M Pfingstsonntag *m*
hvít|kál N Weißkohl *m*; **~na** weiß werden; **~ur** weiß; **~vín** N Weißwein *m*; **~voðungur** M ⟨-s, -ar⟩ Säugling *m*
hvolf N ⟨-s, -⟩ Gewölbe *n*; **~a** umkippen; **bátnum hvolfir** das Boot kentert; **~þak** N Kuppel *f*
hvolpur M ⟨-s, -ar⟩ Welpe *m*
hvor INT PR welcher?, wer?; *indef pr* jeder (von beiden); **öðru ~u** hin und wieder
hvorki: **~ ... né** weder ... noch
hvort ob; **~ sem er** sowieso; **~tveggja** beides
hvorugkyn N Neutrum *n*; **~s** sächlich
hvorugur keiner von beiden
hvæs N ⟨-s, -⟩ Zischen *n*; Fauchen *n*; **~a** zischen; fauchen
hvönn F Engelwurz *f*
hvöt F ⟨hvatar, hvatir⟩ Anregung *f*, Antrieb *m*; Trieb *m*
hýði N ⟨-s, -⟩ Schale *f*; Hülse *f*; Schote *f*
hyggl|indi NPL Klugheit *f*; **~inn** klug, verständig
hyggja 1 F ⟨-u, -ur⟩ Sinn *m*; Meinung *f*; **að minni hyggju** meiner Meinung *od* Ansicht nach; **hafa í hyggju** beabsichtigen 2 glauben, denken; **~st**: **~ fyrir** im Sinn haben
hýjungur M ⟨-s⟩ Flaum *m*
hyldýpi N Abgrund *m*
hylja verbergen; (zu)decken; **fara huldu höfði** *fig* untertauchen
hylki N ⟨-s, -⟩ Futteral *n*; Etui *n*; Kapsel *f*
hyll|a (*König*) huldigen; (*Sänger*) feiern; **~i** F (*undekl*) Gunst *f*

hylma hehlen, verheimlichen
hypja: ~ **sig** sich aus dem Staub machen; verschwinden
hýr lächelnd; freundlich; angeheitert
hyrndur gehörnt
hýsa beherbergen; unterbringen
hyski N ‹-s› Pack *n*, Gesindel *n*
hæð F ‹-ar, -ir› Hochdruckgebiet *n*; Anhöhe *f*, Hügel *m*; (*Wuchs*) Größe *f*; Stock(werk *n*) *m*, Etage *f*; **fyrsta** ~ Erdgeschoss *n*; **önnur** ~ erster Stock; **~a** verhöhnen; **~adrög** NPL Höhenzug *m*; **~inn** ironisch; **~ni** F (*undekl*) Ironie *f*; **~óttur** hügelig
hæfa treffen; passen
hæfi|legur passend; **~leiki** M ‹-a, -ar› Fähigkeit *f*, Begabung *f*; Talent *n*; **~nn** treffsicher
hæfni F (*undekl*) Qualifikation *f*; Treffsicherheit *f*
hæfur qualifiziert; fähig; **vera ~ til e-s** zu etw fähig (*od* geeignet) sein
hægða|leysi N ‹-s› *od* **~tregða** F ‹-u› Verstopfung *f*; **~lyf** N *od* **~meðal** N Abführmittel *n*
hægðir FPL Stuhlgang *m*
hægindastóll M Lehnstuhl *m*, Sessel *m*
hægri recht; **hægri hönd** *f* Rechte *f*, die rechte Hand; **til hægri** rechts; **hægra megin** rechts, rechter Hand; **~sinnaður** POL rechts; konservativ; **~ maður** *m* Rechte(r) *m*/*f*(*m*)
hægur leicht; bequem; langsam; möglich; **ef hægt er** wenn möglich; **það er hægt** es ist möglich, es lässt sich machen
hækja F ‹-u, -ur› Krücke *f*
hækk|a (*Preis*) steigen; *v/t* erhöhen; ~ **gengi** Geld aufwerten; **~un** F ‹-unar, -anir› Erhöhung *f*
hæla loben
hæli N ‹-s, -› Sanatorium *n*; Zufluchtsort *m*
hæll M ‹-s, -ar› (Schuh-) Absatz *m*; (*Fuß*) Ferse *f*; **um hæl** umgehend
hæna 1 F ‹-u, -ur› Huhn *n*, Henne *f* 2: ~ **að** locken, anziehen; **~st**: ~ **að e-m** sich durch j-n angezogen fühlen
hænsna|hús N *od* **~kofi** M Hühnerstall *m*
hænsni NPL Hühner *pl*
hænu|egg N Hühnerei *n*; **~ungi** M Küken *n*
hæpinn unsicher; zweifelhaft; fraglich
hær|ast grau- *od* weißhaarig werden; **~ður** grauhaarig; behaart
hæsi F (*undekl*) Heiserkeit *f*
hæstiréttur M Oberstes Gericht *n*
hæstvirtur hochgeehrt, sehr geehrter
hætta 1 F ‹-u, -ur› Gefahr *f*

2 aufhören (**e-u** mit etw); etw riskieren; **~ við e-ð** etw aufgeben; **~ á e-ð** etw wagen

hættu|laus gefahrlos; ungefährlich; **~legur** gefährlich; **~merki** N Alarmzeichen *n*; (*Verkehr*) Warnsignal *n*; **gefa ~** Alarm schlagen; alarmieren; **~svæði** N Gefahrenzone *f*

hæversk|a F ⟨-u⟩ Bescheidenheit *f*; **~ur** bescheiden

höfða: **~ mál gegn e-m** (ein) gerichtliches Verfahren gegen j-n anstrengen

höfðalag N (*Bett*) Kopfende *n*

höfði M ⟨-a, -ar⟩ Kap *n*; Vorgebirge *n*

höfðing|i ⟨-ja, -jar⟩ M Häuptling *m*; *fig* freigebiger Mann; **~legur** vornehm; aristokratisch; freigebig, großzügig

höfn F ⟨hafnar, hafnir⟩ Hafen *m*, Hafenanlage *f*

höfnun F ⟨-ar, hafnanir⟩ Ablehnung *f*

höfuð N ⟨-s, -⟩ Kopf *m*; **~atriði** N Hauptsache *f*; **~borg** F Hauptstadt *f*; **~fat** N Kopfbedeckung *f*; **~klútur** M Kopftuch *n*; **~kúpa** F ⟨-u, -ur⟩ Schädel *m*

höfuðsmaður M Hauptmann *m*

höfuð|staður M Hauptstadt *f*; **~stóll** M Kapital *n*; **~verkur** M Kopfschmerzen *mpl*

höfund|arréttur M Urheberrecht *n*; **~ur** M ⟨-ar, -ar⟩ Verfasser *m*

högg N ⟨-s, -⟩ Schlag *m*; **~mynd** F Skulptur *f*; **~staður** M: **gefa höggstað á sér** sich bloßstellen

höggva hauen; **skipið heggur** das Schiff stampft

högni M ⟨-a, -ar⟩ Kater *m*

höku|skegg N Kinnbart *m*; **~toppur** M Spitzbart *m*

höll F ⟨hallar, hallir⟩ Schloss *n*; Palast *m*

hönd F ⟨handar, hendur⟩ Hand *f*; **bera e-ð undir hendinni** etw unter dem Arm tragen; **borga út í ~** bar (be)zahlen; **borgun út í ~** Barzahlung *f*; **fyrir ~ félagsins** im Namen des Vereins; **taka e-n ~um** j-n verhaften *od* festnehmen

hör M ⟨-s⟩ Flachs *m*

hörfa zurückweichen

hörkulegur barsch, bissig

hörmu|legur tragisch; jämmerlich; katastrophal; **~ng** F ⟨-ar, -ar⟩ Katastrophe *f*, Unglück *n*; Elend *n*; **~ngartíðindi** NPL traurige Nachricht

hörpudiskur M Kammmuschel *f*, Jakobsmuschel *f*

hörpusláttur M Harfenspiel *n*

hörund N ⟨-s⟩ (Menschen-)Haut *f*; **~sár** empfindlich

höstugur barsch

höttur M: **svara út í hött** e-e ausweichende Antwort geben; **e-ð er út í hött** etw ist an den Haaren herbeigezogen

í PRÄP *mit dat Ort*: in; **~ töskunni** in der Tasche; *Zeit*: in; auf; **allt ~ einu** auf einmal; **~ heilu lagi** im Ganzen; *mit akk Ort*: in; hinein; **~ töskuna** in die Tasche; *Zeit*: in; während; **~ langan tíma** für lange Zeit; **~ dag** heute; **~ morgun** heute Morgen; **~ nótt** heute Nacht

íbúa|r MPL Einwohner *pl*; **~tala** F Einwohnerzahl *f*

íbúð F ⟨-ar, -ir⟩ Wohnung *f*; **~arhús** N Wohnhaus *n*

íbúi M ⟨-a, -ar⟩ Bewohner *m*

íburðar|laus bescheiden, einfach; **~mikill** (*Stil*) schwülstig; prachtvoll

iða sich unruhig bewegen

iðgjald N (Versicherungs-) Prämie *f*

iðinn fleißig

iðj|a F ⟨-u⟩ Beschäftigung *f*; Arbeit *f*; **~leysingi** M ⟨-ja, -jar⟩ Müßiggänger *m*; **~uhöldur** M ⟨-s, -ar⟩ Fabrikant *m*; Industrielle *m*; **~ulaus** müßig; unbeschäftigt; **~uleysi** N ⟨-s⟩ Müßiggang *m*; **~usamur** arbeitsam; **~uver** N Fabrik *f*

iðka ausüben; (be)treiben

iðn F ⟨-ar, -ir⟩ Handwerk *n*, Fach *n*; **~aðarborg** F Industriestadt *f*; **~aðarfélag** N Handwerkerverein *m*; **~aðarmaður** M Handwerker *m*; **~aðarvara** F Industrieware *f*; **~aður** M ⟨-ar⟩ Industrie *f*

iðn|fræðingur M ⟨-s, -ar⟩ Techniker *m*; **~fræðiskóli** M Technikum *n*; **~fyrirtæki** N Industrieunternehmen *n*

iðni F (*undekl*) Fleiß *m*

iðn|nemi M Lehrling *m*; **~skóli** M Berufs-, Gewerbeschule *f*; **~væðing** F ⟨-ar⟩ Industrialisierung *f*

iðr|ast bereuen; **~un** F ⟨-ar⟩ Reue *f*

iðulega häufig

ídýfa F ⟨-u, -ur⟩ Tunke *f*, Soße *f*

íhald N Konservativismus *m*; **~sflokkur** M konservative Partei *f*, Rechtspartei *f*; **~smaður** M Konservative(r) *m/f(m)*; **~ssamur** konservativ

íhlutun F ⟨-ar⟩ Einmischung *f*

íhug|a erwägen; **~ull** nachdenklich; **~un** F ⟨-ar⟩ Erwägung *f*

íkorni M ⟨-a, -ar⟩ Eichhörnchen *n*

íkveikj|a F ⟨-u⟩ Anzünden *n*; Brandstiftung *f*

il F ⟨-jar, -jar⟩ Fußsohle *f*

ílát N ⟨-s, -⟩ Gefäß *n*

illa schlecht

ill|girni F (*undekl*) Schadenfreude *f*; Bosheit *f*; **~gjarn** boshaft; schadenfroh; **~gresi**

N ‹-s› Wildkraut *n*, Unkraut *n*; **~kvittinn** boshaft; gehässig; **~kvittni** F (*undekl*) Boshaftigkeit *f*; **~kynjaður** MED bösartig; **~mælgi** F (*undekl*) Verleumdung *f*; **~ræmdur** verrufen

illska F ‹-u› Bosheit *f*; Wut *f*

ill|sviti M schlechtes Zeichen; **~ur** schlecht; böse, zornig; **mér er illt** mir ist schlecht; **~viðri** N ‹-s, -› Unwetter *n*; **~viljaður** böswillig, bösgesinnt; **~virki** **1** M ‹-ja, -jar› Übeltäter *m*, Verbrecher *m* **2** N ‹-s, -› Untat *f*; Verbrechen *n*; **~yrði** N ‹-s, -› Schimpfwort *n*

ilm|a duften; **~an** F ‹-ar› Duft *m*; Geruch(ssinn) *m*; **~andi** wohlriechend; **~ur** M ‹-s› Duft *m*; **~vatn** N Parfüm *n*

ímynd F Symbol *n*, Sinnbild *n*; **~a**: **~ sér** sich (*dat*) einbilden; **~un** F ‹-ar› Einbildung *f*; **~unarafl** N Fantasie *f*

Indíáni M ‹-a, -ar› *neg!* Indianer *m*

Indverji M ‹-a, -ar› Inder *m*

indverskur indisch

indæll schön, herrlich; süß

inn hinein *od* herein; **~an** **1** PRÄP *mit gen* binnen, innerhalb (*a. lokal*) **2** ADV: **að ~** inwendig, von innen (heraus)

innan|borðs an Bord; **~lands** inländisch, einheimisch; **~landsflug** N Inlandsflug *m*; **~ríkisráðherra** M Innenminister *m*; **~ríkisverslun** F Binnenhandel *m*; **~stokksmunir** MPL Möbel *npl*; **~verður** inwendig

inn|blástur M ‹-s› Inspiration *f*; **~borgun** F Einzahlung *f*; **~brot** N Einbruch *m*; **~brotsþjófnaður** M Einbruchsdiebstahl *m*; **~eign** F Guthaben *n*; **~flutningsbann** N Einfuhrverbot *n*; **~flutningshöft** NPL Einfuhrbeschränkungen *fpl*; **~flutningur** M Einfuhr *f*; Einwanderung *f*; **~flytjandi** M ‹-anda, -endur› Importeur *m*; Einwanderer *m*; **~fæddur** eingeboren

inn|ganga F Eintritt *m*; (*Schule*) Aufnahme *f*; **~gangseyrir** M Eintrittsgeld *n*; **~gangur** M Eingang *m*; Tür *f*; Zutritt *m*; **~heimta** **1** F ‹-u› Inkasso *n* **2** einkassieren; **~heimtumaður** M Kassierer *m*; **~herji** M ‹-a, -ar› (*Fußball*) Innenstürmer *m*; **~hverfur** nach innen gekehrt; *fig* in sich gekehrt

inni innen; **~falinn** einbegriffen; **allt innifalið** alles einbegriffen; **~hald** N Inhalt *m*; **~halda** enthalten; **~legur** herzlich, innig; **~skór** MPL Hausschuhe *mpl*; **~viðir** MPL (*Organisation*) Infrastruktur *f*

inn|kaup N Einkauf *m*; **~kaupsverð** N Einkaufspreis *m*; **~leiða** einführen; einleiten; **~lendur, ~lenskur** inländisch, heimisch; **~lima** einverleiben; eingliedern; **~rás** F Invasion *f*; **~reið** F Einzug *m*

inn|rita einschreiben; immatrikulieren; **~ritun** F ‹-ar› Einschreibung *f*; Immatrikulation *f*; **~ræta** einprägen; **~ræti** N ‹-s› Charakter *m*

inn|sigla versiegeln; **~sigli** N ‹-s, -› Siegel *n*; **~stunga** F ELEK Stecker *m*; **~stæða** F ‹-u, -ur› Guthaben *n*; **~tökupróf** N Aufnahmeprüfung *f*; **~vortis** innerlich, intern; **~yfli** NPL Eingeweide *pl*; **~öndun** F Einatmen *n*

Ír|i M ‹-a, -ar›, **~lendingur** M ‹-s, -ar› Ire *m*, Irin *f*; **~land** N Irland *n*

ír|ska F ‹-u› Irisch *n*; **~skur** irisch

ís M ‹-s, -ar› Eis *n*; **~björn** M Eisbär *m*; **~brjótur** M ‹-s, -ar› Eisbrecher *m*; **~fiskur** M Fisch auf Eis; **~hús** N Kühlhaus *n*; **~ing** F ‹-ar› Vereisung *f*; Glatteis *n*; **~jaki** M ‹-a, -ar› Eisscholle *f*; **~kaldur** eiskalt

ískra quietschen

Ís|land N Island *n*; **~lendingasaga** F Isländersaga *f*; **~lendingur** M ‹-s, -ar› Isländer(in) *m(f)*

ís|lenska F Isländisch *n*; **~lenskur** isländisch

ísskápur M Kühlschrank *m*

ístað N ‹-s, -stöð› Steigbügel *m*

istöðu|laus, ~lítill charakterlos

ísöld F Eiszeit *f*

Ítal|i M ‹-a, -ar› Italiener *m*; **~ía** F ‹-u› Italien *n*

ítal|ska Italienisch *n*; **~skur** italienisch

ítarleg|a ausführlich; **~ur** intensiv

ítrek|a wiederholen; **~un** F ‹-unar, -anir› Wiederholung *f*

ívitnun F ‹-unar, -anir› Zitat *n*

íþrótt F ‹-ar, -ir› Sport *m*; **~afélag** N Sportverein *m*; **~amaður** M Sportler *m*; Sportsmann *m*; **~amót** N Sportfest *n*; **~askór** M Turnschuh *m*; **~asvæði** N Stadion *n*; **~avöllur** M ‹-vallar, -vellir› Sportplatz *m*

íþyngja (*Gewissen*) belasten; belästigen

ja ja so was! (*als Ausdruck der Verwunderung*); **~ hérna!** was du nicht sagst!

já ja; **segja ~** bejahen

jaðar M ‹-s, -rar› Rand *m*, Kante *f*

jafn gleich; eben; **~t og þétt** ständig; immer mehr
jafna **1** F ⟨(jöfnu, jöfnur)⟩ MATH Gleichung *f* **2** ausgleichen, ebnen; (*Streit*) schlichten; **~ saman** vergleichen; **~ sig** sich erholen
jafnaðar|maður M Sozialdemokrat *m*; **~mennska** F ⟨-u⟩ Gerechtigkeitssinn *m*; Sozialismus *m*; **~reikningur** M Bilanz *f*, Rechnungsabschluss *m*; **~stefna** F Sozialdemokratie *f*
jafn|aldra gleichaltrig; **~aldri** M ⟨-a, -ar⟩ Altersgenosse *m*; **~an** immer, stets; fast immer
jafnast: **~ á við e-n** sich mit j-m messen können
jafn|dægri NPL Tagundnachtgleiche *f*; **~framt** gleichzeitig; zugleich; **~gilda** entsprechen; **~gildi** N ⟨-s⟩ Gegenwert *m*; Äquivalenz *f*; **~harðan** sofort, sogleich
jafningi M ⟨-ja, -jar⟩: **~ minn** meinesgleichen; **~ okkar** unseresgleichen
jafn|nær ebenso klug; ebenso weit; **~óðum** nach und nach; je nachdem; **~rétthár** gleichberechtigt; **~rétti** N ⟨-s⟩ Gleichberechtigung *f*; **~skjótt sem** *od* **og** KONJ sobald; **~straumur** M ELEK Gleichstrom *m*; **~tefli** N ⟨-s⟩ (*Schach*) Remis *n*; **~vel** ebenso gut; sogar; **~vægi** N ⟨-s⟩ Gleichgewicht *n*; **missa ~ð** das Gleichgewicht verlieren
jaki M ⟨-a, -ar⟩ Eisscholle *f*; *fig* großer und starker Mann *m*
jakki M ⟨-a, -ar⟩ Jacke *f*; **stakur ~** Blazer *m*
jákvæð|i N ⟨-s⟩ Zustimmung *f*, Einwilligung *f*; **~ur** zustimmend; positiv
janúar M (*undekl*) Januar *m*
Japan N ⟨-s⟩ Japan *n*; **~i** M ⟨-a, -ar⟩ Japaner *m*
japan|ska F ⟨japönsku⟩ Japanisch *n*; **~skur** japanisch
jarða begraben, beerdigen; **~rber** N Erdbeere *f*; **~rför** F Begräbnis *n*
jarð|eðlisfræði F Geophysik *f*; **~eldur** M Vulkanausbruch *m*; **~fræði** F Geologie *f*; **~fræðingur** M ⟨-s, -ar⟩ Geologe *m*; **~gas** N Erdgas *n*; **~göng** NPL Tunnel *m*; **~hneta** F Erdnuss *f*; **~líkan** N Globus *m*; **~setja** bestatten; **~setning** F Bestattung *f*; **~skjálfti** M ⟨-a, -ar⟩ Erdbeben *n*; **~vegur** M Boden *m*; Erde *f*; **~ýta** F ⟨-u, -ur⟩ Bulldozer *m*; Planierraupe *f*
jarma blöken
járn N ⟨-s, -⟩ Eisen *n*; *pl* Ketten *fpl*; **~a** (*Pferd*) beschlagen; **~bentur**: **járnbent steinsteypa** F Eisenbeton *m*; **~braut** F Eisenbahn *f*; **~brautarlest** F (Eisenbahn-)Zug *m*; **~brautarstöð** F

Bahnhof *m*
járn|karl M Brechstange *f*; **~smiður** M Schmied *m*; **~steypa** F Eisengießerei *f*; Gusseisen *n*; **~öld** F Eisenzeit *f*
jata F ⟨jötu, jötur⟩ Krippe *f*
ját|a zugeben; bejahen; (*Glaube*) bekennen; **~ning** F ⟨-ar, -ar⟩ Geständnis *n*; Bejahung *f*; Bekenntnis *n*
jaxl M ⟨-s, -ar⟩ Backenzahn *m*
jeppi M ⟨-a, -ar⟩ Geländewagen *m*; **jeppi með fjórhjóladrifi** Geländewagen *m* mit Allradantrieb
Jesúbarn N Christkind *n*
jógúrt N ⟨-s, -⟩ Joghurt *m*
jól NPL Weihnachten *pl*; **~adagur** M erster Weihnachtstag; **annar í jólum** zweiter Weihnachtstag; **~afasta** F Advent *m*; **~agjöf** F Weihnachtsgeschenk *n*; **~akvöld** N Weihnachtsabend *m*; **~asveinn** M Weihnachtsmann *m*; **~atré** N Weihnachtsbaum *m*
jómfrú F Jungfrau *f*
Jónsmessa F Johannistag *m*; Sommersonnenwende *f*
jórt|ra wiederkäuen; **~urdýr** N Wiederkäuer *m*
jú ja, doch
júgur N ⟨-s⟩ Euter *n*/*m*
júlí M (*undekl*) Juli *m*
júní M (*undekl*) Juni *m*
jurt F ⟨-ar, -ir⟩ Pflanze *f*; **~afæða** F Pflanzenkost *f*; **~aolía** F Pflanzenöl *n*; **~apottur** M Blumentopf *m*; **~aríki** N Pflanzenwelt *f*; **~aæta** F ⟨-u, -ur⟩ Vegetarier *m*
jæja aha; na; also
jök|laferð F Gletschertour *f*; **~ulá** F ⟨-r, -r⟩ Gletscherfluss *m*; **~ull** M ⟨-s, -ar⟩ Gletscher *m*; **~ullón** N Gletscherlagune *f*
jörð F ⟨jarðar, jarðir⟩ Erde *f*; Boden *m*; Grundbesitz *m*
jötunn M ⟨-uns, -nar⟩ Riese *m*

K

kaðal|l M ⟨-als, -lar⟩ Tau *n*, Seil *n*; **~stigi** M Strickleiter *f*
káeta F ⟨-u, -ur⟩ Kajüte *f*, Kabine *f*
kaf N ⟨-s⟩: **fara í ~** untertauchen (*v/i*); **~a** tauchen; **önnum kafinn** sehr beschäftigt; **~ari** M ⟨-a, -ar⟩ Taucher *m*; **~bátur** M Unterseeboot *n*, U-Boot *n*
kaffi N ⟨-s⟩ Kaffee *m*; **~hús** N Café *n*; **~vél** F Kaffeemaschine *f*
kafli M ⟨-a, -ar⟩ Kapitel *n*; Stück *n*; Abschnitt *m*
kafna ersticken
kajak M ⟨-s,- ar⟩ Kajak *m*

kaka F ⟨köku, kökur⟩ Kuchen *m*
káka pfuschen
kakó N ⟨-s⟩ Kakao *m*
kál N ⟨-s⟩ Kohl *m*
kaldakol NPL Vernichtung *f*, Zerstörung *f*, Ruin *m*
kaldlynd|i N ⟨-s⟩ Gefühlskälte *f*; **~ur** gefühllos; kaltherzig
kaldur kalt; **mér er kalt** ich friere
kaleikur M ⟨-s, -ar⟩ Kelch *m*
kálf|i M ⟨-a, -ar⟩ Wade *f*; **~ur** M ⟨-s, -ar⟩ Kalb *n*
kálgarður M Gemüsegarten *m*
kalk N ⟨-s⟩ Kalk *m*; **~ipappír** M Kohlepapier *n*
kall N ⟨-s, köll⟩ Ruf *m*; Berufung *f*; **~a** rufen; nennen; **vera vel (illa) fyrir ~ður** gut (schlecht) aufgelegt sein
kallfæri N ⟨-s⟩ Rufweite *f*
kálmeti N ⟨-s⟩ Gemüse *n*
kampavín N Sekt *m*, Champagner *m*
kandís M ⟨-s⟩ Kandiszucker *m*
Kani M ⟨-a, -ar⟩ *sl* Ami *m*, Amerikaner *m*
kanill M ⟨-ils⟩ Zimt *m*
kanína F ⟨-u, -ur⟩ Kaninchen *n*
kanna 1 F ⟨könnu, könnur⟩ Kanne *f* 2 erforschen; untersuchen
kan|nski vielleicht; **~slari** M ⟨-a, -ar⟩ Kanzler *m*
kantur M ⟨-s, -ar⟩ Kante *f*, Rand *m*
kápa F ⟨-u, -ur⟩ Mantel *m*
kapalsjónvarp N Kabelfernsehen *n*
kapella F ⟨-u, -ur⟩ (*Kirche*) Kapelle *f*
kapítalisti M ⟨-a, -ar⟩ Kapitalist *m*
kapp N ⟨-s⟩ Eifer *m*, Energie *f*; **~akstur** M Autorennen *n*; **~hlaup** N Wettlauf *m*
kappi M ⟨-a, -ar⟩ Held *m*, Krieger *m*
kapp|reiðar FPL Pferderennen *n*; **~róður** M Ruderregatta *f*; **~ræða** F Wortstreit *m*; **~ræður** PL Diskussion *f*; **~samur** eifrig; **~sigling** F Segelregatta *f*; **~smál** N ⟨-s, -⟩ Herzenssache *f*; **gera e-ð af ~i** sich für etw einsetzen
kardínáli M ⟨-a, -ar⟩ Kardinal *m*
karfa F ⟨körfu, körfur⟩ Korb *m*
karfi M ⟨-a, -ar⟩ Rotbarsch *m*
karl M ⟨-s, -ar⟩ Mann *m*; Alte *m*; **~kyn** N Maskulinum *n*; **~maður** M Mann *m*; **~mannlegur** mannhaft, männlich; **~mennska** F ⟨-u⟩ Mannhaftigkeit *f*; Tapferkeit *f*
kartafla F ⟨-töflu, -töflur⟩ Kartoffel *f*
kartöflu|garður M Kartoffelacker *m*; **~mjöl** N Kartoffelmehl *n*; Speisestärke *f*
kassi M ⟨-a, -ar⟩ Kiste *f*; Kasten *m*; Karton *m*

kast N ‹-s, köst› Wurf *m*; MED Anfall *m*; **~a** werfen; **~ali** M ‹-a, -ar› Festung *f*; (*Mittelalter*) Burg *f*
kátína F ‹-u› Heiterkeit *f*
kátur heiter, munter; fröhlich, lustig
kaup N ‹-s, -› Lohn *m*, Gehalt *n*; *pl* Kauf *m*; **~a** kaufen; **~andi** M ‹-anda, -endur› Käufer *m*; **~bréf** N Kaufvertrag *m*; **~félag** N Genossenschaft *f*; **~gjald** N Arbeitslohn *m*; **~greiðsla** F Lohnauszahlung *f*; **~hækkun** F Gehaltserhöhung *f*; **~höll** F Börse *f*
kaupmaður M Kaufmann *m*
kaupmáli M ‹-a, -ar› Gütertrennungsvertrag *m*
Kaupmannahöfn F Kopenhagen *n*
kaup|máttur M Kaufkraft *f*; **~samningur** M Kaufvertrag *m*
kaup|staður M Kleinstadt *f*; **~stefna** F (*Handel*) Messe *f*; **~sýslumaður** M Geschäftsmann *m*; **~tún** N Handelsplatz *m*; **~verð** N Kaufpreis *m*; Einkaufspreis *m*
kaþólikki M Katholik(in) *m(f)*
kaþólsk|a F ‹-u› Katholizismus *m*; **~ur** katholisch
keðja F ‹-u, -ur› Kette *f*
keil|a F ‹-u, -ur› Kegel *m*; **~ubraut** F Kegelbahn *f*; **~uleikur** M Kegeln *n*; **~umyndaður** kegelförmig
keisar|adæmi N Kaiserreich *n*; **~askurður** M Kaiserschnitt *m*; **~i** M ‹-a, -ar› Kaiser *m*
kelda F ‹-u, -ur› Sumpf *m*, Morast *m*
kelta F ‹-u, -ur› Schoß *m*
Keltar MPL Kelten *mpl*
kelt|neskur keltisch; **~urakki** M Schoßhund *m*
kenj|ar FPL Launen *pl*; **~óttur** launenhaft
kenna unterrichten, lehren; **~ e-m um e-ð** j-n beschuldigen (wegen *gen*); j-m etw zuschreiben; **~ til** Schmerzen fühlen; **~rafundur** M Lehrerkonferenz *f*; **~raháskóli** M Pädagogische Hochschule *f*; **~ri** M ‹-a, -ar› Lehrer *m*
kenndur angeheitert
kenni|ng F ‹-ar, -ar› Lehre *f*; Theorie *f*; Behauptung *f*; **~setning** F Dogma *n*; **~tala** F (*abk* **kt.**) isländische Personalnummer *f*; **~teikn** N ‹-s, -› Kennzeichen *n*
kennsl|a F ‹-u, -ur› Unterricht *m*; **~ubók** F Lehrbuch *n*; **~ufræði** F Pädagogik *f*; **~ugrein** F Unterrichtsfach *n*, Lehrfach *n*; **~ukona** F Lehrerin *f*; **~umál** NPL Schulwesen *n*; **~umisseri** N Semester *n*; **~ustofa** F Klassenzimmer *n*; Hörsaal *m*; **~ustund** F (Unterrichts-)Stunde *f*
kepp|a: **~ að e-u** nach etw streben; **~ við e-n** mit j-m

wetteifern; **~ast**: **~ við** eifrig (an etw *dat*) arbeiten; **~inautur** M ‹-s, -ar› Konkurrent *m*
keppni F (*undekl*) Wettkampf *m*; Konkurrenz *f*
ker N ‹-s, -› Bottich *m*; (Bade-) Wanne *f*
kerfi N ‹-s, -› System *n*; **~sbundinn** systematisch
kergja F ‹-u› Trotz *m*
kerlaug F Wannenbad *n*
kerling F ‹-ar, -ar› Alte *f*, alte Frau
kerra F ‹-u, -ur› Karre(n) *f(m)*
kerta|ljós N Kerzenlicht *n*; **~stjaki** M ‹-a, -ar› Kerzenhalter *m*
kerti N ‹-s, -› Kerze *f*
ketill M ‹-s, katlar› Kessel *m*
kettlingur M ‹-s, -ar› Kätzchen *n*
kex N ‹-, -› Keks *m*
keyr|a fahren; **~i** N ‹-s, -› Peitsche *f*; **~sla** F ‹-u, -ur› Fahren *n*
kíghósti M Keuchhusten *m*
kíkir M ‹-s, -jar› Fernrohr *n*, Fernglas *n*
kíló N ‹-s, -› Kilo *n*; **~bæti** N ‹-s,-› Kilobyte *n*; **~gramm** N Kilogramm *n*; **~metri** M Kilometer *m*
kím|inn spöttisch, satirisch; **~ni** F (*undekl*) Humor *m*
Kína N ‹-› China *n*
kind F ‹-ar, -ur› Schaf *n*
kinka: **~ kolli til e-s** j-m zunicken
kinn F ‹-ar, -ar› Wange *f*, Backe *f*; **~hestur** M Ohrfeige *f*
Kínverji M ‹-a, -ar› Chinese *m*
kín|verska F ‹-u› Chinesisch *n*; **~verskur** chinesisch
kippur M ‹-s, -ir› Ruck *m*; **í kippum** ruckweise
kirkja F ‹-u, -ur› Kirche *f*
kirkju|garður M Friedhof *m*; **~turn** M Kirchturm *m*; **~þing** N Synode *f*
kirsiber N Kirsche *f*
kirt|ill M ‹-ils, -lar› Drüse *f*; (*Hals*) Mandel *f*; **~labólga** F Mandelentzündung *f*
kisa F ‹-u, -ur› Kätzchen *n*
kista F ‹-u, -ur› Truhe *f*; Sarg *m*
kitla kitzeln; kitzlig sein
kítt|a (ver)kitten; **~i** N ‹-s› Kitt *m*
kjaftur M ‹-s, -ar› Maul *n*
kjálki M ‹-a, -ar› ANAT Kiefer *m*
kjallari M ‹-a, -ar› Keller *m*
kjalta F ‹kjöltu› Schoß *m*
kján|askapur M ‹-s› Dummheit *f*; **~i** M ‹-a, -ar› Narr *m*, Tor *m*
kjara|bætur FPL Lohnerhöhung *f*, Gehaltserhöhung *f*; **~skerðing** F ‹-ar, -ar› Lohnsenkung *f*, Gehaltskürzung *f*
kjark|laus mutlos, verzagt; **~leysi** N ‹-s› Mutlosigkeit *f*, Verzagtheit *f*; **~ur** M ‹-s› Mut *m*
kjarn|i M ‹-a, -ar› Kern *m*;

~orka F Kernenergie *f*; **~orkusprengja** F Atombombe *f*; **~orkuver** N Kernkraftwerk *n*; **~orkuvopn** NPL Kernwaffen *fpl*; **~yrtur** lakonisch, kurz und bündig

kjarr N ‹-s› Gebüsch *n*, Strauchwerk *n*

kjass N ‹-› Liebkosung *f*; **~a** liebkosen

kjóll M ‹-s, -ar› Kleid *n*; Frack *m*

kjósa wählen; **~ heldur** vorziehen; **~ndi** M ‹-anda, -endur› Wähler *m*

kjúklingur M ‹-s, -ar› Küken *n*

kjök|ra jammern; **~ur** N ‹-s› Winseln *n*, Jammern *n*

kjöl|far N Kielwasser *n*; **~ur** M ‹kjalar, kilir› Kiel *m*

kjör N ‹-s, -› Wahl *f*; *pl* (finanzielle) Verhältnisse *pl*; **~barn** N Adoptivkind *n*; **~dagur** M Wahltag *m*; **~dæmi** N Wahlkreis *m*; **~frjáls** wahlfrei; **~gengi** N Wählbarkeit *f*; **~gengur** wählbar; **~gripur** M Kostbarkeit *f*; **~orð** N Losungswort *n*; **~seðill** M Stimmzettel *m*; **~skrá** F Wahlliste *f*; **~sókn** F Wahlbeteiligung *f*; **~tímabil** N Wahlperiode *f*

kjöt N ‹-s› Fleisch *n*; **~bolla** F Klops *m*; **~réttur** M Fleischgericht *n*; **~seyði** N, **~soð** N Fleischbrühe *f*, Bouillon *f*; **~súpa** F Fleischsuppe *f*

kláði M ‹-a› MED Krätze *f*; Jucken *n*

klaga verklagen; petzen

klaki M ‹-a, -ar› Eis *n*

klapp N ‹-s› Beifall *m*; Händeklatschen *n*; **~a** streicheln, tätscheln (**e-m** j-n); klatschen, applaudieren

klár M ‹-s, -ar› Gaul *m*

klarínetta F ‹-u, -ur› Klarinette *f*

klasi M ‹-a, -ar› Büschel *m/n*

klassískur klassisch; **klassísk tónlist** *f* klassische Musik *f*, Klassik *f*

klauf|dýr N Paarhufer *m*; **~i** M ‹-a, -ar› Tölpel *m*; **~ska** F ‹-u› Ungeschicktheit *f*

klaustur N ‹-s, -› Kloster *n*

klefi M ‹-a, -ar› Zelle *f*, Kammer *f*; Abteil *n*; (*Schiff*) Kabine *f*; Kajüte *f*

kleina F ‹-u, -ur› Schmalzgebäck *n*

klerkur M ‹-s, -ar› Pfarrer *m*

kless|a F ‹-u, -ur› Klecks *m*; **fara í klessu** Totalschaden erleiden

klettaeyja F Felseninsel *f*

Klettafjöll NPL Felsengebirge *n*

kletta|strönd F Fels(en)küste *f*; **~veggur** M Felswand *f*

klettur M ‹-s, -ar› Fels(en) *m*

klifra klettern

klípa 1 F ‹-u› Klemme *f*; Dilemma *n* 2 zwicken, kneifen

klipp|a (*Haar*) schneiden; (*Schaf*) scheren; **~ing** F ‹-ar›

Haareschneiden *n*, Haarschnitt *m*; (Schaf-)Schur *f*
klístra kleben; ankleben
kljúfa spalten
kló F ⟨-ar, klœr⟩ Klaue *f*; **~kur** raffiniert; **~sett** N ⟨-s⟩ Klo(sett) *n*; **~settpappír** M Toiletten- *od sl* Klopapier *n*
klof N ⟨-s, -⟩ (*Hose*) Schritt *m*; **~na** sich spalten; **~ning** F ⟨-ar, -ar⟩ Spaltung *f*
klóra kratzen
klukk|a F ⟨-u, -ur⟩ Uhr *f*; Glocke *f*; **hvað er ~n?** wie viel Uhr ist es?; **~ustund** F *od* **~utími** M Stunde *f*
klúr grob; obszön
klútur M ⟨-s, -ar⟩ Tuch *n*; (Putz-)Lappen *m*
klæð|a kleiden; bekleiden; **~ sig** sich anziehen; **~ sig úr** sich ausziehen; **~naður** M ⟨-ar, -ir⟩ Kleidung *f*; Anzug *m*; **~skeri** M ⟨-a, -ar⟩ Schneider *m*
klæja jucken
klökkur (zu Tränen) gerührt
klöpp F ⟨klappar, klappir⟩ Klippe *f*
knapi M ⟨-a, -ar⟩ Rennreiter *m*, Jockey *m*; Reiter *m*
knattspyrn|a F ⟨-u⟩ Fußball *m* (*Spiel*); **~umaður** M Fußballspieler *m*
kné N → hné
knipplingar MPL Spitzen *pl*
knýja zwingen
knæpa F ⟨-u, -ur⟩ Kneipe *f*
koddi M ⟨-a, -ar⟩ Kopfkissen *n*
kofi M ⟨-a, -ar⟩ Hütte *f*
kok N ⟨-s, -⟩ Kehle *f*; Rachen *m*
kokkur M ⟨-s, -ar⟩ Koch *m*
kol NPL Kohle *f*; **~aframleiðsla** F Kohlenförderung *f*; **~anáma** F Kohlengrube *f*
koli M ⟨-a, -ar⟩ (*Fisch*) Scholle *f*
koll|ur M ⟨-s, -ar⟩ Kopf *m*; Scheitel *m*; Hocker *m*; **~varpa** umstoßen, umstürzen
kólna kälter werden; erkalten
kol|sýra F Kohlensäure *f*; **~vetni** N ⟨-s⟩ Kohle(n)hydrat *n*
koma 1 F ⟨-u⟩ Ankunft *f* 2 kommen, ankommen; **~ að** anlegen; **þegar að því kemur** wenn es soweit ist; **~ af** (ab-)stammen von; **það kemur af því** es beruht darauf; **e-ð kemur á daginn** etw stellt sich heraus; **~ e-u fram** etw durchsetzen; **~ fram** 3 in Erfüllung gehen 4 (*Bühne*) auftreten; **~ vel (illa) fram** sich gut (schlecht) aufführen; **~ frá** herkommen; **~ fyrir** geschehen; **hvað sem fyrir kann að ~** was auch geschehen mag; auf alle Fälle; **~ e-m á óvart** j-n (bei etw) überraschen; **~ í lag** in Ordnung bringen; **~ í ljós** sich herausstellen; zum Vorschein kommen; **~ í veg fyrir e-ð** etw verhindern; **~ út** (*Buch*) er-

scheinen; ~ **vel saman** sich gut verstehen; **e-ð kemur e-m við** etw geht j-n an; **það er komið að þér** Sie sind an der Reihe

komast kommen, erreichen; **ég kemst ekki yfir ána** ich kann den Fluss nicht überqueren; ~ **af** überleben; ~ **áfram** *fig* sich durchsetzen, vorwärtskommen; ~ **undan** entkommen; ~ **upp** entdeckt werden

komma F ⟨-u, -ur⟩ Komma *n*

kommóða F ⟨-u, -ur⟩ Kommode *f*

kommúnis|mi M ⟨-a⟩ Kommunismus *m*; **~ti** M ⟨-a, -ar⟩ Kommunist *m*

komu|dagur M Anreisetag *m*; **~tími** M Ankunftszeit *f*

kona F ⟨-u, -ur⟩ Frau *f*; Ehefrau *f*

kóng|uló F ⟨-ar, -lœr⟩ Spinne *f*; **~ur** M ⟨-s, -ar⟩ M (*Schach*) König *m*

koníak N ⟨-s⟩ Kognak *m*

konsúll M ⟨-úls, -lar⟩ Konsul *m*

konuefni N Verlobte *f*; Braut *f*

konung|legur königlich; **~sríki** N Königreich *n*; **~ssonur** M Prinz *m*; **~sætt** F Königshaus *n*; **~ur** M ⟨-s, -ar⟩ König *m*

kopar M ⟨-s⟩ Kupfer *n*; **~þráður** M Kupferdraht *m*

koppur M ⟨-s, -ar⟩ Nachttopf *m*

kór M ⟨-s, -ar⟩ Chor *m*; **~all** M ⟨-s, -lar⟩ Choral *m*; Koralle *f*

korn N Korn *n*; Getreide *n*

kór|óna **1** F ⟨-u, -ur⟩ Krone *f* **2** krönen; **~ónuveira** F ⟨-u, -ur⟩ MED Coronavirus *m/n*; **~söngur** M Chorgesang *m*

korr N ⟨-s⟩ Röcheln *n*; **~a** röcheln

kort N ⟨-s, -⟩ Karte *f*; Landkarte *f*

korter N ⟨-s⟩ Viertelstunde *f*

kosning F ⟨-ar, -ar⟩ Wahl *f*; **~abarátta** F Wahlkampf *m*; **~alög** NPL Wahlgesetz *n*; **~a(r)réttur** M Wahlrecht *n*

koss M ⟨-, -ar⟩ Kuss *m*

kosta (*Preis*) kosten

kost|gæfni F (*undekl*) Sorgfalt *f*; **~naðarlaus** gratis; **~naðarsamur** teuer; **~naður** M ⟨-ar⟩ Kosten *pl*; Ausgaben *fpl*

kostur M ⟨-ar, -ir⟩ Vorteil *m*; Möglichkeit *f*; Bedingung *f*; Verpflegung *f*; Kost *f*

kot N ⟨-s, -⟩ Kate *f*, Hütte *f*; **~bóndi** M Kleinbauer *m*

krá F ⟨-r, -r⟩ Wirtshaus *n*; Kneipe *f*

krabb|amein N MED Krebs *m*; **~i** M ⟨-a, -ar⟩ Krebs *m* (*a.* MED), Krabbe *f*

krafa F ⟨kröfu, kröfur⟩ Forderung *f*, Anspruch *m*

kraftaverk N Wunder *n*

kraftur M ⟨-s, -ar⟩ Kraft *f*; *pl* Kräfte *pl*, Stärke *f*

kragi M ⟨-a, -ar⟩ Kragen *m*
krakk|alegur kindlich; **~i** M ⟨-a, -ar⟩ Kind *n*
krákuskel F Miesmuschel *f*
krampi M ⟨-a, -ar⟩ Krampf *m*
kran|avatn N Leitungswasser *n*; **~i** M ⟨-a, -ar⟩ Kran *m*; Wasserhahn *m*
krans M ⟨-, -ar⟩ Kranz *m*; **~æðastífla** F Herzinfarkt *m*
krefja fordern, verlangen; **~ e-n um e-ð** von j-m etw fordern; **~st**: **~ e-s** etw verlangen
kreista drücken, pressen
krem N ⟨-s, -⟩ Creme *f*
kremja zerquetschen; **~ sundur** zerdrücken
kreppa **1** F ⟨-u, -ur⟩ Schwierigkeit *f*; (Wirtschafts-)Krise *f* **2** (*Faust*) ballen; **skórinn kreppir að mér** der Schuh drückt mich
kringla F ⟨-u, -ur⟩ Scheibe *f*; (*Gebäck*) Brezel *f*; (*Sport*) Diskus *m*
kringl|óttur rund; **~ukast** N Diskuswerfen *n*
kringum **1** PRÄP *mit akk* um ... herum **2** ADV rundherum; etwa, ungefähr
kringumstæður FPL Umstände *pl*; Lage *f*
kristall M ⟨-als⟩ (*geschliffenes Glas*) Kristall *n*; **~ur** M ⟨-als, -allar⟩ *Chemie*: Kristall *m*
krist|ilegur christlich; **~indómur** M Christentum *n*; **~inn** christlich; **kristinn maður** Christ *m*; **kristin kona** Christin *f*; **~na** taufen; christianisieren; **~ni** F (*undekl*) Christentum *n*; **~niboð** N Mission *f*; **~niboði** M ⟨-a, -ar⟩ Missionar *m*
Kristur M ⟨-s⟩ Christus *m*
krít F ⟨-ar⟩ Kreide *f*
krítarkort N Kreditkarte *f*
krjúpa knien
krókur M ⟨-s, -ar⟩ Haken *m*; Ecke *f*; Umweg *m*
króna F ⟨-u, -ur⟩ (*Münze*) Krone *f*
kross M ⟨-, -ar⟩ Kreuz *n*; Orden *m*; **Rauði krossinn** Rotes Kreuz; **~ferð** F Kreuzzug *m*; **~festa** kreuzigen; **~gáta** F Kreuzworträtsel *n*; **~götur** FPL Kreuzweg *m*; Kreuzung *f*; Scheideweg *m* (*a. fig*); **~viður** M Sperrholz *n*
krufning F ⟨-ar⟩ Obduktion *f*
krukka F ⟨-u, -ur⟩ Krug *m*
krulla **1** F ⟨-u, -ur⟩ Locke *f* **2** kräuseln
krump|a zerknittern; **~ufrír** knitterfrei
krydd N ⟨-s⟩ Gewürz *n*, Würze *f*; **~a** würzen
kryfja obduzieren; sezieren; **~ til mergjar** einer Sache auf den Grund gehen
krýn|a krönen; **~ing** F ⟨-ar⟩ Krönung *f*
kryppa F ⟨-u, -ur⟩ Buckel *m*
kræklingur M Miesmuschel *f*
kröfu|ganga F Demonstration *f*; (Massen-)Kundgebung

f; **~harður** anspruchsvoll
kúabóla F Pocken *fpl*
kuðungur M ‹-s, -ar› Schneckengehäuse *n*
kúg|a unterdrücken, zwingen; **~un** F ‹-ar› Unterdrückung *f*
kul N ‹-s› Brise *f*; kaltes Lüftchen *n*
kúla F ‹-u, -ur› Kugel *f*
kuldalegur kalt; abweisend
kuldi M ‹-a, -ar› Kälte *f*
kúlu|lega F ‹-u, -ur› Kugellager *n*; **~penni** M Kugelschreiber *m*; **~varp** N Kugelstoßen *n*
kunna können; wissen; **~ til e-s**, **~ lag á e-u** sich auf etw (*akk*) verstehen; **~ e-ð utanbókar** etw auswendig können
kunn|átta F ‹-u› Kenntnis *f*; **~gera** bekannt machen; **~ingi** M ‹-ja, -jar› Bekannte *m*; **~ingjakona** F Bekannte *f*; **~ingsskapur** M ‹-ar› Bekanntschaft *f*
kunnugur bekannt; **eins og kunnugt er** wie bekannt, bekannterweise
kunnur bekannt; **vera ~ að e-u** für etw bekannt sein
kúppling F ‹-ar, -ar› Kupplung *f*
kúptur konvex
kurteis höflich; **~i** F (*undekl*) Höflichkeit *f*
kusk N ‹-s› Staub *m*
kústur M ‹-s, -ar› Besen *m*
kvak N ‹-s› Zwitschern *n*; **~a** zwitschern, quaken
kvala|fullur schmerzvoll; **~laus** schmerzfrei
kvalræði N ‹-s, -› Plage *f*
kvarta klagen; sich beschweren (**yfir e-u** über etw *akk*)
kveða singen; dichten; sagen
kveðja **1** F ‹-u, -ur› Gruß *m* **2** sich verabschieden
kveðskapur M ‹-ar› Poesie *f*
kvef N ‹-s› Schnupfen *m*; Erkältung *f*; **~aður** erkältet; **~ast** sich erkälten
kveik|ing F ‹-ar, -ar› (*Auto*) Zündung *f*; Anzünden *n*; **~ja** (an)zünden; **~ upp** Feuer machen; **~jari** M ‹-a, -ar› Feuerzeug *n*
kvein N ‹-s› Jammern *n*; **~a** jammern
kveisa F ‹-u› Kolik *f*
kvelja quälen, peinigen
kven|fólk N Frauen *fpl*; **~hetja** F Heldin *f*; **~kyn** N Femininum *n*; **~kyns** weiblich; **~læknir** M Gynäkologe *m*, Gynäkologin *f*, Frauenarzt *m*, Frauenärztin *f*; **~maður** M Frau *f*; Mädchen *n*; **~mannsföt** NPL Frauenkleider *npl*
kvenna|búr N Harem *m*; **~klósett** N Damentoilette *f*; **~skóli** M Mädchenschule *f*
kven|réttindakona F Frauenrechtlerin *f*, Feministin *f*; **~réttindasinnaður** feministisch; **~réttindi** NPL Feminismus *m*, Gleichberechtigung *f* (der Frauen); **~sjúk-**

dómafræði F Gynäkologie *f*
kver N ⟨-s, -⟩ Büchlein *n*; Katechismus *m*
kverkar FPL Kehle *f*
kvíð|a ängstlich sein; besorgt sein
kvið|arhol N ⟨-s⟩ Bauchhöhle *f*; Unterleib *m*; **~dómandi** M Geschworene(r) *m/f(m)*
kvíði M ⟨-a⟩ Sorge *f*
kviðslit N MED Leistenbruch *m*
kvika sich rühren; **~silfur** N Quecksilber *n*
kvik|fjárrækt F ⟨-ar⟩ Viehzucht *f*; **~mynd** F (*Kino*) Film *m*; **~mynda** filmen; **~myndahús** N Kino *n*; **~myndastjarna** F Filmstar *m*
kvikna entflammen; **það er ~ð í** es brennt
kvilli M ⟨-a, -ar⟩ Krankheit *f*
kvísl F ⟨-ar, -ar⟩ Flussarm *m*; Forke *f*
kvist|óttur knorrig; **~ur** M ⟨-s od -ar, -ir⟩ Zweig *m*; Knorren *m*
kvitt|a quittieren; **~un** F ⟨-unar, -anir⟩ Quittung *f*; **~ur** 1 M ⟨-s, -ir⟩ loses Gerücht 2 ADJ quitt
kvóti M ⟨-a, -ar⟩ Quote *f*
kvæða|bók F, **~safn** N Gedichtsammlung *f*
kvæði N ⟨-s, -⟩ Gedicht *n*; Lied *n*
kvæn|ast *nur Männer*: heiraten; **~tur** *nur Männer*: verheiratet
kvöl F ⟨kvalar, kvalir⟩ Qual *f*, Pein *f*
kvöld N ⟨-s, -⟩ Abend *m*; **annað ~** morgen Abend; **á ~in** abends; **í ~** heute Abend; **í fyrra~** vorgestern Abend; **gott ~!** guten Abend!; **~a**: **það ~r** es wird Abend
kvöld|matur M Abendessen *n*; **~roði** M ⟨-a⟩ Abendrot *n*; **~rökkur** N Abenddämmerung *f*; **~skóli** M Abendschule *f*; **~vaka** F bunter Abend; **~verður** → kvöldmatur
kvörtun F ⟨-unar, kvartanir⟩ Klage *f*, Beschwerde *f*
kylfa F ⟨-u, -ur⟩ Gummiknüppel *m*
kýli N ⟨-s, -⟩ Geschwür *n*
kyn N ⟨-s, -⟩ Geschlecht *n*; Art *f*; GRAM Genus *n*; **alls ~s** allerlei; **þess ~s** derart; **~blendingur** M ⟨-s, -ar⟩ Mischling *m*; **~bætur** FPL Zucht *f*; Vered(e)lung *f*
kynd|a heizen; **~ill** M ⟨-ils, -lar⟩ Fackel *f*; **~ing** F ⟨-ar⟩ Heizung *f*; **~ingarolía** F Heizöl *n*
kynfæri NPL Geschlechtsorgane *npl*
kynlíf N Sex *m*
kynna bekannt machen, vorstellen; **~ sér e-ð** sich über etw (*akk*) informieren; **~st** sich kennenlernen
kynni NPL Bekanntschaft *f*; **~ng** F ⟨-ar⟩ Bekanntmachung

f; Bekanntschaft *f*
kynnisferð F Rundfahrt *f*, Besichtigung *f*; **kynnisferð um borg** Stadtrundfahrt *f*
kynsjúkdómur M Geschlechtskrankheit *f*
kyn|slóð F Generation *f*; **~villa** F Homosexualität *f*; **~þáttur** M Rasse *f*
kýr F (*irr*) Kuh *f*
kyrkja erwürgen; erdrosseln
kyrr still; **láta e-ð ~t** etw sein lassen; **sitja ~** ruhig sitzen
Kyrrahaf N Pazifik *m*
kyrrð F ⟨-ar⟩ Stille *f*; Ruhe *f*
kyssa küssen
kæf|a **1** V/T ersticken **2** F ⟨-u, -ur⟩ Pastete *f*
kæl|a abkühlen; **~ing** F ⟨-ar, -ar⟩ Abkühlung *f*; Kühlhaltung *f*; **~ir** M ⟨-s⟩ Kühlanlage *f*; (*Auto*) Kühler *m*; **~iskápur** M Kühlschrank *m*
kænn listig; klug
kær lieb; **~a** **1** F Anklage *f* **2** Anklage erheben (*gegen j-n*); j-n anklagen; **~ sig ekki um e-ð** etw nicht mögen; **~asta** F ⟨-ustu, -ustur⟩ Verlobte *f*; **~asti** M ⟨-a, -ar⟩ Verlobte *m*; **~kominn** willkommen; **~lega** herzlich; **~leikur** M Liebe *f*; **~ulaus** nachlässig, gleichgültig
kæti F (*undekl*) Heiterkeit *f*, Freude *f*
köfnun F ⟨-ar⟩ Erstickung *f*; **~arefni** N Stickstoff *m*
köfun F Tauchen *n*
kögur N ⟨-s⟩ Franse *f*
kökubúð F Konditorei *f*
kölkun F ⟨-ar⟩ MED Verkalkung *f*
köllun F ⟨-ar⟩ *fig* Berufung *f*
könguló F ⟨-ar, -lœr⟩ Spinne *f*
könnun F ⟨-ar⟩ Forschung *f*, Untersuchung *f*
körfubolti M Korbball *m*
kös F ⟨kasar, kasir⟩ Haufen *m*, Gedränge *n*; **~tur** M ⟨kastar, kestir⟩ (*Holz*) Stoß *m*
köttur M ⟨kattar, kettir⟩ Katze *f*

L

lá: **~ e-m e-ð** j-m wegen etw Vorwürfe machen; **~ e-m e-ð ekki** j-m etw nicht verdenken können; **~st**: **e-m láist að gera e-ð** j-d unterlässt *od* vergisst, etw zu tun
labba spazieren gehen; langsam gehen; zu Fuß gehen
lafa herunterhängen, baumeln
lag N ⟨-s, lög⟩ Zustand *m*; Form *f*; MUS Melodie *f*; *Geologie*: Schicht *f*; **allt í ~i** *sl* alles in Ordnung; **koma í ~** in Ordnung bringen; **í fyrsta ~i** erstens; (*Zeit*) frühestens; **í mesta ~i** höchstens; **sæta ~i** die Gelegenheit nutzen; **vera í ~i** in

Ordnung sein
laga in Ordnung bringen; instand setzen; **~ kaffi** Kaffee kochen; **~ sig eftir e-u** sich nach etw richten; **~ til** aufräumen
laga|ákvæði N gesetzliche Bestimmung *f*; **~brot** N Gesetzesübertretung *f*; **~deild** F juristische Fakultät; **~frumvarp** N Gesetzesvorlage *f*; **~legur** juristisch; gesetzlich
lag|hentur, ~inn geschickt, fingerfertig; **~laus** unmusikalisch; **~legur** hübsch
lág|lendi N ‹-s› Tiefland *n*; **~mark** N Minimum *n*; **~marksverð** N Mindestpreis *m*
lagningarvökvi M Haarfestiger *m*
lág|ur niedrig; **bera lægri hlut** unterlegen sein; **~vaxinn** klein (von Wuchs); **~þrýstisvæði** N Tief(-druckgebiet) *n*; **~þýska** F Niederdeutsch *n*
lak N ‹-s, lök› Laken *n*, Betttuch *n*
lakk N ‹-s, lökk› Lack *m*; **~a** lackieren; (*Brief*) versiegeln
laktósi M ‹-a, -› Laktose *f*
lamb N ‹-s, lömb› Lamm *n*; **~akjöt** N Lammfleisch *n*
lampi M ‹-a, -ar› Lampe *f*
lán N ‹-s, -› Anleihe *f*, Darlehen *n*; Glück *n*; **~a** leihen, borgen; gutschreiben; **~ar-drottinn** M Gläubiger *m*; **~ast** gelingen; **~astofnun** F Kreditanstalt *f*
land N ‹-s, lönd› Land *n*; Staat *m*; **nema ~** Land besiedeln
landa|bréf N Landkarte *f*; Atlas *m*; **~fræði** F Geografie *f*; **~kort** N Landkarte *f*; **~kortabók** F Atlas *m*; **~merki** NPL Grenzscheide *f*; **~mæri** NPL (Landes-)Grenze *f*
land|búnaðarráðherra M Minister *m* für Landwirtschaft; **~búnaður** M ‹-ar› Landwirtschaft *f*; **~fræðingur** M ‹-s, -ar› Geograf *m*
land|göngubrú F Schiffsplanke *f*; **~helgi** F Hoheitsgewässer *n*; **~i** M ‹-a, -ar› Landsmann *m*; **~könnuður** M ‹-ar, -ir› Entdecker *m*; **~mæling** F Landvermessung *f*; **~mælingar** FPL Geodäsie *f*, Vermessungskunde *f*; **~nám** N Besiedlung *f*, Kolonisation *f*; **~námsmaður** M, **~nemi** M Siedler *m*; **~ráð** NPL Hochverrat *m*; **~ráðamaður** M Hochverräter *m*
lands|banki M Nationalbank *f*; **~bókasafn** N Landes-, Staats-, Nationalbibliothek *f*; **~byggð** F ländliche Gegend *f*; **~lag** N Landschaft *f*; **~lið** N Nationalmannschaft *f*; **~lýður** M ‹-s› Bevölkerung *f*
landvistarleyfi N Einreise- *u./od.* Aufenthaltsgenehmi-

gung *f*
langa wollen, wünschen; **~ í e-ð** Verlangen nach etw haben; Appetit auf etw (*akk*) haben; **~ til e-s** Lust zu etw haben
lang|afi M Urgroßvater *m*; **~amma** F Urgroßmutter *f*; **~atöng** F Mittelfinger *m*; **~bestur** weitaus der beste; **~bylgja** F (*Radio*) Langwelle *f*; **~dreginn** *fig* weitschweifig, langweilig; **~ferðabíll** M Reisebus *m*; **~línusamtal** N Ferngespräch *n*
lang|stökk N Weitsprung *m*; **~ur** lang, weit; **~varandi** langwierig; andauernd; **~vinnur** langwierig
lán|samur glücklich; **vera ~** Glück haben; **~straust** N Kredit *m*; **~takandi** M ⟨-anda, -endur⟩ Darlehensnehmer *m*; **~veitandi** M ⟨-anda, -endur⟩ Darlehensgeber *m*
láréttur waagerecht
lárvið|arkrans M *od* **~arsveigur** M Lorbeerkranz *m*; **~ur** M Lorbeer *m*
lás M ⟨-s, -ar⟩ (*Tür*) Schloss *n*
lasinn unwohl, leicht krank
last N ⟨-s⟩ Tadel *m*; **~a** tadeln; **~afullur** lasterhaft
lát N ⟨-s⟩ Todesfall *m*; Unterbrechung *f*
láta lassen; setzen, stellen, legen; **~ að ósk e-s** j-s Wunsch nachkommen; **~ eftir sig** hinterlassen; **~ ganga eftir sér** sich nötigen lassen; **~ hjá líða** unterlassen; **~ í ljós** zum Ausdruck bringen; **~ lífið** ums Leben kommen; **~ sig** nachgeben; **~ e-n um e-ð** j-m etw überlassen; **~ undan** nachgeben; **~ vita** benachrichtigen
láta|læti NPL: Verstellung *f*, Ziererei *f* **:vera með ~** sich verstellen; **~st** vorgeben, (so) tun, als ob …; sterben
latína F ⟨-u⟩ Latein *n*
látlaus schlicht, einfach; ununterbrochen
latneskur lateinisch
látún N ⟨-s⟩ Messing *n*
latur faul
lauf N ⟨-s, -⟩ Laub *n*; **~græna** F ⟨-u⟩ Chlorophyll *n*, Blattgrün *n*; **~tré** N Laubbaum *m*
laug F ⟨-ar, -ar⟩ Bad *n*; warme Quelle *f*; Schwimmbad *n*; **~ardagur** M Samstag *m*, Sonnabend *m*
laukur M ⟨-s, -ar⟩ Zwiebel *f*
laum|a zustecken; schleichen; **~ast**: **~ burt** davonschleichen; **~ufarþegi** M blinder Passagier *m*
laun NPL Gehalt *n*; **~a** belohnen; **~ahækkun** F ⟨-unar, -anir⟩ Lohn-, Gehaltserhöhung *f*
launung F ⟨-ar⟩ Heimlichkeit *f*
laus los; locker; frei; ledig; **~aleiksbarn** N uneheliches Kind; **~látur** leichtlebig

lausn F ‹-ar, -ir› Lösung *f*; Befreiung *f*; Abschied *m* vom Dienst
lausnar|fé N Lösegeld *n*; **~i** M ‹-a› M Erlöser *m*
lausung F ‹-ar› Leichtsinn *m*, Frivolität *f*
laut F ‹-ar, -ir› (*Erdboden*) kleine Vertiefung *f*
lax M ‹-, -ar› Lachs *m*; **reyktur ~** Räucherlachs *m*; **~á** F Lachsfluss *m*; **~veiði** F Lachsfang *m*
leðja F ‹-u› Schlamm *m*
leður N ‹-s› Leder *n*; **~blaka** F ‹-blöku, -blökur› Fledermaus *f*
lega F ‹-u, -ur› Lage *f*; Liegen *n*; TECH Lager *n*
leggja legen, stellen, setzen; **~ af stað** aufbrechen; **~ á borð** den Tisch decken; **~ á flótta** die Flucht ergreifen; **~ e-ð í hættu** etw riskieren; **~ af mörkum** (zu etw) beitragen; **~ e-ð fyrir e-n** j-m etw vorlegen; **~ saman** zusammenlegen; MATH addieren; **~ til** beitragen; vorschlagen; **~ undir sig** erobern
leggjast sich hinlegen; *fig* krank werden
leggur M ‹-jar, -ir› Unterschenkel *m*; (*Blume*) Stiel *m*
leggöng FPL MED Scheide *f*
leg|steinn M Grabstein *m*; **~ubekkur** M Schlafsofa *n*
leið F ‹-ar, -ir› Weg *m*; Route *f*; **á ~inni** unterwegs; **um ~ og** *konj* indem
leiða leiten, führen; an der Hand führen; **~ af sér** zur Folge haben, mit sich (*dat*) führen; **~ til e-s** in etw (*dat*) resultieren
leiðangur M ‹-urs, -rar› Expedition *f*
leiðar|i M ‹-a, -ar› Leitartikel *m*; **~vísir** M Gebrauchsanweisung *f*; Wegweiser *m*; Prospekt *m*
leiðast Hand in Hand gehen; sich langweilen
leiðbein|a beraten, anleiten, führen; **~andi** M ‹-anda, -endur› Berater *m*; Instrukteur *m*; Lehrer *m*; **~ing** F ‹-ar, -ar› Anweisung *f*; Beratung *f*
leiði 1 M ‹-a› Überdruss *m*, Unlust *f* 2 N ‹-s, -› Grab *n*
leiðind|averk N langweilige Arbeit; **~i** NPL Langeweile *f*; Ärger *m*
leiðinlegur langweilig; gemein
leiðrétt|a berichtigen; (*Schulheft*) korrigieren; **~ing** F ‹-ar, -ar› Berichtigung *f*; Korrektur *f*
leiðsla F ‹-u, -ur› (Wasser-)Leitung *f*; Ekstase *f*; Entzückung *f*
leiðsögn F Reiseleitung *f*; Führung *f*; Anleitung *f*
leiðsögumaður M Reiseleiter *m*
leið|togi M ‹-a, -ar› Anführer

m; **~ur** überdrüssig; traurig; **það er leitt** wie schade; **mér þykir leitt** es tut mir leid; **verða ~ á e-u** e-r Sache müde *od* überdrüssig werden

leifa übrig lassen; **~r** FPL Reste *mpl*; Überbleibsel *n*

leift|ra blitzen; **~ur** N ‹-s, -› Blitz *m*; **~urhraði** M Blitzesschnelle *f*

leig|a F ‹-u, -ur› Miete *f*; **herbergi til leigu** Zimmer zu vermieten; **taka á leigu** mieten; **~ja** mieten; vermieten; **~jandi** M ‹-anda, -endur› Mieter *m*; Untermieter *m*; **~ubíll** M Taxe *f*, Taxi *n*; **~ubílstjóri** M Taxifahrer *m*; **~uflug** N Charterflug *m*; **~uíbúð** F Mietwohnung *f*

leika THEAT aufführen; spielen; behandeln; zurichten; **grunur leikur á** es besteht der Verdacht; **~ á e-n** j-n an der Nase herumführen; **~ sér** spielen

leik|fang N ‹-s, -föng› Spielzeug *n*; **~fimi** F (*undekl*) Turnen *n*; **~fimikennari** M Turnlehrer *m*; **~hús** N Theater *n*; **~húsgestur** M Theaterbesucher *m*; **~hússtjóri** M ‹-a, -ar› Intendant *m*; **~inn** geschickt; routiniert; **~kona** F Schauspielerin *f*; **~maður** M Laie *m*

leik|ni F (*undekl*) Fertigkeit *f*, Geschicklichkeit *f*; **~ri** M ‹-a, -ar› Schauspieler *m*; **~rit** N Drama *n*; Theaterstück *n*; (*Radio*) Hörspiel *n*; **~skóli** M Kindergarten *m*; **~skrá** F Programm *n*; **~stjóri** M ‹-a, -ar› Regisseur *m*; **~svið** N Bühne *f*; Schauplatz *m*; **~sýning** F THEAT Aufführung *f*; **~tjöld** NPL Bühnenbild *n*, Kulisse *f*; **~ur** M ‹-s, -ir od -ar› Spiel *n*; (Schach-)Zug *m*; **á nýjan leik** aufs Neue; **skerast í leikinn** sich einmischen; **~vangur** M ‹-s, -ar› Sportplatz *m*; Stadion *n*; **~völlur** M Spielplatz *m*

leir M ‹-s› Lehm *m*, Ton *m*; **~kerагerð** F Keramik *f*; **~vörur** FPL Keramik *f*, Tonwaren *fpl*

leit F ‹-ar, -ir› Suche *f*; Nachforschung *f*; **~a** suchen; **~ til e-s** sich an j-n wenden; **~ast**: **~ við** versuchen; **~i** N ‹-s, -› Hügel *m*; Erhebung *f*

lek|a triefen; leck sein; **~i** M ‹-a, -ar› Leck *n*

lektor M ‹-s, -ar› Lektor *m*

lekur leck

lélegur schlecht, mittelmäßig

lemja schlagen; prügeln

lend F ‹-ar, -ar› Lende *f*; **~a** landen; **~ í e-u** in etw (*akk*) geraten, etw erleben; **~ing** F ‹-ar, -ar› Landung *f*; **~ingarbraut** F Landebahn *f*; **~ingarleyfi** N Landeerlaubnis *f*

lengd F ‹-ar› Länge *f*; **til ~ar** auf die Dauer; **~arbaugur**

M; **~arstig** N Längengrad *m*
leng|i lange; **~ing** F ‹-ar› Verlängerung *f*; **~ja** verlängern
leppríki N ‹-s, -› Satellitenstaat *m*
léreft N ‹-s, -› Leinen *n*
lesa lesen; studieren; pflücken; **~ upp** vorlesen; **~ndi** M ‹-anda, -endur› Leser *m*
lesbískur lesbisch
les|bók F Lesebuch *n*; **~efni** N Lektüre *f*; **~kafli** M Lesestück *n*; **~mál** N Text *m*
lest F ‹-ar, -ir› BAHN Zug *m*; (*Schiff*) Laderaum *m*; (*Gewicht*) Tonne *f*; **~arstjóri** M ‹-a, -ar› Zugführer *m*
lestrar|bók F Lesebuch *n*; **~fýsn** F Leselust *f*; **~salur** M Lesesaal *m*
lestur M ‹-s od -rar, -rar› Lesen *n*
let|i F (*undekl*) Faulheit *f*; **~ingi** M ‹-ja, -jar› Faulpelz *m*; **~ja** abraten
létt|a aufhellen; nachlassen; lindern; **~ast** abnehmen; **~ir** M ‹-s› Erleichterung *f*, Hilfe *f*
letur N ‹-s, -› Schrift *f*; (*Schreibmaschine*) Typen *pl*; **færa í ~** aufzeichnen
leyf|a erlauben; **~i** N ‹-s, -› Erlaubnis *f*; Bewilligung *f*, Genehmigung *f*, Lizenz *f*; Urlaub *m*
leyna verheimlichen
leynd F ‹-ar› Heimlichkeit *f*; **með ~** heimlich, insgeheim; **~ardómsfullur** geheimnisvoll, mysteriös; **~ardómur** M Geheimnis *n*; **~armál** N Geheimnis *n*
leyni N ‹-s› Versteck *n*; **í ~** im Versteck; heimlich; **~legur** heimlich; **~lögregla** F Kriminalpolizei *f*; Geheimpolizei *f*; **~lögreglumaður** M Kriminalbeamte *m*; **~númer** N Geheimzahl *f*; **~þjónusta** F Geheimdienst *m*
leys|a lösen; befreien; **~ upp** auflösen; **~ úr e-u** etw enträtseln; **~ing** F ‹-ar, -ar› Tauwetter *n*
leyti N: **að mestu ~** zum größten Teil; **fyrir mitt ~** was mich betrifft, meinerseits; **að nokkru ~** zum Teil; **að öðru ~** im Übrigen; **um sama ~** zur gleichen Zeit; **um þetta ~** um diese Zeit
lið N ‹-s, -› Heer *n*; Truppen *fpl*; Hilfe *f*; **ganga í ~ með e-m** sich j-m anschließen; **verða að ~i** nützen; **~a** gliedern; kräuseln
líða vergehen, verrinnen; schweben, gleiten; **hvernig líður þér?** wie geht es dir?; **tíminn líður** die Zeit vergeht; dulden; erleiden; **~ e-ð** etw dulden; **~ þjáningar** Schmerzen erleiden
liðagikt F Arthritis *f*
líðan F ‹-ar› Befinden *n*
liðlegur hilfsbereit
liðsforingi M Offizier *m*;

Leutnant *m*
liðsinna helfen
lið|ugur geschmeidig; **~ur** M ⟨-ar, -ir⟩ Gelenk *n*; Glied *n*; Teil *m*; **~veisla** F Hilfe *f*; Beistand *m*
líf N ⟨-s, -⟩ Leben *n*; **halda ~i í** am Leben erhalten; **taka af ~i** hinrichten; **vera á ~i** am Leben sein
lifa leben; erleben; überleben; **~ndi** lebendig
lífeðlisfræð|i F Physiologie *f*; **~ingur** M ⟨-s, -ar⟩ Physiologe *m*
lífefnafræði F Biochemie *f*
líf|eyrir M Pension *f*, Rente *f*; **~eyrisþegi** M ⟨-ar, -ar⟩ Rentner *m*; **~fræði** F Biologie *f*; **~færafræði** F Anatomie *f*; **~færi** N ⟨-s, -⟩ Organ *n*
líf|ga beleben; wiederbeleben; **~gun** F ⟨-unar, -anir⟩ Belebung *f*; Wiederbelebung *f* (*e-s Ertrinkenden*); **~gunartilraun** F Wiederbelebungsversuch *m*; **~himna** F Bauchfell *n*; **~láta** hinrichten; **~legur** lebhaft
lifna wiederaufleben; (*Natur*) erwachen; **~ við** ins Leben zurückkehren
lifnaður M ⟨-ar⟩ Lebensweise *f*
lifrar|kæfa F ⟨-u⟩ Leberwurst *f*; Leberpastete *f*; **~pylsa** F Leberwurst *f*
lífrænn organisch
lífs|förunautur M Lebensgefährte *m*, Lebensgefährtin *f*; **~glaður** lebensfroh; **~háski** M *od* **~hætta** F Lebensgefahr *f*; **~leiði** M Lebensüberdruss *m*; **~mark** N Lebenszeichen *n*; **~nauðsyn** F Lebensnotwendigkeit *f*; **~orka** F Vitalität *f*; **~reynsla** F Lebenserfahrung *f*; **~skilyrði** N Lebensbedingung *f*; **~skoðun** F Lebensanschauung *f*; **~speki** F Lebensweisheit *f*
líftrygg|ing F Lebensversicherung *f*; **~ja** e-e Lebensversicherung abschließen
lifur F ⟨-rar, -rar⟩ Leber *f*
líf|vera F Lebewesen *n*; Geschöpf *n*; **~æð** F Schlagader *f*, Pulsader *f*
liggja liegen; **~ í rúminu** das Bett hüten; **mér liggur á** ich habe Eile; **það liggur illa (vel) á e-m** j-d ist schlechter (guter) Laune; **það liggur við** es ist fast so
lík N ⟨-s, -⟩ Leiche *f*; **~a** **1** leiden mögen, gefallen; **mér ~r það** es gefällt mir **2** ADV **~a** auch
líkam|i M ⟨-a, -ar⟩ Körper *m*; **vera í góðu líkamsformi** fit sein; **~legur** körperlich; **~sbygging** F Körperbau *m*; **~sræktarstöð** F Fitnessstudio *n*
líkan N ⟨-ans, -ön⟩ Modell *n*; Skulptur *f*
lík|brennslustofa F Krema-

torium *n*; **~fylgd** F Trauerzug *m*; **~indi** NPL Wahrscheinlichkeit *f*; **~ing** F ⟨-ar, -ar⟩ Ähnlichkeit *f*; Gleichnis *n*; MATH Gleichung *f*

líkja: **~ eftir e-u** etw nachahmen; **~ e-m við e-n** j-n mit j-m vergleichen; **~st**: **~ e-m** j-m gleichen *od* ähneln

líkjör M ⟨-s, -⟩ Likör *m*

lík|kista F Sarg *m*; **~legur** wahrscheinlich

líkn F ⟨-ar⟩ Gnade *f*, Barmherzigkeit *f*; **~eski** N ⟨-s, -⟩ Statue *f*, Standbild *n*; **~samur** gnädig, barmherzig

lík|ræða F Leichenrede *f*; **~skoðun** F Leichenschau *f*; **~ur** **1** FPL Wahrscheinlichkeit *f*; JUR Indizien *pl* **2** ADJ ähnlich; **~þorn** N ⟨-s, -⟩ Hühnerauge *n*

lilja F ⟨-u, -ur⟩ Lilie *f*

lím N ⟨-s⟩ Leim *m*, Kleister *m*; **~a** kleben; leimen; kleistern

limur M ⟨-s, -ir⟩ Glied *n*

lín N ⟨-s⟩ Leinen *n*; **~a** F ⟨-u, -ur⟩ Linie *f*

lind F ⟨-ar, -ir⟩ Quelle *f*; **~itré** N Linde *f*

lindýr N Weichtier *n*

linsa F ⟨-u, -ur⟩ (*Optik*) Linse *f*

linsoðinn weichgekocht

linur weich; schlaff

línurit N Diagramm *n*, Kurve *f*

lipur geschmeidig, geschickt

lirfa F ⟨-u, -ur⟩ Larve *f*, Raupe *f*

list F ⟨-ar, -ir⟩ Kunst *f*; **~aháskóli** M Kunstakademie *f*; **~amaður** M Künstler *m*; **~asafn** N Kunstmuseum *n*; **~asýning** F Kunstausstellung *f*; **~averk** N Kunstwerk *n*

list|dómari M Kunstkritiker *m*; **~fræði** F Kunstgeschichte *f*; **~i** M ⟨-a, -ar⟩ Liste *f*; Leiste *f*; **~iðnaður** M Kunstgewerbe *n*; **~málari** M Kunstmaler *m*, Maler *m*; **~rænn** künstlerisch; **~sýning** F Kunstausstellung *f*

lita färben; **~st**: **~ um** um sich blicken

líta sehen; **~ aftur** zurückblicken; **~ eftir e-u** nach etw sehen; **~ vel út** gut aussehen

lit|blindur farbenblind; **~bogahimna** F Regenbogenhaut *f*; **~brigði** NPL Farbenspiel *n*

lítil|l klein, unbedeutend; wenig; **~látur** bescheiden; **~lækka** demütigen; **~læti** N ⟨-s⟩ Bescheidenheit *f*; **~mótlegur** unbedeutend, gering; **~svirða** gering schätzen; verachten; **~svirðing** F Geringschätzung *f*; Verachtung *f*; **~svirtur** geringschätzig

litlaus farblos

litlifingur M kleiner Finger *m*

lítri M ⟨-a, -ar⟩ Liter *m*

lit|rof N ⟨-s⟩ Spektrum *n*; **~skrúð** N ⟨-s⟩ Farbenpracht *f*; **~un** F ⟨-ar⟩ Färbung *f*; **~ur** M ⟨-ar, -ir⟩ Farbe *f*

ljár N ⟨-s, -ir⟩ Sense *f*

ljóð N ⟨-s, -⟩ Gedicht *n*, Lied *n*; **~abók** F Gedichtsammlung *f*; **~agerð** F Lyrik *f*; **~lína** F Vers *m*; **~mæli** NPL Gedichte *pl*; **~rænn** lyrisch; **~skáld** N Lyriker *m*

ljóm|a strahlen, scheinen; **~i** M ⟨-a⟩ Glanz *m*

ljón N ⟨-s, -⟩ Löwe *m*

ljós **1** N ⟨-s, -⟩ Licht *n*; **koma í ~** erscheinen; sich herausstellen; ans Licht kommen; **láta í ~** seine Meinung äußern **2** ADJ hell, licht; klar, deutlich; **það er ~t** es ist klar

ljósa|króna F Kronleuchter *m*; **~pera** F Glühbirne *f*

ljós|ár N Lichtjahr *n*; **~avél** F Lichtmaschine *f*; **~blár** hellblau; **~brot** N Lichtbrechung *f*; **~fræði** F Optik *f*; **~fælinn** lichtscheu; **~geisli** M Lichtstrahl *m*

ljós|hærður blond; **~ker** N Laterne *f*; **~merki** N Lichtsignal *n*; **~móðir** F Hebamme *f*, Geburtshelferin *f*; **~mynd** F Fotografie *f*; **~mynda** fotografieren; **~myndari** M ⟨-a, -ar⟩ Fotograf *m*; **~myndavél** F Fotoapparat *m*, Kamera *f*

ljósop N (*Foto*) Blende *f*

ljós|rák F Lichtstreifen *m*; **~rit** N Fotokopie *f*; **~ta** schlagen

ljóstra: **~ upp** verraten

ljós|vaki M ⟨-a⟩ Äther *m*; **~viti** M Leuchtfeuer *n*

ljótur hässlich

ljúf|fengur lecker, wohlschmeckend; **~mennska** F ⟨-u⟩ Liebenswürdigkeit *f*; **~ur** lieb

ljúga lügen

ljúka beenden; zu Ende bringen; fertig machen; **~ prófi** Examen machen; **~ upp** aufmachen, öffnen

lóa F ⟨-u, -ur⟩ Goldregenpfeifer *m*

lóð **1** F ⟨-ar, -ir⟩ Baugrundstück *n*, Grundstück *n* **2** N ⟨-s, -⟩ (*Standuhr*) Gewicht *n*; Lot *n*; **~réttur** senkrecht

loða: **~ við** kleben bleiben; anhaften

loðfeldur M Pelzmantel *m*, Pelz *m*

loðinn zottig; (*Hand*) behaart

loðkápa F Pelzmantel *m*

lof N ⟨-s, -⟩ Lob *n*; Beifall *m*; **~a** (**e-u** etw) versprechen; rühmen; loben; (**e-ð** etw) erlauben

lófaklapp N Applaus *m*, Beifall *m*

lófi M ⟨-a, -ar⟩ Handfläche *f*

lof|orð N Versprechen *n*; **~ræða** F Lobrede *f*; **~söngur** M Hymne *f*

loft N ⟨-s, -⟩ Luft *f*; (*Haus*) Boden *m*, Dachboden *m*; (Zimmer-)Decke *f*; **liggja upp í ~** auf dem Rücken liegen;

~árás F Luftangriff *m*; **~leið** F Flugstrecke *f od* -linie *f*; **~is** mit Luftpost; **~mengun** F Luftbelastung *f*; **~net** N Antenne *f*; **~púði** M Airbag *m*; **~ræsting** F Ventilation *f*

loftskeyt|amaður M Funker *m*; **~astöð** F Funkstation *f*

loftslag N Klima *n*, Witterung *f*

loft|vog F Barometer *n*; **~þéttur** luftdicht; **~þrýstingur** M Luftdruck *m*

log|a flammen, brennen; **~i** M ‹-a, -ar› Flamme *f*; **ganga eins og ~ yfir akur** wie ein Lauffeuer; **~n** N ‹-s› Windstille *f*; **~sjóða** schweißen; **~suða** F Schweißen *n*

lok N ‹-s, -› Deckel *m*; *pl a.* Abschluss *m*, Schluss *m*; **að ~um** endlich; **líða undir ~** sterben; zugrunde gehen; **~a** **1** F ‹-u, -ur› Riegel *m* **2** schließen; zumachen; abschließen; **~aður** geschlossen; **~anir** FPL Lockdown *m*; **~apróf** N Abschlussprüfung *f*; **~aæfing** F Generalprobe *f*; **~i** M ‹-a, -ar› Ventil *n*

lokk|a (ver)locken; **~ast** sich locken *od* ringeln; **~ur** M ‹-s, -ar› Locke *f*

lok|s(ins) endlich; **~un** F ‹-unar, -anir› Schließung *f*; Ladenschluss *m*

lón N ‹-s, -› Haff *n*, Lagune *f*

lop|apeysa F Isländerpullover *m*; **~i** M ‹-a, -ar› (*isl.*) Schafswolle *f*

loppa F ‹-u, -ur› Pfote *f*, Tatze *f*

los|a losreißen, losmachen; lockern; **~na** sich lösen; **~ sig við e-ð** sich von etw lösen

lostafullur wollüstig

lota F ‹-u, -ur› (*Sport*) Runde *f*

lotning F ‹-ar› Ehrfurcht *f*; **~arfullur** ehrfürchtig

lúð|a F ‹-u, -ur› Heilbutt *m*; **~rasveit** F Blasorchester *n*; **~ur** M ‹-urs, -rar› Trompete *f*; **~urblástur** M Trompetenstoß *m*

lúinn müde

lukk|a F ‹-u› Glück *n*; **~ulegur** glücklich

lukt F ‹-ar, -ir› Laterne *f*, Lampe *f*

lund F ‹-ar› Sinn *m*, Gemüt *n*; **á sömu ~** auf die gleiche Weise; **~arfar** N ‹-s› Gemüt *n*, Sinn *m*; Temperament *n*; **~erni** N ‹-s› Gemüt *n*; **~góður** umgänglich u. ruhig; **~i** M ‹-a, -ar› Papageientaucher *m*; **~ur** M ‹-ar, -ir› Wäldchen *n*

Lundún|aborg F, **~ir** FPL London *n*

lung|a N ‹-a, -u› Lunge *f*; **~nabólga** F Lungenentzündung *f*; **~nakvef** N Bronchitis *f*

lúpulegur beschämt

lús F ‹-ar, lýs› Laus *f*

lúters|kur lutherisch; **~trúar**

evangelisch

lýð|frjáls demokratisch; **~háskóli** M Volkshochschule *f*; **~hylli** (*undekl*) F Popularität *f*; **~ræði** N ‹-s› Demokratie *f*; **~ræðislegur** demokratisch; **~skrumari** M ‹-a, -ar› Demagoge *m*; **~ur** M ‹-s, -ir› Volk *n*; Pöbel *m*; **vera við lýði** bestehen (bleiben); **~veldi** N Republik *f*

lyf N ‹-s, -› Arznei *f*, Medizin *f*, Medikament *n*; **~jabúð** F Apotheke *f*; **~jafræði** F; Pharmazie *f*; **~jafræðingur** M ‹-s, -ar› Pharmazeut *m*; **~læknir** M Internist *m*; **~sali** M ‹-a, -ar› Apotheker *m*; **~seðill** M Rezept *n*

lyfta 1 F ‹-u, -ur› Fahrstuhl *m* 2 (er)heben; **~ sér upp** sich amüsieren

lyga|laupur M ‹-s, -ar›, **~ri** M ‹-a, -ar› Lügner *m*

lygi F ‹-, -ar› Lüge *f*; **~legur** unglaublich, unwahrscheinlich; **~nn** lügnerisch

lygn (*Wasser, Wetter*) still, ruhig; **~a**: **það lygnir** der Wind legt sich

lyk|ill M ‹-ils, -lar› Schlüssel *m*; **~lakippa** F ‹-u, -ur› Schlüsselbund *n*

lykt 1 F ‹-ar› Geruch *m* 2 F ‹-ar, -ir› Schluss *m*; **að ~um** zum Schluss; **leiða til ~a** beenden

lykta riechen; enden; aufhören; **~rlaus** geruchlos

lyndiseinkunn F Charakter *m*

lyng N ‹-s› Heidekraut *n*

lýsa leuchten, beleuchten; beschreiben, schildern; **~ eftir e-u** nach etw fahnden; **~ yfir** erklären

lýsi N ‹-s› Lebertran *m*; **~ng** F ‹-ar, -ar› Beleuchtung *f*; Schilderung *f*; **~ngarháttur** M Partizip *n*

lyst F ‹-ar› Lust *f*; Appetit *m*; **~arlaus** appetitlos; **~arleysi** N ‹-s› Appetitlosigkeit *f*

lyst|isnekkja F ‹-u, -ur› Jacht *f*; **~ugur** appetitlich; esslustig

lýti M Entstellung, Fehler; **~laus** fehlerfrei

lægð ‹-ar, -ir› Vertiefung *f*; *Meteorologie*: Tief(druckgebiet) *n*

lægi N ‹-s› Ankerplatz *m*, Reede *f*

lægja: **það lægir** der Wind legt sich *od* nimmt ab

lækk|a sinken; *fig* abnehmen; (*Preis*) fallen; *v/t* senken; **~un** F ‹-unar, -anir› (*Preis*) Senkung *f*, Herabsetzung *f*; (*Gehalt, Lohn*) Kürzung *f*

lækn|a heilen; **~adeild** F medizinische Fakultät; **~ing** F ‹-ar, -ar› Heilung *f*; **~ingastofa** F Klinik *f*; **~ir** M ‹-s, -ar› Arzt *m*; **~isfræði** F Medizin *f*; **~islyf** N Arznei *f*; **~isskoðun** F ärztliche Untersuchung; **~isvitjun** F

⟨-unar, -anir⟩ ärztlicher Besuch, Konsultation *f*; **~is-vottorð** N ärztliches Zeugnis, ärztliche Bescheinigung

lækur M ⟨-jar, -ir⟩ Bach *m*

lær|a lernen; **~ utanbókar** auswendig lernen; **~dómur** M Gelehrtheit *f*; Wissen *n*; **~ður** gelehrt

læri N ⟨-s, -⟩ Oberschenkel *m*; Keule *f*

lærisveinn M Lehrling *m*; *Rel.* Jünger *m*

læs|a (ab)schließen, verschließen; **~ing** F ⟨-ar, -ar⟩ Schloss *n*; Schließung *f*

læti NPL Krawall *m*; Lärm *m*

lævís hinterlistig

löðrungur M ⟨-s, -ar⟩ Ohrfeige *f*

lög NPL Gesetz *n*; **~aldur** M Volljährigkeit *f*; **~brot** N Gesetzesübertretung *f*; **~fræði** F Rechtswissenschaft *f*; **~fræðingur** M ⟨-s, -ar⟩ Jurist *m*

lög|gilda legalisieren; autorisieren; **~gjafarvald** N Legislative *f*, gesetzgebende Gewalt; **~gjöf** F Gesetzgebung *f*; **~hald** N Beschlagnahme *f*, Konfiskation *f*; **leggja ~ á e-ð** JUR etw beschlagnahmen; **~heimili** N fester Wohnsitz; Heimatort *m*; **~legur** gesetzlich; **~mál** N (Natur-)Gesetz *n*

lög|nám N Pfändung *f*, Zwangsvollstreckung *f*; **~regla** F Polizei *f*; **~reglurannsókn** F (polizeiliche) Ermittlungen *fpl*; **~reglusamþykkt** F Polizeiverordnung *f*; **~reglustöð** F Polizeibehörde *f*; Polizeirevier *n*; **~regluþjónn** M Polizeibeamte *m*; Polizist *m*; **~sækja** gerichtliches Verfahren gegen j-n anstrengen; **~sögn** F Gerichtsbarkeit *f*; Gerichtsbezirk *m*; **~tak** N Pfändung *f*

lög|un F ⟨-ar⟩ Form *f*; **~ur** M ⟨lagar⟩ Flüssigkeit *f*; **~venja** F Gerichtspraxis *f*; **~verndaður** gesetzlich geschützt (*abk* ges. gesch.); **~villa** F Justizirrtum *m*

lömun F ⟨-ar⟩ Lähmung *f*

löngun F ⟨-ar⟩ Sehnsucht *f*; Drang *m*, Bedürfnis *n*; Lust *f*

löpp F ⟨lappar, lappir⟩ Pfote *f*; Tatze *f*

löstur M ⟨lastar, lestir⟩ Laster *n*

M

maðkur M ⟨-s, -ar⟩ Made *f*

maður **1** M (*manns, menn irr*) Mensch *m*; Mann *m*; **á mann** pro Kopf **2** INDEF PR man, einer

máfur M ⟨-s, -ar⟩ Möwe *f*

mag|akveisa F Magen-Darm-Infektion *f*; **~apína** F

Magenschmerzen *mpl*; **~asár** N Magengeschwür *n*; **~i** M ‹-a, -ar› Magen *m*; Bauch *m*
mágkona F Schwägerin *f*
magn N ‹-s› Menge *f*, Masse *f*, Quantität *f*; Kraft *f*; **~ari** M ‹-a, -ar› Verstärker *m*; **~laus** kraftlos; erschöpft
mágur M ‹-s, -ar› Schwager *m*
magur mager, dünn
maí M (*undekl*) Mai *m*
maki M ‹-a, -ar› Ehegatte *m* *od* -gattin *f*; **~ndi** NPL Bequemlichkeit *f*
maklegur wohlverdient
mál N ‹-s, -› Sache *f*, Angelegenheit *f*; Prozess *m*; Sprache *f*; Äußerung *f*; Rede *f*; Maß *n*; **miðla ~um** vermitteln; **e-ð skiptir engu ~i** etw spielt keine Rolle; **fara í ~ við e-n** j-n verklagen; **flytja ~ e-e** Sache vor Gericht vertreten; **það kemur ekki til ~a** es kommt nicht in Frage; **það er ~ til komið** es ist Zeit
mal|a mahlen; (*Katze*) schnurren; **~ari** M ‹-a, -ar› Müller *m*; **~bera** mit Kies beschütten; **~bika** asphaltieren
mála malen; **~ferli** NPL Prozess *m*; **~færslumaður** M Rechtsanwalt *m*; **~ri** M ‹-a, -ar› Maler *m*; **~vextir** MPL Sachverhalt *m*
mál|band N Messband *n*; **~efni** N Sache *f*, Angelegenheit *f*; **~efnislegur** sachlich; **~far** N Stil *m*; Sprache *f*; **~flutningur** M Beweisführung *f*; **~frelsi** N Redefreiheit *f*; **~fræði** F Grammatik *f*; Philologie *f*; **~fræðilegur** grammatisch; **~fræðingur** M ‹-s, -ar› Grammatiker *m*, Philologe *m*; **~gagn** N (*Zeitung*) Organ *n*; **~gefinn** geschwätzig, redselig; **~hvíld** F Sprechpause *f*; **~laus** stumm (*neg!*); **~leysingi** M ‹-ja, -jar› Taubstumme(r) *m/f(m)*; **~lýska** F ‹-u, -ur› Mundart *f*, Dialekt *m*
málm|grýti N ‹-s› Erz *n*; **~ur** M ‹-s, -ar› Metall *n*
málning F ‹-ar› Anstrich *m*; Farbe *f*
málrómur M ‹-s› Stimme *f*; Stimmvolumen *n*
máls|aðili M JUR Partei *f*; **~bætur** FPL mildernde Umstände *mpl*; **~grein** F Abschnitt *m*; **~háttur** M Sprichwort *n*; **~höfðun** F ‹-ar› Klage *f*; Klageerhebung *f*; **~kostnaður** M Prozesskosten *pl*
málsvari M ‹-a, -ar› Fürsprecher *m*; Verteidiger *m*
mál|tíð F Mahlzeit *f*; **margrétta ~** Menü *n*; **~tæki** N Redensart *f*; **~venja** F Sprachgebrauch *m*
mál|verk N Gemälde *n*; **~villa** F Sprachfehler *m*; **~vísindamaður** M Sprachwissenschaftler *m*; Linguist

m; **~vísindi** NPL Linguistik *f*; **~vöndun** ⟨-ar⟩ Sprachpflege *f*

mamma F ⟨mömmu, mömmur⟩ Mutter *f*, Mama *f*, Mutti *f*

mana anspornen; herausfordern

mánaðar|dagur M Datum *n*; **~legur** monatlich

mánaskin N Mondschein *m*

mandla F ⟨möndlu, möndlur⟩ (*Frucht*) Mandel *f*

mangari M ⟨-a, -ar⟩ Schacherer *m*

máni M ⟨-a, -ar⟩ Mond *m*

manna|legur männlich; wichtigtuerisch; **~mót** N Zusammenkunft *f*; **~siðir** MPL Manieren *pl*

mann|blendinn gesellig; **~dómur** M Kraft *f*, Mannhaftigkeit *f*; **~elskur** (*Tier*) zahm; **~eskja** F ⟨-u, -ur⟩ Mensch *m*; **~fjöldi** M Menschenmenge *f*; **~fræði** F Anthropologie *f*; Genealogie *f*; **~fælinn** menschenscheu; **~gerð** F Menschentyp *m*; Charakter *m*; **~gildi** N Persönlichkeit *f*; **~kyn** N Menschheit *f*

mann|kynssaga F Weltgeschichte *f*; **~kærleiki** M Menschenliebe *f*; **~legur** menschlich; **~orð** N (*guter od schlechter*) Ruf; **~réttindi** NPL Menschenrechte *npl*

manns|aldur M Menschenalter *n*; **~lát** N Todesfall *m*; **~líf** N Menschenleben *n*; **~ævi** F → mannslíf

mann|tafl N Schach *n*; **~tal** N Volkszählung *f*; **~talsskrifstofa** F Einwohnermeldeamt *n*; **~tegund** F Menschentyp *m*; **~úð** F ⟨-ar⟩ Humanität *f*; **~úðlegur** human; **~vera** F menschliches Wesen *n*; **~vinur** M Menschenfreund *m*; **~vit** N Menschenverstand *m*; **~þekkjari** M Menschenkenner *m*; **~æta** F ⟨-u, -ur⟩ Kannibale *m*

mánu|dagur M Montag *m*; **~ður** M ⟨-aðar, -uðir⟩ Monat *m*; **hálfur ~** vierzehn Tage

mar N ⟨-s⟩ Quetschung *f*; **~arbotn** M Meeresboden *m*

marblettur M blauer Fleck *m*

marg|breytilegur vielfältig; **~brotinn** verwickelt, kompliziert; **~falda** multiplizieren; **~faldur** zahlreich; vielfältig; **~földun** F ⟨-ar⟩ Multiplikation *f*; **~földunartafla** F Einmaleins *n*; **~ir** MPL viele; manche; **~litur** bunt; **~ur** mancher

mark N ⟨-s, mörk⟩ (*Fußball*) Tor *n*; **~aður** M ⟨-ar, -ir⟩ Markt *m*; **~mið** N ⟨-s, -⟩ Ziel *n*, Zweck *m*; **~viss** zielbewusst

marmari M ⟨-a⟩ Marmor *m*

marr N ⟨-s⟩ Knarren *n*; Knistern *n*; **~a** knarren; (*Schnee, Sand*) knirschen

mars M (*undekl*) März *m*

martröð F ⟨-traðar, -traðir⟩ Albtraum *m*
mas N (-) Plaudern *n*; **~a** plaudern, schwatzen
mastur N ⟨-s, möstur⟩ Mast *m*
mat N ⟨-s⟩ Würdigung *f*; Schätzung *f*; Gutachten *n*; **~arlyst** F Appetit *m*; **~arveisla** F Festessen *n*; **~ast** essen
mát (*Schach*) matt; **~a** matt setzen; (*Kleider*) anprobieren
mat|jurtagarður M Gemüsegarten *m*; **~málstími** M Essenszeit *f*; **~reiða** kochen; **~reiðsla** F ⟨-u⟩ Kochen *n*; **~reiðslubók** F Kochbuch *n*; **~reiðslukona** F Köchin *f*; **~sala** F Speiselokal *n*; **~seðill** M Speisekarte *f*; **~ dagsins** Tageskarte *f*; **~skeið** F Löffel *m*
mat|sölustaður M Restaurant *n*; **~sverð** N Schätzwert *m*; **~ur** M ⟨-ar, -ar⟩ Essen *n*
mátt|farinn entkräftet, erschöpft; **~laus** kraftlos; **~leysi** N ⟨-s⟩ Schwäche *f*; Kraftlosigkeit *f*; **~ur** M ⟨-ar⟩ Kraft *f*; Vermögen *n*; Macht *f*; **af öllum mætti** *fig* mit aller Kraft; **minni máttar** unterlegen; **reyna af öllum mætti** sein Bestes tun
mat|vara F Nahrungsmittel *n*; Lebensmittel *pl*; **~væli** NPL Lebensmittel *pl*; **~vörubúð** F, **~vöruverslun** F Lebensmittelgeschäft *n*
maur M ⟨-s, -ar⟩ Ameise *f*; Milbe *f*
með PRÄP *mit dat u. akk* mit, durch; **fara ~ e-ð** etw mitnehmen; **fara ~ e-m** mit j-m zusammen hingehen; **~ þessum hætti** auf diese Weise; **~ því** damit, dadurch; **vera ~ hinum fyrstu** unter den ersten sein; **fara vel (illa) ~ e-n** j-n gut (schlecht) behandeln
meðal **1** N Arznei *f*, Medizin *f* **2** PRÄP *mit gen* unter; **~ annarra orða** *fig* apropos, nebenbei bemerkt; übrigens; **~ annars** (*abk* **m. a.**) unter anderem (*abk* u.a.)
meðal|hár mittelgroß; mittelhoch; **~hiti** M Durchschnittstemperatur *f*; **~lag** N Durchschnitt *m*; **~tal** N Durchschnitt *m*; **að ~i** im Durchschnitt; **~vegur** M Mittelweg *m*, Kompromiss *m*; **~verð** N Durchschnittspreis *m*
meðan KONJ während, solange
meðaumkun F ⟨-ar⟩ Mitleid *n*, Mitgefühl *n*; **~arlaus** erbarmungslos, unbarmherzig
með|borgari M Mitbürger *m*; **~ferð** F Behandlung *f*; **~fram** ADV zugleich, auch; *präp mit dat* längs; **~fæddur** angeboren; **~ganga** (ein)gestehen; bekennen; Schwangerschaft *f*; **~göngutími** M

Schwangerschaftszeit *f*; **~hjálpari** M ‹-a, -ar› Küster *m*; **~höndla** behandeln; **~limur** M Mitglied *n*; **~mæli** NPL Empfehlung *f*; **~sekur** mitschuldig; **~talinn** einbegriffen; einschließlich; **~vitund** F ‹-ar› Bewusstsein *n*; **~vitundarlaus** bewusstlos; **langvarandi meðvitundarleysi** Koma *n*

mega dürfen; **~ til að gera e-ð** etw tun müssen; **~ vera að e-u** Zeit zu etw haben

megin ADV: **báðum ~** von beiden Seiten; **hérna ~** diesseits; **hinum ~** jenseits

megin|atriði N Hauptsache *f*; **~hluti** M der größte Teil *m*; **~land** N Festland *n*, Kontinent *m*; **~regla** F Prinzip *n*, Grundsatz *m*

megr|ast (*Gewicht*) abnehmen; **~un** F ‹-unar, -anir› Abmagerungskur *f*; Diät *f*

meiða verletzen; **~ sig** sich verletzen

meiðsli N ‹-s, -› Verletzung *f*

meiðyrði NPL Beleidigung *f*

mein N ‹-s, -› Schaden *m*; **verða e-m að ~i** j-m etw zuleide tun

mein|a meinen; glauben; **~ e-m e-ð** j-m etw verwehren *od* verbieten; **~ing** F ‹-ar, -ar› Meinung *f*; **segja ~u sína** seine Meinung sagen; **~laus** harmlos; **~leysi** N ‹-s, -› Gutmütigkeit *f*; **~loka** F fixe Idee; **~lætamaður** M Asket *m*; **~særi** N ‹-s› Meineid *m*

meir mehr; **síðar ~** später; **~a** ADJ mehr; **~ að segja** sogar, obendrein

meirihluti M Mehrheit *f*, Majorität *f*

meistari M ‹-a, -ar› Magister *m*; (*Handwerk*) Meister *m*

meit|ill M ‹-ils, -lar› Meißel *m*; **~la** meißeln

mél N → mjöl

mel|óna F ‹-u, -ur› Melone *f*; **~rakki** M ‹-a, -ar› Fuchs *m*

melt|a verdauen; **~ing** F ‹-ar› Verdauung *f*; **~ingarfæri** NPL Verdauungsorgane *pl*

melur M ‹-s, -ar› Sand- *od* Kieshügel *m*

menning F ‹-ar, -ar› Kultur *f*; **~arlegur** kulturell; **~arsaga** F Kulturgeschichte *f*; **~arstig** N Kulturstufe *f*

mennta ausbilden, heranbilden; bilden; **~ður maður** gebildeter Mann; **~maður** M Gelehrte *m*; **~skólakennari** M Gymnasiallehrer, (Ober-) Studienrat *m*; **~skóli** M Gymnasium *n*; **~stofnun** F Bildungsstätte *f*

menntun F ‹-ar› Ausbildung *f*, Bildung *f*

mergð F ‹-ar, -ir› Menge *f*

mergur M ‹-s› Mark *n*

merki N ‹-s, -› Zeichen *n*; Signal *n*; Symptom *n*; **~legur** interessant; bemerkenswert; **~ng** F ‹-ar, -ar› Bedeutung *f*

merkja kennzeichnen; bedeuten; (*Paket*) adressieren
merkur bedeutend
messa 1 F ‹-u, -ur› Gottesdienst *m*; Messe *f* 2 den Gottesdienst halten
mestur der größte; ~ **hluti** der größte Teil; **í mesta lagi** höchstens
met N ‹-s, -› Rekord *m*; **þungt á ~unum** schwerwiegend; **~a** (ab)schätzen; **~askál** F Waagschale *f*
metnað|argirni F (*undekl*) Ehrgeiz *m*; **~argjarn** ehrgeizig; **~armál** N Ehrensache *f*; **~ur** M ‹-ar› Ehrgeiz *m*, Ambition *f*
metorð NPL Ansehen *n*; Rang *m*; **~agjarn** ehrgeizig
metr|amál N Metersystem *n*; **~i** M ‹-a, -ar› Meter *m*
mettur satt, gesättigt
mey(ja) F ‹-jar, -jar› junge Frau *f*; Jungfrau *f*: **hrein mey** *f* Jungfrau
meyr mürbe; (*Braten*) gar
mið N ‹-s, -› Mitte *f*; Ziel *n*; Zielen *n*; SCHIFF Peilung *f*; *pl* Fischgründe *pl*; **taka ~ á e-ð** *fig* auf etw (*akk*) zielen, etw aufs Korn nehmen; **í ~ið** in der Mitte; **~a** zielen; **~ vel áfram** gut vorankommen
mið|aldir FPL Mittelalter *n*; **~baugur** M Äquator *m*; **~dags-, ~degismatur** M Mittagessen *n*; **~depill** M Mittelpunkt *m*
mið|flóttaafl N Zentrifugalkraft *f*; **~i** M ‹-a, -ar› Zettel *m*; Eintrittskarte *f*; Fahrkarte *f*; **~ja** F ‹-u› Mitte *f*; **~jarðarbaugur** M Äquator *m*
Miðjarðarhafið N Mittelmeer *n*
mið|la: **~ málum** vermitteln; **~lari** M ‹-a, -ar› Vermittler *m*; **~lun** F ‹-unar, -anir› Vermittlung *f*; **~nætti** N ‹-s› Mitternacht *f*; **~nætursól** F Mitternachtssonne *f*; **~stig** N Komparativ *m*; **~stöð** F Zentrale *f*; Heizraum *m*; **~stöðvarhitun** F Zentralheizung *f*; **~stöðvarofn** M Heizkörper *m*; **~ur** 1 KOMP *v.* **lítt** kleiner, geringer, schlechter; **því miður** leider 2 mitten, mittel-; **á miðri leið** halbwegs; **um miðjan dag** mitten am Tage; **~vikudagur** M Mittwoch *m*
mig mich
mígreni N Migräne *f*
mikið sehr, viel
mikil|fenglegur großartig; **~l** groß, viel; **~látur** stolz; **~sháttar, ~sverður** wichtig; von großer Bedeutung; **~vægi** N ‹-s› Wichtigkeit *f*, Bedeutung *f*; **~vægur** wichtig, bedeutsam
míla F ‹-u, -ur› Meile *f*
mildi F (*undekl*) Milde *f*, Sanftheit *f*; Barmherzigkeit *f*
mildur mild(e)
milli 1 PRÄP *mit gen* unter; zwi-

schen; **á ~** zwischen **2** ADV dazwischen; **okkar á ~** unter uns; **sín á ~** untereinander, unter sich
milli|bil N Zwischenraum *m*, Abstand *m*; Zwischenzeit *f*; **~landaflug** N internationaler Flugverkehr *m*; **~landaskip** N Überseedampfer *m*; **~liður** M Zwischenglied *n*; Mittler *m*
millímetri M Millimeter *m*
milliríkjasamningur M internationaler Vertrag *m*
milljón F ‹-ar, -ir› Million *f*; **~amæringur** M ‹-s, -ar› Millionär *m*
milti N ‹-s, -› Milz *f*
míníbar M Minibar *f*
minja|gripur M Andenken *n*; Souvenir *n*; **~r** FPL Andenken *n*, Erinnerungen *fpl*; **fornar ~** Spuren alter Kulturen
minkur M ‹-s, -ar› ZOOL Nerz *m*
minn (**mín, mitt**) mein; **~a** erinnern; **minna e-n á e-ð** j-n an etw (*akk*) erinnern; **~ast**: **~ e-s** sich an etw (*akk*) *od* j-n erinnern; **~ á e-ð** etw zur Sprache bringen
minni **1** N ‹-s› Gedächtnis *n*; **skrifa sér e-ð til ~s** sich (*dat*) etw notieren **2** kleiner; **~hluti** M Minderheit *f*, Minorität *f*; **~ng** F ‹-ar, -ar› Erinnerung *f*; **til ~ar** in memoriam; zum Andenken (an *akk*); **~ngargrein** F (*Zeitung*) Nachruf *m*
minnis|bók F Notizbuch *n*; **~stæður** unvergesslich; **~varði** M ‹-a, -ar› Denkmal *n*
minnk|a V/T herabsetzen, vermindern, beschränken; *v/i* abnehmen; **~un** F ‹-ar› Verminderung *f*; Entwürdigung *f*
mínus minus
mínúta F ‹-u, -ur› Minute *f*
mis|beita missbrauchen (**e-u** etw); **~beiting** F ‹-ar› Missbrauch *m*; **~bjóða** beleidigen; kränken, Verstoß *m*; **~grip** NPL Irrtum *m*, Versehen *n*; **í ~um** aus Versehen, versehentlich; **~heppnast** missglücken, fehlschlagen; **~heyrast** sich verhören; **~indismaður** M berüchtigte Person; **~jafn** ungleich; uneben; **~klíð** F ‹-ar, -ar› Uneinigkeit *f*
miskunn F ‹-ar› Barmherzigkeit *f*, Gnade *f*; **~a**: **~ sig yfir e-n** sich j-s erbarmen; **~arlaus** schonungslos, erbarmungslos; **~samur** barmherzig, gnädig; **~semi** F (*undekl*) Barmherzigkeit *f*; Gnade *f*
mis|líka missfallen; **~lyndur** launisch; **~minni** N Vergesslichkeit *f*; Irrtum *m*; **~munandi** verschieden; **~munur** M Unterschied *m*; (*Rechnung*) Saldo *n*; **~mæla**: **~ sig** sich versprechen; **~nota** missbrauchen; **~notkun** F ‹-ar›

Missbrauch *m*
missa verlieren; fallen lassen; ~ **af e-u** etw verpassen; ~ **fótanna** stolpern; ~ **sjónar af e-u** etw aus den Augen verlieren
miss|eri N ⟨-s, -⟩ Halbjahr *n*; Semester *n*; **~ir** ⟨-s⟩ Verlust *m*
mis|skilja missverstehen; **~skilningur** M Missverständnis *n*; **~sýnast** falsch sehen; **~sætti** N ⟨-s⟩ Uneinigkeit *f*; **~takast** missglücken, misslingen
mistur N ⟨-s⟩ Dunst *m*
mis|tök NPL Fehlgriff *m*; Fehler *m*; **~þyrma** misshandeln
mitti N ⟨-s⟩ Taille *f*
mjallhvítur schneeweiß
mjálma miauen
mjókka dünner *od* schmäler werden
mjólk F ⟨-ur⟩ Milch *f*; **~a** melken; Milch geben; **~urframleiðsla** F Milchproduktion *f*; **~urhyrna** F ⟨-u, -ur⟩ Milchtüte *f*; **~urkaffi** N Milchkaffee *m*; **~urkýr** F Milchkuh *f*; **~ursala** F Milchverkauf *m*; **~ursamlag** N Molkereigenossenschaft *f*; **~ursamsala** F Molkerei *f*
mjór schmal, dünn
mjúkur weich
mjöðm F ⟨mjaðmar, mjaðmir⟩ Hüfte *f*
mjög sehr; ~ **mikilvægur** sehr wichtig
mjöl N ⟨-s⟩ Mehl *n*
móar MPL hügelige Wiesen *fpl*
móberg N ⟨-s⟩ Tuff *m*
móðg|a beleidigen; kränken; **~andi** ausfallend, beleidigend; **~un** F ⟨-unar, -anir⟩ Beleidigung *f*, Kränkung *f*
móð|ir F ⟨-ur, mœður⟩ Mutter *f*; **~ur** außer Atem; **~urást** F Mutterliebe *f*; **~urbróðir** M Onkel *m*; **~urmál** N Muttersprache *f*; **~ursystir** F Tante *f*
moka schaufeln
molasykur M Würfelzucker *m*
mold F ⟨-ar⟩ Erde *f*; **~varpa** F ⟨-vörpu, -vörpur⟩ Maulwurf *m*
moli M ⟨-a, -ar⟩ ein kleines Stück; **fara í mola** zerbrechen, *sl* kaputtgehen
mont N ⟨-s⟩ Eingebildetheit *f*, Wichtigtuerei *f*; **~a (sig)** (sich) wichtigtun; **~inn** eingebildet
mór M ⟨-s⟩ Torf *m*
mora wimmeln
mórauður hellbraun
morð N ⟨-s, -⟩ Mord *m*; **~ingi** M ⟨-ja, -jar⟩ Mörder *m*
morgun|blað N Morgenblatt *n*; **~korn** N Cornflakes *pl*, Müsli *n*; **~matur** M Frühstück *n*
morgunn M ⟨-uns, -nar⟩ Morgen *m*; **á morgun** morgen; **í morgun** heute Morgen; **til morguns** bis morgen; bis morgens
morgun|roði M Morgenrot *n*; **~verðarhlaðborð** N

Frühstücksbüffet *n*; **~verður** M ⟨-ar, -ir⟩ Frühstück *n*
mosi M ⟨-a, -ar⟩ Moos *n*
mót 1 N ⟨-s, -⟩ Treffen *n*; Zusammenkunft *f*; Versammlung *f*; Form *f*, Tiegel *m*; **á ~s við** gegenüber von; **koma til ~s við** entgegenkommen (*a. fig*); **með því ~i** auf die Art und Weise; **mæla sér ~** sich verabreden 2 PRÄP *mit dat* **~i**; **á ~i**; **í ~i** gegen; entgegen; zuwider; **aftur á ~i** dagegen; **beint á ~i** direkt gegenüber
móta formen; prägen; modellieren
mót|bára F Einwand *m*; **vera með mótbárur** Einwände machen; **~eitur** N Gegengift *n*; **~el** N Motel *n*; **~herji** M Gegner(in) *m(f)*; **~læti** N Unglück *n*; **~mæla** widersprechen; **~mælandi** M ⟨-anda, -endur⟩ Protestant *m*; **~mælendatrú** F Protestantismus *m*; **~mæli** NPL Protest *m*; Dementi *n*
mótor M ⟨-s, -ar⟩ Motor *m*; **~bátur** M Motorboot *n*; **~hjól** N Motorrad *n*; **mótorhjólamaður** M Motorradfahrer *m*
mót|setning F Gegensatz *m*; **~spyrna** F, **~staða** F Widerstand *m*; **veita mótstöðu** Widerstand leisten; **~stöðuafl** N Widerstandskraft *f*; **~stöðumaður** M Gegner *m*; **~sögn** F Widerspruch *m*; **~taka** F ⟨-töku, -tökur⟩ Empfang *m*
mót|takandi M ⟨-anda, -endur⟩ Empfänger *m*; **~vindur** M Gegenwind *m*; **~þrói** M ⟨-a⟩ Trotz *m*, Widerspenstigkeit *f*
MP3-spilari M MP3-Player *m*
múgur M ⟨-s⟩ Masse *f*, Menge *f*; Pöbel *m*
múlasni M Maulesel *m*
muna (*unpersönlich*) unterschiedlich sein; **það ~r engu** es macht keinen Unterschied
muna sich erinnern; **~ eftir e-u** sich an etw (*akk*) erinnern; **hann man eftir** (*dat*) **veislunni** er kann sich an das Fest erinnern
munaðarlaus verwaist; **~arleysingi** M ⟨-ja, -jar⟩ Waise *f*; **~arvara** F Genussmittel *n*; **~ur** M ⟨-ar⟩ Genuss *m*, Luxus *m*
munir MPL Sachen *pl*, Dinge *pl*; **fyrir alla muni** um jeden Preis
munkur M ⟨-s, -ar⟩ Mönch *m*
munn|biti M Bissen *m*; **~harpa** F Mundharmonika *f*; **~ur** M ⟨-s, -ar⟩ Mund *m*; **~vatn** N Speichel *m*
munu (*Hilfsverb*) werden
munur M ⟨-s⟩ Unterschied *m*; **því ... þeim mun ...** je ... desto ...
múr M ⟨-s, -ar⟩ Mauer *f*; **~a** mauern; **~ari** M ⟨-a, -ar⟩

Maurer *m*; **~húða** verschalen; **~steinn** M Ziegel(stein) *m*; **~veggur** M Mauer *f*
mús F ‹-ar, mýs› Maus *f*; **brynna ~um** weinen
múslí N ‹-s,-› Müsli *n*
múslimi M ‹-a, -ar› Muslim *m*
musteri N ‹-s, -› Tempel *m*
múta 1 F ‹-u, -ur› Bestechung *f* 2 bestechen (**e-m** j-n)
mútur FPL Stimmbruch *m*; **vera í mútum** im Stimmbruch sein
mý N ‹-s, -› Mücke *f*; **~bit** N Mückenstich *m*; **~fluga** F Mücke *f*
mygla 1 F ‹-u› Schimmel *m* 2 schimmeln
mykja F ‹-u› Kuhmist *m*
mýkt F ‹-ar› Weichheit *f*
mylja zermahlen
myll|a F ‹-u, -ur› Mühle *f*; **~uhjól** N Mühl(en)rad *n*
mynd F ‹-ar, -ir› Bild *n*, Porträt *n*, Fotografie *f*; **~a** bilden; fotografieren; **til að ~** zum Beispiel; **~aalbúm** N Fotoalbum *n*; **~agáta** F Bilderrätsel *n*; **~amót** N Klischee *n*
mynda|st entstehen, sich bilden; **~vél** F Kamera *f*
mynd|höggvari M ‹-a, -ar› Bildhauer *m*; **~list** F (*Kunst*) Malerei *f*
mynni N ‹-s, -› Mündung *f*
mynt F ‹-ar, -ir› Münze *f*; Währung *f*
myrða ermorden
mýri F ‹-ar, -ar› Moor *n*; Sumpf *m*
myrkur 1 N ‹-s, -› Dunkelheit *f*; Finsternis *f* 2 ADJ *fig* dunkel, finster
mysuostur M Molkenkäse *m*
mæða 1 F ‹-u› Mühsal *f*, Kummer *m* 2 ermüden (j-n); **~st** außer Atem kommen
mæðg|in NPL Mutter u. Sohn (Söhne); **~ur** PL Mutter u. Tochter (Töchter)
mæla 1 sprechen, reden; **~ með e-m** j-n empfehlen 2 messen; **~borð** N Armaturenbrett *n*; **~nlegur** messbar
mæli|kvarði M ‹-a, -ar› Maßstab *m*; **~ng** F ‹-ar, -ar› Messung *f*; **~tæki** N Messinstrument *n*
mælsk|a F ‹-u, -ur› Beredsamkeit *f*; **~ur** beredt
mæna 1 F ‹-u, -ur› Rückenmark *n* 2 starren (**á** auf *akk*)
mænuveiki F Kinderlähmung *f*
mær F ‹meyjar, meyjar› Jungfrau *f*
mæt|a begegnen; erscheinen; **~ast** sich begegnen
mögla murren
mögu|legur möglich; **~leiki** M ‹-a, -ar› Möglichkeit *f*
möl F ‹malar› Kies *m*; **~brjóta** zerschlagen; **~ur** M ‹-s, melir› Motte *f*; **~va** zerschlagen; zertrümmern
möndull M ‹-uls, -lar› Achse *f*

mörður M ⟨marðar, merðir⟩ Marder *m*
möskvi M ⟨-a, -ar⟩ Masche *f*
mötuneyti N ⟨-s, -⟩ Kantine *f*; ~ **stúdenta** Mensa *f*

N

ná erreichen; reichen (*v/i*); einholen; ~ **sér** sich erholen, genesen; ~ **yfir** umfassen; **~anlegur** erreichbar
nábúi M ⟨-a, -ar⟩ Nachbar *m*
náð F ⟨-ar, -ir⟩ Gnade *f*; **leita á ~ir e-s** j-n um Hilfe bitten; **~a** begnadigen; **~arsamur** gnädig
naðra F ⟨nöðru, nöðrur⟩ Natter *f*; Schlange *f*
náð|ugur gnädig; **~un** F ⟨-unar, -anir⟩ Begnadigung *f*; Amnestie *f*
nafli M ⟨-a, -ar⟩ Nabel *m*
nafn N ⟨-s, nöfn⟩ Name *m*; **að ~i** namens; **~bót** F Titel *m*; **~i** M ⟨-a, -ar⟩ Namensbruder *m*; **~laus** anonym; **~orð** N Substantiv *n*; **~spjald** N Visitenkarte *f*
náfölur totenblass
nag|a nagen; ~ **sig í handarbökin yfir e-u** sich über etw (*akk*) ärgern; **~dýr** N Nagetier *n*
nagl|abursti M Nagelbürste *f*; **~aþjöl** F Nagelfeile *f*; **~bítur** M ⟨-s, -ar⟩ Kneifzange *f*; **~i** M ⟨-a, -ar⟩ Nagel *m*; **hitta naglann á höfuðið** den Nagel auf den Kopf treffen
ná|grannakona F Nachbarin *f*; **~granni** M ⟨-a, -ar⟩ Nachbar *m*; **~grenni** N ⟨-s⟩ Umgegend *f*; Umgebung *f*; Nachbarschaft *f*
náinn nahestehend; intim; **náið samband** intime Beziehung
nakinn nackt, bloß
ná|kvæmni F (*undekl*) Genauigkeit *f*; **~kvæmur** genau; sorgfältig
nál ⟨-ar, -ar⟩ Nadel *f*; **~adofi** M: **ég hef náladofa í hægri fætinum** das rechte Bein ist mir eingeschlafen; **~arauga** N Nadelöhr *n*
nálgast sich nähern
ná|lægð F Nähe *f*; **~lægur** nahe gelegen, benachbart; *fig* naheliegend
nám N ⟨-s, -⟩ Studium *n*; **vera við** ~ studieren; **~a** F ⟨-u, -ur⟩ Bergwerk *n*, Mine *f*, Grube *f*; **~fús** lernbegierig; **~fýsi** F (*undekl*) Lerneifer *m*
náms|efni N Pensum *n*; **~gáfur** FPL Begabung *f*, Fassungsvermögen *n*; **~grein** F Unterrichtsfach *n*
námskeið N ⟨-s, -⟩ Lehrgang *m*; Kursus *m*
náms|maður M Schüler *m*; Student *m*; Studierende(r) *m*;

~styrkur M Stipendium *n*; **~tími** M Studienzeit *f*; Lehrzeit *f*

námu|göng NPL Schacht *m*; **~maður** M Grubenarbeiter *m*, Bergmann *m*

nánast fast

nánd F ‹-ar› Nähe *f*; **í ~ við** in der Nähe von

náskyldur nah verwandt

nátt|föt NPL Schlafanzug *m*, Pyjama *m*; **~kjóll** M Nachthemd *n*

náttúr|a F ‹-u› Natur *f*; **~lega** natürlich; **~ufegurð** F Naturschönheit *f*; **~ufræði** F Naturwissenschaft *f*; (*Schulfach*) Naturkunde *f*; **~ufræðingur** M ‹-s, -ar› Naturforscher *m*; **~ugripasafn** N Naturkundemuseum *n*; **~uhvöt** F Naturtrieb *m*; **~uverndarsvæði** N Naturschutzgebiet *n*; **~uvísindi** NPL Naturwissenschaft(en *pl*) *f*

nauð F ‹-ar, -ir› Not *f*; Schwierigkeit *f*; **~ga** vergewaltigen; **~gun** F ‹-unar, -anir› Vergewaltigung *f*; **~lenda** notlanden; **~lending** F Notlandung *f*

nauðsyn F ‹-jar, -jar› Notwendigkeit *f*; **~legur** notwendig

nauð|ugur gezwungen, widerwillig; **~ungaruppboð** N Zwangsversteigerung *f*; **~ungarvinna** F Zwangsarbeit *f*

naum|ast kaum, knapp; **~indi** NPL: **með naumindum** mit Mühe und Not; **~ur** knapp; geizig

náungi M ‹-a, -ar› Kerl *m*; Nächste(r) *m*/*f*(*m*)

naust N ‹-s, -› Bootsschuppen *m*

naut N ‹-s, -› Stier *m*, Bulle *m*; **~aat** N ‹-s› Stierkampf *m*; **~abani** M Stierkämpfer *m*; **~akjöt** N Rindfleisch *n*; **~griparækt** F Rinderzucht *f*; **~gripur** M Rind *n*

nautn F ‹-ar, -ir› Genuss *m*; **~aseggur** M Genießer *m*; **~avara** F Genussmittel *n*

ná|vígi N Nahkampf *m*; **~vist** F ‹-ar, -ir› Gegenwart *f*, Anwesenheit *f*

né: **hvorki** ... **~** weder ... noch

neðan PRÄP *mit gen* unterhalb; **~ frá** von unten; **fyrir ~** unten; **~jarðar** unterirdisch; **~jarðarlest** F Untergrundbahn *f*, U-Bahn *f*; **~máls** in Fußnoten; **~sjávar** unterseeisch

neðri der untere

neðstur unterste(r)

nef N ‹-s, -› Nase *f*; Schnabel *m*: **~dropar** *mpl* Nasentropfen *mpl*; **~hljóð** N Nasal(laut) *m*; **~kirtlar** MPL Rachenmandel *f*, Polypen *pl*

nefna nennen; erwähnen; **~ri** M ‹-a, -ar› Nenner *m*

nefnd F ‹-ar, -ir› Komitee *n*; Ausschuss *m*; **~arálit** N Be-

schluss *m*; Ausschussbericht *m*; **~arfundur** M Ausschusssitzung *f*
nefnifall N Nominativ *m*
nefnilega nämlich
negla nageln
nei nein; **~kvæði** N Veto *n*; **~kvæður** negativ
neinn: **ekki ~** niemand, keiner; **það er ekki til neins** es hat keinen Zweck
neisti M ⟨-a, -ar⟩ Funke *m*
neit|a verneinen; leugnen; ablehnen; **~un** F ⟨-unar, -anir⟩ Nein *n*; abschlägige Antwort; Ablehnung *f*
nekt F ⟨-ar⟩ Nacktheit *f*; Blöße *f*
nema 1 (*Summe*) betragen; lernen; nehmen; **~ land** ein Land besiedeln; **~ lög úr gildi** ein Gesetz aufheben 2 KONJ es sei denn ...; ausgenommen; außer; bis auf (*akk*)
nem|andi M ⟨-anda, -endur⟩ Schüler *m*; Student *m*; **~endaskipti** NPL Schüleraustausch *m*; **~i** M ⟨-a, -ar⟩ Schüler *m*; Student *m*; Lehrling *m*
nenna Lust haben; **ég nenni því ekki** ich habe keine Lust dazu
nepja F ⟨-u⟩ beißende Kälte
nes N ⟨-s, -⟩ Halbinsel *f*; Landspitze *f*
nesti N ⟨-s⟩ Proviant *m*; Reiseverpflegung *f*
net N ⟨-s, -⟩ Netz *n*
Netbanki M Homebanking *n*
netfang N E-Mail-Adresse *f*
Netið N Internet *n*; **á Netinu** im Internet, online;
net|kaffihús N Internetcafé *n*; **~tenging** F Internetanschluss *m*
neyð F ⟨-ar, -ir⟩ Not *f*; Zwang *m*; **~a** zwingen; **~ardyr** FPL Notausgang *m*; **~arkall** N SOS-Ruf *m*, **~arlæknir** *m* Notarzt *m*, Notärztin *f*; **~armerki** N Notsignal *n*; **~aróp** N Notschrei *m*; **~arvörn** F Notwehr *f*; **~ast**: **~ til** sich (zu etw) gezwungen sehen
neyta genießen, verbrauchen; **~ndi** M ⟨-anda, -endur⟩ Verbraucher *m*
neysl|a F ⟨-u⟩ Verbrauch *m*; **~uvatn** N Trinkwasser *n*
neytendafélag N Konsumgenossenschaft *f*
níð N ⟨-s⟩ Schmähworte *pl*, Schmähreden *pl*
niða rieseln, rauschen
níð|ingslegur niederträchtig; **~ingsverk** N ⟨-s, -⟩ Schandtat *f*; **~kvæði** N Schmähgedicht *n*
niðji M ⟨-a, -ar⟩ Nachkomme *m*
niðra tadeln; verleumden; **~ndi** herabsetzend
niðri unten; **ná sér ~ á e-m** sich an j-m rächen
niður 1 M ⟨-ar⟩ Rauschen *n*; Rieseln *n* 2 hinunter, nach unten; **~dreginn** niederge-

schlagen; **~gangur** M Durchfall *m*; **~greiðsla** F Subvention *f*
niðurhal N ‹-ar, -höl› (IT) Download *m/n*
niðurjöfnun F (*Steuern*) Veranlagung *f*, Einschätzung *f*
niður|lag N (*Buch; Abhandlung*) Schluss *m*; **~læging** F ‹-ar, -ar› Erniedrigung *f*, Demütigung *f*; **~lægja** erniedrigen, demütigen
Niðurlönd NPL Niederlande *pl*
niður|rif N ‹-s› Abbruch *m*; *fig* Zerstörung *f*; **~röðun** F *od* **~skipan** F (*undekl*) Ordnung *f*; Gliederung *f*; **~staða** F Ergebnis *n*; Resultat *n*; **~suða** F Einkochen *n*; Einmachen *n*; **~suðudós** F Konservendose *f*; **~suðuvörur** FPL Konserven *pl*
níkótín N Nikotin *n*
nirfill M ‹-ils, -lar› Geizhals *m*
nísk|a F ‹-u› Geiz *m*; **~ur** geizig
nístingskuldi M beißende Kälte
njósn|a spionieren; **~ari** M ‹-a, -ar› Spitzel *m*, Spion *m*; **~ir** M Spionage *f*
njóta genießen (**e-s** etw)
nóg genug; **~ur** genügend, genug
nokkrir einige; **þó ~** mehrere, verschiedene
nokkuð etwas; **~ góður** ziemlich gut
nokkur ein gewisser, jemand; **~ hagnaður** gewisser Vorteil; **nokkrum sinnum** einige Male; **~ tími** einige Zeit; **~n veginn** einigermaßen; **~s konar** eine Art; **~s staðar** irgendwo; **ekki ~** kein(er); niemand
norðan von Norden; **~átt** F Nordwind *m*; **~verður** nördlich; **~vindur** M Nordwind *m*
norð|austur N Nordost(en) *m*; **~lenskur** von Nordisland; **~lægur** nördlich
Norðmaður M Norweger *m*
norður **1** N ‹-s› Norden *m* **2** nach Norden
norður|heimskaut N Nordpol *m*; **~heimskautsbaugur** M nördlicher Polarkreis *m*; **~hlið** F Nordseite *f*
Norðurland N Nordisland *n*; **~amaður** M Skandinavier *m*
norður|landamál N skandinavische Sprache *f*; **~ljós** NPL Nordlicht *n*
Norðurlönd NPL Skandinavien *n*, nordische Länder *pl*
norðurpóll M Nordpol *m*
Norðursjór M Nordsee *f*
norðurstjarna F Polarstern *m*
Noregur M ‹-s› Norwegen *n*
norræn|a F ‹-u› Altisländisch *n*, Altnordisch *n*; **~n** altisländisch, altnordisch
norsk|a F ‹-u› Norwegisch *n*; **~ur** norwegisch
not NPL Gebrauch *m*; Nutzen *m*; **~a** gebrauchen, benutzen;

verwenden; ausnutzen, ausnützen; **~agildi** N ‹-s› Nutzungswert *m*, Nutzen *m*
nota|legur behaglich; bequem; gemütlich; angenehm; **~ndi** M Benutzer(in) *m(f)*; **~réttur** M Nutz(ungs)recht *n*; Nießbrauch *m*
not|færa benutzen; **~ sér** Gebrauch von etw machen; **~hæfur** brauchbar; **~kun** F ‹-ar› Gebrauch *m*, Anwendung *f*; **taka í ~** in Gebrauch nehmen; **vera í ~** in Gebrauch sein
nótna|bók F Notenbuch *n*; **~borð** N Klaviatur *f*; **~hefti** N Notenheft *n*
nótt F ‹nætur, nætur› Nacht *f*; **á ~unni, á næturnar** in der Nacht, nachts; **í ~** heute Nacht; **um ~ina** in der Nacht; **um miðja ~ina** mitten in der Nacht
nóvember M *(undekl)* November *m*
nú jetzt, nun; zur Zeit
nudd N ‹-s› Massage *f*; Reibung *f*; *fig* Quengelei *f*; **~a** massieren; reiben; **~ari** M ‹-a, -ar› Masseur *m*; **~kona** F Masseurin *f*; **~lækningar** FPL Massage(behandlung) *f*
núðla F ‹-u, -ur› Nudel *f*
núgildandi jetzt geltend *od* gültig
núll N ‹-s, -› Null *f*
númer N ‹-s, -› Nummer *f*
núna jetzt
núningur M ‹-s› Reiben *n*; Reibung *f*
nunn|a F ‹-u, -ur› Nonne *f*; **~uklaustur** N Nonnenkloster *n*
nurla sparen; **~ saman** zusammensparen; **~ri** M ‹-a, -ar› Geizhals *m*
nú|tíð F Präsens *n*, Gegenwart *f*; **~tími** M Gegenwart *f*; **~verandi** jetzig, gegenwärtig
ný|ár N Neujahr *n*; **~ársdagur** M Neujahrstag *m*; **~ársósk** F Neujahrswunsch *m*; **~breytni** F Neuerung *f*; **~búi** M Einwanderer *m*, Einwanderin *f*; **~bygging** F Neubau *m*
ný|jung F ‹-ar, -ar› Neuheit *f*; **~kominn** soeben eingetroffen; **~lega** neulich, kürzlich; **~legur** neuwertig; **~lenda** F ‹-u, -ur› Kolonie *f*; **~lenduvörur** FPL Lebensmittel *pl*
ný|móðins modern; **~myndun** F Neubildung *f*
nýr neu; frisch; **~a** N ‹-a, -u› Niere *f*
nýrnaveiki F Nierenleiden *n*
ný|rækt F ‹-ar› Neuland *n*; **~ræktun** F Urbarmachung *f*; **~stárlegur** neu; neumodisch; **~stofnaður** soeben errichtet
nyt F ‹-jar, -jar› Nutzen *m*; Milchertrag *m* einer Kuh; **færa sér e-ð í ~** sich *(dat)*

etw zunutze machen
nýt|a verwerten; **~inn** ökonomisch
nýtískulegur modern, neuzeitlich
nýtni F (*undekl*) Sparsamkeit *f*
nyt|samur nützlich; **~semi** F (*undekl*) Nützlichkeit *f*; Nutzen *m*
nýtur nützlich, anwendbar; (*Person*) tüchtig
ný|verið neulich; **~yrði** N ⟨-s, -⟩ GRAM Neuschöpfung *f*, Neubildung *f*
næði N ⟨-s⟩ Ruhe *f*; **~ngur** M ⟨-s, -ar⟩ kalter Wind
næg|ilegur genügend, ausreichend; **~ja** genügen; **láta sér e-ð ~** sich mit etw begnügen; **~janlegur** ausreichend, genügend; **~jusamur** anspruchslos; **~jusemi** F (*undekl*) Anspruchslosigkeit *f*; **~tir** FPL Überfluss *m*; **~ur** genügend, genug
næla F ⟨-u, -ur⟩ Brosche *f*
nælon N ⟨-s⟩ Nylon *n*
næmur empfindlich; begabt, gelehrig; **~ fyrir e-u** aufnahmefähig für etw; auf etw (*akk*) empfindlich reagieren
næpa F ⟨-u, -ur⟩ Rettich *m*
nær näher; fast, beinahe
nær|a nähren, ernähren; **~ast** essen; **~buxur** FPL Unterhose *f*; **~föt** NPL Unterwäsche *f*; **~gætinn** rücksichtsvoll, taktvoll, schonend; **~göngull** zudringlich; aufdringlich; frech, beleidigend; **~ing** F ⟨-ar⟩ Nahrung *f*; **~ingarefni** N Nährstoff *m*; **~ingargildi** N Nährwert *m*
nærri beinahe, fast, nahe
nær|skyrta F Unterhemd *n*; **~staddur** gegenwärtig, anwesend; **~sýnn** kurzsichtig; **~vera** F Anwesenheit *f*, Gegenwart *f*, Beisein *n*
næst am nächsten; **því ~** darauf; danach; **~ stærstur** der zweitgrößte; **~ur** am nächsten, der Nächste
nætur- nächtlich
nætur|gali M ⟨-a, -ar⟩ Nachtigall *f*; **~gisting** F Übernachtung *f*; **~lest** F Nachtzug *m*; **~líf** N Nachtleben *n*; **~staður** M Nachtquartier *n*; Nachtlokal *n*; **~vakt** F Nachtschicht *f*, -wache *f*; **~vörður** M Nachtwächter *m*
nögl F ⟨naglar, neglur⟩ Fingernagel *m*
nöld|ra meckern, nörgeln; **~ur** N ⟨-s⟩ Murren *n*
nöp F: **vera í ~ við e-n** Groll auf j-n haben
nös F ⟨nasar, nasir⟩ Nasenloch *n*
nötra zittern, beben

O

ó- un-
ó! ach!
óa: **mig(mér) ~r við e-u** es schaudert mich *od* mir schaudert vor etw *(dat)*
óað|finnanlegur einwandfrei; **~gætinn** unachtsam, achtlos; **~gætni** F *(undekl)* Unachtsamkeit *f*, Achtlosigkeit *f*; **~skiljanlegur** untrennbar; unzertrennlich
óáfengur alkoholfrei
óafmáanlegur unauslöschlich
óafsakanlegur unverzeihlich
óafturkallanlegur unwiderruflich
óafvitandi unbewusst
óákveðinn unschlüssig, unentschlossen; unbestimmt
óalgengur ungewöhnlich
óálitlegur unansehnlich, unscheinbar
óánæg|ður unzufrieden; **~ja** F ⟨-u⟩ Unzufriedenheit *f*
óáreiðan|legur unzuverlässig; **~leiki** M ⟨-a⟩ Unzuverlässigkeit *f*
ó|beðinn ungebeten; **~beinlínis, ~beinn** indirekt; **~beit** F ⟨-ar⟩ Antipathie *f*; **~betranlegur** unverbesserlich; **~bifandi, ~bifanlegur** *(a. fig)* unerschütterlich; **~bilgirni** F *(undekl)* Rücksichtslosigkeit *f*; **~bilgjarn** rücksichtslos
obláta F ⟨-u, -ur⟩ Oblate *f*
ó|boðinn ungeladen; **~bótamaður** M Verbrecher *m*; **~bótaverk** N Verbrechen *n*, Untat *f*; **~botnandi** bodenlos; **~breytanlegur** unveränderlich; **~breyttur** unverändert; einfach; **~brjótandi** unzerbrechlich; **~brotinn** einfach, schlicht; **~byggður** unbewohnt; **~byggilegur** un(be)wohnbar; **~bærilegur** unerträglich; **~bætanlegur** unersetzlich
ódagsettur undatiert
ódauð|legur unsterblich; **~leiki** M ⟨-a⟩ Unsterblichkeit *f*
ódaunn M Gestank *m*
odd|ur M ⟨-s, -ar⟩ Spitze *f*; **leika á als oddi** sehr aufgeräumt sein; **~viti** M Vorsitzende(r) *m/f(m)* des Gemeinderats
ódrekkandi nicht trinkbar, ungenießbar
ódreng|ilegur gemein, niederträchtig; **~lyndi** N Niederträchtigkeit *f*
ódrukkin nüchtern
ódug|legur untüchtig; **~naður** M Untüchtigkeit *f*
ó|dyggð F Untugend *f*; **~dæði** N ⟨-s, -⟩, **~dæðis-**

verk N Verbrechen *n;* Schandtat *f;* **~eðli** N Unnatur *f;* **~eðlilegur** unnatürlich; **~dýr** billig
óðalsbóndi M Erbbauer *m*
óður wild, rasend; **óðs manns æði** *n fig* purer Wahnsinn
ó|efaður unzweifelhaft, zweifellos; **~eigingirni** F Selbstlosigkeit *f;* **~eigingjarn** selbstlos, uneigennützig; **~eiginlegur** *(Bedeutung)* übertragen; **~einlægur** unaufrichtig; **~eirð** F ‹-ar, -ir› Unruhe *f; pl* Krawall *m;* Aufruhr *m;* **~endanlegur** unendlich; **~endanleiki** M ‹-a› Unendlichkeit *f*
of (all)zu; **~ mikið** zu viel
ó|fáanlegur nicht zu haben; nicht erhältlich; **~fagur** unschön; **~falsaður** unverfälscht, ungefälscht
ofan hinunter; **að ~** von oben; **fyrir ~** über *(dat)*, oberhalb; **~ á** obendrauf; **~ í** hinein; **~ í móti** bergab; **~ til** oben; am oberen Teil; **taka ~** den Hut abnehmen
ofan|greindur *od* **~nefndur** oben genannt
ofar weiter oben
ófarir FPL Niederlage *f*
ófarnaður M ‹-ar› Unglück *n*
of|át F Fresserei *f*, Völlerei *f;* **~aukinn**: **e-u er ofaukið** etw ist überflüssig; **~beldi** N ‹-s› Gewalt *f;* **beita e-n ~** j-m Gewalt antun; **~beldisfullur** gewalttätig
of|birta F zu starke Beleuchtung, zu starkes Licht; **fá ofbirtu í augun** geblendet werden; **ofbjóða sér** sich überanstrengen; **mér ofbýður e-ð** etw geht mir zu weit; **~boð** N Bestürzung *f;* Verwirrung *f;* **~boðslegur** furchtbar; **~drykkja** F ‹-u› Trunkenheit *f;* **~drykkjumaður** M Alkoholiker *m*, Trinker *m*
ófélagslyndur ungesellig
ó|fimlegur, ~fimur ungeschickt, plump
ofkæl|ast sich erkälten; **~ing** F ‹-ar, -ar› Erkältung *f*
ó|flekkaður unbefleckt; *fig* unbescholten; **~fleygur** nicht flügge; **óflekkað mannorð** *n* von einwandfreiem Ruf, unbescholten
ofmeta überschätzen
of|metnaður M Hochmut *m;* **~mæltur** übertrieben
ofn M ‹-s, -ar› Ofen *m*
ofneysla F übermäßiger Genuss *m;* **~ áfengis** Alkoholmissbrauch *m*
ofnæmi N ‹-s› Allergie *f;* Überempfindlichkeit *f;* **hafa ~ fyrir e-u** überempfindlich *od* allergisch gegen etw sein
ófor|sjáll unvorsichtig; **~svaranlegur** unverantwortlich
ófram|færinn schüchtern; zurückhaltend; **~kvæmanlegur** unausführbar

ofraun F Überanstrengung *f*; **það er honum ~** es übersteigt seine Kräfte
ó|frelsi N Unfreiheit *f*, Zwang *m*; **~freskja** F ‹-u, -ur› Ungeheuer *n*; **~friðartími** M Kriegszeit(en *pl*) *f*; **~friður** M Krieg *m*; Streit *m*, Unfriede *m*; **~fríður** unschön
ó|frísk schwanger; **~frjór** unfruchtbar; **~frjósemi** F Unfruchtbarkeit *f*; **~fróðlegur** uninteressant; **~fróður** unkundig; unwissend; **~frægja** verleumden; schlechtmachen
ofsa|fenginn heftig; ungestüm; **~hræðsla** F Panik *f*; **~kátur** ausgelassen; **~kæti** F Ausgelassenheit *f*; **~veður** N heftiger Sturm *m*
ofsi M ‹-a› Heftigkeit *f*; Ungestüm *n*
ofsjón|ir FPL Sinnestäuschung *f*; **sjá ofsjónum yfir e-u** neidisch sein
of|skynjun F Halluzination *f*, Sinnestäuschung *f*; **~sókn** F Verfolgung *f*; **~stæki** N ‹-s› Fanatismus *m*; **~stækisfullur** fanatisch; **~stækismaður** M Fanatiker *m*; **~sækja** verfolgen; **~sækjandi** M ‹-anda, -endur› Verfolger *m*
oft oft; **~ast** in der Regel
óful|kominn unvollkommen; **~nægjandi** ungenügend; unbefriedigend; (*Kenntnisse*) unzulänglich; **~ráða** unmündig; **~ur** nüchtern; **~veðja** minderjährig
ofur|efli N ‹-s› Übermacht *f*; **~hugi** M ‹-a, -ar› Wagehals *m*; Held *m*; **~kapp** N ‹-s› Dummdreistigkeit *f*; Übereifer *m*; **~lið** N: **bera e-n ~i** j-n besiegen, überwältigen; **~mannlegur** übermenschlich; **~menni** N ‹-s, -› Übermensch *m*; Held *m*; **~selja** preisgeben; ausliefern; **~ölvi** stark betrunken
ófús unwillig
ofviðri N ‹-s› Orkan *m*
ófyrir|gefanlegur unverzeihlich; **~leitinn** frech, unverfroren; **~leitni** F (*undekl*) Frechheit *f*; Unverfrorenheit *f*; **~séður** unvorhergesehen; **~sjáanlegur** unvoraussehbar; **~synja** F: **að ófyrirsynju** ohne Grund, ohne Ursache
of|þreyta 1 F Überanstrengung *f*, Erschöpfung *f* 2 überanstrengen; **~þroskaður** überreif
ó|fæddur ungeboren; **~fær** unmöglich; hilflos; unfähig; (*Gebirge*) unzugänglich; unwegsam; unpassierbar; (*Straße, Fluss*) unbefahrbar; **það er ~t** es ist unpassierbar, unbefahrbar
og und; **bæði ... og** sowohl ... als (auch); **eins ~** wie; als ob
ó|gagnsær undurchsichtig; **~gát** F: **í ~i** versehentlich, aus Versehen; **~geð** N Wider-

wille *m*, Antipathie *f*; **hafa ~ á e-u** etw ekelt j-n an; **~geðfelldur** unsympathisch; **~geðslegur** abscheulich, ekelhaft; **~gegninn** ungehorsam; **~gerlegur** unmöglich; undurchführbar; **~gerningur** M ⟨-s⟩ Unmöglichkeit *f*; **~gestrisinn** (*Mensch*) ungastlich; **~giftur** unverheiratet, ledig; **~gilda** für ungültig erklären; annullieren; **~gilding** F ⟨-ar⟩ Annullierung *f*

ó|gildur ungültig; **~gjarna(-n)** ungern; **~glatt**: **mér verður ~** mir wird übel *od* schlecht; **~gleði** F (*undekl*) Übelkeit *f*, Brechreiz *m*; **~gleymanlegur** unvergesslich; **~glöggur** undeutlich, unklar

ógn F ⟨-ar, -ir⟩ Schrecken *m*; **~a** (be)drohen; **~aröld** F Schreckenszeit *f*; **~un** F ⟨-unar, -anir⟩ Drohung *f*; Bedrohung *f*

ó|greiddur ungekämmt; unbezahlt; **~greiðvikinn** ungefällig; **~greindur** unbegabt; **~greinilegur** undeutlich; **~grynni** N ⟨-s⟩ Unmenge *f*; **~græðandi** unheilbar; **~guðlegur** gottlos; **~guðrækinn** ungläubig

ógæf|a F Unglück *n*; **til allrar ógæfu** unglücklicherweise; **~usamur** unglücklich

ógæti|legur unvorsichtig, unbesonnen; **~nn** unbedacht, unvorsichtig

ógætni F Fahrlässigkeit *f*, Unbedachtsamkeit *f*

ó|háður unabhängig, frei; **~hagganlegur** unerschütterlich; **~hagkvæmur** unpraktisch; unvorteilhaft; **~hagstæður** ungünstig; **~hagsýni** F Mangel *m* an praktischem Sinn; **~hagsýnn** unökonomisch; (*Mensch*) unpraktisch; ungeschickt; **~hagur** M Nachteil *m*; **~hamingja** F Unglück *n*; **~hamingjusamur** unglücklich; **~happ** N Pech *n*; **~heiðarlegur** unehrlich; **~heiðarleiki** M Unehrlichkeit *f*; **~heilnæmur** ungesund; **~heimill** unerlaubt; **~hemjuskapur** M ⟨-ar od -s⟩ Unbändigkeit *f*; **~heppinn**: **vera ~** Pech haben; **~heppni** F Unglück *n*, *sl* Pech *n*; **~hikað** ohne Bedenken *n*, ohne Zögern *n*; **~hirða** F ⟨-u⟩ Verwahrlosung *f*, Vernachlässigung *f*; **~hjákvæmilegur** unweigerlich; unvermeidlich, notwendig

ó|hlífinn schonungslos; **~hlutdrægni** F Unparteilichkeit *f*; **~hlutdrægur** unparteiisch; **~hlutkenndur, ~hlutstæður** abstrakt; **~hlýðinn** ungehorsam; **~hlýðni** F Ungehorsam *m*;

~hóf N ‹-s› Luxus *m*; Überfluss *m*; Unmäßigkeit *f*; **~hóflegur** unmäßig, maßlos; **~hófsamur** verschwenderisch; üppig; **~hófsemi** F (*undekl*) Luxus *m*; Üppigkeit *f*; Verschwendung *f*; **~hollur** (*Essen*) ungesund; **~hreinindi** NPL Schmutz *m*; **~hreinka** beschmutzen; **~hreinlátur** unreinlich, unsauber; **~hreinlæti** N Unreinlichkeit *f*, Unsauberkeit *f*
óhrein|n schmutzig, dreckig; **~skilinn** unaufrichtig; falsch; **~skilni** F Unaufrichtigkeit *f*
óhrekjanlegur unwiderlegbar
ó|hreyfanlegur unbeweglich; **~hróður** M ‹-s› Verruf *m*; Verleumdung *f*; **~huggandi** untröstlich; **~huggulegur** ungemütlich; unheimlich; **~hugnanlegur** unheimlich; **~hugsandi, ~hugsanlegur** undenkbar; **~hultur** sicher, geborgen; **~hyggilegur, ~hygginn** unklug; **~hætt** ungefährlich
ó|jafn ungleich; uneben; **ójöfn tala** ungerade Zahl; **~jöfnuður** M ‹-jafnaðar› Ungerechtigkeit *f*; **~keypis** gratis
ok N ‹-s› Joch *n*
okkar unser; **húsið ~** unser Haus
okkur uns
ókostur M Nachteil *m*
okra wuchern; **~ri** M ‹-a, -ar› Wucherer *m*
ókristilegur unchristlich
október M (*undekl*) Oktober *m*; **~lok** NPL Ende Oktober
ókunn|ugur fremd; unbekannt; **~ maður** *m* Fremder *m*, **ókunnug kona** *f* Fremde *f*; **~ur** unbekannt
okur N ‹-s› Wucher *m*; **~vextir** MPL Wucherzinsen *pl*
ókurteis unhöflich; **~i** F Unhöflichkeit *f*
ókyrrð F Unruhe *f*
ól F ‹-ar, -ar› Lederriemen *m*
ólag N Missstand *m*; Unordnung *f*; **~inn** ungeschickt
ólán N Unglück *n*; **~samur** unglücklich; **~smerki** N Unglückszeichen *n*
ó|lastanlegur untadelig; **~látabelgur** M ‹-s, -ir› Schelm *m*; **~látast** Possen treiben
ó|lesandi unlesbar, unleserlich; **~léttur**: **konan er ólétt** die Frau ist schwanger; **~leyfi**: **í ~** ohne Erlaubnis; **~leyfilegur** unerlaubt; **~leysanlegur** unlösbar
ólga **1** F ‹-u› Wellengang *m*; Brausen *n*; Gärung *f* **2** brausen; gären
olía F ‹-u, -ur› Öl *n*
ólíf|a F Olive *f*; **~uolía** F Olivenöl *n*
ó|lífrænn anorganisch; **~líklegur** unwahrscheinlich;

~líkur ungleich; verschieden; **~listfengur** unkünstlerisch
olíu|kynding F Ölheizung *f*; **~málverk** N Ölgemälde *n*
ó|ljós unklar; **~loft** N schlechte Luft *f*
olnbog|abarn stiefmütterlich behandeltes Kind *n*; **~abót** F Armbeuge *f*; **~i** M Ell(en)bogen *m*
ólund F schlechte Laune *f*; **~arsvipur** M saure Miene
ó|lykt F Gestank *m*
Olympíuleikar(nir) MPL Olympische Spiele *npl*
ó|lýsanlegur unbeschreiblich; **~lyst** F Appetitlosigkeit *f*; **~lystugur** (*Speise*) unappetitlich; **~læknandi** unheilbar; **~læs** des Lesens unkundig; **~ (og óskrifandi) maður** Analphabet *m*; **~læsilegur** unleserlich; **~löglegur** ungesetzlich, rechtswidrig; **~lögmætur** ungesetzlich
óma tönen
ómak N ‹-s› Mühe *f*, Bemühung *f*; **~a** bemühen; **~legur** ungerecht; **~slaun** NPL Provision *f*; Trinkgeld *n*
ómann|aður barbarisch, unkultiviert; (*Schiff*) unbemannt; **~úð** F Unmenschlichkeit *f*; **~úðlegur** unmenschlich
ó|meginn *adj*: **falla í ~** ohnmächtig werden; **~mengaður** unverfälscht; (*Umwelt*) sauber; **~menntaður** ungebildet; **~merkilegur** unbedeutend; kleinlich; **~metanlegur** unschätzbar; **~minnugur** vergesslich; **~miskunnsamur** unbarmherzig; **~missandi** unentbehrlich; **~mótmælanlegur** unwiderlegbar; **~mótstæðilegur** unwiderstehlich; **~móttækilegur** unempfänglich
ómur M ‹-s, -ar› Ton *m*, Klang *m*
ó|mútuþægur unbestechlich; **~myndugur** unmündig; **~mögulegur** unmöglich; **~möguleiki** M Unmöglichkeit *f*; **~náð** F ‹-ar› Ungnade *f*; **~náða** stören; bemühen; **~nafngreindur** ungenannt, anonym; **~nákvæmni** F Ungenauigkeit *f*; **~nákvæmur** ungenau; **~nauðsynlegur** unnötig, überflüssig; **~neitanlegur** unbestreitbar; **~nógur** ungenügend; unzulänglich; unbefriedigend; **~notaður** unbenutzt, ungebraucht
ó|notalegur mürrisch, verdrießlich; unbehaglich; **~nothæfur** unbrauchbar; **~nýta** zerstören; verderben; zugrunde richten; **~nýtur** unbrauchbar, unnütz; *sl* kaputt; **~næði** N Störung *f*; **~næmiskerfi** N Immunsystem *n*
ó|næmur unempfindlich;

~nærgætinn rücksichtslos, taktlos; **~nærgætni** F Rücksichtslosigkeit *f*
op N ‹-s, -› Öffnung *f*, Mündung *f*
óp N ‹-s, -› Schrei *m*
ópersónulegur unpersönlich
opinber öffentlich; offiziell; **~a** veröffentlichen; eine Verlobung bekannt geben; **~un** F ‹-unar, -anir› Veröffentlichung *f*
opin|n offen; (*Straße*) frei; **~skár** aufrichtig; offenherzig
opn|a öffnen, aufmachen; (*Konto*) eröffnen; **~st** sich öffnen; **~unartími** M Öffnungszeiten *fpl*
óprentaður ungedruckt
óra: **mig ~r fyrir e-u** ich ahne etw
óraddaður GRAM stimmlos
óráð|inn unentschlossen; **~legur** unratsam; unvernünftig; **~vandur** unehrlich; **~vendni** F Unehrlichkeit *f*
ó|rakaður unrasiert; **~rannsakaður** unerforscht; ununtersucht; **~rannsakanlegur** unerforschlich; **~raunverulegur** unwirklich
orð N ‹-s, -› Wort *n*; Vokabel *f*; Äußerung *f*; (guter, schlechter) Ruf *m*; **hafa gott ~ á sér** einen guten Ruf haben; **koma ekki upp ~i** kein Wort herauskriegen können; **hafa mikið ~ á sér** angesehen *od* berühmt sein; **meðal annarra ~a** nebenbei bemerkt, beiläufig gesagt; **ganga á bak ~a sinna** sein Wort brechen; **~um aukið** übertrieben
orða 1 F ‹-u, -ur› Orden *m* 2 erwähnen; formulieren; **~bók** F Wörterbuch *n*; **~forði** M Wortschatz *m*; **~lag** N Ausdrucksweise *f*; **eftir ~i(nu)** dem Wortlaut nach; **~leikur** M Wortspiel *n*; **~röð** F Wortfolge *f*; **~safn** N Glossar *n*; **~samband** N Wortverbindung *f*; **~tiltæki** N ‹-s, -› Ausdruck *m*, Wendung *f*; Redensart *f*
orð|færi N Ausdrucksweise *f*, Stil *m*; **~heldinn** treu, zuverlässig; **~heldni** F (*undekl*) Zuverlässigkeit *f*; **~lagður** bekannt; berühmt; **~laus** sprachlos, verblüfft; **~myndun** F Wortbildung *f*; **~réttur** wörtlich, wortgetreu; **~rómur** M Gerücht *n*; **~sending** F Botschaft *f*, schriftliche Mitteilung
orðskviður M ‹-ar, -ir› Sprichwort *n*; Sprechweise *f*
orð|skýring F Worterklärung *f*; *pl a.* Kommentar *m*; **~stír** M ‹-s› Ruhm *m*, (guter) Ruf *m*
óregl|a F Unordnung *f*; Trunksucht *f*; ausschweifendes Leben *n*; **~ulegur** unregelmäßig; **~umaður** M Trinker *m*; **~usamur** unsolide; liederlich; trunksüchtig

óreiða F Unordnung *f*
ótt|látur ungerecht; **~læti** N Ungerechtigkeit *f*; **~mætur** unberechtigt; **~ur** **1** M Unrecht *n* **2** ADJ unrichtig
óreyndur unerfahren
organleikari M Organist *m*, Orgelspieler *m*
orgel N ‹-s, -› Orgel *f*
orka **1** F ‹-u› Kraft *f*, Energie *f* **2** vermögen; **~ tvímælis** zweifelhaft sein
orku|eyðsla F Energieverbrauch *m*; Energieverschwendung *f*; **~gjafi** M ‹-a, -ar› Kraftquelle *f*; **~sparnaður** M Energieeinsparung *f*; **~ver** N ‹-s, -› Elektrizitätswerk *n*, Kraftwerk *n*
ormur M ‹-s, -ar› Wurm *m*
óró F Unruhe *f*; **~legur** unruhig; **~leiki** M ‹-a› Unruhe *f*
orsaka verursachen; **~samband** N Kausalitätsverhältnis *n*, Ursächlichkeit *f*
orsök F Ursache *f*, Grund *m*
orust|a F ‹-u, -ur› Schlacht *f*; **~uskip** N Schlachtschiff *n*, Kriegsschiff *n*
órækt F Brachland *n*
órökstuddur unbegründet
ós **1** M ‹-s, -ar› Flussmündung *f* **2** N ‹-s› Ruß *m*; **~a** qualmen, schwelen
ó|saltaður ungesalzen; **~samboðinn** unpassend, unwürdig; **~samdóma** nicht gleicher Meinung; **~samhljóða** nicht übereinstimmend; **~samkomulag** N Uneinigkeit *f*; **~samkvæmur** inkonsequent, folgewidrig; **~samlyndi** N Uneinigkeit *f*; **~sammála** uneinig; **~samræmi** N Ungereimtheit *f*; **~samþykkur** nicht einverstanden
ó|sannanlegur unbeweisbar; **~sanngirni** F Ungerechtigkeit *f*; **~sanngjarn** ungerecht; **~sannindi** NPL Unwahrheit *f*; **~sannsögli** F (*undekl*) Unwahrhaftigkeit *f*; **~sannsögull** lügenhaft; **~sannur** falsch, gelogen
ósátt F Uneinigkeit *f*; **komast í ~ við e-n** sich mit j-m überwerfen; **~fús** unversöhnlich; **~ur** uneinig; unversöhnt
ó|seðjandi, ~seðjanlegur unersättlich; **~seljanlegur** unverkäuflich; **~sennilegur** unwahrscheinlich; **~sérhlífinn** selbstlos; unverdrossen
óshólmar MPL (Fluss-)Delta *n*
ó|siðlegur unsittlich; **~siðlæti** N ‹-s, -› Unsittlichkeit *f*; **~siður** M Unsitte *f*, Unart *f*; **~sigraður** unbesiegt; **~sigrandi** unbesiegbar; **~sigur** M Niederlage *f*; **~sjaldan** oft; **~sjálfbjarga** hilflos; **~sjálfráður** unbewusst; unwillkürlich; unmündig; **~sjálfstæði** N Unselbstständigkeit *f*; **~sjálfstæður** unselbstständig
ósk F ‹-ar, -ir› Wunsch *m*; **~a**

wünschen; ~ **e-m til hamingju með e-ð** jm. zu etw gratulieren; **ég óska þér til hamingju með afmælið** ich gratuliere dir zum Geburtstag
óskaðlegur unschädlich
ó|skaplegur furchtbar, gewaltig; **~skapnaður** M ⟨-ar⟩ Chaos *n*; Ungeheuer *n*
ó|skeikull unfehlbar; **~skeikulleiki** M ⟨-a⟩ Unfehlbarkeit *f*; **~skelfdur** unerschrocken; **~skemmdur** unverdorben, unbeschädigt; **~skemmtilegur** langweilig, ermüdend; **~skertur** ganz; unvermindert
óskil|getinn außerehelich; **~janlegur** unbegreiflich, unfassbar
ó|skiptanlegur unteilbar; **~skiptur** ungeteilt; **~skipulegur** unordentlich, chaotisch; **~skír** undeutlich, unklar; (*Metall*) unrein; ungereinigt; **~skreyttur** ungeschmückt; **~skrifaður** ungeschrieben; **~skrifandi** des Schreibens unkundig; **~skyldur** nicht verwandt; **~skynsamleggur** unvernünftig, dumm; **~skýr** undeutlich; unklar; **~sköp** **1** NPL Ungeheuerlichkeiten *fpl* **2** ungeheuerlich; **~slétta** F Unebenheit *f*; **~sléttur** uneben; **~smekklegur** taktlos, geschmacklos; **~snortinn** unberührt; **~snyrtilegur** schlampig; **~sparsamur** unwirtschaftlich; **~spilltur** unverdorben; **~spurður** ungefragt; **~staðfestur** unbestätigt; **~stilltur** unbeherrscht; unruhig
ostra F ⟨-u, -ur⟩ Auster *f*
óstundvís unpünktlich
ostur M ⟨-s, -ar⟩ Käse *m*
óstyrkur schwach; nervös
óstöðug|lyndi N ⟨-s⟩ Wankelmut *m*; **~ur** unbeständig; unstet
ó|svífinn unverschämt; **~svífni** F (*undekl*) Unverschämtheit *f*; **~svikinn** echt; **~sýnilegur** unsichtbar; **~sæmilegur** unpassend, unanständig; **~takmarkaður** unbeschränkt, unbegrenzt; **~teljandi** unzählig, zahllos; **~temja** ungezähmtes Pferd *n*; **~tilkvaddur** unaufgefordert; **~tiltekinn** unbestimmt; ungenannt; **~trauður** unverzagt; **~trú** F Misstrauen *n*; **~trúlegur** unglaublich; **~trúr** treulos; **~tryggð** F Untreue *f*, Treulosigkeit *f*; **~tryggður** unversichert; **~tryggur** unzuverlässig; treulos
ótta|laus furchtlos; **~legur** furchtbar; **~sleginn** erschrocken; **~st** fürchten, sich fürchten
ótti M ⟨-a⟩ Furcht *f*, Angst *f*
otur M ⟨-urs, -rar⟩ (Fisch-) Otter *m*

ó|tvírætt zweifellos; **~tæmandi** unerschöpflich; **~umflýjanlegur** unvermeidlich; **~umræðilegur** unsagbar, unbeschreiblich; **~undirbúinn** unvorbereitet; **~uppfylltur** unerfüllt; **~útkljáður** unentschieden; **~útreiknanlegur** unberechenbar; (*Folgen*) unabsehbar

ó|vanalegur ungewöhnlich; **~vandvirkni** F Nachlässigkeit *f*; **~vandvirkur** nachlässig; **~varkár** unvorsichtig; **~varkárni** F Unvorsichtigkeit *f*; **~vátryggður** unversichert; **~veður** N Unwetter *n*; **~velkominn** unwillkommen; **~venjulegur** ungewöhnlich; **~verðskuldaður** unverdient; **~verðugur, ~verður** unwürdig; **~verjandi** unverantwortlich; **~verulegur** unbedeutend, unwesentlich; **~viðeigandi** unpassend; **~viðfelldinn** unsympathisch, unangenehm; **~viðjafnanlegur** unvergleichlich; **~viðunnandi** unbefriedigend; **~vilhallur** unparteiisch; **~viljandi** ohne Absicht, unabsichtlich

ó|vinátta Feindschaft *f*; **~vinnufær** arbeitsunfähig; **~vinsæll** unbeliebt; unpopulär; **~vinur** M Feind *m*; **~virða** gering schätzen, entwürdigen; **~virkur** unwirksam; passiv; **~viss** unsicher; **~vissa** F Unsicherheit *f*; Ungewissheit *f*; **~vistlegur** (*Zimmer*) ungemütlich; **~viti** ‹-a, -ar› Säugling *m*; Kleinkind *n*; **~vitur** unklug, unverständig; **~von** F: **upp á von og ~** auf gut Glück; **~væginn** schonungslos; **~væntur** unerwartet

ó|þarfur unnötig, überflüssig; **~þefur** M Gestank *m*; **~þekktur** unbekannt; **~þekkur** (*Kind*) schwierig; unartig; **~þéttur** undicht; **~þjóðalýður** M Pöbel *m*, Pack *n*; **~þjóðlegur** unpatriotisch; **~þolandi** unerträglich; **~þolinmóður** ungeduldig; **~þolinmæði** F Ungeduld *f*; **~þreytandi** unermüdlich; **~þrifinn** unreinlich, unsauber; **~þrifnaður** M Unreinlichkeit *f*, Unsauberkeit *f*; **~þrjótandi** unerschöpflich; **~þroskaður** unreif

ó|þýðanlegur unübersetzbar; **~þverri** M ‹-a› Schmutz *m*; **~þægilegur** unbequem, unangenehm; **~æfður** ungeübt; untrainiert; **~ætur** ungenießbar

P

pabbi M ‹-a, -ar› Vater *m*; *sl* Papa *m*, Vati *m*
Páfagarður M Vatikan *m*
páfagaukur M ‹-s, -ar› Papagei *m*
páfi M ‹-a, -ar› Papst *m*
pakk|a (ein)packen; **~aferð** F Pauschalreise *f*; **~hús** N Lagerhaus *n*; **~i** M ‹-a, -ar› Paket *n*
pallur M ‹-s, -ar› Podest *n*; (Treppen-)Absatz *m*; Plattform *f*
pálm|asunnudagur M Palmsonntag *m*; **~aviður** M, **~i** M ‹-a, -ar› Palme *f*
panna F ‹pönnu, pönnur› Pfanne *f*
panta bestellen
papp|akassi M Pappschachtel *f*, Karton *m*; **~i** M ‹-a, -ar› Pappe *f*; **~ír** M ‹-s, -ar› Papier *n*; **~írsörk** F (Brief-)Bogen *m*; **~írsvasaklútur** M Papiertaschentuch *n*
paprika F Paprika *f*
par N ‹-s, pör› Paar *n*
paradís F ‹-ar› Paradies *n*
pardusdýr N Panther *m*
partur M ‹-s, -ar› Teil *m*
partí N Party *f*
páska|dagur M Ostersonntag *m*; **~hátíð** F Osterfest *n*; **~leyfi** N Osterferien *pl*; **~r** MPL Ostern *pl* (*a. n*)
pass|a hüten; (*Hut*) passen; **~ sig** vorsichtig sein; **~i** M ‹-a, -ar› (Reise-)Pass *m*
pat N ‹-s› Gestikulation *f*; **~a** gestikulieren
patti M ‹-a, -ar› kleiner Junge
peð N ‹-s, -› (*Schach*) Bauer *m*; *fig* kleiner Bursche *m*
peisuföt NPL *Island*: Nationaltracht *f*
pel|abarn N Flaschenkind *n*; Säugling *m*; **~i** M ‹-a, -ar› (Baby-)Flasche *f*; Fläschchen *n*, Schnapsflasche *f*; ein Viertelliter *m*
pelíkani M ‹-a, -ar› Pelikan *m*
pels M ‹-, -ar› Pelz *m*; Pelzmantel *m*
pening|abudda F Geldbörse *f*, Portemonnaie *n*; **~alaus** ohne Geld, *sl* pleite; **~ar** MPL Geld *n*; **~asekt** F Geldstrafe *f*; **~askápur** M Geldschrank *m*, Tresor *m*; **~avandræði** NPL Geldverlegenheit *f*; **~aveski** N Brieftasche *f*; **~ur** M ‹-s, -ar› Geldstück *n*, Münze *f*
penn|avilla F Schreibfehler *m*; **~i** M ‹-a, -ar› Füller *m*; Füll(feder)halter *m*; Kugelschreiber *m*
pensill M ‹-ils, -lar› Pinsel *m*
pera F ‹-u, -ur› Birne *f*; ELEK Glühbirne *f*
perl|a F ‹-u, -ur› Perle *f*;

~uband N Perlenschnur *f*; **~ufesti** F Perlenkette *f*; **~uskel** F Perlenmuschel *f*
persón|a F ⟨-u, -ur⟩ Person *f*; Persönlichkeit *f*; **~ugervi** N Verkörperung *f*; **~ugreina** charakterisieren; **~ulegur** persönlich; **~uleiki** M ⟨-a, -ar⟩ Persönlichkeit *f*; **~usamband** N Personalunion *f*; **~uskilríki** NPL Personalausweis *m*
perutré N Birnbaum *m*
pési M ⟨-a, -ar⟩ Broschüre *f*
pest F ⟨-ar, -ir⟩ Pest *f*; Seuche *f*; Epidemie *f*; Gestank *m*
pex N (-) Wortstreit *m*; Zank *m*; **~a** sich zanken
peysa F ⟨-u, -ur⟩ Pullover *m*; **hneppt ~** Strickjacke *f*
píanó N ⟨-s, -⟩ Klavier *n*
pílagrím|sferð F, **~sganga** F Pilgerreise *f*, Wallfahrt *f*; **~ur** M ⟨-s, -ar⟩ Pilger *m*
pilla F ⟨-u, -ur⟩ Pille *f*; *fig* Anspielung *f*
pils N ⟨-, -⟩ (Damen-)Rock *m*
pilsner M (*isl.*) Leichtbier *n*
piltur M ⟨-s, -ar⟩ Junge *m*; Jüngling *m*
pína **1** F ⟨-u, -ur⟩ Pein *f*, Qual *f* **2** quälen; foltern
pínulítill sehr klein; winzig
pípa F ⟨-u, -ur⟩ Pfeife *f*; Rohr *n*
pipar M ⟨-s⟩ Pfeffer *m*; **~mey** F *fam* alte Jungfer *f*; **~sveinn** M Junggeselle *m*
pípu|hattur M (*Hut*) Zylinder *m*; **~lagningamaður** M Rohrleger *m*; Installateur *m*
písk|ra flüstern; **~ur** N ⟨-s⟩ Flüstern *n*
píslar|vottur M Märtyrer *m*
píts|a F Pizza *f*; **~ustaður** M Pizzeria *f*
plága F ⟨-u, -ur⟩ Plage *f*; Quälgeist *m*
plagg N ⟨-s, plögg⟩ Dokument *n*; Unterlage *f*
planki M ⟨-a, -ar⟩ Planke *f*
planta **1** F ⟨plöntu, plöntur⟩ Pflanze *f* **2** pflanzen
plantekra F ⟨-u, -ur⟩ Plantage *f*
pláss N ⟨-, -⟩ Raum *m*; Dorfkern *m*; **~leysi** N Raummangel *m*
plast N ⟨-s⟩, **~efni** N Kunststoff *m*; Plastik *n*
plástur M ⟨-urs, -rar⟩ MED Pflaster *n*
plata F ⟨plötu, plötur⟩ Platte *f*; Schallplatte *f*
plóg|far N ⟨-s, -för⟩ Furche *f*; **~ur** M ⟨-s, -ar⟩ Pflug *m*
plokka rupfen; pflücken
plóma F ⟨-u, -ur⟩ Pflaume *f*
plús M ⟨-s, -ar⟩ Plus *n*
plæg|ing F ⟨-ar, -ar⟩ Pflügen *n*; **~ja** pflügen
plöntufeiti F Pflanzenfett *n*
poka|buxur FPL Kniebundhose *f*; **~dýr** N Beuteltier *n*
poki M ⟨-a, -ar⟩ Sack *m*; Beutel *m*
póli|tík F ⟨-ur⟩ Politik *f*; **~tískur** politisch

póll M ⟨-s, -ar⟩ Pol *m*
Pólland N ⟨-s⟩ Polen *n*
pollur M ⟨-s, -ar⟩ Pfütze *f*; Tümpel *m*
pólsk|a F ⟨-u⟩ Polnisch *n*; **~ur** polnisch
Pólverji M ⟨-a, -ar⟩ Pole *m*
popptónlist F Popmusik *f*
portúgalsk|a F ⟨-u⟩ Portugiesisch *n*; **~ur** portugiesisch
póst|afgreiðsla F Postamt *n*; Postabfertigung *f*; **~afgreiðslumaður** M Postangestellter, Postbeamter *m*; **~ávísun** F Postanweisung *f*; **~hólf** N Postfach *n*; **~hús** N Postamt *n*; **fara með bréf í** (*sl* **á**) **~ið** e-n Brief zur Post bringen
póst|kassi M Briefkasten *m*; **~kort** N Postkarte *f*; Ansichtskarte *f*; **~krafa** F Nachnahme *f*; **~mál** PL Postwesen *n*; **~sending** F Postsendung *f*; **~stofa** F, **~stöð** F Postamt *n*
postuli M ⟨-a, -ar⟩ Apostel *m*
postulín N ⟨-s⟩ Porzellan *n*
póst|umdæmi N Postbezirk *m*; **~ur** M ⟨-s, -ar⟩ Post® *f*
pott|réttur M Eintopf *m*; **~ur** M ⟨-s, -ar⟩ Kochtopf *m*
prakkar|astrik N Schelmenstreich *m*; **~i** M ⟨-a, -ar⟩ Schelm *m*
prédik|a predigen; **~ari** M ⟨-a, -ar⟩ Prediger *m*; **~un** F ⟨-unar, -anir⟩ Predigt *f*; **~unarstóll** M Kanzel *f*
prent N ⟨-s⟩ Druck *m*; **~a** drucken; **~ð mál** *n* Drucksache *f*; **~ari** M ⟨-a, -ar⟩ (Buch-) Drucker *m*; Typograf *m*; **~frelsi** N Pressefreiheit *f*; **~list** F Buchdruckerkunst *f*; **~smiðja** F Druckerei *f*; **~un** F ⟨-unar, -anir⟩ Druck *m*; Drucklegung *f*; **~unarkostnaður** M Druckkosten *pl*; **~vél** F Druckerpresse *f*; **~villa** F Druckfehler *m*
press|a pressen; (*Kleider*) bügeln; **~un** F ⟨-unar, -anir⟩ Pressen *n*; Bügeln *n*
presta|kall N Pfarre *f*, Pfarramt *n*; **~stefna** F Synode *f*; **~stétt** F Geistlichkeit *f*, geistlicher Stand *m*
prestssetur N ⟨-s, -⟩ Pfarrhof *m*
prestur M ⟨-s, -ar⟩ Pfarrer *m*; Priester *m*; Pastor *m*
pretta betrügen; anführen
prik N ⟨-s, -⟩ Stab *m*, Stecken *m*, Stock *m*
príla klettern
prímus® M ⟨-s, -ar⟩ Campingkocher *m*
prins M ⟨-, -ar⟩ Prinz *m*; **~essa** F ⟨-u, -ur⟩ Prinzessin *f*
prjóna stricken; **~vörur** FPL Strickwaren *fpl*
prjónn M ⟨-s, -ar⟩ (*Hut*) Nadel *f*; Stricknadel *f*
próf N ⟨-s, -⟩ Examen *n*, Prüfung *f*; **~a** examinieren, prüfen; probieren; **~arkalesari** M ⟨-a, -ar⟩ Korrektor *m*;

~**arkalestur** M Korrekturlesen *n*
prófastur M ⟨-s, -ar⟩ Probst *m*
prófdómari M (*Schule*) Prüfungsbeisitzer *m*
prófessor M ⟨-s, -ar⟩ Professor *m*; ~**sembætti** N Professur *f*
próf|gjald N Examensgebühr *f*; ~**skírteini** N Prüfungszeugnis *n*; ~**vottorð** N → ~skírteini; ~**örk** F Korrekturbogen *m*; Korrekturfahne *f*
prósenta F ⟨-u, -ur⟩ Prozent *n*
prúðmenni N ⟨-s, -⟩ höflicher Mensch; Gentleman *m*
prufa **1** F ⟨-u, -ur⟩ Probe (-exemplar) *f(n)*, *a.* MED **2** versuchen; kosten
prýð|a schmücken, zieren; ~**i** F (*undekl*) Zier(de) *f*, Schmuck *m*; ~**ilegur** ausgezeichnet, prächtig, glänzend; ~**isgóður** vortrefflich
púði M ⟨-a, -ar⟩ (*Sofa*) Kissen *n*
púð|ra pudern; ~**ur** N ⟨-s⟩ Puder *m*; Schießpulver *n*
púl N ⟨-s⟩ Mühsal *f*; Schufterei *f*; ~**a** schuften
pumpa **1** F ⟨-u, -ur⟩ Pumpe *f* **2** pumpen
pund N ⟨-s, -⟩ Pfund *n*
punktur M ⟨-s, -ar⟩ Punkt *m*
púrrulaukur M *od* **púrra** F Lauch *m*, Porree *m*
pylsa F ⟨-u, -ur⟩ Wurst *f*
pyngja F ⟨-u, -ur⟩ Geldbörse *f*, Portemonnaie *n*
pynt|a martern, foltern; ~**ing** F ⟨-ar, -ar⟩ Marter *f*, Folter *f*
pýramídi M ⟨-a, -ar⟩ Pyramide *f*
pækill M ⟨-s⟩ Salzlake *f*
pönnukaka F (hauchdünner) Pfannkuchen *m*
pöntun F ⟨-unar, pantanir⟩ Bestellung *f*
pössunarsamur sorgfältig, wachsam

R

rabarbari M ⟨-a, -ar⟩ Rhabarber *m*
rabba plaudern
radar M ⟨-s, -ar⟩ Radar *m/n*
radarmæling F Radarkontrolle *f*
raddaður GRAM stimmhaft
radd|bönd NPL Stimmbänder *pl*; ~**setja** vertonen
radísa F ⟨-u, -ur⟩ Radieschen *n*
radíus M ⟨-uss, -usar⟩ Radius *m*
ráð N ⟨-s, -⟩ Rat *m*, Ausweg *m*; Mittel *n*; Einverständnis *n*; Vernunft *f*; **gera ~ fyrir e-u** etw annehmen; **hafa ~ á e-u** sich (*dat*) etw leisten können; **staðfesta ~ sitt** heiraten;

ekki með réttu ~i von Sinnen; **bera saman ~ sín** beratschlagen, beraten

raða aufstellen; ordnen; aufreihen; **~ niður** (ein)ordnen; (ein)reihen; (ver)stauen; **~ upp** aufstellen

ráða anstellen; bestimmen; deuten; herrschen; **~ e-n** j-n einstellen; **~ e-m e-ð** j-m etw raten; **~ bót á e-u** e-r Sache abhelfen; **~ draum** e-n Traum deuten; **~ frá** abraten; **~ yfir e-u** etw beherrschen; über etw (*akk*) verfügen

ráða|gerð F Plan *m*; **~hagur** M (*Ehe*) Partie *f*; **~laus** unschlüssig, ratlos; **~leysi** N ⟨-s⟩ Unschlüssigkeit *f*, Ratlosigkeit *f*

ráðast: **~ á** angreifen, überfallen

ráðdeild F Sparsamkeit *f*; Wirtschaftlichkeit *f*

ráð|færa: **~ sig við e-n** sich von j-m beraten lassen; **~gast**: **~við e-n** sich mit j-m beraten

ráð|gáta F Rätsel *n*; **~gera** planen; **~gjafi** M ⟨-a, -ar⟩ Ratgeber *m*, Berater *m*; **~herra** M ⟨-, -ar⟩ Minister *m*; **~leggja** (an)raten, empfehlen; **~legur** ratsam; **~leysi** N ⟨-s⟩ Ratlosigkeit *f*

ráðning ⟨-ar, -ar⟩ F (*Arbeit*) Anstellung *f*; Prügel *pl*; (*Traum*) Deutung *f*; (*Aufgabe*) Lösung *f*; **~arskrifstofa** F Arbeitsvermittlungsbüro *n*, Arbeitsamt *n*

ráðs|kona F Haushälterin *f*; Wirtschafterin *f*; **~maður** M Verwalter *m*; Gutsverwalter *m*

ráðstafa ordnen; bestellen; **~ e-u** über etw (*akk*) verfügen *od* disponieren

ráðstefna F ⟨-u, -ur⟩ Konferenz *f*

Ráðstjórnarríkin NPL *hist* Sowjetunion *f*

ráðstöfun F ⟨-unar, -stafanir⟩ Verfügung *f*; Maßnahme *f*; **gera ráðstafanir** Maßnahmen treffen

raðtala F Ordnungszahl *f*

ráðu|nautur M ⟨-s, -ar⟩ (sachverständiger) Berater; **~neyti** N ⟨-s, -⟩ Ministerium *n*

ráð|vandur redlich, rechtschaffen; **~vendni** F (*undekl*) Redlichkeit *f*; Ehrlichkeit *f*; **~villtur, ~þrota** ratlos; verwirrt

raf N ⟨-s⟩ Bernstein *m*

ráfa umherstreifen

raf|all M ⟨-als, -lar⟩ Generator *m*; **~eind** F ⟨-ar, -ir⟩ Elektron *n*; **~fræðingur** M ⟨-s, -ar⟩ Elektrotechniker *m*; **~geymir** M ELEK Batterie *f*; Akku(-mulator) *m*; **~hlaða** F ⟨-hlöðu, -hlöður⟩ Batterie *f*; **~kerti** N Zündkerze *f*; **~ljós** N elektrisches Licht *n*; **~lögn** F ⟨-lagnar, -lagnir⟩ elektrische Leitung *f*; elektrische In-

stallation *f*; **~magn** N Elektrizität *f*; Strom *m*
rafmagns|notandi M ‹-anda, -endur› Stromverbraucher *m*; **~notkun** F Stromverbrauch *m*; **~pera** F Glühbirne *f*; **~rakvél** F Elektrorasierer *m*; **~stöð** F Elektrizitätswerk *n*; **~verkfræði** F Elektrotechnik *f*; **~verkfræðingur** M Elektroingenieur *m*
rafork|a F Elektroenergie *f*; **~uver** N Elektrizitätswerk *n*, Kraftwerk *n*
rafsegul|l M Elektromagnet *m*; **~magn** N Elektromagnetismus *m*
raf|sjá F ‹-r, -r› Elektroskop *n*; **~stöð** F Elektrizitätswerk *n*; **~veita** ‹-u› Stromversorgung *f*; **~virki** M ‹-ja, -jar› Elektriker *m*; **~virkjameistari** M Elektroinstallateur *m*; **~væða** elektrifizieren
ragur feige
rák F ‹-ar, -ir› Rand *m*; Streifen *m*
raka rasieren; rechen; **~ sig** sich rasieren
rakamælir M Hygrometer *n*, Feuchtigkeitsmesser *m*
rakar|astofa F Herrenfriseursalon *m*; **~i** M ‹-a, -ar› (Herren-)Friseur *m*
rak|blað N Rasierklinge *f*; **~bursti** M Rasierpinsel *m*; **~froða** F Rasierschaum *m*; **~i** M ‹-a› Feuchtigkeit *f*; **~leiðis** geradewegs, direkt; **~sápa** F Rasierseife *f*; **~spíri** M ‹-a, -ar› Rasierwasser *n*; **~stur** M ‹-urs, -rar› Rasieren *n*; **~ur** feucht; **~vél** Rasierapparat *m*
rammi M ‹-a, -ar› Rahmen *m*
rammur scharf, bitter
rámur heiser
rán N ‹-s, -› Raub *m*, Plünderung *f*; **~dýr** **1** N Raubtier *n* **2** ADJ unverschämt teuer; **~fugl** M Raubvogel *m*
rang|eygður, ~eygur schielend; **hann er rangeygður** er schielt; **~látur** ungerecht; **~læti** N ‹-s› Ungerechtigkeit *f*; **~ur** unrichtig, verkehrt; falsch
rani M ‹-a, -ar› Rüssel *m*
rann|saka untersuchen; erforschen; **~sókn** F Untersuchung *f*
rannsóknar|aðferð F Methode *f*; **~dómari** M Untersuchungsrichter *m*; **~leiðangur** M Expedition *f*; **~lögregla** F Kriminalpolizei *f*; **~maður** M Forscher(in) *m(f)*; **~stofa** F Laboratorium *n*; **~stofnun** F Institut *n*
rányrkja F ‹-u› Raubbau *m*
rás F ‹-ar, -ir› Lauf *m*; Rinne *f*; (Radio-, Fernseh-)Programm *n*; **~ tvö** zweites Programm
rass M ‹-, -ar› Hintern *m*
rat|a den Weg finden; **~sjá** F ‹-r, -r› Radar *m/n*

rauð|a F ⟨-u, -ur⟩ Dotter *m/n*; **~hærður** rothaarig
Rauðikrossin das Rote Kreuz *n*
rauð|kál N Rotkohl *m*; **~rófa** F rote Bete *f*; **~spretta** F Scholle *f*; **~ur** rot; **~vín** N Rotwein *m*
raula leise singen, summen
raun F ⟨-ar, -ir⟩ Prüfung *f*, Erfahrung *f*; Kummer *m*; **í ~ og veru** in Wirklichkeit, in der Tat; **~alegur** traurig; **~ar** zwar; ganz sicher; **~sæisstefna** F Realismus *m*; Rationalismus *m*; **~sær** realistisch; **~verulegur** wirklich; tatsächlich; **~veruleiki** M Wirklichkeit *f*
raup N ⟨-s⟩ Prahlen *n*; **~a** prahlen
rausnarlegur großzügig, freigebig
raust F ⟨-ar, -ir⟩*literarisch* Stimme *f*: **brýna ~ sína** die Stimme laut erheben
refs|a strafen; bestrafen; **~ing** F ⟨-ar, -ar⟩ Strafe *f*; Bestrafung *f*
refur M ⟨-s, -ir⟩ Fuchs *m*
regl|a F ⟨-u, -ur⟩ Regel *f*; Ordnung *f*; **~ubundinn** regelmäßig; **~ugerð** F Verordnung *f*, Dienstvorschrift *f*; **~usamur** ordentlich; enthaltsam, mäßig; **~usemi** F (*undekl*) Ordnung *f*; Abstinenz *f*; **~ust(r)ika** F ⟨-u, -ur⟩ Lineal *n*
regn N ⟨-s⟩ Regen *m*; **~bogi** M Regenbogen *m*; **~hlíf** F Regenschirm *m*; **~kápa** F Regenmantel *m*; **~vatn** N Regenwasser *n*
reið F ⟨-ar, -ir⟩ Ritt *m*; **~ast** zornig werden; **~hestur** M Reitpferd *n*; **~hjól** N Fahrrad *n*; **~i** F (*undekl*) Zorn *m*; **~maður** M Reiter *m*; **~túr** M ⟨-s, -ar⟩ Ausritt *m*; **~ubúinn** bereit; **~ufé** N Bargeld *n*; **~ur** zornig, böse
reika wandeln; schwanken; **~ fram og aftur** umherschweifen
reikistjarna F Planet *m*
reikn|a rechnen; **~ingsdæmi** N Rechenaufgabe *f*; **~ingsnúmer** N Kontonummer *f*; **~ingsskil** NPL Rechenschaft *f*; **gera ~** Rechenschaft ablegen; **~ingur** M ⟨-s, -ar⟩ Rechnung *f*; (HANDEL *a.*) Konto *n*; (*Schule*) Rechnen *n*
reim F ⟨-ar, -ar⟩ Riemen *m*; Schnürsenkel *m*; **~leikar** MPL Spuk *m*; **~t**: **það er ~ hérna** es spukt hier
reip|dráttur M Tauziehen *n*; **~i** N ⟨-s, -⟩ Seil *n*, Tau *n*; **~rennandi** (*sprechen*) fließend; **~tog** N ⟨-s, -⟩ Tauziehen *n*
rek|a 1 F ⟨-u, -ur⟩ Spaten *m* 2 treiben; jagen, kündigen (**e-n** j-m); **~ burt** wegtreiben; **~ald** N ⟨-s, -öld⟩ Treibgut *n*; Wrack *n*; **~ast**: **~ á e-ð** ge-

gen etw stoßen; anprallen; *fig* auf etw (*akk*) stoßen; zusammenstoßen; **~aviður** M Treibholz *n*

rek|i M ‹-a, -ar› Strandgut *n*; **~ja** auf- *od* abwickeln; **~ spor** eine Spur verfolgen; **~ upp** aufribbeln

rekstrarfé N Betriebskapital *n*

rekstur M ‹-rar od -urs, -rar› Betrieb *m*; **~sfé** N Betriebskapital *n*; **~shalli** M Unterbilanz *f*

rektor M ‹-s, -ar› Schuldirektor *m*, Rektor *m*; (*Gymnasium*) Oberstudiendirektor *m*

rén|a abnehmen, nachlassen; **~un** F ‹-ar› Abnahme *f*, Rückgang *m*

rengja infrage stellen; be-, anzweifeln; anfechten

renna **1** F ‹-u, -ur› Rinne *f* **2** V/I fließen; rinnen; gleiten; **~ niður** (ver)schlucken; **sólin rennur** *od* **kemur upp** die Sonne geht auf **3** *a.* *v/t* fließen lassen, laufen lassen, TECH drehen

rennblautur patschnass

renni|hurð F Schiebetür *f*; **~lás** M Reißverschluss *m*; **~tjald** N Rollo *n*

rent|a F ‹-u, -ur› Zins *m*; **~urentur** FPL Zinseszinsen *pl*

rétt recht; **~ áðan** soeben, gerade; **~a** **1** F ‹-u, -ur› rechte Seite (*Stoff*) **2** reichen; gerade richten; korrigieren; **~ sig upp** sich aufrichten; **~ úr sér** sich ausstrecken

réttar|far N Gerichtswesen *n*; **~hald** N **~höld** PL Gerichtsverhandlung *f*

rétt|hyrndur rechtwinklig; **~hyrningur** M ‹-s, -ar› Rechteck *n*; **~indi** NPL Berechtigung *f*, Recht *n*; (behördliche) Erlaubnis; **~látur** gerecht; **~læta** rechtfertigen; **~læti** N ‹-s› Gerechtigkeit *f*; **~læting** F ‹-ar› Rechtfertigung *f*; **~mætur** berechtigt; wohlverdient; **~ritun** F ‹-ar› Rechtschreibung *f*; **~ur** **1** M ‹-ar, -ir› Recht *n*; Berechtigung *f*; Gericht *n*; Speise *f*; **tilbúinn réttur** Fertiggericht *n* **2** ADJ richtig; **~vísi** F (*undekl*) Gerechtigkeit *f*

reyk|elsi N ‹-s› Weihrauch *m*; **~háfur** M ‹-s, -ar› Schornstein *m*; **~ingamaður** M Raucher(in) *m(f)*; **~ja** rauchen; räuchern; **~laus maður** *m* Nichtraucher *m*, **~laus kona** *f* Nichtraucherin *f*; **~tóbak** N Pfeifentabak *m*; **~tur** geräuchert; **~ur** M ‹-jar, -ir› Rauch *m*

Reykvíkingur M ‹-s, -ar› Einwohner *m* von Reykjavik

reykvískur ADJ aus Reykjavik

reyn|a erfahren; versuchen; **~ á sig** sich anstrengen; **~ast** sich bewähren; **~d** F ‹-ar, -ir› Erfahrung *f*; Wirklichkeit *f*; **~dar** zwar; gewiss; übri-

gens
reyni|ber N Vogelbeere *f*; **~r** M ‹-s› Eberesche *f*
reynsl|a F ‹-u, -ur› Erfahrung *f*; **til reynslu** auf Probe; **~ulaus** unerfahren; **~uleysi** N ‹-s› Unerfahrenheit *f*; **~utími** M Probezeit *f*; JUR Bewährungsfrist *f*
reyr M ‹-s› Rohr *n*, Schilf *n*; **~a** festbinden
ribs|ber N Rote Johannisbeere *f*; **~berjarunnur** M Johannisbeerstrauch *m*
riddari M ‹-a, -ar› Ritter *m*; (*Schach*) Springer *m*
riða zittern; wanken
ríða reiten; (*umg*) bumsen, vögeln; **það ríður á e-u** etw ist wichtig
riðstraumur M Wechselstrom *m*
rif N ‹-s, -› Rippe *f*; SCHIFF Sandbank *f*; **~a** F ‹-u, -ur› Riss *m*; (*Holz*) Spalte *f*
rífa V/T (zer)reißen; abreißen; **~ niður** zerstören; **~ upp** aufreißen, öffnen; **~st** sich zanken, sich streiten
riffill M ‹-ils, -lar› Gewehr *n*
ríflegur reichlich
rifna V/I (zer)reißen, bersten, platzen
rift|a annullieren; (*Versprechen*) brechen; **~ing** F ‹-ar› Annullierung *f*; (*Versprechen*) Bruch *m*
rign|a regnen; **~ing** F ‹-ar, -ar› Regen *m*; **~ingarlegur**: **það er rigningarlegt** es sieht nach Regen aus; **~ingarvatn** N Regenwasser *n*
ríki N ‹-s, -› Staat *m*, Reich *n*; **~sarfi** M Kronprinz *m*, Thronerbe *m*; **~sborgararéttur** M Staatsangehörigkeit *f*; **~sborgari** M Staatsangehörige(r) *m*/*f*(*m*); **~ssjóður** M Staatskasse *f*; **~sstjórn** F Regierung *f*; **~sstyrkur** M staatliche Unterstützung *od* Beihilfe; **~svald** N Staatsgewalt *f*
ríkja herrschen; **~samband** N Staatenbund *m*
ríkur reich; wohlhabend
rím N ‹-s› Reim *m*; **~a** reimen
rimlagluggatjald N Jalousie *f*
Rín F *od* **Rínarfljót** N ‹-ar› Rhein *m*
ring|laður verwirrt; **~ulreið** F ‹-ar› Chaos *n*
rísa sich erheben; (*Stadt*) entstehen
ris|avaxinn riesengroß; **~hæð** F Dachgeschoss *n*; **~i** M ‹-a, -ar› Riese *m*
risna F ‹-u› Repräsentation *f*
rissa skizzieren
rista ritzen; toasten; **~ð brauð** *n* Toast *m*
rit N ‹-s, -› Schrift *f*; **~a** schreiben; verfassen; **~ari** M ‹-a, -ar› Sekretär(in) *m*(*f*); **~dómari** M Kritiker *m*, Rezensent *m*; **~frelsi** N Pressefreiheit *f*; **~föng** NPL Schreib-

waren *pl*; **~gerð** F Aufsatz *m*; Abhandlung *f*; **~höfundur** M Schriftsteller *m*; **~hönd** F Handschrift *f*, Schrift *f*
ritning F ⟨-ar, -ar⟩ Bibel *f*; **heilög ~** die Heilige Schrift *f*
rit|safn N gesammelte Werke *pl*; **~skoðun** F Zensur *f*; **~stjóri** M ⟨-a, -ar⟩ Redakteur *m*; **~stjórn** F Redaktion *f*; **~stjórnargrein** F Leitartikel *m*; **~vél** F Schreibmaschine *f*; **~villa** F Rechtschreibfehler *m*
rjóður **1** N ⟨-s, -⟩ Lichtung *f* **2** rotbackig
rjómi M ⟨-a⟩ Sahne *f*, Rahm *m*; **þeyttur ~** Schlagsahne *f*
rjúka rauchen; dampfen; fahren; **~ á e-n** auf j-n losfahren; **~ af stað** fortstürzen; **~ upp** auffahren; **~ndi** dampfend; **vita ekki sitt ~ráð** weder aus noch ein wissen
rjúpa F ⟨-u, -ur⟩ Schneehuhn *n*
ró F **1** ⟨-ar⟩ Ruhe *f* **2** ⟨-ar, rœr⟩ TECH Schraubenmutter *f*; **~a** **1** V/I rudern **2** V/T beruhigen; **~andi** beruhigend; **~ lyf** *n* Beruhigungsmittel *n*
roð|i M ⟨-a, -ar⟩ Morgenröte *f*; Abendrot *n*; **~na** erröten
róður M ⟨-rar, -rar⟩ Rudern *n*; Fangfahrt *f*
róf|a F ⟨-u, -ur⟩ Schwanz *m*; (*Gemüse*) Steckrübe *f*; **~ustappa** F Steckrübenbrei *m*
rofi M ⟨-a, -ar⟩ ELEK Schalter *m*
rógber|a verleumden; **~i** M ⟨-a, -ar⟩ Verleumder *m*
rógburður M ⟨-ar⟩ Verleumdung *f*
rok N ⟨-s, -⟩ heftiger Sturm; **~hviða** F heftiger Windstoß
rokkur M ⟨-s, -ar⟩ Spinnrad *n*
róla **1** F ⟨-u, -ur⟩ Schaukel *f* **2** schaukeln
ró|legur ruhig; **~lyndi** N ⟨-s⟩ Gemütsruhe *f*; **~lyndur** phlegmatisch, ruhig
Rómaborg F Rom *n*
rómanskur romanisch
rómantí|k F ⟨-ur⟩ Romantik *f*; **~skur** romantisch
romm N ⟨-s⟩ Rum *m*
rómur M ⟨-s⟩ Stimme *f*; **einum rómi** einstimmig
rómverskur römisch
róni M ⟨-a, -ar⟩ Stadtstreicher *m*; *sl* Trunkenbold *m*
rop|a aufstoßen; rülpsen; **~i** M ⟨-a, -ar⟩ Aufstoßen *n*
rós F ⟨-ar, -ir⟩ Rose *f*; **~akál** N Rosenkohl *m*
roskinn: **~ maður** älterer Herr
rostungur M ⟨-s, -ar⟩ Walross *n*
rot N ⟨-s⟩ Bewusstlosigkeit *f*; **slá e-n í ~** j-n bewusstlos schlagen
rota → rot
rót F ⟨-ar, rœtur⟩ Wurzel *f*; **~gróinn** *fig* verwurzelt;

~laus entwurzelt; **~tækur** radikal
rotna verfaulen, verwesen; verrotten
rott|a F ⟨-u, -ur⟩ Ratte *f*
rotvarnarefni N Konservierungsmittel *n*
rudd|alegur brutal, grob; **~i** ⟨-a, -ar⟩ Rohling *m*
rúð|a F ⟨-u, -ur⟩ Fensterscheibe *f*; **~ugler** N Fensterglas *n*
rúgbrauð N Schwarzbrot *n*; Roggenbrot *n*
rugga V/I schlingern; *v/t* (*Kind*) wiegen, schaukeln
ruggustóll M Schaukelstuhl *m*
rugl N ⟨-s⟩ Unsinn *m*
rugla verwirren, durcheinanderbringen; **~ður** verwirrt; *fig* umnebelt
ruglingur M ⟨-s⟩ Unordnung *f*; Durcheinander *n*
rúg|mjöl N Roggenmehl *n*; **~ur** M ⟨-s⟩ Roggen *m*
rukk|a mahnen; **~ inn** (*Geld*) eintreiben; **~ari** M ⟨-a, -ar⟩ Gelderheber *m*; **~un** F ⟨-unar, -anir⟩ Mahnung *f*
rúllur FPL Lockenwickler *mpl*
rúm N ⟨-s, -⟩ Bett *n*; Platz *m*, Raum *m*; **liggja í ~inu** das Bett hüten; **ryðja sér til ~s** sich durchsetzen; **~fatnaður** M, **~föt** NPL Bettzeug *n*; **~fræði** Geometrie *f*; **~góður** geräumig; **~lega** etwas mehr; **~ 10** kurz nach 10 Uhr; **~lest** F SCHIFF (Register-)Tonne *f*; **~mál** N Hohlmaß *n*; **~metri** M Kubikmeter *m*; **~sjór** M: **úti á rúmsjó** auf hoher See; **~tak** N Rauminhalt *m*; Volumen *n*; **~ur** geräumig
rún F ⟨-ar, -ir⟩ Rune *f*; **~aletur** N Runenschrift *f*; **~asteinn** M Runenstein *m*
runn|i M ⟨-a, -ar⟩, **~ur** M ⟨-s, -ar⟩ Gebüsch *n*; Busch *m*
rúsína F ⟨-u, -ur⟩ Rosine *f*
rusl N ⟨-s⟩ Müll *m*; Abfall *m*; Schund *m*; Gerümpel *n*; **~afata** F Mülleimer *m*; **~akompa** F ⟨-u, -ur⟩ Rumpelkammer *f*; **~atunna** F Mülltonne *f*
Rúss|i M ⟨-a, -ar⟩ Russe *m*; **~land** N Russland *n*
rúss|neska F ⟨-u⟩ Russisch *n*; **~neskur** russisch
rúst F ⟨-ar, -ir⟩ Ruine *f*; **~ir** PL Trümmer *pl*
rút|a F ⟨-u, -ur⟩ Route *f*; Reisebus *m*; Überlandlinienbus *m*; **~ubíll** M Reisebus *m*
ryð N ⟨-s⟩ Rost *m*; **~ga** rosten; **~gaður** rostig; verrostet
ryðja wegräumen; roden; **~ e-u braut** etw anbahnen; **~ e-u úr vegi** etw aus dem Wege räumen
ryk N ⟨-s⟩ Staub *m*
rykkur M ⟨-s, -ir⟩ Ruck *m*
ryk|suga F ⟨-u, -ur⟩ Staubsauger *m*; **~ugur** staubig
rým|a räumen; **~ fyrir e-m** j-m Platz machen; **~ til** Platz

machen; aufräumen; **~ingarsala** F Ausverkauf *m*
rýr klein; gering, schmal; (*Vieh*) mager; **~a** kürzen, schmälern; **~na** abnehmen; einschrumpfen
rýtingur M ‹-s, -ar› Dolch *m*
ræða 1 F ‹-u, -ur› Rede *f*; Predigt *f*; **halda ræðu** e-e Rede halten 2 sprechen, reden
ræðis|maður M Konsul *m*; **~mannsskrifstofa** F Konsulat *n*
ræðu|maður M Redner *m*; **~pallur** M, **~stóll** M Rednerpult *n*
rægja verleumden
rækilegur gründlich, tüchtig
rækja 1 F ‹-u, -ur› Garnele *f*, Krabbe *f* 2 pflegen; wahren; (*Amt*) versehen
rækt F ‹-ar› Pflege *f*; Anbau *m*; Zucht *f*; **~a** züchten; (*Korn*) (an)bauen; (*Land*) urbar machen; **~un** F ‹-unar, -anir› Züchtung *f*; Anbau *m*; Urbarmachung *f*
ræn|a 1 F ‹-u› Bewusstsein *n* 2 rauben, plündern; **~ingi** M ‹-ja, -jar› Räuber *m*; **~ulaus** bewusstlos
ræsi N ‹-s, -› Rinnstein *m*; Entwässerungsrinne *f*; Kloake *f*; Abwässerkanal *m*; **~r** M ‹-s, -ar› *Mechanik*: Anlasser *m*; Starter *m*
ræskja: **~ sig** sich räuspern
ræsti|duft N Scheuerpulver *n*; **~ng** F ‹-ar› Reinemachen *n*; **~ngarkona** F Reinemachefrau *f*; Putzfrau *f*
rætast in Erfüllung gehen
rödd F ‹raddar, raddir› Stimme *f*
röð F ‹raðar, raðir› Reihe *f*
röðun F ‹-ar› Aufstellung *f*; Ordnung *f*
rök NPL Gründe *pl*, Argumente *pl*; **~fræði** F Logik *f*; **~færsla** F ‹-u, -ur› Beweisführung *f*
rökkur N ‹-s› Dämmerung *f*, Zwielicht *n*
rök|réttur logisch; **~ræða** diskutieren; **~styðja** motivieren, begründen
rönd F ‹randar, rendur› Kante *f*, Rand *m*; Streifen *m*; **~óttur** gestreift
rör N ‹-s, -› Rohr *n*
röskur rasch, energisch

S

sá (sú, það) 1 DEM PR der (die, das) 2 säen
saddur satt
sáð N ‹-s› Samen *m*; Saat *f*
saf|amikill saftig; **~i** M ‹-a, -ar› Saft *m*
safn N ‹-s, söfn› Sammlung *f*; Museum *n*; **~a** sammeln; einsammeln; **~ari** M ‹-a, -ar› Sammler *m*; **~gripur** M Mu-

seumsstück *n*; Exponat *n*; **~heiti** N GRAM Kollektiv *n*; **~hús** N Museumsgebäude *n*; **~vörður** M Museumsleiter *m*; Museumswärter *m*

saft F ⟨-ar⟩ Fruchtsaft *m*

saga **1** F ⟨sögu, sögur⟩ Geschichte *f*; Erzählung *f*; Roman *m*; Saga *f* **2** sägen

sagna|ritari M Geschichtsschreiber *m*; Chronist *m*; **~ritun** F Geschichtsschreibung *f*

sagnfræði F Geschichtsforschung *f*; **~legur** historisch; **~ngur** M ⟨-s, -ar⟩ Historiker *m*

saka anklagen; schaden; **~ e-n um e-ð** j-n e-r Sache beschuldigen; **það ~r ekki** es schadet nicht; **~dómari** M Strafrichter *m*; **~mál** N Strafprozess *m*; Strafsache *f*; **~málsrannsókn** F Untersuchung *f*; **~raðili** M JUR Partei *f*

sak|bera anklagen; **~borningur** M ⟨-s, -ar⟩ Angeklagte(r) *m*/*f*(*m*); **~laus** unschuldig; **~leysi** N ⟨-s⟩ Unschuld *f*; **~na** (**e-s** etw) vermissen; nachtrauern

sak|sókn F Strafverfolgung *f*; (gerichtliche) Klage; **~sóknari** M ⟨-a, -ar⟩ Kläger *m*, Ankläger *m*; **~ ríkisins** Staatsanwalt *m*

sál F ⟨-ar, -ir⟩ Seele *f*; **~ast** sterben

sala F ⟨sölu, sölur⟩ Verkauf *m*, Absatz *m*

salat N ⟨-s, -löt⟩ Salat *m*

salerni N ⟨-s, -⟩ Toilette *f*

sál|fræði F Psychologie *f*; **~fræðingur** M ⟨-s, -ar⟩ Psychologe *m*; **~greining** F ⟨-ar, -ar⟩ Psychoanalyse *f*

sálmur M ⟨-s, -ar⟩ Psalm *m*

salt N ⟨-s, sölt⟩ Salz *n*; **~a** salzen; pökeln; **~fiskur** M Klippfisch *m*; **~kjöt** N Pökelfleisch *n*; **~síld** F Salzhering *m*; **~ur** salzig

sálugur selig, gestorben

salur M ⟨-s od -ar, -ir⟩ Saal *m*

sam|ábyrgð F gemeinsame Bürgschaft *f*; **~ábyrgur** gemeinsam verantwortlich; **~an** zusammen; **~anbera** vergleichen; **~anburður** M ⟨-ar, -ir⟩ Vergleich *m*; **~andreginn** kurzgefasst; **~anlagður** zusammengelegt; zusammengerechnet; **að öllu samanlögðu** alles in allem; alles zusammengerechnet; **~anstanda** bestehen (**af** aus)

samastaður M Aufenthaltsort *m*; Zufluchtsort *m*

samband N Verbindung *f*; Bund *m*; Union *f*

Sambandslýðveldi Þýskalands Bundesrepublik Deutschland (*abk* BRD)

sambands|ríki N Bundesstaat *m*; **~þing** N Bundestag *m*

sam|borgari M Mitbürger *m*;

~búð F Zusammenleben *n*; **~býli** N ⟨-s, -⟩ Hausgemeinschaft *f*; **~bærilegur** vergleichbar; **~dægurs** am gleichen Tag; **~eiginlegur** gemeinsam; **~eina** verein(ig)en, zusammenfügen

Sameinuðu þjóðirnar FPL die Vereinten Nationen *pl*

sam|farir FPL Geschlechtsverkehr *m*; **~ferða** gemeinsam reisen; **~ferðafólk** N Mitreisende *pl*; **~ferðamaður** M Mitreisende *m*; **~fylgd** F ⟨-ar, -ir⟩ Begleitung *f*; **~göngumál** NPL Verkehrswesen *n*; **~göngumálaráðherra** M Verkehrsminister *m*; **~göngur** FPL Verkehr *m*; **~heldni** F (*undekl*) Zusammenhalt *m*; Solidarität *f*; **~hengi** N ⟨-s, -⟩ Zusammenhang *m*; **~hljóði** M Konsonant *m*; **~hljómur** M Harmonie *f*; **~i** derselbe; **~keppni** F Konkurrenz *f*; **~koma** F Versammlung *f*; **~komuhús** N Versammlungshaus *n*

samkomulag N Übereinkommen *n*; Verständigung *f*; Vereinbarung *f*

sam|kvæmi N ⟨-s, -⟩ Party *f*, Festlichkeit *f*, Gesellschaft *f*; **~kvæmt** gemäß, nach, entsprechend, laut, kraft; **~kynhneigður** homosexuell; **~lagning** F ⟨-ar, -ar⟩ Addition *f*; **~landi** M Landsmann *m*; **~líking** F Vergleich *m*; **~loka** F ⟨-u, -ur⟩ Doppelschnitte *f*, Sandwich *n*; **~lyndi** N ⟨-s⟩ Einigkeit *f*; **~mála** einig

samning|saðili M Vertragspartner(in) *m(f)*; **~srof** N Vertragsbruch *m*; **~ur** M ⟨-s, -ar⟩ Vertrag *m*

sam|ræður FPL Unterhaltung *f*, Gespräch *n*; **~ræmi** N ⟨-s⟩ Übereinstimmung *f*; **~setning** F Zusammensetzung *f*; **~sinna** zustimmen, beipflichten; **~skipti** NPL Umgang *m*, Beziehungen *pl*; **~skonar** gleichartig; **~starf** N Zusammenarbeit *f*; **~starfsaðili** M Partner(in) *m(f)*; **~steypustjórn** F Koalitionsregierung *f*; **~stundis** sofort; gleichzeitig; **~svara** entsprechen; **~svarandi** entsprechend; **~særi** N Verschwörung *f*, Komplott *n*

samt trotzdem; **~ sem áður** indessen, jedoch

sam|tal N Gespräch *n*; **~tals** insgesamt; **~tenging** F GRAM Konjunktion *f*; **~tíðarmaður** M Zeitgenosse *m*; **~tímis** parallel (*zeitl.*); **~tök** NPL Verein *m*; Zusammenschluss *m*; **~úð** F ⟨-ar⟩ Anteilnahme *f*, Sympathie *f*; **~ur** gleich, derselbe; **mér er sama** es ist mir gleichgültig; **~vera** F Zusammensein *n*; **~vinna** F Zusammenarbeit *f*; **~vinnufélag** N Genossen-

schaft *f*
samvisk|a F ⟨-u⟩ Gewissen *n*; **~ubit** N Gewissensbiss *m* (*meist pl*); **~ulaus** gewissenlos; **~usamur** gewissenhaft; **~usemi** F (*undekl*) Gewissenhaftigkeit *f*
sam|vist F ⟨-ar, -ir⟩ Zusammenleben *n*; Zusammenwohnen *n*; **~þykki** N ⟨-s⟩ Zustimmung *f*; **~þykkja** zustimmen; einwilligen; genehmigen; **~þykkur** einverstanden
sána F ⟨-u, -ur⟩ Sauna *f*
sand|alda F Düne *f*, Sandhügel *m*; **~auðn** F Sandwüste *f*; **~blástur** M, **~fok** N ⟨-s⟩ Sandsturm *m*; **~hverfa** F ⟨-u, -ur⟩ Steinbutt *m*; **~ur** M ⟨-s, -ar⟩ Sand *m*; Sandküste *f*; Strand *m*; Sandwüste *f*
sanna beweisen; **~rlega** wahrlich, wirklich
sann|færa überzeugen; **~færing** F ⟨-ar, -ar⟩ Überzeugung *f*; **~girni** F (*undekl*) Gerechtigkeit *f*; **~gjarn** gerecht; angemessen; **~indi** NPL Wahrheit *f*; Beweis *m*; **~leiksást** F Wahrheitsliebe *f*; **~leikur** M Wahrheit *f*; **~orður, ~sögull** die Wahrheit sagend; **~prófa** überprüfen; **~trúaður** rechtgläubig; **~ur** wahr
sáp|a F ⟨-u, -ur⟩ Seife *f*; **~ukúla** F Seifenblase *f*
sár **1** N ⟨-s, -⟩ Wunde *f* **2** schmerzhaft; verwundet; *fig* verbittert; **~fátækur** bettelarm; **~na** sich grämen; **~sauki** M ⟨-a⟩ Schmerz *m*
sátt F ⟨-ar, sættir⟩ Versöhnung *f*; JUR Vergleich *m*; **~asemjari** M ⟨-a, -ar⟩ JUR (*bei Streiks*) Schlichter *m*; **~fús** versöhnlich; **~fýsi** F (*undekl*) Versöhnlichkeit *f*; **~ur** versöhnt; zufrieden
sauð|argæra F ⟨-u, -ur⟩ Schaffell *n*; **~fé** N, **~fénaður** M Schafe *pl*; **~fjárrækt** F Schafzucht *f*; **~kind** F Schaf *n*; **~ur** M ⟨-ar, -ir⟩ Hammel *m*
saum|a nähen; **~adót** N Nähzeug *n*; **~akona** F Näherin *f*; **~askapur** M ⟨-ar⟩ Nähen *n*; **~avél** F Nähmaschine *f*; **~nál** F Nähnadel *f*; **~ur** M ⟨-s, -ar⟩ Naht *f*
saur M ⟨-s⟩ Schmutz *m*; Kot *m*, Exkrement *n*
saxa hacken
Sax|elfur F Elbe *f*; **~i** M ⟨-a, -ar⟩ Sachse *m*; **~land** N Sachsen *n*
saxneskur sächsisch
seð|ill M ⟨-ils, -lar⟩ Zettel *m*; (Bank-)Note *f*, Schein *m*; **~ja** sättigen; **~labanki** M Notenbank *f*; **~laveski** N Brieftasche *f*
sef N ⟨-s⟩ Schilf *n*; **~a** beruhigen; **~ja** suggerieren; **~jun** F ⟨-unar, -anir⟩ Suggestion *f*
segja sagen, bemerken, äußern; mitteilen; **~ frá** erzäh-

len; ~ **til vegar** den Weg erklären; ~ **e-m upp** j-m kündigen; j-n entlassen
segl N ⟨-s, -⟩ Segel *n*; **~bátur** M Segelboot *n*; **~skip** N Segelschiff *n*
segul|afl N Magnetismus *m*; **~l** M ⟨-uls, -lar⟩ Magnet *m*; **~magn** N → segulafl
seiði N ⟨-s, -⟩ Fischbrut *f*
seigur zäh (*a. Fleisch*); ausdauernd, beharrlich
seilast: ~ **eftir e-u** nach etw greifen
seinastur der letzte, letzter
seinka verspäten; **flugvélinni hefur ~ð** das Flugzeug hat sich verspätet; ~ **klukkunni** die Uhr zurückstellen; **klukkan ~r sér** die Uhr geht nach
seinkun F ⟨-unar, -anir⟩ Verspätung *f*
seinn spät; langsam; **það má ekki ~a vera** es ist höchste Zeit
sekkur M ⟨-jar, -ir⟩ Sack *m*
sekt F ⟨-ar, -ir⟩ Schuld *f*; Strafe *f*; **~a**: ~ **e-n** j-n zu e-r Geldstrafe verurteilen
sekúnd|a F ⟨-u, -ur⟩ Sekunde *f*; **~uvísir** M Sekundenzeiger *m*
sekur schuldig; **dæma sekan** für schuldig erklären
selja verkaufen; ~ **á leigu** verpachten; ~ **upp** erbrechen, sich übergeben; **~ndi** M ⟨-anda, -endur⟩ Verkäufer *m*; **~nlegur** verkäuflich
selta F ⟨-u⟩ Salzgehalt *m*
sel|ur M ⟨-s, -ir⟩ Seehund *m*, Robbe *f*; **~veiði** F Robbenfang *m*
sem **1** REL PR der (die, das), welcher (welche, welches) **2** KONJ wie; als ob
sement N ⟨-s⟩ Zement *m*
semíkomma F Semikolon *n*
semja ausarbeiten; verfassen; verhandeln; ~ **frið** Frieden schließen; ~ **lag** komponieren
senda schicken, senden; ~ **eftir e-m** nach j-m schicken; **~ndi** M ⟨-anda, -endur⟩ Absender *m*
sendi|boði M ⟨-a, -ar⟩ Bote *m*; **~bréf** N Brief *m*; **~ferð** F Mission *f*; Besorgung *f*; Botengang *m*; **~fulltrúi** M *Diplomatie*: Geschäftsträger *m*; **~herra** M Botschafter *m*; **~kennari** M Lektor *m*; **~ll** M ⟨-ils, -lar⟩ Laufbursche *m*; **~nefnd** F Abordnung *f*, Delegation *f*; **~ng** F ⟨-ar, -ar⟩ Sendung *f*; Lieferung *f*
sendiráð N Botschaft *f*; **~sritari** M Botschaftssekretär *m*
senni|legur wahrscheinlich; **~leiki** M ⟨-a⟩ Wahrscheinlichkeit *f*
sentimetri M Zentimeter *m*
september M (*undekl*) September *m*; **~lok** NPL Ende September
sér REFL PR sich; **af sjálfu ~** von allein; ~ **herbergi** *n* Zimmer *n*

für sich allein; ~ **í lagi** besonders

séra (*undekl*) (*Anrede u. Titel*) Pastor; Hochwürden

sér|fróður sachverständig; **~fræðingur** M ‹-s, -ar› Sachverständige(r) *m/f(m)*, Spezialist *m*; **~góður** selbstsüchtig; **~grein** F Fachgebiet *n*, Spezialgebiet *n*; **~hlífinn** wer sich selbst schont; **~hljóð** N, **~hljóði** M ‹-a, -ar› Vokal *m*; **~hver** jeder; **~hæfa** spezialisieren; **~kenni** N ‹-s, -› Eigenart *f*; Kennzeichen *n*; **~kennilegur** sonderbar, eigentümlich

sér|leyfi N Lizenz *f*, Franchise *f*, Sondergenehmigung *f*, Konzession *f*; **~menntun** F Spezialisierung *f*, Fachausbildung *f*; **~nám** N Fachstudium *n*; **~prentun** F Sonderdruck *m*; **~réttindi** NPL Privileg *n*; **~réttur** (*Gericht*) Spezialität *f*; **hangikjöt er íslenskur sérréttur** geräuchertes Lammfleisch ist eine isländische Spezialität; **~staða** F Sonderstellung *f*; **~staklega** insbesondere, besonders

sér|stök(**~stakur, ~stakt**) besondere(r, s); **~svið** N Spezialgebiet *n*; **~trúarflokkur** M Sekte *f*

servíetta F ‹-u, -ur› Serviette *f*

sérvitur eigenbrötlerisch; originell

sérþekking F Spezialkenntnisse *pl*

sessa F ‹-u, -ur› Sitzkissen *n*

setja setzen, stellen; legen; **~st** sich setzen; (*Sonne*) untergehen; ~ **að** sich niederlassen; **~ri** M ‹-a, -ar› Setzer *m*

setning F ‹-ar, -ar› Satz *m*; Eröffnung *f*; **~arfræði** F Syntax *f*; **~armerki** N Satzzeichen *n*

setu|lið N Besatzung *f*, Besatzungstruppen *pl*; **~r** N ‹-s, -› Sitz *m*, Residenz *f*

sí- *in Zssg*(N) stets, ständig

sía 1 F ‹-u, -ur› Sieb *n*; Filter *m* 2 sieben; filtern, filtrieren

siða erziehen; **~bót** F Reformation *f*

síð|an 1 KONJ nachdem; seit (-dem); **það er langt síðan...** es ist lange her, seitdem ...; **ég er búinn að bíða síðan klukkan átta** ich warte schon seit acht Uhr 2 ADV dann, darauf; **hún fór fyrst á bíó og síðan á kaffihús** sie ist zuerst ins Kino gegangen und dann ins Café

siðaskipti NPL Reformation *f*

síð|degi N ‹-s, -› Nachmittag *m*; **~degis** nachmittags

sið|fágaður kultiviert, zivilisiert; **~ferði** N ‹-s› Moral *f*; **~ferðilegur** moralisch; **~fræði** F Ethik *f*; **~fræðilegur** ethisch

síðla spät

sið|leysi N ‹-s, -› Barbarei *f*;

Unsittlichkeit *f*; **~menning** F Zivilisation *f*; **~spilla** demoralisieren; **~ur** M ‹-s od -ar, -ir› Brauch *m*, Sitte *f*
síður 1 ADJ lang; **~ kjóll** *m* langes Kleid, Abendkleid *n* 2 ADV weniger, geringer; weniger gern; **eigi að ~** nichtsdestoweniger
sig REFL PR sich; **út af fyrir ~** an sich; für sich
síga sinken; **láta undan ~** nachgeben
sígaretta F ‹-u, -ur› Zigarette *f*
sigð F ‹-ar, -ir› Sichel *f*
sígildur klassisch; **~ höfundur** *m* Klassiker *m*
sígrænn immergrün
sigl|a (*Schiff*) fahren; (*Sport*) segeln; **~ing** F ‹-ar, -ar› Fahrt *f*; Seereise *f*; Segeln *n*; *pl a.* **~ingar** Schifffahrt *f*
sig|ra (be)siegen; **~rihrósandi** triumphierend; **~ur** M ‹-urs, -rar› Sieg *m*; **~urvegari** M ‹-a, -ar› (*Sport*) Sieger *m*, Gewinner *m*
síki N ‹-s, -› Kanal *m*, Graben *m*
síld F ‹-ar, -ir› Hering *m*; **~veiðar** FPL Heringsfang *m*
silfur N ‹-s› Silber *n*
silki N ‹-s› Seide *f*; **~tvinni** M Nähseide *f*
silungur M ‹-s, -ar› Forelle *f*
síma|klefi M ‹-a, -ar› Telefonzelle *f*; **~númer** N Telefonnummer *f*; **~reikningur** M Telefonrechnung *f*; **~skrá** F Telefonbuch *n*
sím|i M ‹-a, -ar› Telefon *n*, Fernsprecher *m*; **~net** N Telefonnetz *n*; **almennt símnet** Festnetz *n*; **~leiðis** telefonisch; **~svari** M Anrufbeantworter *m*; **~tal** N Telefongespräch *n*; **símtal til útlanda** Auslandsgespräch
sin F ‹-ar, -ar› Sehne *f*
sindra Funken *mpl* sprühen
sinn 1 POSS PR sein; **~ hvorum megin** jeder auf seiner Seite 2 N ‹-s, -› Mal *n*; **í þetta ~** diesmal; **um ~** eine Zeit lang; **einhverju ~i** (irgend)einmal; **einu ~i** einmal, einst
sinnep N ‹-s› Senf *m*
síst am allerwenigsten
sitja sitzen; **~ á sér** sich beherrschen; **~ndi** M ‹-a› Gesäß *n*
sítróna F ‹-u, -ur› Zitrone *f*
sí|valningur M ‹-s, -ar› Zylinder *m*; **~valur** zylinderförmig
sjá sehen; einsehen, verstehen; **~ aftur** wiedersehen; **~ eftir** bereuen; **~ til** abwarten; **~ um e-ð** für etw sorgen, etw besorgen; **~aldur** N ‹-alds, -öldur› Pupille *f*; **~anlegur** sichtbar; (*Vorteil*) ersichtlich; erkennbar
sjal N ‹-s, sjöl› Schultertuch *n*
sjald|an ADV selten; **~gæfur**

selten, rar
sjálf|a F ‹-› Selfie *n*; **~boðaliði** M ‹-a, -ar› Freiwillige(r) *m/f(m)*; **~krafa** spontan, automatisch; **~menntaður** selbstgebildet, selbstgelehrt; **~ maður** *m* Autodidakt *m*; **~ræði** N ‹-s› Mündigkeit, Autonomie *f*; **~sagður** selbstverständlich; **~sali** M ‹-a, -ar› Automat *m*
sjálfs|álit N Selbstbewusstsein *n*; **~blekking** F Selbstbetrug *m*; **~elska** F ‹-u› Egoismus *m*; **~elskur** egoistisch; **~morð** N Selbstmord *m*; **~sefjun** F Autosuggestion *f*; autogenes Training *n*; **~skipting** F (*Auto*) Automatik(schaltung) *f*; **~stjórn** F Selbstverwaltung *f*; Selbstbeherrschung *f*; **~traust** N Selbstvertrauen *n*
sjálfstæði N Selbstständigkeit *f*; Unabhängigkeit *f*
sjálfstæður selbstständig; unabhängig
sjálfs|virðing F Selbstachtung *f*; **~vörn** F Selbstverteidigung *f*; **~ævisaga** F Autobiografie *f*
sjálf|ur selbst, selber; **~viljugur** freiwillig; **~virkur** automatisch
sjampó N Shampoo *n*
sjást sich sehen, treffen, gesehen werden
sjávar|afli M Fischfang *m*; **~afurðir** FPL Fischereiprodukte *pl*; **~botn** M Meeresboden *m*; **~flötur** M Meeresspiegel *m*; **~háski** M Seenot *f*; **~mál** N Meeresspiegel *m*; **~pláss** N Fischerdorf *n*; **~strönd** F Meeresstrand *m*; **~útvegur** M ‹-s› Fischerei *f*; **~þorp** N Fischerdorf *n*
sjóða kochen; sieden
sjóð|ur M ‹-s, -ir› Fonds *m*; Kasse *f*; **eiga peninga í sjóði** Geld auf der Bank haben
sjó|ferð F Seereise *f*; **~gangur** M Seegang *m*; **~her** M Marine *f*; **~kort** N Seekarte *f*; **~leiðis** auf dem Seewege; **~liði** ‹-a, -ar› M Matrose *m*; **~maður** M Seemann *m*; **~míla** F Seemeile *f*
sjón F ‹-ar, -ir› Sehvermögen *n*; Anblick *m*; (*Vision*) Erscheinung *f*; **~arhorn** N Blickwinkel *m*, Gesichtspunkt *m*; **~armið** N Standpunkt *m*, Ansicht *f*; **~arsvið** N Schauplatz *m*; **~arvottur** M Augenzeuge *m*
sjón|auki M ‹-a, -ar› Fernrohr *n*, Fernglas *n*; **~dapur** schwachsichtig; **~deildarhringur** M Horizont *m*; **~hverfingamaður** M Zauberer *m*; **~laus** blind; **~leikur** M Schauspiel *n*, Theaterstück *n*; **~mál** N SCHIFF Sicht *f*; **~tækjafræðingur** M Optiker(in) *m(f)*; **~varp** N Fernsehen *n*, Fernseher *m*; **~varpa** (e-u etw) (*Fernsehen*)

ausstrahlen; **~varpsdagskrá** F Fernsehprogramm *n*; **~varpsskermur** M ⟨-s, -ar⟩ Bildschirm *m*; **~varpstæki** N Fernseher *m*
sjóor(r)usta F Seeschlacht *f*
sjó|r M ⟨-s od -ar⟩ See *f*, Meer *n*; **~réttur** M Seerecht *n*; **~ræningi** M ⟨-ja, -jar⟩ Seeräuber *m*; **~skaði** M, **~tjón** N Havarie *f*, Seeschaden *m*; **~veiki** F Seekrankheit *f*; **~veikur** seekrank
sjúga saugen, lutschen; **gefa að ~** stillen, säugen
sjúkdóm|afræði F Pathologie *f*; **~seinkenni** N Symptom *n*, Krankheitszeichen *n*; **~sgreining** F Diagnose *f*; **~ur** M ⟨-s, -ar⟩ Krankheit *f*
sjúklingur M ⟨-s, -ar⟩ Kranke(r) *m/f(m)*; Patient(in) *m(f)*
sjúkra|bíll M Krankenwagen *m*; **~börur** FPL Krankenbahre *f*; **~hús** N Krankenhaus *n*; **~leikfimi** F Krankengymnastik *f*;; **~trygging** F Krankenversicherung *f*; **~vitjun** F Krankenbesuch *m*
sjúkur krank
ská: **á ~** schräg
skaða schaden, schädigen; **~bótakrafa** F Schadenersatzanspruch *m*; **~bætur** FPL Schadenersatz *m*
skaði|i M ⟨-a, -ar⟩ Schaden *m*; **~laus** schadlos; **~legur** schädlich; **~semi** F (*undekl*) Schädlichkeit *f*
skaf|a schaben; abkratzen; **~l** M ⟨-s, -ar⟩ Schneewehe *f*
skaft N ⟨-s, sköft⟩ Stiel *m*; (*Messer*) Heft *n*
skagi M ⟨-a, -ar⟩ Halbinsel *f*; Landzunge *f*
skák F ⟨-ar, -ir⟩ Schach *n*; **tefla ~** Schach spielen; **~maður** M Schachspieler *m*; **~mót** N Schachturnier *n*
skakkur schief, verkehrt
skál F ⟨-ar, -ar⟩ Schüssel *f*, Schale *f*; **~!** Prosit!, zum Wohl!; **~a** anstoßen; **~ við e-n** mit j-m anstoßen, j-m zutrinken
skáld N ⟨-s, -⟩ Dichter *m*; **~kona** F Dichterin *f*; **~saga** F Roman *m*; **~skapur** M Dichtung *f*
skalli M ⟨-a, -ar⟩ Glatze *f*
skamma beschimpfen, ausschimpfen; **~rlegur** schändlich; **~ryrði** N Schimpfwort *n*; **~st** schimpfen; **~ sín** sich schämen
skamm|byssa F Pistole *f*; Revolver *m*; **~hlaup** N ELEK Kurzschluss *m*; **~stafa** abkürzen; **~stöfun** F Abkürzung *f*
skammtur M ⟨-s, -ar⟩ Portion *f*; Ration *f*; MED Dosis *f*
skamm|ur kurz; **~vinnur** kurz, von kurzer Dauer
Skandina|vía F Skandinavien *f*; **~vi** M Skandinavier(in) *m(f)*; **~vískur** skandinavisch
skanna scannen; **~ri** M Scanner *m*

skap N ⟨-s⟩ Humor *m*, Stimmung *f*, Laune *f*; Temperament *n*; **vera e-m að ~i** j-m gefallen; **vera í góðu** (**illu** *od* **vondu**) **~i** guter (schlechter) Laune sein; **~a** schaffen, bilden; **~andi** kreativ; **~ari** M ⟨-a⟩ Schöpfer *m*; **~gerð** F Charakter *m*; **~raun** F Ärger *m*; Verdruss *m*; **~rauna** ärgern

skápur M ⟨-s, -ar⟩ Schrank *m*

skarð N ⟨-s, skörð⟩ Gebirgspass *m*; Scharte *f*

skarlatssótt F MED Scharlach *m*

skarp|skyggn scharfsinnig; **~skyggni** F (*undekl*) Scharfsinn *m*; **~ur** scharf; begabt

skárri ADJ KOMP etwas besser

skart N ⟨-s⟩ Schmuck *m*; **~gripasali** M ⟨-a, -ar⟩ Juwelier *m*; **~gripur** M Schmuckstück *n*; Juwel *n*

skáti M ⟨-a, -ar⟩ Pfadfinder *m*

skattaframtal N Steuererklärung *f*

skatt|frjáls steuerfrei; **~greiðandi** M ⟨-anda, -endur⟩ Steuerzahler *m*; **~skyldur** steuerpflichtig; **~stofa** F Finanzamt *n*; **~ur** M ⟨-s, -ar⟩ Steuer *f*; **~þegn** M Steuerzahler *m*

skaut N ⟨-s, -⟩ Schoß *m*; ELEK Pol *m*; **~ahlaup** N Schlittschuhlaufen *n*; **~amaður** M Schlittschuhläufer *m*; **~i** M ⟨-a, -ar⟩ Schlittschuh *m*

ske geschehen

skefjar FPL: **halda sér í skefjum** sich beherrschen

skegg N ⟨-s, -⟩ Bart *m*; **~jaður** bärtig

skeið **1** F ⟨-ar, -ar⟩ Löffel *m* **2** N ⟨-s, -⟩ (*Sport*) Lauf *m*; Strecke *f*; Zeitraum *m*; (*Pferd*) Passgang *m*; **~klukka** F Stoppuhr *f*; **~völlur** M (Trab-) Rennbahn *f*

skeif|a F ⟨-u, -ur⟩ Hufeisen *n*; **~ulaga**(**ður**), **~umyndaður** hufeisenförmig

skeika sich irren; fehlschlagen

skekkja **1** F ⟨-u, -ur⟩ Fehler *m*; Abweichung *f* **2** verzerren; schief machen

skel F ⟨-jar, -jar⟩ Muschel *f*

skel|fa erschrecken; **~fdur** erschreckt, erschrocken; **~filegur** furchtbar; schrecklich; **~fing** F ⟨-ar⟩ Schrecken *m*, Furcht *f*; Panik *f*; **~kaður** erschrocken; **~kur**: **skjóta e-m skelk í bringu** j-m e-n Schrecken einjagen

skelli|hlátur M schallendes Gelächter; **~naðra** F Moped *n*; ZOOL Klapperschlange *f*

skellur M ⟨-s, -ir⟩ Schlag *m*; Knall *m*

skelplata F Perlmutt *n*

skemill M ⟨-ils, -lar⟩ Schemel *m*

skemm|a V/T verderben; **~d** F ⟨-ar, -ir⟩ Schaden *m*; Beschädigung *f*; **~darverk** N

Sabotage *f*
skemmt|a unterhalten; ~ **sér** sich amüsieren; **~iferð** F Ausflug *m*; **~iferðasigling** F Kreuzfahrt *f*; **~iferðaskip** N Kreuzfahrtschiff *n*; **~iganga** F Spaziergang *m*; **~igarður** M Park *m*; **~ikraftur** M Unterhaltungskünstler *m*; **~ilegur** lustig, unterhaltend; interessant; **~istaður** M Tanzlokal *n*; Vergnügungslokal *n*; **~un** F ‹-unar, -anir› Unterhaltung *f*; Vergnügen *n*; **vera e-m til ~ar** j-m Gesellschaft leisten
skenkja einschenken
skepn|a F ‹-u, -ur› Kreatur *f*, Tier *n*; **~ufóður** N Viehfutter *n*
sker N ‹-s, -› Schäre *f*; Riff *n*; **~a** schneiden; ~ **upp** ernten; ~ **upp sjúkling** e-n Kranken operieren; ~ **úr e-u** etw entscheiden; ~ **út** schnitzen; **~ast**: ~ **í leikinn** sich einmischen
skerð|a vermindern; *Ruhm* schmälern; **~ing** F ‹-ar› Verminderung *f*; *Gehalt* Kürzung *f*
skerfur M ‹-s› Beitrag *m*, Scherflein *n*
skeyta: ~ **saman** zusammenfügen; ~ **um e-ð** sich um etw kümmern
skeytingar|laus nachlässig; gleichgültig; **~leysi** N ‹-s› Nachlässigkeit *f*
skíða|ferð F Skilaufen *n*; **~frí** N Skiurlaub *m*; **~ganga** F Langlauf *m*; **~iðkun** F Skifahren *n*; **~kennari** M Skilehrer(in) *m(f)*; **~lyfta** F Skilift *m*; **~maður** M Skiläufer *m*; **~skór** M Skischuh *m*; **~stafur** M Skistock *m*; **~svæði** N Skigebiet *n*
skíði N ‹-s, -› Ski *m*
skífa F ‹-u, -ur› Scheibe *f*
skikkanlegur anständig, einigermaßen
skikkja F ‹-u, -ur› Umhang *m*, Robe *f*
skil NPL Grenze *f*; Unterschied *m*; Pflichterfüllung *f*; **standa í ~um** seine Verpflichtungen erfüllen, pünktlich bezahlen; **kunna góð ~ á e-u** gut Bescheid über etw (*akk*) wissen; **~a** zurückgeben; ~ **kveðju frá e-m** von j-m grüßen
skila|boð NPL Mitteilung; Botschaft *f*
skilgrein|a definieren; **~ing** F ‹-ar, -ar› Definition *f*
skilja verstehen, begreifen, einsehen; trennen; *Ehe* scheiden; ~ **e-ð eftir** etw liegen lassen, zurücklassen; übrig lassen; ~ **íslensku** Isländisch verstehen; **~nlegur** verständlich
skilmáli M ‹-a, -ar› Bedingung *f*
skiln|aður M ‹-ar, -ir› Abschied *m*; Ehescheidung *f*; Trennung *f*; **að skilnaði** zum

Abschied; **~ingarvit** N Sinn *m*; Sinnesorgan *n*; **~in fimm** die fünf Sinne; **~ingsgóður** verständnisvoll; **~ingslaus** verständnislos; **~ingur** M ‹-s› Verständnis *n*, Sinn *m*; **það er skilningi mínum ofvaxið** das geht über meinen Verstand
skilorð N Bedingung *f*; **~sbundinn** bedingt; auf Bewährung; **~ dómur** Urteil *n* auf Bewährung
skilríki NPL Ausweispapiere *npl*
skilti N ‹-s, -› Schild *n*; Plakat *n*
skil|veggur M Trennwand *f*; **~vinda** F Zentrifuge *f*; Schleuder *f*; **~yrði** N ‹-s, -› Bedingung *f*, Voraussetzung *f*; **~yrðislaus** bedingungslos; unbedingt
skima spähen
skin N ‹-s› Schein *m*
skína (*Sonne*) scheinen
skinhoraður knochendürr
skinn N ‹-s, -› Fell *n*, Haut *f*; **~avara** F Pelzwaren *fpl*; **~handrit** N Pergamenthandschrift *f*
skip N ‹-s, -› Schiff *n*; Boot *n*
skipa befehlen; ernennen; **~ fyrsta sæti** den führenden Platz einnehmen; **~ e-n í embætti** j-n in ein Amt berufen; **~ upp** *Schiff* löschen; **~ út** (*Schiff*) laden, einschiffen; **hafa á að ~** zur Verfügung haben; **~afgreiðsla** F Schiffsexpedition *f*; **~kví** F ‹-ar, -ar› Dock *n*; **~lest** F Konvoi *m*
skipa|skurður M Kanal *m*; **~smíðastöð** F Schiffswerft *f*; **~smíði** F (*undekl*) Schiffbau *m*; **~smiður** M Schiffbauer *m*; **~stigi** M Schleuse *f*; **~stóll** M Flotte *f*; **~útgerð** F Reederei *f*
skipbrot N Schiffbruch *m*; **~smaður** M Schiffbrüchige(r) *m*
skip|gengur schiffbar; **~herra** M Kapitän *m*
skips|bátur M Beiboot *n*; **~farmur** M Schiffsladung *f*; **~fjöl** F: **stíga á ~** an Bord gehen; **~höfn** F Besatzung *f*, Mannschaft *f*
skip|stjóri M ‹-a, -ar› Kapitän *m*; **~strand** M ‹-s› Stranden *n*
skipta teilen; tauschen; *Geld* wechseln; **~ sér af e-u** sich einmischen; **~ um föt** sich umziehen; **~forstjóri** M Testamentsvollstrecker *m*; **~ráðandi** M ‹-anda, -endur› Nachlassverwalter *m*
skipti N ‹-s, -› Mal *n*; **í fyrsta ~** zum ersten Mal; **í hvert ~** jedesmal; **í þetta ~** diesmal; **til ~s** abwechselnd; **~borð** N ELEK Schaltbrett *n*, Telefonzentrale *f*; **~mynt** F Kleingeld *n*; **~ng** F ‹-ar, -ar› Teilung *f*, Einteilung *f*; Halbie-

rung *f*
skipu|lag N Organisation *f*; System *n*; Stadtplanung *f*; **~leggja** organisieren; planen; **~legur** geordnet, organisiert
skipun F ‹-unar, -anir› Befehl *m*; Ordnung *f*; Ernennung *f*
skipverji M ‹-a, -ar› Matrose *m*
skír (*Metall*) rein; klar; **~a** taufen; **~dagur** M Gründonnerstag *m*; **~n** F ‹-ar, -ir› Taufe *f*
skírnar|nafn N Vorname *m*; **~vottorð** N Taufschein *m*; **~vottur** M Pate *m*, Patin *f*
skírteini N ‹-s, -› Zertifikat *n*; Bescheinigung *f*; Mitgliedsausweis *m*
skitna schmutzig werden
skítu|gur schmutzig; **~r** M ‹-s› Dreck *m*, Schmutz *m*; Exkrement *n*
skjal N ‹-s, skjöl› Dokument *n*, Aktenstück *n*; **skjal í tölvu** (IT) Datei *f*; **~afalsari** M Urkundenfälscher *m*; **~afölsun** F Urkundenfälschung *f*; **~asafn** N Archiv *n*; **~ataska** F Aktenmappe *f*, Aktentasche *f*
skjala|vörður M Archivar *m*; **~þýðandi** M Übersetzer *m*; Dolmetscher *m*; **löggiltur ~** vereidigter Dolmetscher
skjaldarmerki N Wappen *n*
skjald|baka F ‹-böku, -bökur› Schildkröte *f*; **~kirtill** M Schilddrüse *f*
skjálf|a zittern, beben; **~ti** M ‹-a, -ar› Zittern *n*, Beben *n*
skjallegur schriftlich; urkundlich
skjátlast: **mér ~** ich irre mich
skjól N ‹-s, -› Schutz *m*; Zuflucht *f*; **~stæðingur** M ‹-s, -ar› Klient *m*, Mandant *m*; Schützling *m*
skjóta schießen; **~ e-u á frest** etw aufschieben; **~ inn í** einschieben; **~st** schlüpfen, huschen
skjótur schnell, geschwind; schleunig
skjöl NPL Papiere *pl*, Dokumente *pl*
skjöldur M ‹skjaldar, skildir› Schild *m*
sko! sieh!, schau!; *umg* **það er sko þannig** das ist (ja) eben der Fall
skóáburður M Schuhcreme *f*
skoða betrachten; besichtigen; sich (etw) (*dat*) ansehen; **~nafrelsi** N Meinungsfreiheit *f*; **~nakönnun** F ‹-unar, -kannanir› Meinungsumfrage *f*; Befragung *f*; **~namunur** M Meinungsverschiedenheit *f*
skoðun F ‹-unar, -anir› Meinung *f*; Besichtigung *f*; MED Untersuchung *f*; **ég er þeirrar ~ar** ich bin der Meinung *od* Ansicht
skófatnaður M Schuhwaren *fpl*
skófla F ‹-u, -ur› Schaufel *f*;

Spaten *m*
skógar|högg N Holzfällen *n*; **~vörður** M Förster *m*
skógerð F ⟨-ar, -ir⟩ Schuhfabrik *f*
skógrækt F Aufforstung *f*; **~arfræði** F Forstwissenschaft *f*; **~arfræðingur** M ⟨-s, -ar⟩ Forstwissenschaftler *m*; **skógræktarstjóri** *m* **ríkisins** ⟨-a, -ar⟩ (*Island*) Direktor *m* des Forstamtes
skógur M ⟨-ar, -ar⟩ Wald *m*
skokk N Joggen *n*; **~a** joggen
skola spülen
skóla|barn N Schulkind *n*; **~bróðir** M Schulkamerad *m*; **~frí** N Schulferien *pl*; **~ganga** F Schulbesuch *m*; **~mál** NPL Schulwesen *n*; **~skylda** F Schulpflicht *f*; **~stjóri** M ⟨-a, -ar⟩ Schulleiter *m*; **~vist** F ⟨-ar, -ir⟩ Schulzeit *f*
skól|i M ⟨-a, -ar⟩ Schule *f*; **vera í skóla** in der Schule sein, **ganga í skóla** zur Schule gehen
skólp N ⟨-s⟩ Abwasser *n*
skór M ⟨-s, -r⟩ Schuh *m*
skora 1 F ⟨-u, -ur⟩ Kerbe *f*; Rille *f* 2 (*Fußball*) ein Tor schießen; **~ á e-n** j-n anspornen; **~st**: **~ undan e-u** sich weigern
skordýr N Insekt *n*
skorp|a F ⟨-u, -ur⟩ (*Brot*) Kruste *f*; **~na** (*Haut*) (ein)schrumpfen
skorsteinn M Schornstein *m*
skort|a fehlen; entbehren; **~ur** M ⟨-s⟩ Entbehrung *f*; Mangel *m*
skoskur schottisch
skó|smiður M Schuhmacher *m*; **~sóli** M Schuhsohle *f*; **~stærð** F Schuhgröße *f*; **~sverta** F ⟨-u, -ur⟩ schwarze Schuhcreme
skot N ⟨-s, -⟩ Schuss *m*; Ecke *f*, Nische *f*; Verliebtheit *f*; **eins og ~** sofort, augenblicklich; **~fimur** treffsicher; **~færi** N Schussweite *f*; *pl* Munition *f*; **~gröf** F Schützengraben *m*; **~heldur** kugelsicher; **~hylki** N Patrone *f*
Skot|i M ⟨-a, -ar⟩ Schotte *m*; **~land** N Schottland *n*
skot|mark N Schießscheibe *f*; *fig* Zielscheibe *f*; **~spónn** M *fig* Zielscheibe *f*
skott N ⟨-s, -⟩ (*Hund, Katze*) Schwanz *m*; Kofferraum *m*; **~ulæknir** M Quacksalber *m*, Kurpfuscher *m*
skotvopn N Schusswaffe *f*
skrá 1 F ⟨-r, -r⟩ Liste *f*, Verzeichnis *n*; (*Tür*) Schloss *n* 2 auf-, verzeichnen; schreiben; **~ skipshöfn** SCHIFF anmustern; **~argat** N Schlüsselloch *n*
skrafa plaudern
skran N ⟨-s⟩ Plunder *m*, Kram *m*, Gerümpel *n*
skratti M ⟨-a, -ar⟩ Teufel *m*; **hver ~nn!** zum Teufel!

skraut N ‹-s› Schmuck *m;* **~legur** prachtvoll, prächtig; **~lýsa** illuminieren
skref N ‹-s, -› Schritt *m*
skreið F ‹-ar› getrockneter Fisch; *(eine Art)* Stockfisch *m*
skreppa kurz hingehen; **~ saman** zusammenschrumpfen
skreyt|a schmücken; **~ing** F ‹-ar, -ar› Dekoration *f;* Ausschmückung *f;* **~ni** F *(undekl)* Unwahrheit *f*, Lüge *f*
skriða F ‹-u, -ur› Erdrutsch *m;* Geröllhaufen *m (am Berg)*
skríða kriechen; **~ á fjórum fótum** auf allen vieren kriechen; **láta til skarar ~** zur Tat schreiten
skrið|dreki M ‹-a, -ar› Panzer *m*, Panzerwagen *m;* **~dýr** N Kriechtier *n;* **~jökull** kalbender Gletscher *m;* **~sund** N *(Schwimmstil)* Kraulen *n*
skrifa schreiben; **~ e-ð hjá sér** sich *(dat)* etw notieren; **~ undir** unterschreiben; **~st: ~ á við e-n** mit j-m korrespondieren
skrif|borð N Schreibtisch *m;* **~finnska** F ‹-u› Bürokratie *f*
skrif|föng NPL Schreibwaren *fpl;* **~legur** schriftlich; **~stofa** F Büro *n;* **~stofumaður** M Büroangestellte *m;* **~stofustúlka** F Büroangestellte *f;* **~stofustörf** NPL Büroarbeit(en *pl*) *f*
skrift F ‹-ar› Schrift *f;* Schreiben *n;* **~a** beichten; **~afaðir** M Beichtvater *m;* **~astóll** M Beichtstuhl *m*
skríll M ‹-s› Pöbel *m;* Mob *m*
skrímsli N ‹-s, -› Ungeheuer *n*
skrín N ‹-s, -› Schrein *m*
skringilegur drollig, schnurrig
skrípa|læti NPL Albernheiten *pl;* **~mynd** F Karikatur *f*
skrítinn komisch; sonderbar
skrítla F ‹-u, -ur› Witz *m*
skrjáfa rasseln, rauschen
skrjóður M ‹-s, -ar› altes Auto *n*
skrokkur M ‹-s, -ar› Körper *m*
skrópa schwänzen
skrúðganga F Festzug *m*
skrúf|a **1** F ‹-u, -ur› Schraube *f;* Propeller *m* **2** schrauben; **~járn** N Schraubenzieher *m;* **~lykill** M Schraubenschlüssel *m;* **~nagli** M Schraubenbolzen *m*
skrumari M ‹-a, -ar› Prahler *m*
skrýða schmücken
skrækja heulen, kreischen
skrælingi M ‹-ja, -jar› Barbar *m*
skrökva erfinden; lügen
skrölta rasseln
skúffa F ‹-u, -ur› Schublade *f*, Fach *n*
skugga|hlið F Schattenseite *f;* **~legur** düster, finster; unheimlich; verdächtig;

~mynd F Lichtbild *n*; Dia *n*; Silhouette *f*; **~myndavél** F Projektor *m*, Bildprojektor *m*; Diaprojektor *m*
skuggi M ‹-a, -ar› Schatten *m*
skuggsæll schattig
skuld F ‹-ar, -ir› Schuld *f*; **~a** schulden; **~abréf** N Pfandbrief *m*, Schuldverschreibung *f*
skuld|binda verpflichten; **~binding** F ‹-ar, -ar› Verpflichtung *f*; **~ugur** schuldig; **mjög ~** verschuldet
skulu sollen; werden; **það ~m við gera** das wollen wir tun, lass(t) uns das tun
skunda eilen
skúr **1** F ‹-ar, -ir› *u.* M ‹-s, -ar› Regenschauer *m* **2** M ‹-s, -ar› Schuppen *m*
skurð|aðgerð F MED Operation *f*; **~arborð** N Operationstisch *m*; **~goð** N Götze *m*; **~læknir** M Chirurg *m*; **~punktur** M Schnittpunkt *m*; **~stofa** F Operationssaal *m*; **~ur** M ‹-s, -ir› Graben *m*; Schnitt *m*
skurn F ‹-ar, -ir› *od* N ‹-s, -;› Eierschale *f*
skutla **1** F ‹-u, -ur› Papierflieger *m* **2** werfen **3** Wal mit einer Harpune fangen
skutull M ‹-uls, -lar› *(Walfanggerät)* Harpune *f*
ský N ‹-s, -› Wolke *f*; **~ í auga** grauer Star; **~jabólstur** M Wolkenbank *f*; **~jaborg** F Luftschloss *n*; **reisa ~ir** Luftschlösser bauen; **~jakljúfur** M ‹-s, -ar› Wolkenkratzer *m*; Hochhaus *n*
skylda **1** F ‹-u, -ur› Pflicht *f* **2** verpflichten
skyld|fólk N Verwandte *pl*, Verwandtschaft *f*; **~leiki** M ‹-a, -ar› Verwandtschaft *f*; **~menni** N ‹-s, -› Verwandtschaft *f*; **~ugur** verpflichtet; **~unám** N Schulpflicht *f*; **~ur** verwandt; verpflichtet; **~urækinn** pflichtbewusst; **~urækni** F *(undekl)* Pflichtbewusstsein *n*; **~utilfinning** F Pflichtgefühl *n*
skylm|ast fechten; **~ingar** FPL Fechten *n*
skyn N ‹-s, -› Verstand *m*; Absicht *f*; **bera ~ á e-ð** sich auf etw *(akk)* verstehen; **í því ~i** in der Absicht
skyndi N ‹-s›: **í ~** schnell; **~hjálp** F Erste Hilfe *f*; **~kaffi** N Pulverkaffee *m*; **~lega** plötzlich
skyn|færi N ‹-s, -› Sinnesorgan *n*; Sinne *pl*; **~ja** wahrnehmen; fassen, verstehen; **~jun** F ‹-unar, -anir› Wahrnehmung *f*
skyn|samur vernünftig; intelligent; **~semi** F *(undekl)* Vernunft *f*; Intelligenz *f*; **~semisstefna** F Rationalismus *m*; **~villa** F Sinnestäuschung *f*
skyr N ‹-s› *(eine Art) isl.* Quark

m

skýr deutlich, klar; intelligent; **~a** erklären, erläutern; **~ frá** mitteilen, erzählen

skyrbjúgur M ‹-s› Skorbut *m*

skýring F ‹-ar, -ar› Erklärung *f*; Erläuterung *f*; **gefa ~u á e-u** etw erklären

skyrpa ausspucken

skýrsla F ‹-u, -ur› Bericht *m*, Referat *n*; Mitteilung *f*

skyrt|a F ‹-u, -ur› Hemd *n*; **á skyrtunni** in Hemdsärmeln; **~uhnappur** M Manschettenknopf *m*

skyssa F ‹-u, -ur› Fehler *m*

skytta F ‹-u, -ur› Schütze *m*

skæla weinen, heulen; **~ sig** Gesichter schneiden

skær klar; (*Farbe*) grell

skær|i NPL Schere *f*; **~uliði** M ‹-a, -ar› MIL Partisan *m*

sköllóttur eine Glatze haben, kahlköpfig

skömm F ‹skammar, skammir› Schande *f*; **hafa ~ á e-u** etw verachten

skömmtun F ‹-ar› Rationierung *f*

sköp NPL Schicksal *n*; **eigi má ~um renna** seinem Schicksal kann niemand entgehen *od* entrinnen; **~un** F ‹-ar› Schöpfung *f*

skör F ‹skarar, skarir› Kante *f*; **~ungur** M ‹-s, -ar› tatkräftiger Mensch *m*

skötuselur M Seeteufel *m*

slá 1 F (*Straße*) Schlagbaum *m*; BAHN Schranke *f*; Querbalken *m* 2 schlagen; *Gras* mähen; **~ e-u á frest** etw aufschieben; **~ upp** *Buch* aufschlagen; **~st** sich schlagen

slafneskur slawisch

slag N ‹-s, slög› Herzschlag *m*; Schlaganfall *m*; **annað ~ið** ab und zu; **~ari** M ‹-a, -ar› (*Musik*) Schlager *m*

slagsmál NPL Schlägerei *f*

sláni M schlaksiger Kerl *m*

slappur schlapp; unwohl

slarka ein wildes *od* ausschweifendes Leben führen

slasaður verletzt; **~ maður** Verletzter *m*, **slösuð kona** Verletzte *f*

slasast sich verletzen, verunglücken

slátra schlachten; **~ri** M ‹-a, -ar› Fleischer *m*, Metzger *m*

sláttu|r M ‹-ar› Heuernte *f*; Mähen *n*; **~vél** F Mähmaschine *f*

slátur N ‹-s, -› (*Nationalgericht*) Blut- u. Leberwurst *f* vom Schaf

slaufa F ‹-u, -ur› Schleife *f*; Querbinder *m*, *sl* Fliege *f*

sleði M ‹-a, -ar› Schlitten *m*; **renna sér á sleða** rodeln

sleggjukast N Hammerwerfen *n*

sleif F ‹-ar, -ar› Küchenlöffel *m*, Rührlöffel *m*

sleik|ifingur M Zeigefinger *m*; **~ja** lecken; **~julegur** schmeichlerisch, kriecherisch

sleipur glatt, glitschig
sleitulaus ununterbrochen, unablässig
sleppa 1 VT loslassen, gehen lassen 2 VI davonkommen; entkommen
sletta 1 F ⟨-u, -ur⟩ Spritzer *m* 2 spritzen
slétta 1 F ⟨-u, -ur⟩ Ebene *f* 2 ebnen; glätten
sléttur eben; flach
slíkur solch, so ein
slím N ⟨-s⟩ Schleim *m*
slit N ⟨-s, -⟩ Abnutzung *f*; Verschleiß *m*
slíta VT (zer)reißen; losreißen; abtragen; abnutzen
slit|inn abgetragen; zerrissen; (*Redewendung*) banal; **~na** zerreißen, reißen; (*Maschine*) abgenutzt werden; (*Kleider*) abgetragen werden; **~róttur** unterbrochen; unzusammenhängend
sljór stumpf; abgestumpft
sljóvga stumpf machen; *fig* abstumpfen
slóð F ⟨-ar, -ir⟩ Spur *f*; Fährte *f*; Pfad *m*; *pl a.* Gegend *f*
slokkna VI erlöschen, ausgehen
sloppur M ⟨-s, -ar⟩ Kittel *m*; Bademantel *m*
slóra faulenzen
slota (*Regen*) nachlassen
slóttugur listig, schlau; verschlagen
slúður N ⟨-s⟩ Klatsch *m*, Quatsch *m*
slydda F ⟨-u⟩ Schneeregen *m*
slyngur geschickt, rasch, tüchtig
slys N ⟨-s, -⟩ Unfall *m*; Unglück *n*, Katastrophe *f*; **verða fyrir ~i** verunglücken; **~atrygging** F Unfallversicherung *f*; **~avarðstofa** F Unfallstation *f*; **~avarnafélag** N **Íslands** Rettungsgesellschaft *f*, entspricht der deutschen Bergwacht und der DLRG; **~ni** F (*undekl*) Pech *n*
slæða F ⟨-u, -ur⟩ Schleier *m*; (seidenes) Kopftuch
slæg|ð F ⟨-ar⟩ List *f*; Hinterlist *f*; Schlauheit *f*; **~ur** hinterlistig; schlau
slæmur schlimm, schlecht
slæpast herumlungern; faulenzen
slökkv|a löschen, ausmachen; **~ari** M ⟨-a, -ar⟩ ELEK Schalter *m*; **~idæla** F Feuerspritze *f*; **~ilið** N Feuerwehr *f*; **~istöð** F Feuerwache *f*
smá verschmähen; ablehnen; **~atriði** N ⟨-s, -⟩ Nebensache *f*, Kleinigkeit *f*; **~barn** N Kleinkind *n*; **~borg** F, **~bær** M Kleinstadt *f*; **~forrit** N IT App *f/n*
smáhestur M Pony *n*
smákaka F Kleingebäck *n*
smakka kosten, probieren
smal|a (*Schafe*) eintreiben; **~i** M ⟨-a, -ar⟩ Schäfer *m*, Hirt *m*
smálest F Tonne *f*
smámsaman nach und nach,

allmählich
smámun|asamur kleinlich, pedantisch; **~asemi** F (*undekl*) Kleinlichkeit *f*, Pedanterie *f*; **~ir** MPL Kleinigkeit *f*, Bagatelle *f*
smán F ‹-ar, -ir› Schande *f*; **~a** verhöhnen; **~arlegur** schändlich; **~aryrði** N ‹-s› Schimpfwort *n*
smá|peningar MPL Kleingeld *n*; **~r** klein; **í smáum stíl** im Kleinen; **smátt og smátt** nach und nach; **~saga** F Novelle *f*; **~sala** F Kleinhandel *m*; **~sjá** F ‹-r, -r› Mikroskop *n*; **~vaxinn** klein von Wuchs; **~vegis** gering, etwas
smekk|laus *fig* geschmacklos; **~legur** geschmackvoll; **~ur** M ‹-s› Geschmack *m*; **~vís** geschmackvoll; **~vísi** F (*undekl*) (guter) Geschmack, Takt *m*
smell|a **1** F ‹-u, -ur› Druckknopf *m* **2** knallen; zudrücken; **~ilás** M Schnappschloss *n*; **~ur** M ‹-s, -ir› Knall *m*
smeykur ängstlich
smíða bearbeiten; verfertigen; *Haus* bauen; *Metall* schmieden; *Holz* schreinern
smiðj|ja F ‹-u, -ur› Schmiede *f*; **~ur** M ‹-s, -ir› Schreiner *m*, Tischler *m*; Schmied *m*; Schlosser *m*
smit|a MED anstecken; **~andi** ansteckend; **~hætta** F Ansteckungsgefahr *f*; **~un** F ‹-ar› Ansteckung *f*
smjaðra schmeicheln
smjaður N ‹-s› Schmeichelei *f*
smjatta schmatzen
smjúga durchschlüpfen, durchkriechen
smjör N ‹-s› Butter *f*; **~líki** N ‹-s› Margarine *f*; **~pappír** M Butterbrotpapier *n*
smokkur M Kondom *n*
smuga F ‹-u, -ur› Schlupfloch *n*
smurolía F Schmieröl *n*
smygla schmuggeln; **~ri** M ‹-a, -ar› Schmuggler *m*
smyrja *Maschine* schmieren; *Brot* mit Butter bestreichen
smyrsl N ‹-is› Salbe *f*
smækka kleiner werden, abnehmen; *v/t* verkleinern
snagi M ‹-a, -ar› Haken *m*, Kleiderhaken *m*
snar rasch, flink; **~a** F ‹snöru, snörur› Schlinge *f*; Lasso *n*; **~brattur** sehr steil; **~ka** prasseln, knistern; **~ráður** geistesgegenwärtig; **~ræði** N ‹-s› Geistesgegenwart *f*; **~vitlaus** ganz verrückt
snauður arm
snauta: **~ burt** sich fortmachen
sneið F ‹-ar, -ar› Scheibe *f*, Schnitte *f*; *fig* Anspielung *f*; **~a** in dünne Scheiben schneiden; **~ hjá e-m** j-n meiden
snekkja F ‹-u, -ur› Segelboot *n*; Yacht *f*
snemma früh

snert|a berühren, anfassen; **að því er mig snertir** was mich angeht; **~ilinsa** F Kontaktlinse *f*; **~ing** F ‹-ar, -ar› Berührung *f*, Kontakt *m*
sneyptur beschämt
snið N ‹-s, -› (*Kleid*) Schnitt *m*; Schnittmuster *n*; Form *f*; **~ugur** schlau; lustig; praktisch
sníða zuschneiden; **~ sér stakk eftir vexti** sich nach der Decke strecken
snigill M ‹-ils, -lar› Schnecke *f*
sník|ill M ‹-ils, -lar› *Biologie*: Parasit *m*, Schmarotzer *m*; **~ja** betteln; **~judýr** N Parasit *m*; *fig* Schmarotzer *m*
snilld F ‹-ar› Genialität *f*; **~arlegur** genial, meisterhaft; **~arverk** N Meisterwerk *n*, Meisterstück *n*
snillingur M ‹-s, -ar› Meister *m*; Genie *n*
snjall genial; ausgezeichnet; klug; **~ræði** N ‹-s› gute Idee; **~sími** M ‹-a, -ar› Smartphone *n*
snjó|a schneien; **það ~r** es schneit; **~flóð** N Schneelawine *f*; **~flygsa** F ‹-u, -ur› Schneeflocke *f*; **~gleraugu** NPL Schneebrille *f*; **~hvítur** schneeweiß; **~karl** M Schneemann *m*; **~keðjur** FPL Schneeketten *pl*; **~koma** F Schneefall *m*; **~korn** N Schneeflocke *f*; **~r** M ‹-s, -ar› Schnee *m*; **~skafl** M Schneewehe *f*; **~ýta** F ‹-u, -ur› Schneepflug *m*
snotur hübsch
snúa wenden, drehen; **~ e-u við** umdrehen; **~ sér að e-m** sich j-m zuwenden; **~ sér til e-s** sich an j-n wenden; **~ á sér fótinn** sich (*dat*) den Fuß verstauchen; **snúa við blaðinu** *fig* **1** seine Meinung ändern **2** umblättern; **~st** sich drehen; beschäftigt sein; **~ hugur** seine Meinung ändern
snuð N ‹-s, -› Schnuller *m*
snuðra (herum)schnüffeln; stöbern
snúningur M ‹-s, -ar› Drehung *f*; Umdrehung *f*; Windung *f*
snúra F ‹-u, -ur› Schnur *f*; Band *n*; Wäscheleine *f*
snyrti|legur ordentlich, sauber; **~ng** F ‹-ar, -ar› Schönheitspflege *f*, Toilette *f*; **~stofa** F Kosmetiksalon *m*; **~vörur** FPL Toilettenartikel *pl*; Kosmetik *f*
snæð|a essen; **~ingur** M ‹-s› Essen *n*, Mahlzeit *f*
snælda F ‹-u, -ur› (Tonband-)Kassette *f*; Spindel *f*
snæri N ‹-s, -› Schnur *f*, (grober) Bindfaden *m*
snögg|lega unerwartet; **~ur** schnell, rasch; plötzlich
snökta schluchzen
sóa verschwenden, vergeuden; *sl* verpulvern
sódavatn N Sodawasser *n*

sóðaskapur M ‹-ar› Unreinlichkeit *f*, Unsauberkeit *f*
sóði M ‹-a, -ar› unreinliche Person *f*, Schmutzfink *m*
sofa schlafen
sófa|borð N Couchtisch *m*; **~sett** N ‹-s, -› Polstergarnitur *f*
sófi M ‹-a, -ar› Sofa *n*
sofna einschlafen
sog|a saugen; pumpen; **~dæla** F Saugpumpe *f*; **~æð** F Lymphgefäß *n*
sokk|abuxur FPL Strumpfhose *f*; **~ur** M Strumpf *m*, Socke *f*
sókn F ‹-ar, -ir› Gemeinde *f*, Kirchspiel *n*; Anklage *f*
sól F ‹-ar, -ir› Sonne *f*; **~in kemur upp** die Sonne geht auf; **~in sest** die Sonne geht unter; **~a** (*Schuhe*) besohlen; **~argeisli** M Sonnenstrahl *m*, *fig* Sonnenschein *m*; **~arhringur** M ein Tag und eine Nacht (24 Stunden); **~arlag** N Sonnenuntergang *m*; **~arorka** F Sonnenenergie *f*; **~arupprás** F Sonnenaufgang *m*
sól|bað N Sonnenbad *n*; **~baðstofa** F Solarium *n*; **~ber** N Schwarze Johannisbeere *f*; **~brenndur** Sonnenbrand *m* haben; **~bruni** M Sonnenbrand *m*; **~ey** F Hahnenfuß *m*; **~gleraugu** NPL Sonnenbrille *f*
sól|hlíf Sonnenschirm *m*; **~hvörf** NPL Sonnenwende *f*; **~kerfi** N Sonnensystem *n*; **~krem** N Sonnencreme *f*; **~myrkvi** M ‹-a, -ar› Sonnenfinsternis *f*; **~setur** N Sonnenuntergang *m*; **~skin** N Sonnenschein *m*; **~stöður** FPL Sonnenwende *f*
soltinn (sehr) hungrig
sóm|a: **~ sér vel** sich gut ausnehmen; **~asamlegur** anständig; zufriedenstellend; **~atilfinning** F Ehrgefühl *n*; Stolz *m*; **~i** M ‹-a› Ehre *f*
sonar|dóttir F Enkelin *f*; **~sonur** M Enkel *m*
sónn M ‹-s› TEL Wählton *m*
sonur M ‹sonar, synir›Sohn *m*
sópa fegen, kehren
sopi M ‹-a, -ar› Schluck *m*
sópur M ‹-s, -ar› Besen *m*
sorg F ‹-ar, -ir› Trauer *f*, Kummer *m*; **~arbúningur** M Trauerkleidung *f*; **~arleikur** M Tragödie *f*; **~bitinn** traurig, betrübt; **~legur** traurig
sorp N ‹-s› Abfall *m*, Müll *m*; **~hreinsun** F Müllabfuhr *f*
sósa F ‹-u, -ur› Tunke *f*, Soße *f*
sósíal|ismi M ‹-a› Sozialismus *m*; **~isti** M ‹-a, -ar› Sozialist *m*
sót N ‹-s› Ruß *m*; **~ari** M ‹-a, -ar› Schornsteinfeger *m*
sótt F ‹-ar, -ir› Krankheit *f*; Durchfall *m*; **~arsæng** F Krankenbett *n*; **~hiti** M Fie-

ber *n*; **~hreinsa** desinfizieren; **~hreinsaður** desinfiziert, keimfrei; **~hreinsun** F Desinfektion *f*; **~hætta** F Ansteckungsgefahr *f*; **~kveikja** F Krankheitserreger *m*; **~kví** F Quarantäne *f*

sótugur rußig

sóun F ⟨-ar⟩ Verschwendung *f*, Vergeudung *f*

spá **1** F ⟨-r, -r⟩ Wettervorhersage *f*; Prophezeiung *f* **2** wahrsagen, prophezeien, vorhersagen

spádómur M Wahrsagung *f*, Prophezeiung *f*

spaði M ⟨-a, -ar⟩ Spaten *m*; Schaufel *f*; (*Kartenspiel*) Pik *n*

spagettí N Spaghetti *pl*

spak|mæli N Aphorismus *m*; **~ur** (*Pferd*) zahm; (*Mensch*) weise

spámaður M Prophet *m*; Wahrsager *m*

Spánn M Spanien *n*

spánska F ⟨-u⟩ Spanisch *n*

Spánverji M ⟨-a, -ar⟩ Spanier *m*

spar|a sparen; **~ibaukur** M Sparbüchse *f*; **~iföt** NPL Sonntagskleider *pl*; **~isjóðsbók** F Sparbuch *n*; **~isjóður** M Sparkasse *f*; **~ka**: **~ í e-n** j-n (mit Füßen) treten, j-m e-n Fußtritt geben; **~samur** sparsam; **~semi** F (*undekl*) Sparsamkeit *f*

spaug N ⟨-s⟩ Scherz *m*; Spaß *m*; **~a** scherzen, spaßen; **~samur** scherzhaft, spaßhaft

spegil|l M ⟨-ils, -lar⟩ Spiegel *m*; **~mynd** F Spiegelbild *n*

spegla spiegeln; **~ sig** sich spiegeln

speki F (*undekl*) Weisheit *f*; **~ngur** M ⟨-s, -ar⟩ Weise(r) *m/f(m)*

spékoppur M Grübchen *n*

spell virki **1** M ⟨-ja, -jar⟩ Saboteur *m* **2** N ⟨-s⟩ Rowdytum *n*, Zerstörung *f*

spendýr N Säugetier *n*

spengilegur rank und schlank

speni M ⟨-a, -ar⟩ (*Tier*) Zitze *f*

spenna **1** F ⟨-u, -ur⟩ Haarnadel *f*; Spannung *f* (*a.* ELEK) **2** spannen; **~ greipar** die Hände falten; **~ndi** spannend

spenn|tur gespannt; **~ubreytir** M Transformator *m*

spergil|kál N Broccoli *m*; **~l** M ⟨-s⟩ Spargel *m*

sperra **1** F ⟨-u, -ur⟩ Sparren *m*; Schlagbaum *m* **2** absperren; **~ sig** *sl* sich anstrengen; sich brüsten

spik N ⟨-s⟩ Speck *m*; **~feitur** sehr fett

spil N ⟨-s, -⟩ Spielkarte *f*; Kartenspiel *n*; **~a** MUS spielen, Karten spielen

spila|borg F Kartenhaus *n*; **~dós** F Spieldose *f*; **~víti** N Spielhölle *f*

spill|a vernichten; verderben; verschütten; **~ing** F ⟨-ar⟩

Verderbtheit *f*; Korruption *f*; **~tur** verdorben; korrupt
spínat N ‹-s› Spinat *m*
spinna spinnen
spítal|alæknir M Krankenhausarzt *m*; **~i** M ‹-a, -ar› Krankenhaus *n*
spjald|skrá F Kartei *f*; **~tölva** F IT Tablet *n*
spjall|a plaudern; **~rás** F Chat(room) *m*
spjót N ‹-s, -› Speer *m*; **~kast** N Speerwerfen *n*
spói M ‹-a, -ar› Regenbrachvogel *m*
spóla 1 F ‹-u, -ur› Spule *f* 2 spulen 3 (*Auto*) sich festfahren
spón|leggja furnieren; **~n** M ‹-s, -ar› Span *m*; Furnier *n*
spor N ‹-s, -› (Fuß-)Spur *f*; Fährte *f*; **vera í ~um e-s** an j-s Stelle sein; **~baugur** M Ellipse *f*; **~braut** F elliptische Bahn
sporður M ‹-s, -ar› Fischschwanz *m*; **standa e-m á sporði** sich mit j-m messen können
sporna: **~ við e-u** sich etw widersetzen
sport N ‹-s› Sport *m*; **~bíll** M Sportwagen *m*
sporvagn M Straßenbahn *f*
sporöskjulagaður oval
spott N ‹-s› Spott *m*; Hohn *m*; **~a** verspotten; verhöhnen; **~i** M ‹-a, -ar› ein Stück Bindfaden *m*; e-e (kurze) Wegstrecke
sprauta 1 F ‹-u, -ur› Spritze *f* 2 spritzen; lackieren
sprengi|efni N Sprengstoff *m*; **~hættur** *od* **~fimur** explosiv; **~kúla** F; Granate *f*; **~ng** F ‹-ar, -ar› Sprengung *f*; Explosion *f*
sprengja 1 F ‹-u, -ur› Bombe *f* 2 sprengen
sprengjuárás F Bombenangriff *m*
spretta 1 F ‹-u, -ur› Graswuchs *m*; Ernte *f* 2 keimen; sprießen; (*Saat*) aufgehen; **~ á fætur** aufspringen; **~ upp** (*Naht*) auftrennen
sprett|hlaup N Schnellauf *m*, Kurzstreckenlauf *m*; **~hlaupari** M Kurzstreckenläufer *m*; **~ur** M ‹-s› Galopp *m*; Hetze *f* (*a. fig*)
springa bersten, reißen; explodieren; (*Reifen*) platzen
sprunga F ‹-u, -ur› Riss *m*; Spalte *f*; Kluft *f*
spuni M ‹-a, -ar› Spinnen *n*; **vera stuttur í spuna** kurz angebunden sein
spurn F ‹-ar, -ir›, **~ing** F ‹-ar, -ar› Frage *f*; **~ingarmerki** N Fragezeichen *n*
spurull neugierig
spúa speien
spyrja fragen; **~st**: **~ fyrir** sich erkundigen
spýta 1 F ‹-u, -ur› ein (kleines) Stück Holz; Streichholz *n* 2 ausspucken
spænsk|a F ‹-u› Spanisch *n*;

~ur spanisch
spöl|korn N ‹-s›, **~ur** M ‹-s› e-e (kurze) Wegstrecke
spörfugl M Sperling *m*, Spatz *m*
staða F ‹stöðu, stöður› Position *f*; Stellung *f*, Amt *n*; Beruf *m*; **~lýsing** F Topografie *f*; **~rákvörðun** F Ortsbestimmung *f*; **~rnafn** N Ortsname *m*
stað|deyfing F örtliche Betäubung; **~festa** 1 Standhaftigkeit *f*; Stabilität *f* 2 bestätigen, bekräftigen; **~festing** F Bestätigung *f*; **~gengill** M ‹-ils, -lar› Stellvertreter *m*; **~góður** solide; (*Essen*) kräftig; **~greiða** bar bezahlen; **~greiðsla** F Barzahlung *f*; **~hæfa** behaupten; **~hæfing** F ‹-ar, -ar› Behauptung *f*; **~hættir** MPL örtliche Verhältnisse *pl*; **~leysa** F ‹-u› Unsinn *m*, Geschwätz *n*
stað|na stagnieren; **~næmast** stehen bleiben; (*Wagen*) halten; **~reynd** F Tatsache *f*; **~setningarkerfi** N Navigationssystem *n*; **~setningartæki** N Navigator *m*; **~ur** M ‹-ar, -ir› Platz *m*; Ort *m*; Punkt *m*; **alls staðar** überall; **alls staðar að** (von) überallher; **annars staðar** anderswo; **annars staðar frá** anderswoher; **eiga sér stað** stattfinden; **leggja (fara) af stað** sich auf den Weg machen; starten; **fyrst í stað** anfangs; **í stað e-s** an j-s Stelle; **í staðinn fyrir** anstatt; **í stað þess** dafür; stattdessen; **sums staðar** an manchen Stellen
stafa buchstabieren; **~ af** *od* **frá e-u** auf etw (*dat*) beruhen, von etw herrühren
stafla (auf)stapeln
stafn M ‹-s, -ar› Steven *m*; **hafa e-ð fyrir ~i** sich mit etw beschäftigen
staf|róf N ‹-s, -› Alphabet *n*; **~rófsröð** F alphabetische Ordnung; **í ~** alphabetisch; **~ræn myndavél** F Digitalkamera *f*; **~rænn** digital
staf|setja buchstabieren; **~setning** F Rechtschreibung *f*
stafur M ‹-s, -ir› Stock *m*; Buchstabe *m*
staga flicken, stopfen
stakk|askipti NPL Veränderung *f*; **~ur** M ‹-s, -ar› Joppe *f*
stakur einzeln; einzig; einmalig; **stök tala** ungerade Zahl; **stöku sinnum** nur selten
stál N ‹-s› Stahl *m*; **~hraustur** kerngesund; **~past** heranwachsen; **~verksmiðja** F Stahlwerk *n*
stam N ‹-s› Stottern *n*; **~a** stottern; stammeln
stampur M ‹-s, -ar› Kübel *m*, Zuber *m*
stand N ‹-s› Zustand *m*; **~a** stehen; **~ á sama** gleichgültig

sein; ~ e-n að e-u j-n bei etw ertappen; ~ e-n að verki j-n auf frischer Tat ertappen; ~ heima stimmen; ~ í e-m sich verschlucken; ~ kyrr stehen bleiben; ~ sig sich behaupten; ~ til bevorstehen; ~ upp aufstehen; ~ við orð sín Wort halten; sem stendur zur Zeit (z.Z.); ~ yfir dauern; ~ast (etw) bestehen, aushalten; standast próf ein Examen bestehen

standmynd F Statue *f*

stangar|leyfi N ‹-s, -› Angelerlaubnis *f*; **~stökk** N Stabhochsprung *m*; **~veiði** F Angeln *n*

stans N ‹-s› Halten *n*; Stopp *m*; **~a** stoppen; halten; stehen bleiben; haltmachen; **~laust** ununterbrochen

stappa stampfen

star|a starren; **~blína** (an-)gaffen; **~blinda** F MED Star *m*

starf N ‹-s, störf› Arbeit *f*; Beruf *m*; Dienst *m*; Tätigkeit *f*; **~a** arbeiten; ~ **við e-ð** an etw (*dat*) arbeiten; **~samur** arbeitsam

starfs|bróðir M Kollege *m*; **~fólk** N Personal *n*; **~kraftar** MPL Arbeitskräfte *pl*; **~systir** F Kollegin *f*; **~tími** M Arbeitszeit *f*

startari M ‹-a, -ar› (*Auto*) Anlasser *m*

staup N ‹-s, -› Schnapsglas *n*; (ein) Schnaps *m*

staur M ‹-s, -ar› Pfahl *m*

steðji M ‹-a, -ar› Amboss *m*

stefna 1 F ‹-u, -ur› Richtung *f*, Kurs *m*; (*Literatur*) Schule *f*; JUR Vorladung *f* 2 Richtung *f* nehmen; auf etw (*akk*) zugehen (*od* zulaufen); (*Schiff*) steuern; JUR vorladen; **~ndi** M ‹-anda, -endur› Kläger *m*

stefnd|i M ‹-a›, **~ur** M ‹-s, -ir› Angeklagte *m*

stefnu|breyting F Kursänderung *f*; **~fastur** zielbewusst; **~laus** planlos; **~ljós** N (*Auto*) Blinker *m*; **~mót** N Stelldichein *n*, Verabredung *f*

steggur M ‹-s, -ar› (*Vogel*) Männchen *n*; Enterich *m*

steik F ‹-ar, -ur› Steak *n*; Braten *m*; **~ja** braten

steinafræði F Mineralogie *f*

stein|bítur M ‹-s, -ar› Steinbeißer *m*, Seewolf *m*; **~gervingur** M ‹-s, -ar› Versteinerung *f*; Fossil *n*; **~gleyma** ganz vergessen; **~gólf** N Steinfußboden *m*; Betonfußboden *m*; **~hissa** ganz erstaunt; **~hljóð** N Totenstille *f*; **~kast** N Steinwurf *m*; **~n** M ‹-s, -ar› Stein *m*; **~olía** F Petroleum *n*; **~selja** F Petersilie *f*; **~snar**: **það er ekki ~ þangað** *umg* es ist nur ein Katzensprung dorthin; **~steypa** F Beton *m*; **~uppgefinn** ganz erschöpft; **~öld** F Steinzeit *f*

stél N ‹-s, -› (*Vogel*) Schwanz *m*

stela stehlen; **~st** etw heimlich tun

stelling F ‹-ar, -ar› Stellung *f*; Pose *f*, Haltung *f*

stelpa F ‹-u, -ur› Mädchen *n*

stelsýki F Kleptomanie *f*

stemmning F ‹-ar› (*Party*) Stimmung *f*

steppa F ‹-u, -ur› Steppe *f*

sterk|byggður kräftig gebaut, robust; **~ur** stark

stétt F ‹-ar, -ir› Klasse *f*, Stand *m*; Bürgersteig *m*; **~abarátta** F Klassenkampf *m*; **~arbróðir** M Kollege *m*; **~arfélag** N Gewerkschaft *f*; **~arþjóðfélag** N Klassengesellschaft *f*

steypa (e-ð) etw gießen; etw betonieren; **~ e-u** etw umwerfen, stürzen; **~ sér** tauchen, hineinspringen; **~st** stürzen

steypuvinna F Betonarbeit *f*

stífl|a **1** F ‹-u, -ur› Damm *m*, Deich *m*; (*Rohr*) Verstopfung *f* **2** dämmen, stauen; **~urgarður** M Deich *m*; Staudamm *m*

stíf|ni F (*undekl*) Starrsinn *m*; **~ur** steif, starrsinnig

stig N ‹-s, -› Grad *m*; Stufe *f*; Ausmaß *n*; (*Bewertung*) Punkt *m*; Stadium *n*; (*Bildung*) Niveau *n*

stíga steigen, treten, zunehmen; **~ á e-ð** etw betreten

stiga|rim F ‹-ar, -ar› Leitersprosse *f*; **~þrep** N Treppenstufe *f*

stig|hækkun F fortschreitende Steigerung; **~i** M ‹-a, -ar› Leiter *f*; Treppe *f*; **~munur** M Gradunterschied *m*

stíg|ur M ‹-s, -ar› Pfad *m*; **~vél** N Stiefel *m*

stikilsber N Stachelbeere *f*

stíla schreiben; adressieren; **~ e-ð vel** etw (schriftlich) gut formulieren; **~bók** F (Schreib-)Heft *n*

stíl|l M ‹-íls, -lar› Stil *m*; Schulaufsatz *m*; **~snillingur** M glänzender Stilist

still|a beruhigen; einstellen; MUS stimmen; (*Blut*) stillen; **~ til friðar** Streit schlichten; **~tur** ruhig; beherrscht; gefasst; (*Wetter*) ruhig; still

stimpill M ‹-ils, -lar› Stempel *m*

stimpl|a stempeln

stinga stechen; *fig* stecken; **~ e-n af** j-n im Stich lassen; **~ í stúf við e-ð** gegen etw abstechen; **~ sér** Kopfsprung machen; **~ upp á e-u** etw vorschlagen

stinnings|gola F frische Brise; **~kaldi** M ‹-a› steifer Wind; *Meteorologie*: steife Brise

stirð|geðja mürrisch, verdrießlich; **~leiki** ‹-a, -ar› Steifheit *f*; **~na** steif werden; (vor Kälte) erstarren; **~ur**

steif; ungelenk(ig)
stjarfur erstarrt
stjarn|a F ⟨stjörnu, stjörnur⟩ Stern *m*
stjórn F ⟨-ar, -ir⟩ Leitung *f*, Vorstand *m*; Regierung *f*; Selbstbeherrschung *f*; **~a** regieren; lenken; leiten; MUS dirigieren; steuern; **~andi** M ⟨-anda, -endur⟩ Leiter *m*; **~arandstaða** F Opposition *f*; **~arblað** N (*Zeitung*) Regierungsorgan *n*; **~arbylting** F Revolution *f*; **~ardeild** F Ministerium *n*; **~arfar** N Regierungsform *f*; **~arflokkur** M Regierungspartei *f*; **~arfyrirkomulag** N Regierungsform *f*; **~arkreppa** F Regierungskrise *f*; **~arráð** N Regierungssitz *m*; **~arskrá** F Grundgesetz *n*; Verfassung *f*; **~artíð** F Regierungszeit *f*; **~völd** NPL Staatsgewalt *f*
stjórnborði M SCHIFF Steuerbord *n*
stjórn|frelsi N politische Freiheit *f*; **~leysi** N ⟨-s⟩ Anarchie *f*; **~mál** NPL Politik *f*
stjórnmála|flokkur F politische Partei *f*; **~fundur** M politische Versammlung *f*; **~maður** M Politiker *m*
stjórn|skipulag N, **~skipun** F Verfassung *f*
stjúp|a F ⟨-u, -ur⟩ Stiefmutter *f*; **~barn** N Stiefkind *n*; **~dóttir** F Stieftochter *f*; **~faðir** M Stiefvater *m*; **~móðir** F Stiefmutter *f*; **~sonur** M Stiefsohn *m*
stjörnu|bjartur sternklar; **~fræði** F Astronomie *f*; **~fræðingur** M ⟨-s, -ar⟩ Astronom *m*; **~hrap** N ⟨-s, -hröp⟩ Sternschnuppe *f*; **~kíkir** M Teleskop *n*; **~spámaður** M, **~spekingur** M Astrologe *m*; **~turn** M Sternwarte *f*
stó F ⟨-r, -r⟩ Feuerstelle *f*
stoð F ⟨-ar, -ir⟩ Stütze *f*, Hilfe *f*; Pfosten *m*; **~a** stützen, helfen
stofa F ⟨-u, -ur⟩ Stube *f*, Wohnzimmer *n*
stofn M ⟨-s, -ar⟩ Stamm *m*; Bestand *m*; **~a** errichten, bilden, gründen; **~andi** M ⟨-anda, -endur⟩ Stifter *m*; Gründer *m*; **~fé** N Kapital *n*; **~un** F ⟨-unar, -anir⟩ Anstalt *f*; Einrichtung *f*; Institution *f*; Gründung *f*
stóll M ⟨-ls, -lar⟩ Stuhl *m*
stólpi M ⟨-a, -ar⟩ Pfosten *m*
stólræða F Predigt *f*
stolt N ⟨-s⟩ Stolz *m*; **~ur** stolz (**af** *od* **yfir e-u** auf etw *akk*)
stopp|a stehen bleiben, anhalten; stopfen; **~ustöð** F Bushaltestelle *f*
stór groß; hochgewachsen
stórá F (*Fluss*) Strom *m*
Stóra-Bretland N Großbritannien *n*
stór|bóndi M Großbauer *m*; **~borg** F Großstadt *f*;

~borgarlegur großstädtisch; **~brotinn** großzügig; **~fenglegur** großartig; **~gerður** grob; **~glæpamaður** M Schwerverbrecher *m*; **~hættulegur** sehr gefährlich; **~iðnaður** M Großindustrie *f*; **~kaupmaður** M Großkaufmann *m*; **~kostlegur** großartig
storkur M ‹-s, -ar› Storch *m*
stormasamur stürmisch, windig
stór|mennskubrjálæði N Größenwahn *m*; **~orður** heftig, grob
stormur M ‹-s, -ar› Sturm *m*; Wind *m*
stór|slys N schwerer Unfall; Katastrophe *f*; **~streymi** N ‹-s› Springflut *f*; **~tjón** N großer Schaden; **~veldi** N Großmacht *f*; **~viðburður** M Sensation *f*; **~virki** N Großtat *f*; **~vægilegur** (sehr) wichtig
strá 1 N ‹-s, -› Halm *m* 2 streuen, ausstreuen; **~hattur** M Strohhut *m*
strák|slegur burschikos; jungenhaft; **~ur** M ‹-s, -ar› Junge *m*, Bursche *m*; Schelm *m*
strand N ‹-s› Stranden *n*; Scheitern *n* (*a. fig*); **~a** stranden; scheitern (*a. fig*); **~ferðir** FPL Küstenschifffahrt *f*; **~lengja** F ‹-u› Küstenstrecke *f*
strang|lega streng; **~ bannað** strengstens verboten; **~ur** streng
strau|ja bügeln; **~járn** N Bügeleisen *n*
straum|breytir M ‹-s, -ar› ELEK Transformator *m*; **~iða** F ‹-u, -ur› Stromschnelle *f*; **~ur** M ‹-s, -ar› Strom *m*
strax sofort, gleich
stráþak N Strohdach *n*
streita F ‹-u› Anstrengung *f*; Stress *m*
streng|jahljóðfæri N Saiteninstrument *n*; **~ur** M Saite *f*; Seil *n*; Kabel *n*
streyma strömen; **~ gegnum** durchströmen
streymi N ‹-s, -i› Stream; **beint ~** Livestream *m*
stríð N ‹-s, -› Krieg *m*; Neckerei *f*; **heyja ~** Krieg führen; **segja e-m ~ á hendur** j-m den Krieg erklären
stríð|a necken, reizen; **~ við e-ð** mit etw kämpfen; **~inn** neckisch; **~ni** F (*undekl*) Neckerei *f*
stríðs|ár NPL Kriegsjahre *pl*; **~byrjun** F Kriegsbeginn *m*; **~lok** NPL Kriegsende *n*; **~yfirlýsing** F Kriegserklärung *f*
stríður (*Wind*) steif; (*Haar*) borstig; (*Strom*) reißend
strigi M ‹-a› Sackleinen *n*
strik N ‹-s, -› Strich *m*; Linie *f*; **~a** linieren
strit N ‹-s› schwere *od* anstrengende Arbeit, *sl* Schufterei *f*; (*Schule*) Anstrengung *f*; **~a** schwer arbeiten

strjál|byggður dünn besiedelt; **~l** *(Gebäude, Höfe)* verstreut
strjúka streichen; streicheln; desertieren; ausreißen, durchbrennen
strok|a *e-ð út* radieren; **~hljóðfæri** N ‹-s, -› Streichinstrument *n*
strokk|a buttern; **~ur** M ‹-s, -ar› Butterfass *n*; TECH Zylinder *m*
strok|leður N Radiergummi *m*; **~umaður** M Deserteur *m*; Ausreißer *m*
strompur M ‹-s, -ar› Schornstein *m*; Rauchfang *m*
strútur M ‹-s, -ar› *(Vogel)* Strauß *m*
strýt|a F ‹-u, -ur› Kegel *m*; **~ulagaður** kegelförmig
stræti N ‹-s, -› Straße *f*; **~svagn** M Omnibus *m*, Bus *m*
strönd F ‹strandar, strendur› Küste *f*, Strand *m*
stubbur M ‹-s, -ar› Stumpf *m*; *(Zigarre)* Stummel *m*; *(Zigarette)* Kippe *f*
stúdent M ‹-s, -ar› Student(in) *m(f)*; **~spróf** N Reifeprüfung *f*, Abitur *n*
stuðari M ‹-a, -ar› Stoßstange *f*
stuð|la: ~ **að e-u** zu etw beitragen; **~ningur** M ‹-s› Unterstützung *f*, Hilfe *f*
stuggur M ‹-s› Angst *f*
stúka F ‹-u, -ur› Loge *f*
stuldur M ‹-ar, -ir› Diebstahl *m*
stúlka ‹-u, -ur› Mädchen *n*
stuna F ‹-u, -ur› Seufzer *m*
stund F ‹-ar, -ir› Stunde *f*; Zeit *f*; Weile *f*; **á ~inni** sofort, augenblicklich; **góða ~** eine Weile; **um ~** für einige Zeit; **~a** lernen; betreiben; **~ nám** studieren; **~afjöldi** M Stundenzahl *f*; **~arfjórðungur** M Viertelstunde *f*; **~arkorn** N Augenblick *m*
stund|askrá F Stundenplan *m*; **~um** zuweilen; **~vís** pünktlich; **~vísi** F *(undekl)* Pünktlichkeit *f*
stunga F ‹-u, -ur› Stich *m*
sturlaður geisteskrank
sturta F ‹-u, -ur› Dusche *f*
stutt|buxur FPL kurze Hose *f*; **~bylgja** F Kurzwelle *f*; **~ur** kurz; **~ í spuna** kurz angebunden
styðja stützen; unterstützen
stygg|ðaryrði NPL kränkende Worte *npl*; **~ur** *(Pferd)* scheu
stykki N ‹-s, -› Stück *n*
stynja stöhnen, seufzen
stýr|a steuern; lenken; **~i** N ‹-s, -› Lenker *m*; Lenkrad *n*; Steuer *n*, Ruder *n*; **~imaður** M Steuermann *m*; **~imannaskóli** M Seefahrtsschule *f*
styrj|aldarár N Kriegsjahr *n*; **~aldartími** M Kriegszeit *f*; **~öld** F Krieg *m*
styrk|beiðni F Antrag *m* auf (finanzielle) Unterstützung;

~ja stärken; unterstützen; **~ur** M ⟨-s, -ir⟩ Unterstützung *f*; Stipendium *n*; **~þegi** M ⟨-a, -ar⟩ Stipendiat *m*

stytta 1 F ⟨-u, -ur⟩ Statue *f*; Figur *f* 2 verkürzen; **~ sér aldur** sich (*dat*) das Leben nehmen; **~ upp** aufhören zu regnen; **~st** kürzer werden

stæð|i N ⟨-s, -⟩ Parkplatz *m*; **~ur** gestellt; **illa ~** arm

stækja F ⟨-u⟩ Gestank *m*

stækk|a vergrößern; (*Unternehmen*) ausbauen; *v/i* wachsen, zunehmen; **~un** F ⟨-unar, -anir⟩ Vergrößerung *f*; Ausbau *m*; Zunahme *f*; Wachstum *n*; **~unargler** N Vergrößerungsglas *n*

stæl|a abhärten, stählen; nachahmen, nachäffen; sich zanken; **~ing** F ⟨-ar, -ar⟩ Abhärtung *f*; Nachahmung *f*; Parodie *f*; **~tur** abgehärtet

stærð F ⟨-ar, -ir⟩ Größe *f*, Quantität *f*; Dimension *f*; **~fræði** F Mathematik *f*; **~fræðideild** F (*Gymnasium*) mathematisch-naturwissenschaftlicher Zweig; **~fræðingur** M ⟨-s, -ar⟩ Mathematiker *m*

stöð F ⟨-var, -var⟩ Station *f*; **~ugjald** N Parkgebühr *f*; **~ugleiki** M ⟨-a⟩ Standhaftigkeit *f*; Gleichgewicht *n*; **~ugur** beständig; (*Ärger*) ständig; konstant; stabil; **~umælir** M Parkuhr *f*; **~uvatn** N See *m*; **~va** V/T (an)halten; stoppen; (*Motor*) ausschalten; **~vunarmerki** N Haltesignal *n*

stöfun F ⟨-ar⟩ Buchstabieren *n*

stökk N ⟨-s, -⟩ Sprung *m*; (*Pferd*) Galopp *m*; **~breyting** F Mutation *f*; **~pallur** M Sprungbrett *n*; **~ur** (*Material*) spröde, zerbrechlich

stökkva springen

stöng F ⟨stangar, stengur *od* stangir⟩ Stange *f*; Angelrute *f*; Fahnenmast *m*; **flagga í hálfa ~** halbmast flaggen; **~ull** M ⟨-uls, -lar⟩ Stengel *m*

suð N ⟨-s⟩ Summen *n*; Brummen *n*; Quengeln *n*

suða 1 F Kochen *n*; Sausen *n* 2 summen; rauschen; quengeln

suð|lægur südlich; **~rænn** südländisch; **~umark** N Siedepunkt *m*

suður 1 N ⟨-s⟩ Süden *m* 2 ADV südwärts, nach Süden

suðurheim|skautið N der Südpol

Suðurland N Südisland *n*

suðurströnd F Südküste *f*

suðvestur N Südwest(en) *m*

súgur M ⟨-s⟩ (Luft-)Zug *m*; **það er ~** es zieht

súkkulaði N ⟨-s⟩ Schokolade *f*

súla F ⟨-u, -ur⟩ Säule *f*; Pfosten *m*

súld F ⟨-ar⟩ Sprühregen *m*

sulta F ⟨-u⟩ Marmelade *f*; Gelee *n*; Sülze *f*

sultar|laun NPL Hungerlohn *m*; **~líf** N elendes Leben *f*

sultu|r M ⟨-ar⟩ Hunger *m*; **~tau** N ⟨-s⟩ Marmelade *f*, Eingemachte *n*

sumar N ⟨-ars, -ur⟩ Sommer *m*; **~bústaður** M Ferienhaus *n*; **~dagur** M Sommertag *m*; **~inn fyrsti** *der erste Sommertag (Feiertag in Island)*; **~frí** N Sommerferien *pl*; **~lag**: **að ~i** im Sommer; **~leyfi** N Sommerurlaub *m*; **~sólhvörf** NPL, **~sólstöður** FPL Sommersonnenwende *f*

sumir einige; **~ ... aðrir** die einen ... die anderen

sumur manch einer; **að sumu leyti** zum Teil (*abk* z.T.); **sums staðar** mancherorts

sund N ⟨-s, -⟩ Schwimmen *n*; Meerenge *f*, Sund *m*; Gässchen *n*; **~bolur** M Badeanzug *m*; **~föt** NPL Badeanzug *m*; **~höll** F Hallenbad *n*; **~laug** F Freibad *n*; Schwimmbecken *n*; **~ra** zersplittern, zerstreuen; **~skýla** F ⟨-u, -ur⟩ Badehose *f*

sund|ur entzwei; **~urgreina** analysieren; **~urliða** spezifizieren; **~urliðun** F ⟨-ar⟩ Spezifikation *f*, Uneinigkeit *f*; **~urskilja** trennen; **~urskipting** F Teilung *f*; **~vesti** N Schwimmweste *f*

sunnan: **að ~** von Süden; **fyrir ~** in Reykjavik, in Südisland; **~átt** F Südwind *m*; **~verður** südlich; **~vindur** M Südwind *m*

Sunnlendingur M ⟨-s, -ar⟩ Person *f* aus Südisland

sunnlenskur vom Südland *f*

sunnudag|skvöld N Sonntagabend *m*; **~ur** M Sonntag *m*

súp|a F **1** F ⟨-u, -ur⟩ Suppe *f* **2** trinken; **~udiskur** M tiefer Teller *m*

súr sauer; **~efni** N Sauerstoff *m*; **~kál** N Sauerkraut *n*; **~mjólk** F Sauermilch *f*; Dickmilch *f*

sút|a gerben; **~un** F ⟨-ar⟩ Gerben *n*

svaðilför F gefahrvolle Reise

svakalegur furchtbar, fürchterlich

svala **1** F ⟨svölu, svölur⟩ Schwalbe *f* **2** (*Durst*) löschen, stillen

svali M ⟨-a⟩ Kühle *f*, Frische *f*; **~r** FPL Balkon *m*; THEAT Rang *m*

svall N ⟨-s⟩ Ausschweifungen *fpl*

svalur kühl

svampur M ⟨-s, -ar⟩ Schwamm *m*

svangur hungrig

svanur M ⟨-s, -ir⟩ Schwan *m*

svar N ⟨-s, svör⟩ Antwort *f*; Erwiderung *f*; **~a** antworten; (*Brief*) beantworten; **~amaður** M Trauzeuge *m*

Svartahaf N Schwarzes Meer *n*
svartamyrkur N (tiefste) Finsternis *f*
svarthærður schwarzhaarig
svartidauði M Pest *f*; *sl* isländischer Branntwein *m*
svartsýn|i Pessimismus *m*; **~n** pessimistisch
svartur schwarz
svefn M ‹-s› Schlaf *m*; **í fasta ~i** im tiefen Schlaf; **tala upp úr ~inum** im Schlaf reden; **~friður** M Nachtruhe *f*; **~herbergi** N Schlafzimmer *n*; **~laus** schlaflos; **~leysi** N ‹-s› Schlaflosigkeit *f*; **~lyf** N, **~meðal** N Schlafmittel *n*; **~poki** M Schlafsack *m*; **~purka** F ‹-u, -ur› *fig* Schlafmütze *f*; **~ró** F Nachtruhe *f*; **~vagn** M BAHN Schlafwagen *m*
svei! pfui!
sveif F ‹-ar, -ar› Kurbel *f*; **~la** 1 F ‹-u, -ur› Schwung *m*; Schwingung *f* 2 schwingen; schwenken; **~last** V/R sich schwingen, (*Preise*) schwanken
sveigja 1 F ‹-u, -ur› Krümmung *f*; Biegung *f*; (*Straße*) Kurve *f* 2 krümmen; biegen; zur Seite biegen
sveigur M ‹-s, -ar› Kranz *m*; Bogen *m*
svein|n M ‹-s, -ar› Bursche *m*, Junge *m*; Geselle *m*; **~sbréf** N Gesellenbrief *m*; **~spróf** N Gesellenprüfung *f*
sveip|a hüllen; **~ur** M ‹-s, -ir› Strudel *m*, Wirbel *m* (*a. Haare*)
sveit F ‹-ar, -ir› Gegend *f*; Gemeinde *f*; Mannschaft *f*, Trupp *m*; **fara á ~ina** auf die öffentliche Fürsorge angewiesen sein; **uppi í ~** auf dem Lande; **~abær** M Bauernhof *m*; **~afólk** N Landbevölkerung *f*; **~alegur** provinziell; **~alíf** N Landleben *n*
sveitar|félag N Landgemeinde *f*; **~málefni** NPL kommunale Angelegenheiten *pl*; **~styrkur** M Sozialhilfe *f*
sveitaþorp N Dorf *n*
sveittur verschwitzt; **ég er ~** ich schwitze
svelgja verschlingen; **~st**: **~ á** sich verschlucken
svell N ‹-s, -› Glatteis *n*
svelta 1 V/I hungern 2 V/T aushungern
svengd F ‹-ar› Hunger *m*
sveppur M ‹-s, -ir› Pilz *m*
sver dick
sverð N ‹-s, -› Schwert *n*
sverfa feilen
sverja schwören
sveskja F ‹-u, -ur› Backpflaume *f*
svið N ‹-s, -› Gebiet *n*; THEAT Bühne *f*; *npl* (*Nationalgericht*) gesengter Schafskopf *m*
svíða (*Schmerz*) brennen; wehtun; (ver)sengen
sviðalykt F Brandgeruch *m*
svið|i M ‹-a› (*Wunde*) Brennen

n; **~setning** F Inszenierung *f*
svífa schweben
svifnökkvi M ⟨-a, -ar⟩ Luftkissenboot *n*
svig N ⟨-s⟩ (*Sport*) Slalom *m*, Torlauf *m*; **~i** M ⟨-a, -ar⟩ Parenthese *f*, Klammer *f*; **~rúm** N Spielraum *m*
Svíi M ⟨-a, -ar⟩ Schwede *m*
svik NPL Betrug *m*; **~ari** M ⟨-a, -ar⟩ Betrüger *m*; Verräter *m*; **~inn** verfälscht, unecht; betrogen; **~ráð** N Verrat *m*; **~semi** F (*undekl*) Unzuverlässigkeit *f*; **~ull** treulos; unzuverlässig
svíkja betrügen
svima: **mig ~r** ich werde schwindlig
svín N ⟨-s, -⟩ Schwein *n*
svip|a ⟨-u, -ur⟩ Peitsche *f*; **~aður** ähnlich; **~brigði** NPL Mienenspiel *n*; **~laus** ausdruckslos; **~mikill** ausdrucksvoll; **~stund** F Augenblick *m*; **~ta** wegnehmen, wegreißen; **~ur** M ⟨-s, -ir⟩ Miene *f*; Ähnlichkeit *f*; **í svipinn** im Augenblick
Sviss F (*undekl*) Schweiz *f*; **~lendingur** M ⟨-s, -ar⟩ Schweizer *m*
svissneskur schweizerisch
svit|akrem N Deodorant *n*; **~i** M ⟨-a⟩ Schweiß *m*; **~na** schwitzen
svívirð|a 1 F ⟨-u⟩ Schande *f* 2 entehren; **~ing** F ⟨-ar, -ar⟩ Schmach *f*; Verleumdung *f*
Svíþjóð F ⟨-ar⟩ Schweden *n*
svo so; dann; **gerðu ~ vel!** bitte!; **~leiðis** in der Weise; **~lítið** ein wenig; **~na** so; **~nefndur** sogenannt
svunta F ⟨-u, -ur⟩ Schürze *f*
svæði N ⟨-s, -⟩ Gebiet *n*; Platz *m*; Bezirk *m*; **~sbundinn** regional
svæf|a einlullen, in den Schlaf wiegen; **~ill** M ⟨-ils, -lar⟩ kleines Kopfkissen; **~ing** F ⟨-ar, -ar⟩ Narkose *f*
syðri südlicher
syfja schläfrig werden; **~ður** schläfrig
sýki F (*undekl*) Krankheit *f*; **~ll** M ⟨-ils, -lar⟩ Bakterie *f*; Bazillus *m*; **~ng** F ⟨-ar⟩ Infektion *f*; **~ngarhætta** F Infektionsgefahr *f*
sýkja anstecken; **~st** angesteckt werden; erkranken
sýkn ADJ unschuldig; freigesprochen; **~a** freisprechen; **~un** F ⟨-unar, -anir⟩ Freispruch *m*
sykur M ⟨-s⟩ Zucker *m*; **~kar** N, **~ker** N Zuckerdose *f*; **~moli** M Würfelzucker *m*; **~sýki** F Zuckerkrankheit *f*, Diabetes *f*
sýn F ⟨-ar, -ir⟩ Sichtweite *f*; **~a** zeigen; vorweisen; ausstellen; aufführen; **~ fram á e-ð** etw nachweisen; **~ast** vorkommen, scheinen
synd F ⟨-ar, -ir⟩ Sünde *f*; **~a**

schwimmen; **~aflóð** N Sintflut *f*; **~ari** M ‹-a, -ar› Sünder *m*

syngja singen

sýni N ‹-s, -› MED Probe *f*

sýnilegur sichtbar; offenbar

sýning F ‹-ar, -ar› Vorstellung *f*; Aufführung *f*; Ausstellung *f*; **~arstúlka** F Mannequin *n*, Modell *n*; **~arvél** F Projektor *m*

sýnishorn N Warenprobe *f*, Muster *n*

synja (*Bitte*) abschlagen; (*Vorschlag*) ablehnen

sýra F ‹-u, -ur› Säure *f*; Molke *f*

syrgja trauern

sýsla 1 F ‹-u, -ur› (*Island*) Kreis *m*, Verwaltungsbezirk *m*; Beschäftigung *f* 2 sich beschäftigen, arbeiten

sýslumaður M (*Island*) Kreisrichter *m*

syst|ir F ‹-ur, -ur› Schwester *f*; **~kini** NPL Geschwister *pl*

systur|dóttir F Nichte *f*; **~sonur** M Neffe *m*

sæði N ‹-s› Samen *m*; Saat *f*

sægur M ‹-s› Menge *f*, Haufen *m*

sækja holen; (*Schule*) besuchen; **~ um e-ð** etw beantragen; sich um etw bewerben; **~ndi** M ‹-anda, -endur› JUR Kläger *m*; **~st**: **~ eftir e-u** nach etw streben

sæla F ‹-u› Glück *n*; Seligkeit *f*

sælgæti N ‹-s› Leckerbissen *m*; Süßwaren *pl*, Bonbons *npl*

sæll glücklich; selig; **komið þið sælir** *m Pl.* **(sæl, sælar)!, komdu sæl** *f sg* **(sæl)!, komdu sæll** *m sg* guten Tag!, sei gegrüßt!; **verið þið sælir** *m Pl.*(**sælar** *f Pl.*)!, **vertu sæl** *f sg*, **vertu sæll** *m sg* auf Wiedersehen!

sællífi N ‹-s› Wohlleben *n*

sæm|a auszeichnen; ziemen; **~d** F ‹-ar› Ehre *f*

sæmileg|a einigermaßen, leidlich; **~ur** ziemlich gut

sæng F ‹-ur, -ur› Oberbett *n*; Bettdecke *f*; **liggja á ~** *fig* im Wochenbett liegen; **~urföt** NPL Bettzeug *n*; Bettwäsche *f*; **~urkona** F Wöchnerin *f*

sænsk|a F ‹-u› Schwedisch *n*; **~ur** schwedisch

sær|a verwunden; kränken; (*Haare*) Spitzen abschneiden; **sær fram** heraufbeschwören; **~ður** verletzt (*a. fig*); gekränkt; **~ing** F ‹-ar, -ar› Beschwörung *f*

sæsími M Überseekabel *n*

sæti N ‹-s, -› Sitzplatz *m*; Sitz *m*; **~ndi** NPL Süßwaren *pl*

sætt F ‹-ar, -ir› Versöhnung *f*; **~a** versöhnen; **~ sig við e-ð** sich mit etw abfinden

sætur süß; lieblich

söðla satteln; **~smiður** M Sattler *m*

söfnuður M ‹safnaðar, söfnuðir› Kirchengemeinde *f*

sög F ⟨sagar, sagir⟩ Säge *f*; **~n** F ⟨sagnar, sagnir⟩ Bericht *m*; Sage *f*; Verb *n*; **~ulegur** historisch; **~uljóð** N Epos *n*

sök F ⟨sakar, sakir⟩ Schuld *f*; Vergehen *n*; Ursache *f*

sökkva sinken; *v/t* versenken

sök|nuður M ⟨saknaðar⟩ Trauer *f*; **~um** PRÄP *mit gen* wegen, aufgrund

söltun F ⟨-ar⟩ Einsalzen *n*

sölu|maður M Verkäufer *m*; Handelsreisende *m*; **~skattur** M Verkaufssteuer *f*; **~turn** M Kiosk *m*; **~verð** N Verkaufspreis *m*

sömuleiðis gleichfalls, ebenfalls

söng|bók F Liederbuch *n*; **~elskur** sangesfreudig; **~kennari** M Gesanglehrer *m*; **~kona** F Sängerin *f*; **~leikur** M Musical *n*; Operette *f*; **~rödd** F Singstimme *f*; **~skemmtun** F Konzert *n*; **~skrá** F Konzertprogramm *n*; **~stjóri** M ⟨-a, -ar⟩ Chorleiter *m*; **~ur** M ⟨-s, -var⟩ Gesang *m*; Lied *n*; **~vari** M ⟨-a, -ar⟩ Sänger *m*

sönnun F ⟨-ar, sannanir⟩ Beweis *m*; **~argagn** N Beweismittel *n*

sötra schlürfen

T

tá F *(irr)* Zehe *f*; **ganga á ~num** auf Zehenspitzen gehen

tafarlaus augenblicklich, unverzüglich

tafl N ⟨-s, töfl⟩ Schachspiel *n*; **~a** F ⟨töflu, töflur⟩ Tabelle *f*; Wandtafel *f*; Tablette *f*; **~borð** N Schachbrett *n*; **~maður** M Schachfigur *f*; Schachspieler *m*

tág F ⟨-ar, -ar⟩ BOT Weide *f*

tagl N ⟨-s, tögl⟩ (Pferde-) Schwanz *m*

tak N ⟨-s, tök⟩ Griff *m*; *pl* Möglichkeiten *fpl*; **til ~s** zur Hand

taka nehmen, (er)greifen, fassen; **~ e-ð að sér** etw übernehmen; **~ e-n af lífi** j-n hinrichten; **~ á móti e-u** etw empfangen; **~ eftir** (be)merken; **~ fram** hervorheben; **~ skýrt fram** betonen; **~ í höndina á e-m** j-m die Hand drücken; **~ með sér** mitnehmen, mitbringen; **~ til** aufräumen; **~ til máls** das Wort ergreifen; **~ við e-u** etw empfangen; **~st** gelingen

takk! danke sehr!

takki M ⟨-a, -ar⟩ Knopf *m*, Taste *f*

takmark N Ziel *n*; Grenze *f*; **~a** begrenzen; beschränken; **~alaus** grenzenlos, unbegrenzt
takmörkun F ‹-unar, -markanir› Begrenzung *f*; Beschränkung *f*
tákn N ‹-s, -› Zeichen *n*; Symbol *n*; **~a** bezeichnen; symbolisieren; **~rænn** symbolisch; typisch
taktur M MUS Takt *m*
tal N ‹-s, töl› Sprechen *n*; Gespräch *n*; TEL **á ~i** besetzt
tala 1 F ‹tölu, tölur› Knopf *m*; Zahl *f*; Ziffer *f* 2 sprechen, reden; **~ saman** miteinander sprechen; **~ við e-n** mit j-m sprechen; **tala við e-n í síma** mit j-m telefonieren
tálkn N ‹-s, -› Kieme *f*
tal|mál N Umgangssprache *f*; **~sháttur** M Redensart *f*
tal|sins insgesamt; **~stöð** F Funkgerät *n*; **~sverður** beträchtlich, erheblich
tálvon F Illusion *f*
taminn zahm; gezähmt
tangi M ‹-a, -ar› Landzunge *f*, Landspitze *f*
tankur M ‹-s, -ar› Tank *m*
tann|bursti M Zahnbürste *f*; **~ krem** N Zahnpasta *f*; **~læknir** M Zahnarzt *m*; **~pína** F Zahnschmerzen *mpl*
tap N ‹-s, töp› Verlust *m*; **~a** verlieren; unterliegen; **sá sem ~r** Verlierer *m*, **sú sem ~r** Verliererin *f*; **~ari** M Verlierer(in) *m(f)*; **tapa af e-u** etw verpassen
tapp|atogari M Korkenzieher *m*; **~i** M ‹-a, -ar› Pfropfen *m*, Kork(en) *m*
tár N ‹-s, -› Träne *f*; **~ast, ~fella** Tränen vergießen, weinen
taska F ‹tösku, töskur› Tasche *f*, Koffer *m*; (Schul-, Akten-)Mappe *f*
tau N ‹-s› Zeug *n*, Stoff *m*
taug F ‹-ar, -ar› Nerv *m*; Seil *n*; **fara í taugarnar á e-m** j-n nerven; **~aáfall** N Nervenzusammenbruch *m*; **~agigt** F Neuralgie *f*; **~akerfi** N Nervensystem *n*; **~aóstyrkur** nervös; **~asjúkdómur** M Nervenkrankheit *f*; **~aveiki** F Typhus *m*; **~aveiklaður** nervenschwach
taum|ur M ‹-s, -ar› Zügel *m*; **taka í taumana** einschreiten
tauta brummen, murmeln
t.d. z.B.
te N ‹-s› Tee *m*
tefja hindern, aufhalten; **~st** aufgehalten werden
tefla Schach spielen; **~ á tvær hættur** etw wagen
tegund F ‹-ar, -ir› Sorte *f*, Art *f*; Typ *m*
teikn N ‹-s, -› Vorzeichen *n*; **~a** zeichnen; **~ibóla** F Reißzwecke *f*; **~iborð** N Reißbrett *n*; **~ing** F ‹-ar, -ar› Zeichnung *f*; Zeichnen *n*
tekanna F Teekanne *f*

tekju|afgangur M Überschuss *m*; **~halli** M Defizit *n*; Fehlbetrag *m*; (*Fabrik*) Verlust *m*; **~lind** F Einnahmequelle *f*; **~r** FPL Einnahme *f*; Einkommen *n*; Einkünfte *pl*; **færa til tekna** gutschreiben; **~skattur** M Einkommensteuer *f*, Lohnsteuer *f*

tékki M ⟨-a, -ar⟩ Scheck *m*

Tékk|i M ⟨-a, -ar⟩ Tscheche *m*; **~óslóvakía** F ⟨-u⟩ Tschechoslowakei *f*

tékkur (*a.* **tjakkur**) M (*Auto*) Wagenheber *m*

telja zählen; meinen; glauben; **~ e-n á að gera e-ð** j-n zu etw überreden; **~ e-n af e-u** j-m etw ausreden; **~ri** M ⟨-a, -ar⟩ MATH Zähler *m*; **~st**: **~ vera** als etw gelten

telpa F ⟨-u, -ur⟩ Mädchen *n*

temja zähmen, bändigen; dressieren; **~ sér e-ð** sich (*dat*) etw angewöhnen

tempra regulieren; temperieren

tengda|dóttir F Schwiegertochter *f*; **~faðir** M Schwiegervater *m*; **~móðir** F Schwiegermutter *f*; **~sonur** M Schwiegersohn *m*

tengdir FPL Schwägerschaft *f*

tengi|kló F Stecker *m*; **~ll** M ⟨-ils, -lar⟩ **1** M Steckdose *f* **2** Hyperlink *m*

tenging F ⟨-ar, -ar⟩ Verbindung *f*; ELEK Schaltung *f*

tengja verbinden; ELEK schalten

teningur M ⟨-s, -ar⟩ Würfel *m*

tepoki M Teebeutel *m*

tepp|a verhindern; **~ umferðina** den Verkehr stören; **~i** N ⟨-s, -⟩ Decke *f*, Bettdecke *f*; Teppich *m*

terta F ⟨-u, -ur⟩ Torte *f*

tesía F Teesieb *n*

teskeið F Tee-, Kaffeelöffel *m*

texti M ⟨-a, -ar⟩ Text *m*

teyga in vollen Zügen trinken

teygja **1** F ⟨-u, -ur⟩ Elastizität *f*; Dehnbarkeit *f*; Gummiband *n* **2** (aus)strecken; **~ sig** sich strecken *od* recken; **~nlegur** elastisch; dehnbar

teyma am Zügel führen

tíð F ⟨-ar, -ir⟩ Zeit *f*; GRAM Tempus *n*; Wetter *n*; **í tæka ~** rechtzeitig; **með ~ og tíma** mit der Zeit; **í þá ~** damals; **~arandi** M Zeitgeist *m*; **~arfar** N Witterung *f*; **~indi** NPL Neuigkeit *f*; **~ir** FPL Menstruation *f*; **~kast** üblich sein; **~ni** F (*undekl*) Frequenz *f*; **~um** oft; **~ur** häufig

tífaldur zehnfach

tig|inn vornehm; **~n** F ⟨-ar, -ir⟩ Hoheit *f*, Würde *f*; Rang *m*; **~na** verehren

tígrisdýr N Tiger *m*

tígul|l M ⟨-uls, -lar⟩ Raute *f*; (*Kartenspiel*) Karo *n*; **~steinn** M Ziegel *m*; Backstein *m*

tík F ⟨-ar, -ur⟩ Hündin *f*

tíkall M ⟨-s, -ar⟩ *sl* zehn Kro-

nen *fpl*
til PRÄP *mit gen* zu; nach; an; **~ þín** zu dir; **~ Þýskalands** nach Deutschland; **~ þess að** *konj* damit, um ... zu; **ertu ~ ?** bist du bereit?; **framan ~** vorne; **~ dæmis** zum Beispiel (*abk* **t. d.** z.B.); **~ baka** zurück
til|beiðsla F ‹-u› Anbetung *f*, Verehrung *f*; **~biðja** anbeten, verehren; **~boð** N Angebot *n*; **~breyting** F Abwechslung *f*; **~breytingarlaus** einförmig; **~búinn** fertig; bereit; **~ áburður** *m* Kunstdünger *m*; **tilbúin föt** *npl* Konfektionsanzug *m*; **~búningur** M ‹-s› Phantasterei *f*
til|drög NPL Anlass *m*, Ursache *f*; **~efni** N Anlass *m*; **í ~ af** anlässlich; **~efnislaus** ohne Grund; **~einka** widmen; **~einkun** F Widmung *f*; **~felli** N ‹-s, -› Fall *m*
tilfinn|anlegur empfindlich; fühlbar; **~ing** F ‹-ar, -ar› Gefühl *n*, Empfindung *f*; **~ingamaður** M Gefühlsmensch *m*; **~ingamál** N Gefühlssache *f*; **~ingasamur** sentimental; **~ingasemi** F (*undekl*) Sentimentalität *f*
tilgang|slaus sinnlos, zwecklos; **~sleysi** N ‹-s› Sinnlosigkeit *f*; **~ur** M Absicht *f*, Zweck *m*; Sinn *m*
tilgáta F ‹-u, -ur› Annahme *f*, Mutmaßung *f*; Hypothese *f*
til|greina anführen, nennen; **~heyra** dazugehören; **~hlaup** N Anlauf *m*; **~hliðrun** F ‹-ar› Entgegenkommen *n*; **~hlýðilegur** gebührend, passend; **~hlökkun** F ‹-ar› frohe Erwartung; Spannung *f*; **~hneiging** F Neigung *f*; (*Spiel*) Hang *m*; **~hugsun** F Vorstellung *f*; **~kall** N Anspruch *m*; **gera ~ til e-s** Anspruch auf etw (*akk*) erheben; **~komulítill** gering, unbedeutend; **~komumikill** imponierend, bedeutend
til|kostnaður M Unkosten *pl*; **~kynna** mitteilen, (von etw) unterrichten; **~kynning** F Mitteilung *f*; Meldung *f*; Bekanntmachung *f*; **~laga** F ‹-lögu, -lögur› Vorschlag *m*; **~lit** N ‹-s, -› Blick *m*; Hinsicht *f*; Rücksicht *f*; **~litsamur** rücksichtsvoll
tilraun F Versuch *m*; Probe *f*; Experiment *n*; **~adýr** N Versuchstier *n*; *umg* Versuchskaninchen *n*; **~astofa** F Laboratorium *n*
til|ræði N ‹-s, -› Attentat *n*; **~skipun** F Verordnung *f*, Anordnung *f*; **~svar** N Antwort *f*; **~svarandi** entsprechend; **~sögn** F Anleitung *f*; **~tölulega** verhältnismäßig; **~vera** F Dasein *n*, Sein *n*, Existenz *f*; **~vik** N ‹-s, -› Ereignis *n*; Fall *m*; **~viljun** F ‹-unar, -anir› Zufall *m*; **~vit-**

nunarmerki N Anführungszeichen *n*; **~vonandi** künftig; **~ætlun** F Absicht *f*
tíma|bil N Zeitalter *n*; Zeitraum *m*; **~kaup** N Stundenlohn *m*; **~nlega** rechtzeitig; **~rit** N Zeitschrift *f*; **~tal** N Zeitrechnung *f*
timbur N ‹-s› Holz *n*, Bauholz *n*; **~menn** PL *sl* Katzenjammer *m*, Kater *m*
tími M ‹-a, -ar› Zeit *f*; Stunde *f*; **það er kominn ~ til** es wird Zeit
tin N ‹-s› Zinn *n*
tína (*Blume*) pflücken; **~ saman** sammeln
tindra strahlen, leuchten, funkeln
tindur M ‹-s, -ar› Gipfel *m*
tíska F ‹-u, -ur› Mode *f*
tísta zwitschern
tit|ill M ‹-ils, -lar› Titel *m*; **~ra** zittern, beben; **~ringur** M ‹-s› Zittern *n*, Beben *n*
títuprjónn M Stecknadel *f*
tjald N ‹-s, tjöld› Zelt *n*; Vorhang *m*; **~a** zelten; **~búðir** FPL Zeltlager *n*; **~stæði** N Zeltplatz *m*
tjara F ‹tjöru› Teer *m*
tjón N ‹-s› Verlust *m*, Schaden *m*
tjörn F ‹tjarnar, tjarnir› Teich *m*; Weiher *m*
tóbak N ‹-s› Tabak *m*; **~sverslun** F Tabakgeschäft *n*
tófa F ‹-u, -ur› Fuchs *m*
toga ziehen; zerren; **~ri** M ‹-a, -ar› Trawler *m*
tól N ‹-s, -› Werkzeug *n*, Gerät *n*
tolla hängen bleiben, haften bleiben; verzollen; **~ í tísku** mit der Mode gehen; **~ saman** zusammenbleiben
toll|afgreiðsla F Zollabfertigung *f*; **~eftirlit** N Zollkontrolle *f*; **~frjáls** zollfrei; **~skoðun** F Zollkontrolle *f*; **~skyldur** zollpflichtig; **~skýrsla** F Zollinhaltserklärung *f*; **~svik** NPL Schmuggel *m*; **~ur** M ‹-s, -ar› Zoll *m*; **~vörður** M Zollbeamte(r) *m*
tómat|i M ‹-a, -ar› Tomate *f*; **~sósa** F Ketchup *m/n*
tóm|stundaiðkun F Hobby *n*; **~stundir** FPL Mußestunde *f*; Freizeit *f*; **~ur** leer
tón|hlaða F MP3-Player *m*; **~leikar** MPL Konzert *n*; **~list** F Musik *f*; **~listarnæmur** musikalisch
tonn N ‹-s, -› (*Gewicht*) Tonne *f*
tón|n M ‹-s, -ar› Ton *m*; **~skáld** M Komponist *m*; **~tegund** F Tonart *f*
topp|lúga F Schiebedach *n*; **~ur** M ‹-s, -ar› Spitze *f*; Gipfel *m*; (Auto-)Dach *n*
torfær unwegsam; **~a** F ‹-u, -ur› Hindernis *n*; schwer passierbare Stelle; **~ukeppni** F Rallye *f*
torg N ‹-s, -› (*Stadt*) Platz *m*

tor|meltur schwer verdaulich; **~skilinn** schwer verständlich; **~tíma** vernichten; **~tíming** F ‹-ar, -ar› Vernichtung *f*; Untergang *m*; **~tryggilegur** verdächtig; **~trygginn** misstrauisch; **~tryggja** verdächtigen; misstrauen; **~tryggni** F (*undekl*) Argwohn *m*; **~velda** erschweren; **~veldur** schwer, schwierig

traktor M ‹-s, -ar› Traktor *m*

trappa F ‹tröppu, tröppur› Treppe *f*; Stufe *f*

trassa versäumen; **~fenginn, ~legur** nachlässig

traust N ‹-s› Vertrauen *n*; **~ur** zuverlässig, solide

tré N ‹-s, -› Baum *m*; Holz *n*

trefill M ‹-ils, -lar› Wollschal *m*

trefja F ‹-u, -ur› Faser *f*; **~r** FPL Ballaststoffe *mpl*

treg|ða F ‹-u› Trägheit *f*; Unlust *f*; **~ur** unwillig, widerstrebend; langsam

trekkur M Durchzug *m*

trekt F ‹-ar, -ir› Trichter *m*

trélitur M Buntstift *m*

tré|skurðarlist F Holzschnitzerei *f*; **~skurður** M Holzschnitt *m*; **~smiður** M Tischler *m*, Schreiner *m*

treyja F ‹-u, -ur› **1** kurze Jacke *f* **2** Strickjacke *f*

treysta vertrauen; **~ á e-ð** sich auf etw (*akk*) verlassen

trilla F ‹-u, -ur› kleines, offenes Motorboot

trítla trippeln

trjá|bolur M Baumstamm *m*; **~göng** NPL Allee *f*; **~vörur** FPL Holzwaren *pl*

troða treten; (hinein)stopfen; **~ e-u upp á e-n** j-m etw aufzwingen; **~ niður** niedertreten; **~st** sich vordränge(l)n

troðningur M ‹-s, -ar› Gedränge *n*; Andrang *m*; Fußpfad *m*

trú F ‹-ar› Glaube *m*, Religion *f*; Vertrauen *n*; Meinung *f*; **í góðri ~** in gutem Glauben; **~a** glauben; **~ e-m fyrir e-u** sich j-m anvertrauen; **~aður** gläubig, religiös; **~anlegur** glaubwürdig; **~arbragðasaga** F Religionsgeschichte *f*; **~arbrögð** NPL Religion *f*; **~arflokkur** M Sekte *f*; **~arjátning** F Glaubensbekenntnis *n*; **~boð** N Mission *f*; **~boði** M ‹-a, -ar› Missionar *m*

trufl|a stören; **~un** F ‹-unar, -anir› Störung *f*

trú|frelsi N Glaubensfreiheit *f*; **~hneigður** religiös; **~laus** ungläubig; **~legur** glaubhaft; **~lofast** sich verloben; **~lofun** F ‹-unar, -anir› Verlobung *f*

trumba F ‹-u, -ur› Trommel *f*

trúnað|ur M ‹-ar› Vertrauen *n*; **í fyllsta trúnaði** streng vertraulich; **~artraust** N Zuversicht *f*, Vertrauen *n*

trúr treu; zuverlässig
trúræk|inn religiös, fromm; **~ni** F (*undekl*) Frömmigkeit *f*
tryggð F ⟨-ar, -ir⟩ Treue *f*; **~arof** N ⟨-s⟩ Treuebruch *m*
trygging F ⟨-ar, -ar⟩ Versicherung *f*; Sicherheit *f*; Garantie *f*; **~arfélag** N Versicherungsgesellschaft *f*; **~argjald** N Versicherungsprämie *f*; **~arskírteini** N Versicherungspolice *f*
tryggja versichern; garantieren
trygg|lyndi N ⟨-s⟩ Treue *f*; **~ur** treu; sicher
tröll N ⟨-s, -⟩ Riese *m*; **~aukinn** kolossal, riesig
tug|ur M ⟨-ar, -ir⟩ MATH Zehner *m*; **~þraut** F Zehnkampf *m*
tukthús N Zuchthaus *n*
túlk|a dolmetschen; erklären; (*Paragraf*) interpretieren; auslegen; **~ur** M ⟨-s, -ar⟩ Dolmetscher *m*
tún N ⟨-s, -⟩ Hauswiese *f*; Feld *n*
tundur|dufl N MIL Mine *f*; **~skeyti** N Torpedo *m*
túnfiskur M Thunfisch *m*
tunga F ⟨-u, -ur⟩ Zunge *f*; Sprache *f*
tungl N ⟨-s, -⟩ Mond *m*; **~skin** N Mondschein *m*; **~sljós** N Mondlicht *n*
tungumál N Sprache *f*; **~akennsla** F Sprachunterricht *m*; **~anám** N Sprachstudium *n*
tunna F ⟨-u, -ur⟩ Fass *n*, Tonne *f*
túr M Menstruation *f*; **~tappi** M Tampon *m*
turn M ⟨-s, -ar⟩ Turm *m*
tuska F ⟨-u, -ur⟩ Lappen *m*
túss N Stift *m*
tútta F ⟨-u, -ur⟩ (*Babyflasche*) Sauger *m*
twí|baka F ⟨-böku, -bökur⟩ Zwieback *m*; **~buri** M ⟨-a, -ar⟩ Zwilling *m*; **~fari** M ⟨-a, -ar⟩ Doppelgänger *m*; **~hljóð** N Diphthong *m*; **~mælalaust** ohne Zweifel
tvinn|akefli N ⟨-s⟩ Zwirnrolle *f*; **~i** M ⟨-a, -ar⟩ Zwirn *m*; Nähfaden *m*
tvípunktur M Doppelpunkt *m*
tví|rit N Kopie *f*, Duplikat *n*; Durchschlag *m*; **~ræður** zweideutig
tvístra zerstreuen; auseinanderbringen
tvisvar zweimal
tví|sýnn zweifelhaft, unsicher; **~taka** wiederholen; **~tugur** zwanzig Jahre alt; **~vegis** zweimal
tvö|falda verdoppeln; **~faldur** doppelt; *fig* falsch
tygg|igúm(m)í N Kaugummi *m*; **~ja** kauen
tylft F ⟨-ar, -ir⟩ Dutzend *n*
týna verlieren; **~st** verloren gehen
Tyrk|i M ⟨-ja, -jar⟩ Türke *m*;

~land N Türkei *f*
tyrk|neska F ⟨-u⟩ Türkisch *n*; **~neskur** türkisch
tæki N ⟨-s, -⟩ Gerät *n*, Apparat *m*, Instrument *n*; Werkzeug *n*; **~færi** N Gelegenheit *f*; **~færissinni** M ⟨-a, -ar⟩ Opportunist *m*
tækni F (*undekl*) Technik *f*; **~fræðingur** M ⟨-s, -ar⟩ Ingenieur *m*; **~legur** technisch
tæla verführen, betrügen
tæma (aus-, ent)leeren
tæp|lega ADV kaum, knapp; **~ur** knapp
tær (*Wasser*) klar
töf F ⟨tafar, tafir⟩ Verspätung *f*; Verzögerung *f*; Aufenthalt *m*; Aufschub *m*
töfra zaubern; bezaubern; **~ fram** hervorzaubern; **~ndi** bezaubernd, reizend; **~r** MPL Zauber *m*; Charme *m*, Reiz *m*
töku|barn N Pflegekind *n*; **~orð** N Lehnwort *n*; Fremdwort *n*
tölfræði F Statistik *f*
tölt N (*Spezialgangart des Islandpferdes*) Tölt *m*
tölu|blað N (*Zeitung*) Nummer *f*; **~orð** N Zahlwort *n*; **~stafur** M Ziffer *f*; **~verður** beträchtlich
tölv|a F ⟨-u, -ur⟩ PC *m*, Computer *m*; **~uforrit** N Computerprogramm *n*; **~umús** F (IT) Maus *f*; **~upóstur** M E-Mail *f*; **senda tölvupóst** mailen; **~uskjár** Monitor *m*, Bildschirm *m*
töng F ⟨tangar, tangir⟩ Zange *f*
tönn F ⟨tannar, tennur⟩ Zahn *m*

U

úð|arigning F, **~i** M ⟨-a⟩ Nieselregen *m*, Sprühregen *m*; **það er úði** es nieselt
ufsi M Seelachs *m*
úfur M ⟨-s, -ar⟩ Zäpfchen *n*
uggi M ⟨-a, -ar⟩ Flosse *f*
ugg|la F ⟨-u, -ur⟩ Eule *f*; **~laust** ADV sicher, unzweifelhaft; **~ur** M ⟨-s⟩ Angst *f*
úld|inn (*Fisch, Fleisch*) (ver)-faul(t); **~na** verfaulen
úlfaldi M ⟨-a, -ar⟩ Kamel *n*
úlfur M ⟨-s, -ar⟩ Wolf *m*
ull F ⟨-ar⟩ Wolle *f*; **~arpeysa** F Wollpullover *m*; **~arteppi** N Wolldecke *f*
úlnliður M Handgelenk *n*
úlpa F ⟨-u, -ur⟩ Winterjacke *f*, Windjacke *f*
um 1 PRÄP *mit akk* um; an; durch; über; um ... herum; wegen; vor; **~ allan líkamann** am ganzen Körper; **~ allt land** über (durch) das ganze Land; **~ daginn** vor einigen Tagen; **~ leið og** *konj* indem; **~ nóttina** die Nacht hindurch; in der

Nacht; **hver ~ sig** jeder für sich; **þú ~ það** das ist deine Sache; **hvað er ~ að vera?** was ist los?; **~ það bil** (*abk* **u. þ. b.**), **hér ~ bil** (*abk* **h. u. b.**) etwa, ungefähr, cirka (*abk* ca.) **2** ADV ungefähr

umboð N Agentur *f*; (*Handel*) Vertretung *f*; Vollmacht *f*; Kommission *f*; **~slaun** NPL Provision *f*; **~smaður** M Vertreter *m*; **~ssala** F Handelsvertretung *f*; Kommission *f*

umbót F Reform *f*; **~amaður** M Reformer *m*

umbúðir FPL Verpackung *f*; Verband *m*

umburðar|lyndi N ‹-s› Nachsicht *f*; **~lyndur** nachsichtig; tolerant

um|bylting F Umwälzung *f*; **~bæta** verbessern; **~deildur** umstritten; **~dæmi** N Bezirk *m*; **~fangsmikill** umfangreich; **~ferð** F Verkehr *m*; Runde *f*; **~ á móti** Gegenverkehr *m*; **~ferðarmerki** N Verkehrszeichen *n*

umfram **1** ADV übrig **2** PRÄP *mit akk* vor; außer; **~ allt** vor allem; in erster Linie

um|gangast verkehren mit; **~gengni** F (*undekl*) Ordnung *f*; Umgang *m*

um|gerð F ‹-ar, -ir› Rahmen *m*; Einfassung *f*; **~getinn** oben genannt; **~heimur** M Außenwelt *f*; **~hugsun** F Überlegung *f*; **~hugsunarfrestur** M Bedenkzeit *f*; **~hverfi** N Umgebung *f*; **~hverfis** **1** PRÄP *mit akk* rundherum, um ... herum **2** ADV ringsum; **~hverfismengun** F Umweltbelastung *f*; **~hyggja** F ‹-u› Sorgfalt *f*; Fürsorge *f*; **~hyggjusamur** umsichtig; **~komulaus** hilflos; **~kringja** umringen; umgeben

umla murmeln

um|lykja umgeben, umschließen; **~mál** N Umfang *m*; **~mynda** umbilden; **~mæli** NPL Äußerung *f*; **~ráð** NPL Verfügung *f*; **~ræða** F Diskussion *f*, Verhandlung *f*; **~ræddur** oben genannt; besprochen; **~sát** F ‹-ar, -ir› Belagerung *f*

um|sjón F Aufsicht *f*; Obhut *f*; **~sjónarmaður** M Aufseher *m*; **~slag** M ‹-s, -slög› Briefumschlag *m*; **~sókn** F Antrag *m*, Gesuch *n*; **~svifalaust** ohne Weiteres; sofort; **~sýsla** F Verwaltung *f*; **~sækjandi** M ‹-anda, -endur› Antragsteller *m*, Bewerber *m*; **~tal** N Erwähnung *f*; Gerücht *n*; **~önnun** F ‹-ar› Fürsorge *f*; Pflege *f*

unaður M ‹-ar od -s› Glück *n*, Lust *f*; Genuss *m*

undan **1** PRÄP *mit dat* von; vor; unter ... hervor; **á ~ mér** vor mir; **undan borðinu** unter dem Tisch hervor; **~**

fæti bergab **2** ADV weg; voraus; **komast ~** entkommen; **fara á ~** vorangehen; **~brögð** NPL Ausflüchte *fpl*; **~farandi** in letzter Zeit; **~hald** N Rückzug *m*; **~koma** F Rettung *f*; **~látssamur** nachgiebig; **~tekning** F ‹-ar, -ar› Ausnahme *f*
undarlegur seltsam, merkwürdig, sonderbar
undir 1 PRÄP *mit dat* unter; **~ berum himni** im Freien; **það er ~ því komið** es hängt davon ab; *mit akk* **~ kvöld** gegen Abend **2** ADV unter; **verða ~** unterliegen; **~ eins** sofort
undir|búa vorbereiten; **~búningur** M Vorbereitung *f*; **~djúp** N Abgrund *m*; **~förull** hinterlistig; **~haka** F Doppelkinn *n*; **~hyggja** F Falschheit *f*; **~leikur** M MUS Begleitung *f*; **~meðvitund** F Unterbewusstsein *n*; **~oka** unterdrücken; **~okun** F ‹-unar, -anir› Unterdrückung *f*; **~réttur** M Amtsgericht *n*; **~rita** unterschreiben; **~ritaður** Unterzeichnete *m*; **~róður** M Intrige *f*; **~rót** F Ursache *f*, Wurzel *f*; **~skál** F Untertasse *f*; **~skrifa** unterschreiben; **~skrift** F Unterschrift *f*; Unterzeichnung *f*; **~staða** F Grundlage *f*; Fundament *n*; **~tektir** FPL Aufnahme *f*, Anklang *m*; **~vitund** F ‹-ar› Unterbewusstsein *n*
undra: **mig ~r** es wundert mich; **~barn** N Wunderkind *n*; **~ndi** erstaunt; **~st** erstaunen
undrun F ‹-ar› Erstaunen *n*
undur N ‹-s, -› Wunder *n*
ung|barn N Säugling *m*; **~dómur** M Jugend *f*; **~frú** F Fräulein *n*; **~i** M ‹-a, -ar› (*Vogel*) Junge(s) *n*; **~legur** jung aussehend; **~lingur** M ‹-s, -ar› Jugendliche(r) *m/f(m)*; **~ur** jung
Ungverji M ‹-a, -ar› Ungar *m*
ungver|ska F ‹-u› Ungarisch *n*; **~skur** ungarisch
unna lieben; gönnen; **~st** sich lieben
unnust|a F ‹-u, -ur› Verlobte *f*, Braut *f*; **~i** M ‹-a, -ar› Verlobte(r) *m*, Bräutigam *m*
uns KONJ bis
unun F ‹-ar› Lust *f*, Freude *f*, Genuss *m*
upp aufwärts, empor; **~ aftur** noch einmal; **~ frá því** von da an; **~ í loft** auf dem Rücken; **fara ~** hinaufgehen, nach oben gehen
uppáhalds- Lieblings-
uppá|stunga F ‹-u, -ur› Vorschlag *m*; **~tæki** N ‹-s, -› Einfall *m*, Streich *m*
upp|boð N Versteigerung *f*, Auktion *f*; **~bókað** ausgebucht; **~bót** F Zugabe *f*; (*Gehalt, Lohn*) Aufbesserung *f*; Ersatz *m*; Subvention *f*; **~byggi-**

legur erbaulich; **~bygging** F Aufbau *m*; **~eldi** N ‹-s› Erziehung *f*; **~eldisbarn** N Pflegekind *n*; **~eldisfræði** F Pädagogik *f*; **~eldisfræðingur** M ‹-s, -ar› Pädagoge *m*
upp|finning F ‹-ar, -ar› Erfindung *f*; **~finningarmaður** M Erfinder *m*; **~fylla** erfüllen; **~fylling** F Erfüllung *f*; **~færa** aktualisieren; aufführen; **~færsla** F Aufführung *f*; **~gefinn** erschöpft; **~gerð** F Verstellung *f*; Heuchelei *f*
upp|gjöf F Kapitulation *f*; **~gjör** NPL Abrechnung *f*; **~gröftur** M Ausgrabung *f*; **~gufun** F ‹-unar, -anir› Verdampfung *f*, Verdunstung *f*; **~götva** entdecken; **~götvun** F ‹-unar, -anir› Entdeckung *f*; **~haf** N Ursprung *m*; Anfang *m*, Beginn *m*; **~haflegur** ursprünglich; **~hafsstaður** M Ausgangspunkt *m*; **~hafsstafur** M Anfangsbuchstabe *m*
upp| hátt laut (*sagen*); **~hitun** F Heizung *f*; **~hringing** F Anruf *m*; **~hrópunarmerki** N Ausrufezeichen *n*; **~hæð** F Summe *f*, Betrag *m*; **~hækkun** F Erhöhung *f*
uppi oben; **~ í sveit** auf dem Lande; **~hald** N ‹-s› Lebensunterhalt *m*
upp|kast N Entwurf *m*; **~kominn** erwachsen; **~lag** N Anlage *f*; Veranlagung *f*; (*Buch*) Auflage *f*; **~lausn** F Auflösung *f*; (chemische) Lösung *f*; **~leysanlegur** löslich; **~litast** (*Farbe*) verblassen; **~ljóma** erleuchten, illuminieren; **~lýsingar** FPL Auskunft *f*, Information *f*; **upplýsingamiðstöð fyrir ferðamenn** Fremdenverkehrsamt *n*; **~lýsingatæknifræði** NPL Informatik *f*; **~lýsingatæknifræðingur** M Informatiker(in) *m(f)*; **~lýstur** aufgeklärt; gebildet; **~nefni** N ‹-s, -› Spitzname *m*; **~reisn** F ‹-ar, -ir› Aufruhr *m*; Revolte *f*; **~reisnarmaður** M Aufrührer *m*; **~réttur** aufrecht; **~rifinn** aufgeräumt, heiter; **~rifjun** F ‹-unar, -anir› Auffrischung *f*; **~risa** F ‹-u› Auferstehung *f*
upp|runi M ‹-a› Ursprung *m*; **~ræta** ausrotten, vertilgen; **~seldur** ausverkauft; (*Buch*) vergriffen; **~skera** **1** F ‹-u, -ur› Ernte *f* **2** ernten (*a. fig*); **~skeruhátíð** F Erntefest *n*; **~skerutími** M Erntezeit *f*; **~skipun** F (*Schiff*) Löschen *n*; **~skrift** F (Koch-, Back-)Rezept *n*; **~skurður** M MED Operation *f*; **~spretta** F Quelle *f*; *fig* Ursprung *m*
upp|spuni M ‹-a› Erdichtung *f*, Lüge *f*; **~stigning** F ‹-ar› Auferstehung *f*; **~stigningardagur** M Himmelfahrtstag

m; **~taka** F ‹-töku, -tökur› (Tonband-)Aufnahme *f*; **~takari** M ‹-a, -ar› Flaschenöffner *m*; **~talning** F ‹-ar, -ar› Aufzählen *n*; Aufzählung *f*; **~tekinn** sehr beschäftigt; (*Platz*) belegt; TEL besetzt; **~tækur**: **gera e-ð upptækt** etw beschlagnahmen; **~vaxtarár** NPL Jugendjahre *pl*; **~þornaður** ausgetrocknet; **~þot** N ‹-s, -› Aufruhr *m*; Krawall *m*; **~þurrkun** F (*Land*) Entwässerung *f*; **~þvottur** M Abwaschen *n*, Spülen *n*; **~örva** aufheitern; ermuntern; **~örvun** F Aufmunterung *f*; Ermunterung *f*

úr N ‹-s, -› (Taschen-, Armband-)Uhr *f*

úr 1 PRÄP *mit dat* aus; von; **~ gulli** aus Gold, golden; **~ hættu** außer Gefahr; **~ sveit** vom Lande 2 ADV: **fara ~** sich ausziehen; **ganga ~** ausscheiden 3 KONJ: **~ því að** da, weil

úr|eltur veraltet; **~gangur** M Abfall *m*, Müll *m*; **~hrak** N ‹-s, -hrök› Abschaum *m*; **~klippa** F ‹-u, -ur› (Zeitungs-)Ausschnitt *m*; **~koma** F Regen *m*, Niederschlag *m*; **~kynjast** entarten; **~lausnarefni** N Aufgabe *f*

urra (*Hund*) knurren

úr|ræðagóður einfallsreich; **~ræði** N ‹-s, -› Rat *m*; Ausweg *m*; **~skurða** entscheiden; **~skurður** M Entscheidung *f*; Urteil *n*; **~slit** NPL Ausgang *m*, Resultat *n*, Ergebnis *n*; **~slitakostir** MPL Ultimatum *n*; **~smiður** M Uhrmacher *m*; **~val** N Auslese *f*, Auswahl *f*; **~vals-** erstklassig

USB-minnislykill M ‹-s, -ar› IT USB-Stick *m*

út hinaus; heraus; **~ af engu** ohne Grund; **~ af því** deswegen; **~ um allt** überall; **~ um gluggann** zum Fenster hinaus; **koma ~** herauskommen

utan 1 PRÄP *mit gen*: **~ lands og innan** im In- und Ausland 2 ADV von außen, außen, draußen; **fara ~** ins Ausland gehen; **fyrir ~** (draußen) vor dem Hause; **koma að ~** von draußen kommen; aus dem Ausland kommen; **vera ~ við sig** zerstreut sein; **~ að** auswendig; **þar fyrir ~** außerdem

utan|aðkomandi fremd; **~bókar** auswendig; **~ferð** F, **~för** F Auslandsreise *f*; **~ríkismál** NPL Außenpolitik *f*; **~ríkisráðherra** M Außenminister *m*; **~verður** nach außen hin; **að utanverðu** äußerlich

útblástur M Abgase *npl*

út|borg F Vorstadt *f*; **~borgun** F Auszahlung *f*; **~brot** NPL (Haut-)Ausschlag *m*; **~búa** ausrüsten; vorbereiten; **~búnaður** M ‹-ar, -ir› Ausrüstung *f*; **~býta** verteilen, austeilen; **~dráttur** M Auszug *m*; **~fjólublár** ultraviolett; **~flutningsbann** N Ausfuhrverbot *n*; **~flutningur** M Export *m*, Ausfuhr *f*; **~flytjandi** M ‹-anda, -endur› Auswanderer *m*; Exporteur *m*; **~fylla** ausfüllen; **~för** F Begräbnis *n*, Beerdigung *f*; **~gáfa** F Ausgabe *f*; **~gáfuréttur** M Verlagsrecht *n*; **~gefandi** M ‹-anda, -endur› Verleger *m*; **~gerð** F Reederei *f*; **~gerðarmaður** M Reeder *m*

út|gjöld NPL Ausgaben *fpl*; **~haf** N Ozean *m*; **~hluta** austeilen, verteilen; **~hverfi** N Vorstadt *f*

úti draußen; **~bú** N Filiale *f*; **~dyr** FPL Haustür *f*; **~lega** F ‹-u, -ur› Camping *n*; **~loka** ausschließen

út|kljá entscheiden; klären; **~koma** F Ergebnis *n*; Endsumme *f*; Resultat *n*; **~lán** N Darleh(e)n *n*; (*Buch*) Ausleihen *n*; Ausleihe *f*; **~lendingaeftirlit** N Ausländerbehörde *f*; **~lendingur** M ‹-s, -ar› Ausländer *m*; **~lendur** ausländisch, fremd; **~lista** erklären; **~lit** N ‹-s› Aussehen *n*; **~lönd** NPL Ausland *n*; **~nefning** F ‹-ar, -ar› Ernennung *f*; **~reið** F Ausritt *m*; **~reikningur** M Berechnung *f*; **~rennsli** N ‹-s, -› (*Wasser*) Ablauf *m*; **~rýma** ausrotten; **~sala** F Ausverkauf *m*; **~saumur** M Stickerei *f*

út|skorinn geschnitzt; **~skrifast** Abschlussexamen bestehen; **~skurður** M Schnitzerei *f*; **~skýra** erklären; **~skýring** F Erklärung *f*; **~slitinn** (*Kleid*) abgetragen; (*Person*) abgearbeitet; **~svar** N Gemeindesteuer *f*; **~sýni** N Aussicht *f*; Blick *m*; **~sæði** N Saatgut *n*; **~sæðiskartöflur** FPL Saatkartoffeln *fpl*; **~söluverð** N Ausverkaufspreis *m*

útúrsnúningur M Entstellung *f*, Verdrehung *f*

útvalinn ausgewählt; auserlesen

útvarp N ‹-s, -vörp› Radio *n*, Rundfunk *m*; **~a** (*Radio*) senden; **~sdagskrá** F Radioprogramm *n*; **~sleikrit** N Hörspiel *n*; **~sstöð** F Sender *m*; **~stæki** N Radioapparat *m*; **~sþulur** M Rundfunksprecher *m*

út|vega besorgen, anschaffen, beschaffen; **~vegun** F ‹-unar, -anir› Beschaffung *f*, Anschaffung *f*; **~vegur** M Fischerei *f*; **~þensla** F Ausdehnung *f*; Expansion *f*; **~þrá** F Fernweh *n*; **~öndun** F Ausatmen *n*

ux|ahalasúpa F Ochsenschwanzsuppe *f*; **~i** M ‹-a, -ar› Ochse *m*

V

vað N ⟨-s, vöð⟩ Furt *f*; **~a** waten; **~mál** N Loden *m*; **~stígvél** N hohe Gummistiefel *mpl*

vafa|atriði N Zweifelsfall *m*; **~samur** zweifelhaft, problematisch

vafi M ⟨-a⟩ Zweifel *m*

vafla F ⟨vöflu, vöflur⟩ Waffel *f*

vafning|alaust ohne Umschweife; **~ar** MPL Umschweife *pl*

vagga 1 F ⟨vöggu, vöggur⟩ Wiege *f* 2 wiegen; schaukeln

vagn M ⟨-s, -ar⟩ Fuhrwerk *n*, Wagen *m*; **~stjóri** M ⟨-a, -ar⟩ Busfahrer *m*

vaka 1 F ⟨vöku, vökur⟩ Wachsein *n* 2 wachen, wach sein; **~ndi** wach

vakna erwachen; aufwachen

vakt F ⟨-ar, -ir⟩ Wache *f*; (Arbeits-)Schicht *f*; **~avinna** F Schichtarbeit *f*

val N ⟨-s⟩ Wahl *f*; Auswahl *f*

vald N ⟨-s, völd⟩ Macht *f*; Gewalt *f*; **með ~i** mit Gewalt; **sitja að völdum** herrschen; **~a** (e-u etw) verursachen; **~astaða** F Machtstellung *f*; **~hafi** M ⟨-a, -ar⟩ Machthaber *m*

valdur: **vera ~ að e-u** schuld an etw (*dat*) sein

valinn gewählt

vals M ⟨-a, -ar⟩ Walzer *m*

valta walzen; **~ri** M ⟨-a, -ar⟩ Acker-, Straßenwalze *f*

valtur unstet; wackelig

valur M ⟨-s, -ir⟩ Falke *m*

vana|bundinn konventionell; **~fastur** an Gewohnheiten festhaltend; **~legur** gewöhnlich; allgemein

vanda mit Sorgfalt ausführen; **~ður** solide; von guter Qualität; ehrlich; **~lítill** nicht schwierig, leicht; **~mál** N Problem *n*; **~samur** schwierig, kompliziert; **~verk** N schwierige Arbeit *od* Aufgabe

vand|i M ⟨-a⟩ Schwierigkeit *f*; Verantwortung *f*; Gewohnheit *f*; **að vanda** wie gewöhnlich

vand|látur anspruchsvoll; wählerisch; verwöhnt; **~legur** sorgfältig

vandræð|abarn N schwieriges Kind; **~alegur** verwirrt, verlegen; **~i** NPL Schwierigkeit *f*, Notlage *f*

vandvirk|ni F (*undekl*) Sorgfalt *f*; Sorgfältigkeit *f*, Genauigkeit *f*; **~ur** sorgfältig, gewissenhaft

van|fær schwach; unfähig; schwanger; **~gá** F ⟨-r⟩ Unachtsamkeit *f*; **af ~** aus Versehen

vang|amynd F Profil *n*; **~avelta** F Bedenken *n*; **~i**

M ‹-a, -ar› Wange *f*, Backe *f*
van|heill kränklich, krank; **~heilsa** F schlechter Gesundheitszustand *m*; **~helga** entweihen; **~hirða** [1] F ‹-u› Verwahrlosung *f* [2] verwahrlosen
vani M ‹-a, -ar› Gewohnheit *f*; Brauch *m*
van|kunnandi unwissend; **~máttarkennd** F ‹-ar› Minderwertigkeitsgefühl *n*; **~meta** unterschätzen; **~rækja** versäumen; vernachlässigen; **~ræksla** F ‹-u› Versäumnis *n*; **~skapaður** missgestaltet; **~stilltur** unbeherrscht; **~sæmd** F Schande *f*, Schmach *f*
vanta fehlen, mangeln; **mig ~r e-ð** mir fehlt etw
vantraust N Misstrauen *n*; **~syfirlýsing** F Misstrauensvotum *n*
van|treysta misstrauen; **~trú** F Unglaube *m*; **~trúaður** ungläubig
vanur gewohnt; **vera ~ að gera e-ð** etw zu tun pflegen; **vera ~ e-u** etw gewohnt sein
vanþakk|látur undankbar; **~læti** N Undankbarkeit *f*
van|þekking F Unwissenheit *f*; **~þóknun** F Missfallen *n*, Missbehagen *n*; **~þroska** (*Kind*) unterentwickelt; **~þroskaður** unreif
var: **verða e-s ~** e-r Sache gewahr werden; **verða ~ við e-ð** etw (be)merken; **gera ~t við sig** sich melden
vara [1] F ‹vöru, vörur› Ware *f* [2] dauern; warnen; **~ sig** sich in Acht nehmen; **~ e-n við e-u** j-n vor etw (*dat*) warnen; **~ðu þig!** Achtung!, Vorsicht!
vara|forði M Reserve *f*; Notvorrat *m*; **~formaður** M zweite Vorsitzende(r) *m*/*f*(*m*), Vizepräsident *m*; **~hlutur** M Ersatzteil *n*; **~litur** M Lippenstift *m*; **~maður** M Stellvertreter *m*; **~nlegur** (*Wetter*) beständig; (*Frieden*) dauerhaft; (*Wirkung*) nachhaltig; **~samur** bedenklich; gefährlich; **~st** sich hüten
varð|a betreffen, angehen; **hvað ~r þig um það?** was geht es dich an? **~ við lög** strafbar sein; **~eldur** M Lagerfeuer *n*; **~hald** N Haft *f*; **~skip** N Küstenwachschiff *n*, Fischereischutzboot *n*; **~stjóri** M ‹-a, -ar› Wachtmeister *m*; **~veita** verwahren; (auf)bewahren
var|fær, ~færinn vorsichtig; **~færni** F (*undekl*) Behutsamkeit *f*, Vorsicht *f*; **~hugaverður** bedenklich; **~kár** vorsichtig
varla kaum, knapp
varna vorbeugen; verhindern; verwehren; **~rlaus** wehrlos, schutzlos
varningur M ‹-s› Waren *fpl*

varp N ‹-s› (*Vogel*) Brutplatz *m*; **~a** **1** F ‹vörpu, vörpur› Schleppnetz *n* **2** Werfen *n*; **~tími** M Brutzeit *f*

var|tappi M ELEK Sicherung *f*; **~úð** F ‹-ar› Vorsicht *f*; **~úðarráðstöfun** F Vorsichtsmaßnahme *f*

vas|abók F Notizbuch *n*; **~adiskó** N ‹-s, -› Walkman *m*; **~ahnífur** M Taschenmesser *n*; **~aklútur** M Taschentuch *n*; **~aljós** N Taschenlampe *f*; **~aþjófur** M Taschendieb *m*; **~i** M ‹-a, -ar› Tasche *f*, Vase *f*

vask|afat N Waschschüssel *f*; **~ur** **1** M ‹-s, -ar› Waschbecken *n* **2** brav, tapfer

vatn N ‹-s, vötn› Wasser *n*; See *m*; **steinefnaríkt vatn** Mineralwasser *n*; **~a** *Pferd* tränken; **~avextir** MPL Überschwemmung *f*; **~safl** N Wasserkraft *f*; **~sból** N ‹-s› Brunnen *m*; **~sborð** N Wasseroberfläche *f*; **~sdropi** M Wassertropfen *m*; **~sefni** N Wasserstoff *m*

vatns|fall N Fluss *m*, Strom *m*; **~fata** F Wassereimer *m*; **~geymir** M Wasserbehälter *m*; Wasserspeicher *m*; **~glas** N ein Glas Wasser; **~heldur** wasserdicht; **~kassi** M (*Auto*) Kühler *m*; **~krani** M Wasserhahn *m*; **~leiðsla** F Wasserleitung *f*; **~litamynd** F Aquarell *n*

vatns|litur M Wasserfarbe *f*; **~notkun** F Wasserverbrauch *m*; **~orka** F Wasserkraft *f*; **~rennsli** N Wasserlauf *m*; **~veita** F ‹-u, -ur› Wasserversorgung *f*; **~þrýstingur** M Wasserdruck *m*

vátrygging F Versicherung *f*

vatt N ‹-s, vött› ELEK Watt *n*

vax N ‹-› Wachs *n*; **~a** wachsen; zunehmen; **vel vaxinn** gut gebaut; **vera e-u vaxinn** e-r Sache gewachsen sein; **~mynd** F Wachsfigur *f*

vaxta|rlag N Körperbau *m*, Figur *f*; **~rrækt** F Bodybuilding *n*; **~vextir** MPL Zinseszinsen *mpl*

veð N ‹-s, -› Pfand *n*; **~banki** M Totalisator *m*, *sl* Toto *m*; **~bréf** N Pfandbrief *m*

veð|ja wetten; **~lánari** M ‹-a, -ar› Pfandleiher *m*; **~mál** N Wette *f*

veðr|ast verwittern; **~átta** F ‹-u› Witterung *f*; Klima *n*

veð|reiðar FPL Pferderennen *n*; **~run** F ‹-ar› Verwitterung *f*; **~setja** verpfänden

veð|ur N ‹-s› Wetter *n*; Sturm *m*; **gá til ~s** nach dem Wetter sehen; **láta e-ð í veðri vaka** Andeutungen über etw (*akk*) machen; **veðrið lægir** der Sturm nimmt ab

veður|athugun F Wetterdienst *m*; **~far** N ‹-s› Witterung *f*; Wetter *n*; **~fregn** F, **~frétt** F Wetterbericht *m*;

~fræði F Wetterkunde *f*, Meteorologie *f*; **~fræðingur** M ‹-s, -ar› Meteorologe *m*; **~horfur** FPL Wetteraussichten *pl*; **~spá** F Wettervorhersage *f*; **~stofa** F meterologisches Institut *n*, die zentrale Wetterwarte *f* (*auf Island*)

vefa weben; **~ri** M ‹-a, -ar› Weber *m*

vefja wickeln, umwickeln; **~ inn í** einwickeln; **~ saman** zusammenrollen

vefnaðarvörur FPL Textilien *fpl*

vefnaður M ‹-ar› Weben *n*; Manufaktur *f*

vefsíða F Webseite *f*

vef|stóll M Webstuhl *m*; **~ur** ‹-jar, -ir› M Gewebe *n*

vega wiegen; erwägen; **~bréf** N Reisepass *m*; **~bréfaskoðun** F Passkontrolle *f*; **~bréfsáritun** F Visum *n*; **~gerð** F ‹-ar› Straßenbau *m*; **~hótel** N Motel *n*; **~lengd** F Entfernung *f*; Strecke *f*; **~málaskrifstofa** F Straßenbauamt *n*; **~mót** NPL Kreuzung *f*; **~vinna** F Straßenbauarbeit *f*

veggfóð|ra tapezieren; **~ur** N Tapete *f*

veggur M ‹-jar, -ir› Wand *f*

veglyndur edelmütig

vegna **1** PRÄP *mit gen* wegen; um ... willen; -halber; aufgrund; **mín ~** meinetwegen; **þess ~** deshalb **2** KONJ: **~ þess að** weil, da

veg|ur M ‹-ar od -s, -ir› Weg *m*, Straße *f*; Möglichkeit *f*; **alla vega** jedenfalls; **engan veginn** keineswegs; **koma í veg fyrir** verhindern; **nokkurn veginn** einigermaßen; **~vísir** M Wegweiser *m*

veið|a fangen, jagen; fischen, angeln; **~i** F ‹-ar, -ar› Fang *m*, Jagd *f*; Fischen *n*, Angeln *n*; **~idýr** N Wild *n*; **~iferð** F Jagd *f*; **~ileyfi** N Angelschein *m*; **~imaður** M Jäger *m*; **~istöng** F Angelrute *f*; **~iþjófur** M Wilddieb *m*, Wilderer *m*

veifa winken

veiga|lítill gering; unbedeutend; **~mikill** gewichtig; bedeutend

veigra: **~ sér við að gera e-ð** sich weigern, etw zu tun

veik|burða schwächlich; **~i** F (*undekl*), **~indi** NPL Krankheit *f*; **~jast** erkranken; **~lulegur** kränklich; **~lundaður** willensschwach; **~ur** krank; **verða ~** erkranken, krank werden

vein N ‹-s, -› Schrei *m*, Schmerzensschrei *m*; **~a** schreien; jammern

veira F ‹-u, -ur› MED Virus *m/n*

veisl|a F ‹-u, -ur› Fest *n*; Bankett *n*; Gesellschaft *f*; **~usalur** M Festsaal *m*

veita (*Beachtung*) schenken; (*Bitte*) gewähren; bewirten; **~ hjálp** Hilfe leisten

veitinga|hús N Restaurant *n*, Gaststätte *f*; **~húsa-bransinn** M Gastronomie *f*; **~húsarekandi** M Wirt *m*; **~maður** M Gastwirt *m*; **~r** FPL Essen *n* u. Trinken *n*; **~sal-ur** M Speisesaal *m*; **~staður** M Restaurant *n*

vekja wecken, erwecken; **~ athygli** Aufsehen erregen; **~raklukka** F Wecker *m*

vél F ⟨-ar, -ar⟩ Maschine *f*; Motor *m*

vel ADV gut; wohl; leicht; **gerðu svo ~!** bitte!; **honum líður ~** es geht ihm gut

véla|afl N Maschinenkraft *f*; **~maður** M Maschinist *m*; Mechaniker *m*; **~rbilun** F Motorschaden *m*; **~rhlíf** F Motorhaube *f*; **~rúm** N Maschinenraum *m*

vél|bátur M Motorboot *n*; **~byssa** F Maschinengewehr *n*

veldi N ⟨-s⟩ Macht *f*; MATH Potenz *f*; **~ssproti** M Zepter *n*

vélfræði F Mechanik *f*; **~ngur** M ⟨-s, -ar⟩ Mechaniker *m*

vel|gengni F (*undekl*) Glück *n*; Wohlstand *m*; **~gerða-maður** M; Wohltäter *m*; **~gerningur** M ⟨-s, -ar⟩ Wohltat *f*

velgja **1** F ⟨-u⟩ Übelkeit *f*; Wärme *f* **2** erwärmen; aufwärmen

vélind|a N ⟨-a, -u⟩, **~i** N ⟨-s⟩ Speiseröhre *f*

velja wählen, auswählen

velkominn willkommen

vell|a brodeln; **~auðugur** steinreich

vel|líðan F ⟨-ar⟩ Wohlbefinden *n*; **~megun** F ⟨-ar⟩ Wohlstand *m*; **~metinn** angesehen; **~settur** wohlsituiert; **~sæld** F Wohlstand *m*; Glück *n*

vél|rita Maschine schreiben, tippen; **~ritun** F ⟨-ar⟩ Tippen *n*; **~rænn** automatisch; **~stjóri** M ⟨-a, -ar⟩ Maschinist *m*

velsæmi N ⟨-s⟩ Anständigkeit *f*, Anstand *m*

velta **1** F ⟨-u⟩ Umsatz *m* **2** rollen; sich überschlagen; umkippen; **~ e-u fyrir sér** über etw (*akk*) grübeln

veltufé N Betriebskapital *n*

vel|unnari M ⟨-a, -ar⟩ Gönner *m*; **~vild** F Wohlwollen *n*; **~viljaður** wohlwollend; wohlgesinnt

vélvirki M ⟨-ja, -jar⟩ Maschinenschlosser *m*, Monteur *m*

venja **1** F ⟨-u, -ur⟩ Brauch *m*, Sitte *f* **2** gewöhnen; **~ sig á e-ð** sich (*dat*) etw angewöhnen; **~ sig af e-u** sich (*dat*) etw abgewöhnen; **~st** sich gewöhnen

venjulegur gewöhnlich; üblich; **eins og venjulega** wie gewöhnlich

vensladur verschwägert
ventill M ‹-ils, -lar› Ventil *n*
ver N ‹-s, -› (Bett-)Überzug *m*, Bezug *m*; Fischfangstation *f*
vera **1** F ‹-u, -ur› Wesen *n*, Geschöpf *n*; Aufenthalt *m*; **í raun og veru** tatsächlich **2** sein, sich befinden; sich aufhalten; bleiben; **~ að e-u** etw gerade tun; **hvað er að?** was ist los?; **vertu ekki að þessu!** lass das!; **~ til** existieren; **~ til í allt** zu allem bereit sein
veraldarsaga F Weltgeschichte *f*
veraldlegur weltlich
verð N ‹-s, -› Preis *m*; **~ með öllu** (*Preis*) pauschal; **fast ~** Pauschale *f*
verða werden; müssen; geschehen; **~ að gera e-ð** etw tun müssen; **~ fyrir slysi** verunglücken; **~ til** entstehen; **~ var við e-ð** etw (be)merken
verð|bólga F Inflation *f*; **~bréf** NPL Wertpapiere *pl*; **~fall** N Preissturz *m*; **~gildi** N Wert *m*; **~hækkun** F Preiserhöhung *f*; **~lag** N Preislage *f*; **~laun** NPL Prämie *f*; Belohnung *f*; **vinna fyrstu ~** den 1. Preis gewinnen; **~launa** belohnen; **~launaður** preisgekrönt; **~laus** wertlos; **~leikar** MPL Verdienst *n*; **~listi** M Preisliste *f*; Katalog *m*; **~lækkun** F Preissenkung *f*; Preisrückgang *m*; **~munir** MPL Wertsachen *fpl*; **~munur** M Preisunterschied *m*; **~mæti** N ‹-s, -› Wert *m*, Schatz *m*; **~mætur** wertvoll; **~skulda** verdienen; **~sveifla** Preisschwankung *f*
verður wert; würdig; **hann er (ekki) ~ vináttu þinnar** er ist deiner Freundschaft (nicht) würdig
verja **1** ‹-u, -ur› Schutz *m*; Wehr *f*; Präservativ *n*, Kondom *n* **2** verteidigen; schützen; anwenden; **~ndi** M ‹-anda, -endur› Verteidiger *m*
verk N ‹-s, -› Werk *n*, Arbeit *f*; Handlung *f*; **standa e-n að ~i** j-n auf frischer Tat ertappen; **~a** wirken; putzen; **~afólk** N Arbeiter *pl*; **~akona** F Arbeiterin *f*; **~alaun** NPL Arbeitslohn *m*; **~alýðsfélag** N Gewerkschaft *f*; **~alýður** M Arbeiter *pl*; Arbeiterklasse *f*; **~amaður** M Arbeiter *m*; **~askipting** F Arbeitsteilung *f*
verk|bann N Aussperrung *f*; **~efni** N Aufgabe *f*; Thema *n*; **~fall** N Streik *m*; **gera ~** streiken; **~fræði** F Technologie *f*; Ingenieurwesen *n*; **~fræðingur** M ‹-s, -ar› Ingenieur *m*; **~færi** N ‹-s, -› Werkzeug *n*, Gerät *n*; Instrument *n*
verkja: **mig ~r í handlegginn** mir schmerzt der Arm; **~meðal** N Schmerzmittel *n*

verk|naður M ⟨-ar, -ir⟩ Handlung *f*, Tat *f*; **~smiðja** F Fabrik *f*; **~stjóri** M ⟨-a, -ar⟩ Werkmeister *m*; **~stæði** N Werkstatt *f*; **~taki** M ⟨-a, -ar⟩ (Bau-)Unternehmer *m*; **~tækni** F Arbeitstechnik *f*; **~un** F ⟨-unar, -anir⟩ Wirkung *f*; Reinigung *f*; *(Fisch)* Verarbeitung *f*; **~ur** M ⟨-jar, -ir⟩ Schmerz *m*

verma wärmen; erwärmen

vernd F ⟨-ar⟩ Schutz *m*; **~a** (be)schützen; **~un** F ⟨-ar⟩ (Natur-)Schutz *m*

verpa 1 *(Ball etc)* werfen 2 Eier legen

vers N ⟨-, -⟩ Strophe *f*; *(Bibel)* Vers *m*

versl|a einkaufen; Handel treiben; **~ með vöru** e-e Ware führen; **~un** F ⟨-unar, -anir⟩ Geschäft *n*; Laden *m*; Handel *m*

verslunar|borg F, **~bær** M Handelsstadt *f*; **~einokun** F Handelsmonopol *n*; **~floti** M Handelsflotte *f*; **~frelsi** N Handelsfreiheit *f*; **~fyrirtæki** N Firma *f*; **~jöfnuður** M Handelsbilanz *f*; **~maður** M Verkäufer *m*; kaufmännischer Angestellter *m*; **~ráð** N Handelskammer *f*; **~samband** N Handelsbeziehungen *pl*; **~skóli** M Handelsschule *f*; **~stúlka** F Verkäuferin *f*; **~vara** F Handelsware *f*

versna sich verschlimmern *od* verschlechtern

vertíð F Fischsaison *f*

veru|legur beträchtlich, wesentlich; wirklich; **~leiki** M ⟨-a⟩ Wirklichkeit *f*; **~staður** M Aufenthaltsort *m*

veröld F Welt *f*

vesal|dómur M Elend *n*, Erbärmlichkeit *f*; **~ingur** M ⟨-s, -ar⟩ Bedauernswürdige(r) *m/f(m)*, Arme(r) *m/f(m)*; **~l** elend, erbärmlich

veski N ⟨-s, -⟩ Handtasche *f*; Brieftasche *f*

vestan vom Westen (her), aus dem Westen; **fyrir ~** in Westisland; in Amerika; **fyrir ~ ána** westlich des Flusses; **~hafs** in Amerika; **~vindur** M Westwind *m*

vestar weiter gegen Westen

vestfirskur von den Westfjorden *(in Island)*

vesti N ⟨-s, -⟩ Weste *f*

vestur 1 N ⟨-s⟩ Westen *m* 2 ADV nach dem Westen

Vestur|álfa F, **~heimur** M Amerika *n*

Vesturland N Westisland *n*; *pl* Abendland *n*, Europa *n*

vesturströnd F Westküste *f*

Vesturveldin NPL die Westmächte *fpl*

vetfang N Augenblick *m*

vetni N ⟨-s⟩ Wasserstoff *m*; **~sbíll** M Wasserstoffauto *n*; **~ssprengja** F Wasserstoffbombe *f*

Vetrarbrautin F Milchstraße

f

vetrar|dá N Winterschlaf *m*; **~dagur** M Wintertag *m*; **~dekk** N Winterreifen *m*; **~frakki** M Wintermantel *m*; **~sólhvörf** NPL Wintersonnenwende *f*

vett|lingur M ⟨-s, -ar⟩ Fausthandschuh *m*; **~vangur** M ⟨-s, -ar⟩ Schauplatz *m*

vetur M ⟨-rar, -ur⟩ Winter *m*; **á ~na** im Winter

vextir MPL Zinsen *mpl*

við **1** wir **2** PRÄP *mit akk* an; bei; von; mit; **~ vatnið** am Wasser *od* See; **~ hendina** bei der Hand; **miða ~ e-ð** mit etw vergleichen; **vera hræddur ~ e-ð** vor etw (*dat*) Angst haben; *mit dat*: **hafa ~ e-m** mit j-m mithalten; **taka ~ e-u** etw annehmen **3** ADV anwesend, da; **er N. N. ~?** ist N. N. da?; **~ og ~** ab und zu; **bera ~** geschehen, passieren; **bæta ~** hinzufügen; **leitast ~ að gera e-ð** versuchen, etw zu tun; **líta ~** zurückblicken; **talast ~** miteinander sprechen

víða an vielen Stellen *od* Orten

viðar|bolur M Baumstamm *m*; **~kol** NPL Holzkohle *f*

við|auki M Zusatz *m*; Ergänzung *f*; Nachtrag *m*; **~bára** F Einwand *m*; Vorwand *m*; **~bjóðslegur** ekelhaft; **~bjóður** M ⟨-s⟩ Ekel *m*, Abscheu *m*; **~bót** F Zusatz *m*, Zugabe *f*; **~bragð** N Reaktion *f* (auf etw *akk*); **~brigði** NPL Umstellung *f*; **~búinn** bereit; **~burður** M ⟨-ar, -ir⟩ Ereignis *n*; **~bætir** M ⟨-s⟩ Nachtrag *m*; Anhang *m*

vídd F ⟨-ar, -ir⟩ Weite *f*; Ausdehnung *f*; Umfang *m*

við|dvöl F Aufenthalt *m*; **~eigandi** passend; angebracht; **~fangsefni** N Aufgabe *f*; Problem *n*; **~felldinn** sympathisch; liebenswürdig

víð|frægur weitberühmt; **~förull** weit- *od* vielgereist

við|gerð F Reparatur *f*; **~gerðarþjónusta** F Kundendienst *m*; **~hald** N Instandhaltung *f*; Unterhalt *m*; Liebschaft *f*; **~horf** N ⟨-s⟩ Einstellung *f*; Stellungnahme *f*; **~koma** F Zwischenstopp *m*; Aufenthalt *m*; **~kunnanlegur** gemütlich; **~kvæmur** empfindlich; heikel; **~kynning** F Bekanntschaft *f*; **~leitni** F (*undekl*) Streben *n*; Versuch *m*

viðmót N Wesen *n*; **~sgóður, ~sþýður** liebenswürdig

viðnám N Widerstand *m*; **~sþrek** N Widerstandskraft *f*

viðræð|a F Gespräch *n*, Besprechung *f*; **~ur** FPL Verhandlungen *fpl*, Besprechungen *fpl*

viðskipta|aðili M Geschäftspartner(in) *m(f)*; **~bréf** N Geschäftsbrief *m*; **~fræði** N Betriebswirtschaft *f*; **~höft** NPL Handelsbeschränkungen *fpl*; **~maður** M Kunde *m*; **~ráð** N Wirtschaftsvereinigung *f*; **~ráðherra** M Wirtschaftsminister *m*; **~samband** N Geschäftsverbindung *f*; **~vinur** M Kunde *m*

viðskipti NPL Handel *m*, Geschäfte *npl*; **kona í viðskiptum** Geschäftsfrau *f*

við|staddur anwesend, gegenwärtig; **~stöðulaus** ununterbrochen, unaufhörlich

víðsýni N weite Aussicht *f*; *fig* Weitblick *m*; Großzügigkeit *f*

viðtaka ⟨-töku, -tökur⟩ Empfang *m*; (*Vorschlag*) Aufnahme *f*; **~ndi** M ⟨-anda, -endur⟩ Empfänger *m*

viðtal N Gespräch *n*; Interview *n*; Konsultation *f*; **~sbil** N TEL Gebühreneinheit *f*; **~stími** M Sprechstunde *f*

við|tæki N Radioapparat *m*; **~unandi** zufriedenstellend; **~ur** M ⟨-ar, -ir⟩ Holz *n*; **sólin gengur til viðar** die Sonne geht unter

víður weit

viður|kenna anerkennen; zugeben; **~kenning** F Anerkennung *f*; **~vist** F Anwesenheit *f*, Gegenwart *f*; **~væri** N ⟨-s⟩ Kost *f*

við|utan zerstreut; **~vaningur** M ⟨-s, -ar⟩ Anfänger *m*; **~víkjandi** betreffend, angehend, hinsichtlich; **~vörun** F ⟨-unar, -varanir⟩ Warnung *f*

víg|búast aufrüsten; **~búnaður** M Aufrüstung *f*; **~girðing** F Befestigung *f*; **~i** N ⟨-s, -⟩ Festung *f*; **~ja** einweihen; **~lína** F Front *f*

vigt F ⟨-ar, -ir⟩ Gewicht *n*; Waage *f*; **~a** (ab)wiegen

vígvöllur M Schlachtfeld *n*

vík F ⟨-ur, -ur⟩ Bucht *f*

vika F ⟨-u, -ur⟩ Woche *f*; **~piltur** M Laufbursche *m*

víking|aferð F Wikingerfahrt *f*; **~aöld** F Wikingerzeit *f*; **~ur** M ⟨-s, -ar⟩ Wiking(er) *m*

víkja weichen; **~ að e-u** auf etw (*akk*) hindeuten, andeuten; **~ e-m frá embætti** j-n seines Amtes entheben

víkk|a ausweiten; sich ausweiten; erweitern

vikna gerührt werden

viku|blað N Wochenzeitung *f*; **~kaup** N, **~laun** NPL Wochenlohn *m*; **~legur** wöchentlich

vikur M ⟨-s⟩ Bimsstein *m*

vild F ⟨-ar⟩: **eftir** *od* **að ~** nach Belieben

vilja wollen; mögen; **~ heldur** vorziehen; **~ til** geschehen, passieren; **ef til vill** vielleicht; **~fastur** willensstark; **~festa** F ⟨-u⟩ Willensstärke *f*; **~lítill** willensschwach; **~ndi** absichtlich; vorsätzlich; **~sterk-**

ur willensstark
vilji M ‹-a› Wille *m*
villa 1 F ‹-u, -ur› Fehler *m*; Irrtum *m* 2 irreführen; ~ **um fyrir e-m** hinters Licht führen; **~ndi** irreführend; **~st** sich verlaufen
villi|dýr N Bestie *f*; **~gata** F Irrweg *m*, Abweg *m*; **~mennska** F ‹-u› Barbarei *f*
villtur wild; verirrt
víma F ‹-u, -ur› Rausch *m*
vin F ‹-jar, -jar› Oase *f*
vín N ‹-s, -› Wein *m*; Alkohol *m*
vinalegur freundlich
Vín(arborg) F Wien *n*
vínarbrauð N (*Gebäck*) Kopenhagener *m*
vinátta F ‹-u, -ur› Freundschaft *f*
vínber N Traube *f*; **~jasafi** M Traubensaft *m*
vinda 1 F ‹-u, -ur› Winde *f*; Schleuder *f* 2 wringen; **hverju sem fram vindur** unter allen Umständen
vind|átt F Windrichtung *f*; **~hviða** F Windstoß *m*; **~ill** M ‹-ils, -lar› Zigarre *f*; **~lakassi** M Zigarrenkiste *f*; **~lingur** M ‹-s, -ar› Zigarette *f*; **~mylla** F ‹-u, -ur› Windmühle *f*; **~staða** F Windrichtung *f*; **~stig** N Windstärke *f*; **~sæng** F Luftmatratze *f*; **~ur** M ‹-s od -ar, -ar› Wind *m*
vín|ekra F ‹-u, -ur› Weinberg *m*; **~flaska** F Weinflasche *f*; e-e Flasche *f* Wein; **~föng** NPL Spirituosen *pl*
vingjarnlegur freundlich
vínglas N Weinglas *n*; ein Glas Wein
vinkona F Freundin *f*
vinna 1 F ‹-u› Arbeit *f*; Beruf *m* 2 arbeiten; erobern; siegen; gewinnen; ~ **að e-u** an etw (*dat*) arbeiten; ~ **fyrir sér** für seinen Unterhalt sorgen; ~ **í happdrætti** im Lotto gewinnen; ~ **sér inn peninga** Geld verdienen; ~ **til e-s** (*Lob*) verdienen; ~ **úr e-u** etw ausarbeiten; ~ **sigur á e-m** j-n besiegen
vinningur M ‹-s, -ar› Gewinn *m*
vinnu|afl N Arbeitskraft *f*; **~brögð** NPL Arbeitsweise *f*; **~dagur** M Arbeitstag *m*; **átta stunda ~** Achtstundentag *m*; **~deila** F Arbeitskonflikt *m*; **~fær** arbeitsfähig; **~kona** F Hausgehilfin *f*; *sl* Scheibenwischer *m*; **~lag** N Arbeitsmethode *f*; **~laun** NPL Arbeitslohn *m*; **~laus** arbeitslos, erwerbslos; **~maður** M Gehilfe *m*; **~miðlun** F ‹-ar› Arbeitsvermittlung *f*; **~stofa** F Werkstatt *f*; **~tími** M Arbeitszeit *f*; **~veitandi** ‹-anda, -endur› Arbeitgeber *m*; **~þegi** M ‹-a, -ar› Arbeitnehmer *m*
vín|rækt F Weinbau *m*;

~sala F Weinhandel *m*; **~seðill** M Getränkekarte *f*
vinstri linke; **~ hönd(in)** die linke Hand; **vinstra megin** links; **til ~** nach links
vinsæl|dir FPL Popularität *f*; **~l** beliebt
vinur M ‹-ar, -ir› Freund *m*
vínviður M Weinstock *m*, Weinrebe *f*
vír M ‹-s, -ar› Metalldraht *m*, Draht *m*; **~avirki** N Filigran *n*; **~girðing** F Drahtzaun *m*
virð|a achten; schätzen; respektieren; würdigen; **~ e-ð fyrir sér** etw betrachten; **~ast** scheinen; **hann virðist vera ánægður** er scheint zufrieden zu sein; **~i** N ‹-s, -› Wert *m*; **einskis ~** wertlos; **(lítils) mikils ~** (wenig) viel wert; **~ing** F ‹-ar, -ar› Achtung *f*, Respekt *m*; **~ingarfyllst** hochachtungsvoll; **~isaukaskattur** M Mehrwertsteuer *f*; **~ulegur** ehrwürdig; **~uleiki** M ‹-a› Würde *f*
virk|i N ‹-s, -› Festung *f*; **~ur** aktiv; **~ dagur** *m* Werktag *m*
virtur angesehen, geachtet
vís sicher, unzweifelhaft; **að ~u** gewiss
vísa **1** F ‹-u, -ur› Strophe *f* **2** zeigen; **~ e-m leið** j-m den Weg zeigen; **~ til e-s** sich auf etw (*akk*) beziehen *od* berufen; auf etw (*akk*) hinweisen
vís|bending F Wink *m*, Andeutung *f*; Zeichen *n*; **~dómstönn** F Weisheitszahn *m*; **~dómur** M Weisheit *f*
vísifingur M Zeigefinger *m*
vísinda|félag N wissenschaftliche Gesellschaft; **~legur** wissenschaftlich; **~maður** M Wissenschaftler *m*; **~rit** N wissenschaftliche Schrift *od* Arbeit; **~starf** N wissenschaftliche Forschung
vísindi NPL Wissenschaft *f*
visinn welk
vísir M ‹-s, -ar› (*Uhr*) Zeiger *m*; Keim *m*, Ansatz *m*
vísitala F Preisindex *m*
viska F ‹-u› Weisheit *f*
viskustykki N Geschirrtuch *n*
visna (ver)welken
viss sicher; **~a** F ‹-u› Gewissheit *f*; **vita e-ð með vissu** etw genau wissen; **~ulega** ADV sicher; gewiss
vist F ‹-ar, -ir› Au-pair-Stelle *f*; *pl* Proviant *m*; Lebensmittel *pl*; **~a** (IT) speichern
vist|legur (*Zimmer*) gemütlich; **~vænn** umweltverträglich
vísu|ndur M ‹-ar, -ar› Bison *m*; **~orð** N Verszeile *f*, Vers *m*
vísvitandi absichtlich, bewusst
vit N ‹-s, -› Verstand *m*; **hafa ~ á e-u** sich auf etw (*akk*) verstehen; **koma ~i fyrir e-n** j-n zur Vernunft bringen; **missa**

~ið den Verstand verlieren; **vel ~i borinn** sehr begabt; **hann stígur ekki í ~ið** er hat das Pulver nicht erfunden
vita wissen; **~ e-ð fyrir** etw voraussehen; **~ um e-ð** über etw *(akk)* Bescheid wissen
vítamín N ‹-s, -› Vitamin *n*
vita|nlega, ~skuld selbstverständlich, natürlich
vitavörður M Leuchtturmwärter *m*
vit|firring F ‹-ar› Wahnsinn *m*; **~firringur** M ‹-s, -ar› Wahnsinnige(r) *m/f(m)*; **~grannur** beschränkt, einfältig; **~i** M ‹-a, -ar› Leuchtturm *m*; Leuchtfeuer *n*; **það er góðs ~** das ist ein gutes Zeichen
víti N ‹-s, -› Hölle *f*; Strafe *f*
vitja: **~ læknis** den Arzt konsultieren
vit|laus dumm; verrückt; falsch, verkehrt; **~t númer** falsche Telefonnummer; **~leysa** F ‹-u, -ur› Unsinn *m*; Dummheit *f*; Fehler *m*; **~leysingur** M Idiot *m*
vitna zeugen, aussagen; **~ um e-ð** von etw zeugen; **~ í e-ð** etw zitieren; **~leiðsla** F Zeugenvernehmung *f*; **~st** bekannt werden
vitneskja F ‹-u› Kenntnis *f*; **fá vitneskju um e-ð** etw erfahren
vitni N ‹-s, -› Zeuge *m*; Augenzeuge *m*; **bera ~ um e-ð** von etw Zeugnis ablegen, über etw *(akk)* aussagen; **~sburður** M ‹-ar, -ir› Zeugnis *n*; Beurteilung *f*; Zeugenaussage *f*
vit|orð N ‹-s› Mitwissen *n*; **~ringur** M ‹-s, -ar› Weise(r) *m/f(m)*; **~skertur** geisteskrank, wahnsinnig; **~smunalegur** intellektuell; **~smunir** MPL Klugheit *f*; Intelligenz *f*; **~und** F ‹-ar› Bewusstsein *n*; **ekki ~** kein bisschen; **~ur** weise, klug
víxill M ‹-ils, -lar› Wechsel *m*
víxl N ‹-s›: **á ~** wechselweise; **~áhrif** NPL Wechselwirkung *f*
vodki M ‹-a, -ar› Wodka *m*
voð|alegur schrecklich, fürchterlich; **~i** M ‹-a, -ar› Gefahr *f*; **fara sér að voða** verunglücken
vofa F ‹-u, -ur› Gespenst *n*
vog F ‹-ar, -ir› Waage *f*; **~a** wagen; riskieren; **~arskál** F Waagschale *f*; **~arstöng** F Hebel *m*
vogun F ‹-unar, -anir› Wagnis *n*
vogur M ‹-s, -ar› Bucht *f*, kleiner Fjord *m*
vol N ‹-s› Jammern *n*; **~a** jammern; klagen; heulen
voldugur mächtig; gewaltig
volgur lau(warm)
volt N ‹-s, -› Volt *n*
volæði N ‹-s› Elend *n*; Armut *f*
von F ‹-ar, -ir› Hoffnung *f*; Er-

wartung *f*; Aussichten *fpl*; **gera sér ~ir** sich (*dat*) Hoffnungen machen; **sem ~ var** wie zu erwarten war; **til ~ar og vara** sicherheitshalber; **upp á ~ og óvon** auf gut Glück, aufs Geratewohl; **~a** hoffen; **~andi** hoffentlich; **~brigði** NPL Enttäuschung *f*

vondur schlecht, schlimm; böse, zornig; **verða ~** böse werden; **vera í vondu skapi** schlechter Laune sein

von|góður voller Hoffnung, hoffnungsvoll; **~laus** ohne Hoffnung, hoffnungslos; **~leysi** N ⟨-s⟩ Hoffnungslosigkeit *f*; **~ska** F ⟨-u, -ur⟩ Bosheit *f*; Zorn *m*, Wut *f*; **~svikinn** enttäuscht

vopn N ⟨-s, -⟩ Waffe *f*; **búa e-n ~um** j-n bewaffnen; **grípa til ~a** die Waffen ergreifen; **~aður** bewaffnet; **~ahlé** N Waffenstillstand *m*; **~laus** unbewaffnet

vor 1 (*alt*) unser 2 N ⟨-s, -⟩ Frühling *m*; **að ~i** im nächsten Frühling; **á ~in** im Frühling; **~a**: **það ~ar** es wird Frühling

vor|blóm N Frühlingsblume *f*; **~dagur** M Frühlingstag *m*

vor|kenna Mitleid *n* haben (**e-m** mit j-m); **~kunn** F ⟨-ar⟩ Mitleid *n*, Mitgefühl *n*; **e-m er ~** j-d ist zu bedauern

vorkunnsamur mitfühlend

vorleysingar FPL Schneeschmelze *f*

vott|a bescheinigen; bestätigen; bezeugen; **~orð** N Bescheinigung *f*; Attest *n*; **~ur** M ⟨-ar od -s, -ar⟩ Zeuge *m*; **ekki ~ af e-u** keine Spur von etw

vot|ur nass; **~viðri** N Regenwetter *n*

vægð F ⟨-ar⟩ Gnade *f*; Schonung *f*; **~arlaus** schonungslos

vægja schonen; nachgeben

væminn *fig* süßlich, schmalzig; sentimental; ekelhaft

vændi N ⟨-s⟩ Prostitution *f*; **~shús** N Bordell *n*; **~skona** F Straßenmädchen *n*

vængja|blak N Flügelschlag *m*; **~hurð** F Flügeltür *f*

vængur M ⟨-s od -jar, -ir⟩ Flügel *m*

vænn brav, wacker; **þykja vænt um e-n** j-n gernhaben; **það er ekki seinna ~a** es ist höchste Zeit

vænta erwarten, entgegensehen; **~nlega** wahrscheinlich; **~nlegur** vorgesehen; (ist) zu erwarten

væta 1 F ⟨-u⟩ Regen *m*; Feuchtigkeit *f* 2 (be)feuchten, anfeuchten

vöðv|amikill muskulös; **~i** M ⟨-a, -ar⟩ Muskel *m*

vöggu|barn N Säugling *m*; **~ljóð** N Wiegenlied *n*

vök F ⟨vakar, vakir⟩ Eisloch *n*; **~na** nass werden

vökva (*Blumen*) begießen; **~stýri** N Servolenkung *f*
vökvi M ⟨-a, -ar⟩ Flüssigkeit *f*
völ F Wahl *f*; **sá á kvölina, sem á ~ina** wer die Wahl hat, hat die Qual
völlur M ⟨vallar, vellir⟩ Feld *n*, Rasenplatz *m*; Platz *m*
völundarhús N Labyrinth *n*
völva F ⟨-u, -ur⟩ Wahrsagerin *f*
vömb F ⟨vambar, vambir⟩ Bauch *m*; Ranzen *m*
vöntun F ⟨-ar⟩ Mangel *m*
vör F ⟨varar, varir⟩ Lippe *f*; **efri ~** Oberlippe *f*; **neðri ~** Unterlippe *f*
vörður M ⟨varðar, verðir⟩ Wache *f*; Posten *m*; Wächter *m*; **~ laganna** Hüter *m* des Gesetzes
vörn F ⟨varnar, varnir⟩ Schutz *m*; Verteidigung *f*
vöru|bíll M Lastkraftwagen *m*; **~flutningur** M Warentransport *m*; **~geymsla** F Lagerhaus *n*; Schuppen *m*; **~gæði** NPL Qualität *f*; **~hús** N Warenhaus *n*; **~listi** M Katalog *m*; **~merki** N Marke *f*, Warenzeichen *n*; **~miði** M Etikett *n*; **~r** FPL Waren *fpl*; **~reikningur** M Faktura *f*; **~sýning** F Warenausstellung *f*, Messe *f*; **~sýnishorn** N Warenprobe *f*; **~tegund** F Artikel *m*, Warengattung *f*; **~verð** N Warenpreis *m*
vöxtur M ⟨vaxtar, vextir⟩ Wuchs *m*; Wachstum *n*; Gestalt *f*; Quantität *f*; **fara í vöxt** zunehmen; **mikill vexti** großwüchsig; **svo er mál með vexti** die Sache verhält sich so; *pl* **vextir** Zinsen *mpl*

ydda (an)spitzen
yðar Ihr(e)
yfir 1 PRÄP *mit akk* während; **~ daginn** im Laufe des Tages; *mit dat* über; **sitja ~ borðum** bei Tisch sitzen; **sofa ~ sig** *v/i* verschlafen 2 ADV: **þarna ~ frá** da drüben
yfir|borð N Oberfläche *f*; **~borðslegur** oberflächlich; **~buga** besiegen, überwinden; **~burðir** MPL Überlegenheit *f*; **~bygging** F Überbau *m*; (*Wagen*) Karosserie *f*; SCHIFF Aufbauten *pl*
yfir|dómur M Berufungsgericht *n*; **~frakki** M Mantel *m*; **~færa** überweisen, transferieren; **~færsla** F ⟨-u, -ur⟩ Überweisung *f*, Transfer *m*; **~gefa** verlassen; **~gnæfa** überragen; **~gnæfandi** überwiegend; **~gripsmikill** umfassend; **~heyra** verhören, (*Zeugen*) vernehmen; **~heyrsla** F ⟨-u, -ur⟩ Verhör

n, Vernehmung *f*; **~höfn** F Mantel *m*; Jacke *f*; **~hönd** F Oberhand *f*; **~kennari** M (*Gymnasium*) Oberstudienrat *m*; (*Grundschule*) Konrektor *m*; **~leitt** überhaupt; im Allgemeinen; **~lið** N Ohnmacht *f*; **~lit** N ‹-s, -› Überblick *m*; **~lýsing** F Erklärung *f*; **~læknir** M Chefarzt *m*; **~læti** N ‹-s› Überheblichkeit *f*; **~lætislaus** bescheiden

yfir|maður M Chef *m*, Vorgesetzte(r) *m*/*f*(*m*); **~náttúrlegur** übernatürlich; **~sjón** F Vergehen *n*, Verstoß *m*; Versehen *n*; **~skegg** N Schnurrbart *m*; **~skin** N Vorwand *m*; **~skrift** F Überschrift *f*; **~standandi** jetzig; **~sterkari** überlegen; **~stjórn** F Direktion *f*; MIL Oberbefehl *m*

yfir|vega bedenken, erwägen; **~vegun** F ‹-ar› Erwägung *f*, Überlegung *f*; **~vigt** F Übergewicht *n*; Übergepäck *n*; **~vinna** 1 F Überstunden *fpl*; **vinna yfirvinnu** Überstunden machen 2 überwinden; **~vofandi** drohend; **~völd** NPL Behörde *f*, Obrigkeit *f*; **~þyrma** überwältigen

ýkj|a übertreiben; **~ur** FPL Übertreibung *f*

ykkar euer

ykkur euch

ýktur extrem, übertrieben

ýla heulen

ýlf|ra heulen, pfeifen; **~ur** N ‹-s› Geheul *n*

** yl|ur** M ‹-s› (schwache) Wärme *f*; **~volgur** lau(warm)

ýmis (PL **ýmsir**) verschieden (verschiedene); der eine oder der andere

ýmist: **~ … eða** mal … mal

ympra: **~ á e-u** etw andeuten

yndi N ‹-s› Freude *f*, Lust *f*; **~ð mitt** mein Schatz; **~slegur** lieb, reizend, schön; **~sþokki** M Anmut *f*

yngja verjüngen

ynnilegur herzlich

yppta: **~ öxlum** die Achseln zucken

yrða: **~ á e-n** j-n ansprechen

yrðlingur M ‹-s, -ar› (Fuchs-)Welpe *m*

yrkisefni N (*Dichtung*) Stoff *m*; Motiv *n*

yrkja 1 (*Boden*) bestellen, bebauen 2 dichten

ys M ‹-s› Lärm *m*

ýsa F ‹-u, -ur› Schellfisch *m*

ystur äußerster

ýta 1 F ‹-u, -ur› Planierraupe *f* 2 schieben; **~ á takka** Knopf drücken; **~rlegur** ausführlich

þá damals, da; dann

það es; das

þaðan von dort, daher

þága F ⟨-u⟩: **gera e-ð í e-s þágu** etw in j-s Interesse tun
þagmælsk|a F Verschwiegenheit *f*; **~ur** verschwiegen
þagna verstummen, schweigen; **~rskylda** F Schweigepflicht *f*
þágufall N Dativ *m*
þak N ⟨-s, þök⟩ Dach *n*; **~gluggi** M Dachfenster *n*; **~herbergi** N Dachkammer *f*; **~inn** bedeckt
þakk|a danken; **~ kærlega fyrir!** vielen Dank!; **eiga að ~** zu verdanken haben; **~arorð** NPL Danksagung *f*; **~látur** dankbar; **~læti** N ⟨-s⟩ Dank *m*; Dankbarkeit *f*
þak|ning F ⟨-ar⟩ Dachdecken *n*; Fußbodenbelag *m*; **~pappi** M Dachpappe *f*; **~renna** F Dachrinne *f*
þang N ⟨-s⟩ Tang *m*
þangað dahin, dorthin; **~ til** *konj* bis
þanki M ⟨-a, -ar⟩ Gedanke *m*; **vera í þungum þönkum** in Gedanken versunken sein
þannig so, auf diese Weise, solch
þar dort, da; **~ að auki** außerdem; **~ á meðal** darunter; **~ á ofan** noch dazu; **~ eð** *konj* da; **hér og ~** hie(r) und da; **~ til** bis
þarafleiðandi folglich
þarf|laus unnütz; unnötig; **~legur** nützlich; **~nast** brauchen, benötigen; **~ur** nützlich
þari M ⟨-a, -ar⟩ Alge *f*
þarmur M ⟨-s, -ar⟩ Darm *m*
þarna dort, da; **þessi ~** jener; **~ yfir frá** da drüben
þátíð N Präteritum *n*
þátttaka F ⟨-töku⟩ Beteiligung *f*; **~ndi** M ⟨-anda, -endur⟩ Teilnehmer *m*, Beteiligte(r) *m/f(m)*
þáttur M ⟨-ar, þættir⟩ THEAT Akt *m*; Abschnitt *m*; Faktor *m*; **taka þátt í e-u** an etw (*dat*) teilnehmen, sich an etw (*dat*) beteiligen
þau (NPL) sie *pl*; die *pl*
þaul|reyndur altbewährt; **~spyrja** ausfragen; **~vanur, ~æfður** routiniert
þáverandi damalig
þef|a riechen; **~ af e-u** an etw (*dat*) riechen; **~ uppi** aufspüren; **~dýr** N Stinktier *n*; **~skyn** N Geruchssinn *m*; **~ur** M ⟨-jar od -s⟩ Geruch *m*
þegar **1** KONJ als, wenn **2** ADV sofort; **~ í stað** sofort, auf der Stelle
þegja schweigen; **~ndi** schweigend, stumm
þegn M ⟨-s, -ar⟩ Untertan *m*; Bürger *m*; **~réttindi** NPL Bürgerrechte *npl*; **~skapur** M Loyalität *f*
þei! pst!
þeir (MPL) sie; **~ra** *pers pr* (*gen*) ihrer; (*als poss pr*) ihr
þekja **1** F ⟨-u, -ur⟩ Dach *n*; **vera eins og úti á þekju** zer-

streut sein **2** bedecken
þekk|ing F ⟨-ar⟩ Kenntnis *f*, Wissen *n*; **hafa ~u á e-u** sich auf etw (*akk*) verstehen; **~ingarleysi** F, **~ingarskortur** M Unkenntnis *f*; **~ja** kennen; **~ aftur** (wieder)-erkennen; **~jast**: **þekkist þið?** kennen Sie sich?, kennt ihr euch?; **~tur** bekannt
þeldökkur dunkelhäutig
þenja dehnen, ausstrecken; **~nlegur** dehnbar
þensla F ⟨-u, -ur⟩ Ausdehnung *f*; Expansion *f*; Spannung *f*
þér **1** *dat v.* þú **2** Sie; **~ast** sich siezen
þerna F ⟨-u, -ur⟩ Bedienung *f*; (*Schiff*, FLUG) Stewardess *f*
þerr|a trocknen; (*Staub*) wischen; **~ir** M ⟨-s⟩ trockenes Wetter *n*; **til þerris** zum Trocknen
þess: **~ konar** derartig; **~ vegna** daher, darum, deshalb
þessi dieser; **~ hérna** dieser; **~ þarna** jener
þétt|a abdichten; **~byggður, ~býll** dicht besiedelt; **~ir** M ⟨-s, -ar⟩ Kondensator *m*; **~skipaður** dicht besetzt; **~ur** dicht
þið ihr
þíða **1** F ⟨-u⟩ Tauwetter *n* **2** V/T *Eis* schmelzen
þiðna V/I auftauen, schmelzen
þíðviðri N ⟨-s⟩ Tauwetter *n*
þiggja (*Einladung*) annehmen; **~ndi** M ⟨-anda, -endur⟩ (*Geschenk*) Empfänger *m*
þil N ⟨-s, -⟩ Holzwand *f*; **~far** N Deck *n*
þind F ⟨-ar, -ir⟩ Zwerchfell *n*; **~arlaus** unermüdlich
þing N ⟨-s, -⟩ Parlament *n*; Kongress *m*; Tagung *f*; **~bundinn** konstitutionell; **~deild** F (*Parlament*) Kammer *f*; **~legur** parlamentarisch; **~lýsa** ins Grundbuch eintragen; **~maður** M Parlamentsmitglied *n*; Abgeordnete(r) *m/f(m)*; **~mannsefni** N Wahlkandidat *m*; **~ræði** N ⟨-s⟩ Parlamentarismus *m*; **~sköp** NPL (*Sitzung*) Geschäftsordnung *f*; **~sæti** N Mandat *n*, Sitz *m*
þinn (**þín, þitt**) dein(e, -es)
þistill M ⟨-ils, -lar⟩ Distel *f*
þjá drücken; plagen; **~st** leiden
þjaka drücken, plagen
þjálf|a trainieren; üben; **~ari** M ⟨-a, -ar⟩ Trainer *m*; **~un** F ⟨-ar⟩ Training *n*
þjáning F ⟨-ar, -ar⟩ Leiden *n*; **~arlaus** schmerzfrei
þjappa pressen; feststampfen; **~ saman** zusammenpressen
þjark N ⟨-s⟩ Zank *m*, Streit *m*; (*Preis*) Feilschen *n*; **~a** sich streiten *od* zanken
þjóð F ⟨-ar, -ir⟩ Volk *n*; **~aratkvæði** N Volksabstimmung *f*; **~arauður** M Volks-

vermögen *n*
þjóðar|dramb N Chauvinismus *m*; **~einkenni** N nationaler Charakter *m*; **~tekjur** FPL Nationaleinkommen *n*; Volkseinkommen *n*; **~vilji** M Volkswille *m*
þjóð|banki M Nationalbank *f*; **~braut** F *entspr.* Bundesstraße *f*; **~búningur** M Volkstracht *f*; **~dans** M Volkstanz *m*; **~erni** N ‹-s, -› Nationalität *f*; **~félag** N POL Gesellschaft *f*; **~félagsfræði** F Soziologie *f*; **~flokkur** M Volksstamm *m*; **~flutningur** M Völkerwanderung *f*; **~fræði** F Völkerkunde *f*; **~garður** M Nationalpark *m*; **~hagslegur** volkswirtschaftlich; **~hátíð** F Volksfest *n*; **~hátíðardagur** M Nationalfeiertag *m*; **~hetja** F Nationalheld *m*; **~höfðingi** M Staatsoberhaupt *n*; **~kirkja** F Staatskirche *f*; **~kvæði** N Volkslied *n*; **~legur** volkstümlich; patriotisch, national; **~leikhús** N Nationaltheater *n*
þjóð|mál NPL Landespolitik *f*; **~minjasafn** N Nationalmuseum *n*; **~rækinn** patriotisch; **~rækni** F (*undekl*) Patriotismus *m*; Vaterlandsliebe *f*; **~saga** F Volkssage *f*; **~sagnafræði** F Volkskunde *f*; **~skipulag** N Gesellschaftsordnung *f*; **~skjalasafn** N Staatsarchiv *n*; **~skjalavörður** M Staatsarchivar *m*; **~söngur** M Nationalhymne *f*; **~trú** F Volksglaube *m*; **~vegur** M Landstraße *f*
þjóðverji M ‹-a, -ar› Deutsche(r) *m/f(m)*
þjóf|alykill M Nachschlüssel *m*, Dietrich *m*; **~snautur** M ‹-s, -ar› Hehler *m*; **~ur** M ‹-s, -ar› Dieb(in) *m(f)*
þjón|a dienen; bedienen, aufwarten; **~n** M ‹-s, -ar› Diener *m*; (*Restaurant*) Ober *m*, Kellner *m*; **~usta** F ‹-u, -ur› Bedienung *f*; Dienst *m*; Kundendienst *m*; **~ustustúlka** F Hausangestellte *f*; **~ustuver** N Hotline *f*
þjór|a saufen, zechen; **~fé** N Trinkgeld *n*
þjóta fahren, rennen; sausen, brausen
þjöl F ‹þjalar, þjalir› Feile *f*
þó **1** ADV doch, jedoch; trotzdem **2** KONJ: **~ að** obgleich; wenn auch
þoka **1** F ‹-u, -ur› Nebel *m* **2** verrücken (**e-u** etw)
þokk|alegur ordentlich; nett; **~i** M ‹-a› Anmut *f*
þókn|ast gefallen; **~un** F ‹-unar, -anir› Vergütung *f*, Honorar *n*; Trinkgeld *n*; HANDEL Provision *f*
þoku|bakki M Nebelbank *f*; **~kenndur** neblig; *fig* unklar, nebelhaft; **~lúður** M Nebel-

horn *n*; **~slæða** F Nebelschleier *m*

þol N ⟨-s⟩ Ausdauer *f*; **~a** vertragen; dulden; aushalten; **~ ekki e-n** j-n nicht ausstehen können; **~anlegur** erträglich, leidlich; **~fall** N Akkusativ *m*; **~góður** ausdauernd, beharrlich; **~hlaup** N Langstreckenlauf *m*, Dauerlauf *m*; **~inmóður** geduldig; **~inmæði** F (*undekl*) Geduld *f*; **~leysi** N ⟨-s⟩ Mangel *m* an Ausdauer; **~mynd** F Passiv *n*

þor N ⟨-s⟩ Mut *m*, Kühnheit *f*; **~a** wagen; sich trauen

þorna trocknen, trocken werden

þorp N ⟨-s, -⟩ Dorf *n*; **~ari** M ⟨-a, -ar⟩ Gauner *m*, Schuft *m*

þorsk|alifur F Dorschleber *f*; **~alýsi** N Dorsch(leber)tran *m*; **~ur** M ⟨-s, -ar⟩ Dorsch *m*; Kabeljau *m*

þorsti M ⟨-a⟩ Durst *m*

þota F ⟨-u, -ur⟩ Düsenflugzeug *n*, Jet *m*

þótt KONJ obwohl, obgleich; wenn auch

þótt|afullur hochmütig; **~i** M ⟨-a⟩ Hochmut *m*; Stolz *m*

þrá **1** F ⟨-r, -r⟩ Sehnsucht *f*, Verlangen *n* **2** sich sehnen; (nach etw) verlangen

þráð|arspotti M ein Stück *n* Faden; **~laus** drahtlos; **~laus net** N WLAN *n*; **~ur** M ⟨-ar, þræðir⟩ Faden *m*, Garn *n*; Draht *m*; ELEK Leitung *f*; **slá á þráðinn** anrufen

þrá|faldlegur häufig; wiederholt; **~hyggja** F fixe Idee; **~i** M ⟨-a⟩ Trotz *m*; **~kálfur** M Trotzkopf *m*; **~lyndi** N ⟨-s⟩ Hartnäckigkeit *f*

þramma stapfen, marschieren

þránaður ranzig

þrár ranzig; trotzig

þrásinnis wiederholt

þrátt **1** ADV oft, ständig; **~ fyrir allt** trotz allem **2** KONJ: **~ fyrir að** obgleich

þrauka ausharren

þraut F ⟨-ar, -ir⟩ schwere Aufgabe *f*; **~ir** PL Schmerzen *pl*; **~seigja** F ⟨-u⟩ Zähigkeit *f*, Ausdauer *f*; **~seigur** zäh, beharrlich

þrefalda verdreifachen

þreifa tasten; berühren; **~ á e-u** etw anfühlen; **~ sig áfram** sich vorwärtstasten

þrek N ⟨-s, -⟩ Kraft *f*, Energie *f*; Charakterfestigkeit *f*; **~aður** erschöpft; **~inn** kräftig gebaut; **~laus** kraftlos, schwach; **~leysi** N ⟨-s⟩ Kraftlosigkeit *f*; Mutlosigkeit *f*; **~mikill** stark; **~vaxinn** kräftig gebaut, untersetzt; **~virki** N große Leistung *f*

þrenging F ⟨-ar, -ar⟩ Bedrängnis *f*, Not *f*; **~artíð** F, **~artími** M schwere Zeiten *fpl*

þrengja einengen; **~st** sich verengen

þrengsli NPL Enge *f*; Platz-

mangel *m*
þrennur dreifach; **þrenns konar** dreierlei; **þrennir skór** drei Paar Schuhe
þrep N (-s, -) (*Treppe*) Stufe *f*
þreskja dreschen
þrettándi M (-a) Dreikönigsfest *n*
þreyta 1 F (-u) Müdigkeit *f*, Ermüdung *f* 2 ermüden; **~leik** einen Wettkampf austragen; **~ndi** ermüdend
þreyttur müde; erschöpft; abgespannt
þríburar MPL Drillinge *pl*
þriðj|udagur M Dienstag *m*; **~ungur** M (-s, -ar) Drittel *n*
þrif NPL Gedeihen *n*
þrífa ergreifen; anpacken; (*Wohnung*) sauber machen; **~st** gedeihen
þrifinn reinlich; sauber
þrifnaður M (-ar) Sauberkeit *f*
þrí|fótur M Dreifuß *m*; **~fættur** dreibeinig
þrí|hjól N Dreirad *n*; **~hyrningur** M (-s, -ar) Dreieck *n*; **~litur** dreifarbig
þristur M (-s, -ar) (*Kartenspiel*) Drei *f*
þrívíður dreidimensional
þrjósk|a F (-u) Trotz *m*; **~ur** trotzig
þrjót|a versiegen; alle werden; **~ur** M (-s, -ar) Schurke *m*
þróast sich entwickeln, sich entfalten
þrosk|a entwickeln; **~aður** reif; **~askeið** N Entwicklungsstadium *n*, -periode *f*; **~ast** sich entwickeln; reifen, heranreifen; **~i** M (-a) Reife *f*, Entwicklung *f*
þrotabú N Konkursmasse *f*
þrot|i M (-a) Schwellung *f*, Entzündung *f*; **~laus** unaufhörlich, ununterbrochen; **~na** aufhören, zu Ende gehen
þrótt|laus kraftlos, schwach; **~mikill** kräftig, stark; **~ur** M (-ar) Kraft *f*, Energie *f*
þróun F (-unar, -anir) Entwicklung *f*; **~arkenning** F Entwicklungslehre *f*, Abstammungslehre *f*; **~arland** N Entwicklungsland *n*
þruma 1 F (-u, -ur) Donner *m* 2 donnern; krachen
þrumuveður N Gewitter *n*
þrýst|a drücken; **~iloft** N Druckluft *f*; **~ingur** M (-s) Druck *m*
þræða (ein)fädeln; **~ veg** dem Weg genau folgen
þræla schuften; (*Schule*) büffeln; **~vinna** F Sklavenarbeit *f*; Schufterei *f*
þrældómur M Sklaverei *f*; Schufterei *f*
þrælmenni N (-s, -) Schurke *m*, Schuft *m*
þræta 1 F (-u, -ur) Streit *m*, Zank *m*, Zwist *m* 2 sich streiten *od* zanken; **~ fyrir e-ð** etw bestreiten
þrætu|epli N Zankapfel *m*;

~gjarn rechthaberisch; zanksüchtig
þröng|sýni F Engstirnigkeit *f*; **~sýnn** engstirnig; **~ur** eng; schmal; **~va**: **~ e-m til e-s** j-n zu etw zwingen
þröskuldur M ⟨-s, -ar⟩ Schwelle *f*; *fig* Hindernis *n*
þröstur M ⟨þrastar, þrestir⟩ Drossel *f*
þú du; **~a** duzen; **~ast** sich duzen
þúfa F ⟨-u, -ur⟩ Grashöcker *m*
þulur M ⟨-, -ir⟩ Ansager *m*, (Rundfunk-)Sprecher *m*
þumalfingur M Daumen *m*
þumlungur M ⟨-s, -ar⟩ (*Maß*) Zoll *m*
þunga|iðnaður M Schwerindustrie *f*; **~miðja** F Schwerpunkt *m*
þung|búinn düster, finster; **~bær** drückend; **~i** M ⟨-a, -ar⟩ Bürde *f*; Gewicht *n*; **~lyndi** N ⟨-s⟩ Depression *f*, Schwermut *f*; **~lyndur** schwermütig; **~skilinn** schwer verständlich; **~uð** schwanger; **~ur** schwer; schwierig; **vera þungt haldinn** schwer krank sein; **stynja þungan** tief seufzen; **hvað ertu þungur?** wie viel wiegst du?
þunnur dünn; *fig* dumm
þurfa brauchen, bedürfen
þurr trocken; **~ á manninn** kurz angebunden; **upp úr ~u** plötzlich
þurrka 1 F ⟨-u, -ur⟩ Geschirrtuch *n*, Handtuch *n*; Fön *m*; Scheibenwischer *m*; **þurrka hárið með hárþurrku** fönen 2 (ab)trocknen; **~ af** Staub wischen; **~ upp** aufwischen; (*Geschirr*) abtrocknen
þurrkur M ⟨-s, -ar⟩ trockenes Wetter *n*; Dürre *f*; Trockenheit *f*
þurrviðri N ⟨-s⟩ trockenes Wetter *n*
þúsund tausend; **~kall** M *sl* Tausendkronenschein *m*
þvað|ra faseln, dummes Zeug *n* reden, quatschen; **~ur** N ⟨-s⟩ dummes Zeug *n*, Quatsch *m*
þvag N ⟨-s⟩ Urin *m*, Harn *m*; **~blaðra** F Harnblase *f*
þvalur feucht, feuchtkalt
þveginn gewaschen
þver quer; trotzig; **~haus** M Querkopf *m*; **~mál** N Durchmesser *m*; **~skurður** M Querschnitt *m*; **~stæða** F ⟨-u, -ur⟩ Paradox *n*; **~sum** quer; querüber; **~t** quer; **~ á móti** genau das Gegenteil; **~úðarfullur** widerspenstig
því 1 ADV darum, deshalb; warum 2 KONJ: **~ að** weil, denn; **~ fyrr ~ betra** je früher, desto besser
þving|a zwingen; **~un** F ⟨-unar, -anir⟩ Zwang *m*
þvo waschen; **~ upp** abwaschen, spülen
þvotta|efni N Waschmittel

n; **~fat** N Waschschüssel *f*; **~grind** F Wäscheständer *m*; **~hús** N Wäscherei *f*; Waschküche *f*; **~klemma** F Wäscheklammer *f*; **~vél** F Waschmaschine *f*

þvottur M ‹-s, -ar› Wäsche *f*; Waschen *n*

þvættingur M ‹-s› Unsinn *m*, Quatsch *m*

þýða bedeuten; übersetzen; **~ndi** M ‹-anda, -endur› Übersetzer *m*

þýðing F ‹-ar, -ar› Bedeutung *f*; Übersetzung *f*; **~arlaus** belanglos, unbedeutend; unwichtig; zwecklos; **~armikill** wichtig, von Bedeutung

þýður sanft, mild(e)

þykja (für etw) gelten; (als etw) angesehen *od* betrachtet werden; sich gekränkt fühlen; **~ gaman** sich amüsieren; **~ e-ð gott** etw gern essen, etw mögen; **~ vænt um e-n** j-n gernhaben; **~st**: **~ vera** tun, als ob …

þykkna dicker werden; dichter werden; **það ~r í honum** er wird zornig

þykk|t F ‹-ar, -ir› Dicke *f*; (*Papier*) Stärke *f*; **~ur** dick; (*Papier*) stark

þylja aufsagen; *fig* herunterleiern

þyngd F ‹-ar, -ir› Gewicht *n*; **~arafl** N Schwerkraft *f*; **~arlögmál** N Gravitationsgesetz *n*; **~arpunktur** M Schwerpunkt *m*

þyngja erschweren; **~st** schwerer werden

þynna **1** F ‹-u, -ur› dünne Metallplatte *f*; Blatt *n*; Folie *f* **2** verdünnen

þyrla **1** F ‹-u, -ur› Hubschrauber *m* **2** wirbeln, quirlen

þyrlast V/I (umher)wirbeln

þyrma schonen

þyrnir M ‹-is, -ar› Dorn *m*

þyrnirós F Dornröschen *n*

þyrpast: **~ að** herbeiströmen; **~ saman** sich scharen, zusammenlaufen

þyrsta: **mig þyrstir** ich habe Durst, ich bin durstig

þyrstur durstig

þys M ‹-s› Lärm *m*; Geräusch *n*; (Straßen-)Lärm *m*

þýska F ‹-u› Deutsch *n*

þýskaland N Deutschland *n*

þýsk|umælandi deutsch sprechend; **~ur** deutsch

þytur M ‹-s, -ir› Sausen *n*, Brausen *n*

þæfa walken

þægð F ‹-ar› Gehorsam *m*; Gefallen *m*; **til ~ar** zuliebe

þægi|legheit NPL Liebenswürdigkeit *f*, Freundlichkeit *f*; **~legur** bequem; angenehm; liebenswürdig; **~ndi** NPL Komfort *m*

þægur (*Kind*) artig

þær FPL sie *fpl*

þögn F ‹þagnar› Schweigen

n
þögull schweigsam
þökk F ⟨þakkar, þakkir⟩ Dank *m*; **~ fyrir** danke schön
þörf F ⟨þarfar, þarfir⟩ Bedarf *m*; Bedürfnis *n*
þörungur M ⟨-s, -ar⟩ Alge *f*

Æ

æ! ach!; oh!
æð F ⟨-ar, -ar⟩ Ader *f*
æða rasen; **~bólga** F Venenentzündung *f*; **~hnútur** M Krampfader *f*; **~kölkun** F Arterienverkalkung *f*
æðar|dúnn M Eiderdaunen *pl*; **~fugl** M Eiderente *f*
æðaþrengsli NPL Kreislaufstörung *f*
æði 1 N ⟨-s⟩ Wut *f*; Raserei *f* 2 ADV besonders; ziemlich; **~ góður** ziemlich (*od* ganz) gut
æðis|genginn wütend, rasend, *sl* toll!; **~kast** N Wutanfall *m*; **~legur** sagenhaft
æðrulaus unerschrocken
æfa üben; (*Sport*) trainieren; **~gamall** uralt
æfi F → ævi
æfing F ⟨-ar, -ar⟩ Übung *f*; Training *n*; THEAT Probe *f*
æfur rasend, wütend
ægilegur furchtbar, schrecklich; **það var ægilega gaman** ich habe mich unheimlich gut amüsiert
æla *sl* sich übergeben
æpa schreien; **~ upp yfir sig** aufschreien
ær 1 F (*irr*) Mutterschaf *n* 2 rasend, verrückt
æra 1 F ⟨-u⟩ Ehre *f* 2 wahnsinnig *od* verrückt machen
ær|andi ohrenbetäubend; **~ast** rasend werden
ærlegur ehrlich; ordentlich; tüchtig
ærslafenginn ausgelassen, übermütig
æru|laus ehrlos; **~leysi** N ⟨-s⟩ Ehrlosigkeit *f*; **~verður** ehrwürdig
æsa aufhetzen; erregen; **~ndi** aufregend; spannend
æsi|fregn F Sensation *f*; **~ng** F ⟨-ar, -ar⟩ Aufhetzung *f*; Aufregung *f*
æsk|a F ⟨-u⟩ Jugend *f*; **~ilegur** erwünscht, wünschenswert; **~ja** wünschen
æsku|aldur M Jugendjahre *npl*; Kindheit *f*; **~lýður** M ⟨-s⟩ Jugend *f*; **~vinkona** F Jugendfreundin *f*; **~vinur** M Jugendfreund *m*
æstur aufgeregt
ætíð immer, stets
æti|legur essbar; **~sveppur** M Champignon *m*
ætla wollen, werden; glauben, annehmen; **við ætlum að gera það** wir wollen es tun; **hvert ætlar þú?** wohin willst

du?, wo gehst du hin?; **ég ætla, að hann hafi skilið mig** ich glaube, dass er mich verstanden hat; **ætla sér** beabsichtigen, vorhaben; **~st**: **~ fyrir** beabsichtigen; **~ til e-s** etw erwarten

ætlun F ‹-unar, -anir› Absicht *f*; Vorhaben *n*; Plan *m*

ætt F ‹-ar, -ir› Geschlecht *n*, Familie *f*; **e-ð gengur í ~ir** etw ist erblich; **~armót** N Familienähnlichkeit *f*; Familientreffen *n*

ættar|nafn N Familienname *m*; **~tala** F Ahnentafel *f*, Stammbaum *m*

ætterni N ‹-s› Herkunft *f*; Abstammung *f*

ætt|faðir M Stammvater *m*; **~fólk** N Verwandte *pl*, Verwandtschaft *f*; **~fræði** F Genealogie *f*; **~gengi** N Erblichkeit *f*, Vererbung *f*; **~gengur** erblich; **~ingi** M ‹-ja, -jar› Verwandte(r) *m/f(m)*

ættjarðar|ást F Vaterlandsliebe *f*; **~kvæði** N, **~ljóð** N patriotisches Lied *n*; **~vinur** M Patriot *m*

ætt|jörð F Vaterland *n*; **~leiða** adoptieren; **~leiðing** F ‹-ar, -ar› Adoption *f*; **~liður** M Generation *f*; **~stofn** M Geschlecht *n*, Stamm *m*

ætur essbar

æva|gamall uralt; **~randi** immerwährend, beständig

ævi F *(undekl)* Leben *n*; **~ágrip** N Kurzbiografie *f*; **~atriði** NPL Personalien *pl*; **~ferill** M ‹-s› Lebenslauf *m*; **~minning** F Nachruf *m*; Lebensbeschreibung *f*

ævintýra|bók F Märchenbuch *n*; **~legur** abenteuerlich; **~maður** M Abenteurer *m*; **~skáld** N Märchendichter *m*

ævintýri N ‹-s, -› Abenteuer *n*; Erlebnis *n*; Märchen *n*

ævi|saga F Biografie *f*; **~starf** N Lebenswerk *n*; **~söguritari** M Biograf *m*

æxl|ast sich fortpflanzen; **~i** N ‹-s, -› Geschwulst *f*, Auswuchs *m*; **~un** F ‹-unar, -anir› Fortpflanzung *f*; **~unarfæri** NPL Fortpflanzungsorgane *npl*

öðlast erreichen; bekommen, kriegen

öðli: **frá alda ~** seit Menschengedenken, seit jeher

öðru: **~ hverju, ~ hvoru** hin und wieder, dann und wann, ab und zu; **~ vísi** anders; **allt ~ vísi** ganz anders

öfga|fenginn, ~fullur extrem, fanatisch; **~r** FPL Übertreibung *f*, Extrem *n*; Fanatismus *m*; **~stefna** F Extremismus *m*

öfl|ugur mächtig, stark; **~un** F ⟨-unar, -anir⟩ Anschaffung *f*, Beschaffung *f*

öftrun F ⟨-ar⟩ Verhinderung *f*, Vorbeugung *f*

öfugur rückwärts; verkehrt; falsch; umgekehrt

öfund F ⟨-ar⟩ Neid *m*; **~a** beneiden; **~sjúkur** neidisch; **~sverður** beneidenswert

ögn F ⟨agnar, agnir⟩ Partikel *f*, Teilchen *n*; **upp til agna** mit Haut und Haar(en)

ögr|a herausfordern; **~un** F ⟨-unar, -anir⟩ Herausforderung *f*

ökkl|aliður M Fußgelenk *n*; **~i** M ⟨-a, -ar⟩ Fußknöchel *m*

öku|hraði M Fahrgeschwindigkeit *f*; **~kennari** M Fahrlehrer *m*; **~maður** M Fahrer *m*, Chauffeur *m*; **~próf** Fahrprüfung *f*; **~skírteini** N Führerschein *m*; **~skóli** M Fahrschule *f*

öl N ⟨-s⟩ alkoholfreie Getränke *npl*, Bier *n*

öld F ⟨aldar, aldir⟩ Jahrhundert *n*; **fyrir allar aldir** morgens in aller Frühe

öldóttur wellenförmig; hügelig

öldu|brjótur M Wellenbrecher *m*; **~gangur** M Seegang *m*; **~hryggur** M Wellenkamm *m*; **~lengd** F Wellenlänge *f*

öldung|adeild F Gymnasium *n* für Erwachsene; Senat *m*; **~ur** M Greis *m*

öldustokkur M ⟨-s, -ar⟩ Reling *f*

öl|kelda F ⟨-u, -ur⟩ Mineralquelle *f*; **~kolla** F ⟨-u, -ur⟩ Bierkrug *m*; **~krá** F Bierkeller *m*, Bierstube *f*

ölmus|a F ⟨-u, -ur⟩ Almosen *n*; **~umaður** M Bettler *m*

ölvaður berauscht; betrunken

ölvun F ⟨-ar⟩ Rausch *m*, Trunkenheit *f*

ömurlegur traurig; (*Gedanken*) trübe

önd F **1** ⟨andar, endur⟩ Ente *f* **2** ⟨andar⟩ Seele *f*; **standa á ~inni** keuchen; **varpa ~inni** seufzen; **~un** F ⟨-ar⟩ Atmung *f*; **~vegi** N ⟨-s, -⟩ Ehrenplatz *m*

öng|ull M ⟨-uls, -lar⟩ Angel *f*; Angelhaken *m*; **~þveiti** N ⟨-s⟩ Gedränge *n*; Schwierigkeit *f*

önug|lyndur, ~ur mürrisch, verdrießlich

ör **1** F ⟨-var, -var⟩ Pfeil *m* **2** N ⟨-s, -⟩ Narbe *f* **3** ADJ lebhaft, rasch; freigebig; aufbrausend

ör|birgð F ⟨-ar⟩ Armut *f*, Elend *n*; **~bylgjuofn** M Mikrowellenherd *m*

örðug|leiki M ⟨-ar, -ar⟩ Schwierigkeit *f*; **~ur** schwierig, schwer
öreig|alýður M Proletariat *n*; **~i** M ⟨-a, -ar⟩ Proletarier *m*
örk F ⟨arkar, arkir⟩ (Papier-)Bogen *m*; Arche *f*; **~in hans Nóa** die Arche Noah
örkumlamaður M Invalide *m*
örlaga|gyðja F Schicksalsgöttin *f*; **~þrunginn** schicksalsschwer, verhängnisvoll
ör|látur freigebig; **~læti** N ⟨-s⟩ Freigebigkeit *f*; **~lög** NPL Schicksal *n*; **~magna** erschöpft; **~magnast** verschmachten
örn M ⟨arnar, ernir⟩ Adler *m*
örnefni N ⟨-s, -⟩ Ortsname *m*
örorka F Invalidität *f*, Erwerbsunfähigkeit *f*
ör|sjaldan äußerst selten; **~skjótur** pfeilschnell; **~smár** sehr klein; **~stuttur** sehr kurz; **~ugglega** sicherlich, bestimmt; **~uggur** sicher
örva aufmuntern, ermuntern, ermutigen; **~ndi lyf** *n* Aufputschmittel *n*; **~roddur** M Pfeilspitze *f*; **~sa** altersschwach; gebrechlich
örvhendur, örvhentur linkshändig; **hann er ~** er ist Linkshänder
örviln|aður verzweifelt; **~ast** verzweifeln; **~un** F ⟨-ar⟩ Verzweiflung *f*
örvun F ⟨-ar⟩ Aufmunterung *f*, Ermutigung *f*, Ermunterung *f*; Anregung *f*
örvænt|a verzweifeln; **~ing** F ⟨-ar⟩ Verzweiflung *f*; **~ingarfullur** verzweifelt
öryggi N ⟨-s, -⟩ Sicherheit *f*; ELEK Sicherung *f*; **~sloki** M Sicherheitsventil *n*; **~snæla** F Sicherheitsnadel *f*; **~sráðstöfun** F Sicherheitsmaßnahme *f*
öryrki M ⟨-ja, -jar⟩ Invalide *m*
ös F ⟨-ar, -ar⟩ (*Geschäft*) Gedränge *n*; Andrang *m*
öskra schreien; brüllen
ösku|bakki M Aschenbecher *m*; **~buska** F ⟨-u, -ur⟩ Aschenbrödel *n*; **~dagur** M Aschermittwoch *m*; **~fall** N Aschenregen *m*
öskur M ⟨-s, -⟩ Schrei *m*; Gebrüll *n*
ösku|reiður rasend, wütend; **~tunna** F Mülltonne *f*
ösla waten; plätschern
ösp F ⟨aspar, aspir⟩ Pappel *f*
ötull unternehmend, betriebsam, tätig
öxi F ⟨axar, axir⟩ Axt *f*; Beil *n*
öxl F ⟨axlar, axlir⟩ Schulter *f*; Achsel *f*
öxull M ⟨-uls, -lar⟩ Achse *f*, Welle *f*

Deutsch – Isländisch

A

A (das große ~), **a** *n* (das kleine a); **von ~ bis Z** frá upphafi til enda
Aal M áll *m*
Aas N hræ *n*
ab frá; BAHN, SCHIFF, FLUG: **~ Hamburg** frá Hamborg; burt; **~ und zu** við og við, endrum og eins; **auf und ~** fram og aftur; **von da ~** þaðan af
ab|ändern breyta, laga; **≈art** F afbrigði *n*; **≈bau** M BERGB námugröftur *m*; (*Gebäude*) niðurrif *n*; (*Preis*) lækkun *f*; (*Gehalt*) skerðing *f*, lækkun *f*; (*Arbeiter*) uppsögn *f*; (*Beamte*) fækkun *f*; **~bauen** rífa, taka sundur; segja upp, fækka; BERGB reka, nytja; vinna; *Mechanik*: taka sundur, rífa
ab|bestellen *Zeitung* segja upp; afturkalla; **~biegen** beygja frá, beygja til hliðar; víkja frá; taka á sig bugðu; **~bilden** gera (eftir)mynd af
Abbildung (eftir)myndun *f*; mynd *f*
ab|blenden *Licht* deyfa, hylja að öllu eða nokkru leyti; **~brausen** skola með sturtu
abbrechen brjóta af; **ein Haus ~** rífa hús; *Gespräch* slíta, hætta
ab|brennen brenna til ösku; *Feuerwerk* skjóta upp; **~bringen** koma burt, ná burt, fjarlægja; **j-n von etw ~** hafa e-n ofan af e-u; **~bröckeln** mylja; molna; **≈bruch** M (niður)rif *n*; rof *n*; tjón *n*
abbürsten bursta af
Abc N stafróf *n*
abdrehen snúa burt, víkja til hliðar; *Gas* slökkva; *Wasser* loka fyrir
Abdruck M prófförk *f*; afrit *n*, eftirrit *n*
Abend M kvöld *n*; **gegen ~** undir kvöld; **gestern ~** í gærkveldi; **vorgestern ~** í fyrrakvöld; **heute ~** í kvöld; **morgen ~** annað kvöld; **guten ~** gott kvöld; **am Heiligen ~** á aðfangadagskvöldið; **zu ~ essen** borða kvöldverð
Abend|anzug M samkvæmisklæðnaður *m*; **~brot** N kvöldverður *m*; **~land** N Vesturlönd *npl*
Abendmahl N altarissakramenti *n*; **zum ~ gehen** vera, ganga til altaris
abends á kvöldin; um kvöldið

Abenteu|er N ævintýri *n*; **~rer(in)** M(F) ævintýramaður *m*, ævintýrakona *f*
aber en; **oder ~** eða þá
Aberglaube M hjátrú *f*
Aberkennung F svipting *f*
abfahren aka burt; *Schiff*: sigla burt, fara af stað
Ab|fahrt F burtför *f*, brottsigling *f*; **~fall** M *Müll*: rusl *n*
ab|fällig hallandi; niðrandi; **~fangen** styðja við; ná e-u; **~färben** lita frá sér
abfassen semja
abfertigen afgreiða
abfinden V/T greiða skaðabætur; *v/r* sætta sig (**mit etw** við e-ð)
ab|fliegen fljúga burt, fljúga af stað; **~fließen** renna burt, streyma burt; **2flug** M brottför *f*, flugtak *n*; **2flugzeit** F brottfarartími *m*; **2fluss** M afrennsli *n*
abfragen hlýða yfir
Abfuhr F brottakstur *m*; **~ erteilen** synja um e-ð; neita e-m um e-ð
abführ|en leiða burt; hafa hægðir; HANDEL greiða; **2mittel** N hægðalyf *n*
abfüll|en *Weine* fylla; **2ung** F flöskun *f*
abfüttern fóðra vel; gefa kvöldgjöfina
Abgabe F skil *npl*, afhending *f*; afgjald *n*, skattur *m*
Abgang M burtför *f*, brottför *f*; fráför *f*
Abgase PL útblástur *m*
abgeben skila, afhenda; *Urteil* kveða upp
abgehen fara, *Farbe*: fara af; leggja af stað; seljast; **~ von** HANDEL víkja frá, slaka til
abgelegen afskekktur
Abgeordnet|e(r) M/F(M) þingmaður *m*; **~enhaus** N fulltrúamálstofa *f*; neðri deild
Abgesandte(r) M/F(M) sendimaður *m*, sendiherra *m*
abgeschieden afskekktur; einmana; **2heit** F einvera *f*, fásinni *n*
Abgeschlossenheit F einangrun *f*, einvera *f*
abgesehen (**von**) að slepptu
abge|spannt þreyttur; **2spanntheit** F þreyta *f*, örmagnan *f*; **~standen** daufur, bragðlaus; *Bier*: staðinn; **~tragen** slitinn; **~wöhnen**: **j-m etw ~** venja e-n af e-u
ab|gießen hella úr, hella burt; *Form* steypa
Abglanz M endurskin *n*, ljómi *m*
abgleiten renna niður (ofan)
abgrenz|en takmarka, afmarka; **2ung** F takmörkun *f*; mörk *npl*
Abgrund M djúp *n*, hyldýpi *n*
abhalten *Sitzung* halda, hafa; (*hindern*) aftra, varna; (**von etw**) hindra (**í** e-u)
abhandeln *Preis* þoka niður (verði), þjarka um verð; *Thema* fjalla um

abhandenkommen týnast, glatast
Abhandlung F ritgerð *f*
Abhang M brekka *f*, halli *m*
abhäng|en (**von**) vera háður; **≈igkeit** F ófrelsi *n*
abhärt|en herða, stæla; **≈ung** F herðing *f*, stæling *f*
ab|hauen V/T höggva af; *v/i umg* skunda burt, stinga af; **~heben** V/T taka e-ð af e-u; *Karten* draga; *Telefon* taka (símtólið *n*); *Geld* taka út; *v/i Flugzeug*: taka á loft; *v/r* greinast frá, bera við
abhelfen: **dem ist abzuhelfen** hægt er að bæta úr því, hægt er að ráða bót á því
abhetzen V/R flýta sér; ofreyna sig, ofþreyta sig
Abhilfe F bót *f*, bætur *fpl*
abhobeln hefla af, hefla
abholen sækja (**j-n** e-n)
abholz|en höggva (skóg), ryðja; **≈ung** F skógarhögg *n*
abhören yfirheyra; *Schüler* hlýða (nemanda) yfir; **≈** N yfirheyrsla *f*
Abitur N stúdentspróf *n*; **~ient** M stúdentsefni *n*, stúdent *m*; **~ientin** F stúdentsefni *n*, kvenstúdent *m*
abkaufen kaupa (**j-m etw** e-ð af e-m)
abkommen komast burt, sleppa (við), losna (frá); (*vom Weg*) villast
Abkommen N samningur *m*, samkomulag *n*
ab|kömmlich missanlegur; **≈kömmling** M afkomandi *m*, niðji *m*, *poetisch*: niður *m*
ab|kratzen V/T klóra af; *v/i fig umg* sálast, deyja; **~kühlen** V/T kæla, svala; *v/i* kólna
Abkunft F ætt *f*, uppruni *m*
abkürz|en stytta, minnka; skammstafa; **≈ung** F stytting *f*, minnkun *f*; skammstöfun *f*
abladen afferma, skipa upp; losa, taka af
Ablage F geymslustaður *m*, birgðahús *n*
ablager|n V/T geyma, hafa forða; *v/r* setjast á botninn; **≈ung** F dreggjar *fpl*, sori *m*
ablassen (*überlassen*) láta fá, fá í hendur; *Wasser* láta renna; (*Preis*) slaka til; **von etw ~** sleppa, hætta við; sleppa (**von j-m** e-m)
Ablauf M afrennsli *n*; (*Zeit*) lok *npl*, endir *m*; **≈en** V/I *Wechsel*: falla í gjalddaga; *v/t Schuhe* slíta út; **j-m den Rang ~** verða e-m hlutskarpari
ablegen leggja, setja frá sér; **wollen Sie nicht ~?** viljið þér ekki fara úr yfirhöfninni?
ablehn|en neita, hafna; fella (tillögu); **≈ung** F neitun *f*, höfnun *f*; frávísun *f*
ablenk|en leiða burtu, bægja frá; **≈ung** F brottleiðing *f*; dægrastytting *f*
ableugnen neita, afneita
abliefer|n skila, afhenda; **≈ung** F afhending *f*; **≈ungs-**

frist F afhendingar-, afgreiðslufrestur *m*
ablösen leysa (losa) af; taka við af öðrum
abmach|en *fig* útkljá; *Preis* gera út um, koma sér saman um; **≈ung** F samningur *m*, samkomulag *n*
abmager|n horast; **≈ung** F megrun *f*, hor *m*
Abmarsch M brottganga *f*, brottför *f*
abmelden tilkynna burtför *od* flutning; afpanta
Abmeldeschein M brottfarar-, flutningstilkynning *f*
ab|messen mæla, mæla af; **~montieren** taka sundur; taka af; **~mühen** V/R reyna mjög á sig, gera sér mjög far um; **~mustern** SCHIFF afskrá
Abnahme F minnkun *f*, rýrnun *f*
abnehm|en taka frá, svipta; minnka, þverra; (*Gewicht*) léttast; **≈er(in)** M(F) kaupandi *m*, viðskiptavinur *m*
Abneigung F andúð *f*, óbeit *f*
abnorm óeðlilegur; afbrigðilegur
abnutz|en nota út, þrautslíta; **≈ung** F nýting *f*, slit *n*
Abonn|ement N áskrift *f*; **≈ieren** vera *od* gerast áskrifandi að e-u
Abordnung F sendinefnd *f*
abpassen mæla, hnitmiða; **den rechten Augenblick ~** sitja um rétta augnablikið
Abprall M afturkast *n*; **≈en** hrökkva frá (af), kastast aftur
ab|quälen V/R þræla, strita; **~rasieren** raka af, raka; **~raten** ráða **(j-m von etw)** e-m frá e-u
abräumen rýma burt; **den Tisch ~** taka af borðum
abrechn|en reikna frá, draga frá; gera upp sakir **(mit j-m** við e-n); **≈ung** F frádráttur *m*; reikningsskil *npl*; uppgjör *n*
Abrede F samkomulag *n*, umtal *n*; **etw in ~ stellen** neita e-u
abreib|en núa af; fága; **≈ung** F núningur *m*, fágun *f*; *fig* ákúrur *fpl*
Abreise F burtför, brottför *f*; **≈n** fara (af stað); leggja af stað; **~tag** M brottfarardagur *m*
ab|reißen V/T rífa af, rífa frá; *Haus* rífa; *v/i* losna; slitna; **≈riss** M uppkast *n*; ágrip *n*; **~rücken** flytja burt, færa frá; MIL halda burt, fara burt; fjarlægjast **(von j-m** e-n)
Abruf M HANDEL: **Waren auf ~** fyrirliggjandi varningur; **≈en** kalla burt; kveðja heim
abrunden gera ávalt; jafna
abrüst|en afvopna, draga úr vígbúnaði; **≈ung** F afvopnun *f*; **≈ungskonferenz** F afvopnunarráðstefna *f*

Absage F neitun *f*, afsögn *f*; **≈n** aflýsa; afþakka
absägen saga af; *fig umg* svipta embætti
Absatz M (*Treppe*) pallur *m*; (*Schuh*) hæll *m*; HANDEL sala *f*; (*Text*) greinaskil *npl*; **(neuer) Absatz!** ný lína!; **~gebiet** N sölusvæði *n*, markaður *m*
abschaff|en hætta við; *Gesetz* nema úr gildi; **≈ung** F afnám *n*
abschälen flysja, taka hýði af
abschätz|en meta, virða; **~ig** fyrirlitlegur; **≈ung** F mat *n*
Abschaum M *fig* afhrak *n*, úrhrak *n*
abscheid|en *Chemie*: greina frá; **≈ung** F frágreining *f*
Abscheu M *od* F: **vor etw** (*dat*) **~ haben** hafa viðbjóð á e-u; **≈lich** viðbjóðslegur, andstyggilegur
abschicken senda (burt)
abschieben V/T ýta burt (frá); (*ausweisen*) vísa úr landi
Abschied M skilnaður *m*, kveðja *f*; **zum ~** að skilnaði; **von j-m ~ nehmen** kveðja e-n; **den ~ nehmen** segja af sér (embætti)
abschießen *Gewehr* hleypa af; *Flugzeug* skjóta niður
abschlachten slátra
Abschlag M synjun *f*; HANDEL afsláttur *m*; **auf ~** með afborgun; **≈en** neita, synja
ab|schleifen fága; fægja; slípa; **~schleppen** draga burt
Abschlepp|seil N dráttartaug *f*; **~wagen** M kranabíll *m*
abschließen læsa; *fig* gera út um; ljúka; **mit etw ~** enda á e-u
Abschluss M lok *npl*; **bei ~ der Bücher** við reikningsskilin; **~prüfung** F lokapróf *n*
ab|schmieren *Auto* smyrja; **~schnallen** spenna af sér; **~schneiden** skera af, klippa af; *Gespräch* rjúfa; **gut bei etw ~** takast e-ð vel; komast vel áfram
Abschnitt M grein *f*, kafli *m*; (*Post*) afklippingur *m*
ab|schöpfen veiða ofan af; **~schrägen** skáskera, gera skáhallt; **~schrauben** skrúfa af; **~schrecken** hræða burt, fæla frá; **~schreiben** afrita
Abschrift F afrit *n*
abschüssig snarbrattur, þverhníptur
abschwächen draga úr, rýra
absehen: **das Ende ist nicht abzusehen** óséð er enn, hvernig fer; **abgesehen von** að slepptu
abseits á afviknum stað, út úr; (*Sport*) rangstæður
absend|en senda burt; **≈er(in)** M(F) sendandi *m*
absetzen víkja frá
Absicht F tilgangur *m*, ásetningur *m*, áform *n*; **mit ~** af

ásettu ráði; **in der ~** í þeim tilgangi; **die ~ haben** hafa þann ásetning; **≈lich** vísvitandi, af ásettu ráði

absperr|en girða fyrir, loka; teppa; **≈ung** F lokun *f*; stöðvun *f*

abspielen V/R gerast; eiga sér stað; spila, leika

Absprache F samkomulag *n*; **nach ~** eftir samkomulagi

absprechen neita um, dæma af

ab|springen stökkva af (úr); hrökkva af (frá); **~spülen** þvo upp; SCHIFF ræsta

abstamm|en vera kominn af, eiga kyn sitt að rekja til; **≈ung** F ætterni *n*, kyn *n*

Abstand M fjarlægð *f*; millibil *n*; **von etw ~ nehmen** hætta við, hverfa frá e-u

ab|stauben sópa, þurrka ryk af; **~stechen** V/T *Tier* stinga, slátra; *v/i* stinga í stúf við; **~stehen** vera utan við e-ð; hætta (**von** við); **~steigen** fara af baki; (*Hotel*) fara inn á hótel, gistihús

ab|stellen leggja frá sér; *Maschine* stöðva, stoppa; *Heizung* loka fyrir; **~stempeln** stimpla

Abstieg M niðurleið *f*; *fig* hnignun *f*

abstimm|en greiða atkvæði; **≈ung** F atkvæðagreiðsla *f*

Abstinenzler M bindindismaður *m*, bindindiskona *f*

ab|stoßen *Boot* ýta frá landi; *fig* fæla frá sér; HANDEL selja; **~strahieren** alhæfa; **~streiten** neita, hafa á móti

Abstufung F niðurskipting *f*; blæbrigði *npl*

abstumpfen sljóvga, slæva

Absturz M (*Flugzeug*) hrap *n*

abstürzen hrapa; steypa niður

Abteil N járnbrautarklefi *m*; **≈en** skilja frá, raða; **~ung** F deild *f*; skipting *f*

abtön|en setja blæbrigði í (á) e-ð; **≈ung** F blæbrigði *npl*; litaskipti *npl*

abtragen bera burt, koma burt; *Bau* rífa; *Kleid* slíta

Abtreibung F MED fósturevðing *f*

ab|trennen skilja frá; **~treten** (*vom Amt*) láta af (embætti); **j-m etw ~** láta e-ð af hendi við e-n

Abtritt M afsölun *f*; (*Abort*) salerni *n*

abtrocknen V/T þurrka af; *v/i* þorna

abtrünnig: **~ werden** svíkja, bregðast; **≈e(r)** M/F(M) liðhlaupi *m*

abtun útkljá

ab|urteilen fordæma; dæma af; kveða upp lokadóm (**j-n** um e-n); **~verlangen** krefjast, heimta af; **~wägen** vega; **seine Worte ~** yfirvega mál sitt; **~wandeln** breyta; **~warten** bíða og sjá hvað

setur
abwärts niður, niður á við; *fig*: **es geht ~ mit ihm** það hallar undan fyrir honum; **der Weg führt ~** leiðin liggur niður á við
abwasch|en þvo (af); afmá; **≈wasser** N uppþvottarvatn *n*
Abwässer PL TECH skolp *n*
abwechs|eln breyta til, skiptast á; **~elnd** til skiptis; **≈lung** F tilbreyting *f*, dægrastytting *f*
Abweg M villigata *f*, glapstígur *m*; **auf ~e geraten** lenda á villigötum; **≈ig** rangur, skakkur
Abwehr F vörn *f*, viðnám *n*; **≈en** aftra, varna; **~mittel** N varnarráðstöfun *f*
abweich|en (*vom Thema*) halda sig ekki að efninu; (*verschieden sein*) vera frábrugðinn; **≈ung** F frávik *n*, ósamræmi *n*
abweis|en vísa frá; hafna **≈ung** *f* frávísun *f*; höfnun *f*
abwerfen HANDEL *u. fig* gefa af sér; *Zinsen* skila vöxtum
abwert|en: **Geld ~** lækka gengi; **≈ung** F gengislækkun *f*
abwesen|d fjarverandi, fjarstaddur; **≈heit** F fjarvera *f*
abwickeln vefja utan af; *fig* útkljá
abwischen þurrka af, þerra
abzahlen borga af, greiða afborgun (af)
abzählen telja, telja frá
Abzahlung F afborgun *f*
abzapfen tappa af
abzehr|en V/R veslast upp; **≈ung** F MED tæring *f*
Abzeich|en N merki *n*, einkenni *n*; **≈nen** V/T teikna (eftir fyrirmynd); marka; *v/r* bera skýrt við
abziehen V/T draga af (burt); *Fell* flá; *Schlüssel* taka úr; *v/i* fara burt
abzielen miða (**auf etw** *akk* að e-u,) ætlast til e-s
Abzug M frádráttur *m*; (*Foto*) eftirmynd *f*
abzüglich (*mit gen*) að frádregnum
abzweigen V/T sveigja (greiha) frá; *v/r* kvíslast, greinast
ach! æ!; **ach so!** einmitt það!
Achat M (marglitt) kvarts *n*
Achse F öxull *m*; **~l** F öxl *f*; **mit den ~n zucken** yppta öxlum; **~lhöhle** F armkriki *m*
acht: **heute in ~ Tagen** að viku liðinni, þennan dag í næstu viku
Acht F athygli *f*; **sich in ~ nehmen** vara sig á; **außer ~ lassen** skeyta e-u ekki; (*Ächtung*) útlegð *f*; *Religion*: bannfæring *f*
achtbar virðingarverður
Achtel N áttundi hluti
achten V/T virða; *v/i* gefa gaum, skeyta

ächten gera útlægan
acht|geben gefa gaum, gæta að; **~los** gálaus, skeytingarlaus; **~sam** aðgætinn, varkár
Achtstundentag M átta stunda vinnudagur
Achtung F virðing *f*; **~!** varúð!, takið eftir!
ächzen stynja, kveina; *Gebälk*: braka
Acker M akur *m*; **~bau** M akuryrkja *f*, akurrækt *f*; **~n** plægja
a.D. (außer Dienst) fyrrv. (fyrrverandi)
ADAC M almenni þýski bifreiðaklúbburinn *m*
addieren leggja við, leggja saman
Adel M aðall *m*
Ader F æð *f*
Adjektiv N lýsingarorð *n*
Adler M örn *m*; **~horst** M arnarhreiður *n*
adlig aðalborinn, göfugur
adoptieren ættleiða
Adressat M viðtakandi bréfs
Adressbuch N heimilisfangabók *f*
Adresse F heimilisfang *n*, utanáskrift *f*
adressieren rita utanáskrift á (e-ð)
Advent M adventa *f*; jólafasta *f*
Adverb N atviksorð *n*
Advokat M málfærslumaður *m*
Affäre F ástarsamband *n*, ástarævintýri *n*
Affe M api *m*
Afrika F Afríka *n*
afrikanisch afríkanskur
After M endaþarmsop *n*; rass *m*
AG ABK F → Aktiengesellschaft
Agent(in) M(F) umboðsmaður *m*, erindreki *m*; **~ur** F umboð *n*
aggressiv árásargjarn
aha! einmitt það!
ahnden hegna, refsa
ähneln líkjast
ahnen gruna
Ahnen PL forfeður *mpl*; **~tafel** F ættartala *f*
ähnlich líkur; **~keit** F líking *f*, svipur *m* (**mit j-m** með e-m)
Ahnung F grunur *m*, hugboð *n*; **keine ~!** ég hef ekki hugmynd um það; **~slos** grunlaus
Ahorn M ahorntré *n*; hlynur *m*
Ähre F ax *n*
Aids N eyðni *f*; ónæmistæring *f*
Airbag M loftpúði *m*
Akademi|e F listaskóli *m*; háskóli *m*; vísindafélag *n*; **~ker(in)** M(F) háskólamenntaður maður, háskólaborgari *m*, háskólamenntuð kona *f*
akklimatisieren V/R venjast loftslagi (í öðru landi); *fig* aðlagast breyttum aðstæðum

Akkord M ákvæðisvinna *f*, samningsvinna *f*; **~arbeit** F ákvæðisvinna *f*

Akku(mulator) M rafgeymir *m*

Akkusativ M þolfall *n*

Akrobat M loftfimleikamaður *m*

Akt M verk *n*; THEAT þáttur *m*

Akten FPL málsskjöl *npl*; **~tasche** F skjalataska *f*

Aktien|gesellschaft F hlutafélag *n* (*abk* **h.f**); **~inhaber(in)** M(F) hluthafi *m*

Aktion F *Handlung* verknaður *m*, starf *n*; (*Kampagne*) átak *n*, herferð *f*

aktiv starfsamur; **≈** N germynd *f*

Aktiva PL eignir *fpl*

Aktstudie F stellingarmynd *f*, nektarmynd *f*

aktualisieren uppfæra, dagrétta, núrétta

Akustik F hljómburður *m*; hljómfræði *f*

akut ákafur, bráður, harður

Akzent M áhersla *f*; áherslumerki *n*; hreimur *m*

akzeptieren samþykkja; *Wechsel* samþykkja víxil

Alarm M viðvörunarbjalla *f*; uppþot *n*; **≈ieren** hringja viðvörunarbjöllu; kalla til vopna eða varnar

Albdrücken N martröð *f*

albern heimskulegur, flónslegur; **≈heit** F heimska *f*, flónska *f*

Album N myndaalbúm *n*

Alibi N fjarvistarsönnun *f*

Alkohol M áfengi *n*; vínandi *m*; **≈frei** áfengislaus; **~iker(in)** M(F) alkóhólisti *m*, áfengissjúklingur *m*, ofdrykkjumaður *m*

all allur, allt, allir; **~e** þrotið, búið; **~e vier Tage** fjórða hvern dag; **~e beide** báðir tveir; hvorttveggja: **~es in ~em** samtals; **bei ~dem** þrátt fyrir allt; **vor ~em** um fram allt, framar öllu öðru

All N alheimur *m*, geimur *m*

allbekannt alkunnur

Allee F trjávegur *m*, trjágöng *npl*

allein (al)einn; **nicht ~, sondern auch** ekki aðeins, heldur einnig; **≈berechtigung** F einkaréttindi *npl*; **~stehend** *fig* einstæður, einn út af fyrir sig; **≈verkauf** M einkasala *f*; **≈vertretung** F einkaumboð *n*

aller|dings raunar, reyndar; **~erst**: **zu ~** allra fyrst

Allergie F ofnæmi *n*

aller|hand, ~lei alls konar; **~letzt**: **zu ~** allra síðast; **~meist**: **am ~en** allra mest; oftast; **~seits** úr öllum áttum, allavega; **≈weltskerl** M heljarkarl *m*; *umg* karl í krapinu

alles allt

allgemein almennur; almennt; **im ≈en** yfirleitt;

≗heit F almenningur *m*
Alli|anz F bandalag *n*, samband *n*; **~ierten** PL: **die ~** bandamenn *mpl*
alljährlich á hverju ári
Allmacht F almætti *n*
allmählich smátt og smátt; hægfara
allmonatlich á hverjum mánuði
allseitig alhliða; fjölhæfur
All|tag M virkur dagur; **≗täglich** hversdagslegur; **≗tags** hversdagslega; **≗wöchentlich** á hverri viku
allzu allt of
Almosen N ölmusa *f*
Alpen PL Alpafjöll *npl*; Alpar *mpl*
Alphabet N stafróf *n*
als KONJ þegar; sem; *nach komp* en, (heldur) en; **~ ob** eins og; **sowohl ... ~ auch** bæði og; **nichts ~** ekkert nema
also þannig; því; þá
alt gamall; **~e Leute** *pl* eldri fólk *n*; aldraðir *mpl*
Altar M altari *n*
Altenheim N elliheimili *n*
Alter N aldur *m*; elli *f*; **von ≗s her** frá alda öðli; **≗n** eldast
alternativ öðruvísi, annarskonar
Alter|sgenosse M jafnaldri *m*; **≗sschwach** ellihrumur; **~tum** N fornöld *f*; fornminjar *fpl*; **≗tümlich** forn; fornhelgur
alt|hergebracht arfgenginn; forn; **~modisch** gamaldags; **~nordisch** fornnorænn
Alt|nordisch N fornnorræna *f*; **~weibersommer** M síðsumarþræðir *mpl*
am (*Datum*) hinn; **am 10. (zehnten) August** (hinn) 10. (tíunda) ágúst; **~ besten** best; bestur; **~ Abend** um kvöldið; **~ Rhein** við Rín
Amateur M áhugamaður *m*, leikmaður *m*
Amboss M steðji *m*
ambulan|t göngudeildar-; **≗z** F göngudeild *f*
Ameise F maur *m*; **~nhaufen** M mauraþúfa *f*
Amerika N Bandaríkin *npl*, Ameríka *f*; **~ner(in)** M(F) *sl* Ameríkani *m*, Bandaríkjamaður, Ameríkumaður *m*; **≗nisch** amerískur, bandarískur
Amme F barnfóstra *f*, brjóstmóðir *f*
amortisieren borga (skuld) smátt og smátt
Ampel F götuljós *npl*; ljósker *n*
Ampere N ELEK straummælieining *f*, *sl* amper *n*
Amputation F aflimun *f*
amputieren taka (lim) af
Amsel F svartþröstur *m*
Amt N embætti *n*; opinber skrifstofa; **von ~s wegen** í embættis nafni, samkvæmt embætti; **Auswärtiges ~** utanríkisráðuneyti *n*; **≗ieren**

gegna embætti; **≗lich** embættislegur, embættis-
Amts|antritt M embættisviðtaka *f*; **~bezirk** M hérað *n*, þinghá *f*; **~blatt** N lögbirtingablað *n*; **~gericht** N undirréttur *m*; héraðsdómur *m*; **~richter(in)** M(F) undirdómari *m*, héraðsdómari *m*
amüs|ant skemmtilegur; **~ieren** V/R skemmta sér
an (*mit dat od akk*) við; á; í; til; (*gegen*) um, allt að; **krank ~** veikur af; **Verrat ~** svik við, gegn; **von heute ~** frá deginum í dag
an|bahnen ryðja braut fyrir; undirbúa; **~bändeln** gefa sig að (**mit j-m** e-m)
Anbau M ræktun *f*; *Haus*: viðbótarbygging *f*; **≗en** V/T *Pflanzen* rækta; *Architektur*: byggja við
anbehalten fara ekki úr, taka ekki af sér
anbei hér með, innan í
an|beißen bíta í; *a. fig* renna á agnið; **~beraumen** *Tagung* ákvarða, ákveða
anbeten tilbiðja, dýrka
Anbetracht: **in ~ dessen** vegna þess, með tilliti til þess
anbetreffen snerta, varða
Anbetung dýrkun *f*, tilbeiðsla *f*
an|bieten bjóða; **~binden** binda við, binda fast
Anblick M sjón *f*, sýn *f*; **≗en** líta á
anbrechen: **der Tag bricht an** dagur rennur upp
anbrennen kveikja (í); **Essen ~ lassen** láta mat brenna við
anbringen setja, koma fyrir
Anbruch M (*Tagesanbruch*) afturelding *f*; dagrenning *f*
Anchovis PL *umg* ansjósur *fpl*
An|dacht F guðsþjónusta *f*; guðhræðsla *f*; **≗dächtig** fjálgur, guðræknislegur; *Stimmung*: hátíðlegur
andauern standa yfir, halda áfram; **~d** stöðugur, þrálátur
Andenken N endurminning *f*, minning *f*; **zum ~ an** (*akk*) til minningar um
ander annar; **am ~en Tag** næsta dag, daginn eftir; **unter ~em** (*abk* u.a.) meðal annars (*abk* m. a.); **unter ~en** (*abk* u.a.) meðal annarra (*abk* m. a.)
ander|erseits hins vegar; **~mal**: **ein ~** öðru sinni
ändern breyta
andernfalls að öðrum kosti
anders öðruvísi; **wer ~?** hver annar?; **~wo** annars staðar
anderthalbjährig hálfs annars árs
Änderung F breyting *f*
anderweitig öðruvísi, á annan hátt; annars staðar
andeut|en gefa í skyn; **≗ung** F bending *f*
Andrang M aðstreymi *n*, þyrping *f*; mikil eftirspurn *f*
andrehen snúa, skrúfa; *Heizung* setja á; *Licht* kveikja; *Mo-*

tor setja í gang, ræsa
androhen hóta, ógna
aneign|en V/R tileinka sér (**etw** e-ð); **≈ung** F tileinkun *f*, sérhelgun *f*
aneinander saman; hvor gegn öðrum: **~fügen** skeyta saman; **~geraten** lenda saman
anekeln vekja viðbjóð hjá
Anerbieten N tilboð *n*
anerkenn|en meta; viðurkenna; **~enswert** virðingarverður, lofsverður; **≈ung** F viðurkenning *f*
anfachen blása upp; herða, stæla
anfahr|en aka (á), sigla (á); *fig* vaða upp á með skömmum; **≈t** F heimakstur *m*; aðakstursvegur *m*
Anfall M kast *n*, hviða *f*; árás *f*; **≈en** ráðast á
Anfang M upphaf *n*, byrjun *f*; **≈en** byrja, hefja
Anfänger(in) M(F) byrjandi *m*
anfangs í upphafi, upphaflega; **≈geschwindigkeit** F byrjunarhraði *m*; **≈stadium** N byrjunarstig *n*; **≈unterricht** M byrjendakennsla *f*
anfassen taka á (í), grípa, þrífa í
anfecht|bar rengjanlegur, aðfinnanlegur; **~en** rengja, vefengja; JUR vefengja; **≈ung** F vefenging *f*, mótmæli *npl*
an|feinden sýna fjandskap;
~fertigen búa til, smíða; **~feuchten** væta; **~feuern** kveikja eld; *fig* hvetja; **~flehen** sárbiðja
anforder|n krefjast; **≈ung** F krafa *f*
Anfrage F fyrirspurn *f*; **≈n** spyrjast fyrir
anfreunden V/R gerast góður vinur (**mit j-m** e-s)
anfügen bæta við
anfühlen V/R vera viðkomu
anführ|en ráða fyrir, stjórna; *fig* gabba; **≈ungszeichen** N tilvitnunarmerki *n*
Angabe F frásögn *f*; fyrirmæli *npl*; upplýsingar *fpl*
angeb|en V/T færa í; skýra frá; JUR kæra, segja til; *v/i* (*prahlen*) grobba, raupa; **≈er(in)** M(F) kærandi *m*; *umg* grobbari *m*; raupari *m*; **~lich** að sögn
angeboren meðfæddur
Angebot N tilboð *n*
ange|bracht viðeigandi; **~brannt**: **es riecht ~** það er sviðalykt; **~bunden**: **kurz ~** stuttur í spuna; **~griffen**: **~ aussehen** vera þreytulegur; **~heitert** kenndur, hýr
angehören teljast til; heyra (**j-m** e-m) til
Angehörige M/F: **meine ~n** aðstandendur mínir
Angeklagte(r) M/F(M) akærður *m*, akærði *m*, akærða *f*
Angel F öngull *m*, dorg *f*; *Tür*: löm *f*, hjor *f*

angelegen: **sich** (*dat*) **etw ~ sein lassen** láta sér umhugað um e-ð, láta sig e-ð varða; **2heit** F mál *n*, málefni *n*
Angelhaken M agnhald *n*
angeln veiða, dorga
Angelrute F veiðistöng *f*
angelsächsisch engilsaxneskur
Angelschnur F færi *n*, girni *n*
ange|messen viðeigandi, hæfilegur; **~nehm** viðfelldinn, þægilegur; **~nommen**: **~, dass …** að því til skildu, að; segjum sem svo; **~sehen** virtur, mikils metinn
Angesicht N andlit *n*, ásjóna *f*; **2s** í viðurvist, augliti til auglitis við; með tilliti til
Angestellte(r) M/F(M) embættismaður *m*, starfsmaður *m*; *pl* starfslið *n*
angetrunken drukkinn
ange|wöhnen venja á; **2wohnheit** F vani *m*, ávani *m*
angleichen samlaga, laga eftir
Angler M stangaveiðimaður *m*
angliedern innlima; tengja við
Anglistik F enskunám *n*
angreif|bar aðfinnanlegur; **~en** ráðast á; ráðast í
angrenzen liggja að
Angriff M árás *f*
Angst F hræðsla *f*, kvíði *m*; **~ haben** vera hræddur; **~hase** M hugleysingi *m*, bleyða *f*
ängst|igen V/R vera hræddur (**vor j-m** við e-n); **~lich** kvíðinn; smeykur
Angstschweiß M angistarsviti *m*
anhaben *Kleid* vera í
Anhalt M staðnám *n*; stoð *f*; **2en** stöðva; *Zeit* vara, haldast; **~er** M: *sl* **per ~er fahren** *od* **reisen** *sl* ferðast á þumalfingrinum; **~spunkt** M *fig* átylla *f*; grundvöllur *m*
anhand: **~ von** með aðstoð (*gen*)
Anhang M viðauki *m*, viðbætir *m*
anhäng|en festa við; hengja á, hengja upp; bæta við
Anhänger(in) M(F) fylgismaður *m*
Anhäng|er M (*Wagen*) aukavagn *m*, kerra *f*; **2lich** trúr; **~sel** N viðhengi *n*
anhäuf|en safna, hrúga saman; **2ung** F hrúga *f*, samsafn *n*
anheften festa; festa við
anheim|fallen hverfa aftur til; verða að bráð; **~stellen** láta sjálfráðan um, setja í sjálfsvald *n*
Anhöhe F hæð *f*, hóll *m*
anhör|en hlusta á; heyra á; **2ung** F hlustun *f*
Ankauf M kaup *npl*; **2en** kaupa
Anker M akkeri *n*; **den ~ lich-**

ten létta akkerum; **&n** varpa akkerum, leggjast við akkeri; **~winde** F akkerisvinda *f*
anketten fjötra, binda
Anklage F ásökun *f*, kæra *f*; **&n** kæra; JUR lögsækja (fyrir)
Ankläger(in) M(F) kærandi *m*
Anklang M endurómur *m*; **~ finden** fá góðar undirtektir
ankleid|en klæða, færa í; **&eraum** M búningsherbergi *n*
anklopfen banka, berja
an|knipsen *Licht* kveikja; **~knüpfen** hnýta við; tengja
ankommen koma (til); **es darauf ~ lassen** hætta á það, reyna það
ankündigen tilkynna; kunngera
Ankunft F koma *f*
ankurbeln setja í gang, *sl* starta
Anlage F lagning *f*, gerð *f*; mannvirki *n*; (*Brief*) fylgiskjal *n*; (*Geld*) ráðstöfun *f*; **~ zu etw haben** *fig* hafa hæfileika *od* gáfur til e-s
anlangen koma (til)
Anlass M tilefni *n*; **aus ~** í tilefni af
anlass|en setja í gang, *sl* starta; **&er** M ræsir *m*, *sl* startari *m*
anlässlich í tilefni af
Anlauf M tilhlaup *n*; **&en** *Glas*: falla á, döggva(st)
anlegen V/I lenda, leggja (við land); *v/t Geld* verja í, leggja í; *Kleider* fara í; færa í; **es auf etw** (*akk*) **~** keppa að e-u, ætla sér e-ð
anlehnen V/T *Rad* halla (upp) að; *Tür* halla aftur; *v/r* halla sér (upp að)
Anleihe F lán *n*
anleit|en leiðbeina; **&ung** F leiðbeining *f*
Anliegen N málefni *n*, erindi *n*; beiðni *f*; **&d** (með)fylgjandi, innan í
anmachen festa á; *Feuer* kveikja
anmaß|en V/R dirfast; **~end** hrokafullur, drembinn
anmeld|en skýra frá, tilkynna; **&ung** F tilkynning *f*; (*polizeiliche*) komutilkynning til lögreglunnar
anmerk|en sjá (**j-m etw** e-ð á e-m); **&ung** F athugasemd *f*
Anmut F yndisleiki *m*; **&ig** yndislegur
annähern V/R nálgast; **~d** hér um bil
Annahme F viðtaka *f*; *fig* ætlun *f*; hyggja *f*
annehm|bar aðgengilegur; sennilegur; **~en** taka við, þiggja; (*vermuten*) gruna; **&lichkeit** F þægileiki *m*; þægindi *npl*
Annonce F auglýsing *f*
anomal afbrigðilegur
anonym ónefndur, ónafngreindur
anordn|en ráðstafa; ákveða, fyrirskipa; **&ung** F ráðstöfun

f; fyrirskipun *f*
anpassen V/T máta; laga eftir; *v/r* laga sig eftir, semja sig að
anpeilen miða, miða áttir (við)
anpflanz|en gróðursetja; rækta; **≈ung** F gróðursetning *f*; ræktun *f*
Anprall M árekstur *m*; skellur *m*; **≈en** rekast á
an|preisen hæla, mæla með; **~probieren** máta; **~raten** ráða til (e-s)
anrechnen: **j-m etw hoch ~** meta e-ð mikils við e-n
Anrecht N réttur *m*
Anrede F ávarp *n*; **≈n** ávarpa
anreg|en hvetja, örva; **~end** örvandi; **≈ung** F hvatning *f*, örvun *f*
Anreisetag M komudagur *m*
Anrichte F matgagnaborð *n*; **≈n** bera á borð; valda; gera
Anruf M kall *n*, ákall *n*; TEL upphringing *f*; **~beantworter** M símsvari *m*; **≈en** kalla til, ákalla; TEL hringja til *od* í, síma til
anrühren snerta; *Teig* hræra
Ansage F tilkynning *f*; **≈n** tilkynna; **~r** M (*Radio*) (útvarps)þulur *m*
ansamm|eln safna, hrúga saman; *v/r* safnast saman; **≈lung** F (*Menschen*) mannsöfnuður *m*, (*Dinge*) hrúga *f*
ansässig búsettur
anschaff|en *Geld* útvega; *Möbel* kaupa; **≈ung** F útvegun *f*; innkaup *n*
anschau|en horfa á, líta á; **~lich** greinilegur, skýr; **≈ung** F athugun *f*; álit *n*, skoðun *f*
Anschein M útlit *n*; **dem ~ nach** að því er virðist
Anschlag M ásláttur *m*; (götu)auglýsing *f*; (*Kostenanschlag*) áætlun *f*; (*auf j-n*) launráð *n*, samsæri *n*; **≈en** slá á; festa upp (auglýsingu); **~säule** F auglýsingastaur *m*
anschließen tengja við; bæta við; láta fylgja
Anschluss M viðtenging *f*; sameining *f*; kunningsskapur *m*; BAHN samband *n*
anschnallen spenna á
anschrauben skrúfa á *od* fast
an|schreiben skrifa (upp); skrifa hjá e-m; **≈schrift** F utanáskrift *f*
anschuldigen: **j-n wegen etw ~** kenna e-m um e-ð
anschwell|en þrútna, bólgna; **≈ung** F þrútnun *f*; bólga *f*
anseh|en líta á, virða fyrir sér; álíta, telja; **≈en** N álit *n*; **~nlich** álitlegur; talsverður
ansetzen bæta við; fastsetja, ákveða
Ansicht F skoðun *f*, álit *n*; **zur ~** til athugunar; **~skarte** F (myndar)póstkort *n*; **~ssache** F álitamál *n*
ansied|eln V/R setjast að, taka sér bólfestu; **≈lung** F

búsetning *f*; nýlenda *f*

Ansinnen N tilætlun *f*, krafa *f*

anspann|en: **alle Kräfte ~** neyta allrar orku; *Pferd* spenna fyrir; **≈ung** F áreynsla *f*

anspiel|en: **auf etw** (*akk*) **~** drepa á e-ð, sveigja að e-u; **≈ung** F sneið *f* (**auf etw** til e-s)

anspornen hvetja; *Pferd* keyra sporum

An|sprache F ávarp *n*; **≈sprechen** ávarpa; leita til, snúa sér til

anspringen *Motor*: fara í gang

Anspruch M krafa *f*, tilkall *n*; **≈slos** látlaus; óheimtufrekur; **≈svoll** heimtufrekur, kröfuharður

Anstalt F stofnun *f*

An|stand M látprýði *f*; kurteisi *f*; **≈ständig** siðsam(leg)ur; sæmandi

anstarren stara á

anstatt í staðinn fyrir

ansteck|en næla, festa á; *Kerze* kveikja; MED smita; **~end** smitandi; **≈ung** F MED smitun *f*

an|stehen standa í biðröð; fara vel, sóma sér; **~steigen** rísa; hækka

anstell|en V/T ráða í atvinnu; **etw ~** koma e-u af stað, valda e-u; *v/r* fara að; látast; **≈ung** F veiting *f* (starfs, embættis)

anstift|en *Unheil* valda; *j-n* tæla; **≈er** M hvatamaður *m*, tilstofnandi *m*; **≈ung** F tilstofnun *f*

anstimmen hefja söng, kyrja

Anstoß M árekstur *m*; **~ nehmen** hneykslast (**an** *dat* á); **~ erregen** valda hneyksli; **≈en** hrinda e-m; *mit Gläsern* klingja glösum; skála

anstößig hneykslanlegur

anstreichen mála; strjúka á

Anstreicher M málari *m*

anstreng|en V/R reyna á sig, gera sér far um; **~end** erfiður

Anstrengung F áreynsla *f*, fyrirhöfn *f*

Anstrich M málun *f*; *fig* útlit *n*, blær *m*

Ansturm M áhlaup *n*, árás *f*

Anteil M hluti *m*, hlutdeild *f*; þátttaka *f*; **~ nehmen** taka þátt í; **~nahme** F þátttaka *f*; hluttekning *f*

Antenne F loftnet *n*

Anti|alkoholiker(in) M(F) bindindismaður *m*; vera á móti áfengi; **~babypille** F pillan *f*; **~biotikum** N fúkkalyf *n*

Antiquar M forn(bóka)sali *m*

Antlitz N andlit *n*, ásjóna *f*

Antrag M tillaga *f*; umsókn *f*; **e-n ~ stellen** sækja um; **~steller(in)** M umsækjandi *m/f*

an|treffen hitta; **~treiben** knýja áfram; herða á; **~treten**: **ein Amt ~** taka við

embætti
Antrieb M hvatning *f*; (véla-) orka *f*; **aus eigenem ~** af sjálfsdáðum
Antritt M stigarím *n*, stigaþrep *n*; (*Amtsantritt*) viðtaka *f* embættis
Antwort F svar *n*; **≈en** svara
anvertrauen fela á hendur, trúa fyrir
anwachsen vaxa, aukast
Anwalt M málafærslumaður *m*
anwärmen hita, velgja
An|wärter(in) M(F) umsækjandi *m/f*; frambjóðandi *m/f*; **~wartschaft** F bið *f*, eftirvænting *f*
anweis|en vísa á; ávísa; **≈ung** F fyrirmæli *npl*
anwend|en nota, hagnýta; **≈ung** F notkun *f*, hagnýting *f*
anwesen|d viðstaddur; **≈heit** F viðurvist *f*, návist *f*
anwidern bjóða við; **es widert mich an** mér býður við því
Anwohner(in) M(F) nágranni *m*, nágrannakona *f*
Anzahl F tala *f*; fjöldi *m*
anzahl|en borga fyrstu afborgun; borga af; **≈ung** F fyrsta útborgun; afborgun *f*
anzapfen fá lán hjá; (*Bierfass*) koma fyrir krana á bjórtunnu
Anzeich|en N tákn *n*; merki *n*; **≈nen** teikna á; rita hjá sér
Anzeige F (*Annonce*) auglýsing *f*; (*Bekanntmachung*) tilkynning *f*; (*Anklage*) kæra *f*; **≈n** auglýsa; tilkynna; kæra
anzetteln *fig* stofna til
anzieh|en fara í, klæða(st); toga í; *Preise*: stíga; **~end** aðlaðandi, geðfelldur
Anziehungskraft F aðdráttarafl *n*
Anzug M alfatnaður *m*, herraföt *npl*
an|zünden kveikja í; **~zweifeln** efast um; rengja
Apfel M epli *n*; **~sine** F appelsína *f*
Apotheke F lyfjabúð *f*; **~r(in)** M(F) lyfsali *m*
App F, N IT app *n*
Apparat M áhald *n*, tæki *n*
Appetit M matarlyst *f*; **≈lich** lystugur, girnilegur
Applaus M lófaklapp *n*, lófatak *n*
Aprikose F apríkósa *f*
April M apríl *m*
Aqua|planing N hætta á sleipri akbraut í rigningu; **~rell** N vatnslitamynd *f*
Äquator M miðjarðarlína *f*
Arbeit F vinna *f*; **an die ~ gehen** taka til vinnu; **≈en** (**an** *dat*) vinna (að); **~er(in)** M(F) verkamaður *m*, verkakona *f*; **~erbewegung** F verkalýðshreyfing *f*; **~erschaft** F verkamannastétt *f*; **~geber** M vinnuveitandi *m*
Arbeits|amt N ráðningarstofa *f*; vinnumiðlunarskrifstofa *f*; **≈fähig** vinnufær, starfhæfur; **~leistung** F

vinnuafköst *npl*; **~lohn** M vinnulaun *npl*, kaup *n*; **ꝏlos** atvinnulaus
Arbeits|losenunterstützung F atvinnuleysisstyrkur *m*; **~losigkeit** F atvinnuleysi *n*; **~tag** M vinnudagur *m*; **ꝏunfähig** óvinnufær; **~zeit** F vinnutími *m*
Arche F örk *f*; **die ~ Noah** örkin hans Nóa
Architekt M arkitekt *m*; **~ur** F byggingarlist *f*, arkitektúr *m*
arg slæmur, vondur; hörmulegur
Ärger M gremja *f*; ergelsi *n*; **ꝏlich** gramur; önugur; **ꝏn** V/T skaprauna; ergja; *v/r* sárna, gremjast; **~nis** N hneyksli *n*
Arg|list F undirferli *n od f*; lævísi *f*; **ꝏlos** grunlaus; trúgjarn
Argument N rök *npl*, röksemd *f*
Arg|wohn M grunur *m*; tortryggni *f*; **ꝏwöhnisch** tortrygginn
arm fátækur; vesall
Arm M armur *m*, handleggur *m*; **j-m unter die ~e greifen** *fig* rétta e-m hjálparhönd
Armaturenbrett N mælaborð *n*
Armband N armband *n*; **~uhr** F armbandsúr *n*
Armee F her *m*
Ärmel M ermi *f*; **~kanal** M Ermarsund *n*; **~loch** N handvegur *m*
ärmlich fátæklegur, vesallegur; **ꝏkeit** F fátækt *f*, eymd *f*
armselig fátækur, aumur
Armut F fátækt *f*
Aroma N *(Geruch)* ilmur *m*, lykt *f*; *(Geschmack)* bragð *n*, keimur *m*
arrogant hrokafullur
Arsch M rass *m*
Art F tegund *f*, eðli *n*; háttur *m*
Arterie F slagæð *f*
art|ig kurteis, siðprúður; **ꝏigkeit** F kurteisi *f*, siðprýði *f*
Artikel M grein *f*; GRAM greinir *m*; HANDEL vara *f*, vörutegund *f*
Arz|nei F lyf *n*, læknislyf *n*; **~t** M læknir *m*
Asche F aska *f*; **~nbecher** M öskubakki *m*; **~rmittwoch** M öskudagur(inn) *m*
Asien N Asía *f*
asozial ekki þjóðfélagshæfur
Asphalt M asfalt *n*, malbik *n*
Ast M grein *f*, kvistur *m*
Aster F astra *f*
Astronaut M geimfari *m*
Asyl N hæli *n*, griðastaður *m*; gististaður *m*
Atelier N vinnustofa listamanns
Atem M andardráttur *m*, andi *m*; **~beschwerden** PL öndunarörðugleikar *mpl*; **ꝏlos** lafmóður, á öndinni; **~schutzmaske** F MED gríma *f*
Äther M ljósvaki *m*
Atlantik M Atlandshaf *n*
Atlas M landakortabók *f*, atlas

m
atmen anda, draga andann
Atmosphäre F gufuhvolf *n*, andrúmsloft *n*
Atmung F andardráttur *m*
Atom|bombe F kjarnorkusprengja *f*; **~forschung** F kjarnorkurannsóknir *fpl*; **~kern** M atómkjarni *m*; **~spaltung** F kjarnklofi *m*
Attentat N banatilræði *n*
Attest N vottorð *n*
attraktiv aðlaðandi
auch einnig, líka: **~ nicht** ekki heldur; **wenn ~** þó að
Audienz F áheyrn *f*
auf (*mit dat od akk*) á, ofan á; í; við; **~ die Dauer** þegar til lengdar lætur; **~ etw zu** í áttina til e-s; **bis ~** allt að; nema; *adv* upp; opinn; á fætur; **von klein ~** frá barnsbeini; **~ und ab** fram og aftur
auf|arbeiten ljúka við; *Kleider* gera við, dubba upp; **~atmen** draga andann djúpt; anda léttara
Aufbau M smíð *f*, bygging *f*; viðreisn *f*
aufbekommen *Schularbeit* vera sett fyrir
Aufbesserung F *Gehalt*: launahækkun *f*
auf|bewahren geyma; **~bieten** lýsa með; **~bleiben** vera (áfram) á fótum; **~brechen** brjóta upp; bresta sundur; leggja af stað; **♀bruch** M brottför *f*; **~bügeln** líma með straujárni; **~bürden**: **j-m etw ~** leggja e-m byrði á herðar
aufdecken gera bert, fletta ofan af; *fig* leiða í ljós
aufdringlich áleitinn, nærgöngull
aufeinander hver (hvor) ofan á öðrum; hver á fætur öðrum; **♀folge** F (rétt) röð *f*
Aufenthalt M dvöl *f*, viðstaða *f*; **~sgenehmigung** F dvalarleyfi *n*
auferlegen leggja á herðar
Auferstehung F uppstigning *f*
auffahr|en þjóta upp; aka upp; rekast á; **♀t** F uppakstur *m*; akvegur *m* upp
auffallen vekja athygli, þykja kynlegt; **~d** kynlegur, áberandi
auffangen grípa; *fig* höndla, ná í
auffass|en skilja; **♀ung** F skilningur *m*; álit *n*
auffinden finna
aufforder|n skora á; **♀ung** F áskorun *f*
auffrischen hressa við; rifja upp
aufführ|en THEAT sýna; (*nennen*) nefna; *v/r* hegða sér; **♀ung** F leiksýning *f*; hegðun *f*
auffüllen fylla (upp); ausa
Aufgabe F verkefni *n*; (*Schule*) lexía *f*, verkefni *n*; (*Post*) afhending *f*; (*Geschäft*) slit *npl*,

lokun *f*
Aufgang M uppganga *f*; (*Sonne*) uppkoma *f*
aufgeben hætta við; *Amt* láta af; *Brief* afhenda (til flutnings)
aufgebracht reiður
aufgehen ganga upp; fara í loft upp; *Teig*: þrútna, lyfta sér; *Herz*: opnast, ljúkast upp; *Saat*: spretta, koma upp; *Mond*: koma upp
aufgeklärt upplýstur, menntaður
aufge|räumt kátur, upprifinn; **~regt** æstur; **~weckt** skynugur
aufgießen hella á (í)
auf|halten V/T halda uppi; halda opnu; tefja; *v/r* dveljast, vera; **~hängen** V/T hengja upp; *v/r* hengja sig
aufheben lyfta (upp); taka upp; (*verwahren*) geyma; *Gesetz* afnema, nema úr gildi
auf|heitern V/T gleðja, örva; *v/r* glaðna til, birta upp; glaðna; **~hetzen** *fig* æsa upp; **~horchen** leggja við hlustirnar; bregða; **~hören** hætta; *Regen*: stytta upp
aufklär|en skýra fyrir; fræða; *v/r* birta upp; **&ung** F fræðsla *f*, skýring *f*
auf|kleben líma á, líma upp; **~knöpfen** hneppa upp; **~kochen** láta suðuna koma upp
aufkommen komast á fætur; komast á; **~ für** ábyrgjast
aufladen hlaða
Auflage F skattur *m*; (*Buch*) upplag *n*; skuldbinding *f*
auflass|en skilja eftir opinn; JUR afsala; **&ung** F afsal *n*
Auflauf M uppþot *n*; (*Essen*) ofnréttur *m*; **&en** hlaupa (í loft) upp
aufleben hressast, lifna við aftur
auflegen leggja á; *Waren* leggja fram; *Karten* leggja upp; *Buch* gefa út
auflehn|en V/T *Arme* halla að; *v/r* halla sér að (á); rísa (**gegen** gegn); **&ung** F þrjóska *f*; uppreist *f*, uppreisn *f*
auf|lesen tína upp (saman); **~lockern** losa
auflös|en leysa upp; *Versammlung* slíta, rjúfa; **&ung** F leysing *f*; slit *npl*
aufmachen ljúka upp; opna; *Rechnung* gera upp, semja
aufmerksam athugull; kurteis; **&keit** F athygli *f*, eftirtekt *f*; kurteisi *f*
aufmuntern örva, hvetja
Aufnahme F upptaka *f*; viðtaka *f*; (*Foto*) ljósmynd *f*; **~prüfung** F inntökupróf *n*
aufnehmen taka upp; taka við; *Foto* taka mynd af
aufopfern fórna
auf|passen taka eftir; líta eftir; **~pumpen** dæla upp
auf|raffen V/R taka rögg á sig, herða upp hugann; **~räumen** *Wohnung* taka til; ryðja,

ryðja til; færa í lag; **~rechnen** (**gegen**) gera gagnreikning
aufrecht uppréttur; hnarreistur; **~erhalten** halda uppi, halda við
aufreg|en æsa upp; **≗ung** F geðshræring *f*
auf|reiben slíta; gereyða; **~reihen** raða; þræða á band; **~reißen** rífa upp; rifna; **~reizen** æsa, erta
aufricht|en reisa upp; reisa; *fig* hugga; *v/r* rísa upp, rétta úr sér; **~ig** hreinskilinn; **≗igkeit** F hreinskilni *f*
aufrollen vefja saman; rekja sundur, breiða út
Aufruf M kall *n*; áskorun *f*; **≗en** kalla upp
Auf|ruhr M uppreisn *f*; **~rührer** M uppreisnarmaður *m*
Aufrüstung F vígbúnaður *m*
aufsässig uppreistargjarn, þrjóskur
Aufsatz M ritgerð *f*
auf|saugen sjúga upp; **~schauen** líta upp; **~scheuchen** styggja, fæla á fætur; **~schieben** ýta upp; *Frist* fresta, draga
Aufschlag M uppbrot *n*; *Preis*: verðhækkun *f*; álagning *f*; **≗en** (*auf den Preis*) hækka; *Buch* fletta upp
aufschließen ljúka upp, opna
auf|schneiden skera upp; *fig* raupa, ljúga; **≗schnitt** M (*Brotbelag*) álegg *n*
aufschrecken fæla á fætur
Aufschrei M óp *n*, hróp *n*, kall *n*
auf|schreiben skrifa upp, skrifa hjá sér; **≗schrift** F uppritun *f*, áletrun *f*
Auf|schub M frestur *m*, dráttur *m*; **~schwung** M framför *f*
Aufseh|en N: **~ erregen** vekja athygli; **~er(in)** M(F) umsjónarmaður *m*/*f*, umsjónakona *f*
aufsetzen setja á *od* upp
Aufsicht F umsjón *f*, eftirlit *n*; **~srat** M stjórn *f*; fulltrúaráð *n*
aufspringen stökkva upp; opnast, hrökkva upp; *Haut*: springa
Aufstand M uppreist *f*, uppreisn *f*
auf|stehen *Tür*: standa opinn; (*vom Stuhl*) standa upp; (*aus dem Bett*) fara á fætur; **~stellen** setja upp; raða
Aufstieg M uppganga *f*, flug *n* upp í loftið; *fig* framför *f*
auf|stoßen reka upp; *Essen*: ropa; **~streichen** (*auf Brot*) smyrja; **~suchen** heimsækja, leita uppi; **~tanken** taka eldsneyti *od* bensín; **~tauchen** koma upp *od* fram; **~tauen** þíða; þiðna
Auftrag M erindi *n*; umboð *n*, hlutverk *n*; skipun *f*; pönt-

un *f*; **im ~ j-s** fyrir hönd e-s; **℗en** bera upp; *Kleidung* slíta; *Farbe* bera á; fela (**j-m etw** e-m e-ð); **~geber** M umbjóðandi *m*; umboðsgjafi *m*; **~sbestätigung** F pöntunarstaðfesting *f*; **℗sgemäß** samkvæmt pöntun

auf|treiben reka upp *od* á fætur; *Geld* útvega; **~trennen** spretta upp

auftreten ganga, stíga; koma fram; THEAT leika

Auftreten N framkoma *f*; leikatriði *n*

auf|wachen vakna; **~wachsen** vaxa, alast upp

Aufwand M kostnaður *m*; óhóf *n*; neyting *f*

aufwärmen hita upp

Aufwartefrau F þjónustustúlka *f*

aufwärts upp, upp á við

Aufwartung F þjónusta *f*; **j-m seine ~ machen** heimsækja e-n formlega

aufwaschen þvo upp

auf|wecken vekja; **~weichen** mýkja, bleyta; **~weisen** sýna, leggja fram; **~wenden** eyða, verja; **~werfen** *Frage* kasta fram

aufwert|en *Geld* hækka gengi; **℗ung** F gengishækkun *f*

auf|wickeln rekja sundur; vinda af; **~wiegeln** æsa, eggja til uppreistar; **~wiegen** vega upp á móti; **~wirbeln** þyrla(st) upp; **~wischen** þurrka upp; **~wühlen** róta upp; umhverfa

auf|zählen telja upp; **~zäumen** beisla

aufzeichn|en skrifa upp *od* hjá sér; **℗ung** F athugasemd *f* til minnis; *Fernsehen*: upptaka *f*

auf|ziehen *Uhr* draga upp; *Kind* ala upp; *Pflanze* rækta; *Saite* setja á; *fig* erta, gera gys að; **℗zug** M dráttur *m* upp; *Tracht* klæðaburður *m*, búningur *m*; THEAT þáttur *m*; TECH lyfta *f*

Augapfel M augasteinn *m*; eftirlæti *n*

Auge N auga *n*; **mit bloßem ~** með berum augum; **aus den ~n verlieren** missa sjónar á; **~narzt** M augnlæknir *m*; **℗nblicklich** tafarlaust; **~nbraue** F augabrún *f*; **~nentzündung** F augnabólga *f*; **~nlicht** N sjón *f*; **~nlid** N augnalok *n*; **℗nscheinlich** augsýnilegur; augsýnilega; **~nzeuge** M sjónarvottur *m*

August M ágúst *m*

Auktion F uppboð *n*

aus (*mit dat*) PRÄP úr; út úr; frá; af; *adv* út; úti; á enda, liðinn

ausatmen anda frá sér

Ausbau M viðbygging *f*; *fig* viðbót *f*

ausbedingen V/R setja skilyrði

ausbesser|n gera við, bæta; **≈ung** F viðgerð *f*
Ausbeut|e F arður *m*, ábati *m*; **≈en** hagnýta; féfletta
aus|bilden mennta; **~bitten** V/R biðja (**etw**) um e-ð **~bleiben** koma ekki; bregðast
Ausblick M útsýn *f*
ausbrechen V/T brjóta af *od* úr; *v/i* brjótast út; skella á
ausbreit|en breiða út; dreifa; **≈ung** F útbreiðsla *f*; dreifing *f*
Ausbruch M flótti *m*; upphaf *n*
aus|brüten unga út; *Plan* brugga; **~bürsten** bursta úr
Ausdauer F þol *n*, þolgæði *n*; **≈nd** þolgóður, þolinn
ausdehn|en teygja, þenja; **≈ung** F víðátta *f*; stækkun *f*, útþensla *f*
aus|denken hugsa upp, hugsa sér; **~deuten** útskýra; **~drehen** *Gasflamme* snúa fyrir, slökkva, *sl* skrúfa fyrir
Ausdruck M orð *n*; (*Gesicht*) svipur *m*
ausdrück|en láta í ljós; *v/r* tala, komast að orði; **~lich** skýr, ótvíræður
ausdrucks|los sviplítill; **~voll** skýr, svipmikill; **≈weise** F orðbragð *n*, orðfæri *n*
auseinander hver (hvor) frá öðrum; í sundur; **~fallen** fara í sundur, brotna; **~gehen** skiljast; **~nehmen** taka í sundur
auseinandersetz|en gera grein fyrir; **≈ung** F skýring *f*; deila *f*
auser|lesen ágætur, úrvals-; **~sehen, ~wählen** velja (úr)
Ausfahrt F ökuferð *f*; (*Tor*) hlið *n*
ausfallen detta (út) úr; *Unterricht*: falla niður; **~ lassen** láta falla niður; **~d** móðgandi
ausfegen sópa, sópa út
ausfertig|en útbúa; semja; **≈ung** F afgreiðsla *f*; eintak *n*
ausfindig: **~ machen** komast að, komast á snoðir um
Ausflucht F undanbrögð *npl*, fyrirsláttur *m*
Ausflug M skemmtiferð *f*; **~sziel** N áfangastaður *m* fyrir stutta skemmtiferð
Ausfluss M útrennsli *n*; afrennsli *n*
aus|forschen grennslast eftir; **~fragen** þráspyrja, spyrja spjörunum úr
Ausfuhr F útflutningur *m*; útfluttar vörur
ausführ|bar útflytjanlegur; gerlegur; **~en** flytja út; framkvæma; **~lich** ítarlegur; **≈ung** F framkvæmd *f*
Ausfuhr|verbot N útflutningsbann *n*; **~zoll** M útflutningstollur *m*
ausfüllen fylla (út), (*s-n Platz*) skipa
Ausgabe F afhending *f*; útgjöld *npl*; (*Buch*) útgáfa *f*; *Fahrkarten*: afhendingarstaður *m*

Ausgang M útganga *f*; útgangur *m*, dyr *fpl*; **~sbeschränkung** F útgöngutakmarkanir *fpl*
ausgeben afhenda; *Geld* eyða; **sich ~ für** segjast vera e-r
ausgebucht fullbókaður, uppbókaður
ausgedehnt umfangsmikill
ausgehen ganga út; enda; *Licht*: slokkna; **leer ~** fara tómhendur (burt)
ausge|kocht *fig* slægur, slunginn; **~lassen** kátur, gáskafullur; **~nommen** að undanskildum, nema; **~rechnet** einmitt; **~sprochen** greinilegur, skýr; **~sucht** frábær, úrvals-; **~zeichnet** ágætur
ausgiebig arðsamur; ríkulegur
ausgießen hella út (úr); úthella
ausgleichen jafna; greiða; *fig* sætta
ausgleiten skrika fótur, renna til
ausgrab|en grafa upp; grafa innan úr; **&ung** F gröftur *m*, uppgröftur *m*
Aus|guck M útsjón *f*; varðberg *n*; **~guss** M skólp *n*; skólpþró *f*
aus|halten þola, standast; **~händigen** skila, afhenda; **~harren** gefast ekki upp; þrauka; **~heben** *Graben* grafa; MIL bjóða út; **~helfen** hjálpa úr vandræðum
Aushilf|e F hjálp *f*, úrræði *npl*; **~spersonal** N aukastarfslið *n*; **&sweise** til bráðabirgða; til vara
ausholen sækja út; *fig* **zum Schlag ~** reiða til höggs; **weit ~** seilast langt aftur í tímann, hafa langan formála
aus|horchen snuðra uppi; **~kehren** sópa (e-u) út; **~kennen** V/R þekkja sig, átta sig, þekkja e-ð til hlítar
Ausklang M lokatónn *m*; *fig* endir *m*
auskleiden færa úr fötum, hátta
ausklopfen berja úr
ausklügeln komast að, finna með heilabrotum
auskommen koma út; komast af
Auskommen N afkoma *f*
auskömmlich nægilegur
aus|kratzen skafa út; *fig* forða sér; **~kundschaften** njósna um, komast að (með njósnum)
Auskunft F upplýsing *f*; **~sbüro** N upplýsingaskrifstofa *f*
aus|lachen hlæja að; **~laden** afferma
Auslag|e F gluggaútstilling *f*; **~en** PL (*Geld*) kostnaður *m*, útgjöld *npl*
Aus|land N útlönd *npl*; **~länder(in)** M(F) útlendingur *m*; **&ländisch** útlendur, erlend-

ur; **~landsaufenthalt** M utanlandsdvöl *f*; **~landsgespräch** N símtal *n* til útlanda; **~landskorrespondent** M fréttaritari *m* erlendis; **~landsschutzbrief** M bílaferðatrygging *f*
auslassen fella úr, sleppa; *Fett* bræða
aus|laufen hlaupa út; renna út; **~leeren** tæma
ausleg|en hafa til sýnis; skýra; greiða í svipinn; **≈ung** F sýning *f*; skýring *f*, túlkun *f*
ausleihen leigja (út); lána
Ausles|e F úrval *n*; úrvals varningur; (*Wein*) hágæðavín *n*; **≈en** velja úr; *Buch* lesa til enda
aus|liefern afhenda; **≈lieferung** F (*Ware*) afhending *f*; (*Person*) framsal *n*; **~löschen** slökkva; afmá; *v/i* slokkna; **~losen** velja með hlutkesti; **~lösen** kaupa lausan; leysa út
aus|machen útkljá, ákveða; *Licht* slökkva; *fig* **das macht nichts aus** það gerir ekkert til; **~malen** útmála
Ausmaß N ummál *n*, yfirgrip *n*
aus|merzen uppræta, nema burt; **~messen** mæla út
Ausnahm|e F undantekning *f*; **≈slos** undantekningarlaus; **≈sweise** sem undantekning, örsjaldan
aus|packen taka upp *od* úr; leysa utan af; **~plaudern** kjafta frá; **~polstern** troða út, fylla; **~pressen** kreista úr *od* út; kúga út úr; **~probieren** þrautreyna; prófa
Auspuff M (*Motor*) útblástur *m*; **~rohr** N útblásturspípa *f*; **~topf** M hljóðdempari *m*
aus|radieren stroka út; **~rauben** ræna; **~rechnen** reikna (út)
Ausrede F fyrirsláttur *m*; **≈n** ljúka máli sínu; **j-m etw ~** telja e-n af e-u
ausreich|en nægja; **~end** nægilegur
Ausreise F brottför *f*; (*ins Ausland*) för úr landi; **~erlaubnis** F fararleyfi *n* úr landi; **≈n** fara úr landi
ausreißen rífa úr *od* upp; strjúka
aus|renken snúa úr liði, skekkja í liði; **~richten** annast, framkvæma
ausrotten uppræta; eyða
Ausruf M hróp *n*, kall *n*; **≈en** hrópa upp, kalla; **~ezeichen** N upphrópunarmerki *n*
aus|ruhen hvíla sig; **~rupfen** reyta (rífa) upp
ausrüst|en útbúa, búa út; **≈ung** F útbúnaður *m*
ausrutschen renna, skrika fótur
Aus|saat F útsæði *n*; sáning *f*; **≈säen** sá, dreifa
Aussag|e F JUR framburður fyrir dómi; **≈en** segja; JUR

bera vitni
aus|saugen sjúga úr; **~schalten** taka úr sambandi; rjúfa rafstraum; útiloka
Ausschank M veiting *f*; veitingaborð *n*
ausscheid|en V/I fara frá *od* úr; *v/t* greina sundur; gefa frá sér; **&ung** F frágreining *f*; MED útrennsli *n*; **&ungskampf** M forkeppni *f*
aus|schicken senda út; senda (**nach j-m** eftir e-m); **~schiffen** skipa upp, flytja á land; **~schlafen** (*a.* V/R) sofa út
Ausschlag M útbrot *npl*; **&en** slá, slá úr; *Angebot* hafna; **&gebend** sem ræður úrslitum, mikilvægur
ausschließ|en loka úti; útiloka; **~lich** eingöngu, aðeins
Ausschluss M útilokun *f*; burtrekstur *m*
ausschneiden klippa út
Aus|schnitt M útdráttur *m*; úrklippa *f*; **~schreitung** F afbrot *n*, lögbrot *n*; **~schuss** M nefnd *f*
ausschütten hella út *od* úr; *Dividende* borga út
ausschweifend svallsamur, gjálífur
Ausschweifung F svall *n*, slark *n*
aussehen líta út, vera útlits
Aussehen N útlit *n*
außen úti, utan á, að utan; **von ~** utan að, að utan; **nach ~** út á við; **&bordmotor** M utanborðsmótor *m*; **&handel** M utanríkisverslun *f*; **&minister(in)** M(F) utanríkisráðherra *m*; **&politik** F utanríkis(stjórn)mál *n*; **&seite** F úthlið *f*, ytri hlið; **&seiter** M vera utanveltu; **&stände** PL ógreiddar skuldir; **&welt** F umheimur *m*
außer fyrir utan, úti fyrir; auk, nema; **~ sich** (*vor Freude*) frá sér numinn; (*vor Wut*) tapa sér
äußer- útverður, ytri
außer|dem auk þess; **~ehelich** óskilgetinn; **~gewöhnlich** óvenjulegur; **~halb** fyrir utan, úti fyrir
äußerlich ytri, útvortis; **&keit** F ytra útlit, yfirborð *n*
äußern segja, láta í ljós
außerordentlich óvenjulegur; frábær
äußerst ákaflega, mjög
außerstande: **~ sein** geta ekki
Äußerung F orð *n*, ummæli *npl*
aussetzen setja út; *Zahlung* fresta; *v/i Motor*: stöðvast; **sich e-r Gefahr ~** stofna sér í hættu; **etw auszusetzen haben** finna að e-u
Aussicht F útsýni *n*; (*-Aussichten*) útlit *n*, horfur *fpl*
aussöhnen sætta; friða; *v/r* sættast
ausspann|en þenja út; *Wagen* spenna frá; (*von der Ar-*

beit) hvíla sig, taka sér frí; **≈ung** F þensla *f*; hvíld *f*
aussperr|en glenna út; útiloka; **≈ung** F útilokun *f*; vinnuteppa *f*, verkbann *n*
ausspielen spila *od* leika á enda; *Karte* spila út
Aus|sprache F framburður *m*; ummæli *npl*; **≈sprechen** V/T bera fram; *v/r* láta uppi álit sitt (**über etw** *akk* á e-u); **~spruch** M tilvitnun *f*
aus|spucken spýta út úr sér; **~spülen** hella út; *Glas* skola
Ausstand M ó(inn)heimt skuld; verkfall *n*
ausstatt|en búa út; gera að heiman; **≈ung** F útbúnaður *m*; heimanfylgja *f*
aus|stehen *(fehlen)* vanta; þola; **~steigen** stíga út úr bíl *od* strætisvagni
ausstell|en hafa til sýnis; *Wechsel* gefa út; **≈ung** F útstilling *f*; útgáfa *f* (víxils)
aussterben deyja út
Aussteuer F heimanfylgja *f*
aus|strahlen geisla; **~strecken** breiða út; teygja; **~streichen** strika út; **~suchen** velja úr
Austausch M skipti *npl*
austeilen skipta; úthluta
Auster F ostra *f*
austragen bera út *od* burt; útkljá; *Kind* fæða
aus|treten V/T *Treppe* slíta; *Schuhe* skæla; *v/i (aus e-m Verein)* segja sig úr; **≈tritt** M uppsögn *f*
aus|trocknen þurrka (upp); þorna upp; **~üben** iðka, stunda
Ausverkauf M útsala *f*
Aus|wahl F úrval *n*; **≈wählen** velja úr
Auswander|er M sá sem flyst út; **≈n** flytjast úr landi
auswärtig utanbæjar; erlendur; **≈es Amt** utanríkisráðuneyti *n*
auswärts úti; út á við; utanbæjar
auswechseln skipta um
Ausweg M úrræði *n*, ráð *n*
ausweichen víkja undan; víkja úr vegi
Ausweis M skilríki *n*; **≈en** gera landrækan; *v/r* sanna nafn sitt; **~kontrolle** F vegabréfaskoðun *f*, skilríkiseftirlit *n*; **~papiere** NPL skilríki *npl*, *(Pass)* vegabréf *n*
ausweiten (*a.* V/R) víkka út
auswendig utanbókar
aus|werten nota til hlítar; **~wickeln** rekja úr, taka úr umbúðum; **~wirken** V/R koma til leiðar; **~wischen** þurrka (burt); afmá
auszahl|en greiða, borga út; **≈ung** F útborgun *f*
auszeichn|en hafa í hávegum; *Waren* verðmerkja; *v/r* skara fram úr; **≈ung** F hrós *n*, orða *f*
ausziehen V/T draga út *od* úr; *Kleider* fara úr; *(aus einer Woh-*

nung) fara burt; flytjast búferlum
Auszubildende(r) M/F(M) nemi *m* , lærlingur *m*
Auszug M brottför *f*; (*Buch etc.*) ágrip *n*; útdráttur *m*
Auto N bíll *m*, bifreið *f*; **~ fahren** keyra bíl; **~bahn** F hraðbraut *f*; **~ersatzteil** N varahlutur *m*; **~fähre** F bílferja *f*; **~fahrer(in)** M(F) bílstjóri *m*; **~gramm** N eiginhandar áritun *f*; **~händler(in)** M(F) bílasali *m/f*; **~mat** M sjálfsali *m* **~matik** *f* sjálfvirkni *f*; **~matikschaltung** F sjálfskipting *f*; **≗matisch** sjálfvirkur
Autor M (rit)höfundur *m*
Auto|reifen M bíldekk *n*; **~reisezug** M járnbrautarlest sem tekur bíla; **~schlüssel** M bíllykill *m*; **~unfall** M bílsslys *n*; **~verleih** M, **~vermietung** F bílaleiga *f*
Axt F öxi *f*

B

Baby N ungbarn *n*; kornabarn *n*
Bach M lækur *m*; **~stelze** F máríuerla *f*
Backbord N SCHIFF bakborði *m*
Backe F kinn *f*, vangi *m*
backen baka
Backenzahn M jaxl *m*
Bäcker|(in) M(F) bakari *m*; **~ei** F bakarí *n*
Back|ofen M bakaraofn *m*; **~stein** M tígulsteinn *m*; **~ware** F, **~werk** N sætabrauð *n*
Bad N bað *n*; baðstaður *m*
Bade|anstalt F sundlaug *f*; **~anzug** M baðföt *npl*; sundbolur *m*; **~gast** M baðgestur *m*; **~hose** F sundskýla *f*; **~kappe** F sundhetta *f*; **~mantel** M sloppur *m*; **~meister** M sundvörður *m*, baðvörður *m*; **≗n** baða; *v/r* baða sig; **~ort** M baðstaður *m*; **~tuch** N baðhandklæði *n*; **~wanne** F baðker *n*
BAföG N námslán *n* (í Þýskalandi)
Bagger M (leðja-) grafa *f*; **≗n** dæla upp leðju
Bahn F braut *f*; (*Eisenbahn*) járnbraut *f*; *Stoff*: breidd *f* (efni); **≗brechend** brautryðjandi; **~brecher** M brautryðjandi *m*, frumherji *m*; **~hof** M járnbrautarstöð *f*; **~steig** M brautarpallur *m*
Bahre F börur *fpl*; líkbörur *fpl*
Bakterie F sýkill *m*; gerill *m*, baktería *f*
bald brátt, bráðum; (*fast*) *umg* nærri; **~möglichst** eins fljótt og unnt er
Baldrian M garðabrúða *f*

Balken M bjálki *m*, biti *m*
Balkon M svalir *fpl*
Ball M bolti *m*, knöttur *m*; (*Tanzfest*) dansleikur *m*, ball *n*
Ballast M kjölfesta *f*
ballen: **die Faust ~** kreppa hnefann
Ballen M (vöru)balli *m*, vörubaggi *m*
Ballett N ballett *m*
Ballon M loftbelgur *m*, flugbelgur *m*
Banane F banani *m*
Band 1 N band *n*; *fig* hlekkur *m*; *fig* **am laufenden ~** (*ohne Unterbrechung*) stanslaus(t); (*ständig*) stöðugt 2 M (*Buch*) bindi *n*
Bande F óaldarflokkur *m*
bändigen temja
bang(e) hræddur, kvíðinn
Bank F (*Sitzbank*) bekkur *m*; **durch die ~** hver sem er, undantekningarlaust; HANDEL banki *m*; **~automat** M hraðbanki *m*; **~beamte** M bankastarfsmaður *m*; **~konto** N bankareikningur *m*; **~note** F bankaseðill *m*
Bankrott M gjaldþrot *n*; **~ machen** verða gjaldþrota
Bann M bannfæring *f*; töfrar *mpl*; **≗en** bannfæra; töfra, heilla; *Geister* særa fram
bar í reiðufé, út í hönd
Bär M björn *m*, bjarndýr *n*; **j-m e-n ~en aufbinden** telja e-m trú um e-ð, pretta e-n
barfuß berfættur
Bargeld N reiðufé *n*
barmherzig miskunnsamur; **≗keit** F miskunnsemi *f*
Barometer N loftvog *f*
barsch ADJ byrstur
Barsch M aborri *m*
Bart M skegg *n*; *Schlüssel*: lykilskegg *n*
Barzahlung F borgun *f* út í hönd; staðgreiðsla *f*
Basis F grundvöllur *m*; undirstaða *f*
Bass M bassi *m*
basteln dunda við; föndra
Bastler M dútlari *m*
Batterie F ELEK rafhlaða *f*
Bau M smíðar *fpl*; bygging *f*; **~art** F húsagerðarlag *n*, stíll *m*
Bauch M kviður *m*, magi *m*; **~schmerzen** MPL magapína *f*; **~weh** N magaverkir *mpl*; **~ haben** vera illt í maganum
bauen smíða, byggja
Bauer M bóndi *m*
Bäuerin F bóndakona *f*
bäuerlich sveitalegur
Bauernhof M bóndabær *m*
bau|fällig hrörlegur; **≗gerüst** N vinnupallur *m*; **≗gesellschaft** F byggingafélag *n*; **≗holz** N smíðaviður *m*; **≗kosten** PL byggingarkostnaður *m*
Baum M tré *n*
baumeln dingla; róla sér
Baum|schule F trjáreitur *m*, gróðrarstöð *f*; **~stamm** M trjábolur *m*

Baumwolle F bómull *f*, baðmull *f*
Bau|stelle F hús *n* í smíðum, byggingarstaður *m*; **~werk** N bygging *f*; mannvirki *n*
Bazillus M sóttkveikja *f*
beabsichtigen hafa í hyggju, ætla
beacht|en gefa gaum; **~lich** talsverður; **≗ung** F athygli *f*, gaumur *m*
Beamt|e M embættismaður *m*, starfsmaður *m*; **~in** F embættiskona *f*
beängstigend kvíðvænlegur
beanspruchen krefjast, heimta
beanstand|en andmæla; neita; **≗ung** F andmæli *npl*, mótmæli *npl*
beantragen leggja til; sækja um
beantworten svara
bearbeiten útbúa; búa til; (*restaurieren*) gera upp
beauf|sichtigen hafa umsjón með; **~tragen**: **j-n mit etw ~** fela e-m e-ð
bebauen byggja; rækta
beben skjálfa, titra
Becher M bikar *m*, staup *n*
Becken N þvottaskál *f*; ANAT mjaðmagrind *f*
bedächtig aðgætinn, gætinn
bedanken V/R þakka fyrir sig; (*ironisch*) afþakka
Bedarf M þörf *f*, þarfir *pl*
Bedarfsfall M: **im ~** ef nauðsyn krefur
bedauer|lich hörmulegur; **~n** harma, þykja leitt; **j-n ~** sjá aumur á e-m
Bedauern N harmatölur *fpl*; leiðindi *npl*
bedeck|en þekja, hylja; **~t**: **~er Himmel** skýjaður himinn
bedenken íhuga, hugleiða
Bedenken PL íhugun *f*; efasemdir *fpl*
bedeut|en þýða, merkja; **~end** talsverður; mikilvægur; **≗ung** F þýðing *f*, merking *f*; mikilvægi *n*
bedien|en þjóna til borðs; (*Amt*) gegna; **bitte, ~ Sie sich** gerið svo vel (að taka til matar); **≗ung** F þjónusta *f*; afgreiðsla *f*
Bedingung F skilyrði *n*; **≗slos** skilyrðislaus
bedräng|en þjaka, kvelja; **≗nis** F andstreymi *n*, þrenging *f*
bedroh|en ógna; **≗ung** F ógnun *f*, hótun *f*
bedrücken þjaka
Bedürfnis N þörf *f*, þarfir *fpl*
Beefsteak N nautabauti *m*
be|eiden sverja; **~eilen** V/R flýta sér
beeindrucken hafa áhrif á, hrífa
beeinfluss|en hafa áhrif á, móta; **≗ung** F áhrif *npl*
beeinträchtigen gera baga, spilla, rýra, skerða
beendig|en enda, ljúka; **≗ung** F endir *m*, lyktir *fpl*

be|engen þrengja (að); takmarka; **~erben** erfa (e-n)
beerdig|en jarða, greftra; **≗ung** F jarðarför *f*, greftrun *f*
Beere F ber *n*
Beet N beð *n*, reitur *m*
befähig|en gera hæfan; **~t** hæfur, fær; **≗ung** F hæfileiki *m*, dugnaður *m*
be|fallen *Furcht*: grípa; *Krankheit*: taka, verða fyrir; **~fangen** feiminn, þvingaður; **~fassen** V/R (**mit etw**) fást við e-ð
Befehl M skipun *f*; fyrirmæli *npl*; **≗en** skipa; **~shaber** M stjórnandi *m*, foringi *m*
befestig|en festa; víggirða; **≗ung** F festing *f*; víggirðing *f*
befeuchten væta
befinden álíta, telja; **für gut ~** telja gott; *v/r* líða (vel *od* illa)
Befinden N álit *n*; líðan *f*
Beflaggung F flöggun *f*
befleißigen V/R gera sér far um
beflissen ákafur; **≗heit** F kapp *n*, ástundun *f*
befolgen fara eftir, hlýða
beförder|n flytja; *Beamte* veita hærra embætti; **≗ung** F flutningur *m*; hækkun *f* í tign
befragen spyrja
befrei|en (**aus**) frelsa (úr); **~** (**von**) leysa (undan); **≗er(in)** M(F) bjargvættur *m*
befremden furða, koma á óvart; **~d** kynlegur, óvæntur
befreunden V/R vingast (**mit j-m** við e-n)
befriedig|en fullnægja; gera ánægðan; **≗ung** F fullnæging *f*; ánægja *f*
befrucht|en frjóvga; **≗ung** F frjóvgun *f*
Befugnis F heimild *f*; réttur *m*; réttmæti *n*
Befund M ásigkomulag *n*; álitsgerð *f*; MED sjúkdómsgreining *f*
befürchten óttast
befürworten mæla með, styðja
begab|t gáfaður; **≗ung** F gáfur *fpl*; gáfa *f*; hæfileiki *m*
begeben V/R fara; *Ereignis*: koma fyrir; gerast
begegn|en mæta; *fig* koma fyrir, henda; **≗ung** F mót *n*, fundur *m*
begehen fremja; *Geburtstag* halda hátíðlegan
begehren girnast; krefjast
Begehren N ósk *f*; krafa *f*
begehrenswert eftirsóknarverður
begeister|n hrífa, heilla; **~t** hrifinn; **≗ung** F hrifning *f*
Begier|de F græðgi *f*; ástríða *f*; **≗ig** gráðugur, sólginn
begießen væta, vökva
Beginn M byrjun *f*, upphaf *n*; **≗en** byrja, byrja á
beglaubig|en votta, staðfesta; **≗ung** F vottun *f*, stað-

festing *f*
begleichen jafna, eyða; *Rechnung* borga
begleit|en verða samferða; fylgja; **≗er(in)** M(F) fylgdarmaður *m*, fylgdarkona *f*; **≗ung** F samfylgd *f*, fylgd; (*Musik*) undirleikur *m*
beglückwünschen óska til hamingju; (**zu etw** með e-ð)
begnadig|en náða; **≗ung** F náðun *f*
begnügen V/R (**mit etw**) láta sér (e-ð) nægja
Begräbnis N greftrun *f*, jarðarför *f*
begreif|en skilja; **~lich**: **~ machen** koma í skilning um e-ð
begrenz|en takmarka; **≗ung** F takmörkun *f*
Begriff M hugtak *n*; skilningur *m*; hugmynd *f*
begründ|en grundvalla; rökstyðja; **≗er** M stofnandi *m*; **≗ung** F stofnsetning *f*; rökstuðningur *m*
begrüß|en heilsa; fagna (**etw** e-u); **≗ung** F kveðjuorð *npl*; heilsun *f*
begünstig|en vera hliðhollur; styðja; **≗ung** F hliðhollusta *f*, ívilnun *f*; stuðningur *m*
begutacht|en meta, segja álit sitt á; **≗er** M matsmaður *m*
begütert efnaður, ríkur
behäbig ánægður; makindalegur, þunglamalegur
Behag|en N vellíðan *f*, ánægja *f*; **≗lich** ánægður; notalegur
behalten halda (eftir); muna (e-ð); **recht ~** reynast hafa á réttu að standa
Behälter M geymir *m*; hylki *n*
behand|eln: **j-n gut ~** fara vel með e-n; **≗lung** F meðferð *f*
beharr|en halda áfram; (**auf** *dat*) standa fast við; **~lich** þolinn; sífelldur; **≗ungsvermögen** N aldeyfa *f*, tregða *f*
behaupt|en fullyrða; **das Feld ~** halda velli; *v/r* standast, haldast; **≗ung** F fullyrðing *f*
Behausung F hýsing *f*; húsaskjól *n*
Behelf M neyðarúrræði *n*; **≗en** V/R komast af með
behelligen ónáða, ómaka
be|herbergen hýsa; **~herrschen** V/T hafa á valdi sínu; *v/r* hafa taum á skapi sínu
behilflich hjálplegur
behinder|n aftra, varna; **~t** fatlaður; **~tengerecht** aðgengi *n* fatlaðra
Behinderte(r) M/F(M) fötluð kona *f*, fatlaður maður *m*
Behörd|e F yfirvöld *npl*; opinber skrifstofa *f*; **≗lich** af hálfu yfirvaldanna
be|hüten vernda, gæta; **~hutsam** gætinn, varkár
bei (*mit dat*) við; hjá: **~ sich** á sér; **~ Tag** að degi (til)

Beiblatt N aukablað *n*
beibringen *Beweise* útvega; *Kenntnisse* koma inn hjá, kenna
Beichte F skriftir *fpl*; **&n** skrifta
beide báðir; **die ~n** báðir tveir; **~s** hvorttveggja
beieinander saman
Beifall M lófatak *n*, góðar undirtektir
beifügen láta fylgja; bæta við
Beil N (viðar)öxi *f*
Beilage F fylgiskjal *n*; aukablað *n*; *Essen* meðlæti *n*
beiläufig lauslegur; **~ gesagt** meðal annarra orða
beilegen láta fylgja; *Streit* jafna
Beileid N samhryggð *f*
beiliegend meðfylgjandi
Bein N fót(legg)ur *m*; *fig* **die ~e in die Hand nehmen** taka til fótanna
beinah(e) nærri, því nær
beisammen saman; **&sein** N samvera *f*, samvistir *fpl*
Bei|schlaf M samhvíla *f*; samfarir *fpl*; **~sein** N návist *f*
beiseite afsíðis, út úr
beisetz|en jarða; **&ung** F jarðarför *f*
Beispiel N dæmi *n*; **zum ~** (*abk* **z.B.**) til dæmis (*abk* t. d.); **&sweise** sem dæmi
beispringen skunda til hjálpar
beißen bíta
Bei|stand M hjálp *f*, aðstoð *f*; **&stehen** hjálpa, aðstoða
bei|steuern leggja til, greiða tillag; **&trag** M (*Zahlung*) greiðsla *f*, borgun *f*; (*Anteil*) hlutdeild *f*; **~tragen** stuðla (**zu etw** að e-u), styrkja e-ð
bei|treten ganga í félag, bandalag; **&tritt** M innganga *f* í félag *od* bandalag
Beiwagen M hliðarvagn *m*, karfa *f* (bifhjóls); aukavagn *m*
beizeiten í tæka tíð *f*
beizen bæsa
bejahen *Frage* játa
bejahrt aldurhniginn
Bejahung F játun *f*
bekämpf|en berjast gegn; **&ung** F barátta gegn (e-u)
bekannt kunnugur; þekktur; **~ geben** kunngera, birta; **~ machen** gera kunnugt, birta; kynna; **&gabe** F auglýsing *f*, birting *f*; **~lich** eins og kunnugt er; **&schaft** F kunningsskapur *m*
bekenn|en játa; *v/r* játa (**zu etw** e-ð), játa sig fylgjandi e-u; **&tnis** N játning *f*
beklagen V/R kvarta
Beklagte F/M hinn ákærði *m*
Bekleidung F klæðnaður *m*
Be|klemmung F þjökun *f*; **&klommen** dapur, kvíðinn
be|kommen V/T fá; (*schlecht od gut*) koma sér (illa *od* vel); **~kömmlich** hollur
beköstigen veita (gefa) mat
bekräftig|en staðfesta; **&ung** F staðfesting *f*

bekreuzigen V/R krossa sig
bekümmert áhyggjufullur, hryggur
belächeln brosa að
beladen hlaða, ferma; *fig* þjaka
Belag M lag *n*, skán *f*; ofanálag *n*; **≈ern** setjast um, sitja um
Belang M mikilvægi *n*; **ohne ~ sein** skipta engu; **≈en** *fig* snerta, koma við; JUR lögsækja; **≈los** ómerkilegur, marklaus
belasten hlaða; ferma; þjaka; kæra, saka
belästigen ónáða, þjaka
Belastung F byrði *f*
belaufen V/R nema
beleb|en lífga, fjörga; **~t** *Straße*: fjölfarinn
Beleg M kvittun *f*; **≈en** þekja; *Platz* tryggja sér; *Kolleg* innrita sig sem áheyranda við fyrirlestra; **~schaft** F (*Fabrik, Grube*) starfslið *n*; **≈t** *Platz*: upptekinn; **~es Brot** brauð með áleggi
belehr|en fræða; **≈ung** F fræðsla *f*
beleidig|en móðga, særa; **≈ung** F móðgun *f*, smán *f*
beleihen taka lán út á; lána út á
belesen lesinn, víðlesinn
beleucht|en skína á, lýsa; **≈ung** F lýsing *f*; ljós *n*
belieb|ig hver sem er; eftir vild; **~t** vinsæll; **≈theit** F hylli *f*; vinsæld *f*
bellen gelta
belohn|en launa; **≈ung** F laun *npl*
Belt M belti *n*, sund *n*; **der Große, der Kleine ~** Stóra, Litla Beltið
belügen ljúga að; rægja
belustig|en skemmta; **≈ung** F skemmtun *f*, gaman *n*
be|mächtigen V/R ná á sitt vald; **~mängeln** finna að; **~mannen** manna, skipa mönnum
bemerken taka eftir; segja; **~swert** eftirtektarverður
bemitleiden kenna í brjósti um, aumka; **~swert** aumkunarverður
bemüh|en ónáða, ómaka; **≈ung** F áreynsla *f*; ómak *n*, viðleitni *f*
benachbart nálægur; nágranna ... (*in Zssgn*)
benachrichtig|en skýra frá, láta vita; **≈ung** F tilkynning *f*; frétt *f*, vitneskja *f*
benachteiligen gera rangt til (j-n e-s); baka tjón
benehmen V/R hegða sér, koma fram
Benehmen N framkoma *f*
beneiden öfunda; **~swert** öfundsverður
benennen nefna, kalla
Bengel M lurkur *m*, barefli *n*; *fig* sláni *m*, strákur *m*
benommen ringlaður, frá sér numinn

benötigen þarfnast, þurfa
benutz|en nota, nýta; **≈er(in)** M(F) notandi *m*; **≈ung** F notkun *f*; not *npl*
Benzin N bensín *n*; **~tank** M bensíntankur *m*, bensíngeymir *m*
beobacht|en taka eftir; gefa gaum; **≈ung** F athugun *f*
bequem þægilegur; **~en** V/R fá sig (**zu etw** til e-s); **≈lichkeit** F þægindi *npl*; makindi *npl*
berat|en ráðleggja; *v/r* ráðgast um; **≈er(in)** M(F) ráðgjafi *m*; **≈ung** F ráðlegging *f*, umræður *fpl*; MED (læknis-)viðtal *n*
berauben ræna
berech|nen reikna út, áætla; **≈nung** F útreikningur *m*; **~tigt**: **~ sein** eiga rétt á; hafa rétt til; **≈tigung** F réttur *m*, heimild *f*
bered|en ræða; tala sig saman um; **≈samkeit** F mælska *f*; **~t** mælskur
Bereich M (umráða)svið *n*; *fig* víðtæki *n*, yfirgrip *n*
bereicher|n auðga; **≈ung** F auðgun *f*, gróði *m*
Bereifung F hjólbarðar *mpl*
bereisen *Land* ferðast um
bereit tilbúinn; **~en** útbúa; búa til; **~s** þegar, nú þegar; **~willig** fús, reiðubúinn
bereuen iðrast, sjá eftir
Berg M fjall *n*, fell *n*; **≈ab** niður fjallið, niður á við; **≈auf** upp, upp á við; **~bau** M námugröftur *m*, -rekstur *m*; **≈en** bjarga; **~führer(in)** M(F) fjallaleiðsögumaður *m*; **~hütte** F fjallakofi *m*; **≈ig** fjöllóttur; **~mann** M námumaður *m*; **~schuh** M fjallaskór *m*, fjallgönguskór *m*; **~steigen** N fjallganga *f*, það að klífa fjöll; **~steiger(in)** M(F) fjallgöngumaður *m*; **~tour** F fjallaferð *f* ; **~werk** N náma *f*
Bericht M skýrsla *f*; tilkynning *f*; **≈en** skýra frá; tilkynna; **~erstatter(in)** M(F) skýrslugjafi *m*, fréttaritari *m*; **~erstattung** F skýrsla *f*; frásögn *f*
berichtig|en leiðrétta; **≈ung** F leiðrétting *f*
Bernstein M raf *n*
bersten bresta; springa
berüchtigt alræmdur, illræmdur
berücksichtig|en taka tillit til; **≈ung** F tillit *n*
Beruf M atvinna *f*; köllun *f*; **≈en** kalla; stefna; *v/r* **sich auf etw** (*akk*) **~** bera eitthvað fyrir sig; **≈lich** sem heyrir til atvinnu, starfi; starfs-; **~sberatung** F stöðuvalsleiðbeiningar *fpl*; **≈stätig**: **~ sein** hafa atvinnu; vinna utan heimilis; **~ung** F köllun *f*, kvaðning *f*; JUR áfrýjun *f*; **~ einlegen** áfrýja máli (dómi) til æðra dóms

beruhen stafa af; **etw auf sich** (*dat*) **~ lassen** láta e-ð eiga sig
beruhig|en sefa, friða, róa; *v/r* róast; **&ung** F friðun *f*, róun *f*; **&ungsmittel** N róandi lyf *n*; róandi meðal *n*
berühmt frægur, nafntogaður; **&heit** F frægð *f*; *s/* frægur maður
berühr|en koma við; snerta; **&ung** F snerting *f*
besag|en skipta máli; **~t** áðurnefndur, umgetinn
besänftigen sefa, blíðka
beschädig|en skemma; **~t** meiddur; skemmdur, **&ung** *f* skemmd *f*
beschaffen útvega
beschäftig|en veita atvinnu, láta starfa; **&ung** F atvinna *f*, starf *n*
beschäm|en gera sneyptan; gera skömm til; **~end** auðmýkjandi; **~t** sneyptur, skömmustulegur
beschatten skyggja; **j-n ~** njósna um e-n
beschaulich djúphugull, íhugull; **&keit** F djúphygli *f*, íhygli *f*
Bescheid M svar *n*; upplýsingar *fpl*; **j-m ~ sagen** (**geben**) láta vita; **~ wissen** vera kunnugur (e-u), kunna skil á; **&en** 1 V/R vera ánægður, sætta sig við 2 ADJ hæverskur; lítillátur; **~enheit** F hæverska *f*; lítillæti *n*
bescheinig|en votta; kvitta fyrir; **&ung** F vottun *f*, vottorð *n*
beschenken gefa (**j-n mit etw** e-m e-ð)
bescher|en gefa; úthluta; **&ung** F (jóla)gjöf *f*; úthlutun *f*
beschießen skjóta
beschimpf|en smána, móðga; **&ung** F svívirðing *f*, móðgun *f*
beschirmen vernda
Beschlag M málmlegging *f*
beschlagen 1 V/T leggja, þekja; *Pferd* járna 2 ADJ: **in etw** (*dat*) **gut ~ sein** vera vel að sér í e-u
beschlagnahmen leggja löghald á
beschleunig|en flýta, hraða; **&ung** F hröðun *f*
be|schließen taka ákvörðun; **&schluss** M ákvörðun *f* samþykkt *f*
beschmutzen óhreinka
beschönigen fegra, prýða
beschränk|en takmarka; **~t** takmarkaður; *fig* vitgrannur
beschreib|en lýsa; **&ung** F lýsing *f*
beschuldig|en saka um; **&ung** F ákæra *f*, ásökun *f*
beschützen vernda
Beschwerde F erfiðleiki *m*; kvörtun *f*
beschwer|en V/T (of)þyngja; gera óþægindi; *v/r* kvarta; **~lich** erfiður

beschwichtigen róa, stilla, sefa
beschwindeln svíkja, pretta
beschwören sverja; sárbiðja
beseitig|en fjarlægja; **ºung** F útrýming *f*
Besen M sópur *m*
besessen óður, viti sínu fjær
besetz|en hernema; **~t** *Platz*: upptekinn; *Saal*: fullskipaður
besichtig|en skoða; **ºung** F skoðun *f*
besied|eln byggja, nema (land); **ºlung** F landnám *n*
besiegeln innsigla; staðfesta
besiegen að sigra
besinn|en V/R muna, átta sig; **ºung** F umhugsun *f*; meðvitund *f*; **~ungslos** meðvitundarlaus
Besitz M eign *f*; **ºen** eiga, hafa; **~er(in)** M(F) eigandi *m*
besoffen *umg* drukkinn
besonder|- sérstakur; **~e(r,s)** sérstakur, sérstök, sérstakt; **nichts ºes** ekkert sérstakt; **~s** sérstaklega; einkum
besonnen gætinn, rólegur
besorg|en annast, sjá um; **ºnis** F áhyggja *f*, ótti *m*; **~t** áhyggjufullur; **ºung** F sendiferð *f*; erindi *n*; innkaup *npl*
besprech|en tala um, ræða; *Buch* rita um, ritdæma; **ºung** F umræða *f*; ritdæming *f*
bespritzen gusa á (yfir), sprauta á
besser betri; betur
besser|n bæta, laga; **ºung** F bati *m*; betrun *f*; **gute ~!** góðan bata!
best- bestur; best; **am ~en** best; **zum ºen haben** gera gabb (j-n að e-m); **zum ºen geben** skemmta
Bestand M ending *f*; birgðir *fpl*; (*Kasse*) sjóður *m*
beständig stöðugur; staðfastur; *adv* sífellt, stöðugt
Bestandsaufnahme F birgðatalning *f*; sjóðtalning *f*
Bestandteil M hluti *m*
bestärken styrkja, styðja
bestätig|en staðfesta, sanna; **ºung** F staðfesting *f*
bestech|en múta; **ºung** F mútur *fpl*
Besteck N mataráhöld *npl*; hnífapör *npl*; SCHIFF leiðarmiðun *f*;
bestehen haldast; standast; krefjast (**auf etw** *dat* e-s); **~ aus** vera samsettur úr e-u; samanstanda af e-u
bestehlen stela frá
bestell|en panta; *Land* rækta; *Gruß* bera, færa; *Brief* skila; *Vormund* skipa; **ºung** F pöntun *f*; ræktun *f*
besten|falls í hæsta lagi; **~s** sem best, kærlega
besteuern skattleggja
Bestie F villidýr *n*
bestimm|en ákveða; **~t** ákveðinn; *adv* ábyggilega; **ºung** F ákvörðun *f*; **ºungsort** M ákvörðunarstaður *m*

bestrafen hegna
Bestrahlung F MED geislun *f*, geislalækningar *fpl*; **Bestrahlungstherapie** F geislameðferð *f*
Bestrebung F tilraun *f*, viðleitni *f*
bestreiten véfengja; *Kosten* greiða, bera
bestürz|t agndofa; **≈ung** F felmtur *m*
Besuch M heimsókn *f*; **e-n ~ machen** heimsækja, fara í heimsókn; **≈en** heimsækja
betagt hniginn að aldri, aldurhniginn
betasten þreifa á; þukla (á)
betätig|en V/R starfa, taka þátt í; **≈ung** F starfsemi *f*, þátttaka *f*
betäub|en deyfa, svæfa; **≈ung** F deyfing *f*, svæfing *f*; ringl *n*, svimi *m*
beteilig|en V/R taka þátt (**an etw** *dat* í e-u); **≈te(r)** M/F(M) þátttakandi *m*; **≈ung** F þátttaka *f*
beten biðja, biðjast fyrir
beteuern fullvissa
Beton M steinsteypa *f*
beton|en leggja áherslu á; **≈ung** F áhersla *f*
Betracht M: **in ~ ziehen** taka tillit til, taka til íhugunar
betrachten skoða, horfa á; athuga
beträchtlich talsverður
Betrachtung F athugun *f*, skoðun *f*
Betrag M upphæð *f*; **≈en** V/I nema, vera að upphæð; *v/r* hegða sér, koma fram; **~en** N framkoma *f*
betrauen fela (**j-n mit etw** e-m e-ð)
betrauern syrgja, harma
betreff|en *fig* snerta, koma við; **~s** viðvíkjandi, varðandi
betreiben hraða; *Geschäft* reka
betreten **1** V/T ganga (inn) í *od* (upp) á **2** ADJ forviða
betreuen annast, sjá um
Betrieb M starfsemi *f*; (*Unternehmen*) rekstur *m*; fyrirtæki *n*; **außer ~** ekki í gangi; **≈sam** starfsamur, atorkusamur
Betriebs|kapital N rekstrarfé *n*; **~kosten** PL rekstrarskostnaður *m*; **~leitung** F framkvæmdastjórn *f*; **~rat** M framkvæmdaráð *n*; **~sicherheit** F rekstursöryggi *n*; **~unfall** M slys *n* á vinnustað
betrinken V/R drekka sig fullan
betroffen hissa; vandræðalegur; **≈heit** F undrun *f*; vandræði *npl*
betrüb|en hryggja; **≈nis** F hryggð *f*, sorg *f*
Betrug M svik *npl*, blekking *f*
betrügen svíkja, blekkja; **j-n um etw ~** pretta, hafa e-ð af e-m
Betrüger(in) M(F) svikari *m*
betrunken ölvaður, drukkinn

Bett N rúm *n*, hvíla *f*; (*Deckbett*) (yfir)sæng *f*; **das ~ hüten** liggja rúmfastur; **das ~ machen** búa um rúmið; **zu ~ gehen** hátta, ganga til hvílu; **im ~ liegen** liggja rúmfastur; **~bezug** M rúmföt *npl*; **~decke** F rúmábreiða *f*
Bettelei F betl *n*
betteln betla, sníkja (**um** um)
bett|en leggja í rúmið; **~lägerig** rúmfastur
Bettler(in) M(F) betlari *m*
Bett|wäsche F rúmföt *npl*; **~zeug** N rúmföt *npl*
beugen beygja
Beule F kúla *f*; beygla *f*, dæld *f*
beunruhigen gera órólegan
beurkunden sanna með skilríkjum, staðfesta
beurlauben gefa heimfararleyfi, gefa frí
beurteil|en dæma um; **~ung** F dómur *m*; gagnrýni *f*
Beute F bráð *f*, fengur *m*, veiði *f*
Beutel M budda *f*; poki *m*
bevölker|n byggja fólki; **~ung** F íbúar *mpl*, landslýður *m*
bevor áður (en), fyrr en; **~munden** gera ósjálfstæðann; **~rechtigt** sem hefur forréttindi; **~stehen** vera í vændum; **~zugen** kjósa heldur, draga taum (e-s)
bewach|en gæta, hafa vörð á; **~ung** F gæsla *f*
bewaffn|en vopna; **~ung** F vopnun *f*
bewahren gæta, vernda (**vor** *dat* fyrir); (*hüten*) geyma
bewähr|en V/R reynast vel; **~t** þrautreyndur; **~ungsfrist** F skilorðsbundin frestun (hegningar)
bewaldet skógi vaxinn
bewältigen sigrast á, anna
bewandert vel að sér, leikinn
bewässer|n vökva; **~ung** F vökvun *f*, áveitur *fpl*
beweg|en hreyfa, færa; *fig* fá til, koma til; **~grund** M ástæða *f*, hvöt *f*; **~lich** hreyfanlegur; fjörlegur; **~ung** F hreyfing *f*; **~ungslos** hreyfingarlaus
beweinen gráta, harma
Beweis M sönnun *f*; **~bar** sannanlegur; **~en** sanna; auðsýna; **~führung** F rökleiðsla *f*; **~stück** N sönnunargagn *n*
bewerb|en V/R sækja (**um etw** um e-ð); **~ung** F umsókn *f*; bónorð *n*; **~ungsschreiben** N umsókn *f* um atvinnu
bewerkstelligen framkvæma
bewerten meta, áætla
bewillig|en veita; leyfa; **~ung** F veiting *f*; leyfi *n*
bewirken koma til leiðar
bewirt|en veita; **~ung** F veitingar *fpl*
bewohn|bar byggilegur; **~en** búa í, byggja; **~er(in)**

M(F) íbúi *m*
bewölk|en V/R þekja skýjum; þykkna upp; **~t** skýjaður
bewunder|n dást að; **≗ung** F aðdáun *f*
bewusst vitandi; vísvitandi; **~los** meðvitundarlaus; **≗losigkeit** F meðvitundarleysi *n*; **≗sein** N meðvitund *f*
bezahl|en borga; **es macht sich bezahlt** það borgar sig; **≗ung** F borgun *f*
bezähmen V/R stilla sig
bezaubern heilla, töfra
bezeichn|en merkja; nefna; **~end** sérkennandi, einkennandi; **≗ung** F táknun *f*; nafn *n*, heiti *n*
bezeugen votta
bezichtig|en saka um; **≗ung** F sökun *f* (um e-ð), væning *f*
beziehen V/T þekja; *Wohnung* flytja; *Gehalt* hafa, fá; *Ware* kaupa, fá; heimfæra (**auf** *akk* upp á); *v/r* skírskota (**auf j-n** til e-s)
Beziehung F samband *n*; tillit *n*; **in ~ treten** komast í samband við; **in dieser ~** í þessu sambandi; **≗sweise** (*abk* **bzw.**) hlutfallslega; eða, sem sé
Bezirk M hérað *n*, lögsagnarumdæmi *n*
Bezug M *Möbel*: áklæði *n*, fóður *n*; **mit ~ auf** (*akk*) með tilliti til
bezüglich sem heyrir til; viðvíkjandi, hvað snertir
be|zwecken ætla, áforma, miða að; **~zweifeln** efa, efast um; **~zwingen** buga, sigra
BH M brjóstahaldari *m*
Bibel F biblía *f*
Biber M bifur *m*, bjór *m*
Bibliothek F bókasafn *n*; **~ar** M bókavörður *m*
bieder heiðarlegur, ráðvandur
bieg|en beygja, sveigja; *v/r* bogna, svigna; **~sam** sveigjanlegur; **≗ung** F bugða *f*, bugur *m*
Biene F býfluga *f*; **~nkorb** M býflugnabú *n*; **~nwabe** F vaxkaka *f*
Bier N öl *n*, bjór *m*; **~brauer** M ölbruggari *m*; **~fass** N öltunna *f*; **~krug** M bjórkrús *f*, bjórkolla *f*
bieten bjóða
Bikini M bikini *n*
Bilanz F reikningsjöfnuður *m*; **die ~ ziehen** gera jafnaðarreikning
Bild N mynd *f*
bilden mynda; mennta; *v/r* myndast; mennta sig, menntast
Bilder|bogen M myndaörk *f*; **~buch** N myndabók *f*
Bild|hauer M myndhöggvari *m*; **≗lich** myndrænn; myndhverfur; **~nis** N mynd *f*; **~schirm** M sjónvarpsskermur *m*; **~ung** F (*Entstehung*) myndun *f*; (*Kenntnisse*) mennt-

un *f*
Billard N billjarður *m*; knattborðsleikur *m*
Billett N aðgöngumiði *m*
billig ódýr; sanngjarn; **~en** samþykkja; **≗flug** M lággjaldaflug *n*; **≗ung** F samþykki *n*
Bimsstein M vikur *m*, vikurkol *npl*
Bind|e F band *n*; umbúðir *fpl*; (*Damenbinde*) dömubindi *n*; **≗en** binda; **~faden** M seglgarn *n*; **~ung** F (*Verhältnis*) samband *n*; (*Zusammenhalt*) samheldni *f*; (*Ski*) bindingar *fpl*
binnen innan
bio|logisch líffræðilegur; **≗top** M lífríki *n*
Birke F birki *n*
Birnbaum M perutré *n*
Birne F pera *f* (*a.* ELEK)
bis uns, þangað til; **~ auf** (*akk*) nema; **~ dahin** þangað; þangað til þá
Bischof M biskup *m*
bisher hingað til; **~ig** sem hingað til
Biss M bit *n*
bisschen: **ein ~** dálítið, svo lítið
Biss|en M (munn)biti *m*; ögn *f*; **≗ig** grimmur; *fig* meinyrtur
Bistum N biskupsdæmi *n*
bisweilen stundum, við og við
Bitte F bón *f*; **≗ sehr!** gerið svo vel! gerðu svo vel!; **wie ≗?** ha? hvað segir þú?; **≗n** biðja (**um** um)
bitter beiskur; **~böse** sárreiður; hranalegur; **~kalt** nístandi kaldur
Bitt|gesuch N, **~schrift** F bænarskjal *n*; **~steller** M beiðandi *m*, umsækjandi *m*
bläh|en V/R þenjast út; **≗ungen** PL vindgangur *m*
blamieren V/R óvirða; verða sér til skammar
blank (*glänzend*) gljáandi; (*entblößt*) ber, auður
Blankovollmacht F handhafaumboð *n*
Blas|e F bóla *f*; ANAT blaðra *f*; **~ebalg** M físibelgur *m*, smiðjubelgur *m*
blasen blása
Blasen|entzündung F blöðrubólga *f*; **~leiden** N blöðrubólga *f*
Blasinstrument N blásturshljóðfæri *n*
blass bleikur, fölur
Blässe F fölvi *m*
Blatt N blað *n*
blätter|n blaða (í bók); **≗teig** M smjördeig *n*
blau blár; **ins ≗e hinein** út í bláinn; **~er Fleck** marblettur *m*; **≗beere** F bláber *n*
bläulich bláleitur
Blazer M stakur jakki *m*
Blech N blikk *n*; (*Schutzblech*) aurbretti *n*; **~dose** F blikkdós *f*
Blei N (*Metall*) blý *n*
bleiben vera, vera kyrr; hald-

ast; **lass das ~** láttu það ógert, vertu ekki að þessu
bleich bleikur, fölur; **~en** bleikja; *v/i* blikna
bleiern *fig* þjakandi
Bleistift M blýantur *m*
Blend|e F ljósóp *n*; **≈en** blinda; valda ofbirtu
Blick M (augna)tillit *n*; augnaráð *n*; **auf den ersten ~** við fyrsta tillit; **≈en** horfa, líta; **sich ~ lassen** láta sjá sig; **~feld** N sjónarsvið *n*
blind blindur; *Spiegel*: döggvaður; **~er Passagier** laumufarþegi *m*; **≈darm** M botnlangi *m*; **≈darmentzündung** F botnlangabólga *f*; **≈e(r)** M/F(M) blind kona *f*; blindur maður *m*; **≈heit** F blinda *f*; **~lings** í blindni
blink|en blika, glampa, skína; **≈er** M (*Auto*) stefnuljós *n*; **≈feuer** N blossaviti *m*
blinzeln depla augunum
Blitz M elding *f*, leiftur *n*; **~ableiter** M eldingavari *m*; **≈blank** fagurgljándi; **≈en** leiftra; blika; **~licht** N flass *n*; **≈schnell** örskjótur; **~würfel** M flasskubbur *m*
Block M drumbur *m*; (*Haus*) húsaröð *f*; **~ade** F hafnbann *n*; **~flöte** F blokkflauta *f*; **≈ieren** setja hafnbann á; stöðva
blöd|(e) heimskur, heimskulegur; vitlaus; kjánalegur; **≈sinn** M heimska *f*; rugl *n*; **~sinnig** fábjánalegur; heimskulegur
blond ljóshærður
bloß ADJ eintómur; nakinn; *Auge*: ber; *adv* aðeins
Blöße F nekt *f*; höggstaður *m*; **sich** (*dat*) **e-e ~ geben** gefa höggstað á sér
bloßstellen afhjúpa, koma upp um
blühen blómgast; dafna
Blume F blóm *n*; (*Bier*) froða *f*; **~nkohl** M blómkál *n*; **~nstrauß** M blómvöndur *m*; **~ntopf** M blómapottur *m*
Bluse F blússa *f*
Blut N blóð *n*; **≈arm** blóðlítill; bláfátækur; **~bad** N blóðbað *n*; **~druck** M blóðþrýstingur *m*
Blüte F blómgun *f*; blómi *m*
blut|en blæða (*a. fig*); **≈gefäß** N æð *f*; **≈gruppe** F blóðflokkur *m*; **~ig** blóðugur; **≈rache** F blóðhefnd *f*; **≈schande** F sifjaspell *n*; **≈spender** M blóðgjafi *m*; **≈sverwandtschaft** F blóðskyldleiki *m*; **≈ung** F blæðing *f*; **≈vergießen** N blóðsúthellingar *fpl*; **≈vergiftung** F blóðeitrun *f*; **≈verlust** M blóðmissir *m*
Bö F stormhviða *f*; stormskúr *f*
Bock M geithafur *m*; (*Fehler*) skyssa *f*; **≈ig** þrjóskur
Bockshorn: **j-n ins ~ jagen** koma e-m í bobba
Boden M botn *m*; jarðvegur

m; (*Fußboden*) gólf *n*; (*Dachboden*) (háa)loft *n*; **≗los** botnlaus; afskaplegur; **~schätze** PL verðmæti í jörð, málmar í jörð; **≗ständig** rótfastur
Bodybuilding N vaxtarrækt *f*
Bogen M bogi *m*; bugða *f*, beygja *f*; *Papier*: örk *f*
Bohle F planki *m*
Bohne F baun *f*; **~nkaffee** M baunakaffi *n*
bohner|n bóna; **≗wachs** N bónáburður *m*
bohr|en bora; **≗er** M bor *m*
böig með storm- og regnhviðum
Boje F dufl *n*
Bollwerk N varnarvirki *n*
Bolzen M stór nagli, bolti *m*
bombardieren gera stórskotahríð á (e-ð)
Bombe F sprengja *f*, sprengikúla *f*; **~nerfolg** M stórsigur *m*, stórkostlegur árangur
Bomber M sprengjuflugvél *f*
Bonbon(s) M/N(PL) brjóstsykur *m*
Boot N bátur *m*; **~smann** M bátstjóri *m*, bátsmaður *m*; **~sverleih** M bátaleiga *f*
Bord M SCHIFF borðstokkur *m*; **an ~** á skipsfjöl *f*; **von ~ gehen** stíga af skipsfjöl
Bordstein M jaðarsteinn *m*
borgen lána; fá lánað
Borke F börkur *m*
Börse F peningabudda *f*; HANDEL kauphöll *f*; **~nmakler(in)** M(F) kauphallarmiðlari *m*
Borste F *Schwein*: burst *f*
Borte F brydding *f*, borði *m*; veggræma *f*
bösartig MED illkynjaður; illkvittinn
Böschung F brekka *f*, halli *m*
böse illur, vondur; reiður; **≗wicht** M illmenni *n*, óþokki *m*
bos|haft meinyrtur, illkvittnislegur; **≗heit** F illska; meinyrði *n*
Bote M boðberi *m*, sendiboði *m*
Botschaft F boð *n*, skilaboð *npl*; sendiráð *n*; **Botschafter(in)** M(F) sendiherra *m*; **Botschaftssekretär** M sendiráðsritari *m*
Bowle F púns *n*
box|en boxa, leika hnefaleik; **≗er** M boxari *m*, hnefaleikamaður *m*; **≗kampf** M hnefaleikur *m*
boykottieren gera samtök um að hætta afskiptum *od* viðskiptum af e-u
brachliegen liggja ósáinn *od* óræktaður
Branche F atvinnugrein *f*, svið *n*
Brand M bruni *m*
brand|en brima; **≗stiftung** F íkveikja *f*; **≗ung** F brim *n*; **≗wunde** F brunasár *n*
Branntwein M brennivín *n*
brat|en V/T steikja; *v/i* steikj-

ast, stikna; **≈en** M steik *f*; **≈hähnchen** N steiktur kjúklingur *m*; **≈kartoffeln** PL brúnaðar (steiktar) kartöflur; **≈pfanne** F steikarpanna *f*
Brauch M siður *m*; **≈bar** nýtilegur, nothæfur; **≈en** þurfa, þarfnast; nota
Braue F augabrún *f*
brau|en brugga; **≈erei** F ölgerð *f*
braun brúnn; *Pferd*: jarpur
bräunen V/T gera brúnt, brúna; *v/r* verða brúnn
Braunkohle F brúnkol *npl*; surtarbrandur *m*
Brause F steypibað *n*; (*Getränk*) gosdrykkur *m*; **≈n** ólga
Braut F brúður *f*; unnusta *f*
Bräutigam M brúðgumi *m*; unnusti *m*
Brautpaar N brúðhjón *npl*
brav góður, þægur
Brech|eisen N járnkarl *m*; **≈en** brjóta; brotna; **~mittel** N uppsölulyf *n*
Brei M grautur *m*
breit breiður; **≈e** F breidd *f*; **≈engrad** M breiddargráða *f*, breiddarstig *n*; **~treten** *fig* þvæla (um) e-ð
Brems|belag M hemlaborði *m*, bremsuborði *m*; **~e** F hemill *m*, bremsa *f*; **≈en** hemla, bremsa; **~weg** M hemlavegalengd *f*
brenn|en brenna; **≈erei** F brennsla *f*; **≈essel** F brenninetla *f*; **≈glas** N brennigler *n*; **≈holz** N brenni *n*; **≈punkt** M brennidepill *m*; **≈stoff** M eldsneyti *n*; **≈weite** F brennivídd *f*
Brett N fjöl *f*; (*Bücherbrett*) hilla *f*; **am schwarzen ~** á auglýsinga-, tilkynningatöflunni; **bei j-m e-n Stein im ~ haben** vera inn undir hjá e-m; **~spiel** N tafl *n*
Brezel F kringla *f*
Brief M bréf *n*, sendibréf *n* (**an mich** til mín); **~kasten** M póstkassi *m*, bréfakassi *m*; **~marke** F frímerki *n*; **~tasche** F seðlaveski *n*; **~umschlag** M umslag *n*
Brille F gleraugu *npl*
bringen færa, flytja; **mit sich ~** hafa í för með sér; **j-n um etw ~** svipta e-n e-u; **es zu etw ~** verða e-ð, ná e-u marki
Brit|e M Breti *m*; **≈isch** breskur
Brocken M moli *m*; biti *m*
brodeln sjóða, ólga
Brombeere F brumber *n*
Bronchitis F lungnakvef *n*
Bronzezeit F bronsöld *f*
Brosche F brjóstnál *f*
broschiert heft(ur)
Brot N brauð *n*; (*Schwarzbrot*) rúgbrauð *n*; (*Weißbrot*) hveitibrauð *n*; franskbrauð *n*
Brötchen N rúnstykki *n*; **belegtes ~** rúnstykki með áleggi
Brot|schnitte F brauðsneið *f*; **~suppe** F brauðsúpa *f*
Bruch M brot *n*; sprunga *f*;

MED kviðslit *n*; (*Zahl*) brot *npl*
brüchig rifinn, sprunginn; brothættur
Bruch|rechnung F brotareikningur *m*; **~stück** N brot *n* (af e-u), moli *m*
Brücke F brú *f*
Bruder M bróðir *m*
brüderlich bróðurlegur
Brüderschaft F: **~ trinken** drekka dús
Brüh|e F seyði *n*, soð *n*; **⁓en** skálda; sjóða
brüllen öskra
brumm|en rymja; nöldra; **~ig** önugur, önuglyndur
brünett jarpur; dökkhærður
Brunft F fengitími *m*
Brunnen M brunnur *m*; ölkelda *f*
Brunst F losti *m*, ástríða *f*
brünstig lostafullur; ofsafullur
Brust F brjóst *n*; bringa *f*; **~bild** N brjóstmynd *f*
brüsten V/R stæra sig
Brust|fell N brjósthimna *f*; **~korb** M brjóstkassi *m*
Brut F ungahópur *m*; *Fisch*: seyði *n*; **~apparat** M útungunarvél *f*
brüten *Vogel*: liggja á
brutto brúttó
Bube M drengur *m*; (*Kartenspiel*) gosi *m*
Buch N bók *f*; **~binder** M bókbindari *m*; **~deckel** M spjald *n* (á bók)
Buche F beyki *n*, beykitré *n*
buchen HANDEL bóka, bókfæra
Bücher|brett N bókahilla *f*; **~ei** F bókasafn *n*; **~schrank** M bókaskápur *m*
Buchfink M bókfinka *f*
Buch|führung F bókhald *n*, bókfærsla *f*; **~halter(in)** M(F) bókhaldari *m*; **~handlung** F bókaverslun *f*
Buchsbaum M sortulyngsviður *m*
Büchs|e F baukur *m*, dós *f*; (*Flinte*) byssa *f*, riffill *m*; **~enfleisch** N dósakjöt *n*, niðursoðið kjöt *n*; **~enöffner** M dósalykill *m*, dósaopnari *m*
Buchstab|e M bókstafur *m*; **⁓ieren** stafa
buchstäblich bókstaflega
Bucht F vík *f*; flói *m*
Buchung F bókun *f*
Buckel M kryppa *f*; herðakistill *m*
bücken V/R beygja sig
bucklig með herðakistil
Bückling M reykt síld *f*; *fig* hneiging *f*
Bude F búð(arhola *f*) *f*; smáherbergi *n*
Budget N fjárhagsáætlun *f*
Büfett N (*Anrichte*) skenkur, borðstofuskápur *m*; (*Schanktisch*) framreiðsluborð *n*; hlaðborð; **kaltes ~** kalt hlaðborð
Büffel M villinaut *n*, buffall *m*; **~ei** F strit *n*
Bug M SCHIFF kinnungur *m*
Bügel M ístað *n*; herðatré *n*;

~eisen N straujárn *n*, straubolti *m*; **≈n** *Kleider* pressa, strauja
bugsieren draga (skip)
Bühne F leiksvið *n*; (ræðu-) pallur *m*; **~nbild** N leiktjöld *npl*; **~ndichter** M leikritaskáld *n*
Bullauge N SCHIFF skipsljóri *m*; *umg* kýrauga *n*
Bulle M naut *n*, boli *m*
Bummel M skemmtiganga *f*; slark *n*; **~ei** F slæpingsskapur *m*, slark *n*; **≈n** ganga sér til skemmtunar
Bund 1 N böggull *m*; knippi *n* 2 M bandalag *n*; sáttmáli *m*
Bündel N böggull *m*, baggi *m*
Bundes|genosse M bandamaður *m*; **~kanzler(in)** M(F) kanslari *m*; **~land** N fylki *n* í sambandslýðveldi; **~liga** F efsta deildin *f* í fótbolta í Þýskalandi; **~präsident** M forseti *m*; **~republik** F sambandslýðveldi *n*; **~staat** M sambandsríki *n*; **~tag** M sambandsþing *n* Þýskalands
Bündnis N samband *n*, bandalag *n*
Bungalow M einlyft hús *n*
Bunker M (*Schiff*) kolageymsla *f*; MIL skothelt byrgi
bunt marglitur; *fig* sundurleitur; meir en nóg boðið; **≈druck** M litprentun *f*; **≈stift** M trélitur *m*
Bürde F byrði *f*, þyngsli *npl*
Bürg|e M ábyrgðarmaður *m*; **≈en** ábyrgjast
Bürger|(in) M(F) borgari *m*; **~krieg** M borgarastyrjöld *f*; **~meister(in)** M(F) borgarstjóri *m*; **~schaft** F borgarastétt *f*, borgarar *mpl*; **~steig** M gangstígur *m*, gangstétt *f*
Bürgschaft F ábyrgð *f*; **~ leisten** ganga í ábyrgð (**für j-n** fyrir e-n)
Büro N skrifstofa *f*; **~angestellte(r)** M/F(M) skrifstofumaður *m*; **~stunden** PL skrifstofutími *m*
Bursche piltur *m*, unglingur *m*
Bürste F bursti *m*
Bus M strætisvagn *m*; áætlunarbíll *m*; **~bahnhof** M strætisvagnamiðstöð *f*; torg *n*
Busch M runnur *m*, runni *m*, kjarr *n*
Büschel N klasi *m*; skúfur *m*
buschig skúfmyndaður; runnum vaxin
Busen M barmur *m*; brjóst *n*; **~freund** M tryggðavinur *m*
Bus|haltestelle F stoppustöð *f*; **~reise** F ferð með áætlunarbíl
Buße F iðrun *f*, yfirbót *f*; *Geld*: fébætur *fpl*
büßen iðrast, gera yfirbót; bæta
Buß|geld N fésekt *f*; **~tag** M iðrunardagur *m*, bænadagur *m*
Büste F brjóstmynd *f*, brjóstlíkan *n*; **~nhalter** M brjóstahaldari *m*

Butter F smjör *n*; **~brot** N smurt brauð; **~fass** N strokkur *m*; **~milch** F áfir *fpl*; **≈n** strokka

C

Café N kaffihús *n*
Camping N viðlega *f*; **~ausrüstung** F viðleguútbúnaður *m*; **~platz** M húsvagnastæði *n*
CD F geisladiskur *m*; **~-Brenner** M diskaskrifari *m*, brennari *m*; **~-Player** m geislaspilari *m*; **~-ROM-Laufwerk** N geisladrif *n*
Cello N knéfiðla *f*
Champagner M kampavín *n*
Champignon M ætisveppur *m*
Chance F möguleiki *m*, tækifæri *n*
Chaos N ringulreið *f*; hrærigrautur *m*
Charakter M persónuleiki *m*; innræti *n*; **≈isieren** persónugreina
Charterflug M leiguflug *n*
Chat M spjallþráður *m*, spjallrás *f*; **≈ten** spjalla
Chaussee F þjóðvegur *m*; **~graben** M vegarskurður *m*
Check-in N innritun *f*
Chef(in) M(F) forstjóri *m*, yfirmaður *m*
Chemi|e F efnafræði *f*; **~ker(in)** M(F) efnafræðingur *m*
Chiffre F leyniletur *n*; (*Zeitung*) auglýsingaþjónusta *f*
Chin|a N Kína *n*; **~ese** M Kínverji *m*
Chinin N kínin *n*
Chirurg M skurðlæknir *m*
Cholera F kólera *f*
Chor M kór *m*, söngflokkur *m*; **~al** M sálmur *m*, kórall *m*
Christ M kristinn maður; **~entum** N kristindómur *m*, kristni *f*; **~kind** N jesúbarn *n*; **≈lich** kristilegur, kristinn; **~us** M Kristur *m*
Chronik F annáll *m*, árbók *f*
circa (*abk* **ca.**) um það bil (*abk* u. þ. b.)
Computer M tölva *f*
Coronavirus M, N MED kórónuveira *f*
Couch F dívan *m*, legubekkur *m*
Covid-19, COVID-19 F MED (*corona virus disease 2019*) COVID-19
Creme F krem *n*

D

da þar, þarna; hér, hérna; (*anwesend*) við, viðstaddur; (*damals*) þá, á þeim tíma; **hier**

und ~ hér og hvar; öðru hvoru; **von ~ (ab, an)** frá þeirri stundu, upp frá því; (*weil*) þar eð, úr því að
dabei við það; um leið; samt sem áður; **~ sein** vera að e-u; vera viðstaddur
dableiben vera kyrr, vera þar
Dach N þak *n*; **~boden** M loft *n*, háaloft *n*; **~decker** M (flísa)þakasmiður *m*; **~fenster** N þakgluggi *m*; **~first** M mænir *m*; **~geschoss** N þakhæð *f*; **~kammer** F þakherbergi *n*; **~pappe** F þakpappi *m*; **~rinne** F þakrenna *f*
Dachs M greifingi *m*
Dachziegel M þaksteinn *m*
dadurch gegnum það; við það; með því
dafür fyrir það; í staðinn fyrir; hins vegar; **ich kann nichts ~** ég get ekki gert að því
dagegen þar á móti; á móti því; í samanburði við það; **etw ~ haben, ~ sein** vera á móti e-u
daheim heima, hér heima, þar heima
Daheim N heimili *n*, heimkynni *n*
daher þaðan; hingað; (*deswegen*) þess vegna
dahin þangað; farinn, horfinn; **bis ~** þangað til, til þeirrar stundar
dahingestellt: **~ sein lassen** segja ekkert (**etw** um e-ð), láta óútkljáð
dahinten þar(na) á bak við, fyrir aftan
dahinter bak við; **es steckt etw ~** hér býr e-ð undir; **~kommen** komast að e-u
damal|ig þáverandi; **~s** þá, á þeim tímum
Dame F kona *f*; hefðarkona *f*; **~nbinde** F dömubindi *n*; **~ntoilette** F kvennaklósett *n*; **~spiel** N dammtafl *n*
damit með það, með því; (*sodass*) til þess að
dämlich *sl* kjánalegur, heimskulegur
Damm M stífla *f*, flóðgarður *m*; (*Fahrdamm*) akbraut *f*
dämmer|ig rokkinn, hálfdimmur; **~n** birta; skyggja, húma; **es dämmert** það birtir; (*abends*) það húmar; **&ung** F dögun *f*; rökkur *n*, húm *n*
Dampf M gufa *f*; **~bad** N gufubað *n*; **&en** gufa; **~er** M gufuskip *n*; **~heizung** F gufuupphitun *f*; **~kessel** M gufuketill *m*; **~maschine** F gufuvél *f*
danach á eftir því; samkvæmt því; **es sieht nicht ~ aus** ekki lítur út fyrir það
Däne M Dani *m*
daneben við hliðina á því; (*außerdem*) auk þess
Dänemark N Danmörk *f*
dänisch danskur
Dänisch N danska *f*
dank: **~ seiner Hilfe** vegna hjálpar hans

Dank M þökk *f*, þakklæti *n*; **besten ~!** kærar þakkir!; **Gott sei ~!** guði sé lof!
dank|bar þakklátur; **~en** þakka; afþakka; **nichts zu ~!** ekkert að þakka!; **~end**: **Betrag ~ erhalten!** Greitt!; **≈sagung** F þakklæti *n*, þakkargerð *f*
dann þá; því næst, svo, síðan; **~ und wann** við og við, öðru hvoru
daran á það *od* því; um *od* við það
darauf á það *od* því, við því; svo; því næst; seinna
daraus úr *od* af því
dar|bieten rétta fram; bjóða; **≈bietung** F skemmtun *f*; sýning *f*; **~bringen** færa, flytja
darin því, þar í
dar|legen útskýra; **≈leh(e)n** N lán *n*
Darm M þarmur *m*
darstell|en THEAT leika; *Bild*: sýna, tákna; **≈er(in)** M(F) leikari *m*, leikkona *f*; **≈ung** F tilbúningur *m*; leikur *m*; sýning *f*
darüber yfir það *od* því; út af því
darum um það; þess vegna
darunter undir það *od* því; þar á meðal
das *bestimmter Artikel* N → der; DEM PR það, þetta; *rel pr* (*undekl*) sem
Dasein N tilvera *f*, líf *n*
dass CJ að; svo að; **auf ~** til þess að; **ohne ~** án þess að
Datei F skjal *n* í tölvu *f*
Dat|en PL (*Computer*) upplýsingar *fpl*, gögn *npl*; **≈ieren** dagsetja; **~iv** M þágufall *n*
Dattel F daðla *f*
Datum N dagsetning *f*, mánaðardagur *m*
Dauer F varanleiki *m*, tímalengd *f*; **auf die ~** til lengdar; **≈haft** endingargóður; traustur; **≈n** V/I endast; haldast; **~welle** F varanleg hárliðun, *sl* permanent *n*
Daumen M þumalfingur *m*; þumlungur *m*
Daune F dúnn *m*; **~ndecke** F dúnsæng *f*
davon þar frá, þaðan; af því; um það; burt, af stað; **~bleiben** koma ekki nærri því; **~fliegen** fljúga burt; **~laufen** hlaupa burt, strjúka
davor fyrir framan (það); þar fyrir utan; (*vorher*) áður
dazu til þess; **noch ~** þar að auki; auk þess; **~gehören** tilheyra
dazwischen þar á milli; á milli þeirra; **~kommen** hindra; **~reden** grípa fram í
Debatte F umræður *fpl*
Deck N þilfar *n*, þiljur *fpl*; **~bett** N yfirsæng *f*
Decke F ábreiða *f*; yfirbreiðsla *f*; teppi *n* (*Zimmerdecke*) loft *n*
Deckel M lok *n*; (*Buch*) spjald

n, band *n*
decken *Tisch* breiða dúk á; *Dach* þekja
defekt bilaður
defi|nieren skilgreina; **≈nition** F skilgreining *f*; **≈zit** N tap *n*
Degen M sverð *n*, korði *m*
dehn|bar teygjanlegur, þenjanlegur; **≈barkeit** F teygjanleiki *m*; **~en** teygja, þenja; **≈ung** F teyging *f*, lenging *f*; útþensla *f*
Deich M díki *n*, flóðgarður *m*
Deichsel F vagnstöng *f*
dein(e, er, es) POSS PR þinn; **~etwegen** þín vegna
Dekli|nation F fallbeyging *f*; **≈nieren** fallbeygja
dem|entsprechend samkvæmt því; svarandi til þess; **~gegenüber** þar á móti; **~gemäß** samkvæmt því; **~nach** þess vegna; **~nächst** bráðlega; því næst
Demokrat|ie F lýðræði *n*; **≈isch** lýðfrjáls
Demonstr|ation F kröfuganga *f*; **≈ieren** (*aufzeigen*) sýna; (*protestieren*) mótmæla
Demut F auðmýkt *f*
demütig auðmjúkur; **~en** auðmýkja; **≈ung** F auðmýking *f*
demzufolge samkvæmt því, þess vegna
Denk|art F hugsunarháttur *m*; **≈bar** hugsanlegur; **≈en** (**an** *akk*) hugsa (um); halda;
~mal N minnismerki *n*
denn því að; (*als*) heldur en; **mehr ~ je** meir en nokkru sinni; **es sei ~, dass** nema því aðeins að
dennoch samt (sem áður), þó
Deo(dorant) M svitakrem *n*
der (die, das, PL **die)** *bestimmter Artikel* hinn, -(i)nn (hin, -(i)n; hið, -(i)ð; *pl* hinir, -nir; hinar, -nar; hin, -in); *dem pr* sá (sú, það; *pl* þeir (þær, þau); *rel pr* sem, er
derb (*Stoff*) sterk(leg)ur, grófgerður; (*Wort*) óheflaður, ruddalegur
dergleichen þess konar, slíkur; **und ~** og því um líkt
der-, die-, dasjenige, PL **diejenigen** sá, sú, það, *pl* þeir, þær, þau
derselbe sá hinn sami; sá
deshalb þess vegna
desinfizieren sótthreinsa
dessen þess
desto því, þeim mun; **je … ~** því … þeim mun …
deswegen þess vegna
Detail N einstakt atriði
deut|en skýra, útskýra; *Träume* ráða; **auf j-n ~** benda á e-n; **auf etw** (*akk*) **~** benda til e-s; **~lich** greinilegur; **≈lichkeit** F greinileiki *m*
deutsch þýskur
Deutsch N þýska *f*; **ins ~e übersetzen** þýða yfir á þýsku; **~e** M Þjóðverji *m*; **~land** N Þýskaland *n*

Deutung F skýring *f*; ráðning *f*
Devise F orðtak *n*; *pl* HANDEL erlendur gjaldeyrir
Dezember M desember *m*
Dia|lekt M mállýska *f*; **~log** M samtal *n*; viðræða *f*
Diät F sjúkrafæði *n*; **strenge ~ halten** fylgja ströngum reglum í matarhæfi
dicht þéttur; alveg, rétt; **~ bevölkert** þéttbyggður; **~ dabei** rétt þar hjá; **~e** F þéttleiki *m*; **~en** þétta; (*Literatur*) yrkja; **~er(in)** M(F) skáld *n*; **~ung** F þétting *f*; (*Literatur*) skáldskapur *m*, skáldverk *n*
dick þykkur; gildur, feitur
Dickicht N (skógar)þykkni *m*
Dieb M þjófur *m*; **~stahl** M þjófnaður *m*
Diele F fjöl *f*; anddyri *n*
dien|en þjóna; MIL gegna herþjónustu; **~er** M þjónn *m*; **~erin** F þjónustustúlka *f*
Dienst M þjónusta *f*; greiði *m*; **außer ~** (*abk* **a.D.**) fyrrverandi (*abk* fyrrv.), uppgjafa-
Dienstag M þriðjudagur *m*
Dienstbote M hjú *n*
diesbezüglich viðvíkjandi þessu
diese, ~r, ~s, PL **~** þessi (hérna), þetta; *pl* þessir, þessar, þessi; **~ Nacht** í nótt; **~s Jahr** á þessu ári; **am ersten ~s Monats** hinn fyrsta þessa mánaðar
Diesel M dísel *m*, díeselolía *f*
dies|jährig þessa árs; **~mal** í þetta skipti; **~seits** hérna megin
Dietrich M þjófalykill *m*
Differenz F mismunur *m*
digital stafrænn; **~kamera** F stafræn myndavél *f*
Diktat N upplestur *m*; stafsetningarpróf *n*; **~or** M einræðisherra *m*; **~ur** F einræði *n*
diktieren lesa fyrir
Dilettant(in) M(F) leikmaður *m*
Ding N hlutur *m*; *umg* telpa *f*; **vor allen ~en** umfram allt
Diphtherie F barnaveiki *f*
Diplom N prófskírteini *n*, vitnisburður *m*
dir PERS PR *dat* þér; **~** þér
direkt ADV beint
Direkt|or(in) M(F) forstjóri *m*; **~übertragung** F bein útsending *f*
Dirigent(in) M(F) hljómsveitarstjóri *m*
diskontieren kaupa verðbréf með afföllum; forvaxta
Diskothek F diskótek *n*; dansstaður *m*
diskret varkár; þagmælskur; háttvís
Disku|ssion F umræður *fpl*; **~tieren** ræða (**über etw** *akk* um e-ð)
distanzieren V/R hverfa (**von etw** frá e-u); vera á annarri skoðun
Distel F þistill *m*

Divid|ende F hluti *m*, hlutgróði *m*; **≗ieren** deila
doch þó, samt (sem áður); (*nach Verneinung*) jú; **nicht ~** nei!
Docht M kveikur *m*
Dock N SCHIFF skipakví *f*
Doktor(in) M(F) doktor *m*
Dokument N skjal *n*
Dolch M rýtingur *m*
dolmetsch|en túlka; **≗er(in)** M(F) túlkur *m*; skjalaþýðari *m*, skjalaþýðandi *m*
Dom M dómkirkja *f*
Donner M þruma *f*; **~stag** M fimmtudagur *m*; **~wetter!** hver fjandinn!
Doppel N afrit *n*; **~decker** M tvíþekja *f*; **~punkt** M tvípunktur *m*, tvídepill *m*; **≗t** tvöfaldur; **~zimmer** N tveggja manna herbergi *n*
Dorf N þorp *n*
Dorn M þyrnir *m*; gaddur *m*; **≗ig** þyrnóttur
dörren þurrka
Dorsch M þorskur *m*
dort þar, þarna; **~her** þaðan; **~hin** þangað
Dose F dós *f*, dósir *fpl*; **~nöffner** M dósahnífur *m*; dósaopnari *m*
Dotter M/N eggjarauða *f*
Dozent(in) M(F) dósent *m*
Drache M dreki *m*
Draht M vír *m*; **~seilbahn** F vírkaðlabraut *f*
Drama N leikrit *n*; **~tiker** M leikritaskáld *n*
Drang M hvöt *f*; þröng *f*
drängen ýta, stjaka; leggja fast að; **die Zeit drängt** það liggur á
Draufgänger M þjarkur *m*, þjösni *m*, jarðvöðull *m*, sá, er gengur að með oddi og egg
draußen þarna úti, fyrir utan, úti; **von ~** að utan
Dreck M óþverri *m*; skítur *m*; **≗ig** óhreinn, skítugur
Dreh|buch N kvikmyndahandrit *n*; **≗en** snúa; vinda; *Film* taka (kvikmynd)
Drehung F snúningur *m*
Drei|eck N þríhyrningur *m*; **~einigkeit** F þrenning *f*
drei|fach þrefaldur; **~mal** þrisvar (sinnum)
dreist djarfur; hrokafullur
dresch|en þreskja; lúberja; **≗maschine** F þreskivél *f*
Drilling M þríburi *m*
dringen ryðjast; **auf etw** (*akk*) **~** krefjast; **~d!** áríðandi (að berist fljótt)!
dringlich innilegur; brýnn; **≗keit** F brýn nauðsyn
drinnen þar inni, inni
Dritte|l N þriðjungur *m*; **≗ns** í þriðja lagi
Droge F eiturlyf *n*, vímuefni *n*, fíkniefni *n*; **≗nabhängig** eiturlyfjasjúkur
Drogen|abhängige M eiturlyfjasjúklingur *m*; **~einnahme** F eiturlyfjaneysla *f*; **~konsument** M eiturlyfja-,

vímuefnaneytandi *m*; **~missbrauch** M misnotkun *f* eiturlyfja, lyfjabúð *f*
Drogerie F lyfja(efna)verslun *f*
drohen ógna
dröhnen drynja, dynja
Drohung F ógnun *f*, hótun *f*
drollig skrítinn, skringilegur
drosseln kyrkja; *Einfuhr* draga úr
drüben fyrir handan, hinum megin
Druck M prentun *f*; **&en** prenta
drücken V/T þrýsta; þjá; *v/r* kinoka sér við (e-ð), koma sér hjá e-u
Drucker M prentari *m*; **~ei** F prentsmiðja *f*; **~schwärze** F prentsverta *f*
Druck|fehler M prentvilla *f*; **~knopf** M þrýstihnappur *m*; **~sache** F prentað mál, prent *n*
Drüse F eitill *m*, kirtill *m*
du þú; **&** þú
Duell N einvígi *n*
Duett N tvísöngur *m*
Duft M ilmur *m*; **&en** ilma
duld|en þola; umbera; **&er** M píslarvottur *m*; **~sam** umburðarlyndur
dumm heimskur; **~es Zeug** bull *n*, þvaður *n*; **&heit** F heimska *f*; **&kopf** M heimskingi *m*
dumpf dimmur; sljór; drungalegur
Düne F sandhóll *m*, sandalda *f*
Dung M áburður *m*, mykja *f*
Dünge|mittel N efni *n* til áburðar, áburður *m*; **&n** bera á
dunkel dimmur; óljós; **&heit** F myrkur *n*
dunkeln V/I dimma; sortna
dünn þunnur; grannur, mjór
Dunst M móða *f*; gufa *f*; **~abzugshaube** F eldhúsvifta *f*
dünsten gufusjóða
dunstig svælumikill; þokumikill
Dünung F undiralda *f*; brim *n*
durch (*mit akk*) gegnum; milli; með; **~ und ~** algerlega, að öllu leyti
durchaus algerlega; endilega; **~ nicht** alls ekki
durch|blättern blaða í, fletta; **&blick** M útsýni *n* (gegnum e-ð); skilningur *m*, yfirsýn *f*
durch|blicken: **~ lassen** láta e-ð skiljast *od* á sér skilja; **~brechen** brjótast gegnum; brotna sundur; brjóta sundur; **~brennen** *fig* strjúka; **~dringen** komast *od* ryðjast gegnum
durcheinander ringlaður, ruglaður; **&** N ruglingur *m*; óreiða *f*
Durch|fahrt F akstur *m od* sigling *f* um (e-ð); hlið *n*; sund

n; **~fall** M niðurgangur *m*; *Examen*: fall *n*; **≗fallen** detta gegnum; falla
durchführen framkvæma
Durch|gang M gegnumgangur *m*; umferð *f*; leið *f*, vegur *m*; **≗gängig** venjulegur, (undantekningarlaus) að jafnaði; án hlés
durch|gefroren sárkaldur, gegnumkaldur; **~gehen** fara *od* komast í gegnum; *fig* strjúka; **~greifen** *fig* gera öflugar ráðstafanir; **~halten** þrauka; gefast ekki upp; **~kommen** *fig* komast gegnum; (*Examen*) standast; **~kreuzen** *Pläne* koma í veg fyrir; **~lesen** lesa alveg; lesa lauslega; **~leuchten** MED gegnumlýsa; **~löchert** gataður, settur götum; **≗messer** M þvermál *n*; **~nässt** gagndrepa, gegnumblautur
durch|queren fara (þvert) yfir; **~rechnen** reikna yfir, yfirfara; **≗reise** F ferðalag *n* um e-n stað; **~ringen**: **sich ~** komast loks (á einhverja skoðun); **~schauen** sjá í gegnum; sjá (e-n) út; **≗schlag** M (ritvélar-)samrit *n*; **~schlagen**: **sich ~** bjargast; ryðja sér braut; **≗schnitt** M: **im ~** að meðaltali *n*; **~setzen** V/T koma fram (**etw** e-u); *v/r* láta ekki á sig ganga, gera sig gildandi
Durchsicht F athugun *f*, skoðun *f*; **zur ~** til athugunar *od* skoðunar
durch|sickern sytra *od* vætla í gegnum; *fig* berast út; **~sieben** sálda; **~sprechen** ræða; **~stöbern** snuðra *od* róta í e-u; **~streichen** strika út; **~streifen** sveima *od* flakka um; **~suchen** leita vandlega um, rannsaka ítarlega; **≗suchung** F leit *f*, rannsókn *f*; **~trieben** slægur, slunginn; **~wachsen**: **~er Speck** M flesk með kjöttægjum; **~weg** alveg; að öllu leyti; yfirleitt; **~weichen** gera gegnumblautt *od* mjúkt; **~wühlen** róta í; **≗zug** M (*Luft*) súgur *m*; **~zwängen** V/R troða sér gegnum
dürfen mega
dürr þurr; **≗e** F þurrkur *m*
Durst M þorsti *m*; **ich habe ~** ég er þyrstur
Dusche F steypibað *n*, sturta *f*
Düse F píputota *f*; **~nflugzeug** N þota *f*; **~njäger** M orustuþota *f*
düster dimmur; dapur
Dutzend N tylft *f*
duzen þúa; **sich mit j-m ~** þúa e-n
D-Zug M hraðlest *f*

E

Ebbe F fjara *f*; ~ **und Flut** flóð og fjara
eben jafn; flatur, sléttur; **zu ~er Erde** á stofuhæð *od* neðstu hæð; *adv* einmitt
Ebene F slétta *f*; flötur *m*
ebenfalls sömuleiðis
Ebenholz N íbenviður *m*
ebenso eins, einnig
Eber M (villi)göltur *m*; **~esche** F reynir *m*, reyniviður *m*
ebnen jafna, slétta
Echo N bergmál *n*, endurómur *m*
echt ósvikinn, ekta
Eck|e F horn *n*; **~haus** N hornhús *n*; **≗ig** strendur; **~platz** M hornsæti *n*; **~zahn** M (*Mensch*) augntönn *f*; (*Tier*) vígtönn *f*
edel göfugur; aðalborinn; **≗stein** M gimsteinn *m*
Efeu M vafningsviður *m*
Effekt M áhrif *npl*, afleiðing *f*
egal: ~ **sein** vera sama
ehe áður en, fyrr en
Ehe F hjónaband *n*; **~bruch** M framhjáhald *n*; **~frau** F (eigin)kona *f*; **~gatte** M (eigin)maður *m*; **~leute** PL hjón *npl*; **≗lich** hjónabands-, hjúskaparlegur; **~e Kinder** hjónabandsbörn *npl*; **≗malig** fyrrverandi; **≗mals** ADV forðum, fyrrum; **~mann** M eiginmaður *m*; **~paar** N hjón *npl*
eher áður; fremur
ehern úr málmi; *fig* strangur, ósveigjanlegur
Ehevertrag M kaupmáli *m*
ehrbar heiðvirður
Ehre F sæmd *f*; **j-m zu ~n** e-m til sæmdar; **≗n** heiðra; virða mikils
Ehren|amt N virðingarstaða *f*; **≗amtlich**: **~e Arbeit** góðgerðarstarfssemi *f*; **≗haft** heiðarlegur, heiðvirður; **≗halber** fyrir heiðurs sakir; **~mann** M sæmdarmaður *m*; **~mitglied** N heiðursfélagi *m*; **~sache** F drengskaparmál *n*, sjálfsögð skylda; **≗voll** heiðarlegur; **~wort** N drengskaparorð *n*
ehr|erbietig lotningarfullur; **≗furcht** F lotning *f*; **≗gefühl** N sómatilfinning *f*; **≗geiz** M metnaðargirni *f*; **~lich** heiðarlegur, vandaður; **≗lichkeit** F ráðvendni *f*, heiðarleiki *m*; **~los** ærulaus
Ei N egg *n*
Eiche F eik *f*, eikartré *n*; **~l** F BOT akarn *n*
eichen löggilda (mæli og vog)
Eichhörnchen N íkorni *m*
Eichung F löggilding *f* (mæli og vogartækja)
Eid M eiður *m*; **e-n ~ leisten**

vinna eið (**auf etw** *akk* að e-u); **an ~es statt** að viðlögðum eiði; **≗brüchig** eiðrofa, meinsærinn

Eidechse F sandeðla *f*

eidesstattlich: **~e Erklärung** yfirlýsing *f* að viðlögðum eiði

Eier|becher M eggjabikar *m*; **~kocher** M eggjasuðutæki *n*; **~kuchen** M eggjakaka *f*; pönnukaka *f*

Eifer M ákafi *m*, kapp *n*; **~sucht** F afbrýði(semi) *f*; **≗süchtig** afbrýðisamur

eifrig ákafur; kappsamur

Eigelb N eggjarauða *f*

eigen eiginn; sérstakur; undarlegur; **auf ~e Faust** af eigin rammleik, upp á eigin spýtur; **~artig** einkennilegur; **~händig** eiginhandar-, með eigin hendi; **≗lob** N sjálfshól *n*; **≗name** M eiginnafn *n*; **≗nutz** M sérplægni *f*, eigingirni *f*; **~s** sérstaklega; beinlínis; **≗schaft** F eiginleiki *m*, eðli *n*; **~sinnig** einþykkur; **~tlich** eiginlega; **≗tum** N eign *f*; **≗tümer(in)** M(F) eigandi *m*; **~tümlich** einkennilegur; **≗tumsrecht** N eignarréttur *m*

eignen: **sich zu etw ~** vera vel fallinn til e-s

Eilbote M hraðboði *m*; **durch ~n** með hraðboða

Eilbrief M hraðbréf *n*, expressbréf *n*

Eile F hraði *m*, flýtir *m*; **≗n** fara hratt; flýta sér; **es eilt** það liggur á

Eilfracht F hraðflutningur *m*

eilig skjótur; sem liggur á; **es ~ haben** flýta sér, liggja á

Eilzug M hraðlest *f*

Eimer M fata *f*

ein (eine, ein) *unbestimmter Artikel (im Isländischen kaum vorhanden)* nokkur, nokkurt; **~ Mann** maður nokkur; *num.* einn, ein, eitt; **ein für alle Mal(e)** (í) eitt skipti fyrir öll

einander hvor annan, hver annan, hvor *od* hver öðrum

ein|arbeiten V/R setja sig inn í; **~armig** einhendur, einarma; **~äschern** brenna til kaldra kola; *Leiche* brenna, gera bálför (e-s); **~atmen** anda að sér; **≗bahnstraße** F einstefnuakstursbraut *f*, einstefnugata *f*

Ein|band M band *n* (á bók); **≗bilden** V/R ímynda sér e-ð

Ein|bildung F ímyndun *f*; **~blick** M skilningur *m*

einbrechen brjótast inn

Einbrecher M innbrotsþjófur *m*

einbringen *Geschäft* gefa af sér; *Versäumtes* vinna upp

Einbruch M innbrot *n*; **bei ~ der Nacht** nóttin skellur á

ein|bürgern veita borgararétt; **~büßen** missa, tapa

einchecken innrita sig

ein|deutig án efa, óefað; **~dringen** troðast *od* ryðjast inn; **~dringlich** ákafur; áhrifamikill

Ein|druck M áhrif *npl*; **guten ~ machen** bjóða af sér góðan þokka, falla vel í geð; **²engen** þrengja að; **²erlei** sams konar; **es ist mir ~** mér stendur á sama um það; **²erseits** annars vegar

ein|fach einfaldur; *adv* blátt áfram, beinlínis; **~fädeln** *Nadel* þræða; **²fahrt** F innkeyrsla *f*; **²fall** M hugmynd *f*; **~fallen** hrynja; (*Gedanke*) detta í hug; MUS taka undir; **~fältig** einfaldur; **~farbig** einlitur; **~finden**: **sich ~** koma; **~flößen** *fig Angst* vekja; **²fluss** M áhrif *npl*; **~förmig** tilbreytingarlaus; **²fuhr** F innflutningur *m*; **~führen** flytja inn; *Sitten* innleiða; **²fuhrerlaubnis** F innflutningsleyfi *n*; **²fuhrzoll** M innflutningsstollur *m*; **~füllen** fylla

Ein|gabe F inngjöf *f*; IT innsláttur *m*; **~gang** M inngangur *m*; (*Briefe*) koma *f*; **~gangsbestätigung** F viðtökustaðfesting *f*; **²geben** *Arznei* gefa inn; *Gedanken* blása í brjóst; **²gebildet** yfirlætislegur, montinn; **²geboren** innfæddur, innlendur; **~gebung** F *fig* innblástur *m*

eingehen ganga inn; *Post*: berast, koma; *Verpflichtung* gangast undir e-ð; **~d** nákvæmur, ítarlegur

Ein|gemachte N sulta *f*; **~geständnis** N játning *f*

eingestehen játa, viðurkenna

Eingeweide N innyfli *npl*

ein|gießen hella í; **~gleisig** einspora; **~graben** grafa í jörð

eingreifen V/I taka í taumana

Eingreifen N afskipti *npl*

ein|halten stöðva; efna (**etw** e-ð); hætta (**mit etw** e-u); **~heimisch** innlendur; **²heit** F eining *f*; **~heitlich** af sama tagi; **~holen** *Erlaubnis* fá, ná sér í; (*kaufen*) kaupa inn; SCHIFF draga inn; **~hüllen** hjúpa, hylja

einig sammála; **~e** (**-r**, **-s**) nokkur, nokkurt; *pl* nokkrir, nokkrar, nokkur; **~en** sameina; **sich über etw** (*akk*) **~** koma sér saman um e-ð; **~ermaßen** nokkurn veginn; **²keit** F samlyndi *n*, eining *f*; **²ung** F sátt *f*; sameining *f*

einjährig eins árs; einær

einkassieren innheimta

Ein|kauf M innkaup *npl*; **²kaufen** kaupa inn; **²kehren** (*im Gasthaus*) koma sem gestur; **²klammern** setja í sviga; **~klang** M samhljómur *m*, samræmi *n*; **im ~ stehen mit** vera í samræmi við; **²kochen** sjóða niður; **~kommen** N tekjur *fpl*; **~kommenssteuer** F tekjuskattur

m; **~künfte** PL tekjur *fpl*
ein|laden bjóða heim; **≗ladung** F heimboð *n*; **≗lage** F (skó-)eklegg *n*; (*Sparguthaben*) innstæða *f*; (*im Geschäft*) framlag *n*; **~lassen** hleypa inn; **sich ~ mit j-m** gefa sig að e-m; **≗lasskarte** F aðgöngumiði *m*; **~leben** V/R venjast nýju umhverfi, átta sig; **~leiten** leiða inn; *Buch* rita inngang (að e-u); **≗leitung** F inngangur *m*; **~lenken** *fig* láta undan síga; semja; **~leuchtend** auðsær; **~liefern** skila, afhenda; **~loggen** IT skrá sig inn á (Netið); **~lösen** *Wechsel* innleysa, greiða; *sein Wort* efna; **≗lösung** F greiðsla *f*; efndir *fpl*
ein|machen sjóða niður; **~mal** einu sinni; **auf ~** allt í einu; í senn; **nicht ~** ekki einu sinni; **≗maleins** N: **das kleine, große ~** litla, stóra margföldunartaflan; **~malig** einstæður; **~mischen** V/R skipta sér af, blanda sér (**in etw** *akk* í e-ð); **≗mischung** F afskipti *npl*; **~mütig** einróma
Ein|nahme F tekjur *fpl*; MIL hertaka *f*; **≗nehmen** taka inn; *Frühstück* neyta; MIL hertaka; **≗nicken** dotta; **~öde** F auðn *f*; **≗ölen** smyrja, olíusmyrja; **≗ordnen** setja á sinn stað
ein|packen láta niður, pakka inn; **~pflanzen** gróðursetja; innræta; **~pökeln** salta (niður); **~prägen** móta; innræta
einquartieren koma fyrir (til vistar *od* dvalar)
ein|rahmen innramma; **~räumen** játa; láta fá; *Möbel* koma fyrir, hagræða; **~reiben** núa inn í; **~reichen** senda, afhenda; **~reihen** raða *od* skipa inn í; **~reihig** einhnepptur; **≗reisegenehmigung** F fararleyfi *n* inn í land; **~renken** kippa í lið; **~richten** koma fyrir; útbúa; **≗richtung** F tilhögun *f*; útbúnaður *m*
Eins F (talan) einn; (*Schule*) ágætiseinkunn *f*
ein|salzen salta; **~sam** einmana; **≗samkeit** F einmanaleiki *m*; **~sammeln** safna; **≗satz** M skerfur *m*, framlag *n*; það, sem sett er að veði
ein|schalten skjóta inn í; tengja við; *Licht* kveikja; **Gang ~** (*Auto*) setja í gír; **~schärfen** brýna fyrir; **~schenken** hella í; **~schlafen** sofna; **~schläfern** svæfa; **~schlagen** reka inn (í); brjóta; *Blitz*: ljósta niður; **~schlägig** lútandi að; viðkomandi; **~schleichen** V/R læðast inn; **~schleppen** draga inn; *Seuchen* bera með sér
einschließ|en loka inni; ná yfir; **~lich** meðtalinn

ein|schmieren smyrja; bera krem á; **~schmuggeln** smygla inn; **~schneidend** *fig* áhrifamikill; **≗schnitt** M skora *f*; skurður *m*; **~schränken** takmarka; *v/r* færa saman kvíarnar; **≗schränkung** F takmörkun *f*; fyrirvari *m*

Einschreibe|brief M ábyrgðarbréf *n*; **~gebühr** F skrásetningargjald *n*; ábyrgðargjald *n*; **≗n** skrá, innrita

ein|schreiten taka í taumana; **~schüchtern** hræða, skjóta skelk í bringu

ein|sehen skilja, sjá fram á; **~seitig** einhliða; **~senden** senda (inn); **~setzen** V/I byrja; *v/t Ausschuss* skipa; setja að veði, hætta e-u; **≗sicht** F athugun *f*; skilningur *m*; **~sichtsvoll** skilningsgóður; **≗siedler(in)** M(F) einsetumaður *m*; **~silbig** *fig* fámáll; **~sitzig** með einu sæti

ein|spannen *Pferde* spenna fyrir; **~sperren** setja í varðhald; læsa inni; **≗spruch** M (*Protest*) mótmæli *npl*; kvörtun *f*

ein|stecken stinga á sig, stinga í vasann; **~steigen** stíga inn í; **~stellen** V/T ráða (í vinnu); láta inn; *Radio* stilla á; (*aufgeben*) stöðva; *v/r* búa sig undir; **≗stellung** F innstilling *f*; stöðvun *f*; **~stimmen** fallast á, samþykkja; **~stimmig** samróma, samhljóða; **~stöckig** einlyftur

Ein|sturz M hrun *n*; **≗stürzen** hlaupa inn; hrynja

einstweil|en, ~ig bráðabirgða-, sem er um stundarsakir

ein|tauchen dýfa í; **~teilen** skipta; raða niður; **~tönig** tilbreytingarlaus; **≗topfgericht** N pottréttur *m*; **≗tracht** F eining *f*; **~tragen** bera inn; bóka, skrá; gefa af sér; **~träglich** arðsamur; **~treffen** koma; **~treten** ganga *od* koma inn; gerast; **~ für** taka málstað e-s, styðja; **≗tritt** M innganga *f*; aðgangur *m*; **≗trittskarte** F aðgöngumiði *m*; **≗trittspreis** M aðgangseyrir *m*

einver|standen samþykkur; **≗ständnis** N samkomulag *n*; samlyndi *n*

Einwand M mótbára *f*; mótmæli *npl*

Einwand|erer M nýbúi *m*, innflytjandi *m*; **~erin** F nýbúi *m*, innflytjandi *m*

einwandern flytjast inn

einwandfrei óaðfinnanlegur, gallalaus

einwärts inn á við

ein|wechseln fá í skiptum; **~weihen** vígja; **≗weihung** F vígsla *f*; **~wenden** finna að, hafa á móti; **~wickeln** vefja inn í; **~willigen** samþykkja, fallast á; **≗willigung**

F samþykki *n*; **∼wirkung** F áhrif *npl*

Einwohner(in) M(F) íbúi *m*; **∼meldeamt** N manntalsskrifstofa *f*; *Island*: Hagstofan *f*; **∼schaft** F íbúatala *f*

Einwurf M *Brief*: bréfaloka *f*, póstkassarifa *f*

Ein|zahl F eintala *f*; **∼zahlen** borga (inn á); **∼zäunen** girða; **∼zeichnen** skrá, bóka

Einzel|handel M smásala *f*; **∼heit** F smáatriði *n*; **∼n** einstakur; einn og einn; **∼verkauf** M smásala *f*, lausasala *f*; **∼wesen** N einstaklingur *m*; **∼zimmer** N eins manns herbergi *n*, einkaherbergi *n*

einzieh|en draga inn; *Ruder* leggja upp; MIL innkalla; (*Wohnung*) flytja(st) inn í

einzig einn, eini, einka-; **∼es Kind** einkabarn; **∼ und allein** eingöngu; **∼artig** einstæður, frábær

Einzug M innreið *f*; flutningur *m*

Eis N ís *m*; **∼bahn** F skautabraut *f*; **∼bär** M ísbjörn *m*; **∼berg** M ísjaki *m*; **∼brecher** M ísbrjótur *m*; **∼diele** F ísbar *m*

Eisen N járn *n*; **∼bahn** F járnbraut *f*; **∼beton** M járnbent steinsteypa; **∼warenhandel** M járnvöruverslun *f*

eisern járn-, úr járni; járnharður

eis|gekühlt ískældur; **∼ig, ∼kalt** ískaldur, nístandi; **∼lauf** M skautahlaup *n*; **∼meer** N íshaf *n*; **∼scholle** F ísjaki *m*; **∼schrank** M ísskápur *m*; **∼würfel** M ísmoli *m*; **∼zapfen** M klakadröngull *m*, grýlukerti *n*

eitel hégómlegur; eintómur; **∼keit** F hégómleiki *m*

Eiter M gröftur *m*; **∼n** grafa (í)

Eiweiß N eggjahvíta *f*

Ek|el M viðbjóður *m*; velgja *f*; **∼elhaft** viðbjóðslegur; **∼(e)lig** ógeðslegur; **∼eln** V/R bjóða við, hafa andstyggð á

elastisch fjaðurmagnaður; teygjanlegur

Elch M elgur *m*, elgsdýr *m*

Elektriker(in) M(F) rafvirki *m*

elektrisch rafmagnaður, rafmagns-; **∼er Schlag** rafmagnshögg *n*; **∼er Stuhl** rafmagnsstóll *m*

elektrisieren rafmagna; rafknýja; *fig* örva

Elektr|izität F rafmagn *n*; **∼izitätswerk** N rafveita *f*

Elektro|ingenieur M rafmagnsverkfræðingur *m*; **∼monteur** M rafvirki *m*; **∼technik** F rafmagnsverkfræði *f*; rafvirkjun *f*; **∼techniker** M rafmagnsiðnfræðingur *m*

Element N frumefni *n*; frumatriði *n*; höfuðskepna *f*

elend aumur

Elend N eymd *f*, neyð *f*

Elfenbein N fílabein *n*

Ell(en)bogen M olnbogi *m*
Elster F skjór *m*
Eltern PL foreldrar *mpl*; **~haus** N æskuheimili *n*, foreldrahús *npl*
E-Mail F tölvupóstur *m*; **~-Adresse** F netfang *n*; **2en** senda tölvupóst
Empfang M viðtaka *f*, móttaka *f*; **2en** V/T taka við, taka á móti; *v/i Frau*: verða þunguð *od* ófrísk
Empfäng|er(in) M(F) viðtakandi *m*; viðtökutæki *n*; **2lich** næmur; **~nis** F getnaður *m*
Empfangs|bestätigung F viðtökustaðfesting *f*, kvittun *f*; **~zimmer** N móttökuherbergi *n*
empfehl|en mæla með; *v/r* kveðja; **2ung** F meðmæli *npl*; kveðja *f*
empfind|en finna (til); **~lich** viðkvæmur; tilfinnanlegur; **~ gegen Kälte** kulvís; **2lichkeit** F viðkvæmni *f*; tilfinnanleiki *m*; **2ung** F tilfinning *f*; **~ungslos** tilfinningarlaus
empor upp
empör|en espa, æsa (upp); vekja andstyggð; *v/r* gera uppreisn (**gegen** gegn); **2ung** F uppreisn *f*; gremja *f*
emsig iðinn, kappsamur
End|e N endir *m*, endalok *npl*; endi *m*; **~ März** í marslok; **am ~** að lokum; þegar á allt er litið; **am ~ sein** búinn að vera; **2en** enda, lykta; **2gültig** fullkominn; óbreytanlegur; **2lich** loks, að síðustu; **2los** óendanlegur; **~punkt** M endi *m*; endapunktur *m*; **~station** F endastöð *f*; **~ung** F ending *f*
Energie F (*Mensch*) táp *n*; orka *f*; **~einsparung** F orkusparnaður *m*; **~verschwendung** F orkueyðsla *f*
eng þröngur; þéttur; **~e Freundschaft** náin vinátta; **im ~eren Sinn** í þrengra skilningi; **2e** F þrengsli *npl*; öngvegi *n*
Engel M engill *m*
Eng|land N England *n*; **~länder(in)** M(F) Englendingur *m*, ensk kona *f*; **2lisch** enskur; **~lisch** N enska *f*
Engpass M einstigi *n*; *fig* HANDEL útvegunartregða *f*
Enkel(in) M(F) barnabarn *n*
entbehr|en vera án; sakna; **~lich** missanlegur, sem vera má án; **2ung** F skortur *m*, vöntun *f*
entbind|en leysa undan *od* frá; MED hjálpa við barnsburð; **2ung** F undanlausn *f*, lausn undan *od* frá (e-u); barnsburður *m*
entblößen gera beran; afhjúpa
entdeck|en uppgötva; skýra frá; **2ung** F uppgötvun *f*; tilkynning *f*; **~ Amerikas** fundur *m* (Ameríku)
Ente F önd *f*

ent|eignen taka eignarnámi; **≈eignung** F eignarnám *n*; **~erben** svipta arfi
entfallen detta *od* falla úr *od* af; *fig* gleyma
entfalt|en breiða út; fletta sundur (*a. fig*); *v/r* opnast; **≈ung** F útbreiðsla *f*
entfern|en V/T fjarlægja; *v/r* fara; **~t** fjarri, fjarlægur; **weit ~** langt í burtu, í fjarska; fjarri sanni; **≈ung** F fjarlæging *f*; fjarlægð *f*
ent|fliehen flýja (undan); **~führen** ræna (e-m); nema burt; **≈führung** F mannrán *n*, brottnám *n*
entgegen á móti; andstæður; **~gehen** ganga á móti (**j-m** e-m); **~gesetzt** mótsettur; **~kommen** koma til móts við; *Wünsche*: verða við; **≈kommen** N greiðvikni *f*; **~nehmen** taka á móti, taka við; **~sehen** búast við, vænta; **~treten** ganga til móts við; aftra
ent|gegnen svara; **~gehen** komast undan; **≈gelt** N endurgjald *n*, þóknun *f*; **~gleisen** renna út af teinunum; gera glappaskot; **~halten** V/T hafa að geyma, innihalda; *v/r* forðast, sneiða hjá; **~haltsam** hófsamur, bindindissamur; **~haupten** hálshöggva; **~hüllen** afhjúpa; **~kommen** sleppa, komast undan; **~kräften** veikja; hrekja, ósanna, afsanna
ent|laden afferma; **≈ladung** F afferming *f*; **~lang** meðfram; eftir; **~larven** koma upp um; **~lassen** sleppa, láta lausan; (*Amt*) reka, víkja burt; MIL veita heimfararleyfi; **≈lassung** F brottvikning *f*; heimfararleyfi *n*; **~laufen** strjúka; komast undan; **~legen** afskekktur, fjarri; **~lehnen** fá að láni; **~locken** véla út úr; **~lohnen** borga; **~mutigen** draga kjark úr; **≈mutigung** F kjarkleysi *n*; **~nehmen** taka úr; taka frá; *fig* álykta; ráða (af e-u)
ent|rätseln ráða gátu; skýra; **~reißen** rífa *od* hrifsa frá; **~richten** greiða, gjalda; *Gruß* skila; **~rinnen** sleppa (við); **~rüsten** V/R reiðast; **~rüstet** reiður, sár; **≈rüstung** F reiði *f*; **~sagen** *Welt* hafna; *Thron* afsala sér; **~schädigen** bæta tjón e-s; **≈schädigung** F skaðabætur *fpl*; endurgjald *n*; **~scheiden** úrskurða; skera úr; **≈scheidung** F úrskurður *m*; úrslit *npl*; JUR dómur *m*
ent|schieden útkljáður; ákveðinn; **≈schiedenheit** F festa *f*, einbeitni *f*; **~schließen** V/R afráða, ákveða; **~schlossen** ákveðinn; einbeittur; **≈schluss** M ásetningur *m*, ákvörðun *f*; **~schuldigen** afsaka; **≈schuldi-**

gung F afsökun *f*
entsenden senda frá sér, senda burt
entsetz|en V/R skelfast; **≈en** N skelfing *f*, hræðsla *f*; **~lich** skelfilegur, hræðilegur
ent|sinnen V/R muna (eftir); **≈sorgung** F útrýming kjarnorkuúrgangs; **≈spannung** F hvíld *f*, afslöppun *f*; **~sprechen** samsvara; *Wunsch* verða við; **~sprechend** samsvarandi, viðeigandi; **~springen** *Fluss*: eiga upptök sín; **~stehen** verða til, hefjast; **≈stehung** F upphaf *n*, upptök *npl*; **~stellen** afmynda; afbaka; **≈stellung** F afmyndun *f*, afbökun *f*; **~täuschen** V/T valda vonbrigðum; **≈täuschung** F vonbrigði *npl*
ent|waffnen afvopna; **~wässern** þurræsa, þurrka; **~weder**: **~ … oder** annaðhvort … eða; **~weichen** strjúka, komast undan; **~weihen** vanhelga, saurga; **~wenden** stela *od* ná frá; **~werfen** gera uppkast að; **~werten** rýra (gildi e-s); ógilda; **≈wertung** F verðfall *n*, verðfelling *f*; ógilding *f*; **~wickeln** þroska; *Foto* framkalla; **≈wicklung** F þroskun *f*, framfarir *fpl*; framköllun *f*; **~wirren** greiða úr, laga; **~wöhnen** venja af; **~würdigen** rýra, óvirða; **≈wurf** M uppkast *n*; **~wurzeln** rífa upp með rótum; **~wurzelt** *fig* rótlaus; **~ziehen** V/T draga burt; neita um; *v/r* forðast e-ð, skjóta sér undan e-u; **~ziffern** lesa úr, skýra
entzück|en hrífa; **≈en** N hrifni(ng) *f*, fögnuður *m*; **~end** hrífandi; **~t** hrifinn
entzünd|en kveikja; *v/r* MED grafa í, bólgna; **~et** bólginn; **≈ung** kveiking *f*; bólga *f*
entzwei í sundur, brotinn; **~en** V/T gera ósátta; *v/r* verða ósáttur (**mit j-m** við e-n); **~reißen** taka af með valdi
Epidemie F faraldur *m*
Epoche F tímabil *n*; aldahvörf *npl*
er hann
erachten V/T álíta, hyggja
Erachten N: **m-s ~s** (*abk* **m. E.**) að minni hyggju
er|barmen V/R sjá aumur á, miskunna sig yfir; **≈barmen** N meðaumkun *f*, miskunn *f*; **~bärmlich** brjóstumkennanlegur; aumur; **~bauen** reisa; siðbæta; **≈bauer** M húsagerðarmeistari *m*
Erbe 1 M erfingi *m* 2 N arfur *m*
erbeben titra, skjálfa
erb|en erfa; **≈folge** F röð *f* erfingja; **≈in** F (kven)erfingi *m*
er|bitten biðja um; **~blassen** blikna, fölna
Erb|lasser M arfleiðandi *m*; **≈lich** arf- *od* ættgengur

er|blicken koma auga á, sjá; **~blinden** verða blindur; **~brechen** V/T brjóta upp; v/r selja *od* kasta upp; **≈brechen** N uppsala *f*, uppköst *npl*

Erb|recht N erfðaréttur *m*; **~schaft** F arfur *m*

Erbse F erta *f*, baun *f*; **~nsuppe** F ertu- *od* baunasúpa *f*

Erbteil N arfur *m*, erfðahluti *m*

Erd|anschluss M (*Radio*) jarðsamband *n*; **~beben** N jarðskjálfti *m*; **~beere** F jarðarber *n*; **~boden** M jarðvegur *m*; jörð *f*

Erde F jörð *f*; mold *f*; jarðvegur *m*; **≈n** setja í jarðsamband

erdenklich hugsanlegur

Erd|gas N jarðgas *n*; **~geschoss** N stofuhæð *f*; **~kugel** F jarðarhnöttur *m*; **~kunde** F landafræði *f*; **~nuss** F jarðhneta *f*; **~öl** N jarðolía *f*

er|drosseln kyrkja; **~drücken** buga; kreista til bana; **~drückend** þjakandi

Erdteil M heimsálfa *f*

erdulden þola, bera

ereig|nen V/R koma fyrir bera við; **≈nis** N viðburður *m*, atburður *m*

erfahr|en 1 V/T frétta, komast að; *Undank* verða fyrir 2 ADJ reyndur; **≈ung** F reynsla *f*

er|fassen *Unruhe*: grípa; skilja; **~finden** finna upp; **~finderisch** hugvitssamur; **≈findung** F uppfinning *f*

Erfolg M árangur *m*; gengi *n*; velgengni *f*; **≈en** verða, gerast; **≈los** árangurslaus; **≈reich** árangursmikill

erforder|lich nauðsynlegur; **~lichenfalls** ef nauðsyn krefur; **~n** þurfa, krefjast; **≈nis** N þörf *f*; krafa *f*

erforsch|en rannsaka; **≈ung** F rannsókn *f*

erfreu|en V/R gleðjast; (*Gesundheit*) njóta; **~lich** gleðilegur; **~t** glaður

er|frieren helfrjósa; stirðna af kulda; **~frischen** hressa; **≈frischung** F hressing *f*; **~füllen** uppfylla; **≈füllung** F uppfylling *f*, fullnæging *f*

ergänz|en fullgera; bæta við; **≈ung** F viðbót *f*; viðauki *m*

ergeb|en V/R gefast upp, sætta sig við; koma í ljós; **≈enheit** F einlægni *f*; virðing *f*; **≈nis** N árangur *m*, úrslit *npl*; **~nislos** árangurslaus

er|giebig frjósamur; arðsamur; **~greifen** hræra, koma við; **~greifend** átakanlegur; **≈griffenheit** F geðshræring *f*; **~gründen** rannsaka; **≈guss** M úthelling *f*

er|haben tignarlegur, háfleygur; **~ über etw** (*akk*) hafinn yfir e-ð; **~halten** fá; varðveita; **~hältlich** fáanlegur; **~hängen** hengja; **~här-**

ten harðna; staðfesta, sanna
erheb|en V/T lyfta (upp); *Steuern* innheimta; **Klage gegen j-n ~** stefna e-m, höfða mál gegn e-m; *v/r* rísa á fætur, standa upp; **~lich** talsverður, allmikill; **≈ung** F hóll *m*; (*Steuern*) innheimta *f*
er|hellen V/I sjást, vera ljóst; **~hitzen** V/T (sjóð)hita; espa; *v/r* æsast; **~hoffen** vona; vonast til um e-ð, vonast eftir e-u; **~höhen** hækka; auka; **≈höhung** F hækkun *f*; hæð *f*; **~holen** V/R ná sér, hressast; **≈holung** F hressing *f*; hvíld *f*; **≈holungsheim** N hvíldar-, hressingarhæli *n*; **~hören** bænheyra
erinner|n: **j-n an etw ~** minna e-n á (um) e-ð; *v/r* muna, minnast; **≈ung** F endurminning *f*, minning *f*
er|kalten kólna; **~kälten** V/R kvefast, verða innkulsa; **~kältet** kvefaður; **≈kältung** F kvef *n*
erkenn|bar þekkjanlegur; sýnilegur; **~en** þekkja aftur; bera kennsl á; JUR dæma; **≈tnis** F skilningur *m*, dómgreind *f*
Erker M útskot *n* (á húsi)
erklär|en skýra, lýsa yfir; **~lich** skiljanlegur, skýranlegur; **≈ung** F yfirlýsing *f*; skýring *f*
erklingen hljóma
erkrank|en verða veikur, veikjast (**an etw** *dat* af e-u); **≈ung** F veikindi *npl*
erkundig|en V/R grennslast eftir, spyrjast fyrir; **≈ung** F eftirspurn *f*
er|langen öðlast, hljóta; **≈lass** M (stjórnar)skipun *f*: **~lassen** *Verordnung* gefa út, birta; *Strafe* gefa upp *od* eftir
erlaub|en leyfa; **≈nis** F leyfi *n*; **~t** leyfður
erläuter|n skýra; **≈ung** F skýring *f*
Erle F elri(tré) *n*
erleb|en lifa; reyna; **≈nis** N atburður *m*
erled|igen ljúka, útkljá; afgreiða; **≈igung** F afgreiðsla *f*, lyktir *fpl*; **in ~ Ihres Schreibens** sem svar við bréfi yðar
er|leichtern létta; auðvelda; **≈leichterung** F léttir *m*; auðveldun *f*; **~leiden** þola, verða fyrir; **~lesen** ADJ valinn, úrvals-; **~liegen** bíða lægri hlut; **≈lös** M söluverð *n*; arður *m*; **~löschen** slokkna; líða undir lok; *Firma*: hætta; *Liebe*: hverfa; **~lösen**: **von etw ~** leysa undan e-u; frelsa; **≈lösung** F lausn *f*
er|mächtigen heimila, veita vald *od* umboð; **≈mächtigung** F heimild *f*, umboð *n*; **~mahnen** áminna; vara við; **~mäßigen** lækka, færa niður; **~mäßigt** með afslætti *m*; **≈mäßigung** F lækkun *f*, niðurfærsla *f*; **≈messen** N

mat *n*, ætlun *f*; **~mitteln** uppgötva; rannsaka; **≈mittlung** F uppgötvun *f*; rannsókn *f*

er|möglichen gera fært *od* kleift; **~morden** myrða; **≈mordung** F morð *n*; **~müden** þreytast; þreyta; **~muntern** hvetja; gleðja; **~mutigen** hughreysta, hvetja, telja kjark í; **≈mutigung** F upp-örvun *f*; hvatning *f*

er|nähren fæða, ala önn fyrir; **≈nährung** F næring *f*, framfærsla *f*; **~nennen** útnefna, skipa; **≈nennung** F útnefning *f*, skipun *f*; **~neuern** endurnýja; **≈neuerung** F endurnýjun *f*; **~niedrigen** óvirða, auðmýkja; **≈niedrigung** F óvirðing *f*, auðmýking *f*

ernst alvarlegur; **≈** M alvara *f*; **im ~** í alvöru; **~haft** alvarlegur

Erober|er M sigurvegari *m*; **≈n** vinna, leggja undir sig; **~ung** F (her)taka *f*

er|öffnen opna; *fig* skýra frá; **≈öffnung** F opnun *f*, byrjun *f*; *fig* skýrsla *f*; **~örtern** ræða; **≈örterung** F umræða *f*

erpress|en kúga; **≈ung** F fjárkúgun *f*

erproben reyna, þaulreyna

erraten geta, ráða

erreg|bar viðkvæmur; **~en** *Aufsehen* vekja; æsa; **≈er** M sóttkveikja *f*; **≈ung** F geðshræring *f*; æsing *f*

erreich|bar hægt að ná í; fáanlegur; **~en** ná í; *Ziel* ná; *Stadt* komast til

er|retten bjarga, frelsa (**von** frá); **~richten** reisa; stofna; **~röten** roðna; **≈rungenschaft** F sigurvinning *f*, árangur *m*

Ersatz M uppbót *f*, skaðabætur *fpl*; **~reifen** M varahjólbarði *m*; **~teil** M varahlutur *m*

er|schaffen skapa; **~scheinen** koma í ljós, birtast; koma; *Buch*: koma út; **~schießen** skjóta (til bana); **~schlaffen** linast, sljóvgast; **~schlagen** drepa; **~schließen** opna, gera aðgengilegt

er|schöpfen tæma; þreyta; **~schöpft** útkeyrður; **≈schöpfung** F tæming *f*, þreyta *f*; **~schrecken** V/R hræðast, skelfast; *v/t* hræða, skelfa; **~schüttern** hrista; *fig* fá á; **≈schütterung** F hristingur *m*; hrelling *f*; **~schweren** torvelda

ersetzen bæta, endurgjalda; koma í staðinn fyrir

er|sichtlich sjáanlegur, sýnilegur; greinilegur; **~sparen**: **j-m etw ~** hlífa e-m við e-u; **≈sparnis** F sparnaður *m*; **≈sparnisse** PL sparifé *n*

erst fyrst, ekki fyrr en; ekki nema

er|starren stirðna; **~statten** endurgreiða, bæta; *Bericht*

gefa; **≗stattung** F endurgreiðsla *f*; tilkynning *f*; **≗staunen** N undrun *f*; **in ~ setzen** gera hissa; **~staunlich** furðulegur; **~staunt** hissa
erste (der, die, das) (hinn) fyrsti, (hin, hið) fyrsta
erstechen drepa
Erste Hilfe hjálp *f* í viðlögum; skyndihjálp *f*
ersteigen klífa, klifra upp á
erstens í fyrsta lagi
er|sticken kafna; *v/t* kæfa; **~streben** keppa eftir; **~strecken** V/R teygja sig, ná; **~suchen** biðja, fara (e-s) á leit; **~teilen** úthluta, veita; **~tönen** hljóma, óma
Ertrag M arður *m*; **~en** þola; gefa arð
erträglich þolanlegur
er|tränken drekkja; **~trinken** drukkna; **~übrigen** hafa afgangs; **es erübrigt sich** það er óþarfi
er|wachen vakna; **~wachsen** **1** V/I vaxa upp; **(aus etw)** hljótast (af e-u) **2** ADJ fullorðinn; **≗wachsene(r)** M/F(M) fullorðin kona *f*, fullorðinn maður *m*; **~wägen** íhuga, hugleiða; **≗wägung** F: **in ~ ziehen** taka til athugunar; **~wähnen** minnast á; **~wärmen** hita, verma; **~warten** eiga von á, búast við; **≗wartung** F eftirvænting *f*; von *f*
er|weisen V/R reynast, koma í ljós; **~weitern** víkka, stækka, færa út; **≗weiterung** F víkkun *f*, stækkun *f*
erwerb|en afla, ávinna sér; **~sfähig** atvinnufær; **~slos** atvinnulaus; **≗szweig** M atvinnuvegur *m*
erwider|n svara; endurgjalda; **≗ung** F svar *n*; endurgjald *n*
er|wirken koma til leiðar; **~würgen** kyrkja
Erz N málmgrýti *n*; málmur *m*
erzähl|en segja frá; **≗ung** F frásaga *f*, saga *f*
Erz|bischof M erkibiskup *m*; **~bistum** N erkibiskupsdæmi *n*
er|zeugen framleiða; geta (af sér); **~ziehen** ala upp; **≗ziehung** F uppeldi *n*; **~zielen** fá, bera úr býtum, ná; **~zürnen** V/T gera reiðan; *v/i* reiðast; **~zwingen** knýja fram
es það
Esche F askur *m*, eskiviður *m*
Esel M asni *m*; **~sohr** N asnaeyra *n* (í bók)
Espe F ösp *f*
Espresso M espressókaffi *m*
essbar ætur, ætilegur
essen borða
Essen N matur *m*; át *n*
Essig M edik *n*
Ess|löffel M matskeið *f*; **~tisch** M matborð *n*; borðstofuborð *n*; **~zimmer** N borðstofa *f*

Etage F hæð *f* (í húsi); **~nwohnung** F íbúðarhæð *f*
Etat M fjárhagsáætlun *f*; **~jahr** N fjárlagaár *n*; **⁀mäßig** samkvæmt fjárhagsáætlun
etliche nokkrir
etwa ef til vill; hér um bil; **~ig** hugsanlegur
etwas eitthvað; dálítið (af)
euch *akk u. dat* ykkur
euer POSS PR ykkar; *pers pr gen* ykkar
Eule F ugla *f*
eure(r, s) POSS PR *2. pers. pl* ykkar
Euro M evra *f*; **~cent** M evrusent *n*; **~city** M hraðlest *f* evrópska járnbrautanetsins *n*
Europ|a N Evrópa *f*; **~äer(in)** M(F) Evrópubúi *m*; **⁀äisch** evrópskur
Euter N júgur *n*
evangelisch lúterstrúar, lúterskur
eventuell hugsanlega, kannski
ewig eilífur; sífelldur; **auf ~** að eilífu; **⁀keit** F eilífð *f*
Examen N próf *n*; **ein ~ machen** taka próf; **durchs ~ fallen** falla á prófi
Ex|empel N dæmi *n*; **~emplar** N eintak *n*
exerzieren æfa, þjálfa
Exil N bannfæring *f*
Exist|enz F tilvera *f*; **⁀ieren** vera til
explo|dieren springa; **⁀sion** F sprenging *f*
Export M útflutningur *m*; **~eur** M útflytjandi *m*; **⁀ieren** flytja út
extra aukalega; sérstaklega
extrem ýktur

F

Fabel F dæmisaga *f*; fábúla *f*; **⁀haft** ótrúlegur; stórkostlegur, ágætur
Fabrik F verksmiðja *f*; **~arbeiter(in)** M(F) verksmiðjuverkamaður *m*, verksmiðjuverkakona *f*; **~at** N framleiðsla *f*; framleidd vara
fabrizieren framleiða
Fach N hólf *n*; bás *m*; hilla *f*; (*Schubfach*) skúffa *f*; *fig* námsgrein *f*; sérgrein *f*; **~arbeiter** M faglærður verkamaður *m*, faglærð verkakona *f*; **~arzt** M sérmenntaður læknir
fäch|eln veifa; **⁀er** M blævængur *m*
Fach|gebiet N sérgreinarsvið *n*, sérfræðisvið *n*; **~hochschule** F sérfræðiháskóli *m*; **~kenntnisse** PL sérfræðiþekking *f*; **~mann** M sérfræðingur *m*; iðnlærður

maður; **~schule** F sérfræðiskóli *m*; iðnskóli *m*
Fackel F blys *n*; **~zug** M blysför *f*
Faden M þráður *m*; **≗scheinig** lóslitinn; *fig* (*Lüge*) sem auðvelt er að sjá í gegnum
fähig hæfur; vel gefinn; **≗keit** F hæfileiki *m*, gáfa *f*
fahl bleikur; fölur
fahnden leita að, elta
Fahne F fáni *m*, flagg *n*
Fahr|bahn F, **~damm** M akbraut *f*; **≗bar** fær; skipgengur
Fähre F ferja *f*
fahr|en aka; sigla; ferðast; þjóta; **Auto ~** keyra bíl, aka bíl; **Schlitten ~** renna sér á sleða; **erster Klasse ~** ferðast á fyrsta farrými; **≗er(in)** M(F) ökumaður *m*; bílstjóri *m*; **≗gast** M farþegi *m*; **≗geld** N fargjald *n*; **≗karte** F farmiði *m*, farseðill *m*; **≗kartenschalter** M farmiðasala *f*; **~lässig** hirðulaus; gálaus; **≗plan** M ferðaáætlun *f*; **~planmäßig** samkvæmt (ferða)áætlun; **≗preis** M ökutaxti *m*; **≗prüfung** F ökupróf *n*; **≗rad** N reiðhjól *n*; **≗schein** M farseðill *m*; **≗schule** F ökuskóli *m*; **≗stuhl** M lyfta *f*
Fahrt F ferð *f*; sigling *f*; sjóferð *f*; **~richtung** F ökustefna *f*
Fahrzeug N ökutæki *n*; SCHIFF skip *n*
fair sanngjarn, réttlátur
Falke M fálki *m*, valur *m*
Fall M fall *n*; tilfelli *n*; JUR mál *n*; **auf jeden ~** hvernig sem fer; **auf keinen ~** með engu móti
Falle F gildra *f*
fallen falla; detta; lækka
fäll|en fella; **~ig** fallinn í gjalddaga *m*; *Schiff*: vera væntanlegur
falls ef
Fallschirm M fallhlíf *f*; **~absprung** M fallhlífarstökk *n*
falsch falskur; svikinn; rangur, skakkur
fälschen falsa, svíkja
Falschheit F fals *n*, fláræði *n*
Fälschung F fölsun *f*
Falt|boot N sambrotsbátur *m*; **~e** F felling *f*; hrukka *f*; **≗en** brjóta saman; *Stirn* hrukka; **~er** M fiðrildi *n*; **≗ig** felldur, með fellingum; *Stirn*: hrukkóttur
Familie F fjölskylda *f*; **~nname** M ættarnafn *n*
Fan M aðdáandi *m*
Fang M veiði *f*, fengur *m*
fangen V/T grípa, höndla; **Feuer ~** taka eld, kvikna (í); *v/r* festast, ná tökum á skapi sínu
Fantasie F ímyndunarafl *n*
Farbe F litur *m*
färben lita *m*
Farb|film M litkvikmynd *f*; **≗ig** litaður, mislitur; **~ige(r)** M/F(M) þeldökkur maður *m*,

þeldökk kona *f*; **~stift** M litblýantur *m*; **~ton** M litblær *m*
Färbung F litun *f*; litblær *m*
Farnkraut N burkni *m*
Fasan M fasani *m*
Fasching M föstuinngangur *m*; kjötkveðjuhátíð *f*
Faser F trefja *f*; **&ig** trefjóttur
Fass N tunna *f*, áma *f*
Fassade F framhlið *f*
fassen grípa, þrífa; *fig* skilja; *v/r* átta sig
Fassung F umgerð *f*; stilling *f*; (*Wortlaut*) orðalag *n*; **die ~ verlieren** missa stjórn á sér; **&slos** frá sér (numinn); vanstilltur; **~svermögen** N skilningur *m*; rúmtak *n*
fast nærri, því nær; **~en** fasta; **&enzeit** F fasta *f*; **&nacht** F föstuinngangur *m*
fatal örlagaþrunginn, hrapalegur
fauchen hvæsa
faul skemmdur; lélegur; latur; **~en** rotna; **~enzen** slæpast; **&enzer** M letingi *m*, slæpingi *m*; **&heit** F leti *f*
Fäulnis F fúi *m*; rotnun *f*
Faust F hnefi *m*; **auf eigene ~** af eigin rammleik; **~handschuh** M belgvettlingur *m*
Fax N símbréf *n*, fax *n*; faxtæki *n*; **&en** senda fax; **~gerät** N faxtæki *n*; **~nummer** F faxnúmer *n*
FCKW N freon *n*, klórflúrkolefni *n*
Februar M febrúar *m*
fechten skylmast
Feder F fjöður *f*; penni *m*; **~bett** N fiðursæng *f*; **~gewicht** N (*Sport*) fjaðurvigt *f*; **&n** fjaðra, vera fjaðurmagnaður; **~vieh** N alifuglar *mpl*; **~zeichnung** F pennateikning *f*
Fee F álfkona *f*, dís *f*
Fegefeuer N hreinsunareldur *m*
fegen sópa; hreinsa
fehl|en vanta; yfirsjást; syndga; **&er** M villa *f*, yfirsjón *f*; galli *m*; **~erhaft** gallaður; **~erlos** gallalaus; **&geburt** F fósturlát *n*; óburður *m*; **&griff** M röng ráðstöfun *f*; handaskol *npl*; **~schlagen** misheppnast, bregðast; **&tritt** M fótaskortur *m*; yfirsjón *f*
Feier F hátíð *f*; veisla *f*; **~abend** M: **~ machen** ljúka dagsvinnu; **&lich** hátíðlegur; **&n** hvílast; halda hátíðlegan; **~tag** M frídagur *m*; helgidagur *m*
feig(e) ragur
Feige F fíkja *f*
Feig|heit F ragmennska *f*; **~ling** M ragmenni *n*, bleyða *f*
Feile F þjöl *f*
feilschen þjarka, þrefa (**um** verð)
fein fínn
Feind|(in) M(F) fjandmaður *m*, óvinur *m*; **&lich** fjandsamleg-

ur; **~schaft** F óvinátta *f*, fjandskapur *m*
fein|fühlig næmgeðja, viðkvæmur; nærgætinn; **≗gefühl** N nærgætni *f*, næmlyndi *n*; **≗heit** F fínleiki *m*; **≗schmecker(in)** M(F) sælkeri *m*
feist feitur, spikaður
Feld N akur *m*; MIL vígvöllur *m*; **~weg** M engjavegur *m*
Felge F felgja *f*
Fell N skinn *n*, húð *f*
Fels|(en) M klettur *m*; bjarg *n*; **≗ig** klettóttur; **~wand** F hamraveggur *m*
feministisch kvenréttinda-, kvenfrelsis-
Fenster N gluggi *m*; **~brett** N gluggakista *f*; **~flügel** M gluggavængur *m*; **~kreuz** N gluggastólpi *m*; **~laden** M gluggahleri *m*; **~platz** M gluggasæti *n*; **~rahmen** M gluggagrind *f*; **~scheibe** F gluggarúða *f*
Ferien PL leyfi *n*, frí *n*; **~haus** N sumarbústaður *m*
Ferkel N grís *m*
fern fjarlægur, fjarri; **≗bedienung** F fjarstýring *f*; **≗e** F fjarlægð *f*, fjarski *m*; **~er** fjær; frekari; ennfremur; **≗gespräch** N landsímtal *n*, langlínusamtal *n*; **≗glas** N, **≗rohr** N sjónauki *m*; **~sehen** horfa á sjónvarp; **≗sehen** N sjónvarp *n*; **≗seher** M sjónvarpstæki *n*; **≗sehprogramm** N sjónvarpsdagskrá *f*; **≗sehzuschauer(in)** M(F) sjónvarpsáhorfandi *m*; **≗sicht** F fjarsýni *n*, útsýni *n*; **≗straße** F þjóðvegur *m*
Ferse F hæll *m* (á fæti)
fertig tilbúinn; reiðubúinn; **~ machen** (*beenden*) ljúka; **~bringen** ná að gera e-ð; klára að gera e-ð; **≗gericht** N tilbúinn réttur *m*
Fessel F fjötur *m*; **≗n** fjötra; *fig* heilla, hrífa; **≗nd** *fig* áhrifamikill
fest fastur
Fest N veisla *f*; hátíð *f*; **~essen** N veisla *f*, veislumatur *m*; hátíðamatur *m*; **≗halten** halda (e-u) föstu; **an etw** (*dat*) **~** halda fast við e-ð; **~ival** N hátíð *f*, hátíðahöld *npl*; **~land** N meginland *n*; **≗nehmen** handtaka, taka fastan; **~netz** N almennt símnet *n*; **~platte** F harður diskur *m*; **≗setzen** ákveða; **≗stellen** sannreyna; **~tag** M hátíðardagur *m*; helgidagur *m*; **~ung** F kastali *m*; **~zug** M skrúðganga *f*
fett feitur
Fett N fita *f*; **≗arm** fitusnauður; **~fleck** M fitublettur *m*; **≗ig** fitugur
Fetzen M snepill *m*; tuska *f*
feucht rakur, þvalur; **≗igkeit** F raki *m*
Feuer N eldur *m*; eldsvoði *m*; bál *n*; (*Leuchtfeuer*) viti *m*; **~bestattung** F bálför *f*;

~fest eldfastur, eldtraustur; **~löscher** M slökkvitæki *n*; **~melder** M brunaboði *m*; **~n** skjóta; **~wehr** F bruna- *od* slökkvilið *n*; **~werk** N flugeldar *mpl*; **~zeug** N kveikjari *m*
feurig glóandi; fjörugur
Fichte F (rauð)greni *n*
Fieber N hitasótt *f*; **~haft** *fig* ákaflega; **~n** hafa hitasótt; hafa óráð; **~thermometer** N hitamælir *m*
Figur F mynd *f*; vaxtarlag *n*
Filiale F út(i)bú *n*
Film M kvikmynd *f*; filma *f*; **~en** gera kvikmynd; **~regisseur** M kvikmyndaleikstjóri *m*; **~schauspieler(in)** M(F) kvikmyndaleikari *m*, kvikmyndaleikkona *f*; **~star** M kvikmyndastjarna *f*
Filter M sía *f*; **~kaffee** M venjulegt kaffi *n*; **~zigarette** F fíltersígaretta *f*
Filz M flóki *m*; **~hut** M flókahattur *m*
Finanzamt N skattstofa *f*
Finanz|en PL fjármál *npl*; **~iell** fjárhagslegur, fjármálalegur; **~minister(in)** M(F) fjármálaráðherra **~ministerium** *n* fjármálaráðuneyti *n*
find|en finna; hitta; virðast; **~ig** hugvit(s)samur
Finger M fingur *m*; **~hut** M fingurbjörg *f*; **~nagel** M fingurnögl *f*
Fink M ZOOL finka *f*
Finn|e M Finni *m*, Finnlendingur *m*; **~in** F finnsk kona *f*; **~isch** finnskur; **~isch** N finnska *f*; **~land** N Finnland *n*
finster (nið)dimmur; **~nis** F (niða)myrkur *n*
Firma F firma *n*, fyrirtæki *n*
Firnis M fernis *m*, gljákvoða *f*
Fisch M fiskur *m*; **~ auf Eis** ísaður *od* ísvarinn fiskur; **~bein** N (hval-) skíði *n*; **~en** fiska, veiða; **~er(in)** M(F) sjómaður *m*, fiskimaður *m*; **~erboot** N fiskibátur *m*; **~erdorf** N fiskiþorp *n*; **~fang** M fiskveiðar *fpl*; fiskafli *m*; **~gräte** F fiskbein *n*; **~trawler** M togari *m*
fit í góðu formi; *gesund* heill heilsu; *gut in Form* í góðu líkamlegu formi; **~nessstudio** N líkamsræktarstöð *f*
Fjord M fjörður *m*
flach flatur
Fläche F flötur *m*; **~ninhalt** M flatarstærð *f*
Flachland N láglendi *n*, sléttlendi *n*
Flachs M hör *m*
flackern blakta, flökta
Flagge F flagg *n*, fáni *m*; **~n** flagga
Flamme F logi *m*
Flanell M flúnel *n*
Flasche F flaska *f*; **~nöffner** M upptakari *m*, **~nzug** *m* hjólavinda *f*
flatter|haft hverflyndur; **~n**

flögra; vera hverflyndur
flau máttlaus; *Geschäfte*: daufur
Flaum M dúnn *m*; hýjungur *m*
Flecht|e F (*Zopf*) flétta *f*; BOT skóf *f*; MED útbrot *npl*; **²en** flétta
Fleck M blettur *m*; staður *m*; pjatla *f*, bót *f*; **²ig** blettóttur
Fledermaus F leðurblaka *f*
flehen sár- *od* grátbæna
Fleisch N kjöt *n*; **~brühe** F kjötsúpa *f od* -seyði *n*; **~er(in)** M(F) slátrari *m*; **²ig** kjötmikill; holdugur
Fleiß M iðni *f*; **²ig** iðinn
flicken bæta, gera við
Flicken M bót *f*, pjatla *f*
Flieder M sýrena *f*, dísarunnur *m*
Fliege F fluga *f*
fliegen fljúga
Fliegenklappe F flugnaskella *f*
Flieger M flugmaður *m*
fliehen flýja
Fliese F flís *f*, hella *f*, flaga *f*
Fließ|band N færiband *n*; **²en** fljóta, renna; **²end** fljótandi; reiprennandi
flimmern glitra, blika
flink röskur, hvatur
Flinte F byssa *f*; **die ~ ins Korn werfen** leggja árar í bát
Flirt M daður *n*; **²en** daðra
Flitter M glingur *n*, glys *n*; **~wochen** PL hveitibrauðsdagar *mpl*
Flock|e F flygsa *f*, hnoðri *m*; **²ig** flygsóttur
Floh M fló *f*
Flor M blómi *m*; **²ieren** blómstra, dafna
Floß N (timbur)fleki *m*
Flosse F *Fisch* uggi *m*; *Wal* bægsl(i) *n*
Flöte F flauta *f*
flott glæsilegur; ríkmannlegur
Flotte F floti *m*
Fluch M bölvun *f*; bölbænir *fpl*; blótsyrði *n*; **²en** bölva; formæla
Flucht F flótti *m*
flücht|en V/I flýja, *v/r* forða sér; **~ig** á flótta; lauslegur, yfirborðslegur; **²ling** M flóttamaður *m*
Flug M flug *n*; *Vögel*: flokkur *m*; **~begleiter(in)** M(F) flugþjónn *m*, flugfreyja *f*; **~blatt** N flugrit *n*
Flügel M vængur *m*; álma *f*, armur *m*; MUS flygill *m*
Fluggast M flugfarþegi *m*
flügge fleygur
Flug|gesellschaft F flugfélag *n*; **~hafen** M flugvöllur *m*; **~nummer** F flugnúmer *n*; **~platz** M flugvöllur *m*; **~ticket** N flugmiði *m*; **~verkehr** M flugumferð *f*; **~wesen** N flugmál *npl*; **~zeug** N flugvél *f*; **~zeugträger** M flugvélamóðurskip *n*; **~zeugunglück** N flugslys *f*
Flunder F skarkoli *m*
Flur **1** F akur *m*; engi *n* **2** M

forstofa *f*, anddyri *n*
Fluss M fljót *n*, á *f*; **~bett** N árfarvegur *m*
flüssig fljótandi; **&keit** F vökvi *m*
flüstern hvísla
Flut F flóð *n*; *poetisch*: alda *f*; **&en** falla að; flæða; **~licht** N flóðljós *n*; flóðlýsing *f*
Fohlen N folald *n*
Föhn M hnjúkaþeir *m*; **&en** þurrka hárið *n* með hárþurrku *f*
Föhre F fura *f*
Folge F afleiðing *f*; ályktun *f*; röð *f*; **~ leisten** hlýða (e-m), verða við óskum (e-s); **&n** fylgja, koma á eftir; **&ndermaßen** á eftirfarandi hátt; **&richtig** rétt ályktaður, samkvæmur
folg|ern álykta; **&erung** F ályktun *f*; **~lich** því, þess vegna; **~sam** fylgisamur, hlýðinn
Folter F pynding *f*; kvöl *f*; **~gerät** N pyndingartæki *n*
foltern kvelja, pynda
Fön M hárþurrka *f*, hárblásari *m*
Fonds M sjóður *m*; *pl* verðbréf, ríkisskuldabréf *npl*
Förde F fjörður *m*, vík *f*
Förderband N færiband *n*
fordern krefjast, heimta
fördern efla, styðja; BERGB ná upp (úr jörðu)
Forderung F krafa *f*
Förderung F efling *f*; BERGB framleiðsla *f*
Forelle F silungur *m*
Form F form *n*; lögun *f*, mynd *f*; **&al** formlegur; **~alität** F formsatriði *n*; **~at** N stærð *f*; mynd *f*; **~el** F regla *f*, formúla *f*; **&en** mynda, móta
förmlich formlegur; greinilegur
form|los óformlegur; **&losigkeit** F formleysi *n*; ókurteisi *f*; **&ular** N eyðublað *n*; **~ulieren** komast að orði
forsch|en rannsaka; **&er(in)** M(F) rannsóknarmaður *m*, vísindamaður *m*; **&ung** F rannsókn *f*; **&ungsreise** F rannsóknarleiðangur *m*
Forst M skógur *m*; **~amt** N skóggæslusvæði *n*
Förster(in) M(F) ríkisstarfsmaður *m* sem sér um skórækt
Forstwirtschaft F skógrækt *f*
fort burt; af stað; farinn; **in einem ~** stöðugt, í sífellu; **und so ~** og svo framvegis
fort|bestehen standa *od* haldast áfram; **~bewegen** flytja burt *od* áfram; **~bilden** V/R stunda framhaldsnám *n*; **&bildungsschule** F framhaldsskóli *m*; **~dauern** haldast, halda áfram; **~fahren** *fig* halda áfram; **~gehen** fara í burtu; **~geschritten** *fig* lengra kominn; **&kommen** N velgengni *f*; **~laufend** *fig* óslitinn; **~schreiten** *fig* taka

framförum; **≗schritt** M framfarir *fpl*; **~setzen** halda áfram; **≗setzung** F framhald *n*; **~während** sífelldur, stöðugur; **~ziehen** V/T draga í burtu; *v/i* fara; flytjast

Foto N ljósmynd *f*; **~apparat** M ljósmyndavél *f*; **~graf(in)** M(F) ljósmyndari *m*; **~grafie** F ljósmynd *f*; **≗grafieren** taka (ljós)mynd *f*; **~kopie** F ljósrit *n*

Fracht F farmgjald *n*; farmur *m*; **~brief** M farmskrá *f*; **~dampfer** M vöruflutningaskip *n*; **~gut** N flutningur *m*; **~satz** M flutningataxti *m*

Frack M kjólföt *npl*, kjóll *m* og hvítt

Frage F spurning *f*; mál *n*; fyrirspurn *f*; **e-e ~ stellen** beina spurningu (til); **das kommt nicht in ~** það kemur ekki til mála; **~bogen** M spurningaeyðublað *n*

frage|n: **nach etw ~** spyrja um e-ð; **j-n um Rat ~** spyrja e-n ráða; **≗zeichen** N spurnarmerki *n*; spurningarmerki *n*

fraglich umræddur; vafasamur

frankieren borga undir (bréf)

Frankreich N Frakkland *n*

Franse F kögur *n*

Franz|ose M Frakki *m*; **~ösin** F frönsk kona, Frakki *m*; **≗ösisch** franskur; **~ösisch** N franska *f*

Fratze F skrípamynd *f*; gretta *f*

Frau F kona; (*Ehefrau*) eiginkona *f*, (*Hausfrau*) húsfreyja/húsmóðir *f*; **gnädige ~** (kæra) frú; **~ Hansen** frú Hansen; **~enarzt** M kvensjúkdómalæknir *m*; **~enärztin** F kvensjúkdómalæknir *m* (kona *f*)

Fräulein N fröken *f*

frech ósvífinn; blygðunarlaus; **≗heit** F ósvífni *f*

frei (*unabhängig*) óháður; *Tisch* laus; **~ Haus** flutt ókeypis heim; **~ machen** (*lösen*) losa, leysa; **≗bad** N útisundlaug *f*; **~geben** láta lausan, sleppa; **~gebig** örlátur; **≗gebigkeit** F örlæti *n*; **≗gepäck** N farangur fluttur ókeypis; **≗hafen** M fríhöfn *f*; **~halten** halda auðum; borga fyrir; **≗handel** M frjáls verslun *f*; **≗heit** F frelsi *n*; **≗heitsberaubung** F frelsissvipting *f*; **≗heitsstrafe** F fangelsishegning *f*; **≗herr** M barón *m*; **≗karte** F ókeypis aðgöngumiði; **~lassen** sleppa; **~lich** reyndar, að vísu; vissulega; **≗lichtbühne** F leiksvið *n* undir berum himni; **~machen** *Brief* borga undir (bréf); **~mütig** frjálslegur; hreinskilinn; **≗mütigkeit** F einurð *f*, frjálsleiki *m*; **~sprechen** sýkna; **≗spruch** M sýknun *f*; **≗staat** M lýðveldi *n*; **~stehen** *fig* vera frjálst

od leyfilegt
Frei|tag M föstudagur *m*; **≗willig** sjálfviljugur; **~zeit** F frístundir *fpl*
fremd framandi, ókunnugur, erlendur; **≗e(r)** M/F(M) ókunnugur maður *m*, ókunnug kona *f*; útlendingur *m*; **≗enführer(in)** M(F) leiðsögumaður *m*; **≗enverkehr** M ferðamennska *f*; **≗enverkehrsamt** N upplýsingamiðstöð *f* fyrir ferðamenn; **≗sprache** F erlent tungumál; **~sprachlich**: **~er Unterricht** M tungumálakennsla *f*; **≗wort** N útlent orð
fressen éta; (*Rost*) brenna
Freud|e F gleði *f*; **≗ig** glaður; gleðilegur
freuen V/R gleðjast (**über** *akk* yfir, af, **auf** *akk* hlakka til)
Freund M vinur *m*; **~in** F vinkona *f*; **≗lich** vingjarnlegur (**gegen, zu** við); **~schaft** F vinátta *f*; **≗schaftshalber** fyrir vináttu sakir
Frevel M glæpur *m*; **≗haft** glæpsamlegur
Frieden M friður *m*; **~sbruch** M friðarrof *n*; **~sschluss** M, **~svertrag** M friðarsamningur *m*
fried|fertig friðsam(leg)ur; **≗hof** M kirkjugarður *m*; **~lich** friðsam(leg)ur
frieren frjósa; **es friert** það er frost; **ich friere** (**es friert mich**) mér er kalt
frisch nýr, ferskur; frískur; **~e Butter** nýtt smjör; **auf ~er Tat ertappen** standa (e-n) að verki; **~ gestrichen** nýmálaður; **≗e** F nýleiki *m*, ferskleiki *m*; fjör *n*
Fris|eur(in) M(F) hárgreiðslumaður *m*, hárgreiðslukona *f*; **~euse** F hárgreiðslukona *f*; **≗ieren** greiða
Frist F frestur *m*; tími *m*; **≗en** fresta
Frisur F (hár)greiðsla *f*, hárbúnaður *m*
froh glaður, gleðilegur
fröhlich glaður, gleðilegur; **≗keit** F kæti *f*; gleði *f*
fromm guðhræddur; heiðarlegur
Frömmigkeit F guðhræðsla *f*
Fronleichnam M líkami *m* Krists; Dýridagur *m*
Front F fylkingarbrjóst *n*; vígvöllur *m*; (*Häuserfront*) framhlið *f*
Frosch M froskur *m*
Frost M frost *n*
frösteln kenna kuldahrolls, skjálfa
frostig kaldur; kuldalegur
Frucht F ávöxtur *m*
frucht|bar frjósamur; **~los** árangurslaus; **≗saft** M ávaxtasafi *m*
früh tímanlegur; snemma; **heute ~** í morgun; **morgen ~** í fyrramálið
Frühaufsteher(in) M(F) árri-

sull maður *m*, morgunhani *m*, árrisul kona *f*
früh|er fyrr, áður; **~estens** í fyrsta lagi
Früh|jahr N vor *n*; **~ling** M vor *n*
frühreif bráðþroska (-ður)
Früh|schoppen M morgunbjór *m*; **~stück** N morgunmatur *m od* -verður *m*
frühstücken borða morgunverð; **Frühstücksbüffett** N morgunverðarhlaðborð *n*
frühzeitig tímanlegur *od* –lega
Frust M gremja *f*, skapraun *f*, vonbrigði *npl*
Fuchs M refur *m*; (*Pferd*) rauður *m*
Fug: **mit ~ und Recht** með fullum rétti
Fuge F felling *f*, samskeyti *npl*; MUS fúga *f*
fügen V/R sæta sig við; vilja til
fügsam eftirlátur
Fügung F ráðstöfun *f*, tilhögun *f*
fühlen finna (til), verða var við
Fühler M ZOOL fálmari *m*; *fig* **seine ~ ausstrecken** þreifa fyrir um
Fuhre F vagnhlass *n*
führen leiða; stjórna
Führ|er(in) M(F) fylgdarmaður *m*, fylgdarkona *f*; leiðtogi *m*; **~erschein** M ökuskírteini *n*
Führung F leiðsaga *f*; stjórn *f*; hegðun *f*
Fülle F gnægð *f*; fyrirferð *f*; **in Hülle und ~** í ríkum mæli
füllen fylla
Füllen N folald *n*
Füll|federhalter M lindarpenni *m*; **~ung** F fylling *f*
Fund M fundur *m*; **~ament** N undirstaða *f*; **~büro** N skrifstofa fyrir óskilamuni; **~sachen** PL óskilamunir *mpl*
fünfhundert fimm hundruð
Funke M neisti *m*; **≗ln** leiftra
funken senda loftskeyti
Funker M loftskeytamaður *m*
Funk|spruch M loftskeyti *n*; **~station** F loftskeytastöð *f*; **≗tionieren** starfa, virka
für fyrir; **das ist ~ dich** þetta er fyrir þig *od* handa þér
Fürbitte F fyrirbæn *f*
Furche F far *n*, skora *f*; (*Runzel*) hrukka *f*
Furcht F ótti *m*; **≗bar** hræðilegur
fürcht|en óttast; *v/r* óttast; **~erlich** ógurlegur
furcht|los óhræddur; **~sam** hræðslugjarn
Furnier N (*Holz*) spónn *m*
Fürst M fursti *m*; **~in** F furstafrú *f*; **≗lich** furstalegur; stórrausnarlegur
Furunkel M blóðkýli *n*
Fuß M fótur *m*; **zu ~** fótgangandi; **~ fassen** ná fótfestu; **~ball** M fótbolti *m*; **~ballspiel** N knattspyrna *f*; **~ballspieler(in)** M(F) knattspyrnumaður *m*, fótboltakona *f*;

~bank F skemill *m*; **~boden** M gólf *n*; **~gänger(in)** M(F) gangandi maður *m*, gangandi kona *f*; **~gängerampel** F gönguljós *n*; **~gängerunterführung** F undirgöng *npl* fyrir gangandi fólk; **~gestell** N fótstallur *m*; **~weg** M troðningur *m*, stígur *m*

Futter N fóður *n* (*a. Stoff*); **~al** N hylki *n*

füttern *Tier* fóðra (*a. Kleider*)

Futterpflanze F fóðurjurt *f*

Futur N GRAM framtíð *f*

G

Gabe F gjöf *f*; gáfa *f*

Gabel F gaffall *m*; **≗n** V/R skiptast, greinast; **~ung** F (tví)skipting *f*

gackern kvaka, gagga

gaff|en gapa; glápa; góna; **≗er** M forvitinn áhorfandi

Gage F laun *npl*

gähnen geispa

Galerie F gangsvalir *fpl*; gallerí *n*; (*Kunst*) myndasafn *n*

Galgen M gálgi *m*; **~frist** F skammgóður vermir

Galle F gall *n*; **~nstein** M gallsteinn *m*

Galopp M stökk *n*

gang: **~ und gäbe** (mjög) almennt

Gang M ganga *f*; göngulag *n*; (*Mahlzeit*) réttur *m*; (*Auto*) gír *m*

Gans F gæs *f*

Gänse|braten M gæsa(r)steik *f*; **~füßchen** PL gæsalappir *fpl*

ganz heill; **ein ≗es** heild *f*; *num.* einn heill; **im ≗en** alls, samtals; **im ≗en genommen** yfirleitt

gänzlich algerður; algerlega

Ganztagsbeschäftigung F heilsdagsvinna *f*

gar fullsoðinn *od* -steiktur; **~ nicht** alls ekki; **~ nichts** alls ekkert; **ganz und ~** alveg

Garage F bílskúr *m*

Garantie F ábyrgð *f*; **≗ren** ábyrgjast; **~schein** M ábyrgðarskírteini *n*

Garderobe F fatageymsla *f*; fatnaður *m*; THEAT búningsherbergi *n*; **~nmarke** F fatageymslumiði *m od* -merki *n*; **~nständer** M fatasnagi *m*

Gardine F gluggatjald *n*; gardína *f*

gären ólga

Garn N band *n*, garn *n*

Garnele F rækja *f*

Garnison F setulið *n*

garstig óhreinn; andstyggilegur

Garten M garður *m*; **~bau** M garðyrkja *f*

Gärtner M garðyrkjumaður *m*, garðyrkjukona *f*; **~ei** F

garðyrkjustöð *f*
Gärung F ólga *f*, gerjun *f*
Gas N gas *n*; **~ geben** (*Auto*) stíga bensínið í botn; **~ wegnehmen** minnka bensíngjöfina; **~heizung** F gashitun *f*, gaskynding *f*; **~herd** M gaseldavél *f*; **~kocher** M prímus *m*; **~leitung** F gasleiðsla *f*; **~maske** F gasgríma *f*; **~pedal** N bensíngjafi *m*
Gasse F (mjó) gata *f*; öngstræti *n*
Gast M gestur *m*
Gäste|bett N gestarúm *n*; **~buch** N gestabók *f*; **~haus** N gestahús *n*; **~zimmer** N gestaherbergi *n*
gastfreund|lich gestrisinn; **&lichkeit** F, **&schaft** F gestrisni *f*
Gast|geber(in) M(F) gestgjafi *m*; **~haus** N veitingahús *n*; **~hof** M gistihús *n*; **~mahl** N veisla *f*
Gastronomie F veitingahúsageirinn *m*
Gast|spiel N gestaleikur *m*; **~stätte** F veitingahús *n*; **~wirt** M veitingahúseigandi *m*; **~wirtschaft** F veitingahús *n*
Gatte M maki *m*, eiginmaður *m*
Gatter N grind *f*
Gattin F eiginkona *f*
Gattung F tegund *f*, kynstofn *m*
Gau M hérað *n*, sveit *f*
Gaukler M loddari *m*
Gaul M (áburðar)hestur *m*
Gaumen M gómur *m*
Gauner M þorpari *m*, bófi *m*; **~erei** F þorparabragð *n*; svik *npl*
Gebäck N kökur *fpl*, sætabrauð *n*
Gebärde F látbragð *n*; **&n** V/R hegða sér
Gebaren N hegðun *f*, framkoma *f*
gebär|en fæða; **&mutter** F ANAT leg *n*
Gebäude N bygging *f*, hús *n*
Gebell N gelt *n*
geben gefa; rétta; THEAT sýna, leika; **in die Lehre ~** koma fyrir til iðnnáms; **zu Protokoll ~** láta bóka; **sich** (*dat*) **Mühe ~** gera sér far (um); **es gibt** ... til er(u) ..., það er(u) til ...
Gebet N bæn *f*; **~buch** N bænabók *f*
Gebiet N svið *n*, svæði *n*; **&en** skipa; **~ über** (*akk*) ráða yfir (fyrir); **~er(in)** M(F) stjórnandi *m*, yfirmaður *m*; **&erisch** ráðríkur; höstugur
Gebilde N mynd *f*; **&t** menntaður
Gebirg|e N fjöll *npl*; **&ig** fjöllóttur
Gebiss N tennur *fpl*; (*künstlich*) gervitennur; (*Zaum*) járnmél *npl*
geblümt *Stoff*: rósóttur
geboren: **~ werden** fæðast

geborgen hólpinn, óhultur
Gebot N boðorð *n*; **die Zehn ~e** boðorðin tíu
Gebrauch M notkun *f*; siður *m*; **Ձen** nota
Gebrauchsanweisung F leiðarvísir *m*, notkunarleiðbeiningar *fpl*;
gebrauchsfähig nothæfur
Gebrauchtwagen M notaður bíll *m*
Gebrech|en N galli *m*; lýti *npl*; **Ձlich** hrumur; vanheill
Gebrüll N öskur *n*
Gebühr F gjald *n*; **nach ~** *fig* að verðleikum
gebühren|frei ókeypis; **~pflichtig** gjaldskyldur
Geburt F fæðing *f*; **~enregelung** F takmörkun barneigna; **~enziffer** F fæðingatala *f*; **~sdatum** N fæðingardagur *m*; **~shelfer(in)** M(F) yfirsetumaður *m*, yfirsetukona *f*; **~sjahr** N fæðingarár *n*; **~sort** M fæðingarstaður *m*; **~stag** M afmælisdagur *m*
Gebüsch N kjarr *n*
Gedächtnis N minni *n*; minning *f*; **aus dem ~** eftir minni; **zum ~ des Mannes** til minningar um manninn
Gedank|e M hugsun *f*; **~enfreiheit** F hugsanafrelsi *n*; **Ձenlos** hugsunarlaus; **~enstrich** M þankastrik *n*; **~enübertragung** F hugskeyti *n*, hugsanaflutningur *m*; **Ձenvoll** hugsandi, hugsi
Gedärme PL þarmar *mpl*, innyfli *npl*
Gedeck N borðáhöld *npl* (handa einum)
gedeihen þrífast, dafna
gedenken muna, minnast; hafa í hyggju
Gedenken N (endur)minning *f*
Gedicht N kvæði *n*
gediegen (*Metall*) skír, hreinn; *fig* traustur
gedörrt þurrkaður
Gedräng|e N þrengsli *n*, þröng *f*; *fig* vandræði *npl*; **Ձt** þéttur; stuttorður
gedrungen þéttur, stuttur; *fig* samanrekinn
Geduld F þolinmæði *f*; **Ձen** V/R vera þolinmóður; **Ձig** þolinmóður
geehrt heiðraður; **sehr ~e(r) Herr/Frau ...** háttvirti herra, háttvirta frú (*im Isländischen sind Geschäftsbriefe ohne Anrede*)
geeignet viðeigandi, vel fallin (**für etw** til e-s)
Gefahr F hætta *f*, áhætta *f*; **~ laufen** hætta á, eiga á hættu
gefähr|den stofna í hættu; **~lich** hættulegur; **Ձt** N vagn *m*; farartæki *n*; **Ձte** M förunautur *m*, félagi *m*
Gefälle N halli *m*, fall *n*
gefallen falla í geð, geðjast; **es gefällt mir** mér líst vel á það, mér líkar það vel; **sich** (*dat*) **etw ~ lassen** láta sér

e-ð vel líka; láta bjóða sér e-ð
Gefallen M: **an etw** (*dat*) **~ finden** hafa ánægju af e-u, líka e-ð vel; **j-m e-n ~ tun** gera e-m greiða
gefällig alúðlegur, greiðvikinn; þægilegur; **≈keit** F alúð *f*, greiðvikni *f*
gefangen fangaður; **sich ~ geben** gefast upp; **≈e(r)** M/F(M) fangi *m*; **≈nahme** F handtaka *f*; **~nehmen** taka höndum; **≈schaft** F fangavist *f*
Gefängnis N fangelsi *n*; **~strafe** F fangelsisrefsing *f*; **~wärter(in)** M(F) fangavörður *m*, verslunareigandi *m*
Gefäß N ílát *n*; æð *f*
gefasst stilltur; **auf etw** (*akk*) **~ sein** vera viðbúinn e-u
Gefecht N bardagi *m*; or(r)usta *f*
Gefieder N fjaðrir *fpl*; fjaðurhamur *m*
Geflecht N flétta *f*
gefleckt blettóttur, flekkóttur
Geflügel N alifuglar *mpl*; **~zucht** F alifuglarækt *f*
Gefolge N fylgdarlið *n*
Gefolgschaft F fylgilið *n*; **~ leisten** hlýða, fara eftir
gefräßig gráðugur
gefrier|en frjósa; **≈fach** N frystihólf *n*; **≈fisch** M freðfiskur *m*; **≈fleisch** N fryst kjöt *n*; **≈punkt** M frostmark *n*; **≈schrank** M frystiskápur *m*; **≈truhe** F frystikista *f*
Gefrorene N ís *m*
gefügig eftirlátssamur; liðugur
Gefühl N tilfinning *f*; **≈los** tilfinningarlaus; **≈voll** tilfinningaríkur
gegebenenfalls ef svo fer
gegen (*mit akk*) gegn, á móti; allt að, hér um bil; (*im Vergleich zu*) í samanburði við; **~bar** gegn staðgreiðslu
Gegend F sveit *f*; hérað *n*
Gegen|gewicht N mótvægi *n*; **~gift** N móteitur *n*; **~liebe** F endurgoldin ást; **~mittel** N ráð *n* (við e-u); móteitur *n*; **~rede** F andsvar *n*; mótbára *f*; **~satz** M andstæða *f*; **im ~ zu** andstætt; **≈seitig** gagnkvæmur; **~stand** M hlutur *m*; viðfangsefni *n*; **~stück** N hliðstæða *f*; **~teil** N mótsetning *f*; andstæða *f*; **im ~** þvert á móti; **≈über** andspænis; **~über** N andbýlingur *m*; sá sem situr á móti; **~überstellung** F samanburður *m*; **~verkehr** M umferð *f* á móti; **~vorschlag** M móttillaga *f*; **~wart** F viðurvist *f*; nútíð *f*; **≈wärtig** viðstaddur; núverandi; **~wert** M andvirði *n*; **~wind** M mótvindur *m*; **≈zeichnen** meðundirrita
Gegner|(in) M(F) andstæðingur *m*, mótherji *m*; **≈isch** fjandsamlegur; **~schaft** F mótspyrna *f*, fjandskapur *m*

Gehalt 1 M innihald *n*; gildi *n* 2 N kaup *n*, laun *npl*; **~szulage** F launaviðbót *f*; **&voll** efnismikill
gehässig heiftúðlegur; **&keit** F heiftúð *f*
Gehäuse N hylki *n*; fræhylki *n*
gehbehindert hreyfihamlaður
Gehege N girðing *f*, gerði *n*
geheim leynilegur; **&dienst** M leyniþjónusta *f*; **&fach** N leynihólf *n*; **&nis** N leyndarmál *n*; **&polizei** F leynilögregla *f*; **&zahl** F leyninúmer *n*
gehen ganga, fara; *Teig*: lyfta sér; **schlafen ~** fara að sofa
geheuer: **nicht ~** ekki allt með felldu, lítast ekki á blikuna
Geheul N öskur *n*, ýlfur *n*
Gehilf|e M aðstoðarmaður *m*; **~in** F aðstoðarstúlka *f*
Gehirn N heili *m*; **~erschütterung** F heilahristingur *m*
Gehöft N búgarður *m*
Gehölz N skógur *m*, lundur *m*
Gehör N heyrn *f*; áheyrn *f*; **sich** (*dat*) **~ verschaffen** afla sér áheyrnar
gehorchen hlýða
gehör|en V/I tilheyra, vera eign (e-s); *v/r* sæma, eiga við; **~ig** *fig* viðeigandi, rækilegur
gehorsam hlýðinn
Gehorsam M hlýðni *f*
Gehsteig M gangstétt *f*, gangstígur *m*
Geier M hrægammur *m*
Geifer M slefa *f*; froða *f*
Geige F fiðla *f*; **&n** leika á fiðlu; **~nbogen** M fiðlubogi *m*
geil lostafullur
Geisel F gísl *m*
Geißel F svipa *f*; **&n** hýða, berja
Geist M andi *m*; **der Heilige ~** heilagur andi; **&erhaft** draugalegur; **&esabwesend** annars hugar; **~esgegenwart** F snarræði *n*; **&esgegenwärtig** snarráður; **&eskrank** geðveikur; **&ig** andlegur
geistlich prestlegur, kirkjulegur; **&e** M prestur *m*, klerkur *m*
Geiz M níska *f*; **&en** vera nískur; **~hals** M nirfill *m*; **&ig** nískur
Gekritzel N hrafnaspark *n*
Gel N gel *n*
Gelächter N hlátur *m*
Gelage N gildi *n*, drykkjuveisla *f*
gelähmt lamaður; máttvana
Gelände N svæði *n*; landslag *n*; **~lauf** M víðavangshlaup *n*; **~r** N handrið *n*; **~spiele** PL víðavangsleikir *mpl*; **~wagen** M hálendisbíll *m*
gelangen koma(st); **zur Reife ~** ná þroska
gelassen rólegur, stilltur
geläufig lipur; reiprennandi

gelaunt fyrirkallaður; **gut ~** í góðu skapi
Geläute N hringing *f*, bjölluhljómur *m*
gelb gulur; **~lich** gulleitur; **＆sucht** F gula *f*
Geld N peningar *mpl*; **bares ~** reiðufé *n*; **etw zu ~ machen** koma e-u í peninga; **~beutel** M (peninga-) budda *f*; **~börse** F seðlaveski *n*, (peninga-) budda *f*; **~entwertung** F gengislækkun *f*; **~schein** M peningaseðill *m*; **~schrank** M peningaskápur *m*; **~strafe** F peningasekt *f*; **~stück** N mynt *f*, **~wechsel** *m* gjaldeyrisskipting *f*
Gelee N hlaup *n*, þykkni *n*
gelegen staðsettur; *fig* þægilegur; **＆heit** F tækifæri *n*; **bei ~** við tækifæri; í tilefni af; **＆heitskauf** M tækifæriskaup *npl*; **~tlich** við tækifæri, þegar svo ber undir
gelehr|ig námfús; **＆samkeit** F lærdómur *m*, þekking *f*; **~t** lærður; **＆te(r)** M/F(M) lærður maður, vísindamaður *m*
Geleit N fylgd *f*; grið *npl*; **＆en** fylgja, segja til vegar
Gelenk N liður *m*, liðamót *npl*; **＆ig** sveigjanlegur, fimur; **~rheumatismus** M liðagigt *f*
geliebt elskaður; **＆e(r)** M/F(M) elskhugi *m*, unnusti *m*; kærást *f*, unnusta *f*
ge|lingen heppnast; **~loben** heita, lofa; **＆löbnis** N heit *n*
gelt|en gilda; **~ als** vera metinn sem; **~end**: **etw ~ machen** leggja áherslu á e-ð; gera tilkall til e-s; **＆ung** F gildi *n*; **zur ~ kommen** njóta sín
Gelübde N heit *n*
gelungen vel heppnaður
Ge|mach N herbergi *n*; **＆mächlich** rólegur, makindalegur
gemacht tilbúinn
Gemahl M eiginmaður *m*; **~in** F eiginkona *f*
Gemälde N málverk *n*; **~galerie** F málverkasafn *n*
gemäß samkvæmt; **~igt** hóflegur; tempraður
Gemäuer N múrar *mpl*, veggir *mpl*
gemein sameiginlegur; venjulegur; (**zu j-m**) leiðinlegur við e-n; au(ð)virðilegur; svívirðilegur; **＆de** F sveitarfélag *n*; sókn *f*; **＆devorsteher(in)** M(F) hreppstjóri *m*; **~gefährlich** hættulegur samfélagi manna; **＆heit** F ódrengskapur *m*; **~nützig** almennt gagnlegur; **~sam** sameiginlegur; **＆schaft** F sameining *f*; samfélag *n*; (*eheliche*) hjónaband *n*; **~verständlich** auðskilinn; **＆wesen** N þjóðfélag *n*, samfélag *n*; **＆wohl** N almenningsheill *f* (*a. npl*)
Ge|menge N sambland *n*;

≗messen mældur; **~metzel** N manndráp *n*; **~misch** N sambland *n*, blanda *f*
Gemse F gemsa *f*
Gemurmel N taut *n*
Gemüse N grænmeti *n*; **~garten** M matjurtagarður *m*, kálgarður *m*; **~händler(in)** M(F) matjurtasali *m*, grænmetissali *m*
Gemüt N geð *n*, skap *n*; **≗lich** huggulegur, vistlegur; (*Person*) geðugur; **~sart** F lundarfar *n*; **~sbewegung** F geðshræring *f*; **≗skrank** þunglyndur; geðbilaður; **~sverfassung** F skap *n*
genau nákvæmur; **≗igkeit** F nákvæmni *f*
genehmig|en samþykkja; leyfa; **≗ung** F viðurkenning *f*; samþykki *n*; leyfi *n*
General|stab M herforingjaráð *n* **~streik** *m* allsherjarverkfall *n*; **~vollmacht** F einkaumboð *n*
genes|en batna, frískast; **≗ung** F (aftur)bati *m*
genial snjall, andríkur
Genick N hnakki *m*; háls *m*; (**sich** *dat*) **das ~ brechen** hálsbrotna
Genie N snillingur *m*; **≗ren** V/R vera feiminn
genießen: **etw ~** njóta e-s
Genitiv M eignarfall *n*
Genosse M félagi *m*; **~nschaft** F kaupfélag *n*
genug nógur, nægilegur; **von etw ~ haben** vera orðinn leiður á e-u
Genüge F nægð *f*; fullnæging *f*; **~ tun** fullnægja (e-m); **zur ~** nægilega; **≗n** nægja; **das genügt** þetta nægir; **≗nd** nægilegur
genügsam nægjusamur; **≗keit** F nægjusemi *f*
Genugtuung F fullnæging *f*; ánægja *f*
Genus N kyn *n*
Genuss M neysla *f*; nautn *f*; **≗süchtig** nautnasjúkur
Geo|grafie F landafræði *f*; **~metrie** F flatarmálsfræði *f*
Gepäck N farangur *m*; **~abfertigung** F farangursafgreiðsla *f*; **~aufbewahrung** F BAHN farangursgeymsla *f*; **~ausgabe** F afhending *f* farangurs; **~schein** M farangursskírteini *n*; **~träger** M burðarkarl *m*; (*Fahrrad*) bögglaberi *m*
gepflegt snyrtilegur, vel hirtur, vel viðhaldinn
Gepflogenheit F venja *f*
Ge|plapper N raus *n*; þvaður *n*; **~plauder** N skraf *n*; **~polter** N hávaði *m*, skarkali *m*; **~präge** N einkenni *n*, blær *m*
gerade beinn; uppréttur; *fig* blátt áfram; *adv* einmitt
Gerade F bein lína; **≗aus** beint áfram; **≗zu** beinlínis
Gerät N áhald *n*; tæki *n*
geraten lenda; **in Brand ~**

kvikna í; **in Streit ~** lenda í deilu; **in Vergessenheit ~** falla í gleymsku; **in Wut ~** verða ofsalega reiður; **gut ~** vel heppnaður; **schlecht ~** misheppnaður
Geratewohl: **aufs ~** út í bláinn
geräuchert reyktur
geräumig rúmgóður
Geräusch N hávaði *m*; þrusk *n*; **≈los** hávaðalaus; **≈voll** hávaðasamur
gerb|en súta; **≈säure** F sútunarsýra *f*
gerecht réttlátur; **≈igkeit** F réttlæti *n*
Gerede N þvaður *n*; **ins ~ kommen** verða fyrir illu umtali
gereizt æstur, æfur; **≈heit** F æsing *f*
Gericht N réttur *m* (*a. Essen*); dómstóll *m*; **das Jüngste ~** dómsdagur *m*; **≈lich** lagalegur; **~es Verfahren** *n* dómsmál *n*; málarekstur *m*
Gerichts|barkeit F dómsvald *n*; lögsagnarumdæmi *n*; **~beschluss** M dómsúrskurður *m*; **~diener** M réttarþjónn *m*; **~hof** M dómstóll *m*; **~kosten** PL málskostnaður *m*; **~sitzung** F réttarhald *n*; **~vollzieher** M (borgar)fógeti *m*; **~zeuge** M dómsvitni *n*
gerieben slunginn
gering lítilfjörlegur; lítill; **nicht im ≈sten** ekki vitund; **~fügig** lítilmótlegur; smávegis, smávægilegur; **≈fügigkeit** F smámunir *mpl*; **~schätzen** meta lítils; **~schätzig** lítilsvirtur; **≈schätzung** F lítilsvirðing *f*
gerinnen storkna; **geronnen** storkinn; (*Milch*) ystur
Geripp|e N beinagrind *f*; **≈t** rifjaður; gáróttur
gerissen *fig* slunginn, viðsjáll
gern(e) gjarna(n); **etw ~ essen** þykja e-ð gott
gernhaben: **j-n ~** þykja vænt um e-n
Geröll N hnullungagrjót *n*; möl *f*
Gerste F bygg *n*; **~nkorn** N byggkorn *n*; MED vogrís *m*
Gerte F tág *f*; keyri *n*
Geruch M lykt *f*; **≈los** lyktarlaus
Gerücht N orðrómur *m*
geruh|en þóknast; **~sam** rólegur
Gerümpel N rusl *n*, drasl *n*
Gerüst N pallur *m*, grind *f*
Gesamt|ausgabe F (*Bücher*) heildarútgáfa *f*; **~betrag** M heildarupphæð *f*; **~eindruck** M heildaráhrif *npl*; **~heit** F heild *f*
Gesandt|e(r) M/F(M) fulltrúi *m* ríkis erlendis; **~schaft** F sendinefnd *f*
Gesang M söngur *m*; **~verein** M söngfélag *n*
Gesäß N sitjandi *m*, rass *m*

Geschäft N viðskipti *npl*; verslun *f*; **2ig** starfsamur; **2lich** viðskiptalegur; verslunar-, viðskipta-
Geschäfts|bericht M verslunarskýrsla *f*; **~brief** M verslunarbréf *n*; **~frau** F kona *f* í viðskiptum *m*; **~führer(in)** M(F) framkvæmdastjóri *m*, verslunarstjóri *m*; **~inhaber(in)** M(F) verslunareigandi *m*, fyrirtækiseigandi *m*; **~mann** M kaupsýslumaður *m*; **~ordnung** F vinnutilhögun *f*; þingsköp *npl*; **~reise** F viðskiptaferð *f*; **~schluss** M lokun *f* verslana; **~stelle** F skrifstofa *f*
gescheh|en bera við, gerast; **2nis** N viðburður *m*, atburður *m*
gescheit hygginn; dugandi
Geschenk N gjöf *f*
Geschichte F saga *f*; **e-e schöne ~!** ljóta sagan!
Geschick N (*Schicksal*) örlög *npl*, forlög *npl*; (*Geschicklichkeit*) dugnaður *m*; lagni *f*; **2t** dugandi; laginn, fimur
geschieden skilinn (um hjón)
Geschirr N leirtau *n*; ílát *n*; *Pferd*: aktygi *npl*; **~tuch** N viskustykki *n*
Geschlecht N kyn *n*; kynslóð *f*; **2lich** holdlegur, kynferðilegur
Geschlechts|krankheit F kynsjúkdómur *m*; **~verkehr** M samfarir *fpl*
geschliffen slípaður, fágaður (*a. fig*)
geschlossen lokaður
Geschmack M smekkur *m*, bragð *n*; **an etw** (*dat*) **~ finden** geðjast að e-u; **2los** *fig* ósmekklegur; ónærgætinn; **2voll** smekklegur
Geschmeid|e N skartgripur *m*; **2ig** fimur
Geschöpf N vera *f*; manneskja *f*
Geschoss N kúla *f*, byssukúla *f*, skot *n*; (*Stockwerk*) hæð *f*
Geschrei N óp *n*, hróp *n*
Geschütz N fallbyssa *f*
Geschwader N flota-, flugvéladeild *f*
Geschwätz N þvaður *n*, rugl *n*; **2ig** málugur; **~igkeit** F mælgi *f*
geschwind fljótur, skjótur; **2igkeit** F hraði *m*, flýtir *m*; **2igkeitsbeschränkung** F takmörkun hámarkshraða; **2igkeitsmesser** M hraðamælir *m*
Geschwister PL systkin *npl*
geschwollen bólginn
Geschworene(r) M/F(M) eiðsvari *m*, kviðdómari *m*
Geschwulst F bólga *f*, kýli *n*
Geschwür N ígerð *f*, kýli *n*
Gesell|e M iðnsveinn *m*; félagi *m*; **2ig** félagslyndur; **~schaft** F samkvæmi *n*; félag *n*; POL þjóðfélag *n*; **~schaftsreise** F hópferðalag *n*

Gesetz N lög *npl;* **~buch** N lögbók *f;* **Bürgerliches ~** einkamálalögbók *f;* **~entwurf** M lagafrumvarp *n;* **~gebung** F löggjöf *f;* **⁀lich** lagalegur; löglegur
gesetzt ráðsettur; **~ den Fall, dass ...** setjum svo, að ...
gesetzwidrig ólöglegur
Gesicht N andlit *n*
Gesichts|ausdruck M andlitssvipur *m;* **~creme** F andlitskrem *n;* **~kreis** M sjóndeildarhringur *m;* **~punkt** M sjónarmið *n*
Gesinde N vinnuhjú *npl;* **~l** N skríll *m*, hyski *n*
Gesinnung F hugarfar *n;* **⁀slos** stefnulaus, kærulaus; **~swechsel** M sinnaskipti *npl*
Gespann N eyki *n*
gespannt spenntur, eftirvæntingarfullur; **⁀heit** F órói *m*, spenna *f*, ofvæni *n*
Gespenst N draugur *m;* **⁀isch** draugalegur
gesperrt lokaður
Gespinst N spuni *m;* vefur *m;* (*Gedanke*) þrauthugsað mál
Gespött N háð *n;* athlægi *n*
Gespräch N samtal *n;* **⁀ig** ræðinn; **~sstoff** M umtalsefni *n*, umræðuefni *n*
Gestade N strönd *f*, bakki *m*
Gestalt F vöxtur *m;* mynd *f;* **⁀en** mynda, móta; *v/r* taka á sig svip, verða, þróast; **~ung** F sköpun *f*, myndun *f*
gestanden: **offen ~** í hreinskilni sagt
geständ|ig: **~ sein** játa (e-ð); **⁀nis** N játning *f*
Gestank M stækja *f*, fíla *f*
gestatten leyfa, heimila
Geste F látbragð *n*, hreyfing *f*
gestehen játa
Gestein N grjót *n*, urð *f;* **~skunde** F steinafræði *f*
Gestell N pallur *m;* (fót-)stallur *m*
gestern í gær; **~ Abend** í gærkvöldi; **~ Morgen** í gærmorgun; **~ Nacht** síðustu nótt
Gestirn N stjarna *f;* stjörnumerki *n;* **⁀t** (al)stirndur
Gestöber N snjókoma *f*, fjúk *n*
gestreift röndóttur
Gestrüpp N kjarr *n*
Gestüt N stóð *n*
Gesuch N umsókn *f;* **⁀t** eftirsóttur
gesund heilbrigður, heill; **~en** batna, verða heilbrigður; **⁀heit** F heilsa *f*, heilbrigði *n;* **auf j-s ~ trinken** drekka minni e-s; **⁀heitsamt** N heilsugæslustöð *f;* heilbrigðiseftirlit *n;* **⁀heitspflege** F heilsugæsla *f;* **~heitsschädlich** heilsuspillandi
Getöse N hávaði *m*, gnýr *m*
Getränk N drykkur *m;* **~ekarte** F vínseðill *m;* **~esteuer** F áfengisskattur *m*
getrauen V/R þora, dirfast
Getreide N korn *n*
getrennt aðskilinn

Getriebe N drifhjól *n*; **~schaden** M bilun *f* á drifhjóli
Getümmel N hávaði *m*, ys *m*
Gewächs N jurt *f*; gróður *m*; **~haus** N gróðurhús *n*
Gewähr F ábyrgð *f*, trygging *f*; **~ bieten** veita ábyrgð
gewahren taka eftir, koma auga á
gewähr|en leyfa, heimila; veita; **j-n ~ lassen** láta e-n afskiptalausan; **~leisten** ábyrgjast; heimila
Gewahrsam M varðveisla *f*; varðhald *n*
Gewalt F vald *n*; ofbeldi *n*; **~ antun** beita ofbeldi; **⁀ig** feikilegur; **⁀sam** ofsalegur; með ofbeldi; **⁀tätig** ofbeldisfullur, árásargjarn
Gewand N klæðnaður *m*
gewandt lipur, fimur
Gewässer N vatn *n*; sjór *m*; skipaleið *f*
Gewebe N vefnaður *m*; vefur *m*
Gewehr N byssa *f*; **~kolben** M byssuskefti *n*; **~lauf** M byssuhlaup *n*
Geweih N hjartarhorn *n*
Gewerb|e N atvinna *f*; iðn *f*; **~eschein** M atvinnuleyfi *n*; **~eschule** F iðnskóli *m*; **⁀lich, ⁀smäßig** iðnaðarlegur, iðnaðar-; atvinnu-
Gewerkschaft F iðnfélag *n*, verkalýðsfélag *n*; **⁀lich** verkalýðsfélagslega
Gewicht N vigt *f*, þyngd *f*, þungi *m*; (*Uhr*) lóð *n*
Gewimmel N sægur *m*, urmull *m*
Gewinde N skrúfugangur *m*
Gewinn M gróði *m*; vinningur *m*; **⁀bringend** ábatasamur; **⁀en** græða; *Wette* vinna; **~er(in)** M(F) sigurvegari *m*; **~liste** F vinningaskrá *f*; **~sucht** F gróðafíkn *f*
Gewirr N ringulreið *f*, hrærigrautur *m*
gewiss viss, áreiðanlegur
Gewissen N samviska *f*; **⁀haft** samviskusamur; **⁀los** samviskulaus; **~sbisse** PL samviskubit *n*
gewissermaßen að vissu leyti
Gewissheit F (full)vissa *f*
Gewitter N þrumuveður *n*
gewogen hliðhollur
gewöhnen venja
Gewohnheit F venja *f*, siður *m*
gewöhnlich venjulegur; tilkomulítill
gewöhn|t vanur (e-u); **⁀ung** F venja *f*
Gewölbe N hvelfing *f*
gewunden (*Rede*) tilgerðarlegur; (*Erklärung*) loðinn, óljós
Gewürz N krydd *n*; **~gurken** PL sultaðar agúrkur
Geysir M goskver *m*, Geysir *m*
Gezänk N rifrildi *n*, deila *f*
Gezeiten PL sjávarföll *npl*
gezwungen tilneyddur; *fig*

þvingaður
Gicht F gigt *f*
Giebel M gafl *m*
Gier F græðgi *f*; **≗ig** gráðugur
gieß|en hella; *Blumen* vökva; *Form* steypa; **≗erei** F steypismiðja *f*; **≗kanne** F vökvunarkanna *f*
Gift N eitur *n*; **≗ig** eitraður
Gipfel M tindur *m*; hámark *n*; **~konferenz** F, **~treffen** N leiðtogafundur *m*, fundur *m* þjóðarleiðtoga
Gips M gips *n*; **~verband** M gipsumbúðir *fpl*
Giro N gíro *n*, milliskrift *f*; (*Wechsel*) ábeking *f*
Gischt M froða *f*, löður *n*
Gitarre F gítar *m*
Gitter N grind *f*
Glanz M ljómi *m*, glampi *m*
glänzen glampa, glóa; **~d** glæsilegur, ljómandi
Glas N (*Material*) gler *n*; glas *n*; **~er** M glerskeri *m*
gläsern úr gleri, gler-
Glas|hütte F glersmiðja *f*; **≗ig** glerkenndur; **~scheibe** F (gler)rúða *f*
glatt háll; sléttur; *adv* auðveldlega
Glätte F hálka *f*; sléttleiki *m*
Glatteis N ísing *f*, svell *n*
glätten slétta; fægja
Glatz|e F skalli *m*; **≗köpfig** sköllóttur
Glaube M trú *f*; **auf Treu und ~n** upp á æru og trú; **~nsbekenntnis** N trúarjátning *f*; **~nsfreiheit** F trúfrelsi *n*
glaubhaft trúlegur
gläubig trúaður; **≗e(r)** M/F(M) trúmaður *m*; **≗er** M HANDEL lánardrottinn *m*
gleich eins, jafn; **der gleiche** sá sami, **die gleiche** sú sama; **zu ~er Zeit** á sama tíma; **es ist mir ~** mér er sama; **~ groß** jafnstór; **~altrig** jafnaldra; **~artig** sams konar; **~bedeutend** sömu merkingar; **≗berechtigung** F jafnrétti *n*; **~en** líkjast; **~falls** sömuleiðis, einnig; **~förmig** tilbreytingarlaus; **≗gewicht** N jafnvægi *n*; **~gültig** hirðulaus, kærulaus; **≗heit** F jöfnuður *m*; **~mäßig** með jöfnu millibili, **≗mut** *m* jafnlyndi *n*; **~mütig** jafnlyndur; **≗nis** N líking *f*; **≗strom** M rakstraumur *m*; **≗ung** F MATH líking *f*, jafna *f*; **~viel** jafn mikið; **~wertig** jafnverðmætur; **~wohl** samt sem áður, þó; **~zeitig** samtímis
Gleis N hjólfar *n*; brautarteinar *mpl*
gleit|en renna; **≗flug** M svifflug *n*
Gletscher M jökull *m*; skriðjökull *m*
Glied N liður *m*; ANAT limur *m*
gliedern raða, skipa niður
Gliederung F niðurröðun *f*; sundurliðun *f*
glimmen lifa í glóðum; glóa

glimpflich án verulegs tjóns; mildur
glitzern glitra, glampa
Glock|e F klukka *f*, bjalla *f*; **~enzug** M klukku-, bjöllustrengur *m*
glotzen glápa, góna
Glück N gæfa *f*, gengi *n*; **j-m ~ wünschen** óska e-m heilla; **auf gut ~** upp á von og óvon; **~ haben** vera heppinn; hafa heppnina með sér
Glucke F varphæna *f*
glück|en heppnast; **~lich** hamingjusamur; heppinn; **~selig** sæll; unaðssæll; **≗sfall** M slembilukka *f*, happ *n*; **≗spilz** M gæfumaður *m*; **≗wunsch** M heillaósk *f*; **herzlichen ~!** hjartanlega til hamingju!
Glüh|birne F rafmagnspera *f*; **≗en** glóa; vera glóandi; **~wein** M púns *n*; **~würmchen** N ljósbjalla *f*
Glut F glóð *f*; eldur *m*
Gluten N glúten *n*
GmbH (Gesellschaft mit beschränkter Haftung) hlutafélag *n* með takmarkaðri ábyrgð
Gnade F náð *f*; **~nbrot** N náðarbrauð *n*, gustukagjafir *fpl*; **~ngesuch** N náðunarbeiðni *f*; **~nstoß** M líknarhögg *n*, banahögg *n* banastunga *f*
gnädig náðugur, miskunnsamur
Gold N gull *n*
golden gullinn, úr gulli; **~e Hochzeit** *f* gullbrúðkaup *n*
goldig gullinn; *fig* elskulegur
Gold|schmied M gullsmiður *m*; **~stück** N gullpeningur *m*; **~währung** F gullgengi *n*, gullmyntarfótur *m*
Golf **1** M flói *m* **2** N (*Sport*) golf *n*; **~jacke** F golftreyja *f*
gönn|en unna (e-s); **≗er(in)** M(F) velunnari *m*
Gott M guð *m*; **der liebe ~** góður guð; **du lieber ~!** hamingjan góða!; **weiß ~** það veit guð; **~ bewahre!** guð komi til; **um ~es willen!** í guðanna bænum!; **leider ~es** því miður
Gottes|dienst M guðsþjónusta *f*; **~lästerung** F guðlast *n*; **~leugner** M trúleysingi *m*, guðsafneitari *m*
Gottheit F guðdómur *m*; guðdómleiki *m*
gott|los guðlaus, óguðlegur; **≗vertrauen** N guðstraust *n*
Götze M hjáguð *m*, goð *n*
Grab N gröf *f*; **≗en** grafa; **~en** M skurður *m*; **~hügel** M leiði *n*; haugur *m*; **~mal** N legsteinn *m*; **~stein** M legsteinn *m*
Grad M gráða *f*; stig *n*; **~messer** M stigmælir *m*, mælikvarði *m*
Graf M greifi *m*
Grafik F grafík *f*, svartlist *f*
Gräfin F greifafrú *f*

Gramm N (*abk* g) gramm *n*
Grammatik F málfræði *f*
Granate F sprengikúla *f*
Gras N gras *n*; strá *n*; **≈en** vera á beit, bíta
grässlich skelfilegur, óskaplegur
Grat M fjallsegg *f*; brún *f*
Gräte F (fisk)bein *n*
gratis ókeypis
gratulieren óska til hamingju
grau grár; gráhærður
Gräuel M skelfing *f*, andstyggð *f*; **~tat** F ódæðisverk *n*
grauen elda aftur; **mir graut vor ihm** mig hryllir við honum; **≈** N afturelding *f*; hryllingur *m*; **~haft** hryllilegur
gräulich andstyggilegur, ógurlegur
Graupe F grjón *n*
grausam grimmur
Grazi|e F yndisleiki *m*; **≈ös** yndislegur
Green Peace grænfriðungar *mpl*
greifen grípa, handsama
Greis M öldungur *m*; **≈enhaft** ellilegur; **~in** F gömul kona
grell *Laut*: hvellur; *Licht*: skær, skellibjartur
Grenze F landamæri *npl*; takmörk *npl* **≈n**: **~ an** (*akk*) liggja að; *fig* jaðra við
Grenz|fall M tilfelli *n*, sem er á mörkum; **~übergang** M leið *f* yfir landamæri
Grieche M Grikki *m*; **~nland** N Grikkland *n*
griesgrämig önugur, geðillur
Griff M tak *n*; handarhald *n*
Grill|e F duttlungur *m*; **≈en** glóðarsteikja; grilla, grillsteikja; **≈enhaft** duttlungafullur
grinsen glotta
Grippe F inflúensa *f*, flensa *f*
grob grófur
Grog M (heit) rommblanda *f*; grogg *n*
Groll M reiði *f*, fæð *f*; **≈en**: **j-m ~** bera kala til e-s
Grön|land N Grænland *n*; **~länder(in)** M(F) Grænlendingur *m*
groß stór; **der ≈e Belt** Stórabeltið *n*; **~artig** stórkostlegur; ágætur
Größe F stærð *f*; *fig* tign *f*
Großeltern PL afi *m* og amma *f*
Größenwahn M mikilmennsku(brjál)æði *n*
Groß|handel M heildsala *f*; heildverslun *f*; **~macht** F stórveldi *n*; **~mutter** F amma *f*; **~onkel** M afa-, ömmubróðir *m*; **~stadt** F stórborg *f*; **~tante** F afa-, ömmusystir *f*
größtenteils að mestu leyti
Groß|vater M afi *m*; **≈ziehen** ala upp; **≈zügig** stórbrotinn; *fig* rausnarlegur
Grübchen N spékoppur *m*;

(*am Kinn*) pétursspor *n*
Grube F gryfja *f*; BERGB náma *f*
grübeln brjóta heilann (**über etw** *akk* um e-ð)
Gruft F grafhvelfing *f*
grün grænn; **≗anlage** F tún *n*; garður *m*
Grund M botn *m*; grundvöllur *m*; ástæða *f*; **auf ~ von** vegna; **e-r Sache auf den ~ gehen** athuga mál frá rótum; **~begriff** M aðalhugtak *n*; **~besitz** M jarðeign *f*; **~buch** N jarðabók *f*; afsalsbók *f*
gründ|en stofna, setja á stofn; **≗er(in)** M(F) stofnandi *m*
Grund|gedanke M grundvallar-, aðalhugmynd *f*, frumhugsun *f*; **~lage** F grundvöllur *m*, undirstaða *f*; **≗legend** mikilvægast
gründlich rækilegur
grundlos botnlaus; ástæðulaus
Gründonnerstag M skírdagur *m*
Grund|riss M ágrip *n*; **~satz** M meginregla *f*; **≗sätzlich** grundvallarlegur, grundvallar-; **~schule** F barnaskóli *m*; **~stück** N lóð *f*; **~stücksmakler(in)** M(F) fasteignasali *m*
Gründung F stofnun *f*; stofnsetning *f*
grün|en grænka; **≗futter** N grængresisfóður *n*; **≗kohl** M grænkál *n*
grunzen rýta
Gruppe F hópur *m*, flokkur *m*; **~nermäßigung** F hópafsláttur *m*
gruseln hrylla
Gruß M kveðja *f*
grüßen: **j-n ~** skila kveðju til e-s
Grütze F grjón *npl*; (*Brei*) grautur *m*
guck|en gægjast; **≗loch** N gægjugat *n*
Gulasch M/N gúllas *n*
Gummi M gú(m)mí *n*; barði *m*; **~band** N teygjuband *n*; **~knüppel** M gúmmíkylfa *f*; **~stiefel** PL gúmmístígvéli *npl*
günstig hagstæður
Gurgel F kverkar *fpl*; **≗n** skola (kverkarnar); ólga
Gurke F gúrka *f*, agúrka *f*
Gurt M belti *n*
Gürtel M belti *n*
Guss M *Regen*: skúr *f*; steypa *f*; **~eisen** N steypujárn *n*; **~stahl** M steypustál *n*
gut góður; *adv* vel; **~er Anzug** *m* fallegur klæðnaður; **sei so ~** vertu svo elskulegur; **~er Dinge sein** vera í góðu skapi; **schon ~!** allt í lagi!
Gut N gæði *npl*; eigur *fpl*; jarðeign *f*; **~achten** N mat *n*, álitsgerð *f*; **≗artig** vægur; góðlátur; MED góðkynjaður
Güte F gæska *f*; gæði *npl*
Güter|abfertigung F varn-

ingsafgreiðsla *f*; **~gemeinschaft** F sameign *f*; **~trennung** F fjárskilnaður *m*; **~verkehr** M vöruflutningar *mpl*; **~wagen** M varningsvagn *m*
Gut|haben N innstæða *f*, inneign *f*; **~heißen** samþykkja; **~herzig** hjartagóður, vænn
gütig góðfús, vingjarnlegur
gut|machen bæta úr aftur; **~mütig** góðlát(leg)ur; **~besitzer(in)** M(F) stórjarðareigandi *m*; **~schein** M innstæða *f*; nóta *f*; **~schreiben** skrifa tekjumegin (hjá e-m); **~schrift** F innritun tekjumegin
Gymnasium N menntaskóli *m*
Gymnastik F leikfimi *f*
Gynäkologe M kvensjúkdómalæknir *m*

H

Haar N hár *n*; **sich** (*dat*) **die ~e schneiden lassen** láta klippa sig, láta klippa á sér hárið; **~ausfall** M hárlos *n*; **~bürste** F hárbursti *m*; **~festiger** M lagningarvökvi *m*; **~locke** F hárlokkur *m*; **~nadel** F hárnál *f*; **~netz** N hárnet *n*; **~schnitt** N klipping *f*; **~spray** N hárlakk *n*; **~sträubend** hræðilegur; **~trockner** M hárþurrka *f*; **~waschmittel** N sjampó *n*; **~wurzel** F hársrætur *fpl*
Habe F eign *f*, eigur *fpl*
haben hafa; eiga; **was hast du?** hvað er að þér?; **es eilig ~** liggja á
habgierig ágjarn
Habicht M haukur *m*
hack|en höggva; **~fleisch** N hakk *n*, hakkað *od* saxað kjöt
Hafen M höfn *f*
Hafer M hafrar *mpl*; **~brei** M hafragrautur *m*; **~flocken** PL hafragrjón *npl*, haframjöl *n*
Haft F varðhald *n*, fangelsi *n*; **~bar** ábyrgur; **~en** vera fastur, loða við; **für etw ~** bera ábyrgð á e-u
Häftling M fangi *m*
Haft|pflicht F ábyrgðarskylda *f*; **~pflichtversicherung** F ábyrgðartrygging *f*; **~ung** F ábyrgð *f*; **mit beschränkter ~** (*abk* **mbH**) með takmarkaðri ábyrgð
Hagel M hagl *n*; **~n**: **es hagelt** það er haglél
hager magur, horaður
Hahn M hani *m*
Hai(fisch) M hákarl *m*
häkeln hekla
Haken M krókur *m*; agnhald *n*; (*Kleiderhaken*) snagi *m*
halb hálfur; *adv* að hálfu leyti; **~ und ~** hálft í hvoru; **~ieren**

helminga
Halb|insel F skagi *m*, nes *n*; **~jahr** N misseri *n*; **~kugel** F hálfkúla *f*; **≗mast**: **~ flaggen** flagga í hálfa stöng; **~mond** M hálft tungl; hálfmáni *m*; **~pension** F hálft fæði *n*; **~schuh** M lágskór *m*; **~tagsarbeit** F hálfdagsvinna *f*; **≗wegs** hálfvegis; **~zeit** F (*Sport*) hálfleikur *m*
Hälfte F helmingur *m*
Halle F salur *m*, skáli *m*; **≗n** hljóma, óma
Hallenbad N sundhöll *f*
hallo halló
Halm M strá *n*
Hals M háls *m*; **~ über Kopf laufen** hlaupa sem fætur toga; **~band** N hálsband *n*; **≗brecherisch** háskalegur; **~schmerzen** PL hálsbólga *f*; **~ haben** vera með hálsbólgu; **≗starrig** þrár, þrjóskur; **~tuch** N hálsklútur *m*
Halt M stans *m*; stoð *f*, festa *f*; **≗bar** haldgóður, endingargóður; **≗en** halda; rúma; álíta; **es mit j-m ~** draga taum e-s; **was hältst du davon?** hvað heldur þú um það?
Halte|stelle F stoppistöð *f*; **~verbot** N bannað að stöðva ökutæki
halt|los festulaus, reikull; **~machen** nema staðar, stansa
Haltung F fas *n*, framkoma *f*; stelling *f*
Hammel M sauður *m*; **~braten** M kindakjötssteik *f*; **~keule** F sauðarlæri *n*
Hammer M hamar *m*
hämmern hamra
Hand F hönd *f*; **rechter ~** til hægri; **zur ~** við höndina, til taks; **zu Händen von** afhendist ... persónulega
Hand|arbeit F handavinna *f*; **~ball** M handbolti *m*; **~bremse** F handbremsa *f*; **~buch** N handbók *f*
Händedruck M handtak *n*
Handel M verslun *f*
Händel PL deila *f*; handalögmál *npl*
handeln breyta; versla; **es handelt sich um etw** um e-ð er að ræða
Handels|beziehungen PL verslunarsamband *n*; **~kammer** F verslunarráð *n*; **~schiff** N kaupskip *n*; **~schule** F verslunarskóli *m*; **~stadt** F verslunarborg *f*; **~vertrag** M verslunarsamningur *m*
Hand|fertigkeit F handlagni *f*; **~gelenk** N úlnliður *m*; **~gepäck** N handfarangur *m*; **~griff** M handtak *n*; handfang *n*; **≗haben** handleika; **~koffer** M handtaska *f*
Händler(in) M(F) kaupmaður *m*
handlich handhægur
Hand|lung F athöfn *f*; breytni *f*; verslun *f*; **~schelle** F

handjárn *npl*; **~schrift** F handrit *n*; **~schuh** M hanski *m*; **~tasche** F handtaska *f*; **~tuch** N handklæði *n*; **~voll** F handfylli *f*; **~werk** N handiðn *f*; **~werker(in)** M(F) iðnaðarmaður *m*; **~werkszeug** N verkfæri *n*, smíðatól *npl*
Handy N farsími *m*; *umg* gemsi *m*
Hanf M hampur *m*
Hang M hneigð *f*; (*Abhang*) brekka *f*, hlíð *f*
Hänge|brücke F hengibrú *f*; **~matte** F hengirúm *n*, hengikoja *f*
hängen V/I hanga; *v/t* hengja; láta lafa
hänseln stríða, erta
hantieren handleika
Happen M biti *m*, munnbiti *m*
Harfe F harpa *f*
Harke F hrífa *f*; **≗n** raka
harmlos meinlaus, saklaus
Harmon|ie F samhljómur *m*; samræmi *n*; **~ika** F harmónika *f*
Harn M þvag *n*
harren bíða
hart harður; **~ am Abgrund** rétt hjá hyldýpinu
Härte F harka *f*; strangleiki *m*
härten V/T herða; *v/r* harðna
hart|herzig harðbrjósta; **~näckig** þrjóskur
Harz 1 M GEOG Harsfjöll *npl* 2 N viðarkvoða *f*
haschen grípa, hrifsa
Haschisch N hass *n*
Hase M héri *m*
Hasel|nuss F heslihneta, heslihnot *f*; **~strauch** M heslirunnur *m*
Hass M hatur *n*
hassen hata
hässlich ljótur, herfilegur
Hast F flýtir *m*; **≗en** flýta sér; **≗ig**: **nicht zu ~!** hægan!
hätscheln gæla við
Haube F hetta *f*; kappi *m*; *Motor*: vélarhlíf *f*
Hauch M andvari *m*; **≗en** anda, blása
hauen höggva; berja, lemja
Hauer M (*Zahn*) vígtönn *f*
Haufen M hrúga *f*, haugur *m*; (*Menschen*) hópur *m*, fjöldi *m*; **über den ~ schießen** skjóta niður
häuf|en V/T hrúga saman; *v/r* safnast saman; fjölga; **~ig** tíður; *adv* oft; **≗ung** F hrúgun *f*; aukning *f*, vöxtur *m*
Haupt N höfuð *n*; *fig* foringi *m*; **~bahnhof** M aðaljárnbrautarstöð *f*; **~gewinn** M aðalvinningur *m*
Häuptling M höfðingi *m*
Haupt|mann M höfuðsmaður *m*; **~sache** F aðalatriði *n*; **≗sächlich** aðallega; **~stadt** F höfuðborg *f*; **~straße** F aðalgata *f*; **~verkehrszeit** F aðalumferðartími *m*; **~versammlung** F aðalfundur *m*
Haus N hús *n*; heimili *n*; **nach ~e** heim; **zu ~e** heima; **von ~**

aus upprunalega; **~angestellte** F vinnukona *f*; **~arzt** M heimilislæknir *m*; **~aufgaben** PL heimaverkefni *n*; **≗en** búa; **~flur** M anddyri *n*; **~frau** F húsmóðir *f*, húsfreyja *f*; **≗gemacht** heimatilbúinn, heimalagaður; **~halt** M heimilishald *n*; fjárlög *npl*; **≗halten** fara sparlega með e-ð; **~hälterin** F ráðskona *f*; **~haltsplan** M fjárlagafrumvarp *n*; **~herr** M húsbóndi *m*, heimilisfaðir *m*; **≗ieren** ganga á milli húsa og bjóða varning sinn; **~ierer** M farandsali *m*

häuslich heimilislegur

Haus|mann M húsfaðir *m*; **~meister(in)** M(F) húsvörður *m*; **~nummer** F húsnúmer *n*; **~ordnung** F húsreglur *fpl*; **~rat** M húsbúnaður *m*; **~schlüssel** M húslykill *m*; **~schuh(e)** M(PL) inniskór *m*, *mpl*; **~tier** N húsdýr *n*; **~tür** F útidyr *fpl*; **~verwalter(in)** M(F) rekstrarstjóri *m* fasteigna; **~wirt** M húseigandi *m*

Haut F húð *f*, skinn *n*; (*Milch*) skán *f*; **~arzt** M húðsjúkdómalæknir *m*; **~ärztin** F húðsjúkdómalæknir *m* (kona *f*); **~ausschlag** M útbrot *npl*

häuten flá; *v/r* hafa hamskipti

Hautpflege F húðsnyrting *f*

Havarie F sjótjón *n*

Hebamme F ljósmóðir *f*

Hebel M lyftistöng *f*, vogarstöng *f*; stillir *m*

hebe|n hefja, lyfta; **≗r** M lyftir *m*

hebräisch hebreskur

Hebräisch N hebreska *f*

Hecht M gedda *f*

Heck N aftasti hluti búks

Hecke F limgerði *n*

Heckenrose F glitrós *f*

Heer N her *m*; **~esdienst** M herþjónusta *f*

Hefe F ger *n*

Heft N stílabók *f*; (*Werkzeug*) handfang *n*; (*Messer*) skaft *n*, skefti *n*

heft|en hefta, festa; þræða; **≗faden** M þráður *m*; **~ig** ákafur; ofsalegur; **≗pflaster** N heftiplástur *m*; **≗zwecke** F teiknibóla *f*

hegen girða; annast; **~ und pflegen** leggja rækt við

Hehl N: **kein ~ aus etw machen** draga enga dul á e-ð; **~er** M hilmari *m*, þjófsnautur *m*; **~erei** F hilming *f*

Heide **1** F heiði **2** M heiðingi *m*; **~kraut** N lyng *n*

Heidelbeere F bláber *n*

heidnisch heiðinn

heikel flókinn, erfiður

Heil N blessun *f*; velferð *f*; frelsun *f*; **~and** M frelsari *m*; **~anstalt** F hressingarhæli *n*; **≗bar** læknanlegur, læknandi

Heilbutt M flyðra *f*, lúða *f*

heilen lækna(st), græða(st)

Heilgymnastik F sjúkraleik-

fimi *f*
heilig heilagur, helgur; **der ≗e Abend** aðfangadagskvöld *n*; **der ≗e Geist** heilagur andi; **~en** helga; **≗enschein** M dýrðarbaugur *m*; **~halten** halda heilagan; **~sprechen** taka í dýrlingatölu; **≗tum** N helgidómur *m*
heil|los óskaplegur, svívirðilegur; **≗mittel** N læknislyf *n*; **≗quelle** F heilsulind *f*; **~sam** læknandi; hollur; **≗sarmee** F Hjálpræðisherinn *m*; **≗ung** F lækning *f*
heim ADJ heim; **≗** N heimili *n*; **≗arbeit** F heimavinna *f*; **≗at** F átthagar *mpl*; föðurland *n*; **~atlos** án átthaga; **~isch** heimalegur; vistlegur; **≗kehr** F heimkoma *f*; **~lich** leynilegur; *adv* leynilega; **≗reise** F heimferð *f*; heimleið *f*; **≗suchung** F áfall *n*; heimsókn *f*; **~tückisch** fláráður; **~wärts** heimleiðis; **≗weg** M heimleið *f*; **≗weh** N heimþrá *f*
Heirat F gifting *f*; **≗en** giftast; **~santrag** M hjúskaparboð *n*
heiser hás; **≗keit** F hæsi *f*
heiß heitur; **sich ~ laufen** TECH hita sig; **~blütig** blóðheitur, geðríkur
heißen V/T kalla, nefna; skipa; *v/i* heita; þýða; **willkommen ~** bjóða velkominn; **wie heißt du?** hvað heitir þú?; **das heißt** (*abk* **d.h.**) það er (að segja) (þ. e.), (þ.e.a.s.)
heiß|geliebt ástfólginn; **~hungrig** sársvangur
heiter (*Wetter*) heiður, bjartur; kátur; **≗keit** F kæti *f*; heiðríkja *f*
heiz|en hita, kynda; **≗kissen** N ELEK hitapúði *m*; **≗körper** M (miðstöðvar-) ofn *m*; **≗öl** N kyndingarolía *f*; **≗ung** F hitun *f*, kynding *f*
hektisch stressaður, óðagotslegur
Held(in) M(F) hetja *f*; **~entat** F hetjudað *n*; **~entum** N hetjuskapur *m*
helf|en hjálpa; **≗er(in)** M(F) aðstoðarmaður *m*; sá sem hjálpar (*m*); sú sem hjálpar (*f*)
hell bjartur; skær; **~blond** glóbjartur, alveg ljóshærður
hell|hörig heyrnargóður; (*Haus*) hljóðbær; **≗igkeit** F birta *f*; **≗seher** M skyggn maður *m*, skyggn kona *f*
Helm M hjálmur *m*
Hemd N skyrta *f*
Hengst M graðhestur *m*
Henkel M handarhald *n*
Henker M böðull *m*
Henne F hæna *f*
her hingað; **komm ~!** komdu hingað!; **wo kommt ihr ~?** hvaðan komið þið?; **wie lange ist es ~?** hve langt er síðan?; **hinter etw** (*dat*) **~ sein** elta e-ð á röndum; **hin und ~** fram og aftur; **nicht**

weit ~ sein vera skammt að kominn; *fig* kveða lítið að
herab (hingað) niður; niður eftir; **~lassend** lítillátur; **~setzen** *Preise* lækka; *Person* rýra, níða
heran hingað (að); nær; **~kommen** koma nær; **~wachsen** vaxa (upp); **~ziehen** kveðja til; draga að sér
herauf (hingað) upp, upp eftir; **~beschwören** særa fram
heraus (hingað) út, fram; **~bekommen** ná út; komast að; *Geld* fá til baka; **~bringen** færa út; koma *od* stynja upp; **~finden** komast að; **~fordern** ögra; skora á hólm; **~geben** *Buch* gefa út; láta af hendi; *Geld* gefa til baka; hleypa út; **~nehmen**: **sich** (*dat*) **etw ~** leyfa sér e-ð
herb beiskur; *fig* strangur; fráhrindandi
herbei hingað (að); **~bringen** koma með; útvega; **~eilen** skunda að *od* til; **~führen** koma með; koma til leiðar; **~holen** ná í hingað; sækja
Herberge F gistihús *n*
Herbst M haust *n*; **&lich** haustlegur
Herd M eldstæði *n*; eldavél *f*; *fig* heimili *n*
Herde F hjörð *f*
herein (hingað) inn; **~!** kom inn!; **~brechen** brjótast inn; *Nacht*: skella á; **~fallen** *fig* fara ófarir; **~lassen** hleypa inn
herfallen: **~ über** (*akk*) vaða upp á; ráðast á
Her|gang M gangur málsins; **&geben** rétta, afhenda; **&gebracht** arftekinn, forn; **&gehen**: **es ging lustig her** það var glatt á hjalla; **&holen** sækja
Hering M síld *f*; **gesalzener ~** saltsíld *f*; **~sfabrik** F síldarverksmiðja *f*; **~sfang** M síldveiðar *fpl*
herkommen koma hingað; koma frá **woher kommen Sie?** *Abstammung*: hvaðan ertu?
her|kömmlich venjulegur; **&kunft** F uppruni *m*; **~leiten** *fig* leiða af, rekja; **~nehmen** fá, ná í
Heroin N heróín *n*
Herr M herra *m*; húsbóndi *m*; **~ Hansen** hr. Hansen; **&enlos** húsbóndalaus; **~gott** M drottinn *m*
Herr|in F drottning *f*, frú *f*; **&isch** ráðríkur; **&lich** dýr(ð)legur; **~schaft** F yfirráð *npl*; fyrirfólk *n*
herrsch|en drottna, ríkja; **&er(in)** M(F) drottnari *m*
herstellen framleiða
Herstellung F framleiðsla *f*
herüber hingað yfir, yfir um
herum kringum; **um diese Zeit ~** um þetta leyti; **~treiben** V/R rangla iðjulaus

herunter (hingað) niður, niður eftir
hervor fram, út; **~bringen** framleiða; leiða í ljós; **~heben** taka fram; **~ragend** framúrskarandi; **~rufen** kalla fram; vekja
Herz N hjarta *n*; **sich** (*dat*) **etw zu ~en nehmen** taka sér e-ð nærri; **sich** (*dat*) **ein ~ fassen** taka í sig kjark; **~anfall** M hjartakast *n*; **~beklemmung** F kvíði *m*; **≗brechend** átakanlegur
herzensgut innilega góður
Herzenslust F: **nach ~** eftir vild
Herzfehler M hjartabilun *f*
herz|haft hugaður; rækilegur; (*Geschmack*) bragðmikill; **~ig** indæll; innilegur; **≗infarkt** M hjartaslag *n*; **≗klopfen** N hjartsláttur *m*; **~lich** hjartanlegur; **~los** miskunnarlaus
Herzog M hertogi *m*; **~in** F hertogafrú *f*
Herz|schlag M hjartaslag *n*; **~verpflanzung** F hjartaaðgerð *f*, að fá nýtt hjarta
Hetz|e F áróður *m*, ofsókn *f*; **≗en** æsa, ofsækja; *Hund* siga; POL reka áróður, æsa upp; **~jagd** F eltingaveiðar *fpl*
Heu N hey *n*; **~boden** M heyloft *n*
Heuchel|ei F hræsni *f*; **≗n** hræsna
Heuchler M hræsnari *m*; **≗isch** hræsnisfullur
Heuer F sjómannskaup *n*; skipsleiga *f*; **≗n** leigja, taka á leigu
Heugabel F heykvísl *f*
heulen ýlfra, væla
Heuschrecke F engispretta *f*
heute í dag; **~ früh, ~ Morgen** í morgun; **~ Abend** í kvöld
heutzutage nú á dögum
Hexe F (galdra)norn *f*
hexen galdra
Hexenschuss M MED þursabit *n*
Hieb M högg *n*
hier hér; **bis ~** hingað; **von ~** héðan; **~auf** hingað upp; svo; **~aus** af þessu; **~bei** við þetta, með þessu; **~durch** með þessu; **~für** fyrir þetta; **~her** hingað; **~in** í þessu; **~mit** hér með; með þessu; **~von** frá þessu; um þetta; héðan; **~zu** hingað; til þessa; **~zulande** hérlendis, í þessu landi
hiesig héðan ættaður; hérlendur
Hilfe F hjálp *f*; **Erste ~** *f* hjálp í viðlögum, skyndihjálp *f*; **mit j-s ~** með aðstoð e-s; **zu ~ kommen** koma til hjálpar
Hilf|eruf M neyðaróp *n*; **≗los** hjálparvana; **≗reich** hjálpsamur; **≗sbedürftig** hjálparþurfi; **≗sbereit** hjálpfús; **~smittel** N hjálpargagn *n*

Himbeere F hindber *n*
Himmel M himinn *m*; **am ~** á himninum; **~reich** N himnaríki *n*; **~srichtung** F átt *f*
himmlisch himneskur
hin þangað, burt; horfinn; liðinn; **~ und wieder** við og við; **~ und zurück** fram og til baka; **~ und her** fram og aftur; **wo denkst du ~!** að þér skuli koma slíkt til hugar!; **auf die Gefahr ~** með þeirri áhættu
hinab niður, niður eftir; **~lassen** hleypa niður; **~steigen** ganga niður; stíga niður
hinauf upp, upp eftir, upp á við
hinaus út; út eftir; **darüber ~** auk þess; **zur Tür ~** út um dyrnar; **~gehen** ganga *od* fara út; **die Fenster gehen auf die Straße ~** gluggarnir snúa út að götunni; **~schieben** fresta; **~ziehen** *fig* fara *od* halda út; **~zögern** hika við nokkra stund
Hinblick M: **im ~ auf etw** (*akk*) til e-s
hinbringen fara með
hinder|lich bagalegur; til tálmunar; **~n** hindra, aftra (**an** *dat* að); **≈nis** N hindrun *f*
hindurch í gegnum
hinein inn; inn *od* niður í; **bis tief in die Nacht ~** langt fram á nótt; **~finden**: **sich in etw** (*akk*) **~** fara að kunna við e-ð; fara að skilja e-ð
Hinfahrt F ferð *f* til e-s staðar
hinfällig hrumur; hrörlegur
Hinflug M flug *n* á áfangastað
Hingabe F *fig* auðsveipni *f*
hingeben V/T afsala sér; *v/r* gefa sig á vald; fórna sér
hingehen fara á e-n stað; *fig* **etw ~ lassen** láta e-ð viðgangast
hingezogen: **sich ~ fühlen** finna sig dreginn að
hinhalten *fig* draga (e-n) á (e-u)
hinken haltra, vera haltur
hinlegen V/T leggja frá sér; *v/r* leggjast (fyrir)
hinnehmen taka við; *fig* taka e-u
hinreißen *fig* hrífa; **~d** hrífandi
hinricht|en taka af lífi; **≈ung** F líflát *n*
hinsetzen V/T setja frá sér; *v/r* setjast
Hinsicht F tillit *n*; **≈lich** (*mit gen*) með tilliti til
hinstellen setja (frá sér)
hintansetzen láta sitja á hakanum
hinten fyrir aftan, bak við; **von ~** aftan frá; **~über** aftur á bak
hinter aftur fyrir, fyrir aftan, bak við; **≈bein** N afturfótur *m*; **≈bliebene(r)** M/F(M) eftirlifandi náinn ættingi; **~einander** hvað eftir annað, í röð; **≈grund** M baksýn *f*,

bakgrunnur *m;* ≈**halt** M launsátur *n;* ≈**haus** N bakhús *n;* **~her** á eftir, síðar; **~lassen** láta að baki sér; láta eftir sig; **~legen** láta (fé) í vörslu; setja sem tryggingu; **~listig** undirförull; ≈**n** M rass *m;* ≈**rad** N afturhjól *n;* **~rücks** aftan frá; aftur á bak; *fig* lymskulega; ≈**teil** N *od* M afturhluti *m;* sitjandi *m;* **~treiben** koma í veg fyrir; ≈**tür** F bakhurð *f*

hinüber yfir (um); fyrir handan

Hin- und Rückfahrkarte F farmiði *m* fram og til baka

hinunter niður, niður á við

hinweg burt

Hinweg M leiðin þangað

hinweg|kommen: **über etw** *(akk)* **~** komast yfir e-ð; **~setzen**: **sich über etw** *(akk)* **~** láta e-ð ekki á sig fá

Hinweis M tilvísun *f;* skírskotun *f;* ≈**en** vísa, skírskota (**auf etw** *akk* til e-s)

hinwerfen kasta burt; *fig* hripa lauslega

hinziehen draga þangað *od* áfram; draga á langinn

hinzu til; í viðbót; **~fügen** bæta við; **~kommen** ganga að *od* nær; bætast við; **~ziehen** kveðja til, ráðfæra sig við

Hippie M hippi *m*

Hirn N heili *m*

Hirsch M hjörtur *m;* **~kuh** F hind *f;* **~leder** N hjartarskinn *n*

Hirt M hirðir *m*, smali *m*

hissen *Flagge* vinda upp

historisch sögulegur; sagnfræðilegur

Hitz|e F hiti *m; fig* æsing *f;* ≈**ig** uppstökkur; **~schlag** M hitaslag *n*

HIV M/N eyðni *f*, alnæmi *n*

Hobby N tómstundaiðkun *f*, hobbí *n*

Hobel M hefill *m;* ≈**n** hefla (*a. fig*)

hoch hár; **auf hoher See** á rúmsjó; ≈ N (*Wetterkunde*) hæð *f;* (*Hochruf*) húrrahróp *n;* **~achtungsvoll** virðingarfyllst; ≈**druck** M háþrýstingur *m;* ≈**ebene** F háslétta *f;* ≈**frequenz** F hátíðni *f;* ≈**gebirge** N hálendisfjöll *npl;* ≈**genuss** M mikil nautn; **~gradig** afarmikill; ≈**haus** N skýjakljúfur *m*, háhýsi *n;* **~leben**: **j-n ~ lassen** hrópa húrra fyrir e-m; ≈**mut** M dramb *n*, hroki *m;* ≈**ofen** M (málm)bræðsluofn *m;* ≈**saison** F aðalferðamannatími *m;* ≈**schule** F háskóli *m;* **technische ~** tækniháskóli; ≈**sommer** M hásumar *n;* ≈**spannung** F háspenna *f;* ≈**sprung** M hástökk *n*

höchst hæstur; *adv* mjög

Hochstapler M fjárglæframaður *m*, svikari *m*

höchst|ens í hæsta lagi; ≈**geschwindigkeit** F há-

markshraði *m*; **⁀preis** M hámarksverð *n*
Hoch|verrat M landráð *npl*; **~wasser** N háflæði *n*, flóð *n*; **~zeit** F brúðkaup *n*; **~zeitsgeschenk** N brúðargjöf *f*; **~zeitsreise** F brúðkaupsferð *f*
hocken sitja á hækjum sér
Hocker M skemill *m*
Höcker M herðakistill *m*; þúfa *f*
Hoden M eista *n*
Hof M búgarður *m*; (*Königshof*) hirð *f*; **bei ~e** við hirðina; **j-m den ~ machen** stíga í vænginn við stúlku; **~besitzer(in)** M(F) óðalsbóndi *m*
hoff|en vona; **~entlich** vonandi; **⁀nung** F von *f*; **guter ~ sein** vera með barni; **~nungslos** vonlaus; **~nungsvoll** vongóður
höflich kurteis
Höhe F hæð *f*; (*Anhöhe*) hóll *m*, hæð *f*; **in die ~** upp (í loft)
Hoheit F mikilleiki *m*; tign *f*
Höhensonne F háfjallasól *f*
Höhepunkt M hámark *n*
höher hærri; *adv* hærra
hohl holur
Höhle F hellir *m*; hola *f*
Hohl|heit F hvilft *f*; tómleiki *m*; **~raum** M holrými *n*; **~saum** M gatasaumur *m*; **~spiegel** M holspegill *m*
Hohn M háð *n*
höhn|en hæða; **~isch** háðslegur
holen sækja; **Atem ~** draga andann; kasta mæðinni
Holland N Holland *n*
holländisch hollenskur
Hölle F helvíti *n*; **~nmaschine** F vítisvél *f*
höllisch djöfullegur
holprig ósléttur
Holunder M yllir *m*
Holz N viður *m*, timbur *n*; (*Brennholz*) eldiviður *m*
hölzern úr tré; *fig* klunnalegur
Holz|fäller M skógarhöggsmaður *m*; **~handel** M trésmíðja *f*, timburverslun *f*; **~kohle** F viðarkol *npl*; **~scheit** N eldiviðarbútur *m*, skíði *n*; **~schnitt** M tréskurður *m*; **~schnitzer** M myndskeri *m*; **~schuh** M tréskór *m*; **~stoß** M skíðahlaði *m*; **~weg** M: **auf dem ~ sein** *fig* vera á villigötum; **~wolle** F tréull
Home|banking N Netbanki *m*; **~office** N heimaskrifstofa *f*; **~page** F heimasíða *f*; **~schooling** N heimakennsla *f*
Homöopath|ie F hómópatía *f*; **⁀isch** hómópatískur, hómópata-
homosexuell samkynhneygður, hýr
Honig M hunang *n*
Honorar N þóknun *f*; ritlaun *npl*
Hopfen M humall *m*
hopsen hoppa
hörbar heyranlegur

horchen hlusta, hlera
Horde F flokkur *m*; óaldarflokkur *m*
hören heyra; *fig* **auf j-n ~** hlýða e-m; **≈sagen** N: **vom ~** af afspurn
Hörer(in) M(F) áheyrandi *m*; útvarpshlustandi *m*; TEL heyrnartól *n*; **~schaft** F áheyrendur *mpl*
Hör|funk M útvarp *n*; **~gerät** N heyrnartæki *n*; **≈ig** háður, ánauðugur
Horizont M sjóndeildarhringur *m*; **≈al** láréttur
Hormon N hormón *n*
Horn N horn *n*; lúður *m*; **~haut** F hornhúð *f od* -himna *f*
Hornisse F geitungur *m*
Horoskop N stjörnuspá *f*
Hör|saal M fyrirlestrarstofa *f*; **~spiel** N útvarpsleikrit *n*
Horst M ránfuglshreiður *n*; MIL flugmannabækistöð *f*
Hörweite F heyrnarsvið *n*
Hose(n) F(PL) buxur *fpl*
Hosen|anzug M buxnadragt *f*; **~schlitz** M buxnaklauf *f*; **~tasche** F buxnavasi *m*; **~träger** M axlabönd *npl*
Hospital N sjúkrahús *n*, spítali *m*
Hotel N hótel *n*; **~kette** F hótelkeðja *f*; **~zimmer** N hótelherbergi *n*
Hotline F þjónustuver *n*, þjónustusími *m*
hübsch snotur, laglegur; *adv* vel, alveg
Hubschrauber M þyrla *f*
Huf M hófur *m*; **~eisen** N skeifa *f*; **~schmied** M járningamaður *m*
Hüfte F mjöðm *f*
Hügel M hæð *f*, hóll *m*; **≈ig** hæðóttur; **~kette** F hæðadrög *npl*
Huhn N hæna *f*
Hühnchen N kjúklingur *m*
Hühner PL hænsni *npl*; **~auge** N ANAT líkþorn *n*; **~brühe** F hænsnaseyði *n*
huldigen hylla
Hülle F hjúpur *m*; slæða *f*
Hülse F hýði *n*; fræhús *n*; **~nfrucht** F hýðisávöxtur *m*
Humbug M svik *npl*, tál *n*
Hummel F humalfluga *f*
Hummer M humar *m*
Humor M kímni *f*, glettni *f*; **≈istisch** fyndinn
humpeln haltra, staulast
Hund M hundur *m*; **junger ~** hvolpur *m*
Hündin F tík *f*
Hunger M hungur *n*, sultur *m*; **~ haben** vera svangur; **≈n** hungra; **~snot** F hungursneyð *f*, sultur *m*
hungrig hungraður, soltinn
Hupe F bílflauta *f*; **≈n** *Auto*: flauta
hüpfen hoppa
Hürde F kvíar *fpl*; grind *f*; **~nlauf** M grindahlaup *n*; **~nrennen** N hindrunarveðhlaup *n*

Hure F mella *f*, hóra *f*, skækja *f*
husten hósta; *fig sl* **auf etw** (*akk*) **~** fussa við e-u
Husten M hósti *m*; **~bonbon** N hóstabrjóstsykur *m*; **~saft** M hóstamixtúra *f*
Hut **1** M hattur *m* **2** F varðveisla *f*; **auf der ~ sein** vera á varðbergi
hüten gæta, vakta, varðveita; *v/r* vara sig; **das Bett ~** liggja rúmfastur
Hütte F kofi *m*, hreysi *n*; BERGB málmbræðsluhús *n*, náma *f*
Hygien|e F hollustuhættir *mpl*; hreinlæti *n*; **≗isch** hreinlætislegur, hreinlætis-
Hymne F helgisöngur *m*
Hyperlink M tengill *m*
Hypno|se F dáleiðsla *f*; **≗tisieren** dáleiða
Hypothek F veðskuld *f*; **~enbank** F veðlánabanki *m*; **~enbrief** M veðskuldabréf *n*
Hypothese F vísindaleg hugmynd; tilgáta *f*
hysterisch móðursjúkur, ímyndunarveikur

I

ich ég; **~ bin es** það er ég
Idee F hugmynd *f*; hugsjón *f*
ident|ifizieren endurþekkja; **sich mit j-m ~** sama sig e-m; **~isch** eins; sömu merkingar
Idiot M fáviti *m*; asni *m*
Idol N hjáguð *n*; átrúnaðargoð *n*
Idyll N sveitasæla *f*, friðsæld *f*; **~e** F sælureitur *m*, unaðslegur staður *m*; **≗isch** friðsældarlegur
Igel M broddgöltur *m*
ignorieren virða ekki viðlits; hafa að engu
ihm honum
ihn hann
ihnen þeirra
Ihnen yður
ihr (*in der Anrede*) þið
ihr; **Ihr** hennar, þeirra, sinn, sín, sitt; yðar
illegal ólöglegur
Illusion F tálvon *f*
Illustr|ation F mynd *f*, myndskreyting *f*; **~ierte** F tímarit *n*
Imbiss M snarl *n*
immatrikulieren innrita sig í háskóla
immer alltaf, sífellt; **~ mehr** meira og meira; **wer ~** hver sem; **was ~** hvað sem; **~fort** stöðugt; **~hin** samt, þó; **~zu** alltaf; áfram!
immun ónæmur; **≗ität** F ónæmi *n*; **≗system** N ónæmiskerfi *n*
impf|en bólusetja; pass m bólusetningar; **≗pass** M bólusetningarskírteini *n*;

≈ung F bólusetning *f*
imponieren vekja aðdáun
Import M innflutningur *m*; **≈ieren** flytja inn
imprägnieren gera vatnsheld; fúaverja
imstande: ~ **sein** geta
in í, inn(i) í; innan í; út(i) í; niður í, upp(i) í; eftir
Inanspruchnahme F annríki *n*
Inbegriff M meðtalning *f*; ímynd *f*; **≈en** meðtalinn
indem um leið og; þar eð
indes(sen) á meðan; samt
individu|ell sérkennilegur, einstaklingsbundinn; **≈um** N einstaklingur *m*
Industrie F iðnaður *m*
ineinander hver í annan; hver innan um annan
infam svívirðilegur, skammarlegur
Infanterie F fótgönguliðð *n*
Infektion F sýking *f*
infizieren smita, sýkja
Inflation F verðbólga *f*, gjaldeyrishrun *n*
Info F upplýsingar *fpl*
infolge (*mit gen*) eftir; vegna; **~dessen** þess vegna, samkvæmt því
Informatik F upplýsingatækni *f*, tölvufræði *f*; **~er(in)** M(F) upplýsingatæknifræðingur *m*
Inform|ation F upplýsingar *fpl*; fregn *f*; fyrirspurn *f*; **≈ieren** láta vita; skýra frá
Infrastruktur F grunnvirki *f*, POL innviðir *mpl*; aðstaða *f*, þjónustukerfi *n*
Ingenieur(in) M(F) verkfræðingur *m*
Inhaber(in) M(F) eigandi *m*; handhafi *m*, drottnari *m*
Inhalt M innihald *n*; **~sverzeichnis** N efnisskrá *f*
Inland N heimaland *n*; uppland *n*
Inländ|er M innlendur maður *m*; **≈isch** innlendur
Inlandsflug M innanlandsflug *n*
Inlett N sængurver *n*
inmitten (*mit gen*) í miðjum; mitt á meðal
innehaben hafa, eiga; *Amt* gegna
innehalten hætta (um stund)
innen inni í, innan í, að innanverðu; **von ~** að innan; **nach ~** inn á við; **≈minister(in)** M(F) innanríkisráðherra *m*; **≈ministerium** N innanríkisráðuneyti *n*; **≈politik** F innanríkis(stjórn)mál *n*; **≈seite** F innri hlið
Innere(s) N (*Land*) miðbik *n*
inner|halb (*mit gen*) fyrir innan; innan; **~lich** innilegur; innanverður
innig innilegur, ástúðlegur
Innung F iðnfélag *n*
Insasse M íbúi *m*; *Gefängnis*: fangi *m*
insbesondere sérstaklega, einkum

Inschrift F áletrun *f*
Insekt N skordýr *n*
Insel F eyja *f*
Inserat N auglýsing *f*
ins|geheim í leyni; **~gesamt** samtals, alls
inso|fern að svo miklu leyti (sem); svo framarlega sem; **~weit** að svo miklu leyti (sem)
Inspektion F skoðun *f*
instand: ~ **halten** halda (e-u) við; ; ~ **setzen** gera við; **&haltung** F viðhald *n*
Instinkt M eðlishvöt *f*
Institut N rannsóknarstofnun *f*, -stofa *f*; *Universität*: deild *f*
Instrument N tæki *n*, hljóðfæri *n*
inszenieren sviðsetja
intakt í lagi, óskaddaður
intellektuell vitsmunalegur, andlegur, hugsunar-
intelligen|t gáfaður; **&z** F gáfur *fpl*, greind *f*
intensiv ítarlegur, rækilegur, *Farbe* skær, *Geruch* sterkur; **&kurs** M hraðnámskeið *n*
interess|ant athyglisverður, áhugaverður; **&e** N áhugi *m*; hagsmunir *mpl*; **~ieren** V/R hafa áhuga (**für** á)
international alþjóðlegur
Internet N Netið *n*; **~anschluss** M internettenging *f*; **~café** N Netkaffihús *n*; **~seite** F vefsíða *f* á Netinu: **~zugang** *m* Netsamband *n*
Interpret|ation F túlkun *f*; **&ieren** túlka
Interpunktion F greinarmerki *npl*; setning *f* greinarmerkja
Interview N viðtal *n*
intim *eng* náinn; *Umgebung/Gesellschaft* notalegur, viðkunnanlegur
intolerant óumburðarlyndur
Intrige F brögð *npl*, undirferli *npl*
Invalide M örkumlamaður *m*; öryrki *m*
investieren fjárfesta
inwieweit að hve miklu leyti, að svo miklu leyti sem
inzwischen á meðan
irdisch jarðneskur
Ire M Írlendingur *m*; Íri *m*
irgend|ein (**-e**, **-er**) einhver; **~etwas** eitthvað; **~wann** einhvern tíma; **~wie** einhvern veginn; **~wo** einhvers staðar; **~wohin** á einhvern stað
irisch írskur
Irisch N írska *f*
ironisch háðslegur
irr villtur; hvarflandi; **&e**(**r**) M/F(M) geðsjúklingur *m*, brjálæðingur *m*
irre|führen villa, leiða á villigötur; **~führend** villandi; **~gehen** villast; **~machen** trufla, rugla
irren V/R skjátlast
Irrfahrt F villuráf *n*; flakk *n*
Irr|licht N hrævareldur *m*; **~sinn** M geðveiki *f*; **&sinnig**

vitskertur; **~tum** M villa *f*; **ꝰtümlich** rangur
Ischias M *od* N þjótak *n*
Isländ|er M Íslendingur *m*; **~erin** F íslensk kona *f*; **ꝰisch** íslenskur; **~isch** N íslenska *f*
iso|lieren einangra; **ꝰmatte** F einangrunardýna *f* fyrir útilegu
Italien|er M Ítali *m*; **~erin** F ítölsk kona *f*; **ꝰisch** ítalskur; **~isch** N ítalska *f*

J

ja já; jú
Jacht F lystisnekkja *f*
Jacke F jakki *m*, treyja *f*
Jackett N stuttur jakki *m*
Jagd F veiðar *fpl*; **~flinte** F veiðibyssa *f*
jagen veiða
Jäger(in) M(F) veiðimaður *m*
Jahr N ár *n*; **dieses ~** þetta ár; á þessu ári; **voriges ~** í fyrra; **in drei ~en** (*nach*) eftir þrjú ár; (*während*) á þremur árum; **er war drei ~e hier** hann var hér í þrjú ár; **alle drei ~e** þriðja hvert ár; **ein Mann von dreißig ~en** þrítugur maður *m*; **ꝰelang** árum saman
Jahres|abschluss M HANDEL ársreikningslok *npl*; **~anfang** M ársbyrjun *f*; **~einnahme** F árstekjur *fpl*; **~tag** M ársminningardagur *m*; **~zahl** F ártal *n*; **~zeit** F árstíð *f*
Jahrhundert N öld *f*
jährlich árlegur
Jahr|markt M tívolí *n*, ársmarkaður *m*; **~tausend** N þúsund ár; **~zehnt** N áratugur *m*
Jähzorn M bráðlyndi *n*
Jalousie F rimlagluggatjöld *npl*
Jammer M eymd *f*; sorg *f*
jämmerlich aumur
jammern kveina
Januar M janúar *m*
Japan N Japan *n*; **~er(in)** M(F) japani *m*
jäten reyta (illgresi)
Jauche F haugvatn *n*
jauchzen hrópa af gleði
Jawort N jáyrði *n*, já *n*
je nokkru sinni, nokkurn tíma; **für ~ zehn Worte** fyrir hver tíu orð; **~ nachdem** eftir því hvernig á er litið; **~ … desto** því … þeim mun
Jeans F gallabuxur *fpl*
jede (**-r, -s**) sérhver, (sérhvert); **ohne ~n Einfluss** án nokkurra áhrifa
jedenfalls að minnsta kosti
jeder|mann sérhver; **~zeit** hvenær sem er
jedoch þó, samt sem áður
jeher: **von ~** frá fornu fari, frá upphafi, alltaf

je|mals nokkru sinni; **~mand** einhver
jene (**-r, -s**) þessi (þetta) þarna
jenseit|ig hinum megin; **~s** hinum megin; **≗s** N annað líf
Jetlag M þotuþreyta *f*
jetzig núverandi
jetzt nú; **bis ~** hingað til; **von ~ an** upp frá þessu
Joch N ok *n*; sameyki *n*; *Berg*: fjallshryggur *m*
Jod N joð *n*
jodeln jóðla
joggen skokka
Joghurt M *od* N jógúrt *f*
Johannis|beere F ribsber *n*; **Schwarze ~** sólber *n*; **~tag** M Jónsmessudagur *m*
Journalist(in) M(F) blaðamaður *m*
Jubel M fögnuður *m*; **≗n** fagna
Jubiläum N afmælisár *n*; fagnaðarhátíð *f*
jucken klæja
Jude M gyðingur *m*
jüdisch gyðinglegur
Jugend F æska *f*; **~amt** N barnaverndarráð *n*; **~herberge** F farfuglaheimili *n*; **~herbergsausweis** M farfuglaheimilisskírteini *n*; **≗lich** ungur, unglegur; **~liche(r)** M/F(M) unglingur *m*; **~streich** M æskubrek *n*
Juli M júlí *m*
jung ungur; (*Komparativ*) yngri; (*Superlativ*) yngstur; **der Jüngste Tag** dómsdagur *m*
Junge M drengur *m*
Jünger M lærisveinn *m*
Jungfrau F ungfrú *f*; (hrein) mey
Junggeselle M piparsveinn *m*
Jüngling M unglingur *m*
Juni M júní *m*
Jurist M lögfræðingur *m*; **≗isch** lögfræðilegur
Justiz F dómgæsla *f*, réttarfar *n*
Jüt|land N Jótland *n*; **~länder(in)** M(F) Jóti *m*; **≗ländisch** jóskur
Juwel N gimsteinn *m*; **~ier** M skartgripasali *m*
Jux M *sl* spaug *n*, glens *n*

K

Kabel N kapall *m*; sæ- *od* jarðsímastrengur *m*; **~fernsehen** N kapalsjónvarp *n*
Kabeljau M þorskur *m*
Kabine F káeta *f*, farþegaklefi *m*; *Ankleide*: búningsklefi *m*
Kachel F flís *f*; **~ofen** M kakalofn *m*
Käfer M ZOOL bjalla *f*
Kaffee M kaffi *n*; **~bohne** F kaffibaun *f*; **~haus** N kaffihús *n*; **~maschine** F kaffivél *f*; **~tasse** F kaffibolli *m*
Käfig M búr *n*

kahl nakinn; gróðurlaus; **~köpfig** sköllóttur
Kahn M bátur *m*; prammi *m*
Kai M bryggja *f*
Kaiser M keisari *m*, keisaraynja *f*
Kajüte F káeta *f*
Kakao M kakó *n*
Kalb N kálfur *m*; **~fleisch** N kálfakjöt *n*; **~sbraten** M kálfasteik *f*
Kalender M almanak *n*
Kaliber N hlaupvídd *f*
Kalorie F hitaeining *f*; **≗narm** hitaeiningasnauður
kalt kaldur; **~blütig** kjarkmikill, óttalaus, kaldrifjaður
Kälte F kuldi *m*; *fig* kaldlyndi *n*
Kamel N úlfaldi *m*; **~haar** N úlfaldahár *n*
Kamera F ljósmyndavél *f*; *Film*: kvikmyndatökuvél *f*
Kamerad M félagi *m*; **~schaft** F félagsskapur *m*
Kameramann M kvikmyndatökumaður *m*
Kamille F kamilla *f*; **~ntee** M kamillute *n*
Kamin M arinn *m*, eldstó *f*
Kamm M greiða *f*, kambur *m*
kämmen V/R greiða sér
Kammer F herbergi *n*, kompa *f*
Kampf M bardagi *m*
kämpf|en berjast; **≗er(in)** M(F) bardagamaður *m*, bardagakona *f*
Kanal M skurður *m*; skipaskurður *m*; síki *n*; **~isation** F ræsing *f*, framræsla *f*
Kanarienvogel M kanarífugl *m*
Kaninchen N kanína *f*
Kanne F kanna *f*
Kanone F fallbyssa *f*
Kant|e F brún *f*, rönd *f*; faldur *m*; **≗ig** strendur
Kantine F mötuneyti *m*
Kanzel F prédikunarstóll *m*
Kanz|lei F stjórnarskrifstofa *f*; **~ler(in)** M(F) forsætisráðherra *m*, kanslari *m*
Kap N höfði *m*
Kapell|e F bæn(a)hús *n*, kapella *f*; (*instrumental*) hljómsveit *f*; **~meister** M hljómsveitarstjóri *m*
Kapital N höfuðstóll *m*; fjármagn *n*; **~anlage** F fjárfesting *f*; **~ist** M kapitalisti *m*; auðjöfur *m*
Kapitän M skipstjóri *m*; **~ zur See** herskipstjóri *m*
Kapitel N kafli *m*
Kaplan M aðstoðarprestur *m*
Kappe F hetta *f*; húfa *f*
Kapsel F hylki *n*
kaputt ónýtur; **~ machen** eyðileggja; **~gehen** eyðileggjast
Kapuze F hetta *f*
Karaffe F karafla *f*
Karfreitag M föstudagurinn langi
karg, kärglich naumur, af skornum skammti
kariert köflóttur

Karotte F gulrót *f*
Karren M kerra *f*; handvagn *m*; hjólbörur *fpl*
Karriere F frami *m*; framabraut *f*
Karte F spil *n*; bréfspjald *n*
Kartei F spjaldskrá *f*
Karten|ausgabe F miðasala *f*
Kartoffel F kartafla *f*; **~puffer** M kartöflukaka *f*
Karussell N hringekja *f*
Karwoche F páskavika *f*, dymbilvika *f*
Käse M ostur *m*
Kaserne F hermannabúðir *fpl*
Kasse F peningakassi *m*; **bei ~ sein** hafa peninga; **~nbestand** M sjóðforði *m*; **~npatient** M sjúkrasamlagssjúklingur *m*
Kassette F snælda *f*, spóla *f*
kassier|en innheimta; JUR ógilda; **≗er(in)** M(F) gjaldkeri *m*
Kasten M kassi *m*; kistill *m*
Kasus M fall *n*
Katalog M bókaskrá *f*; verðlisti *m*
Katarrh M slímhimnubólga *f*
Katastrophe F ógæfa *f*; eyðilegging *f*; hörmulegur atburður
Kater M fress *m*; högni *m*; *fig* timburmenn *mpl*
Kathedrale F dómkirkja *f*
Kathol|ik(in) M(F) kaþólikki *m*; **≗isch** kaþólskur
Katze F köttur *m*; **~nsprung** M *fig* örstuttur spölur
Kauderwelsch N hrognamál *n*
kauen tyggja
Kauf M kaup *npl*; **≗en** kaupa
Käufer(in) M(F) kaupandi *m*
Kaufhaus N vöruhús *n*
käuflich falur; *fig* mútanlegur
Kaufmann M kaupmaður *m*
kaufmännisch kaupmanns-, verslunar-
Kaugummi M tyggigúmm(í) *n*; *sl* tyggjó *n*
kaum varla, tæplega
Kautabak M munntóbak *n*
Kaution F ábyrgð *f*
Kautschuk M (*a.* N) togleður *n*, harðgúmmí *n*
Kauz M ugla *f*; *fig* sérvitringur *m*
keck djarfur
Kegel M keila *f*; **~bahn** F keilubraut *f*; **≗n** að leika keilu; **~n** N keiluleikur *m*
Kehl|e F barki *m*; kverkar *fpl*, háls *m*; **~kopf** M barkakýli *n*
kehren snúa; sópa; **sich an etw** (*akk*) **~** fást um e-ð; **in sich** (*akk*) **gekehrt** dulur
Kehr|seite F úthverfa *f*; bakhlið *f*; *fig* skuggahlið *f*; **≗tmachen** snúa (sér) við
keifen rífast; gjamma
Keil M fleygur *m*; **~erei** F áflog *npl*
Keim M kím *n*, frjó *n*, frjóangi *m*; **~drüse** F kynkyrtill *m*; **≗en** frjóvgast; gróa; **≗frei** sótthreinsaður

kein (**-e, -er, -es**) enginn, ekkert (engin, enginn, ekkert); **~(e)s von beiden** hvorugt; **~esfalls** ekki fyrir neinn mun; **~eswegs** engan veginn, alls ekki
Keks M kex *n*
Kelch M bikar *m*; *kirchlich* kaleikur *m*
Kelle F ausa *f*
Keller M kjallari *m*; **~ei** F stór vínkjallari *m*; **~meister** M vínkjallaravörður *m*
Kellner(in) M(F) þjónn *m*
Kelter F vínpressa *f*
kennen þekkja
kennenlernen: **j-n ~** kynnast e-m
Kenn|er M sérfræðingur *m*; **&tlich** þekkjanlegur; **~tnis** F þekking *f*; **zur ~ nehmen** lýsa yfir að hafa fengið að vita e-ð; **~wort** N einkunnarorð *n*; **~zeichen** N einkenni *n*, auðkenni *n*; **&zeichnen** einkenna, auðkenna; lýsa
kentern hvolfa(st)
Keramik F leirkerasmíð *f*
Kerbe F skora *f*
Kerker M fangelsi *n*
Kerl M náungi *m*
Kern M kjarni *m*; **~energie** F kjarnorka *f*; **&gesund** stálhraustur; **~kraftwerk** N kjarnorkuver *n*; **~waffen** PL kjarnorkuvopn *npl*
Kerze F (vax)kerti *n*; TECH (*Auto*) kerti *n*; **&ngerade** þráðbeinn
Kessel M ketill *m*; pottur *m*
Ketchup M/N tómatsósa *f*
Kette *Fahrrad*: keðja *f*; *Schmuck*: festi *f*; **an die ~ legen** hlekkja
Ketzer M trúvillingur *m*
keuch|en mása, stynja; **&husten** M kíghósti *m*
Keule F kylfa *f*
keusch skírlífur
kichern flissa
Kiebitz M vepja *f*
Kiefer 1 M kjálki *m*, skoltur *m* 2 F fura *f*
Kiel M SCHIFF kjölur *m*; **~wasser** N kjölfar *n*
Kieme F tálkn *npl*
Kies M möl *f*; **~el** M kísill *m*, steinvala *f*
Kilo N (*abk* **kg**) kíló *n*; **~byte** N kílóbæti *n*; **~gramm** N kílógramm *n*; **~meter** M (*abk* **km**) kílómetri *m*; **~watt** N kílóvatt *n*
Kind N barn *n*
Kinder|arzt M barnalæknir *m*; **~bett** N barnarúm *n*; **~garten** M barnaheimili *n*, leikskóli *m*; **&krankheit** F barnaveiki *f*; **~lähmung** F mænuveiki *f*; **&leicht** laufléttur; **~mädchen** N barnfóstra *f*; **&reich** barnmargur; **&sicher** barnvænn; **~wagen** M barnavagn *m*; **~zimmer** N barnaherbergi *n*
Kind|heit F bernska *f*; **&isch** barnalegur; **&lich** barnslegur
Kinn N haka *f*; **~haken** M

hökuhögg *n*
Kino N bíó *n*, kvikmyndahús *n*
kipp|en vega salt; fara um koll; **≈lader** M vörubíll *m*
Kirche F kirkja *f*; **zur ~ gehen** sækja kirkju; **~nlied** N sálmur *m*; **~nmusik** F kirkjutónlist *f*; **~nsteuer** F kirkjugjald *n*
Kirch|gänger M kirkjugestur *m*; **~hof** M kirkjugarður *m*; **≈lich** kirkjulegur; **~turm** M kirkjuturn *m*
Kirsch|baum M kirsiberjatré *n*; **~e** F kirsiber *n*; **≈rot** kirsiberjarauður; **~wasser** N kirsiberjabrennivín *n*
Kissen N koddi *m*, púði *m*
Kiste F kassi *m*
Kitsch M ómynd *f*, lélegt listaverk; **≈ig** ósmekklegur
Kitt M kítti *n*; **≈en** kítta
Kitz|el M kitlur *fpl*; **≈eln** kitla; **≈lig** kitligjarn
kläffen gelta, gjamma
Klage F kvörtun *f*; JUR kæra *f*; **≈n** kvarta; **gegen j-n ~** kæra e-n
Kläg|er(in) M(F) kærandi *m*; JUR saksóknari *m*; **≈lich** aumkunarlegur
klamm þröngur; rakur; *sl* af skornum skammti
Klammer F klemma *f*; svigi *m*; **≈n** V/R halda dauðahaldi (**an etw** í e-ð)
Klang M hljómur *m*; **≈voll** hljómmikill
Klappe F flugnaskella *f*; ventill *m*; (*Luke*) hlemmur *m*; **zwei Fliegen mit einer ~ schlagen** slá tvær flugur í einu höggi; **≈n** skella(st); (*gelingen*) *sl* heppnast; **≈rn** skrölta; *sl* bulla
Klappstuhl M klappstóll *m*, sambrotsstóll *m*
klar skær; tær; heiður; augljós; **klipp und ~** altilbúið; skýrt og greinilegt
klären V/T skíra; hreinsa; *v/r* létta upp; verða ljóst
Klarheit F skærleiki *m*; skírleiki *m*; vissa *f*
klarmachen skýra; SCHIFF gera tilbúið
Klass|e F flokkur *m*; stétt *f*; bekkur *m*; **erster ~** fyrsta flokks; **erster ~ reisen** ferðast á fyrsta farrými; **~enkampf** M stéttabarátta *f*
Klassi|k F klassískt tímabil *n*; (*Musik*) klassísk tónlist *f*; **≈sch** sígildur
Klatsch M *fig* þvaður *n*, slúður *n*; **≈en** skella; *fig* segja gróusögur; **≈nass** rennvotur
Klaue F kló *f* (*a. fig*)
Klausel F skilyrði *n*
Klavier N píanó *n*
kleb|en loða við; líma; **~rig** límkenndur; **≈stoff** M lím (-efni) *n*
Klecks M klessa *f*; **≈en** bletta
Klee M smári *m*; **~blatt** N smárablað *n*; **vierblätt(e)riges ~** fjögralaufasmári *m*
Kleid N kjóll *m*; **≈en** klæða; búa; **~erbügel** M herðatré

n; **~erbürste** F fatabursti *m*; **~erschrank** M fataskápur *m*; **~erständer** M fatahengi *n*; **~ung** F búningur *m*, fatnaður *m*

klein lítill; **der** **&e Belt** Litlabeltið *n*; **von ~ auf** frá barnæsku; **ein ~ wenig** ofurlítið; **~ beigeben** láta undan; **&geld** N smápeningar *mpl*; **&handel** M smásala *f*; **&igkeit** F smámunir *mpl*; **&kind** N smábarn *n*; **~laut** hnugginn, kjarklaus; **~lich** smámunalegur; **&stadt** F smáborg *f*

Kleister M hveitilím *n*

klemmen klemma

Klempner M blikksmiður *m*

klettern klifra

Klima N loftslag *n*

Klinge F brandur *m*; (*Messer*) blað *n*

Klingel F bjalla *f*, klukka *f*; **&n** hringja

klingen hljóma, óma

Klinik F sjúkrahús *n*

Klinke F klinka *f*; handfang *n*

Klippe F klettur *m*; sker *n*

klirren glamra, skrölta

Klischee N myndamót *n*

klobig klunnalegur

Klopapier N klósettpappír *m*, salernispappír *m*

klopfen berja, klappa

Klops M kjötsnúður *m*, kjötbolla *f*

Klo(sett) N klósett *n*, salerni *n*

Kloß M köggull *m*; soðin kartöflu- eða hveitibolla *f*; (*im Hals*) kökkur *m* (í hálsinum)

Kloster N klaustur *n*; **~gang** M klausturgangur *m*

Klotz M trédrumbur *m*; klunni *m*; **&ig** klunnalegur

Kluft F gjá *f*

klug vitur, hygginn; **aus etw ~ werden** verða vitrari af e-u; **&heit** F viska *f*, hyggindi *npl*

Klumpen M köggull *m*, hnaus *m*

knabbern naga

Knabe M drengur *m*

Knäckebrot N hrökkbrauð *n*

knacken V/I braka, brotna; *v/t* brjóta

Knacks M brestur *m*; sprunga *f*; *fig* áfall *n*

Knall M hvellur *m*, smellur *m*; **~ und/auf Fall** skyndilega; **&en** smella; skjóta

knapp naumur; af skornum skammti; (*wortkarg*) stuttorður

knarren marra, braka

knattern snarka, smella

Knäuel M (*a.* N) hópur *m*, þvaga *f*; (*Garn*) hnykill *m*

knauserig nískur

Knebel M barefli *n*; ginkefli *n*; **&n** kefla; berja

Knecht M vinnumaður *m*; þræll *m*

kneif|en klípa; **&zange** F naglbítur *m*

Kneipe F bjórkrá *f*, drykkjukrá *f*

Knete F leir *m*; **&n** hnoða,

nudda; leira
knicken VT brjóta; *v/i* brotna
knicksen hneigja sig
Knie N hné *n*, kné *n*; **~gelenk** N hnéliður *m*; **~kehle** F hnésbót *f*; **&n** krjúpa á kné; **~scheibe** F hnéskel *f*; **~strumpf** M hnésokkur *m*
Kniff M klip *n*; *fig* bragð *n*; **&lig** örðugur
knipsen *Foto* taka ljósmynd; *Billett* gata
Knirps M snáði *m*, hnokki *m*
knirschen marra; **mit den Zähnen ~** gnísta tönnum
knistern snarka, braka
knitter|frei sem ekki krumpast, krumpufrír; **~n** snarka, skrjáfa; böggla; *v/i* krumpast
knobeln leika að *od* kasta teningum
Knoblauch M hvítlaukur *m*
Knöchel M hnúi *m*; ökkli *m*
Knochen M bein *n*; **~bruch** M beinbrot *n*; **~splitter** M beinflís *f*
knochig stórbeinóttur
Knödel M knuðla *f*, soðin kartöflu- eða hveitibolla
Knopf M hnappur *m*; tala *f*
knöpfen hneppa
Knopfloch N hnappagat *n*
Knorpel M brjósk *n*
knorrig kvistóttur; hnýttur
Knospe F blómhnappur *m*; **&n** blómgast
knoten hnýta; **&** M hnútur *m*; SCHIFF sjómíla *f*; **&punkt** M vegamót *npl*, járnbrautamót *npl*
knüpfen hnýta; tengja saman
Knüppel M barefli *n*
knurren urra; nöldra
knusprig (*Gebäck*) stökkur
knutschen *sl* faðma að sér, kyssa
Kobold M búálfur *m*
Koch M kokkur *m*; **~buch** N matreiðslubók *f*; **&en** sjóða; búa til mat; **~er** M suðuvél *f*; **~geschirr** N matreiðsluáhöld *npl*;
Köchin F matreiðslukona *f*, kokkur *m*
Koch|nische F eldunaraðstaða *f*; **~topf** M pottur *m*
Köder M beita *f*; **&n** (*Angel*) beita
Koffer M ferðataska *f*; **~raum** M farangursgeymsla *f*; *sl* skott *n*
Kognak M koníak *n*
Kohl M kál *n*
Kohle F kol *npl*; **~nbergwerk** N kolanáma *f*; **~nsäure** F kolsýra *f*; **~papier** N kalkipappír *m*
Köhler M kolagerðarmaður *m*
Koje F hengirúm *n*
kokett ástleitinn
Koks M koks *n*
Kolben M byssuskefti *n*; kylfa *f*; TECH bulla *f*
Kolleg N fyrirlestur *m* (í háskóla); **~e** M vinnufélagi *m*; starfsbróðir *m*; **~in** F starfssystir *f*
kollidieren rekast á; vera í

mótsögn (**mit** við)
Kolonie F nýlenda
Koma N dá *n*, djúpt langvarandi meðvitundarleysi *n*
Komet M halastjarna *f*
Komfort M þægindi *npl*
komisch skoplegur, skringilegur
Komma N komma *f*
kommand|ieren stýra; skipa; **≗itgesellschaft** F samlagsfélag *n* með óvirkum félagsmönnum; JUR hjáfélag *n*; **≗obrücke** F stjórnpallur *m*, brú *f*
kommen koma; **gelaufen ~** koma hlaupandi; **ihm kam der Gedanke** honum datt í hug
Komment|ar M ummæli *npl*, athugasemd *f*; útskýring *f*; **≗ieren** skýra
Kommunikation F samskipti *npl*, tjáskipti *npl*, boðskipti *npl*
Kommunion F altarisganga *f* (kaþólsk); neysla *f* heilagrar kvöldmáltíðar
Kommunis|mus M kommúnismi *m*; **~t** M kommúnisti *m*
Komödie F gamanleikur *m*
Komparativ M miðstig *n*
Kompass M áttaviti *m*
komplett með öllu; fullkominn
kompliziert flókinn, erfiður
Komplott N samsæri *n*
Komponist M tónskáld *n*
Kompott N ávaxtamauk *n*
Kondensmilch F dósamjólk *f*
Konditor M kökubakari *m*; **~ei** F kökubúð *f*; kaffihús *n*
Kondom N smokkur *m*
Kon|ferenz F fundur *m*; **~fession** F trúarjátning *f*; **~firmation** F ferming *f*; **~fitüre** F sulta *f*; **~flikt** M deila *f*
König M konungur *m*; **~in** F drottning *f*; **≗lich** konunglegur; **~reich** N konungsríki *n*
Konjugation F beyging *f*
Konjunktur F horfur *fpl*; markaðshorfur *fpl*; hágengi *n*
Konkurrenz F samkeppni *f*
Konkurs M gjaldþrot *npl*
können geta
kon|sequent (*logisch*) rökréttur; (*Person*) sjálfum sér samkvæmur; **~servativ** íhaldssamur; vanafastur
Konserv|e F niðursoðin vara; **~ierungsmittel** N rotvarnarefni *n*
Konsonant M samhljóði *m*
Konsul M ræðismaður *m*, konsúll *m*; **~at** N ræðismannsskrifstofa *f*
Kontakt M snerting *f*; ELEK tengill *m*; **~linse** F snertilinsa *f*; **~n** snertilinsur *fpl*
Kontinent N heimsálfa *f*, meginland *n*
Konto N (viðskipta) reikningur *m*; **~nummer** F reikningsnúmer *n*
Kontroll|e F eftirlit *n*, skoð-

un *f*; **≗ieren** skoða, yfirfara
konzentrieren V/R (*körperlich*) neyta allrar orku við; (*geistlich*) beita sér; beita huganum að
Konzert N hljómleikar *mpl*; samsöngur *m*; söngskemmtun *f*
Kopenhagen N Kaupmannahöfn *f*; **~er** M Kaupmannahafnarbúi *m*; (*Gebäck*) vínarbrauð *n*
Kopf M höfuð *n*; **den ~ hängen lassen** vera niðurlútur; **den ~ schütteln** hrista höfuðið; **~hörer** M heyrnartól *n*; **~kissen** N koddi *m*; **~salat** M blaðsalat *n*; **~schmerzen** PL höfuðverkur *m*; **≗über** á höfuðið; **~zerbrechen** N heilabrot *npl*
Kopie F afrit *n*; **≗ren** afrita
Koralle F kórall *m*
Korb M karfa *f*; **~sessel** M körfustóll *m*
Kork M korkur *m*; **~en** M korktappi *m*; **~enzieher** M tappatogari *m*
Korn N korn *n*; útsæði *n*; **~blume** F kornblóm *n*; **~feld** N kornakur *m*
Körper M líkami *m*, búkur *m*; **~bau** M líkamsbygging *f*; **≗behindert** fatlaður; **≗lich** líkamlegur; **~pflege** F líkamshirðing *f*, líkamsrækt *f*; **~schaft** F (sam)félag *n*
korpulent feitur
Korrespondenz F bréfaviðskipti *npl*
korrigieren leiðrétta
Kosmetik F snyrtivara *f*
kosten (*Geld*) kosta; (*probieren*) bragða á
Kosten PL kostnaður *m*; **auf meine ~** á minn kostnað; **≗los** kostnaðarlaus; **~(vor)anschlag** M kostnaðaráætlun *f*
köstlich dýr(ð)legur
Kostüm N (grímu-, leikara-, þjóð)búningur *m*; (*Damenkostüm*) jakkakjóll *m*, drakt *f*
Kotelett N rifjasteik *f*
Kotflügel M aurbretti *n*
krabbeln skríða
Krach M brak *n*, brestur *m*; *sl* rifrildi *n*
krächzen garga
Kraft F kraftur *m*, afl *n*; **~fahrer** M bílstjóri *m*; **~fahrzeug** N bifreið *f*, bíll *m*
kräftig sterkur, öflugur
kräftigen styrkja (**sich** sig)
Kragen M kragi *m*; flibbi *m*
Krähe F kráka *f*; **≗n** gala
Kralle F kló *f*
Kram M smávara *f*; *fig* skran *n*; **≗en** róta (í)
Krampf M krampi *m*, sinadráttur *m*; **~ader** F æðahnútur *m*; **≗haft** krampakenndur, krampa-
Kran M lyftikrani *m*
Kranich M ZOOL trana *f*
krank sjúkur
kränkeln vera lasinn
kranken: **an etw** (*dat*) **~** þjást

af e-u
kränken móðga
Kranken|haus N sjúkrahús n; **~kasse** F sjúkrasamlag n; **~pflege** F hjúkrun f; **~schwester** F hjúkrunarkona f; **~versicherung** F sjúkratrygging f; **~wagen** M sjúkrabíll m
krank|haft sjúklegur; **≗heit** F sjúkdómur m; **~heitshalber** af sjúkdómsástæðum
Kränkung F móðgun f
Kranz M sveigur m, krans m
kratzen klóra; krafsa
kraus ýfður; hrokkinn
kräuseln ýfa; skrýfa, liða
Kraut N kál n, jurt f
Kräuter NPL jurtir fpl; **~tee** M jurtate n
Krawall M uppþot n
Krawatte F hálsbindi n
kreativ skapandi, frjór, hugmyndaríkur
Krebs M krabbi m; MED krabbamein n
Kredit M lán n; **~brief** M úttektarheimild; **~karte** greiðslukort n, krítarkort n
Kreide F krít f
Kreis M hringur m; flokkur m
kreischen æpa, hljóða
Kreisel M skopparakringla f
kreisen fara í hring
Kreis|lauf M hringrás f (blóðsins); **~verkehr** M hringtorg n
Krempe F hattbarð n
Kreuz N kross m, krossmark n; **≗ und quer** þvert og endilangt; **≗en** krossleggja; SCHIFF slaga; **~fahrt** F skemmtiferðasigling f; **≗igen** krossfesta; **~igung** F krossfesting f; **~worträtsel** N krossgáta f
kriechen skríða
Krieg M stríð n, styrjöld f; **≗en** fá; **~sbeschädigte** M stríðsörkumlamaður m; **~sgefangene(r)** M/F(M) herfangi m; **~sschauplatz** M ófriðarstvöðvar fpl; **~sschiff** N herskip n
Kriminal|ität F glæpastarfsemi f; **~polizei** F rannsóknarlögregla f; **~roman** M glæpasaga f, reyfari m
kriminell glæpsamlegur; saknæmur
Krippe F jata f
Krise F *wirtschaftlich*: kreppa f; *persönlich* fiðleikatímabil n
Kristall M kristall(ur) m
Krit|ik F gagnrýni f, ritdómur m; **~iker** M gagnrýnandi m; **≗isch** vandlátur; gagnrýninn; **≗isieren** gagnrýna
krön|en krýna; **≗ung** F krýning f
Kröte F froskpadda f
Krücke F hækja f
Krug M krukka f, kolla f; (*Schenke*) krá f
Krume F, **Krümel** M brauðmoli m
krumm boginn
krümmen beygja
Krüppel M *neg!* krypplingur

m; örkumlamaður *m*
Kruste F skorpa *f*, hrúður *n*
Kübel M bali *m*, stampur *m*
Küche F eldhús *n*
Kuchen M kaka *f*
Küchen|herd M eldavél *f*; **~schrank** M eldhússkápur *m*
Kuckuck M gaukur *m*
Kugel F kúla *f*; **~lager** N kúluleg(a *f*) *n*; **2n** velta; **~schreiber** M kúlupenni *m*
Kuh F kýr *f*
kühl svalur; **2e** F svali *m*; **~en** kæla; **2er** M kælir *m*; **2schrank** M kæliskápur *m*, ísskápur *m*; **2ung** F kæling *f*
kühn djarfur
Küken N kjúklingur *m*
Kulisse F leiktjald *n*
Kultur F menning *f*; **2ell** menningarlegur
Kümmel M kúmen *n*; (*Schnaps*) kúmenbrennivín *n*
Kummer M áhyggjur *fpl*, sorg *f*
kümmern skipta, varða; *v/r* láta sig (**um etw** e-ð) varða
kündbar uppsegjanlegur
Kunde **1** M viðskiptavinur *m* **2** F frétt *f*; **~ndienst** M viðgerðarþjónusta *f*
Kundgebung F tilkynning *f*; kröfuganga *f*
kündig|en segja upp; **2ung** F uppsögn *f*
Kundschaft F viðskiptavinir *mpl*
künftig komandi; tilvonandi; framvegis
Kunst F list *f*; **~ausstellung** F listasýning *f*; **~dünger** M gerviáburður *m*; **~gewerbe** N listiðnaður *m*
Künst|ler(in) M(F) listamaður *m*; **2lich** tilbúinn, gervi-
Kunst|stoff M gerviefni *n*; **~werk** N listaverk *n*
Kupfer N kopar *m*; **~stich** M eirstunga *f*
Kuppe F tindur *m*
kuppeln (*Auto*) stíga kúpplinguna í botn
Kupplung F TECH tengsl *npl*, kúppling *f*
Kur F dvöl *f* á heilsuhæli *n*
Kurbel F sveif *f*; **2n** snúa
Kur|gast M baðgestur *m*; **~ort** M heilsuhæli *n*, hressingarhæli
Kurs M (*Schiff*) stefna *f*; (*Geld*) gengi *n*; **~bericht** M gengisskýrsla *f*
Kürschner(in) M(F) loðskinnasali *m*
Kurtaxe F ferðamannaskattur *m*
Kurve F boglína *f*; (*Straße*) beygja *f*
kurz stuttur; **~ und gut** í stuttu máli sagt; **~ angebunden** stuttur í spuna; **vor 2em** fyrir stuttu; **über ~ oder lang** fyrr eða síðar
kürzen stytta
Kurzgeschichte F smásaga *f*
kürzlich fyrir skömmu
Kurz|schluss M ELEK skamm-

hlaup *n*; **~schrift** F hraðritun *f*; **≈sichtig** nærsýnn; *fig* skammsýnn; **~waren** PL smávarningur *m* fyrir saumaskap *m*
Kuss M koss *m*
küssen kyssa
Küste F strönd *f*
Küster M meðhjálpari *m*
Kutter M skúta *f*; björgunarbátur *m*

L

Labor(atorium) N rannsóknardeild *f*, -stofa *f*
lächeln brosa; **≈** N bros *n*
lachen hlæja; **über j-n ~** hlæja að e-m
lächerlich hlægilegur
Lachs M lax *m*
Lack M lakk *n*
Ladegerät N hleðslutæki *n*
laden hlaða, ferma; (*Gewehr*) hlaða; JUR stefna
Laden M búð *f*; **~schluss** M lokunartími *m* búða; **~tisch** M búðarborð *n*
Ladung F hleðsla *f*, farmur *m*; JUR stefna *f*
Lage F lega *f*; aðstaða *f*; **in der ~ sein** vera í aðstöðu til að
Lager N ból *n*; herbúðir *fpl*; (*Warenlager*) vörubirgðir *fpl*
lahm máttlaus; haltur; **~en** haltra
lähm|en lama; **≈ung** F lömun *f*
Laib M hleifur *m*
Laie M leikmaður *m*
Laken N lak *n*
Laktose F laktósi *m*
Lamm N lamb *n*; **~braten** M lambasteik *f*; **~fleisch** N lambakjöt *n*
Lampe F lampi *m*
Land N land *n*; jörð *f*; **an ~ gehen** ganga á land; **auf dem ~** í sveitinni; **~ebahn** F lendingarbraut *f*; flugbraut *f*; **≈einwärts** inn(ar) í landið; **≈en** lenda (*a. Flugzeug*)
Länderkampf M landskeppni *f*
Land|esfarben PL fánalitir *mpl*; **~esgrenze** F landamæri *npl*; **~eskirche** F þjóðkirkja *f*; **~esverrat** M landráð *npl*; **~haus** N sveitabústaður *m*; sumarbústaður *m*; **~karte** F landsuppdráttur *m*
ländlich sveitalegur; óbrotinn
Land|schaft F landslag *n*; **~smann** M landi *m*; **~straße** F þjóðvegur *m*; **~streicher** M flakkari *m*
Landung F lending *f*; **~sbrücke** F (lendingar-) bryggja *f*
Landwirt M bóndi *m*; **~schaft** F landbúnaður *m*
lang langur; *adv* lengi
Länge F lengd *f*; **in die ~ ziehen** draga á langinn
Langeweile F leiðindi *npl*

langfristig fyrir lengri tíma
Langlauf M skíðaganga *f*
länglich aflangur, langur
längs fram með
langsam hægur, seinn
längst fyrir löngu
langweil|en gera leiðindi; *v/r* leiðast; **~ig** leiðinlegur
Lappen M pjatla *f*, tuska *f*
Laptop M fartölva *f*
Lärm M hávaði *m*, háreysti *f*; **~ machen** hafa hátt; **≈en** hafa hátt
lassen láta; (*sein lassen*) láta ógert; (*weglassen*) sleppa; (*erlauben*) leyfa; **lass das!** hættu þessu
lässig latur; hirðulaus
Last F byrði *f*; JUR afgjald *n*, skattur *m*; (*Ladung*) farmur *m*; **j-m zur ~ fallen** ver(ð)a e-m byrði
Laster 1 N löstur *m* 2 M *sl* (*Auto*) vörubíll *m*
lästern tala illa (**über** *akk* um)
lästig erfiður, hvimleiður
Lastwagen M vörubíll *m*
Latein N latína *f*; **≈isch** latneskur
Laterne F ljósker *n*; **~npfahl** M ljósastaur *m*
Latte F rimill *m*
Laub N lauf *n*; **~baum** M lauftré *n*
Laube F laufskáli *m*
Lauch M púrlaukur *m*
lauern liggja í leyni; standa á hleri
Lauf M hlaup *n*; rennsli *n*; **~bahn** F hlaupabraut *f*; *fig* æviskeið *n*; **≈en** hlaupa; (*Film, Motor*) ganga; **~de Nummer** skrártala *f*, töluröð *f*
Läufer M hlaupari *m*; (*Schach*) biskup *m*; (*Tischdecke*) löber *m*
Lauge F lútur *m*
Laun|e F skap *n*; duttlungar *mpl*; **guter (schlechter) ~ sein** vera í góðu (vondu) skapi; **≈isch** mislyndur
Laus F lús *f*
lauschen hlusta
laut 1 PRÄP (*mit gen*) samkvæmt 2 ADJ hár; hávær
Laut M hljóð *n*; **≈en** hljóma, hljóða
läuten hringja
lauter (*rein*) hreinn; (*bloß*) eintómur
läutern hreinsa, skíra
Laut|sprecher M hátalari *m*; **~stärke** F hljóðstyrkleiki *m*
lauwarm volgur
Lava F hraun *n*
Lawine F skriða *f*; snjóflóð *n*
leben lifa
Leben N líf *n*; **am ~ sein** vera á lífi; **≈dig** lifandi; fjörlegur
lebens|fähig lífvænlegur; **≈gefahr** F lífshætta *f*; **~gefährlich** háskalegur, banvænn; **~länglich** ævilangur; **≈lauf** M æviferill *m*; **≈mittel** PL matvæli *npl*; **≈versicherung** F líftrygging *f*
Leber F lifur *f*
Lebewesen N lífvera *f*
Lebewohl N kveðja *f*

lebhaft fjörugur, fjörlegur
leck lekur
lecken sleikja
lecker bragðgóður, gómsætur; **≗bissen** M sælgæti *n*
Leder N leður *n*; skinn *n*
ledig ógiftur; auður; **~lich** eingöngu, aðeins
leer tómur, auður; **≗e** F tóm *n*, auðn *f*; tómleiki *m*; **~en** tæma; **≗lauf** M lausagangur (vélar) *m*
legal löglegur
legen leggja; **sich schlafen ~** leggjast til svefns
Lehm M leir *m*; **~boden** M leirjörð *f*; **≗ig** leirblandinn
Lehn|e F (stól)bak *n*, stólbrík *f*; **≗en** hallast; *v/r* halla sér (**an** *od* **gegen etw** upp að e-u); **~stuhl** M hægindastóll *m*; **~wort** N tökuorð *n*
Lehr|buch N kennslubók *f*; **~e** F kenning *f*; lærdómur *m*; **≗en** kenna; **~er(in)** M(F) kennari *m*, kennslukona *f*; **~fach** N kennslugrein *f*; **~ling** M iðnnemi *m*; **~plan** M námsskrá *f*; **~stuhl** M kennaraembætti *n*
Leib M líkami *m*, kroppur *m*; (*Bauch*) magi *m*; **~eskräfte**: **aus ~n** allt hvað af tekur; **~gericht** N uppáhaldsréttur *m*; **≗lich**: **mein ~er Bruder** skilgetinn bróðir minn
Leiche F lík *n*
leicht léttur; auðveldur; **≗athletik** F frjálsar íþróttir; **~gläubig** auðtrúa; **≗gläubigkeit** F auðtrú *f*; gagnrýnisleysi *f*; **≗igkeit** F léttleiki *m*; **~sinnig** léttúðugur
Leid N sorg *f*; **≗en** þjást; þola; láta sér lynda; **~en** N þjáning *f*; **~enschaft** F ástríða *f*
leid|er því miður; **~lich** þolanlegur
leidtun: **es tut mir leid** mér þykir leitt
leih|en lána; fá lánað; **≗wagen** M bílaleigubíll *m*; **~weise** að láni
Leim M lím *n*; **≗en** líma
Leine F band *n*; fiskilína *f*
leinen úr líni, lín-; **≗** N léreft *n*
Lein|öl N línolía *f*; **~wand** F léreft *n*; kvikmyndatjald *n*
leise hljóður, lágur
Leiste F MED nári *m*; **≗n** afkasta, inna af hendi; *v/r*: **sich** (*dat*) **etw ~ können** hafa ráð *od* efni á e-u
Leistung F afrek *n*, afköst *npl*; greiðsla *f*; **≗sfähig** afkastamikill; vinnufær
Leit|artikel M ritstjórnargrein *f*, leiðari *m*; **≗en** stjórna; leiða; **~er** 1 M foringi *m*, forstöðumaður *m* 2 F stigi *m*; **~faden** M leiðarvísir *m*; **~ung** F handleiðsla *f*; stjórn *f*; ELEK leiðsla *f*; **~ungswasser** N kranavatn *n*
Lende F lendar *fpl*
lenk|bar stýranlegur; **~en**

stýra, stjórna; (*Gespräch*) beina; **≗rad** N stýri *n*; **≗stange** F stýrisstöng *f*
Lerche F lævirki *m*
lernbegierig námfús
lernen læra; **j-n kennen~** kynnast e-m
lesbisch lesbískur *adj m*; lesbísk *adj f*; **die Ministerin ist lesbisch** ráðherrann *m* er lesbískur; **eine lesbische Frau** lesbísk kona *f*
Lese|buch N lestrarbók *f*; **≗n** lesa; (*sammeln*) tína; **~r(in)** M(F) lesandi *m*
Letzte (der, die, das ~) hinn síðasti, hin, hið síðasta
leucht|en lýsa; **≗er** M kertastjaki *m*; **≗turm** M viti *m*
leugnen (af)neita
Leute PL fólk *n*
Lexikon N orðabók *f*
liberal frjálslyndur
Licht N ljós *n*; **≗empfindlich** ljósnæmur; **≗en** *Wald* grisja; *Anker* létta; **~maschine** F ljósavél *f*; **~schalter** M slökkvari *m*; **~ung** F rjóður *n*
Lid N augnalok *n*
lieb ljúfur; kær; **~ haben** þykja vænt um; **≗e** F ást *f*; **~en** elska; **~er** heldur, frekar; **≗haber** M elskhugi *m*, unnandi *m*; áhugamaður; **≗haberin** F unnandi *m*, áhugamaður *m*; **~lich** yndislegur; **≗ling** M uppáhald *n*; **≗lings-** uppáhalds-; **≗schaft** F ástamök *npl*
Lied N ljóð *n*; söngur *m*
liederlich druslulegur; svallsamur
Liefer|ant(in) M(F) birgðasali *m*; **~frist** F afhendingarfrestur *m*; **≗n** afhenda, senda; **~ung** F afhending *f*, sending *f*; **~wagen** M vöru- *od* sendi(ferða)bíll *m*
liege|n liggja; **≗stuhl** M sólstóll *m*; **≗wagen** M svefnvagn *m*
Lift M lyfta *f*
Limonade F gosdrykkur *m*
Linde F linditré *n*
lindern sefa, draga úr
Linie F lína *f Strich* strik *n*; *Bus* leið *f*; **~nflug** M áætlunarflug *n*
Link M IT tengill *m*
linke(r, -s) vinstri; **~ Seite** (*Gewebe*) ranghverfa *f*; **~r Hand** á vinsti hönd
linkisch klaufalegur
links til vinstri; **~händig** örvhendur
Linse F linsa *f*
Lippe F vör *f*; **~nstift** M varalitur *m*
lispeln vera smámæltur
List F kænska *f*; blekkingarbragð *n*; **mit ~ und Tücke** með brögðum
Liste F listi *m*
listig slunginn
Liter M lítri *m*
litera|risch bókmenntalegur; **≗tur** F bókmenntir *fpl*
Litfasssäule F auglýsinga-

súla *f*
Livestream M IT beint streymi *n*
Lkw M vöruflutingabíll *m*, vörubíll *m*
Lob N lof *n*; hrós *n*; **≗en** lofa, hrósa
Loch N gat *n*, hola *f*; **≗en** gata; **~er** M gatari *m*
Lockdown M lokanir *fpl*
Locke F lokkur *m*; **≗n** lokka; liða (hár); **~nwickler** M rúllur *fpl*
locker laus; **~n** losa; slaka á
lockig hrokkinhærður
Löffel M skeið *f*
Loge F THEAT stúka *f*
logisch rétt ályktað; auðvitað
Lohn M laun *npl*; kaup *n*; **≗en** launa; *v/r*: **es lohnt sich nicht** það borgar sig ekki; **~erhöhung** F launahækkun *f*; **~steuer** F tekjuskattur *m*
Lokal N húsnæði *n*; veitingastofa *f*
Lokomotive F eimreið *f*
Lorbeer M lárviður *m*
los laus, laus við; **was ist ~?** hvað gengur á?
Los N hlutskipti *n*; (*Lotterie*) happdrættismiði *m*; **das große ~** stóri vinningurinn
löschen slökkva; afmá; *Schiff* losa, afferma
losen varpa hlutkesti
lösen leysa; losa; (*Rätsel*) ráða
losfahren fara af stað
loslassen sleppa, láta lausan
Lösung F leysing *f*; lausn *f*
Lot N lóð *n*; sakka *f*; **≗en** mæla dýpi
löten lóða, kveikja
Lotse M hafnsögumaður *m*
Lotterielos N happdrættismiði *m*
Löwe M ljón *n*
Lücke F skarð *n*; eyða *f*
Luft F loft *n*; **~ schöpfen** draga andann; **an die ~ gehen** ganga út undir bert loft; **≗dicht** loftþéttur; **~druck** M loftþrýstingur *m*
lüften viðra; *Hut* lyfta
Luft|fahrt F flugumferð *f*; **~kissenboot** N svifnökkvi *m*; **~matratze** F vindsæng *f*; **~post** F flugpóstur *m*; **~pumpe** F loftdæla *f*; **~verkehr** M loftsamgöngur *fpl*; **~verschmutzung** F loftmengun *f*; **~waffe** F flugher *m*; **~zug** M loftrás *f*
Lüge F lygi *f*; **≗n** ljúga
Lügner(in) M(F) lygari *m*
Luke F lúkugat *n*; hleri *m*, hlemmur *m*
Lümmel M sláni *m*
Lunge F lunga *n*; **~nentzündung** F MED lungnabólga *f*
Lupe F stækkunargler *n*
Lust F löngun *f*; fýsn *f*, unaður *m*
lüstern fíkinn, sólginn
lustig kátur, skemmtilegur
Luther|aner M lúterstrúarmaður *m*; **≗isch** lúterskur
lutschen sjúga
Luxus M munaður *m*

Lyrik F ljóðlist *f*; ljóðrænn skáldskapur

M

machen gera; búa til; **sich auf den Weg ~** leggja af stað; **sich aus dem Staub ~** hlaupa burt, forða sér; **wie viel macht das?** hvað er þetta mikið?; **das macht nichts** það gerir ekkert til
Macht F vald *n*
mächtig voldugur; heljarmikill
machtlos magnlaus; áhrifalaus
Mädchen N stelpa *f*; stúlka *f*
Mad|e F maðkur *m*, vía *f*; **≈ig** maðkaður
Magen M magi *m*; **~-Darm--Infektion** F magakveisa *f*; **~schmerzen** PL magaverkir *mpl*
mager magur
Magnet M segull *m*
Mahagoni N rauðviður *m*, mahóní *n*
mähen V/T slá (gras)
mahl|en mala; **≈zeit** F máltíð *f*; **(gesegnete) ~!** verði þér (ykkur) að góðu!
Mähne F fax *n*, makki *m*
mahn|en minna á; áminna; rukka; **≈ung** F áminning *f*; rukkun *f*

Mai M maí *m*; **~glöckchen** N maílilja *f*; **~käfer** M aldinbori *m*
Mail F tölvupóstur *m*; **~box** F IT tölvupósthólf *n*; *Handy*: talhólf *n*; **≈en** senda tölvupóst
Mais M maís *m*
Makel M blettur *m*, galli *m*; **≈los** flekklaus, gallalaus
Makler(in) M(F) (verslunar)miðlari *m*, (*Immobilien*) fasteignasali *m*
Mal N skipti *n*, sinn *n*; **mit e-m ~** allt í einu; **jedes ~** í hvert skipti; **zum ersten ~** í fyrsta sinn
mal|en mála; **≈er(in)** M(F) málari *m*, *Kunstmaler* listmálari *m*
Malz N malt *n*; **~bier** N maltöl *n*
Mama F mamma *f*
man maður
manch|er, ~e, ~es margur, mörg, margt; **~erlei** margs konar; **~mal** oft; stundum
Mandel F mandla *f*; MED hálskirtill *m*; **~entzündung** F kirtlabólga *f*
Mangel **1** M skortur *m*; galli *m* **2** F *sl* taurúlla *f*; **≈haft** gallaður, ófullkominn; **≈n** (*Wäsche*) rúlla (þvott); vanta; **≈s** (*mit gen*) vegna vöntunar (á)
Manieren PL mannasiðir *mpl*
Maniküre F handsnyrting *f*
Mann M (karl)maður *m*
Männchen N (*Tier*) karldýr *n*
männlich karlmannlegur,

karlmanns-; GRAM karlkyns
Mannschaft F skipshöfn *f*; (*Sport*) lið *n*
Manöver N heræfingar *fpl*
Mansarde F kvistur *m*, kvisthæð *f*
Manschette F líning *f*, *sl* mansétta *f*; **~nknopf** M mansettuhnappur *m*
Mantel M kápa *f*, yfirhöfn *f*
Manuskript N handrit *n*
Mappe F mappa *f*, skjalataska *f*
Märchen N ævintýri *n*
Marder M mörður *m*
Margarine F smjörlíki *n*
Marine F sjóher *m*
Mark 1 F GEOG landamæraland *n*; HANDEL, *hist* mark *n* 2 N (*Knochen*) mergur *m*
Marke F merki *n*; vörumerki *n*; **~nartikel** M vönduð vara
Markt M markaður *m*; (sölu)torg *n*
Marmelade F aldinmauk *n*, sulta *f*
Marsch 1 M herganga *f*; (her)göngulag *n* 2 F merski *n*, flæðiland *n*; **≗ieren** ganga hergöngu; ganga rösklega
martern kvelja, pynda
Märtyrer M píslarvottur *m*
März M mars *m*
Marzipan N marsipan *n*
Masche F möskvi *m*, lykkja *f*
Maschine F vél *f*; **~ngewehr** N vélbyssa *f*
Masern PL mislingar *mpl*
Maskenball M grímudansleikur *m*
Maß N mælikvarði *m*; **über die ~en** fram úr (öllu) hófi
Massage F nuddlækningar *fpl*, nudd *n*
Masse F fjöldi *m*, feikn *npl*; **~nandrang** M gífurleg aðsókn; **≗nhaft** feikna mikill
Masseur(in) M(F) nudddari *m*, nuddkona *f*
maßgebend sem sker úr; sem ræður mestu
massieren nudda
massig efnismikill, þungur
mäßig hófsamur; hóflegur; **~en** V/R hafa taumhald á sér
maß|los hóflaus; **≗nahme** F ráðstöfun *f*; **≗stab** M mælikvarði *m*
Mast M siglutré *n*
Mastdarm M endaþarmur *m*
Material N efni *n*; hráefni *n*
Mathematik F stærðfræði *f*
Matratze F dýna *f*
Matrose M háseti *m*
matt máttfarinn; daufur; (*Schach*) mát; **≗e** F (*Geflecht*) motta *f*
Mauer F (múr)veggur *m*; **≗n** múra
Maul N kjaftur *m*; **halts ~!** *sl* haltu kjafti!; **~korb** M munnkarfa *f*; **~wurf** M ZOOL moldvarpa *f*
Maurer M múrari *m*
Maus F mús *f*; IT tölvumús *f*; **~efalle** F músagildra *f*
mechanisch vélrænn; véla-
Medien PL fjölmiðill *m*

Medikament N lyf *n*; meðal *n*
Medizin F læknisfræði *f*; læknislyf *n*
Meer N haf *n*, sjór *m*; **~esspiegel** M sjávarflötur *m*, sjávarmál *n*; yfirborð *n* sjávar; **&grün** hafgrænn; **~rettich** M piparrót *f*; **~schweinchen** N naggrís *m*; marsvín *n*
Mehl N mjöl *n*
mehr meir(a), meiri; fleiri; **umso ~** því meir; **~ere** margir; **&heit** F meiri hluti *m*; **&kosten** PL aukakostnaður *m*; **~mals** þráfaldlega; **&wertsteuer** F virðisaukaskattur *m*; **&zahl** F meirihluti *m*; GRAM fleirtala *f*
meiden forðast, varast
Meile F míla *f*; **~nstein** M mílnasteinn *m*
mein(-e, -es) minn (mín, mitt)
Meineid M meinsæri *n*
meinen ætla, halda
mein|erseits af minni hálfu; **~etwegen** mín vegna; sama er mér!
Meinung F skoðun *f*, álit *n*; **nach meiner ~** að mínu áliti; mín skoðun er
Meißel M meitill *m*
meist mestur; flestur; **~ens** oftast, næstum alltaf
Meister(in) M(F) meistari *m* í iðngrein; listsnillingur *m*; **&haft** meistaralegur, frábær; **~schaft** F meistaramót *n*
melden tilkynna
Meldung F tilkynning *f*
melken mjólka
Melodie F lag *n*
Membrane F himna *f*
Menge F fjöldi *m*, sægur *m*; feikn *npl*; **&n** blanda
Mensch M maður *m*; manneskja *f*; **~enrechte** PL mannréttindi *npl*; **&enscheu** mannfælinn; **~enverstand** M: **gesunder ~** M heilbrigð skynsemi; **~heit** F mannkyn *n*; **&lich** mannlegur; mannúðlegur; **~lichkeit** F mannúð *f*
Menstruation F túr *m*, tíðir *fpl*
Mentalität F hugarfar *n*, hugsunarháttur *m*
Menü N margrétta máltíð; IT yfirlit á tölvuskjá
Merk|blatt N minnisblað *n*; **&en** setja á sig; taka eftir; **sich** (*dat*) **etw ~** leggja á minnið; **&lich** greinilegur, greinanlegur; **~mal** N auðkenni *n*, kennimerki *n*; **&würdig** merkilegur; fágætur
Messe F messa *f*; HANDEL kaupstefna *f*
messen mæla
Messer N hnífur *m*; **~schneide** F hnífsegg *f*
Messing N messing *n*, látún *n*
Metall N málmur *m*
Meter M metri *m*
Methode F aðferð *f*
Mettwurst F hangibjúga *n*

Metzger(in) M(F) slátrari *m*
Meuter|ei F uppreisn *f*; **≈n** gera uppreisn
mich *akk v. ich* mig
Miene F svipur *m*
Miet|auto N bílaleigubíll *m*; **~e** F leiga *f*; **≈en** leigja; **~er(in)** M(F) leigjandi *m*; **~vertrag** M leigusamningur *m*; **~wagen** M bílaleigubíll *m*; **~wohnung** F leiguíbúð *f*
Migräne F mígreni *n*
Mikro|fon N hljóðnemi *m*; **~skop** N smásjá *f*; **~welle** F örbylgjuofn *n*
Milch F mjólk *f*; **~kaffee** M mjólkurkaffi *n*; **~straße** F vetrarbraut *f*; **~zahn** M barnatönn *f*
mild mildur; þýður; **~ern** milda, lina; **~de Umstände** *pl* málsbætur *fpl*
Milieu N umhverfi *n*; *sl* miljö *n*
Militär N her *m*, hermenn *mpl*; **≈isch** hernaðarlegur
Milliarde F milljarður *m*
Millimeter M millímetri *m*
Million F milljón *f*; **~är** M milljónamæringur *m*
Milz F milti *n*
minder minni; **≈heit** F minnihluti *m*; **~jährig** ófullveðja, ekki sjálfráða; **~wertig** rýrari, gildisminni; **≈wertigkeitsgefühl** N vanmáttarkennd *f*
mindest|ens að minnsta kosti; **nicht im ≈en** ekki vitund
Mine F náma *f*; (*Sprengstoff*) tundurdufl *n*
Mineralwasser N steinefnaríkt vatn *n* (með eða án kolsýru)
Minibar M minibar *m*
Minister(in) M(F) ráðherra *m*
minus mínus, *abzüglich* að frádregnu; *Temperatur* undir
Minute F mínúta *f*
Minze F minta *f*, mynta *f*
mir mér; **~ nichts, dir nichts** umsvifalaust
Misch|ehe F blendingshjónaband *n*; **≈en** blanda; **~ling** M kynblendingur *m*; **~rasse** F blendingskyn *n*; **~ung** F blanda *f*, sambland *n*
miss|billigen vera mótfallinn; **≈brauch** M misnotkun *f*
missen sakna, vera án
Miss|erfolg M illur árangur, árangursleysi *n*; **~ernte** F uppskerubrestur *m*
miss|fallen mislíka (**j-m** e-m); **≈geschick** N ólán *n*, óhapp *n*; **~glücken** misheppnast; **~gönnen** unna ekki (**j-m etw** e-m e-s); **≈handlung** F misþyrming *f*
Mission F (*christlich*) kristniboð *n*; (*Auftrag*) erindi *n*
miss|lingen misheppnast; **~mutig** hnugginn; **≈stimmung** F þykkja *f*, gremja *f*; **~trauen** vantreysta; **≈verständnis** N misskilningur *m*
Mist M tað *n*, áburður *m*,

mykja *f*; *umg* (*reden*) bulla *f*

mit með; **≈arbeiter(in)** M(F) samstarfsmaður *m*, samstarfskona *f*; **~bringen** koma með handa; **≈bringsel** N lítil gestagjöf *f*; **≈bürger(in)** M(F) meðborgari *m*; **~einander** með hvor öðrum; saman; **≈gift** F heimanmundur *m*; **≈glied** N meðlimur *m*; **~kommen** koma með, verða samferða; **~laufen** hlaupa með; *fig* fylgja (að málum); **≈leid** N meðaumkun *f*, vorkunn *f*

Mitleidenschaft F: **in ~ ziehen** skemma

mit|leidig brjóstgóður; **~machen** taka þátt í; **~nehmen** taka með sér; *fig* þreyta; **~reden** leggja orð í belg; **~reißen** hrífa með sér; **≈schüler(in)** M(F) skólabróðir *m*, skólasystir *f*

Mittag M hádegi *n*; **morgen ~** um hádegið á morgun; **~essen** N hádegisverður *m*; **≈s** um hádegið

Mitte F miðja *f*; **~ Januar** um miðjan janúar

mitteil|en tilkynna; **≈ung** F tilkynning *f*

Mittel N ráð *n*, úrræði *npl*; **~alter** N miðaldir *fpl*; **~ding** N sambland *n*; **~finger** M langatöng *f*; **≈mäßig** í meðallagi; lélegur; **~meer** N Miðjarðarhaf *n*; **~punkt** M miðdepill *m*; **≈s** með; **~stand** M millistétt *f*; **~stufe** F miðþrep *n*; meðalstig *n*; (*Schule*) millibekkir *mpl*; **~stürmer** M miðframherji *m*; **~welle** F (*Radio*) miðbylgjur *fpl*

mitten mitt; **~ auf der Straße** á miðri götunni

Mitternacht F miðnætti *n*

mittler|e (der, die, das) sem er í miðið; **von ~r Größe** meðalstór **~weile** á meðan

Mittwoch M miðvikudagur *m*

Mobiliar N húsgögn *npl*

möbliert: **~es Zimmer** herbergi með húsgögnum

Mode F tíska *f*

Modell N uppkast *n*; fyrirmynd *f*; (*Mannequin*) fyrirsæta *f*, sýningarstúlka *f*

Moder M ýlda *f*; mygla *f*; rotnun *f*; **≈ig** fúinn, úldinn; **≈n** rotna

mod|ern ADJ nýtískulegur, nýr; **~ernisieren** endurnýja; **~isch** í tísku; samkvæmt nýjustu tísku

Mofa N skellinaðra *f*

mögen falla í geð; þykja gott; vilja; nenna

möglich mögulegur; **~st früh** eins snemma og unnt er

Mohn M draumsóley *f*

Möhre F gulrót *f*

Molkerei F mjólkurbú *n*

Moment M augnablik *n*

Monat M mánuður *m*; **im ~ Mai** í maímánuði; **≈lich** mánaðarlega; **~sbinde** F dömu-

bindi *n*
Mönch M munkur *m*
Mond M tungl *n*; **~fähre** F geimfar *n* til tunglsins; tunglferja *f*; **~finsternis** F tunglmyrkvi *m*; **~landung** F lending *f* á tunglinu
Monolog M eintal *n*
Montag M mánudagur *m*
Montage F uppsetning (véla) *f*; útbúnaður *m*
Monteur M vélvirki *m*
Moor N mýri *f*; **~bad** N leðjubað *n*
Moos N mosi *m*; **Isländisches ~** fjallagrös *npl*
Moped N skellinaðra *f*
Moral M siðferði, mórall *m*; **≗isch** siðferðilegur, siðgæðilegur
Morast M fen *n*
Mord M morð *n*; **≗en** myrða
Mörder(in) M(F) morðingi *m*
morgen ADV á morgun; **~ früh** í fyrramálið; **~ Nachmittag** síðdegis á morgun; **≗** M morgunn *m*; **≗dämmerung** F dögun *f*; **≗land** N Austurlönd *npl*; **~s** á morgnana; um morguninn; **≗zeitung** F morgunblað *n*
Morphium N morfín *n*
morsch fúinn; kominn að hruni
Moslem M múslimi *m*
Motel N mótel *n*, vegahótel *n*
Motiv N hvöt *f*; grundvallarhugmynd *f*; mótíf *n*
Motor M vél *f*; **~boot** N mótorbátur *m*; **~rad** N mótorhjól *n*; **~radfahrer(in)** M(F) ökumaður *m* mótorhjóls; **~schaden** M vélarbilun *f*; **~schiff** N vélskip *n*
Motte F melur *m*, mölur *m*
Mountainbike N fjallahjól *n*
Möwe F máfur *m*
MP3-Player M MP3-spilari *m*
Mücke F mýfluga *f*, mý *n*
müd|e þreyttur; **≗igkeit** F þreyta *f*
muffig myglaður, með fúkkalykt
Mühe F erfiði *n*; ómak *n*; **mit ~ und Not** með herkjumunum; **≗los** fyrirhafnarlaus, erfiðislaus; **≗n**: V/R gera sér far (um); **≗voll** erfiður, örðugur
Mühle F mylla *f*
mühsam erfiður
Mull M hýjalín *n*, *sl* moll *n*
Müll M mylsna *f*; rusl *n*; **~abfuhr** F sorphreinsun *f*; **~eimer** M ruslafata *f*, sorpílát *n*
Mülltonne F ruslatunna *f*
multiplizieren margfalda
Mund M munnur *m*; **j-m den ~ verbieten** stinga upp í e-n; **~art** F mállýska *f*; **~schutz** M MED andlitsgríma *f*
münd|en renna út í; **~lich** munnlega; **≗ung** F mynni *n*
Munition F skotfæri *npl*
Münster N dómkirkja *f*
munter kátur, fjörugur
Münz|e F mynt *f*

mürbe meyr; auðmjúkur
murmeln muldra; urra
Mus N stappa *f*, mauk *n*
Muschel F skel *f*; skelfiskur *m*
Museum N safn *n*
Musik F tónlist *f*; **≈alisch** músikalskur; **~instrument** N hljóðfæri *n*
Muskel M vöðvi *m*; **~kater** M harðsperrur *fpl*
Müsli N morgunkorn *n*, músli *n*
Muße F tómstundir *fpl*
müssen verða, hljóta
müßig iðjulaus; athafnalaus; **≈gang** M iðjuleysi *n*
Muster N sýnishorn *n*; fyrirmynd *f*; **~ ohne Wert** verðlaust sýnishorn; **≈n** skrá (sem háseta *od* hermann); **~ung** F skráning *f*; liðskönnun *f*
Mut M kjarkur *m*; **j-m ~ machen** telja kjark í e-n; **guten ~es sein** vera í góðu skapi; **≈ig** kjarkgóður
Mutter F móðir *f*; **~gottes** guðsmóðir *f*, María mey
mütterlicherseits í móðurætt
Mutter|mal N fæðingarblettur *m*; **~sprache** F móðurmál *n*
Mutwill|e M gáski *m*; **≈ig** gáskafullur
Mütze F húfa *f*
mysteriös dularfullur
Mythos M goðsaga *f*, goðsögn *f*

N

Nabe F hjólnöf *f*; **~l** M nafli *m*
nach eftir; til (um staði); (á) eftir; **fünf Minuten ~ eins** (klukkan) fimm mínútur yfir eitt; **~ Berlin** til Berlínar; **dem Namen ~** að nafni; **~ etw fragen** spyrja um e-ð; **~ und ~** smátt og smátt; **~ wie vor** eins og áður
nach|ahmen herma *od* líkja eftir; **≈ahmung** F eftirlíking *f*; eftirherming *f*
Nachbar(in) M(F) nágranni *m*, nágrannakona *f*
nach|bestellen panta síðar (til viðbótar); **~dem** eftir það; *konj* eftir að; **~denken** velta fyrir sér; **~denklich** íhugandi; **≈druck** M eftirprentun *f*; *fig* áhersla *f*; **~eifern** keppa eftir, líkjast; **~einander** hvor *od* hver *od* hverjir á eftir öðrum; *adv* hvað eftir annað; **~erzählen** endursegja; **≈folge** F það sem við tekur, afleiðing *f*; **≈folger(in)** M(F) eftirmaður *m*; **~forschen** grennlast eftir, rannsaka; **≈forschung** F eftirgrennslan *f*, rannsókn *f*; **≈frage** F eftirspurn *f*; **~geben** láta undan; **~gehen**

(*Uhr*) seinka sér; **s-n Geschäften ~** gegna störfum sínum; **~giebig** eftirlátur; **~haltig** langvinnur
nachher síðan, síðar
Nach|hilfestunde F aukatími *m*; **≗holen** vinna upp; **≗jagen** elta; **~komme** M afkomandi *m*; **~kommenschaft** F niðjar *mpl*; afkomendur *mpl*; **~lass** M (*Erbe*) eftirlátnar eigur, arfur *m*; (*Rabatt*) afsláttur *m*; **≗lässig** hirðulaus; **≗laufen** hlaupa á eftir; **≗machen** líkja eftir; **das soll mir e-r ~** þetta getur enginn leikið eftir mér
Nach|mittag M síðdegi *n*, eftirmiðdagur *m*; **≗mittags** síðdegis
Nach|nahme F eftirkrafa *f*; **~name** M eftirnafn *n*, ættarnafn *n*; **≗prüfen** rannsaka; **≗rechnen** reikna aftur; **~rede** F: **üble ~** söguburður *m*; **~richt(en)** F(PL) frétt(ir) *f(pl)*; **~ruf** M eftirmæli *npl*; **≗schicken**: **bitte ~!** sendist áfram!; **≗schlagen** fletta upp í; **~schrift** F eftirmáli *m*; **~schub** M liðsauki *m*; **≗sehen** gæta að; líta eftir; endurskoða; **~sehen** N: **das ~ haben** vera gabbaður; **≗senden** senda áfram; **~sicht** F umburðarlyndi *n*; **≗sinnen** velta fyrir sér; **~speise** F eftirréttur *m*, desert *m*; **~spiel** N eftirleikur *m*
nächst næst á eftir; **mein ≗er** *biblisch*: náungi minn
nach|stehend eftirfarandi; **~stellen**: **j-m ~** sitja um e-n
Nächst|enliebe F náungakærleikur *m*; **≗ens** mjög bráðlega
Nacht F nótt *f*; **heute ~** í nótt (sem var eða kemur); **über ~** næturlangt; á einni nóttu; **gute ~** góða nótt
Nachteil M tjón *n*, óhagur *m*
Nacht|frost M næturfrost *n*; **~hemd** N náttskyrta *f*; *Damen*: náttkjóll *m*
Nachtigall F næturgali *m*
Nachtisch M eftirmatur *m*
Nacht|leben N næturlíf *n*; **~lokal** N næturklúbbur *m*, næturstaður *m*
Nachtrag M viðauki *m*; **≗en** bæta við; *fig* **j-m etw ~** erfa e-ð við e-n
nachträglich viðbótar-; síðari; síðar
nachts á næturnar; um nóttina
Nacht|schicht F næturvakt *f*; **~tisch** M náttborð *n*; **~wächter(in)** M(F) næturvörður *m*; **~zug** M næturlest *f*
Nachweis M sönnun *f*, staðfesting *f*; **≗en** sanna; vísa á
Nachwelt F komandi kynslóðir
nach|wirken verka eftir á; **≗wirkung** F áhrif eftir á, af-

leiðing *f*; **&wort** N eftirmáli *m*; **&wuchs** M æska *f*; ungviði *n*; **~zählen** endurtelja; **&zahlung** F viðbótargreiðsla *f*; **&zügler** M sá sem kemur of seint

Nack|en M hnakki *m*; háls *m*; **&t** nakinn; **~theit** F nekt *f*

Nadel F nál *f*; **~baum** M barrtré *n*, grenitré *n*; **~öhr** N nálarauga *n*

Nagel M nögl *f*; nagli *m*; **~bürste** F naglabursti *m*; **~feile** F naglaþjöl *f*; **~lack** M naglalakk *n*; **~lackentferner** M naglalakkaeyðir *m*; **&n** negla; **&neu** glænýr

nage|n naga; **&tier** N nagdýr *n*

nah(e) nálægur; *adv* nálægt; **~ daran sein** vera að því kominn

Nähe F nánd *f*, nálægð *f*

nahen nálgast

nähen sauma

näher nær

nähern V/R nálgast (**j-m** e-n)

nahezu nærri

Näh|garn N tvinni *m*; **~maschine** F saumavél *f*; **~nadel** F saumnál *f*

nahrhaft saðsamur, kjarngóður

Nahrung F næring *f*, fæða *f*; **~smittel** PL matvæli *npl*, matvara *f*

Nährwert M næringargildi *n*

Nähseide F silkitvinni *m*

Naht F saumur *m*

Nähzeug N saumadót *n*

naiv barnalegur

Name M nafn *n*; **im ~n von** fyrir hönd; **&nlos** nafnlaus; **~nsvetter** M nafni *m*; **&ntlich** einkum; með nafnakalli

nämlich nefnilega

Napf M pottur *m*, skál *f*; **~kuchen** M (jóla)kaka *f*

Narbe F ör *n*; (*Leder*) hársvörður *m*

Narkose F svæfing *f*

Narr M heimskingi *m*

närrisch kjánalegur

naschen narta í, borða sælgæti *n*

Nase F nef *n*; **~nloch** N nös *f*; **~ntropfen** NPL nefdropar *mpl*

nass votur, blautur

Nässe F væta *f*

nasskalt hráslagalegur

Nation F þjóð *f*; **&al** þjóðlegur, þjóðar-; **~alfeiertag** M þjóðhátíðardagur *m*; **~alhymne** F þjóðsöngur *m*; **~alität** F þjóðerni *n*

NATO F Atlantshafsbandalagið *n*

Natter F naðra *f*, höggormur *m*

Natur F náttúra *f*; **&getreu** sannur, réttur; **~kunde** F (*Schulfach*) náttúrufræði *f*

natürlich eðlilegur; *adv* auðvitað

Natur|park M friðland *n*, *Nationalpark* þjóðgarður *m*;

~schutz M náttúruvernd *f;* **~schutzgebiet** N náttúruverndarsvæði *n;* **~wissenschaft** F náttúruvísindi *npl;* **~wunder** N náttúruundur *n*

Navigationssystem N staðsetningartæki *n*

Nebel M þoka *f;* **~horn** N þokulúður *m;* **≗ig** þokufullur

neben (*dat, Richtung: akk*) hjá, við hliðina á; **≗bedeutung** F aukamerking *f;* **~bei** auk þess; **~einander** hvor við annars hlið; hvað með öðru; **≗fach** N aukagrein *f;* **≗fluss** M þverá *f;* **≗gebäude** N útihús *n;* **≗geräusch** N aukahljóð *n;* **~her** nálægt; **~hergehen** ganga við hliðina á; **≗kosten** PL aukakostnaður *m;* **≗sache** F aukaatriði *n;* **~sächlich** sem er aukaatriði; **≗saison** F ekki ferðamannatími *m*, ekki háannatími *m;* **≗satz** M aukasetning *f;* **≗straße** F hliðargata *f;* **≗wirkung** F aukaverkun *f*

neblig þokukendur, þokufullur

necken stríða, erta

Neffe M bróður- *od* systursonur *m*

negativ neikvæður

nehmen taka; **etw auf sich** (*akk*) **~** taka e-ð á sig

Neid M öfund *f;* **≗isch** öfundsjúkur

neigen V/R hallast; hneigja sig; **~ zu** hafa tilhneiging(u) til

nein nei

Nelke F nellika *f*

nennen nefna, kalla; **beim Namen ~** nefna með nafni; **sich ~** heita, nefnast; **~swert** sem teljandi sé

Nenn|er M nefnari *m;* **~wert** M nafnverð *n*

Nerv M taug *f;* **≗en** pirra, fara í taugarnar á; **~enzusammenbruch** M taugaáfall *n;* **≗ös** taugaveiklaður; taugaóstyrkur

Nessel F (brenni)netla *f*

Nest N hreiður *n*

nett snotur; geðugur

netto nettó

Netz N net *n*

neu nýr; **was gibt's ≗es?** hvað er að frétta?; **von ≗em** á nýjan leik; **≗bau** M nýbygging *f;* **~erdings** nýlega, upp á síðkastið; **≗erung** F nýjung *f*, breyting *f;* **≗gestaltung** F gjörbreyting *f;* **≗gier** F forvitni *f;* **≗heit** F nýjung *f;* **≗igkeit** F nýjung *f*, frétt *f;* **≗jahr** N nýár *n;* **prosit ~!** gleðilegt nýár! **~lich** nýlega; **≗ling** M byrjandi *m;* **~modisch** nýtískulegur; **≗mond** M nýtt tungl

Neureiche(r) M/F(M) nýríkur maður *m od* kona

neutral hlutlaus

Neuzeit F nútími *m;* nýja öldin

nicht ekki; **durchaus ~** alls ekki; **~ mehr** ekki lengur; **~**

wahr? er ekki svo?; **~ doch** nei, nei
Nichte F bróður- *od* systurdóttir *f*
nichtig fánýtur
Nichtraucher(in) M(F) reyklaus maður *m*, reyklaus kona *f*, ekki reykingamaður *m*
nichts ekkert, ekki neitt; **~nutzig** gagnslaus; **~sagend** ómerkilegur; **~würdig** einskisverður
Nickel N nikkel *n*
nicken kinka kolli
nie aldrei
nieder niður; **≈gang** M *fig* hnignun *f*; **~geschlagen** dapur; niðurdreginn; **≈geschlagenheit** F dapurleiki *m*; **≈kunft** F barnsburður *m*, fæðing *f*; **≈lassung** F bólfesta *f*; nýlenda *f*; **≈schlag** M úrkoma *f*; *Chemie*: botnfall *n*; **~schlagen** *fig* bæla niður; **~setzen** V/R setjast; **≈ung** F dæld *f*, dalur *m*
nied|lich snotur, indæll; **~rig** lágur; *fig* au(ð)virðilegur
nie|mals aldrei; **~mand** enginn
Niere F nýra *n*
niesel|n það fellur úði *m*; **≈regen** M úði *m*, úðarigning *f*
niesen hnerra
Niete F núll *n* (í hlutaveltu); hnoðnagli *m*
Nikotin N nikótín *n*
nirgend(s) hvergi
Nische F veggskot *n*
nisten byggja *od* hafa hreiður
Nixe F hafmey *f*
noch: **weder ... ~** hvorki ... né; *adv* ennþá, enn; **~ etwas?** eitthvað meir?, eitthvað (nokkuð) fleira?; **~ immer** ennþá; **~ nicht** ekki enn; **~ nie** aldrei; **~mals** enn einu sinni; aftur, í annað sinn, öðru sinni
Nominativ M nefnifall *n*
Nonne F nunna *f*
Nord|en M norður *n*; Norðurlönd *npl*; **≈isch** norrænn, skandinavískur
nördlich norðlægur; **~ von** fyrir norðan; *adv* norður frá
Nordpol M norðurpóll *m*
Nordsee F Norðursjór *m*
nörgeln nöldra; setja út á
Norm F regla *f*, fyrirmynd *f*; **≈al** venjulegur
Norweg|en N Noregur *m*; **~er** M Norðmaður *m*; **~erin** F norsk kona *f*; **≈isch** norskur; **~isch** N norska *f*
Not F neyð *f*, þröng *f*
Notar M skjalaritari *m*
Not|arzt M neyðarlæknir *m*; **~ausgang** M neyðarútgangur *m od* neyðarútgöngudyr *fpl*; **~bremse** F neyðarhemill *m*; **~dienst** M neyðarvakt *f*; **≈dürftig** ófullnægjandi
Note F (*Diplomatie*) milliríkjaorðsending *f*; (*Schule*) einkunn *f*; MUS nóta *f*; (*Geld*)

(banka-)seðill *m*
Notebook N lítil fartölva *f*
not|falls ef í nauðir rekur; **~gedrungen** tilneyddur
nötig nauðsynlegur; **etw ~ haben** þurfa e-ð, þarfnast e-s
nötigen neyða; ganga eftir
Notiz F athugasemd *f*; gaumur *m*; **~buch** N minnisbók *f*
Not|lage F neyðarástand *n*; **≗landen** nauðlenda; **~landung** F nauðlending *f*; **≗leidend** bágstaddur; **~ruf** M TEL neyðarsími *m*; **~stand** M bágindi *npl*; **~wehr** F neyðarvörn *f*; **≗wendig** nauðsynlegur
Novelle F smásaga *f*, saga *f*, stutt skáldsaga
November M nóvember *m*
nüchtern algáður, ódrukkinn; *fig* raunsær, rólegur, skynsamlegur
Nudel F núðla *f*
Null F núll *n*
Nummer F númer *n*; **~nschild** N númerskilti *n*, (-spjald *n*)
nun nú; **von ~ an** upp frá þessu
nur aðeins, eingöngu, bara
Nuss F hnot *f*, hneta *f*; **~baum** M hnottré *n*; (*Holz*) hnotviður *m*; **~knacker** M hnetu- *od* hnotbrjótur *m*
nutz|bar gagnlegur; **~en** gagna, þýða; **≗en** M (*Gewinn*) hagnaður *m*; (*Vorteil*) gagn *n*
Nutzholz N smíðaviður *m*
nützlich gagnlegur
nutz|los gagnslaus; **≗nießer** M notandi *m*
Nylon N nælon *n*; **~strumpf** M nælonsokkur *m*

O

Oase F vin *f*
ob hvort; **als ~** eins og
Obacht F gæsla *f*; athygli *f*; **~ geben** vara sig
Obdach N skjól *n*, húsaskjól *n*; **≗los** heimilislaus
oben uppi; **~ erwähnt** ofannefndur; **von ~** (**her**) að ofan; **nach ~** upp; **~drein** í ofanálag
Ober M (veitinga)þjónn *m*; **Herr ~!** þjónn!
obere: **der, die ~** hinn, hin efri; **das ~** hið efra
Ober|fläche F yfirborð *n*; **≗flächlich** yfirborðslegur; **≗halb** fyrir ofan; **~hemd** N herraskyrta *f*; **~in** F yfirhjúkrunarkona *f*; **~kellner**(**in**) M(F) yfirþjónn *m*; **~leutnant** M yfirlautinant *m*; **~lippe** F efri vör; **~schenkel** M læri *n*; **~schule** F menntaskóli *m*
oberste: **der, die, das ~** efstur, hæstur; hinn efsti *od* hæsti; efst, hæst; hin, hið efsta

obgleich þó að, þótt
Obhut F vernd *f*, eftirlit *n*
objektiv hlutlægur
Obrigkeit F yfirvöld *npl*
Obst N ávextir *mpl*; **~bau** M aldinrækt *f*; **~baum** M aldintré *n*
obwohl þó að, þótt
Ochse M uxi *m*
Öde F tómleiki *m*; auðn *f*
oder eða; **entweder** ... **~** annaðhvort ... eða
Ofen M ofn *m*
offen opinn; **~bar** augljós; **~baren** opinbera, **~kundig** alkunnur; **~sichtlich** augljós
öffentlich opinber; **~er Dienst** hið opinbera; **≗keit** F almenningur *m*
offer|ieren bjóða (til kaups); **≗te** F (kaup)boð *n*
offiziell opinber
Offizier M liðsforingi *m*
öff|nen opna; **≗nung** F op *n*, gat *n*; opnun *f*; **≗nungszeiten** FPL opnunartími *m*
oft oft
öfter(s) oft; við og við
ohne (*mit akk*) án; **~hin** auk þess, hvort sem er
Ohnmacht F vanmáttur *m*; yfirlið *n*; **in ~ fallen** falla í ómegin *od* yfirlið
ohnmächtig MED meðvitundarlaus; (*machtlos*) vanmáttugur
Ohr N eyra *n*; **~enarzt** M eyrnalæknir *m*
Ohr|enschmerzen MPL eyrnarverkur *m*; **~entropfen** MPL eyrnardropar *mpl*; **~feige** F löðrungur *m*; **~läppchen** N eyrnasnepill *m*; **~ring** M eyrnalokkur *m*
okay allt í lagi
Oktober M október *m*
Öl N olía *f*; **~druckmesser** M olíuþrýstimælir *m*; **≗en** olíubera; **~gemälde** N olíumálverk *n*; **~heizung** F olíukynding *f*
Olive F ólífa *f*; **~nöl** N ólífuolía *f*
Ölstandsanzeiger M olíumælir *m*
Olympi|ade F; **~sche Spiele** PL Olympíuleikar(nir) *mpl*
Oma F amma *f*
Omelett N eggjakaka *f*
Omnibus M strætisvagn *m*; langferðabíll *m*
Onkel M föður- *od* móðurbróðir *m*
online á Netinu *n*
Opa M afi *m*
Oper F ópera *f*
Operation F aðgerð *f*; MED uppskurður *m*
Operette F söngleikur *m*, óperetta *f*
operieren skera upp
Operngl as N leikhúskíkir *m* *od* leikhússjónauki *m*
Opfer N fórn *f*; fórnarlamb *n*; **≗n** fórna
opponieren andmæla
Opposition F POL stjórnar-

andstaða *f*
Optiker(in) M(F) sjóntækjafræðingur *m*; gleraugnaverslun *f*
Orange F appelsína *f*
Orchester N hljómsveit *f*
Orden M heiðursmerki *n*, orða *f*
ordentlich snyrtilegur, reglusamur
Ord|er F skipun *f*; pöntun *f*; **ⵒnen** raða *od* skipa niður, laga, ganga frá (e-u), ráðstafa (e-u); **~nung** F regla *f*; skipulag *n*; **~nungsstrafe** F refsing *f* fyrir agabrot
Organ N líffæri *n*; málgagn *n*
Organisation F skipulag *n*; (*Verband*) stjórn *f*
Orgel F orgel *n*
orientieren leiðbeina, skýra fyrir; *v/r* átta sig, glöggva sig á
origin|al frumlegur; upprunalegur; **~ell** sérkennilegur; frumlegur
Orkan M fárviðri *n*
Ort M staður *m*; **an ~ und Stelle** á réttum stað, á staðnum
orten FLUG miða, gera staðarákvörðun
örtlich staðar-, staðbundinn
Ortschaft F þorp *n*, (lítill bær *m*)
Orts|gespräch N innanbæjarsímtal *n*; **ⵒkundig** kunnugur
Öse F lykkja *f*
Osten M austur *n*
Oster|montag M annar í páskum; **~n** N *od* PL páskar *mpl*; **fröhliche ~!** gleðilega páska!
Österreich N Austurríki *n*; **~er** M Austurríkismaður *m*; **~erin** F austurrísk kona *od* stúlka; **ⵒisch** austurrískur
Ostersonntag M páskadagur *m*
östlich austlægur, austur-; fyrir austan
Ost|see F Eystrasalt *n*; **~wind** M austanvindur *m*
Otter **1** M otur *m* **2** F höggormur *m*
Ouvertüre F forleikur *m*
Ozean M úthaf *n*; **der Atlantische ~** Atlantshafið; **der Stille ~** Kyrrahafið

paar: **ein ~** nokkrir
Paar N tvennt af e-u
paaren V/R maka sig, tímgast
Pacht F leiga *f*; (*Zins*) leigugjald *n*; **ⵒen** taka á leigu
Päckchen N (bréfa)böggull *m*
packen láta niður (í tösku), pakka; **~d** hrífandi, áhrifamikill
Pack|er M pakkhúsmaður *m*; **~papier** N umbúðapappír

m; **~ung** F umbúðir *fpl*; pakki *m*

Paket N böggull *m*; **~annahme** F bögglaviðtaka *f*; **~ausgabe** F bögglaafhending *f*

Pakt M sáttmáli *m*

Palast M höll *f*

Palme F pálmi *m*

Pandemie F MED faraldur *m*

Panik F ofsahræðsla *f*

Panne F óhapp *n*; (*Auto*) vélarbilun *f*

Panther M pardusdýr *n*, hlébarði *m*

Pantoffel M inniskór *m*

Panzer M skriðdreki *m*; **~schrank** M peningaskápur *m*

Papa M pabbi *m*

Papagei M páfagaukur *m*

Papier N pappír *m*; **~e** PL (*Ausweis*) skilríki *npl*; (*Auto*) pappírar *mpl*; **~geld** N peningaseðlar *mpl*; **~korb** M pappírskarfa *f*, ruslakarfa *f*; **~taschentuch** N pappírsvasaklútur *m*

Papp|e F pappi *m*; **~el** F ösp *f*; **~karton** M pappakassi *m*

Paprika F paprika *f*

Papst M páfi *m*; **~tum** N páfadæmi *n*

Parade F hersýning *f*; skrúðfylking *f*

Paradies N paradís *f*

paradox þverstæður

Paragraf M grein *f*

parallel (*zeitlich*) samtímis; (*örtlich*) hlið við hlið

Parfüm N ilmvatn *n*

Park M trjágarður *m*

park|en leggja bifreið; **≗ett** N parketgólf *n*, tiglagólf *n*; **≗gebühr** F stöðugjald *n*; **≗haus** N bílageymsla *f*; **≗platz** M bifreiðastæði *n*; **≗uhr** F stöðumælir *m*; **≗verbot** N bannað að leggja bílum

Parlament N þing *n*

Partei F (stjórnmála)flokkur *m*; **≗isch** hlutdrægur

Parterre N neðsta hæð (í húsi), stofuhæð *f*

Partisan M skæruliði *m*

Partizip N lýsingarháttur *m*

Partner(in) M(F) (*Geschäftspartner*) viðskipta- samningsaðili *m*; (*Teilhaber*) hluthafi *m*; (*Mitspieler*) leiknautur *m*; (*Ehepartner*) maki *m*

Party F partý *n*, samkvæmi *n*, teiti *n*

Pass M vegabréf *n*; GEOG skarð *n*; **~abfertigung** F vegabréfaskoðun *f*

Passagier(in) M(F) farþegi *m*

Passant(in) M(F) vegfarandi *m*

passen hæfa; vera mátulegur; *Anzug*: fara vel

passiv hlutlaus, aðgerðarlaus

Passiv N GRAM þolmynd *f*

Pat|e M guðfaðir *m*; **~enkind** N skírnar- *od* guðbarn *n*

Patient(in) M(F) sjúklingur *m*

Patin F guðmóðir *f*

Patriot M föðurlandsvinur *m*

Patrone F skothylki *n*

Pauke F tromma *f*, bumba *f*

pauschal í heild, með öllu; **≈e** F heildarverð *n*; **≈preis** heildarverð *n*; **≈reise** F pakkaferð *f*; **≈summe** F heildarupphæð *f*
Pause F hlé *n*; (*Schule*) frímínútur *fpl*
PC M tölva *f*
Pech N *Farbe* bik *n*, *Teer* tjara *f*; *fig* óheppni *f*
peil|en miða (áttir); **≈gerät** N miðunartæki *n*; **≈ung** F miðun *f*
peinlich vandræðalegur
Peitsche F svipa *f*; **≈n** berja, hýða
Pell|e F hýði *n*; **≈en** skræla, flysja; **~kartoffeln** PL kartöflur *fpl* soðnar í hýðinu
Pelz M skinn *n*; loðkápa *f*
Pendel N hengill *m* (í klukku); **≈n** sveiflast; **~verkehr** M samgöngur *fpl* fram og aftur (með sama farartæki)
Penis M getnaðarlimur *m*
Pension F (*Rente*) eftirlaun *npl*; (*Gästehaus*) gistiheimili *n*; **≈ieren**: **sich ~ lassen** fara á eftirlaun
Periode F tímabil *n*; MED blæðingar *fpl*
Perlmutt N skelplata *f*
Person F persóna *f*
Personal N starfsfólk *n*; **~ausweis** M persónuskilríki *npl*
Personenzug M fólksflutningalest *f*
persönlich persónulegur; sjálfur; **≈keit** F persónuleiki *m*
Perücke F hárkolla *f*
Petersilie F steinselja *f*
Petroleum N steinolía *f*
Pfad M stígur *m*, gata *f*; **~finder(in)** M(F) skáti *m*
Pfahl M staur *m*, stólpi *m*
Pfand N veð *n*
pfänden taka að veði
Pfandleihe F veðlánahús *n*; **~r** M veðlánamangari *m*
Pfann|e F panna *f*; **~kuchen** M pönnukaka *f*
Pfarr|ei F kirkjusókn *f*; prestssetur *n*; **~er(in)** M(F) prestur *m*; **~haus** N prestssetur *n*
Pfau M páfugl *m*
Pfeffer M pipar *m*; **~minze** F piparmynta *f*; **≈n** pipra
Pfeife F pípa *f*; **≈n** blístra; blása (í pípu)
Pfeil M ör *f*; **~er** M stólpi *m*, súla *f*
Pfennig M *hist* eyrir *m*
Pferd N hestur *m*; **~erennen** N veðreiðar *fpl*; **~estärke** F (*abk* PS) hestafl *n* (*abk* ha, hö *pl*)
Pfiff M blístur *n*; bragð *n*
Pfifferling M ætisveppur *m*
pfiffig slunginn; sniðugur
Pfingst|en N *od* PL hvítasunna *f*; **frohe ~!** gleðilega hvítasunnuhátíð!; **~montag** M annar í hvítasunnu; **~sonntag** M hvítasunnudagur *m*
Pfirsich M ferskja *f*

Pflanz|e F jurt *f*, planta *f*; **≈en** gróðursetja; **~ung** F gróðursetning *f*; gróðurekra *f*
Pflaster N steinlegging *f*, steinstræti *n*; MED plástur *m*; **≈n** steinleggja; plástra
Pflaume F plóma *f*
Pflege F hjúkrun *f*; umönnun *f*; **≈leicht** auðvelt umhirðu; **≈n** hjúkra; **etw zu tun ~** vera vanur e-u
Pflicht F skylda *f*; **~bewusstsein** N skyldurækni *f*; **≈vergessen** óskyldurækinn
Pflock M tjóðurhæll *m*
pflücken tína, reyta
Pflug M plógur *m*
pflügen plægja
Pforte F hlið *n*
Pförtner M dyravörður *m*
Pfosten M stólpi *m*
Pfote F löpp *f*, hrammur *m*
Pfropfen M tappi *m*
pfui! svei!
Pfund N pund *n*; **≈weise** í pundatali
pfuschen káka, klastra
Pfütze F pollur *m*, pyttur *m*
Phase F (þroska)stig *n*
Philo|loge M málvísindamaður *m*; **~soph** M heimspekingur *m*
Physik F eðlisfræði *f*
Pickel M MED (graftar-)bóla *f*
picken narta í, kroppa; pikka
Pille F pilla *f*
Pilot(in) M(F) flugmaður *m*
Pilz M sveppur *m*
PIN F leyninúmer *n*
Pinsel M pensill *m*
Pinzette F smátöng *f*; sáratöng *f*
Pistole F skammbyssa *f*
Pizz|a F pítsa *f*, flatbaka *f*; **~eria** F pítsustaður *m*
Pkw M fólksbíll *m*
Plage F kvöl *f*; **≈n** kvelja, þjaka
Plakat N veggspjald *n*, plakat *n*; götuauglýsing *f*
Plan M áform *n*; uppkast *n*; **≈en** ráðgera; gera áætlun; **~et** M pláneta *f*; reikistjarna *f*
Planke F planki *m*
plan|los ráðalaus; skipulagslaus; **~mäßig** samkvæmt áætlun; **≈wirtschaft** F áætlunarbúskapur
plappern rausa, bulla
Plastik 1 F stytta 2 N plast *n*
platt flatur; **≈deutsch** N lágþýska *f*; **≈e** F flötur *m*; plata *f*; **≈enspieler** M plötuspilari *m*
Platz M staður *m*; sæti *n*; torg *n*; **~anweiser(in)** M(F) maður (kona), sem vísar til sætis; **≈en** springa; **~karte** F BAHN frátekið sæti; sætismiði *m*
plaudern masa, rabba
Plomb|e F tannfylling *f*; **≈ieren** fylla tönn
plötzlich skyndilegur
plump luralegur, kauðalegur
plündern ræna, rupla
Plural M fleirtala *f*
Plüsch M flos *n*

Po M rass *m*
pochen banka, berja; *Herz:* slá
Pocken PL kúa- *od* stóra bóla *f*
Poesie F ljóðlist *f*
Pökelfleisch N saltkjöt *n*
pökeln salta
Pol M póll *m*
Polarfuchs M heimskautarefur *f*
Pole M Pólverji *m*
polieren fægja, skyggja
Politi|k F stjórnmál *npl;* **~ker(in)** M(F) stjórnmálamaður *m* **&sch** stjórnmála-
Polizei F lögregla *f;* **&lich** lögreglu-, af hálfu lögreglunnar; **~ verboten!** bannað af lögreglunni!; **~revier** N lögreglustöð *f*
Polizist(in) M(F) lögregluþjónn *m*
polnisch pólskur
Polster N púði *m;* bólstur *n*
poltern skarka, gera háreysti
Pommes frites PL steiktar (franskar) kartöflur *fpl*
Pony N smáhestur *m*
Popmusik F popptónlist *f*
Portemonnaie N peningabudda *f*
Portier M dyravörður *m*
Portion F skammtur *m*
Porto N burðargjald *n;* **&frei** burðargjaldslaust
Porzellan N postulín *n*
Posaune F básúna *f*
Post® F póstur *m;* póststöð *f;* **~amt** N póststöð *f*, pósthús *n;* **~anweisung** F póstávísun *f;* **~bote** M bréfberi *m*
Posten M vörður *m*, varðstaða *f;* (*Rechnungsposten*) liður *m*
Post|fach N pósthólf *n;* **~karte** F póstkort *n*, bréfspjald *n;* **&lagernd** afgreiðist sem biðpóstur; **~leitzahl** F póstnúmer *n;* **~schalter** M afgreiðslustaður *m* (í pósthúsi); **~scheck** M póstávísun *f;* **~stempel** M bréfstimpill *m*
Pracht F skraut *n*, viðhöfn *f;* skart *n*
prächtig skrautlegur, ágætur
Prägung F mótun *f;* (*Münze*) slátta *f*
prahlen raupa, gorta
praktisch hentugur; hagsýnn; **~er Arzt** *m* heimilislæknir *m*
Praline F *sl* konfekt *n*
prall stinnur; þrýstinn
Prämie F verðlaun *npl;* **&ren** verðlauna
präparieren undirbúa
Präposition F forsetning *f*
Präsens N nútíð *f*
Präsident(in) M(F) forseti *m;* formaður *m*
prasseln snarka; skrölta
Präteritum N þátíð *f*
Praxis F framkvæmd *f;* venja *f;* (*Arzt*) læknisstofa *f*
predig|en prédika; **&er** M prestur *m;* **&t** F prédikun *f*
Preis M verð *n;* verðlaun *npl;*

~ausschreiben N verðlaunasamkeppni *f*; **~elbeere** F týtuber *n*; **≗en** lofa, hrósa; **~liste** F verðlisti *m*; **~nachlass** M afsláttur *m*; **~richter(in)** M(F) verðlaunadómari *m*; **~träger(in)** M verðlaunahafi *m*; **≗wert** ódýr
Premiere F frumsýning *f*
Presse F blöð *npl*; **~freiheit** F prentfrelsi *n*; **≗n** pressa
Priester(in) M(F) (kaþólskur) prestur *m*
Primel F maríulykill *m*
prinzipiell grundvallar-; samkvæmt *od* eftir grundvallarreglu
privat einka-, einstaklings-
Probe F æfing *f*; sýnishorn *n*; **auf die ~ stellen** reyna (e-n); **≗weise** til reynslu
probieren reyna; (*kosten*) bragða
Problem N vandamál *n*
Profess|or(in) M(F) prófessor *m*; **~ur** F prófessorsembætti *n*
Profil N hliðarmynd *f*
Prognose F spá *f*, útlit *n*
Programm N leikskrá *f*; stefnuskrá *f*
Projekt N verkefni *n*
Prokurist M umboðsmaður *m*; *sl* prókúruhafi *m*
Proletarier M öreigi *m*
Promille N prómill *n*
prompt skjótur, greiður
Pronomen N fornafn *n*
Propeller M flugvélarskrúfa; skipsskrúfa *f*
prophezei|en spá; **≗ung** F spádómur *m*
Prosa F óbundið mál
prosit! skál!
Prospekt M bæklingur *m*
prost! skál!
Prostituierte F vændiskona *f*
Protest M mótmæli *npl*; **~ant(in)** M(F) mótmælandi *m*
Protokoll N fundargerð *f*, skýrsla *f*; **ein ~ aufnehmen** bóka fundarskýrslu; bóka framburð fyrir rétti
protzen gorta, raupa
Proviant M nesti *n*; vistir *fpl*
Provision F umboðslaun *npl*; þóknun *f*
Prozent N hundraðshluti *m*, prósenta *f*
Prozess M mál *n*, málaferli *npl*; þróunarferill *m*
prozessieren: **mit j-m ~** eiga í máli við e-n
prüf|en reyna (e-n), rannsaka; prófa; **≗ung** F raun *f*, rannsókn *f*; próf *n*
Prügel M barefli *n*; *pl a.* barsmíð *f*; **≗n** berja
Psalm M sálmur *m*
Psychologe M sálfræðingur *m*
Publikum N almenningur *m*; (*Zuhörer*) áheyrendur *mpl*; (*Zuschauer*) áhorfendur *mpl*
Pudding M búðingur *m*
Puder N (andlits)púður *n*; **~dose** F púðurdós *f*; **≗n** púðra

Pullover M peysa *f*
Puls M púls *m*, slagæð *f*; **~schlag** M æðaslag *n*, æðasláttur *m*
Pult N púlt *n*
Pulver N duft *n*; (*Schießpulver*) púður *n*; **~kaffee** M skyndikaffi *n*
pumpen dæla; *fig sl* fá lánað, lána
Punkt M punktur *m*; *fig* atriði *n*; **~ zwölf** (**Uhr**) nákvæmlega klukkan tólf
pünktlich stundvís; nákvæmur
Punsch M púns *n*
Pupille F augasteinn *m*
Puppe F brúða *f*; ZOOL púpa *f*
Purzel|baum M kollhnís *m*; **≈n** velta sér kollhnís; detta
pusten blása
Pute(**r**) F(M) kalkúnshæna *f*, kalkúni *m*
Putsch M uppþot *n*, smá-uppreisn *f*; **≈en** gera uppþot
putzen hreinsa; *Schuhe* bursta
Pyjama M náttföt *npl*
Pyramide F pýramídi *m*

Q

Quacksalber M skottulæknir *m*
Quadrat N ferningur *m*
Quai M hafnargarður *m*
quaken kvaka
Qual F pína *f*, kvöl *f*
quälen kvelja, pína
Qualität F gæði *npl*; **erste ~** fyrsta flokks
Qualle F marglitta *f*
Qualm M svækja *f*, svæla *f*; **≈en** (*bei Rauchern*) reykja, svæla
Quantität F mergð *f*, magn *n*
Quark M mjólkurhlaup *n*; ystingur *m*; *etwa*: skyr *n*
Quartal N ársfjórðungur *m*
Quartier N gististaður *m*; setustaður *m* (herliðs)
Quatsch M vitleysa *f*
Quecksilber N kvikasilfur *n*
Quelle F uppspretta *f*, lind *f*; heimild *f*; **≈n** vella fram, spretta upp; bólgna
quer þver; þversum; **kreuz und ~** þvert og endilangt, fram og aftur; **≈straße** F þvergata *f*
quetsch|en lemstra; merja; **≈ung** F lemstrun *f*; mar *n*
quietschen ískra
Quirl M þeytari *m*; þyrill *m*; **≈en** hræra, þeyta
quitt|ieren kvitta; *Dienst* segja af sér, hætta; **≈ung** F kvittun *f*
Quote F hlutfallshluti *m*, kvóti *m*

R

Rabatt M afsláttur *m*
Rabe M hrafn *m*
Rache F hefnd *f*; **~n** M kok *n*, barki *m*
rächen hefna; endurgjalda; *v/r* hefna sín (**an j-m** á e-m)
Rachenmandel F nefkirtill *m*
Rad N hjól *n*; (*Fahrrad*) reiðhjól *n*; (*Steuerrad*) stýrishjól *n*
Radarkontrolle F radarmæling *f*
rad|eln hjóla; **≗fahrer(in)** M(F) hjólreiðamaður *m*
radier|en skafa *od* stroka út; **≗gummi** M strokleður *n*; **≗ung** F ætimynd *f*
Radieschen N radísa *f*
Radio N útvarp *n*; **≗aktiv** geislavirkur
Radtour F hjólatúr *m*, hjólaferð *f*
raffiniert slunginn; *Zucker, Öl* hreinsaður
Rahm M rjómi *m*
Rahmen M rammi *m*; (*Tür, Fenster*) umbúningur *m* (dyra *od* glugga)
Rakete F eldflaug *f*
Rampe F (*Bühne*) sviðsljós *npl*; (*Auffahrt*) skáhallur uppakstur
Rand M rönd *f*, brún *f*
Rang M metorð *npl*, tign *f*; THEAT svalir *fpl*, hæð *f*; **ersten ~es** fyrsta flokks
Ranke F vafteinungur *m*; vafningsjurtargrein *f*
Ranz|en M vömb *f*; skólataska *f*; **≗ig** þrá(naðu)r
Rappe M svartur hestur
rar sjaldgæfur
rasch röskur, fljótur
rasen æða, geisa
Rasen M grasflötur *m*
rasend æðisgenginn; bálreiður
Rasenmäher M sláttuvél *f*
Rasier|apparat M rakvél *f*; **≗en** raka; **~klinge** F rakblað *n*; **~messer** N rakhnífur *m*; **~pinsel** M rakbursti *m*; **~schaum** M rakfroða *f*; **~seife** F raksápa *f*; **~wasser** N rakspíri *m*; **~zeug** N rakstursáhöld *npl*
Rasse F kynþáttur *m*; **≗ln** skrölta, hringla
Rast F hvíld *f*; **≗en** hvílast; **≗los** eirðarlaus; **~platz** M áningarstaður *m* við hraðbraut; **~stätte** F veitingahús *n* við hraðbraut
Rat M ráð *n*; ráðgjafi *m*
Rate F afborgun *f*; **in ~n zahlen** borga með afborgunum
raten ráðleggja
Rat|haus N ráðhús *n*; **≗sam** ráðlegur; **~schlag** M ráð *n*
Rätsel N gáta *f*; **≗haft** dularfullur
Ratte F rotta *f*

rau ósléttur; hrjúfur; *fig* hryssingslegur
Raub M rán *n*; ránsfengur *m*; **~bau** M ránуrkja *f*
rauben ræna
Raub|tier N rándýr *n*; **~überfall** M ræningjaárás *f*; **~vogel** M ránfugl *m*
Rauch M reykur *m*; **⌒en** reykja; **~er(in)** M(F) reykingamaður *m*
Räucherlachs M reyktur lax *m*
räuchern *Fleisch* reykja
raufen V/R fljúgast á
Rauferei F áflog *npl*
Raum M pláss *n*; (*Weltraum*) geimur *m*; (*Zimmer*) herbergi *n*
räumen rýma burt; ryðja til
Raum|fahrt F geimferðir *fpl*; **~schiff** N geimfar *n*
Raupe F lirfa *f*; kálormur *m*
Raureif M hrím *n*, héla *f*
Rausch M víma *f*, ölæði *n*; **⌒en** þjóta; skrjáfa; **~gift** N eiturlyf *n*
räuspern V/R ræskja sig
reagieren: **auf etw ~** bregðast við e-u
real raunverulegur; **~istisch** raunsær
Rebe F (vínviðar)teinungur *m*; vínviður *m*
Rebhuhn N akurhæna *f*
Rechen M hrífa *f*; **~fehler** M reikningsskekkja *f*; **~schaft** F reikningsskil *npl*
rechnen reikna
Rechn|en N (*Schulfach*) reikningur *m*; **~ung** F reikningur *m*
recht rétt(ilega); **⌒** N réttur *m*; lög *npl*; **⌒eck** N rétthyrningur *m*; **~eckig** rétthyrndur; **⌒fertigung** F réttlæting *f*; **~haberisch** þrætugjarn; **~lich** heiðarlegur; lögmætur; **~los** réttlaus; **~mäßig** réttmætur
rechts til hægri; **~ von** hægra megin við; **von ~** frá hægri; **⌒anwalt** M lögfræðingur *m*; **⌒anwältin** F lögfræðingur *m*; **⌒außen** M (*Fußball*) hægri útherji
recht|schaffen heiðarlegur; **⌒schreibung** F réttritun *f*, stafsetning *f*; **~sgültig** löggildur; **~skräftig** lögmætur; **⌒sprechung** F dómsuppsögn *f*; **⌒sstreit** M mál *n*, málaferli *npl*; **~swidrig** ólöglegur; **~winklig** rétthyrndur; **~zeitig** á réttum tíma, réttstundis
Reck N slá *f*; **⌒en** rétta, teygja; *v/r* teygja sig
Redakteur M ritstjóri *m*
Rede F ræða *f*; **⌒gewandt** tungulipur; **⌒n** tala; **~nsart** F talsháttur *m*, orðatiltæki *n*
Red|lichkeit F ráðvendni *f*; **~ner** M ræðumaður *m*; **⌒selig** skrafhreifur, málgefinn
Reede F skipalægi *n*; **~r** M útgerðarmaður *m*; **~rei** F útgerð *f*

Referat N skýrsla *f*; fyrirlestur *m*
Referendar M kandídat *m*; embættismannsefni *n*; aðstoðardómari *m*
Referent(in) M(F) skýrslugjafi *m*
Referenz F meðmæli *npl*
reflektieren endurgeisla; *fig* íhuga
Reform F endurbót *f*; **~ation** F siðaskipti *npl*, siðbót *f*; **~ator** M siðbótarmaður *m*; **≈ieren** (*erneuern*) endurnýja; (*verbessern*) endurbæta
Regal N bókahilla *f*, bókaskápur *m*
Regel F regla *f*; fyrirsögn *f*; MED blæðingar *fpl*
regelmäßig reglulegur
regeln raða, skipa niður; koma skipan á
regen hreyfa, hræra
Regen M regn *n*; rigning *f*; **~bogen** M regnbogi *m*; **~guss** M steypiregn *n*; **~mantel** M regnkápa *f*; **~schirm** M regnhlíf *f*
Regie F leikstjórn *f*
regier|en stjórna; **≈ung** F ríkisstjórn *f*; **≈ungsbezirk** M hérað *n*, sýsla *f*
Region F svæði *n*; **≈al** svæðis-, byggða-
Regisseur M leikstjóri *m*
regne|n rigna; **~risch** rigningasamur; rigningar-
regulieren tempra, stilla; skipa niður
Regung F hræring *f*
Reh N dádýr *n*; **~bock** M dádýrshafur *m*; **~braten** M dádýrasteik *f*
reib|en núa, nudda; **≈ung** F núningur *m*; *fig* deilur *fpl*
reich ríkur; auðugur; **≈** N ríki *n*; **~en** rétta; ná; nægja; **~haltig** mikill; fjölbreyttur; **~lich** ríkulegur, ríflegur *f*; **≈tum** M auður *m*
reif þroskaður; **~ werden** þroskast; **≈** M héla *f*; gjörð *f*; hringur *m*; **≈e** F þroski *m*
reifen þroska(st)
Reifen M (tunnu-)gjörð *f*; hjólgjörð *f*; (*Auto*) hjólbarði *m*; **~panne** F: **ich hatte eine ~** það sprakk á bílnum
Reifeprüfung F stúdentspróf *n*
Reihe F röð *f*; lína *f*; **ich bin an der ~** röðin er komin að mér; **der ~ nach** eftir röð; **~nfolge** F rétt röð; **≈nweise** í röðum
Reiher M hegri *m*
Reim M rím *n*; **≈en** ríma
rein hreinn; **≈emachefrau** F ræstingarkona *f*; **~igen** hreinsa; **etw von etw ~** losa e-ð við e-ð; **≈igung** F hreinsun *f*; **~lich** hreinlegur, þrifinn
Reis M hrísgrjón *npl*
Reise F ferð *f*; **~apotheke** F ferðaapótek *n*; **~büro** N ferðaskrifskofa *f*; **~führer(in)** M(F) fararstjóri *m*, *Buch* ferðahandbók *n*; **~gepäck** N

farangur *m*; **~gesellschaft** F ferðamannahópur *m*; **~koffer** M ferðataska *f*; **~leiter(in)** M(F) fararstjóri *m*
reisen ferðast
Reise|pass M vegabréf *n*; **~veranstalter** M ferðasali *m*; **~versicherung** F ferðatrygging *f*; **~ziel** N áfangastaður *m*, ákvörðunarstaður *m*
Reisig N kjarr *n*; hrís *n*
Reißbrett N teikniborð *n*
reißen rífa; *v/r* berjast (**um etw** um e-ð)
Reiß|nagel M teiknibóla *f*; **~verschluss** M rennilás *m*; **~zeug** N teikniáhöld *npl*
reit|en ríða; **≈er(in)** M(F) reiðmaður *m*; reiðkona *f*; **≈pferd** N reiðhestur *m*; **≈weg** M reiðvegur *m*
Reiz M espun *f*; yndisleiki *m*; **≈bar** uppstökkur, fyrtinn; **≈en** erta; espa; hrífa; **≈end** yndislegur
Reklam|e F auglýsing *f*; **≈ieren** kvarta
Rekord M met *n*
relativ hlutfallslegur
Religi|on F trú *f*; **≈ös** trúaður
Ren N hreindýr *n*
Renn|bahn F veðreiða-, kappreiðabraut *f*; **≈en** hlaupa, renna; **~en** N veðreiðar *fpl*, kappreiðar *fpl*; **~fahrer(in)** M(F) (*Auto*) kappakstursmaður *m*
rentabel arðsamur
Rent|e F eftirlaun *npl*; lífeyrir *m*; **~ner(in)** M(F) lífeyrisþegi *m*
Repar|atur F viðgerð *f*; **≈ieren** gera við
Report|age F skýrsla *f* (í útvarpi, blöðum); **~er(in)** M(F) fréttamaður *m*
Republik F lýðveldi *n*
Reserve F varaforði *m*; varalið *n*; **~rad** N varahjól *n*
reservieren taka frá
Residenz F aðsetursstaður *m*
Respekt M virðing *f*, lotning *f*
Rest M afgangur *m*, eftirstöðvar *fpl*; **~bestand** M vöruleifar *fpl*; **≈los** allur; alveg
Resultat N árangur *m*, niðurstaða *f*; úrslit *npl*
retten bjarga
Rettich M hreðka *f*
Rettung F björgun *f*; **~sboot** N björgunarbátur *m*; **~sgürtel** M björgunarbelti *n*; **~sring** M björgunarhringur *m*
Reue F iðrun *f*; **≈n** iðrast; **es reut mich** ég iðrast þess; **≈voll** iðrunarfullur
revidieren endurskoða
Rezept N MED lyfseðill *m*; *Kochen*: uppskrift *f*
Rhabarber M rabarbari *m*
Rhein M Rín *f*
Rheuma(tismus M) N gigt *f*
Rhythmus M hrynjandi *f*, hljómfall *n*

richt|en beina; (*urteilen*) dæma; **zugrunde ~** eyðileggja; **≗er(in)** M(F) dómari *m*; **≗fest** N reisugildi *n*; **~ig** réttur; **~igstellen** *fig* leiðrétta, færa í lag; **≗linie** F meginregla *f*, stefna *f*; **≗ung** F átt *f*, stefna *f*
riechen þefa, finna lykt; **nach etw ~** vera e-r lykt af
Riegel M slá *f*, slagbrandur *m*
Riemen M reim *f*, ól *f*; (*Ruder*) ár *f*
Riese M risi *m*, tröll *n*; **≗ln** niða; sáldrast; **≗ngroß** risavaxinn
Riff N rif *n*, grynning *f*
Rille F skora *f*, rauf *f*
Rind N nautgripur *m*; **~e** F börkur *m*; (*Brot*) skorpa *f*; **~erbraten** M nautasteik *f*; **~fleisch** N nautakjöt *n*
Ring M hringur *m*; **≗eln** liða; hringa; *v/r* liðast; **≗en** glíma; berjast; *Hände* fórna; **~er** M glímumaður *m*; **~finger** M baugfingur *m*; **~kampf** M glíma *f*
rings umhverfis, hringinn í kring
Rinn|e F renna *f*; rák *f*; dæld *f*; **≗en** streyma; **~stein** M steinræsi *n*, göturæsi *n*
Rippe F rif *n*; **~nfellentzündung** F brjósthimnubólga *f*
Risiko N áhætta *f*
riskant áhættusamur
Riss M rifa *f*, rauf *f*
rissig rifinn, sprunginn
Ritt M reið *f*; **~er** M riddari *m*
Ritze F rifa *f*; rispa *f*; **≗n** rispa; rista
Rizinusöl N laxerolía *f*
Robbe F selur *m*
röcheln korra
Rock M pils *n*
rodeln renna sér á sleða
roden ryðja (land)
Rogen M hrogn *n*
Roggen M rúgur *m*
roh hrár; **≗kost** F hrámeti *n*
Rohr N rör *n*, pípa *f*; BOT sef *n*
Röhre F pípa *f*, hólkur *m*; (*Radio*) lampi *m*
Rohrzucker M reyrsykur *m*
Rohstoff M hráefni *n*
Roll|e F vinda *f*; valta *f*, *sl* rúlla *f*; **≗en** velta; **~feld** N flugbraut *f*; **~schuh** M hjólaskauti *m*; **~treppe** F rúllustigi *m*
Roman M skáldsaga *f*
romantisch rómantískur
röntgen röntgenmynda; **≗aufnahme** F röntgenmynd *f*
Rose F rós *f*; **~nkohl** M rósakál *n*
rosig rósrauður
Rosine F rúsína *f*
Ross N hross *n*, hestur *m*; **~haar** N hrosshár *n*
Rost M ryð *n*; **~braten** M glóðarsteik *f*; **≗en** ryðga
rösten steikja á rist; brúna
rost|frei ryðfrír; **~er Stahl** ryðfrítt stál; **~ig** ryðgaður

rot rauður; **~ werden** roðna
Röte F roði *m*
rotieren (hring)snúast
Rot|käppchen N Rauðhetta *f*; **~kehlchen** N rauðbrystingur *m*; **~kohl** M rauðkál *n*; **~wein** M rauðvín *n*; **~wild** N krónhirtir *mpl*
Rübe F rófa *f*; næpa *f*: **Gelbe ~** gulrót *f*; **Rote ~** rauðrófa *f*
Rubin M roðasteinn *m*
Ruck M rykkur *m*, kippur *m*
Rückblick M litið til baka, litið aftur
rücken færa; færa sig
Rücken M hryggur *m*, bak *n*; **~lehne** F stólbak *n*; **~mark** N mæna *f*
Rück|fahrkarte F farseðill *m* fram og til baka; **~fahrt** F ferð *f* til baka; bakaleið *f*; **~fall** M afturkippur *m*; hnignun *f*
rückgängig: **~ machen** afnema; fella úr gildi
Rück|halt M bakhjallur *m*; **~kaufsrecht** N endurkaupsréttur *m*; **~reise** F bakaleið *f*, ferð *f* til baka
Rucksack M bakpoki *m*
Rück|schlag M afturkippur *m*; afturkast *n*; **~schritt** M afturför *f*, afturkippur *m*; **~seite** F bakhlið *f*; **~sicht** F tillit *n*; **~ nehmen auf etw** (*akk*) taka tillit til e-s; **~sitz** M aftursæti *n*; **~sprache** F: **~ nehmen** ráðgast (**mit j-m** við e-n) **~stand** *m* eftirstöðvar *fpl*; **≗ständig** gamaldags; **~strahler** M afturljós *n*; **~tritt** M afsögn *f* (embættis); **~trittbremse** F (*Fahrrad*) afturhjólsbremsa *f*; **≗wärts** aftur á bak; **~wärtsgang** M (*Auto*) bakgír *m*; **~wirkung** F afturverkun *f*; **~zug** M undanhald *n*
Rudel N flokkur *m*, hópur *m*
Ruder N (*Boot*) ár *f*; (*Steuerruder*) stýri *n*; **~er** M ræðari *m*; **≗n** róa
Ruf M kall *n*; köllun *f*; **guter ~** gott mannorð; **≗en** kalla, hrópa; **~nummer** F símanúmer *n*
rügen ávíta, vanda um
Ruh|e F ró *f*, kyrrð *f*; **j-n in ~ lassen** láta e-n í friði; **≗en** hvílast; **~estörung** F truflun *f*; **~etag** M hvíldardagur *m*; **≗ig** rólegur, kyrrlátur
Ruhm M frægð *f*, orðstír *m*
rühm|en hrósa; **~lich** lofsverður
Rühr|ei N þeytt egg, eggjahræra *f*; **≗en** snerta; hreyfa; hræra; **~ung** F hreyfing *f*; (*mental*) viknun *f*
Ruin|e F rúst *f*; **≗ieren** gera gjaldþrota; eyðileggja
Rum M romm *n*
Rumpf M skrokkur *m*, bolur *m*
rund kringlóttur; sívalur; **≗e** F hringur *m*, hringför *f*; (*Rennen*) hringur *m*; (*Boxen*) lota *f*; **≗fahrt** F hringferð *f*;

≗funk M útvarp *n*; **≗funkgebühr** F útvarpsgjald *n*; **≗funkgerät** N útvarpstæki *n*; **≗funksprecher** M útvarpsþulur *m*, útvarpsþula *f*; **~lich** ávalur; bústinn; **≗reise** F hringferð *f*; **≗schreiben** N umburðarbréf *n*; **≗ung** F ávölun *f*; hringlögun *f*
rupfen reyta, plokka
Ruß M sót *n*
Russe M Rússi *m*
Rüssel M rani *m*, trýni *n*
russisch rússneskur
Russland N Rússland *n*
rüst|en búa út; **~ig** röskur, hraustur; **≗ung** F (út)búnaður *m*; MIL herbúnaður *m*; (*Ritter*) brynja *f*, pansari *m*
Rute F tág *f*; svipa *f*
Rutsch|bahn F rennibraut *f*; **≗en** bruna, renna; skrika
rütteln hrista, skaka

S

Saal M salur *m*
Saat F (út)sæði *n*; fræ *n*; sáning *f*
Säbel M sverð *n*
Sabotage F skemmdarverk *n*
Sach|e F hlutur *m*, mál *n*; JUR mál *n*, dómsmál *n*; **~kenntnis** F fagþekking *f*; **≗lich** sem heldur sér við efnið; efnislegur
sächlich hvorugkyns
Sach|register N efnisyfirlit *n*; **~schaden** M eignatjón *n*
sacht hægur, kyrrlátur
Sach|verständige(r) M/F(M) sérfræðingur *m*; **~wert** M raunverulegt verðmæti
Sack M poki *m*, sekkur *m*; **~gasse** F blindgata *f*
säen sá
Saft M safi *m*; saft *f*/*n*
Sage F þjóðsaga *f*, sögn *f*
Säge F sög *f*
sagen segja
säge|n saga; **≗späne** PL sag *n*
Sahne F rjómi *m*
Saison F árstíð *f*; aðalviðskiptatími *m*
Saite F strengur *m*
Salat M salat *n*
Salbe F áburður *m*, smyrsl *npl*
Salz N salt; **≗en** salta; **≗ig** saltur; **~wasser** N saltvatn *n*
Same(n) M fræ *n*; sæði *n*
samm|eln safna; **≗lung** F safn *n*
Samstag M laugardagur *m*
Samt M flauel *n*
sämtlich allir
Sand M sandur *m*
Sandale F ilskór *m*, sandali *m*
Sand|bank F sandrif *n*; **≗ig** sendinn; **~stein** M sandsteinn *m*
sanft blíður, mildur
Sänger M söngvari *m*, söngkona *f*

Sardelle F, **Sardine** F sardína *f*
Sarg M líkkista *f*
Satan M satan *m*, djöfull *m*
Satellit M gervihnöttur *m*, gervitungl *n*
Satire F ádeilurit *n*
satt saddur; *fig* leiður á
Sattel M hnakkur *m*; **≈n** söðla, leggja á
Satz M setning *f*; (*Sprung*) stökk *n*; (*Bodensatz*) grugg *n*, dreggjar *fpl*, botnfall *n*; (*Druck*) leturspilda *f*; (*Geschirr*) samstæða *f*; **~ung** F tilskipun *f*; **~ungen** PL félagslög *npl*; **~zeichen** N setningarmerki *n*
Sau F gylta *f*
sauber þrifinn, þrifalegur; **≈keit** F hreinleiki *m*, þrifni *f*
säubern hreinsa
sauer súr; **≈kraut** N súrkál *n*
säuerlich súr
Sauerstoff M súrefni *n*
Sauerteig M súrdeig *n*
saufen drekka, svolgra; *umg* svalla
Säufer(in) M(F) drykkjumaður *m*, drykkjukona *f*
saugen sjúga
säugen hafa á brjósti
Säug|etier N spendýr *n*; **~ling** M brjóstbarn *n*, hvítvoðingur *m*
Säule F súla *f*; stólpi *m*
Saum M saumur *m*; faldur *m*, jaðar *m*
säum|en brydda; **~ig** hægfara
Sauna F gufubað *n*; sána *f*
Säure F sýra *f*
sausen suða, þjóta
scann|en skanna; **≈er** M skanni *m*
schaben skafa; klóra
schäbig fátæklegur; nískur
Schablone F sniðmát *n*
Schach N tafl *n*; **~brett** N taflborð *n*; **≈matt** (skák og) mát
Schacht M náma *f*; gryfja *f*; **~el** F askja *f*, öskjur *fpl*
schade: **es ist ~** það er leitt; leiðinlegt
Schädel M hauskúpa *f*; **~bruch** M höfuðkúpubrot *n*
schaden skemma, spilla
Schaden M tjón *n*; **~ersatz** M skaðabætur *fpl*; **~freude** F meinfýsi *f*
schadhaft skemmdur
schäd|igen skemma, skadda; **~lich** skaðlegur
Schaf N (sauð)kind *f*
Schäfer(in) M(F) hirðir *m*, smali *m*, smalakona *f*
schaff|en útvega; hafast að; (*erschaffen*) skapa; yrkja; **≈ner(in)** M(F) lestarvörður *m*, lestarþjónn *m*
Schaft M skaft *n*; skefti *n*
schal daufur; andlaus
Schal M sjal *n*, trefill *m*
Schale F skál *f*; hýði *n*; skurn *f* (*a. n*)
schälen flysja, afhýða; *v/r* flagna

Schall M hljómur *m*, hljóð *n*; **~dämpfer** M hljóðdeyfir *m*; **&en** hljóma, gjalla; **~mauer** F hljóðmúr *m*; **~platte** F hljómplata *f*; **~welle** F hljóðalda *f*

Schalt|brett N ELEK skiptiborð *n*; (*Auto*) mælaborð *n*; **&en** skjóta inn í; ELEK setja í samband; (*Auto*) skipta um gír; **~er** M farmiðasala *f*, sölugluggi *m*; ELEK slökkvari *m*; **~hebel** M (*Auto*) gírstöng *f*; ELEK straumrofi *m*; **~jahr** N hlaupár *n*

Scham F blygðun *f*, sneypa *f*; óframfærni *f*

schämen V/R skammast sín

scham|haft blygðunarsamur; feiminn; **~los** blygðunarlaus

Schande F skömm *f*; smán *f*

schänden svívirða; saurga

Schandfleck M smánarblettur *m*

schändlich skammarlegur

Schanze F víggirðing *f*, vígi *n*

Schar F skari *m*, hópur *m*; **&en** V/R safnast saman

scharf beittur; strangur; **&blick** M skarpskyggni *f*

Schärfe F harka *f*, strangleiki *m*; **&n** skerpa, brýna

Scharfsinn M skarpskyggni *f*

Scharlach M skarlat *n*; MED skarlatssótt *f*

Scharnier N (*Türangel*) hjarir *fpl*, lamir *fpl*

Schärpe F lindi *m*

scharren krafsa, skafa

Schatt|en M skuggi *m*; **~ierung** F skygging *f*; lit- *od* skuggabrigði *npl*; **&ig** skuggasæll

Schatz M fjársjóður *m*; *sl* elskan *f*

schätz|en meta; hafa mætur á; hyggja; **&ung** F mat *n*, virðing *f*; ágiskun *f*, áætlun *f*

Schau F sýning *f*; athugun *f*

Schauder M hryllingur *m*, hrollur *m*; **&haft** hryllilegur

schau|en sjá; líta; skoða; **&er** M (regn)skúr *f* (*a. m*)

Schaufel F skófla *f*; **&n** skófla, moka

Schaufenster N búðargluggi *m*

Schaukel F róla *f*; **&n** róla, rugga

Schaum M froða *f*, löður *n*

schäumen freyða

Schaum|gummi M frauðgúmmí *n*; **~stoff** M froðuefni *n*

Schau|platz M vettvangur *m*, sjónarsvið *n*; **~spiel** N leikrit *n*; sjónleikur *m*; **~spieler(in)** M(F) leikari *m*, leikkona *f*

Scheck M (banka)ávísun *f*

Scheibe F kringla *f*, skífa; *Fenster*: rúða *f*; **~nwischer** M (*Auto*) gluggaþurrka *f*; *umg* vinnukona *f*

Scheid|e F slíður *n*; MED leggöng *npl*; **&en** skilja (við); kveðja, fara; **~ung** F (að)skilnaður *m*; JUR hjóna-

skilnaður *m*
Schein M skin *n*; vottorð *n*; *Geld*: seðill *m*; **≗bar** sem virðist vera; sennilegur; **≗en** skína; virðast; **es scheint mir** mér virðist
Scheinwerfer M kastljós *n*; (*Auto*) bílljós *n*
Scheiße F *sl* skítur *m*, saur *m*; *Schimpfwort* fjárans!, andskotans!
Scheitel M hvirfill *m*; skipting *f* (í hári)
scheitern stranda; misheppnast
Schellfisch M ýsa *f*
Schema N fyrirmynd *f*; eyðublað *n*
Schenkel M læri *n*
schenken gefa
Scherbe F glerbrot *n*
Schere F skæri *npl*; *Hummer*: griptengur *fpl*; **≗n** klippa; *fig* koma (e-ð) við; **~rei** F ónæði *n*, skapraun *f*
Scherz M spaug *n*; gaman *n*; **≗en** gera að gamni sínu; **≗haft** glettinn
scheu feiminn
Scheu F feimni *f*; hræðsla *f*
scheuchen fæla burt
scheuen forðast
scheuern ræsta, þvo
Scheune F hlaða *f*
Scheusal N viðurstyggð *f*, ófreskja *f*
scheußlich andstyggilegur
Schicht F lag *n*; (*Arbeitsschicht*) vaktavinna *f*; **≗en** hlaða, stafla
schick snotur, glæsilegur
schicken senda; *v/r* semja sig að; hæfa, sæma
Schicksal N örlög *npl*
Schieb|edach N topplúga *f*; **≗en** ýta; okra með; **~ung** F brask *n*, svik *npl*
Schieds|gericht N gerðardómur *m*; **~richter(in)** M(F) gerðardómari *m*; **~spruch** M gerðardómsúrskurður *m*
schief skakkur, skáhallur
Schiefer M flögusteinn *m*; **~tafel** F (reiknings)tafla *f*
schiefgehen misheppnast
schielen MED vera rangeygur; skjóta hornauga til
Schienbein N sköflungur *m*
Schiene F spöng *f*; BAHN spor *n*, járnbrautarteinn *m*
schießen skjóta
Schiff N skip *n*; **≗bar** skipgengur; **≗brüchig** skipreika; **~er** M skipstjóri *m*; farmaður *m*; **~spapiere** PL skipsskjöl *npl*
schikanieren áreita, erta, ónotast við
Schild 1 M skjöldur *m* 2 N skilti *n*; **~drüse** F skjaldkirtill *m*; **≗ern** lýsa; **~erung** F lýsing *f*; **~kröte** F skjaldbaka *f*
Schilf N sef *n*, reyr *m*
Schimmel M mygla *f*; (*Pferd*) (hélu)grár hestur; **≗n** mygla
Schimmer M skíma *f*; glampi *m*; **≗n** blika, glampa
schimpf|en skamma(st);

≈wort N skammaryrði *n*
schinden flá; kvelja
Schinken M (svíns)læri *n*; *fig sl* stór, gömul bók; stórt málverk *n*
Schirm M skermur *m*; *fig* vernd *f*; **≈en** vernda, skýla
Schlacht F orusta *f*, bardagi *m*; **≈en** slátra
Schlächter M slátrari *m*
Schlacht|feld N vígvöllur *m*; **~hof** M sláturhús *n*
Schlacke F gjall *n*, sori *m*
Schlaf M svefn *m*; **~anzug** M náttföt *npl*; **~couch** F svefnsófi *m*
Schläfe F gagnauga *n*
schlafen sofa; **~ gehen** fara að hátta, fara að sofa
schlaff slappur, linur
Schlafmittel N svefnmeðal *n*, svefnlyf *n*
schläfrig syfjaður
Schlaf|sack M svefnpoki *m*; **~wagen** M svefnvagn *m*; **~zimmer** N svefnherbergi *n*
Schlag M högg *n*; **~ader** F slagæð *f*; **~anfall** M heilablóðfall *n*; **≈artig** skyndilega; **≈en** slá; *Sahne* þeyta; **aus der Art ≈** úrkynjast, ólíkjast; **~er** M dægurlag *n*
Schläger M (*Tennis*) tennisspaði *m*
schlag|fertig orðsnar, orðheppinn; **≈sahne** F þeyttur rjómi; **≈wort** N vígorð *n*; **≈zeile** F yfirskrift *f*
Schlamm M leðja *f*, for *f*; **≈ig** gruggugur, forugur
Schlange F naðra *f*, höggormur *m*; **~ stehen** standa í biðröð
schlängeln V/R liðast, bugðast
schlank grannur, spengilegur
schlapp linur, slappur
schlau slægur, slunginn
Schlauch M slanga *f*; **~boot** N gúm(mí)bátur *m*
schlecht vondur, lélegur
schleichen læðast
Schleier M slör *n*, blæja *f*
Schleife F slaufa *f*, lykkja *f*
schleif|en slípa; **≈stein** M hverfisteinn *m*, brýni *n*
Schleim M slím *n*; **≈ig** slímugur
schlemmen háma í sig
schlenkern rugga, reika, riða
Schlepp|dampfer M dráttarskip *n*; **~e** F (kjól)slóði *m*; **≈en** draga; rogast með
schleuder|n slöngva, kasta; selja gjafverði; **≈preis** M gjafverð *n*
schleunig fljótur
Schleuse F flóðgátt *f*
schlicht sléttur; óbrotinn
schließen loka; ljúka, enda; **eine Ehe ~** ganga í hjónaband
Schließ|fach N geymsluhólf *n*, leiguskápur *m* sem hægt er að læsa; **≈lich** loks(ins), að síðustu
schlimm slæmur, vondur; lasinn; **~stenfalls** ef verst lætur, ef allt fer sem verst

Schlinge F snara *f*; **~l** M þorpari *m*; **2n** slöngva, vefja; **2rn** rugga
Schlingpflanze F vafningsjurt *f*
Schlips M (háls)bindi *n*
Schlitten M sleði *m*
Schlittschuh M skauti *m*; **~ laufen** renna sér á skautum; **~läufer** M skautamaður *m*, skautakona *f*
Schlitz M rifa *f*, rauf *f*; rispa *f*
Schloss N lás *m*; höll *f*
Schlosser M lásasmiður *m*; járnsmiður *m*
schlottern riða, skjögra; dingla
Schlucht F gjá *f*, gil *n*
schluchzen snökta
Schluchzen N snökt *n*
Schluck M sopi *m*, teygur *m*; **~auf** M hiksti *m*; **2en** gleypa, kingja
Schlummer M blundur *m*; **2n** blunda
Schlund M gin *n*; hyldýpi *n*
schlüpf|en skjótast, smeygja sér; **~rig** sleipur, háll; *fig* dónalegur, ósiðsamlegur
Schlupfwinkel M fylgsni *n*
schlürfen sötra
Schluss M endir *m*; ályktun *f*; lokun *f*; **~ machen** hætta
Schlüssel M lykill *m*; **~bein** N viðbein *n*; **~bund** N lyklakippa *f*; **~loch** N skráargat *n*
Schlussfolgerung F rökrétt niðurstaða *f*
schlüssig ákveðinn; **~ werden** taka ákvörðun
schmächtig grannur
schmackhaft ljúffengur
schmäh|en smána; **~lich** smánarlegur
schmal mjór; ónógur
schmälern draga úr, rýra
Schmal|film M mjófilma *f*; **2spurig** BAHN spormjór
Schmalz N feiti *f*
Schmarotzer M sníkjudýr *n*
schmatzen smjatta; kyssa
Schmaus M veisla *f*, gildi *n*
schmecken bragða á; bragðast
Schmeichel|ei F skjall *n*; gullhamrar *mpl*; **2haft** skjallandi; **2n** skjalla, smjaðra
schmeißen *sl* kasta
Schmelz M glerungur *m*; gljái *m*; **2en** bráðna; bræða; **~ofen** M bræðsluofn *m*
Schmerz M sársauki *m*; **2en** kenna til; **2haft** sár; **2lich** sár; sárgrætilegur; **~mittel** N verkjameðal *n*
Schmetterling M fiðrildi *n*
Schmied M járnsmiður *m*; **~e** F smiðja *f*; **~eeisen** N smíðajárn *n*; **2en** smíða, hamra
schmieg|en: **sich an j-n ~** hjúfra sig upp að e-m; **~sam** sveigjanlegur; eftirlátur
schmier|en smyrja; **2gelder** PL *fig* mútufé *n*; **~ig** fitugur; sóðalegur; **2seife** F grænsápa *f*
Schminke F andlitsfarði *m*;

≈n V/R mála sig
schmollen vera fýldur
schmoren steikja; stikna
schmuck fallegur
Schmuck M skartgripur *m*
schmuggeln smygla
schmunzeln brosa í kampinn
Schmutz M óhreinindi *npl*, sorp *n*, saur *m*; **≈ig** óhreinn, sóðalegur
Schnabel M (fugls)nef *n*
Schnalle F spenna *f*; **≈n** spenna
schnapp|en glefsa; smella; **≈schloss** N skellilás *m*, smekklás *m*; **≈schuss** M (*Foto*) augnabliksmynd *f*
Schnaps M brennivín *n*; **~glas** N brennivínsstaup *n*
schnarchen hrjóta
schnattern garga; *fig* blaðra
schnauben, schnaufen blása, frýsa
Schnauze F trýni *n*; trantur *m*
Schnecke F snigill *m*
Schnee M snjór *m*; **~glöckchen** N snjóklukka *f*; **~ketten** PL snjókeðjur *fpl*; **~mann** M snjókarl *m*; snjókerling *f*; **~sturm** M hríðarbylur *m*; **~treiben** N snjókoma *f*, hríð *f*
Schneide F (hnífs)egg *f*; **≈n** skera; *mit der Schere* klippa; **~r** M klæðskeri *m*; **~rin** F saumakona *f*; kvenklæðskeri *m*; **≈rn** klæðskerasauma; **~zahn** M framtönn *f*
schneidig röskur; (*Aussehen*) karlmannlegur, glæsilegur; (*verbal*) orðhvatur
schneien snjóa; **es schneit** það snjóar
schnell fljótur, skjótur; **≈hefter** M bréfamappa *f*; **≈igkeit** F hraði *m*, flýtir *m*; **≈straße** F hraðbraut *f*; **≈zug** M hraðlest *f*
schnippisch afundinn
Schnitt M skurður *m*; klipping *f*; (*Ernte*) uppskera *f*; **~e** F sneið *f*, brauðsneið *f*; **~lauch** M graslaukur *m*; **~muster** N (fata)snið *n*
Schnitze|l N svínalærissneið *f*; **≈n** skera út; **~r** M tréskeri *m*, myndskeri *m*; *fig* skyssa *f*
schnüffeln snuðra
Schnuller M snuð *n*, tútta *f*
schnupfen *Tabak* taka í nefið
Schnupfen M kvef *n*
Schnur F snúra *f*, band *n*
schnüren binda, reyra
Schnurr|bart M yfirskegg *n*; **≈en** *Katze*: mala
Schnürsenkel M skóreim *f*
schockieren hneyksla
Schokolade F súkkulaði *n*
Scholle F (*Erde*) moldarköggull *m*; bújörð *f*; (*Eisscholle*) (ís)jaki *m*; (*Fisch*) skarkoli *m*, rauðspretta *f*
schon nú þegar, þegar; vissulega; bara
schön fallegur, fagur; góður; **bitte ~!** gerðu (*pl* gerið) svo vel!

schonen hlífa; *Wild* friða
Schonen N GEOG Skánn *m*
schonend vægilegur, vægilega
Schönheit F fegurð *f*; falleg kona (stúlka)
Schonung F (*Forst*) friðaður skógur, nýgræðslusvæði *n*; hlífni *f*
schöpf|en ausa; **Atem ~** draga andann, kasta mæðinni; **≗er** M skapari *m*; **≗ung** F sköpun *f*; (sköpunar)verk *n*
Schorf M hrúður *n*
Schornstein M reykháfur *m*; **~feger** M sótari *m*
Schoß M skaut *n*, kelta *f*
Schote F hýði *n*, belgur *m*
Schotte M Skoti *m*
schräg skáhallur
Schramme F skráma *f*
Schrank M skápur *m*; **~e** F vegarslá *f*; *fig* takmörk *npl*
Schraube F skrúfa *f*; **≗n** skrúfa; **~nschlüssel** M skrúflykill *m*
Schraubstock M skrúfstykki *n*
Schreck M hræðsla *f*, skelkur *m*; **≗en** hræða; **≗haft** hræddur; ógurlegur; **≗lich** hræðilegur, skelfilegur
Schrei M óp *n*
schreiben skrifa
Schreiben N bréf *n*
Schreib|er M penni *m*; **~heft** N stílabók *f*; **~maschine** F ritvél *f*; **~tisch** M skrifborð *n*
schreien æpa
Schrift F skrift *f*; rit *n*; **~führer(in)** M(F) ritari *m*; **≗lich** skriflegur; **~sprache** F ritmál *n*; **~steller(in)** M(F) rithöfundur *m*; **~wechsel** M bréfaskipti *npl*
schrill skrækur, hvellur
Schritt M skref *n*, spor *n*
schroff (snar)brattur; *fig* hranalegur
Schrot M hagl *n*; (*Korn*) grófmalað korn
Schrott M járnarusl *n*
Schrubber M gólfbursti *m*
Schub|karren M hjólbörur *fpl*; **~lade** F skúffa *f*
schüchtern feiminn, óframfærinn
Schuft M þorpari *m*
Schuh M skór *m*; **~anzieher** M skóhorn *n*; **~creme** F skóáburður *m*; **~größe** F skóstærð *f*; **~macher** M skósmiður *m*; **~sohle** F skósóli *m*
Schul|arbeit F heimaverkefni *n*; **~bildung** F (skóla)menntun *f*; **~buch** N skólabók *f*
Schuld F skuld *f*; sök *f*; **~en machen** safna skuldum; **≗en** skulda; **≗enfrei** skuldlaus; **≗ig** skuldugur; sekur; **≗los** saklaus; **~ner** M skuldunautur *m*; **~schein** M skuldabréf *n*
Schule F skóli *m*
Schüler(in) M(F) nemandi *m*;

skóladrengur *m*; **~austausch** M nemendaskipti *npl*
Schul|ferien PL skólaleyfi *n*; **~freund** M skólafélagi *m*; **~mappe** F skólataska *f*
Schulter F öxl *f*
Schulung F kennsla *f*, æfing *f*
Schund M rusl *n*; sorp *n*
Schuppe F *Fisch*: hreistur *n*; *Haar*: flasa *f*; **~n** M skúr *m*, hjallur *m*
schüren skara í
Schurke M þorpari *m*, bófi *m*
Schürze F svunta *f*
Schuss M skot *n*
Schüssel F skál *f*, fat *n*
Schuss|waffe F skotvopn *n*; **~weite** F skotmál *n*
Schutt M möl *f*; **~abladeplatz** M öskuhaugar *mpl*
Schüttel|frost M kuldahrollur *m*; **≗n** hrista; **den Kopf ~** hrista höfuðið
schütten hella
Schutz M vernd *f*; skjól *n*, hlé *n*; **~blech** N aurbretti *n*; **~brille** F hlífðargleraugu *npl*
Schütze M skytta *f*; **≗n** vernda; **~ngraben** M skotgröf *f*
Schutzimpfung F bólusetning *f*
schutz|los verndarlaus, óvarinn; **≗polizist** M lögregluþjónn *m*
schwach veiklaður, veill
Schwäche F veikleiki *m*; **≗n** veikja, veikla
schwach|sinnig vangefinn; **≗strom** M lágspennustraumur *m*
Schwager M mágur *m*
Schwägerin F mágkona *f*
Schwalbe F svala *f*
Schwamm M svampur *m*
Schwan M svanur *m*, álft *f*
schwanger ófrískur, barnshafandi; **≗schaft** F meðganga *f*
Schwank M gamanleikur *m*; **≗en** riða, rugga; *fig* vera óviss; **≗end** reikull, óstöðugur
Schwanz M (*Katze*) rófa *f*; (*Hund*) skott *n*; (*Kuh*) hali *m*; (*Pferd*) tagl *n*; (*Vogel*) stél *n*; (*Fisch*) sporður *m*
Schwarm M sægur *m*
schwärmen sveima; dreyma (um e-ð)
schwarz svartur; **≗brot** N rúgbrauð *n*; **≗handel** M svartamarkaðsverslun *f*; **≗seher** M bölsýnismaður *m*
schwatzen rausa; kjafta frá
Schwätzer M kjaftaskúmur *m*
schwatzhaft málugur; lausmáll
Schwebe|bahn F svifbraut *f*; **≗n** svífa
Schwed|e M Svíi *m*; **~in** F sænsk kona (stúlka); **~en** N Svíþjóð *f*; **≗isch** sænskur
Schwefel M brennisteinn *m*; **~säure** F brennisteinssýra *f*
Schweif M rófa *f*, hali *m*; **≗en** ráfa, flakka

schweig|en þegja; **≗en** N þögn *f*; **~end** þegjandi; **~sam** þögull
Schwein N svín *n*; **~ebraten** M svínasteik *f*; **~efleisch** N svínakjöt *n*; **~erei** F sóðaskapur *m*; svínari *n*; **~eschmalz** N svínafeiti *f*
Schweiß M sviti *m*; **≗en** TECH sjóða saman (járn)
Schweiz F Svissland *n*, Sviss *f*; **~er** M Svisslendingur *m*; **~erin** F svissnesk kona *f* (stúlka); **≗erisch** svissneskur
schwelgen svelgja, gleypa
Schwelle F þröskuldur *m*
schwellen þrútna, svella
schwenken sveifla; *v/i* snúa sér
schwer þungur; erfiður; **≗e** F þyngd *f*; þungi *m*; *fig* harka *f*; **~fällig** þunglamalegur, stirðbusalegur; **≗gewicht** N þungavigt *f*; **~hörig** heyrnarsljór; **≗industrie** F þungaiðnaður *m*; **≗kraft** F þyngdarafl *n*; **≗mut** F þunglyndi *n*; **≗punkt** M þungamiðja *f*
Schwert N sverð *n*
Schwester F systir *f*; (*Krankenschwester*) hjúkrunarkona *f*
Schwieger|eltern PL tengdaforeldrar *mpl*; **~mutter** F tengdamóðir *f*; **~vater** M tengdafaðir *m*
Schwiel|e F sigg *n*, þrymill *m*; **≗ig** siggborinn, skinnþykkur
schwierig erfiður; **≗keit** F erfiðleiki *m*
Schwimm|bad N sundlaug *f*; **~becken** N sundlaug *f*; **≗en** synda; fljóta; **~er(in)** M(F) sundmaður *m*, sundkona *f*; TECH flotholt *n*; **~flügel** MPL armkútar *mpl*; **~reifen** M sundkútur *m*; **~weste** F sundvesti *n*; **~wettbewerb** M sundmót *n*
Schwind|el M svimi *m*; *fig* prettir *mpl*; **≗eln** *fig* pretta, svíkja
schwind|en hverfa; **~lig**: **mir ist ~** mig svimar; **≗sucht** F tæring *f*
schwing|en sveifla(st); **≗ung** F sveifla *f*
Schwips M (létt) ölvíma *f*
schwitzen svitna
schwören sverja
schwul samkynhneygður
schwül mollulegur; **≗e** F molla *f*, molluhiti *m*
Schwulst M bólga *f*
schwülstig íburðarmikill, ofhlaðinn
Schwung M sveifla *f*; fjör *n*
Schwur M eiður *m*; **~gericht** N kviðdómur *m*
See **1** M stöðuvatn *n* **2** F haf *n*, sjór *m*; **~fisch** M sjófiskur *m*; **~gang** M sjógangur *m*, hafrót *n*; **~hund** M selur *m*; **≗krank** sjóveikur; **~krankheit** F sjóveiki *f*
Seeland N GEOG Sjáland *n*
Seel|e F sál *f*; **≗isch** sálarlegur, sálar-

Seelmann M sjómaður *m*; **~meile** F sjómíla *f*; **~reise** F sjóferð *f*; **~wolf** M steinbítur *m*; **~zeichen** N siglingarmerki *n*

Segel N segl *n*; **~boot** N seglbátur *m*; **~flieger** M svifflugmaður *m*; **~flugzeug** N svifflugvél *f*; **≗n** sigla; **~tuch** N segldúkur *m*

Seglen M blessun *f*; **≗nen** blessa

sehen sjá; **≗swürdigkeit** F það, sem markverðast er að sjá

Sehnle F sin *f*; bogastrengur *m*; **≗en** V/R þrá (**nach etw** e-ð)

Sehnerv M sjóntaug *f*

Sehnsucht F þrá *f*

sehr mjög

Sehlschärfe F sjónskerpa *f*; **~weite** F sjónarsvið *n*, sjónvídd *f*

seicht grunnur; *fig* yfirborðslegur

Seidle silki *n*; **~enpapier** N silkipappír *m*; **≗ig** silkimjúkur

Seife F sápa *f*

Seil N kaðall *m*, taug *f*; **~bahn** F kláfur *m*; **~tänzer(in)** M(F) línudansari *m*

sein vera; **≗** N tilvera *f*

sein (**-e, -es**) sinn, sitt, hans, þess; sínir, sínar, sín

seinerlseits af hans (sinni) hálfu; **~zeit** á sínum tíma

seinesgleichen hans (þess, sinn) líki; eins og hann

seit síðan; **~ wann** síðan hvenær; **~ Langem** lengi, um langt skeið

Seite F hlið *f*; (*Blatt*) blaðsíða *f*; **≗ns** af hálfu (e-s); **~nsprung** M framhjátak *n*

seitllich til hliðar, hliðar-; **~wärts** til hliðar; á hlið

Sekretär M ritari *m*

Sekt M freyðivín *n*

Sekunde F sekúnda *f*

selbst sjálfur; **von ~** af sjálfu sér

Selbstlbedienung F sjálfsafgreiðsla *f*; **~beherrschung** F sjálfsstjórn *f*; **~bestimmungsrecht** N sjálfsákvörðunarréttur *m*; **≗bewusst** drjúglátur, sjálfbirgingslegur; **≗gebacken** heimabakaður; **~gespräch** N eintal *n*; **~kostenpreis** M innkaupsverð *n*; **~mord** M sjálfsmorð *n*; **≗sicher**: **~ sein** hafa sjálfstraust *n*; **≗ständig** sjálfstæður; **~sucht** F eigingirni *f*; **≗verständlich** sjálfsagður; **~verwaltung** F sjálfræði *n*

Selfie N sjálfa *f*

selig sæll; **≗keit** F sæla *f*, hamingja *f*

Sellerie F selja *f*, seljurót *f*

selten sjaldgæfur; sjaldan

seltsam undarlegur

Semester N önn *f*

Seminar N (*Institut*) deild *f*/stofnun *f*: *Kurs* námskeið *n*

Semmel F rúnnstykki *n*

sendlen senda; (*Radio*) útvarpa; (*Fernsehen*) sjónvarpa;

&er M útvarpsstöð *f*; **&ung** F sending *f*; (*Radio*) útvarpssending *f*; (*Fernsehen*) sjónvarpssending *f*
Senf M sinnep *n*
sengen svíða, brenna
Senk|el M skóreim *f*; **&en** sökkva; **&recht** lóðréttur; **~ung** F lækkun *f*; GEOG dæld *f*
Sensation F stórviðburður *m*; æsifregn *f*
Sense F ljár *m*
September M september *m*
Serviette F servíetta *f*, munnþurka *f*
Sessel M hægindastóll *m*
sesshaft heimilisfastur
setz|en V/T setja; *v/r* setjast; **&er(in)** M(F) setjari *m*
Seuche (landfar)sótt *f*, faraldur *m*
seuf|zen andvarpa; **&zer** M andvarp *n*
Sex M kyn *n*, kynlíf *n*; **&uell** kynferðislegur
sezieren kryfja
sich (*reflexiv*) sig, sér; (*einander*) hvor annan, hverir aðra
Sichel F sigð *f*
sicher öruggur; viss, áreiðanlegur; **&heitsgurt** M öryggisbelti *n*; **~heitshalber** til öryggis; **&heitsnadel** F sikkrisnæla *f* öryggisnæla *f*; **~lich** áreiðanlega; **~n** tryggja; **&ung** F trygging *f*; ELEK öryggi *n*, vartappi *m*
Sicht *Aussicht* F sýn *f*, útsýni *n*; *Sichtverhältnisse* skyggni *n*; *Blickwinkel* sjónarhóll *m*; **&bar** sýnilegur; **&en** fá í augsýn, koma auga á; sía; **&lich** (aug)sýnilegur
sickern seytla
sie hún; *pl* þeir, þær, þau; **&** (*Anrede*) þér
Sieb N sía *f*; sáld *n*; **&en** sía, sálda
siedeln setjast að
sied|en sjóða; **&epunkt** M suðumark *n*
Siedlung F íbúðarhverfi *n*, nýbýli *n*; nýrækt *f*; nýlenda *f*
Sieg M sigur *m*
Siegel N innsigli *n*; **&n** innsigla
sieg|en sigra; **&er(in)** M(F) sigurvegari *m*
Signal N merki *n*
Silbe F atkvæði *n*
Silber N silfur *n*; **~besteck** N silfurborðbúnaður *m*
Silvester M gamlársdagur *m*; **~abend** M gamlárskvöld *n*
Sinfonie F hljómkviða *f*
singen syngja
Singular M eintala *f*
sinken sökkva; hníga
Sinn M hugur *m*; skilningarvit *n*; skilningur *m*; merking *f*; **~bild** N mynd *f*; **&lich** munaðarlegur; **&los** meiningarlaus, tilgangslaus
Sintflut F syndaflóð *n*
Sippe F fjölskylda *f*, ætt *f*
Sitte F siður *m*, venja *f*
Sitz M sæti *n*; *fig* aðsetur *n*;

≈en sitja; **~ bleiben** sitja kyrr; (*Schule*) sitja eftir í bekk; **~platz** M sæti *n*; **~ung** F fundur *m*
Skala F tónstigi *m*; einkunnastigi *m*
Skandal M hneyksli *n*
Skandinavi|en N Skandinavía *f*; **~er(in)** M(F) skandinavi *m*; **≈sch** skandinavískur
Skelett N beinagrind *f*
Ski M skíði *n*; **~ laufen** fara á skíðum; **~fahren** N skíðaiðkun *f*; **~gebiet** N skíðasvæði *n*; **~kurs** M skíðanámskeið *n*; **~läufer(in)** M(F) skíðamaður *m*, skíðakona *f*; **~lehrer(in)** M(F) skíðakennari, skíðakennslukona *f*: **~lift** *m* skíðalifta *f*; **~schuh** M skíðaskór *m*; **~stock** M skíðastafur *m*; **~urlaub** M skíðafrí *n*
Skizze F frumdrættir *mpl*, drög *npl* (til e-s); rissmynd *f* (*a. fig*)
Sklave M þræll *m*
Skonto N afsláttur (við greiðslu út í hönd) *m*
Skorbut M skyrbjúgur *m*
Slip M nærbuxur *fpl*
Smartphone N snjallsími *m*
Smogalarm M viðvörun *f* við mengun
so þannig, svo(na); **~bald** KONJ jafnskjótt og
Socke F sokkur *m*; háleistur *m*
Sockel M fótstallur *m*
Soda(wasser) N sódavatn *n*
sodann svo, því næst
Sodbrennen N brjóstsviði *m*
soeben rétt áðan, rétt í þessu
Sofa N sófi *m*, legubekkur *m*
so|fern svo framarlega sem; **~fort** strax, þegar í stað; **~gar** meira að segja; **~genannt** svonefndur; **~gleich** undir eins
Sohle F sóli *m*; il *f*
Sohn M sonur *m*
solange: **~ wie** svo lengi sem, á meðan
solch slíkur
Soldat(in) M(F) hermaður *m*
solid(e) traustur; áreiðanlegur
Soll N skuldadálkur *m*, skuld *f*; **~ und Haben** skuldir og eignir; **~einnahme** F áætlaðar tekjur; **≈en** skulu, eiga
somit því, þess vegna
Sommer M sumar *n*; **diesen ~** (nú) í sumar; **~schlussverkauf** M sumarútsala *f*; **~sprosse** F frekna *f*
Sonder|angebot N sértilboð *n*; **≈bar** kynlegur; **~ling** M sérvitringur *m*; **≈n** KONJ heldur (á eftir neitun); **~zug** M BAHN aukalest *f*
Sonnabend M laugardagur *m*
Sonne F sól *f*; **die ~ geht auf (unter)** sólin kemur upp (sest)
sonnen V/R sóla sig
Sonnen|aufgang M sólarupprás *f*; **~blume** F sólblóm *n*; **~brand** M sólbruni *m*;

~brille F sólgleraugu *npl;* **~creme** F sólkrem *n;* **~öl** N sólolía *f;* **~schein** M sólskin *n;* **~schirm** M sólhlíf *f;* **~stich** M sólstunga *f;* **~untergang** M sólsetur *n;* **~wende** F sólstöður *fpl*, sólhvörf *npl*

Sonntag M sunnudagur *m*

sonst annars

Sorg|e F áhyggja *f;* umhyggja *f;* **für etw ~ tragen** hugsa um e-ð; **≗en (für)** annast (um); **≗enfrei** áhyggjulaus; **≗envoll** áhyggjufullur; **~falt** F umhyggja *f;* nákvæmni *f;* **≗los** áhyggjulaus; fyrirhyggjulaus

Sort|e F tegund *f;* **≗ieren** *(ordnen)* raða niður, skipa niður; *(auslesen)* velja úr

Soße F ídýfa *f*, sósa *f*

Souvenir N minjagripur *m*

so|weit KONJ að svo miklu leyti sem; **~wie** KONJ jafnskjótt sem; **~wieso** hvort sem er

Sowjetunion *hist* Sovétríkin *npl*

sowohl: **~ ... als (auch)** bæði ... og

sozial (þjóð)félagslegur; **≗ismus** M jafnaðarstefna *f*, sósíalismi *m*

Spaghetti FPL spagettí *n*

spähen skima, rýna; njósna

Spalt M sprunga *f*, rifa *f;* **~e** F sprunga *f;* *(Zeitung)* dálkur *m;* **≗en** kljúfa; **~ung** F klofning *f*

Span M spónn *m*, flís *f*

Spange F spöng *f*, spenna *f*

Spann N rist *f* (á fæti); **≗end** spennandi; **~ung** F spenna *f;* eftirvænting *f*

Spar|buch N bankabók *f;* sparisjóðsbók *f;* **~büchse** F sparibaukur *m;* **≗en** spara

Spargel M spergill *m*

Sparkasse F sparisjóður *m*

spärlich naumur, rýr, af skornum skammti

sparsam sparsamur; **≗keit** F sparsemi *f*

Spaß M gaman *n*, spaug *n;* **aus ~** til gamans; **≗en** spauga; **≗ig** skemmtilegur

spät seinn; *adv* seint; **wie ~ ist es?** hvað er klukkan?

Spaten M skófla *f*, spaði *m*

spät|er seinni; *adv* seinna; **~estens** í síðasta lagi

Spatz M spör(fugl) *m*

spazier|en: **~ gehen** ganga sér til skemmtunar; **≗gang** M skemmtiganga *f*

Specht M spæta *f*

Speck M flesk *n;* spik *n*

Spediteur M flutningamiðlari *m od* -þjónusta *f*

Speer M spjót *n*

Speiche F hjólteinn *m*, spæll *m*

Speichel M munnvatn *n*, slefa *f;* hráki *m*

Speicher M vörugeymsluhús *n*

speien spýta

Speise F matur *m*; matarréttur *m*; **~karte** F matseðill *m*; **≗n** borða; **~saal** M borðsalur *m*; **~wagen** M veitingavagn *m*

Spekulant(in) M(F) braskari *m*

Spende F gjöf *f*, úthlutun *f*

Sperre F lokun *f*, bann *n*; (*Bahnhof*) farmiðaskoðun *f*; **≗n** loka; SCHIFF setja hafnbann á

Spesen PL kostnaður *m*

Spezi|alität F *Essen* sérréttur *m*; *Spezialgebiet* sérsvið *n*; **≗ell** sérstakur, einka-

Spiegel M spegill *m*; **~ei** N spælegg *n*, steikt egg; **≗n** spegla(st)

Spiel N leikur *m*; **~bank** F spilavíti *n*; **≗en** leika; leika sér; *Instrument* leika á, spila á; **~feld** N leikvöllur *m*; **~film** M kvikmynd *f*; **~karte** F spil *n*; **~platz** M leikvöllur *m*; **~raum** M svigrúm *n*; **~sachen** PL leikföng *npl*; **~zeug** N leikfang *n*

Spieß M spjót *n*; steikarteinn *m*

Spinat M spínat *n*

Spindel F snælda *f*

Spinn|e F könguló *f*; **≗en** spinna, **~webe** *f* köngulóarvefur *m*

Spion M njósnari *m*; **~age** F njósnir *fpl*; **~ageabwehr** F njósnavarnir *fpl*

Spirituosen PL sterkir áfengir drykkir *mpl*

Spiritus M vínandi *m*; **~kocher** M sprittsuðuvél *f*

spitz oddhvass

Spitze F oddur *m*; toppur *m*; (*Turm*) spíra *f*; (*Stoff*) knipplingar *mpl*

Spitzel M (lögreglu)njósnari *m*

Spitz|enleistung F metafköst *npl*; metframmistaða *f*; **≗findig** hártogunargjarn; **~hacke** F haki *m*; **~name** M uppnefni *n*

Splitter M flís *f*

Sport M íþróttir *pl*; **~art** F íþrótt *f*; **≗lich** íþróttalegur, íþrótta-; **~platz** M íþróttavöllur *m*

Spott M háð *n*, spott *n*; **≗en** hæða

spöttisch hæðnislegur

Sprach|e F mál *n*; tungumál *n*; **~führer** M tungumálahandbók *n*; **~gebrauch** M málvenja *f*

Spray N *od* M úðari *m*

sprech|en tala; **≗er** M framsögumaður *m* (nefndar); (*Radio*) útvarpsþulur *m*; (*Fernsehen*) sjónvarpsþulur *m*; **≗stunde** F viðtalstími *m*; **≗zimmer** N viðtalsherbergi *n*

spreizen glenna sundur

spreng|en sprengja; (*Wasser*) sprauta (vatni) á; **≗stoff** M sprengiefni *n*

Sprichwort N málsháttur *m*

sprießen spretta, skjóta

frjóöngum
Spring|brunnen M gosbrunnur *m*; **≗en** stökkva; **~er** M (*Schach*) riddari *m*
Spritz|e F dæla *f*, sprauta *f*; **≗en** dæla, sprauta
spröde stökkur, brothættur; *fig* teprulegur
Sprosse F rim *f*; þrep *n*
Sprössling M afkomandi *m*, niður *m*
Spruch M spakmæli *n*; JUR úrskurður *m*
Sprudel M gos *n*
sprudeln vella, spretta upp
sprüh|en skvettast; (*Funken*) sindra; **≗regen** M úðarigning *f*
Sprung M stökk *n*; rifa *f*, sprunga *f*; **~brett** N stökkpallur *m*; **~schanze** F skíðastökkpallur *m*
Spucke F hráki *m*; **≗n** spýta, hrækja
spuken: **es spukt in diesem Zimmer** það er reimt *od* draugagangur í þessu herbergi
Spule F spóla *f*; snælda *f*
spül|en skola(st); þvo upp; **≗mittel** N uppþvottalögur *m*
Spur F spor *n*; *pl* vegs- *od* verksummerki *npl*
spür|en verða var við, finna; **≗sinn** M ratvísi *f*
Staat M ríki *n*; (*Putz*) skart *n*; **≗lich** ríkis-; **~sangehörigkeit** F þjóðerni *n*; **~sanwalt** M saksóknari *m* ríkisins; **~sexamen** N embættispróf *n*; **~skosten** PL: **auf ~** á kostnað ríkisins; **~smann** M stjórnmálamaður *m*
Stab M stafur *m*, prik *n*; MIL herforingjaráð *n*; **~hochsprung** M stangarstökk *n*
Stachel M broddur *m*; þyrnir *m*; **~beere** F stikilsber *n*; **~draht** M gaddavír *m*
stachelig göddóttur; broddóttur
Stadion N íþróttavöllur *m*, leikvangur *m*
Stadt F borg *f*; **~bahn** F *od* **S-Bahn®** F sporvagn *m*
Städt|er(in) M(F) bæjar- *od* borgarbúi *m* **≗isch** borgar- *od* kaupstaðar-
Stadt|mitte F miðbær *m*; **~plan** M bæjarkort *n*; borgarkort *n*; **~rundfahrt** F borgarkynnisferð *f*; **~teil** M borgarhluti *m*; **~viertel** N bæjarhverfi *n*
Staffel F (stiga)þrep *n*; FLUG sveit *f*, deild *f*; (*Sport*) riðill *m*; **~lauf** M boðhlaup *n*
Stahl M stál *n*
Stall M (*Kuh*) fjós *n*, (*Schaf*) fjárhús *n*, (*Pferd*) hesthús *n*
Stamm M stofn *m*; ætt *f*; **~baum** M ættartala *f*
stammeln stama
stamm|en vera kominn af; **≗gast** M daglegur gestur
stämmig sterk(leg)ur
stampfen stappa; þjappa
Stand M stétt *f*; staða *f*;

~bild N líkneski *n*
Ständchen N mansöngur *m*
Ständer M fatahengi *n*; grind *f*; statíf *n*
Stand|esamt N hjúskaparskrifstofa *f*; **≗fest** staðfastur
ständig sífelldur
Standpunkt M sjónarmið *n*
Stange F stöng *f*
stanzen stappa, þjappa
Stapel M stafli *m*; **~lauf** M SCHIFF sjósetning *f*
Star M star(r)i *m*; MED starblinda *f*; *Film*: kvikmyndastjarna *f*
stark sterkur
Stärk|e F styrkur *m*, kraftur *m*; línsterkja *f*; **≗en** styrkja; (*Wäsche*) stífa (lín)
Starkstrom M háspennustraumur *m*
Stärkung F styrking *f*; efling *f*
starr stífur, ósveigjanlegur; **~en** stara
starten V/T hefja, stofna; *v/i* halda af stað
Station F (*Haltestelle*) stoppistöð *f*; *Krankenhaus*: (sjúkra)deild *f*
Statist M *sl* statisti *m*
Statistik F skýrsla *f*, yfirlit *n*
statt PRÄP í staðinn fyrir; **an meiner ~** í minn stað
Stätte F staður *m*
statt|finden eiga sér stað; gerast; **~haft** leyfilegur, löglegur; **~lich** myndarlegur, veglegur
Staub M ryk *n*, duft *n*; **≗en** fjúka, þyrlast; **≗ig** rykugur; **~sauger** M ryksuga *f*; **~tuch** N rykþurrka *f*
Stau|damm M stífluverk *n*; **≗en** stífla; SCHIFF hlaða
staunen undrast
Steak N steik *f*, kjötstykki *n* til steikingar
stech|en stinga; **≗fliege** F bitfluga *f*
Steck|dose F innstunga *f*, tengill *m*; **≗en** stinga, setja (í); **~ bleiben** sitja fastur; **~er** M tengikló *f*; **~nadel** F títuprjónn *m*
Steg M stígur *m*; fjalabrú *f*
stehen standa; *Kleid*: fara (vel *od* illa); **~ bleiben** standa kyrr; nema staðar
Stehlampe F standlampi *m*
stehlen stela
Stehplatz M stæði *n*
steif stinnur, stífur
Steig M stígur *m*, gata *f*
steigen stíga; hækka, vaxa
steiger|n auka, hækka; GRAM stigbreyta; **≗ung** F hækkun *f*; stigbreyting *f*
Steigung F halli *m*, brekka *f*
steil brattur
Stein M steinn *m*; **~butt** M ZOOL sandhverfa *f*; **≗ig** grýttur; **~kohle** F steinkol *npl*
Stelldichein N stefnumót *n*
Stell|e F staður *m*; staða *f*, starfi *m*; **≗en** setja; **≗enweise** sums staðar; **~ung** F staða *f*; **~vertreter(in)** M(F)

staðgengill *m*
Stemm|eisen N sporjárn *n*; **≈en** V/T stífla; *v/r* spyrna (**gegen etw** á móti e-u)
Stempel M stimpill *m*; **≈n** stimpla
Stengel M stöngull *m*, jurtarleggur *m*
Steno|grafie F hraðritun *f*; **~typistin** F hrað- og vélritunarstúlka *f*
Steppdecke F vattteppi *n*
sterb|en deyja; **~lich** dauðlegur
Stern M stjarna *f*; **~schnuppe** F stjörnuhrap *n*
stets stöðugt, ávallt, alltaf
Steuer 1 N stýri *n* 2 F skattur *m*, afgjald *n*; **~erklärung** F framtal *n*; **≈n** stýra; **~rad** N stýrishjól *n*; **~zahler** M skattgreiðandi *m*
Stich M stunga *f*; nálspor *n*; **im ~ lassen** skilja útundan
stick|en sauma e-ð út; **~ig** kæfandi; **≈stoff** M köfnunarefni *n*
Stiefel M stígvél *n*
Stief|mutter F stjúpmóðir *f*; **~mütterchen** N BOT þrenningarfjóla *f*; **~vater** M stjúpfaðir *m*
Stiel M skaft *n*; BOT stöngull *m*
Stier M naut *n*, tarfur *m*
Stift M stautur *m*, túss *n*; **≈en** stofna; gefa; **≈ung** F stofnun *f*; gjöf *f*
Stil M stíll *m*; málfar *n*
still hljóður; kyrr; hæglátur; **≈e** F kyrrð *f*; **~en** (*Säugling*) hafa á brjósti, láta sjúga; **≈schweigen** N þagmælska *f*; **~schweigend** þagmæltur; **~stehen** standa kyrr; nema staðar
Stimme F rödd *f*; *fig* atkvæði *n*; **≈n** standa heima; *fig* greiða atkvæði
Stimm|gabel F tónkvísl *f*; **~recht** N atkvæðisréttur *m*; **~ung** F (*Gefühlslage*) skap *n*; hugblær *m*; (*Begeisterung*) hrifning *f*; **~zettel** M kjörseðill *m*
stinken vera vond lykt af
Stipendium N námsstyrkur *m*
Stirn F enni *n*; **j-m die ~ bieten** sporna við e-m
Stock M stafur *m*, prik *n*; (*Etage*) hæð *f*; **≈en** reka í vörður; stansa; **~ung** F stöðvun *f*; **~werk** N hæð *f* (í húsi)
Stoff M efni *n* (*a. fig*); **~wechsel** M efnaskipti *npl*
stöhnen stynja
Stollen M BERGB lárétt námugöng *npl*; (þýsk) jólakaka *f*
stolpern staulast; hrasa
stolz stoltur, mikillátur
Stolz M stolt *n*, mikillæti *n*
stopf|en troða; stoppa; **≈nadel** F stopp(u)nál *f*
Stoppel F stúfur *m*, stubbur *m*
stopp|en stöðva(st); **≈uhr** F skeiðklukka *f*

Stöpsel M tappi *m*
Storch M storkur *m*
stören trufla
stornieren afpanta
störrisch þrjóskur, þrár
Störung F truflun *f*
Stoß M högg *n*; hrinding *f*; stafli *m*; **~dämpfer** M demp-ari *m*, höggdeyfir *m*; **≗en** hrinda; stinga; **~stange** F stuðari *m*
stottern stama
Straf|anstalt F tugthús *n*, fangelsi *n*; **~e** F hegning *f*; (*Geldstrafe*) fjársekt *f*; **≗en** hegna
straff strengdur; stinnur
Sträfling M fangi *m*
Straf|prozess M sakamál *n*; **~stoß** M vítaspyrna *f*
Strahl M geisli *m*; **≗en** geisla
Strähne F hárlokkur *m*; hár-strengur *m*; **~n** (*Frisur*) strípur *fpl*
strampeln sprikla, iða
Strand M strönd *f*; **≗en** stranda; **~gut** N reki *m*; **~korb** M strandkörfustóll *m*
Strang M strengur *m*; snara *f*
Strapaze F strit *n*; hrakningar *mpl*
Straße F stræti *n*, gata *f*; **~nbahn** F sporvagn *m*; **~npflaster** N steinlögð gata
Strategie F áætlun *f*, stefna *f*, aðferð *f*; MIL herstjórnarlist *f*
sträuben V/R rísa upp, standa út í loftið; *fig* færast undan
Strauch M runnur *m*, kjarr *n*; **≗eln** hrasa (*a. fig*)
Strauß M blómvöndur *m*; ZOOL strútur *m*
streben leitast við, keppa eft-ir
Streben N viðleitni *f*
Strecke F spölur *m*; vega-lengd *f*; áætlunarleið *f*
Streich M högg *n*; grikkur *m*; **≗eln** strjúka, klappa; **≗en** *Bart* strjúka; strika; (*Liste*) strika út; *Brot* smyrja; *Farbe* mála; **~holz** N eldspýta *f*
streifen (*herumstreifen*) flakka; snerta
Streifen M rák *f*; ræma *f*; **~wagen** M lögreglubíll *m*
Streik M verkfall *n*; **≗en** gera verkfall
Streit M deila *f*; **≗en** deila; rífast; **~kräfte** PL herafli *m*
streng strangur
Stress M streita *f*
streuen strá, dreifa
Strich M strik *n*; lína *f*
Strick M band *n*; snara *f*; **≗en** prjóna; **~jacke** F hneppt peysa *f*; **~nadel** F (band-) prjónn *m*; **~zeug** N prjón-adót *n*
Striemen M rák *f*; rönd *f*
Stroh N hálmur *m*; **~halm** M hálmstrá *n*
Strolch M flakkari *m*, flæking-ur *m*
Strom M straumur *m*; á *f*; **≗ab, ≗abwärts** niður eftir ánni; **≗aufwärts** upp eftir

ánni; **~schalter** M straumrofi *m*; **~schnelle** F árstrengur *m*; hringiða *f*
Strömung F straumur *m*; *fig* stefna *f*
Strophe F vers *n*
strotzen vera þrunginn af
Strudel M hringiða *f*
Strumpf M sokkur *m*; **~hose** F sokkabuxur *fpl*
struppig úfinn, stríður
Stück N biti *m*, stykki *n*; hluti *m*
Student(in) M(F) háskólanemi *m*
Studienrat M menntaskólakennari *m*
studieren stunda nám
Studium N háskólanám *n*
Stufe F þrep *n*; stig *n*
Stuhl M stóll *m*; **~gang** M hægðir *fpl*
stumm þögull; mállaus
Stummel M stubbur *m*
Stümper M klastrari *m*, klaufi *m*; **≈haft** klaufalegur
stumpf sljór; bitlaus; **~sinnig** sljór; heimskur
Stunde F klukkustund *f*; kennslustund *f*; **~nkilometer** M (*abk* **km/h**) kílómetrar á klukkustund (*abk* km á klst.); **≈nlang** klukkustundum saman; **~nplan** M stundatafla *f*
Sturm M stormur *m*; *fig* áhlaup *n*
stürm|en gera áhlaup; **≈er** M (*Fußball*) framherji *m*; **~isch** hvass; ofsafenginn
Sturz M fall *n*; hrun *n*; skriða *f*
stürzen steypa(st); velta; detta
Sturz|flug M steypiflug *n*; **~helm** M hjálmur *m*
Stute F hryssa *f*
Stütze F stoð *f*, stytta *f*
stutzen (*sich wundern*) undrast; (*verkürzen*) stytta, klippa
stützen styðja, hjálpa
stutzig hissa
Suche F leit *f*; **≈n** leita; **~r** M leitandi *m*; (*Kamera*) leitari *m*, leitsjá *f*
Sucht F sýki *f*, sjúkdómur *m*
süchtig (eitur)lyfjasjúkur, vímuefnasjúkur
Süden M suður; Suðurlönd *npl*; **nach ~** suður á bóginn
süd|lich suðlægur; suðrænn; **~ von** fyrir sunnan; **≈ost(en)** (M) suðaustur *n*; **≈pol** M suðurpóll *m*, suðurheimskaut *n*; **≈west(en)** M suðvestur *n*, suðvesturátt *f*; **≈wind** M sunnanvindur *m*
Sühne F afplánun *f*; **≈n** afplána
Sülze F kryddsúrs *n*; sulta *f*
Summe F upphæð *f*, summa *f*; **≈n** suða; *Lied* raula
Sumpf M mýri *f*; fen *n*; **≈ig** mýrlendur; fenjóttur
Sund M sund *n*
Sünde F synd *f*
Super|lativ M hástig *n*; **~markt** M vörumarkaður *m*
Suppe F súpa *f*; **Suppenwürfel** M súputeningur *m*

süß sætur; **~en** sæta; **≗igkeit(en)** F(PL) sælgæti *n*, sætindi *npl*; **≗stoff** M gervisykur *m*, sætuefni *n*; **≗wasser** N ferskt vatn
Symbol N táknmynd *f*; **≗isch** myndrænn
sympathisch geðfelldur
synthetisch gervi-
System N skipulag *n*; (*Regierungsform*) stjórnarmynd *f*; **≗atisch** skipulegur
Szene F leiksvið *n*; atburður *m*; **~nwechsel** M leiksviðsbreyting *f*, leiktjaldaskipti *pl*

T

Tabak M tóbak *n*
Tabelle F tafla *f*, skrá *f*
Tablet N IT spjaldtölva *f*
Tablett N (bolla) bakki *m*; **~e** F tafla *f*, pilla *f*
Tachometer M hraðamælir *m*
Tadel M álas *n*; galli *m*; (*Schule*) athugasemd *f*, áminning *f*; **≗los** lýtalaus, gallalaus; ágætur; **≗n** lasta; ávíta
Tafel F tafla *f*, (*Tisch*) borð *n*; (*Schokolade*) plata *f*
Täfelung F þiljun *f*
Tag M dagur *m*; **bei ~e** á daginn
Tage|buch N dagbók *f*; **≗lang** dögum saman; **≗n** daga; *fig* halda fund, þinga
Tages|ausflug M dagsferð *f*; **~karte** F matseðill *m* dagsins; **~kurs** M gengi *n* dagsins; **~ordnung** F dagskrá *f*; **~presse** F dagblöðin *npl*; **≗tour** F dagsferð *f*
täglich daglegur
Tagung F (þing)fundur *m*; (þing)samkoma *f*; *Konferenz* ráðstefna *f*
Taille F mitti *n*
taktlos ónærgætinn
Tal N dalur *m*
Talar M síðhempa *f*
Tampon M túrtappi *m*
Tank M geymir *m*; **≗en** taka bensín; **~stelle** F bensínsölustöð *f*
Tanne F greni *n*; **~nbaum** M grenitré *n*; jólatré *n*; **~nzapfen** M greniköngull *m*
Tante F frænka *f*; föður- *od* móðursystir *f*
Tanz M dans *m*; **≗en** dansa
Tänzer(in) M(F) dansmaður *m* (dansmær *f*)
Tanz|kapelle F danshljómsveit *f*; **~stunde** F dansskóli *m*; **~vergnügen** N dansskemmtun *f*
Tape|te F veggfóður *n*; **≗zieren** veggfóðra
tapfer kjarkmikill; hraustur; **≗keit** F hugprýði *f*; hreysti *f*
Tarif M verðskrá *f*
tarn|en fela, hylja; fara dult með; **≗ung** F feluútbúnaður *m*; hulning *f*

Tasche F vasi *m*; veski *n*, taska *f*; **~nbuch** N vasaútgáfa *f*; **~ndieb** M vasaþjófur *m*; **~ngeld** N vasapeningur *m*; **~nlampe** F vasaljós *n*; **~nmesser** N vasahnífur *m*; **~ntuch** N vasaklútur *m*; **~nuhr** F vasaúr *n*
Tasse F bolli *m*
Tast|e F nóta *f* (á hljóðfæri); **&en** snerta; þreifa; **~sinn** M þreifiskynjun *f*
Tat F dáð *f*; verk *n*
Tät|er(in) M gerandi *m*, afbrotamaður *m*; **&ig** starfsamur, atorkusamur; starfandi; **~igkeit** F starf, starfsemi *f*
tat|kräftig orkufullur; **&sache** F staðreynd *f*; **~sächlich** raunverulegur
Tatze F loppa *f*, löpp *f*; (*Pranke*) hrammur *m*
Tau **1** N kaðall *m* **2** M dögg *f*
taub heyrnarlaus
Taube F ZOOL dúfa *f*
tauchen kafa; **&** N köfun *f*
tauen þiðna, hlána
Tauf|becken N skírnarfontur *m od* -skál *f*; **~e** F skírn *f*; **&en** skíra; **~name** M skírnarnafn *n*; **~schein** M skírnarvottorð *n*
taug|en duga, gagna, vera nýtur; **~lich** nýtur; nýtilegur
Taumel M svimi *m*; hrifning *f*; **&n** skjögra, reika í spori
Tausch M skipti *npl*; **&en** hafa skipti á
täusch|en blekkja, gabba; **&ung** F blekking *f*
tausend þúsund
Tauwetter N hláka *f*, þíða *f*
Tax|e F verðlag *n*, lögverð *n*; **~i** N leigubíll *m*
Technik F tækni *f*; **~er(in)** M(F) tæknimaður *m*
Tee M te *n*; **~beutel** M tepoki *m*; **~kanne** F tepottur *m*; **~löffel** M teskeið *f*
Teer M tjara *f*; **&en** tjarga
Teich M tjörn *f*
Teig M deig *n*
Teil M hluti *m*, partur *m*; **zum ~** að nokkru leyti; **&bar** skiptanlegur; **&en** skipta; deila; **~haber(in)** M(F) hluthafi *m*; **~nahme** F þátttaka *f*; **&nehmen**: **~ an** (*dat*) taka þátt í; **~nehmer(in)** M(F) þátttakandi *m*
teils: **~ … ~** ýmist … eða
Teilzahlung F afborgun *f*
Telefon N sími *m*; **~buch** N símaskrá *f*, **&ieren** tala í síma; **~nummer** F símanúmer *n*; **~rechnung** F símareikningur *m*; **~zelle** F símaklefi *m*
Teller M diskur *m*
Temperament N skaplyndi *n*, lunderni *n*; ákaflyndi *n*, skaphiti *m*
Temperatur F hitastig *n*; **~ haben** vera með hita
Tempo N hraði *m*
Tennis N tennis *m*; **~platz** M tennisvöllur *m*; **~schläger**

M tennisspaði *m*
Teppich M (gólf)teppi *n*
Termin M tiltekinn *od* pantaður tími; HANDEL gjalddagi *m*
Terminal N stöð *f*, FLUG brottfararsalur *m*; *Fernbusbahnhof* umferðarmiðstöð *f*; *Fähre etc.* farþegamiðstöð *f*
Terrasse F hjalli *m*; (*am Haus*) verönd *f*
Terrine F súpuskál *f*
Terror M ofbeldi *n*; hryðjuverk *n*; **~ist** M ofbeldismaður *m*, hryðjuverkamaður *m*
Test M próf *n*, tilraun *f*
Testament N erfðaskrá *f*
testen prófa
teuer dýr
Teuf|el M djöfull *m*, fjandi *m*; **≗lisch** djöfullegur
Text M texti *m*
Theater N leikhús *n*; **~programm** N leikskrá *f*; **~stück** N leikrit *n*
Theke F barborð *n*, afgreiðsluborð *n*
Thema N málefni *n*, þema *n*, umræðuefni *n*
Theo|logie F guðfræði *f*; **~rie** F fræðikenning *f*
Thermometer N hitamælir *m*
Thermosflasche® F hitabrúsi *m*
Thron M hásæti *n*; **~folger(in)** M(F) ríkiserfingi *m*
Thunfisch M túnfiskur *m*
ticken tifa
Ticket N miði *m*
tief djúpur; **≗e** F djúp *n*; dýpt *f*; **≗gang** M SCHIFF djúprista *f*; **≗kühltruhe** F frystikista *f*
Tiegel M deigla *f*; panna *f*
Tier N dýr *n*; **~arzt** M dýralæknir *m*; **~garten** M dýragarður *m*; **≗isch** dýrslegur
Tinte F blek *n*
Tipp M ábending *f*, ráð *n*
tippen vélrita
Tisch M borð *n*; **zu ~ gehen** setjast að borðum; **~ler** M húsgagnasmiður *m*, trésmiður *m*; **~tuch** N borðdúkur *m*
Titel M titill *m*; nafnbót *f*; **~blatt** N forsíða *f*
Toast(brot) M(N) ristað brauð *n*
tob|en hamast, æða; drynja; **≗sucht** F æði *n*, tryllingur *m*
Tochter F dóttir *f*
Tod M dauði *m*; **~esanzeige** F dánartilkynning *f*; **~esstrafe** F dauðarefsing *f*; **~feind** M svarinn óvinur; **≗krank** fárveikur
tödlich banvænn
Toilette F snyrting *f*; búningur *m*; (*Abort*) salerni *n*; **~npapier** N salernispappír *m*
tolerant umburðarlyndur
toll óður, trylltur; **≗wut** F æði *n*; hundaæði *n*
Tomate F tómatur *m od* tómati *m*
Ton M tónn *m*; (*Lehm*) leir *m*
tönen hljóma
Tonleiter F tónstigi *m*

Tonne F tunna *f*; (*Gewicht*) tonn *n*
Topf M pottur *m*; krukka *f*
Töpfer M leirkerasmiður *m*
Tor 1 M heimskingi *m* 2 N hlið *n*; (*Sport*) mark *n*
Torf N mór *m*, svörður *m*
Torheit F heimska *f*; heimskupar *n*
töricht heimskulegur
Torte F terta *f*
Torwart M markvörður *m*
tosen drynja, duna
tot dauður
töten drepa
Totenschein M dánarvottorð *n*
Toto N *a.* M veðmálastofa (við veðhlaup) *f*; (**im**) **~ spielen** veðja
Totschlag M manndráp *n*
Tour F skemmtiferð *f*; snúningur *m*
Touris|mus M ferðamál *npl*, ferðaþjónusta *f*, ferðaútvegur *m*; **~t(in)** M(F) ferðamaður *m*
Trab M brokk *n*
Tracht F búningur *m*; **≈en**: **nach etw ~** keppa eftir e-u
trächtig (*Tier*) með fangi, kviðug(ur)
Tradition F siðvenja *f*; hefð *f*; **≈ell** hefðbundinn
Trag|bahre F börur *fpl*; **≈bar** beranlegur
träge tregur; latur
tragen bera; *Kleid* vera í
Träg|er M berandi *m*; TECH stólpi *m*, biti *m*; (*Gepäckträger*) burðarmaður *m*
Tragfähigkeit F; burðarþol *n*
Trägheit F leti *f*, tregða *f*
tragisch sorglegur
Tragödie F sorgarleikur *m*
Tragweite F seilingarsvið *n*; yfirgrip *n*
Train|er(in) M(F) þjálfari *m*; **≈ieren** þjálfa, æfa; **~ingsanzug** M íþróttabúningur *m*, *sl* jogginggalli *m*
Traktor M traktor *m*
trampeln þramma, traðka
Träne F tár *n*
Trank M drykkur *m*
Transport M flutningur *m*; **≈ieren** flytja
Traube F vínberjaklasi *m*; vínber *n*; **~nsaft** M þrúgusaft *f*; vínberjasaft *f*; **~nzucker** M þrúgusykur *m*
trauen V/T *Brautleute* gefa saman, gifta; (*vertrauen*) trúa, treysta; *v/r* dirfast, þora
Trauer F sorg *f*; (*Kleidung*) sorgarbúningur *m*; **~fall** M mannslát *n*; **≈n** syrgja (**um j-n** e-n)
Traum M draumur *m*
träum|en dreyma; **~erisch** draumlyndur; dreymandi
trau|rig hryggur, dapur; **≈ring** M giftingarhringur *m*; **≈schein** M hjúskaparvottorð *m*; **≈ung** F hjónavígsla *f*; **≈zeuge** M hjúskaparvottur *m*; svaramaður *m*
Travellerscheck M ferða-

tékki *m*
Trawler M togari *m*
Trecker M dráttarvél *f*, traktor *m*
treffen hitta; hæfa; *v/r* hittast
Treffen N mót *n*, fundur *m*
Treff|er M markskot *n*; heppni *f*; **~punkt** M fundar- *od* stefnumótsstaður *m*
Treib|eis N rekís *m*; **≗en** reka; verka á; BOT fá blöð *od* brum; **~haus** N gróðurhús *n*; **~jagd** F fæliveiðar *fpl*; **~mine** F rekdufl *n*; **~stoff** M eldsneyti *n*
trenn|en skilja; *Naht* spretta sundur *od* upp; *v/r* skilja(st); **≗ung** F aðgreining *f*; skilnaður *m*; (*Naht*) uppspretting *f*
Treppe F stigi *m*, tröppur *fpl*; **drei ~n hoch** á fjórðu hæð; **~nabsatz** M stigapallur *m*; **~ngeländer** N stigahandrið *n*; **~nhaus** N stigagangur *n*
treten ganga; sparka
treu tryggur, trúr; **≗e** F tryggð *f*
Trichter M trekt *f*
Trickfilm M teiknimynd *f*
Trieb M frjóangi *m*; (*Natur*) hvöt *f*; **~feder** F aflfjöður *f*; **~rad** N ganghjól *n*
triefen drjúpa, leka; renna
trink|bar drekkanlegur; **~en** drekka; **≗er(in)** M(F) drykkjumaður *m*; **≗geld** N þjórfé *n*, drykkjupeningar *mpl*; **≗wasser** N drykkjarvatn *n*
trippeln trítla
Tritt M spor *n*, skref *n*; (*Fußtritt*) spark *n*; **~brett** N þrep *n*
trocken þurr; **≗heit** F þurrkur *m*; **≗legung** F framræsla *f*; **≗platz** M þurrkunarstaður *m*
trocknen þurrka; þorna
tröd|eln dunda; **≗ler** M skransali *m*
Trog M trog *n*
Trommel F bumba *f*; **~fell** N hljóðhimna *f*
Trompete F trompet *m*, lúður *m*
Tropen PL hitabelti *n*
Tropf M vökvaflaska *f* til vökvagjafar í æð; **≗en** drjúpa, leka
Tropfen M dropi *m*
Trost M huggun *f*
trösten hugga
trostlos óhuggandi; ömurlegur
trotz þrátt fyrir; **~dem** þrátt fyrir það
trübe óskír, gruggugur; *fig* dapur
trübselig hryggur; dapurlegur
Trug M blekking *f*, svik *npl*
trügerisch sviksamlegur, blekkjandi
Trugschluss M falsályktun *f*
Truhe F kista *f*
trunken drukkinn, ölvaður; *fig* gagntekinn; **≗heit** F ölæði

n
Trunksucht F ofdrykkja *f*, drykkjusýki *f*
Truppe F flokkur *m*, MIL herflokkur *m*
Truthahn M kalkúni *m*
T-Shirt N stutterma bolur *m*
Tuch N dúkur *m*; klútur *m*
tüchtig duglegur; *adv* rækilega
Tück|e F fláræði *n*, lævísi *f*; **≈isch** fláráður, lævís
Tugend F dyggð *f*; **≈haft** dyggðugur
Tüll M slæðudúkur *m*
Tulpe F túlípani *m*
Tumor M æxli *n*
tun gera; **~, als ob** láta sem ...
Tunnel M jarðgöng *npl*
Tür F dyr *fpl*; hurð *f*; **~angel** F hurðarlöm *f*; **~drücker** M hurðarhandfang *n*
Türke M Tyrki *m*
Türkei F Tyrkland *n*
Türkin F Tyrki *m*
Turm M turn *m*; **~spitze** F turnspíra *f*
turn|en vera í *od* stunda leikfimi; **≈en** N leikfimi *f*; **≈er (-in)** M(F) leikfimismaður *m*, leikfimiskona *f*; **≈halle** F leikfimissalur *m*; **≈schuh** M íþróttaskór *m*; **≈verein** M leikfimisfélag *n*
Türschild N dyraskilti *n*
Tusche F túss *n*; **≈n** tússa
Tüte F poki
Typ M (*Mensch*) manngerð *f*; (*Marke*) tegund *f*; (*KFZ*) gerð *f*
Typhus M taugaveiki *f*
typisch einkennandi
Tyrann M harðstjóri *m*; **~ei** F harðstjórn *f*; **≈isieren** kúga, þrælkúga

U

U-Bahn F → Untergrundbahn
übel illur, slæmur; **mir wird ~** mér verður illt, ég fæ velgju; **~ nehmen** misvirða; **≈** N mein *n*, skaði *m*; **≈keit** F velgja *f*; **≈täter** M illræðismaður *m*
üben æfa, iðka; *Gnade* sýna
über PRÄP (*mit dat u. akk*) yfir, fyrir handan; við; *adv* meira en; **~ etw reden** tala um e-ð
über|all alls staðar; **~arbeiten** V/R vinna sér um megn; *v/t* endurvinna; **~aus** ákaflega; **~belichten** *Film* oflýsa; **≈bevölkerung** F ofmikið þéttbýli; **~bieten** bjóða betur; *fig* skara fram úr; **≈bleibsel** N leifar *fpl*, eftirstöðvar *fpl*; **~blicken** líta yfir; **~bringen** færa, flytja
über|dauern standa lengur en; **~dies** auk þess; **~drüssig** leiður á; **~eilen** flýta sér um of; **~einander** hvað ofan á annað; í kross; **~ein-**

kommen koma sér saman um; **≗einkommen** N samkomulag *n*; **~einstimmen** (*Meinung*) vera á sömu skoðun; vera eins

über|fahren aka yfir *od* á (e-n); **≗fahrt** F yfirferð *f*, sjó- ferð *f*; **≗fall** M árás *f*; **≗fluss** M gnægð *f*; **~flüssig** of mikið; ónauðsynlegur; **~fluten** streyma yfir; **~führen** *fig* sanna á; **≗führung** F leið yfir; flutningur yfir; *fig* sönnun *f*; **≗gabe** F afhending *f*; framsal *n*; **≗gang** M leið *f* yfir; *fig* tímamót *npl*; tímabreyting *f*; **~geben** V/T afhenda; *v/r* kasta upp; **~gehen** hverfa yfir til; (*überfließen*) renna, streyma út í; (*nicht beachten*) gefa engan gaum, fara ekki yfir; **≗gewicht** N yfirvigt *f*; **~greifen** grípa út yfir; breiðast út yfir

über|handnehmen fara í vöxt, verða yfirgnæfandi; **~haupt** yfirleitt; **~holen** sækja yfir; *Auto* fara fram úr; (*ausbessern*) gera við; **~kochen** sjóða upp úr; **~lassen** láta (e-m e-ð) eftir; **~laufen** hlaupa yfir; flóa yfir; **~leben** lifa (e-n); **~legen** íhuga; *adj* yfirsterkari, fremri; **≗legenheit** F yfirburðir *mpl*; **≗legung** F íhugun *f*; yfirvegun *f*; **≗lieferung** F frásagnarheimild *f*; **≗macht** F ofurefli *n*; **~mäßig** geysilegur; óhóflegur; **~mitteln** afhenda, senda; *Grüße* skila; **~morgen** ekki á morgun, heldur hinn daginn; **≗mut** M hroki *m*; gáski *m*; **~nachten** gista; **≗nachtung** F gisting *f*; **~nehmen** taka við; **~queren** fara (þvert) yfir

über|ragen gnæfa upp yfir; skara fram úr; **~raschen** koma á óvart; **~reden** telja um fyrir e-m; **~reichen** rétta, afhenda; **~reizt** æstur

über|schätzen ofmeta; **~schlagen** fella úr; áætla lauslega; *v/r Auto*: velta; **~schreiten** ganga yfir; *Gesetz* brjóta; **≗schrift** F yfirskrift *f*, titill *m*; **≗schuss** M afgangur *m*; gróði *m*; **≗schwemmung** F flóð *n*; **~schwenglich** ákaflegur; öfgafullur

Übersee F handanhafsland *n*

über|setzen flytja yfir; *Sprache* þýða; **≗setzer(in)** M(F) þýðandi *m*; **≗setzung** F þýðing *f*; **≗sicht** F yfirlit *n*; yfirsýn *f*; **~sichtlich** skýr, glöggur; **~siedeln** flytjast búferlum; **~spannt** öfgafullur; **~stehen** gnæfa *od* skaga út *od* upp; *fig* standast, afbera; **~steigen** stíga yfir; *fig* fara fram úr; **~stimmen** bera (e-n) atkvæðum; **≗stunden** PL yfirvinna *f*, eftirvinna *f*; **~ machen** vinna fram yfir *od* eftirvinnu; **~stürzen** V/T flýta

sér um of
übertrag|bar flytjanlegur (yfir); þýðanlegur; **~en** fela (e-m e-ð); þýða; *Summe* flytja; *Radio/Fernsehen*: senda, útvarpa; **≗ung** F afhending *f*; flutningur *m*; útsending *f*; þýðing *f*
über|treffen taka (e-m) fram; **~treiben** ýkja; **~treten** ganga yfir; *Gesetz* brjóta, óhlýðnast; **≗tretung** F brot *n*; **~trieben** ýktur; **≗tritt** M liðhlaup *n*, snúningur *m*; **~vorteilen** narra; pretta
über|wachen hafa umsjón með, vaka yfir; **~wältigen** yfirbuga; **~weisen** afhenda; *Geld* ávísa; **≗weisung** F millifærsla *f*, tilvísun *f*; **~werfen** V/R verða ósáttur (**mit j-m** við e-n); **~wiegen** vega meira en; mega sín meira; **~wiegend** aðallega; **~winden** V/T komast yfir; *v/r* pína sig til (að gera e-ð); **~zeugen** sannfæra; **≗zeugung** F sannfæring *f*;
üblich venjulegur
U-Boot N kafbátur *m*
übrig sem eftir er; afgangs; **im ≗en** annars; **~ bleiben** vera eftir, ganga af; **~ens** annars
Übung F æfing *f*
Ufer N ár- *od* sjávarbakki *m*; strönd *f*; **≗los** bakkalaus; ótakmarkaður
Uhr F klukka *f*, úr *n*; **wie viel ~ ist es?** hvað er klukkan?; **~macher** M úrsmiður *m*; **~zeiger** M vísir *m*; **~zeit** F tími *m*, leyti *n*
Uhu M (horn)ugla *f*
Ulme F álmviður *m*
um kringum, hringinn í kringum; *Zeit*: um; (*zu Ende*) á enda, liðinn; **~ Mittag** um hádegi; **~ 4 Uhr** klukkan fjögur; **~ zu** til þess að
um|ändern breyta; **~arbeiten** gera upp aftur; **~armen** faðma að sér; **≗armung** F föðmun *f*; **~binden** binda utan um; **~blättern** fletta; **~bringen** drepa, svipta lífi; **~buchen** breyta bókun *f od* pöntun *f*; *Finanzen* yfirfæra,; **≗drehung** F (hring-) snúningur *m*
um|fallen detta um koll; **≗fang** M ummál *n*; yfirgrip *n*; **~fassend** víðtækur, yfirgripsmikill; **≗frage** F skoðanakönnun *f*; **≗gangssprache** F talmál *n*, daglegt mál; **~geben** umlykja; **≗gebung** F umhverfi *n*; **≗gegend** F umhverfi *n*, nágrenni *n*; **~gehen** ganga um; **mit j-m ~** umgangast e-n; koma fram við; *fig* komast hjá, forðast; **~gehend** undir eins; **~gekehrt** öfugt; **~hängen** hengja utan um; fara í; **~her** fram og aftur
Umhüllung F hjúpur *m*
Umkehr F heimför *f*; aftur-

hvarf *n*; ≗**en** V/I snúa við, hverfa aftur; *v/t* snúa e-u við
um|kippen hvolfa; ≗**kleidekabine** F búningsklefi *m*; ~**kleiden** V/R hafa fataskipti; ~**kommen** farast, deyja; ~**laden** endurferma; ≗**leitung** F bráðabirgðarvegur *m*
um|rechnen umreikna; ~**rennen** velta um koll; ~**ringen** umkringja; ≗**riss** M útlínur *fpl*; ~**rühren** hræra í; ≗**satz** M viðskiptavelta *f*
um|schalten stilla á aðra rás; breyta (straumi); ~**schiffen** sigla umhverfis; ≗**schlag** M (*Brief*) umslag *n*; MED kompressa *f*; ~**schlagen** pakka lauslega inn; snúa; *Wetter*: breytast; ~**schnallen** gyrða sig (e-u); ~**schreiben** hreinrita; umrita (*a.* MATH), skýra með öðrum orðum; ≗**schwung** M breyting *f*
um|sehen V/R sjá sig um; lítast um; ~**setzen** HANDEL selja; ≗**sicht** F aðgætni *f*; ~**so**: ~ **mehr** þeim mun heldur; ~**sonst** ókeypis; árangurslaust; ≗**stand** M kringumstæður *fpl*; **unter Umständen** ef svo stendur á; **in anderen Umständen sein** vera barnshafandi; ~**ständlich** (of) nákvæmur, margorður; ~**steigen** skipta um vagn *od* lest; ~**stellen** færa, færa til; ≗**sturz** M bylting *f*; hrun *n*; ≗**tausch** M skipti *npl*; ~**tauschen** skipta
um|wälzen kollvarpa; ~**wandeln** breyta; ≗**wandlung** F breyting *f*; ~**wechseln** skipta; ≗**weg** M krókur *m*; ≗**welt** F umhverfi *n*; ≗**weltbelastung** F umhverfismengun *f*; ≗**weltschutz** M umhverfisvernd *f*; ≗**weltverschmutzung** F mengun *f*; ~**weltverträglich** vistvænn; ~**wickeln** vefja utan um (e-ð); ~**zäunung** F girðing *f*; ~**ziehen** flytja(st); ~**zingeln** umkringja; ≗**zug** M bústaðaskipti *npl*, flutningur *m*
un- ... ó- ...
un|abhängig óháður; ~**absehbar** óútreiknanlegur; ~**absichtlich** óvart, óviljandi; ~**achtsam** ógætinn; ~**ähnlich** ólíkur; ~**anfechtbar** óvéfengjanlegur; ~**angenehm** óþægilegur; ~**annehmbar** óaðgengilegur, ótækur; ~**artig** óþekkur; ~**auffällig** óáberandi; ~**aufmerksam** óaðgætinn; eftirtektarlaus; ~**ausstehlich** óþolandi
unbarmherzig miskunnarlaus
unbe|dingt skilyrðislaus; ~**fangen** hispurslaus; ~**friedigt** óánægður; ~**greiflich** óskiljanlegur; ~**grenzt** ótakmarkaður; ≗**hagen** N óþægindi *npl*, vanþóknun *f*; ~**hol-**

fen klaufalegur; úrræðalaus; **~kannt** óþekktur; ókunnugur; **~liebt** óvinsæll; **~quem** óþægilegur; **~schränkt** ótakmarkaður; **~schreiblich** ólýsanlegur; **~sonnen** óforsjáll; **~stimmt** óákveðinn; **~stritten** tvímælalaus; **~wusst** óvitandi
unbrauchbar ónothæfur
und og
Undank M vanþakklæti *n*; **&bar** vanþakklátur
un|denkbar óhugsandi; **~deutlich** ógreinilegur; **&ding** N fjarstæða *f*; ógerningur *m*; **~durchdringlich** (*Wald*) ófær; **~echt** svikinn; óekta; gervi; stældur; **~ehelich** utan hjónabands; **~ehrlich** óheiðarlegur; **~empfindlich** ónæmur; tilfinningarlaus; **~endlich** óendanlegur; **~entbehrlich** ómissandi; **~entgeltlich** ókeypis; **~entschieden** óútkljáður; **~erbittlich** ósveigjanlegur; **~erfahren** óreyndur; **~erhört** óheyrilegur, óheyrður; **~erklärlich** óskýranlegur; **~erlaubt** bannað, óleyft; **~ermesslich** óskaplegur; **~ermüdlich** óþreytandi; **~erreichbar** ekki hægt að ná í; ófáanlegur; **~erträglich** óþolandi; **~erwartet** óvæntur; **~erwünscht** óæskilegur, óvelkominn
unfähig óhæfur, ekki fær um;
Unfall M óhapp *n*, slys *n*; **~station** F slysavarðstofa *f*; **~versicherung** F slysatrygging *f*
un|fehlbar óskeikull; **~frankiert** ófrímerktur; **~freundlich** óvingjarnlegur; **&fug** M óhæfa *f*
unge|achtet PRÄP (*mit gen*) þrátt fyrir; **~ahnt** óvæntur; **~bräuchlich** óvenjulegur; **~bunden** óbundinn; **~duldig** óþolinmóður; **~fähr** ADV hér um bil; **~fällig** óvingjarnlegur; **~heuer** afskaplegur; **&heuer** N ófreskja *f*; **~künstelt** tilgerðarlaus; **~legen** óhentugur, bagalegur; **~lernt** ófaglærður; **~mütlich** óvistlegur; **~rade** óbeinn; **~ Zahl** *f* oddatala *f*; **~raten** illa uppalinn; misheppnaður; **~recht** ranglátur; **~setzlich** ólöglegur; **~sund** óhollur; óheilbrigður; **&tüm** N ófreskja *f*; **~wiss** óviss; **~wöhnlich** óvenjulegur; **&ziefer** N smákvikindi *npl*; **~zogen** illa uppalinn; **~zwungen** óþvingaður, frjálslegur
Unglaub|e M trúleysi *n*, vantrú *f*; **&lich** ótrúlegur
ungleich ólíkur; ójafn; **~mäßig** ójafn, ósamræmur
Unglück N óhamingja *f*; slys *n*; **&licherweise** til allrar óhamingju; **~sfall** M slys *n*
ungültig ógildur

Unheil N ógæfa *f*; **⁓bar** ólæknandi
unheimlich óhuggulegur, óhugnanlegur
unhöflich ókurteis
Universität F háskóli *m*
un|kenntlich óþekkjanlegur; **⁓kenntnis** F vankunnátta *f*; **⁓kosten** PL kostnaður *m*; **⁓kraut** N illgresi *n*; **~leserlich** ólæsilegur; **~menschlich** ómannúðlegur; **~mittelbar** milliliðalaus; tafarlaust; **~möglich** ómögulegur; **⁓mut** M óánægja *f*; **~nahbar** óaðgengilegur; **~natürlich** óeðlilegur
un|nötig ónauðsynlegur; **~nütz** gagnslaus; ónýtur
UNO F Sameinuðu þjóðirnar *fpl*
un|ordentlich druslulegur; **⁓ordnung** F óreiða *f*; **~parteiisch** óhlutdrægur; **~pässlich** lasinn; **~recht** rangur, skakkur; **⁓recht** N óréttlæti *n*; **im ~ sein** hafa rangt fyrir sér; **~regelmäßig** óreglulegur; **~reif** óþroskaður; **~rentabel** arðlítill; **⁓ruhe** F órói *m*
uns okkur
un|sagbar ósegjanlegur; **~sauber** óhreinn; **~schädlich** óskaðlegur; **~scharf** óskýr; **~schlüssig** óákveðinn; **⁓schuld** F sakleysi *n*; **~schuldig** saklaus
unser okkar; **~erseits** af okkar hálfu; **~twegen** okkar vegna
unsicher óvís, óöruggur
unsichtbar ósýnilegur
Un|sinn M rugl *n*, vitleysa *f*; **~sitte** F ósiður *m*; **⁓sterblich** ódauðlegur; **⁓stet(ig)** óstöðugur, hvarflandi; **~stimmigkeit** F ósamræmi *n*; **⁓streitig** tvímælalaus; **~summe** F afskapleg upphæð; **⁓sympathisch** ógeðfelldur; **~tat** F ódæði *n*; **⁓tätig** athafnalaus; **~tauglich** ónothæfur, ónýtur
unten niðri, fyrir neðan; **nach ~** niður; **von ~** að neðan, neðan frá
unter PRÄP (*mit dat u. akk*) undir; meðal; **~ anderem** meðal annars; **~ uns** okkar á milli; **was versteht man ~ …?** hvað er átt við með …?; **der ⁓e** neðri; **der ⁓ste** hinn neðsti
Unterarm M framhandleggur *m*
Unter|bewusstsein N undirmeðvitund *f*; **⁓bleiben** farast fyrir; **⁓brechen** rjúfa; taka fram í fyrir; **~brechung** F hlé *n*; rof *n*; **⁓breiten** *fig* leggja fyrir, bera upp fyrir; **⁓bringen** hýsa, vista, koma fyrir; **⁓dessen** á meðan; **~drückung** F kúgun *f*; **⁓einander** sín á milli; **~ernährung** F vaneldi *n*, vannæring *f*; **~führung** F undirgöng

npl; **~gang** M hrun *n*, tortíming *f*; (*der Sonne*) sólsetur *n*; **~gebene(r)** M/F(M) þegn *m*, undirmaður *m*; **≗gehen** tortímast, farast; *Sonne*: ganga til viðar; **~grundbahn** F neðanjarðar(járn)braut *f*

Unter|grundbewegung F neðanjarðarhreyfing *f*; **≗halb** fyrir neðan; **~halt** M lífsframfæri *n*; **≗halten** V/T (*ernähren*) sjá fyrir; *v/r* (*vergnügen*) skemmta sér; (*sprechen*) ræðast við; **~haltung** F samtal *n*; skemmtun *f*; **~hemd** N nærskyrta *f*; **~holz** N undirskógur *m*; **~hose** F nærbuxur *fpl*; **≗kommen** komast í húsaskjól; **~kunft** F húsaskjól *n*, húsnæði *n*; **~lagen** PL skjöl *npl*; **≗lassen** láta hjá líða, sleppa; **≗legen** leggja undir; *adj* minni máttar; **≗liegen** fara halloka, bíða ósigur; **es unterliegt keinem Zweifel** það er engum vafa undirorpið; **~miete**: **in ~ wohnen** hafa herbergi á leigu hjá öðrum leigjanda; **~mieter** M undirleigjandi *m*

unternehm|en takast á hendur; hefja; **~end** framkvæmdasamur; **≗ungsgeist** M atorka *f*

Unteroffizier M undirforingi *m*

Unter|redung F viðræða *f*, samtal *n*; **~richt** M kennsla *f*; **~rock** M nærpils *n*; **≗sagen** banna; **≗scheiden** aðgreina, þekkja sundur; **~schied** M (mis)munur *m*; **≗schiedlich** frábrugðinn; mismunandi

unter|schlagen *fig* draga sér fé; **≗schlupf** M skýli *n*, hæli *n*; **≗schrift** F undirskrift *f*; **≗seeboot** N kafbátur *m*; **~setzt** samanrekinn; **~stehen** dirfast; (j-m) vera (e-m) háður; **~stützen** styðja; **≗stützung** F aðstoð *f*; **≗suchung** F rannsókn *f*, skoðun *f*; **≗suchungshaft** F gæsluvarðhald *n*; **≗tasse** F undirskál *f*; **~tauchen** kafa niður, stinga sér; **≗wäsche** F nærföt *npl*; **~wegs** á leiðinni; **≗welt** F undirheimar *mpl*; glæpamannaheimur *m*; **~werfen** V/R sýna enga mótspyrnu; **~würfig** auðmjúkur; **~zeichnen** undirrita; **~ziehen** V/R (*Arbeit*) taka að sér; (*Mühe*) leggja á sig; (*Operation*) gangast undir

Un|treue F ótryggð *f*, sviksemi *f*; **~tugend** F ódyggð *f*; **≗überlegt** gálaus; **≗übersetzbar** óþýðanlegur; **≗übertrefflich** framúrskarandi; **≗umgänglich** óþjáll, óþýður; **≗unterbrochen** sífelldur

unver|änderlich óbreytilegur; **~ändert** óbreyttur; **~antwortlich** ábyrgðarlaus; **~besserlich** óbetranlegur;

~bindlich óbindandi; **~daulich** ómeltanlegur; **~drossen** ótrauður; **~einbar** ósamræmanlegur; **~heiratet** ógiftur; **~hofft** óvæntur; **~käuflich** óseljandi; **~kennbar** auðsær; **~meidlich** óhjákvæmilegur; **~mittelt** skyndilegur; **~nünftig** óskynsamur; **~richtet**: **~er Dinge** árangurslaust, (fara) erindisleysu *f*; **~schämt** ósvífinn; **~ständig** óskynsamur; **~ständlich** óskiljanlegur; **~züglich** tafarlaus

unvoll|kommen ófullkominn; **~ständig** ófullkominn, sem vantar í

unvor|hergesehen óvæntur; **~sichtig** óvarkár

un|wahr ósannur; **~wahrscheinlich** ósennilegur; **~wesentlich** óverulegur; **&wetter** N óveður *n*; **~wichtig** ómikilvægur; **~wirsch** önugur; **~wissend** fáfróður; óvitandi; **~würdig** ekki hægt að trúa; **~zählig** óteljandi

un|zertrennlich óaðskiljanlegur; **~zufrieden** óánægður; **~zulänglich** ónógur; **~zuverlässig** óáreiðanlegur

üppig (*Person*) feitlaginn; (*Landschaft*) gróskumikill; frjósamur; (*Essen*) matmikill

ur|alt eldgamall; **&aufführung** F frumsýning *f*; **&enkel** M barnabarnabarn *n*; **&heberrecht** N höfundarréttur *m*

Urin M þvag *n*

Urkunde F skjal *n*, skilríki *n*; **~nfälschung** F skjalafölsun *f*

Urlaub M orlof *n*, leyfi *n*; **~er(in)** M maður *m* í fríi, kona *f* í fríi

Ur|sache F orsök *f*; **~sprung** M uppruni *m*; **&sprünglich** upprunalegur

Urteil N dómur *m*; dómgreind *f*; **&en** dæma

Urwald M frumskógur *m*

USA PL Bandaríkin *npl*

USB-Stick M IT USB-minnislykill *m*

Utensilien PL áhöld *npl*

V

Vagina F leggöng *npl*, skeið *f*

Vampir M blóðsuga *f*; (*Fledermaus*) leðurblaka *f*

Vanille F vanilla *f*

Varieté N fjölleikahús *n*

Vase F blómavasi *m*

Vater M faðir *m*; **~land** N föðurland *n*

väterlich föðurlegur; föður-; **~erseits** í föðurætt

Vater|schaft F faðerni *n*; **~unser** N faðirvor *n*

Veganer(in) M(F) grænmetisæta *f* sem sneyðir hjá öllum

dýraafurðum
Vegeta|rier(in) M(F) grænmetisæta *f*; **≗risch** grænmetis-
Veilchen N fjóla *f*
Venenentzündung F æðabólga *f*
Ventil N ventill *m*, loki *m*; **~ator** M vifta *f*
verab|reden binda fastmælum; **≗redung** F fastmæli *npl*; stefnumót *n*; **~scheuen** hafa viðbjóð á; **~schieden** V/R kveðja (**von j-m** e-n)
ver|achten fyrirlíta; **~ächtlich** fyrirlitlegur; **≗achtung** F fyrirlitning *f*; **~allgemeinern** alhæfa; **~altet** úreltur; **~änderlich** breytilegur; óstöðugur; **≗anlagung** F (*Steuer*) álagning *f*; hæfileiki *m*; **~anlassen** gefa tilefni til; leiða af sér; **≗anlassung** F tilefni *n*; **~anschaulichen** gera ljóst, skýra; **~anstalten** stofna til, gangast fyrir; **≗anstaltung** F tilhlutun *f*; skemmtun *f*, athöfn *f*
verantwort|en ábyrgjast; **~lich** ábyrgur; **≗ung** F ábyrgð *f*
ver|arbeiten vinna úr; **≗armung** F örbirgð *f*; **~äußern** selja
Ver|band M (sára)umbúðir *fpl*; (*Bund*) samband *n*; **~bandkasten** M (sára)umbúðakassi *m*; **~bandzeug** N (sára)umbúðir *fpl*; **≗bannen** gera útlægan; bannfæra; **~bannung** F útlegð(ardómur *m*) *f*; bannfæring *f*; **≗bergen** fela, leyna; **≗bessern** bæta; leiðrétta; **≗beugen** V/R hneigja sig; **≗biegen** beygja; **≗bieten** banna
verbind|en binda um; sameina; TEL gefa símasamband; **ich bin falsch verbunden** ég hef fengið skakkt (síma-) númer; **~lich** skuldbindandi; vingjarnlegur; **≗ung** F sameining *f*; (viðskipta)samband *n*
ver|bitten V/R biðjast undan (**etw** e-u); **≗bitterung** F beiskja *f*; **~blassen** blikna; upplitast; **~blüffen** gera agndofa; **~blühen** visna, fella blóm; **~bluten** blæða út; **~borgen** V/T lána; *adj* leyndur, falinn; **≗bot** N bann *n*; **~boten** bannaður; **≗brauch** M eyðsla *f*, neysla *f*; **~brechen**: **etw verbrochen haben** hafa brotið e-ð af sér; **≗brechen** N glæpur *m*, afbrot *n*; **≗brecher(in)** M(F) glæpamaður *m*; **~brecherisch** glæpsamlegur; **~breitern** breikka; **≗breitung** F útbreiðsla *f*; **~brennen** brenna; **≗brennung** F brennsla *f*; **~bringen** dvelja(st), eyða; **~brühen** V/R brenna sig (á heitu vatni)
ver|bünden V/R sameinast; **~bürgen** V/R (**für**) ganga í ábyrgð (fyrir)
Ver|dacht M grunur *m*; **j-n**

in ~ **haben** gruna e-n (um e-ð); **≗dächtig** grunsamlegur; **≗dächtigen** gruna, tortryggja; gera grunsamlegan; **≗dammen** sakfella; bölva

ver|dampfen gufa upp; **~danken** eiga (e-m e-ð) að þakka; **~dauen** melta; **≗dauung** F melting *f*; **≗deck** N þilfar *n*; **~derben** spilla(st), eyðileggja(st); **≗derben** N eyðilegging *f*, glötun *f*; **~dienen** vinna sér inn, græða; eiga skilið; **≗dienst** **1** M gróði *m* **2** N verðleikar *mpl*; **~doppeln** tvöfalda; **~dorren** þorna upp, skrælna; **~drängen** ýta frá sér; **~dreht** skældur; öfugur; vitlaus

Ver|druss M gremja *f*; skapraun *f*; **≗dunkeln** myrkva; **≗dünnen** þynna; **≗dunsten** gufa upp; **≗dunstung** F uppgufun *f*; **≗dursten** deyja úr þorsta; **~dutzt** agndofa

ver|ehren heiðra; dýrka; **≗ehrer(in)** M(F) aðdáandi *m*; **≗ehrung** F lotning *f*; dýrkun *f*

vereidig|en eiðfesta; **~t** eiðsvarinn; löggiltur; **≗ung** F eiðfesting *f*

Verein M félag *n*; **≗bar** sameinanlegur; **≗baren** koma sér saman um; **~barung** F samkomulag *n*; **≗fachen** einfalda; **≗igen** sameina; **≗t**: **Vereinte Nationen** FPL Sameinuðu þjóðirnar *fpl*

vereinzelt einstakur, einn og einn

ver|eiteln ónýta, kollvarpa; **~enden** drepast; **~engen** þrengja; **~erben** arfleiða; **≗erbung** F erfðir *fpl*; ættgengi *n*

ver|fahren haga sér, (*vorgehen*) fara að; **≗fahren** N aðferð *f*; málflutningur *m*; **≗fall** M hnignun *f*; **~fallen** hnigna; **≗fallstag** M gjalddagi *m*; **~fälschen** falsa; **~fänglich** lævís; hættulegur; **~färben** V/R fölna; upplitast

verfass|en semja; **≗er(in)** M(F) (rit)höfundur *m*; **≗ung** F (*Zustand*) ásigkomulag *n*; (*Schrift*) samning *f*; (*Staat*) stjórnarskrá *f*

ver|faulen rotna; **~fehlen** *Weg* fara götuvillt; **j-n** ~ hitta e-n ekki; **~fluchen** bölva; **~flüssigen** breyta í vökva; **~folgen** elta; ofsækja; **≗folgung** F eftirför *f*, ofsókn *f*; **~frachten** senda (vörur)

verfüg|bar handbær; **~en** ráðstafa; hafa til umráða; **≗ung** F ráðstöfun *f*; umráð *npl*

ver|führen tæla; **≗gangenheit** F fortíð *f*, liðnir tímar *pl*; **~gänglich** fallvaltur; **≗gaser** M (*Auto*) blöndungur *m*

vergeb|en gefa (burt); *Schuld* fyrirgefa; **~ens, ~lich** árangurslaust; **≗ung** F fyrirgefning *f*

vergehen *Zeit*: líða; líða hjá; **sich an j-m ~** gera á hluta e-s

Vergehen N yfirsjón *f*; afbrot *n*

vergelt|en endurgjalda; **≗ung** F endurgjald *n*; hefnd *f*

vergess|en gleyma; **≗enheit** F: **in ~ geraten** gleymast

vergesslich gleyminn

ver|geuden eyða, sóa; **~gewaltigen** nauðga; beita ofbeldi; **≗gewaltigung** F ofbeldi *n*; nauðgun *f*

ver|gewissern fullvissa; **~giften** byrla eitur; **≗gissmeinnicht** N gleymmérei *n*; **≗gleich** M samanburður *m*; JUR sáttargerð *f*; **~gleichen** bera saman; sætta; **~gnügen** V/R skemmta sér; **≗gnügen** N skemmtun *f*; **~gnügt** ánægður; glaður; **~golden** gylla

ver|graben grafa (niður); **~greifen** V/R taka feil; taka (**an etw** e-ð) traustataki; **~griffen** uppseldur; **~größern** stækka; **≗größerungsglas** N stækkunargler *n*; **≗günstigung** F hlunnindi *npl*; tilslökun *f*; **~güten** bæta upp, bæta; **≗gütung** F uppbót *f*; greiðsla *f*

ver|haften handtaka; **≗haftung** F handtaka *f*; **~halten** V/R haga sér; **≗halten** N framkoma *f*.; **≗hältnis** N (ástar-) samband *n*; hlutfall *n*; **~hältnismäßig** hlutfallslegur; **~handeln** ræða (e-ð); selja; **≗handlung** F samningaviðræður *fpl*, samningaumleitanir *fpl*

ver|hasst óvinsæll, hataður; **~heerend** eyðileggjandi; hræðilegur; **~heimlichen** dylja, halda leyndu; **~heiraten** V/R giftast; **~heiratet** giftur, kvæntur **Die Frau ist ~** konan er gift; **Der Mann ist ~** maðurinn er kvæntur; **≗heißung** F loforð *n*; **~hindern** hindra; **≗hör** N yfirheyrsla *f*; **~hören** V/T yfirheyra; *v/r* misheyrast; **~hüllen** hylja; leyna; **~hungern** svelta í hel; **~hüten** hindra; **die Empfängnis ~** koma í veg fyrir getnað; **≗hütungsmittel** N getnaðarvarnir *fpl*; **~irren** V/R villast; **~jährt** fyrndur; **≗jährung** F fyrning *f*; **~jüngen** yngja

Verkauf M sala *f*; **≗en** selja

Verkäufer(in) M(F) seljandi *m*; (*Ladenverkäuferin*) afgreiðslumaður *m*, afgreiðslukona *f*, seljandi *m*

Verkehr M samgöngur *fpl*; umferð *f*; **≗en** fara fram og aftur; **~ mit** umgangast

Verkehrs|ampel F umferð-

arljós *n*; **~flugzeug** N áætlunarflugvél *f*; **~mittel** N samgöngutæki *n*; **~störung** F samgöngutruflun *f*, umferðarteppa *f*; **~unfall** M umferðarslys *n*; **~zeichen** N umferðarmerki *n*
verkehrt öfugur; rangur
ver|kennen misvirða, vanmeta; **~klagen** kæra; stefna; **~kleiden** dulbúa; **≗kleidung** F dulbúningur *m*; **~kleinern** minnka; **≗kleinerung** F minnkun *f*, smækkun *f*; **~kommen** hnigna; *adj* illa út leikinn, hrakinn; **~körpern** (í)klæða holdi; **~krüppelt** kyrkingslegur; bæklaður; **~künden** boða, tilkynna; **≗künd(ig)ung** F boðun *f*; **~kürzen** stytta; **≗kürzung** F stytting *f*; skerðing *f*; **≗lag** M forlag *n*, bókaútgáfa *f*
verlangen krefjast; biðja um; **~ nach** þrá; **≗** N krafa *f*; þrá *f*
ver|längern (fram)lengja; **~langsamen** hægja á; **~lassen** V/T yfirgefa; *v/r* (**auf j-n, etw** *akk*) treysta (e-m, e-u); **~laufen** V/R villast; **~lauten** kvisast, fréttast
ver|legen gefa út (bók); leggja á óvísan stað; *adj* vandræðalegur; **~leiden**: **j-m etw ~** gera e-n leiðan á e-u; **~leihen** lána; úthluta; **~leiten** afvegaleiða; **~lernen** gleyma; **~letzen** særa; *fig* móðga; **~letzt** ADJ slasaður; **≗letzte(r)** M/F(M) slösuð kona *f*; slasaður maður *m*; **≗letzung** F meiðsli *npl*, sár *n*; móðgun *f*; **~leugnen** afneita; **≗leumdung** F rógur *m*; **~lieben** V/R verða ástfanginn; **~liebt** ástfanginn; **≗liebtheit** F hrifning *f*, *sl* skot *n*; **~lieren** glata, týna; *Menschen* missa; **≗lierer(in)** M(F) sá *m* sem tapar, sú *f* sem tapar, tapari *m*; **~loben** V/R trúlofast; **≗lobte(r)** M/F(M) unnusta *f* (unnusti *m*); **≗losung** F hlutavelta *f*; **≗lust** M missir *m*, tap *n*; tjón *n*; **~machen** arfleiða; **≗mählung** F gifting *f*; **~mehren** auka; fjölga; *v/r* eignast afkvæmi; **~meiden** forðast; **~mengen** blanda saman; **≗merk** M athugasemd *f*; **~merken** gera athugasemd; **~messen** mæla (út); *adj* (fífl)djarfur; **~mieten** selja á leigu, leigja; **Zimmer zu ~** herbergi til leigu; **~mischen** blanda; **~missen** sakna; **≗misste(r)** M/F(M) kona *f* (maður *m*), sem saknað er
vermitt|eln miðla; **≗ler(in)** M(F) miðlari *m*, milligöngumaður *m*; **≗lung** F miðlun *f*
vermodern rotna, fúna
vermögen geta, megna; **≗** N eigur *fpl*, efni *npl*; auður *m*; **~d** efnaður, ríkur
vermut|en búast við, gruna;

~lich sennilega; **≗ung** F grunur *m*
ver|nachlässigen vanrækja; **~nehmen** heyra, greina; JUR yfirheyra; **≗nehmung** F yfirheyrsla *f*; **~neigen** V/R hneigja sig; **~neinen** neita; **≗neinung** F neitun *f*; **~nichten** ónýta, tortíma; **≗nunft** F skynsemi *f*, vit *n*; **~nünftig** skynsamlegur; **~öffentlichen** birta, opinbera; **≗öffentlichung** F birting *f*; **~ordnen** fyrirskipa; **≗ordnung** F fyrirskipun *f*, tilskipun *f*
ver|pachten selja á leigu; **~packen** búa um, láta niður; **≗packung** F umbúðir *fpl*; **~passen** *Zug* missa af; **~pfänden** veðsetja; **~pflanzen** gróðursetja á öðrum stað; flytja; **~pflegen** veita fæði; **≗pflegung** F fæði *n*; **~pflichten** skuldbinda; **≗pflichtung** F skuldbinding *f*; **≗rat** M svik *npl*; **~raten** svíkja; koma upp um; **~rechnen** V/T reikna út; *v/r* reikna skakkt; **~reisen** fara í ferðalag; **~renken** V/T færa úr liði; *v/r* fara úr liði; **≗renkung** F liðhlaup *n*; **~richten** framkvæma, inna af hendi; **~ringern** minnka, rýra; **~rosten** ryðga; **~rückt** vitlaus; **≗ruf** F: **in ~ bringen** koma óorði á
Vers M ljóðlína *f*; vers *n*
ver|sagen neita; bregðast; *Motor*: bila; **~sammeln** V/R safnast saman, halda fund; **≗sammlung** F samkoma *f*, fundur *m*; **≗sand** M sending *f*; (út)flutningur *m*; **~säumen** vanrækja; *Zug* missa af; **~schaffen** útvega; **~schärfen** skerpa, herða; **~schenken** gefa; **~schieben** færa til; fresta; **~schieden** frábrugðinn; ýmis; **~schiffen** flytja með skipi; **~schimmelt** myglaður; **~schlafen** sofa yfir sig; *adj* syfjulegur; **~schlechtern** spilla, rýra; *v/r* lifa við lélegri aðstæður; **~schließen** loka, læsa; **~schlimmern** gera verra; **~schlossen** lokaður; *fig* dulur; **~schlucken** V/T gleypa; *v/r* svelgjast á; **≗schluss** M lokun *f*; lás *m*
ver|schmähen smá, hafna; **~schmutzen** skíta út; **≗schmutzung** F óhreinindi *npl*; (*Umwelt*) mengun *f*; **~schnupft**: **~ sein** vera kvefaður; *fig* vera móðgaður; **~schonen** hlífa; **~schönern** fegra; **~schreiben** V/T skrifa upp á; *v/r* misrita; **~schrotten** bræða upp (gamla málmhluti); *Schiff* rífa
verschuld|en hlaða skuldum; **≗en** N sök *f*, yfirsjón *f*
ver|schütten hella niður; moka ofan á; **~schweigen** þegja yfir; **~schwenden**

eyða, sóa; **~schwiegen** þagmælskur; **~schwinden** hverfa; **~schwommen** óskýr; **~schwören** V/R gera samsæri (**gegen j-n** gegn e-m); **≈schwörung** F samsæri *n*; **~sehen** búa út; *Dienst* gegna, rækja; **≈sehen** N yfirsjón *f*, skyssa *f*; **~sehentlich** í ógáti

ver|senden senda; **~sengen** svíða, brenna; **~senken** sökkva (e-u); **~setzen** færa, flytja; veðsetja; **≈setzung** F flutningur *m*; veðsetning *f*; **~sichern** vátryggja; fullvissa; **≈sichertenkarte** F tryggingarkort *n*; **≈sicherung** F (vá)trygging *f*; **~siegeln** innsigla; **~siegen** þrjóta, þorna upp; **~silbern** silfra; **~sinken** sökkva; **~söhnen** V/T sætta; *v/r* sættast; **~sorgen** birgja; sjá fyrir; **~späten** V/R verða of seinn, koma of seint; **~spätet** seinka, vera seinn; **≈spätung** F seinkun *f*; **~sperren** loka; **~spotten** hæða

versprechen lofa, heita (e-u); *v/r* mismælast

Versprechen N loforð *n*

ver|sprochen lofaður; **~staatlichen** þjóðnýta

Verstand M vit *n*, skilningur *m*

verständ|igen V/T tilkynna, gera kunnugt (von um); *v/r* koma sér saman (**mit j-m über etw** *akk* við e-n um e-ð); **≈igung** F tilkynning *f*, samkomulag *n*; **~lich** skiljanlegur; greinilegur; **≈nis** N skilningur *m*; samkomulag *n*

verstärk|en auka, hækka, styrkja; **≈ung** F styrking *f*, aukning *f*

verstauchen V/R: **den Fuß ~** togna á fæti

Ver|steck N felustaður *m*; **≈stecken** V/T fela; *v/r* fela sig; **≈stehen** skilja; **~steigerung** F uppboð *n*

verstellen V/T færa, flytja; *v/r* vera með ólíkindalæti

verstimm|t niðurdreginn, leiður; **≈ung** F (*Magen*) ógleði *f*; mislyndi *n*, leiði *m*

ver|stohlen leynilegur; **≈stopfung** F teppa *f*; hægðatregða *n*; **~storben** dáinn; **≈stoß** M yfirsjón *f*, glappaskot *n*; **~stoßen**: **gegen etw ~** brjóta í bág við; **~streichen** *Zeit*: líða; **~stümmeln** limlesta; **~stummen** þagna; **≈such** M tilraun *f*; **~suchen** smakka; prufa, reyna; *Essen* freista; **≈suchung** F freisting *f*

ver|tagen fresta (fundi); **~tauschen** hafa skipti á; skipta um í misgripum; **~teidigen** verja; **≈teidiger(in)** M(F) verjandi *m*; (*Sport*) bakvörður *m*; **≈teidigung** F vörn *f*; **~teilen** úthluta; skipta; **~tiefen** dýpka; **~til-**

gen eyða; má út; **~tilgung** F uppræting *f*, eyðing *f*; **~tippen** V/R vélrita skakkt; **~trag** M samningur *m*; **~tragen** V/R koma sér saman; **~trauen** treysta (e-m); **~trauen** N traust *n*; **~traulich** alúðlegur; trúnaðar-; **~treiben** reka burt; HANDEL selja; **~treibung** F brottrekstur *m*; sala *f*

vertret|en koma í staðinn fyrir (e-n); halda uppi vörn fyrir; **~er(in)** M(F) staðgengill *m*; umboðsmaður *m*; **~ung** F staðgengill *m*; umboð *n*

Vertrieb M sala *f*

ver|trocknen þorna, skrælna; **~üben** fremja, drýgja; **~unglücken** slasast, farast af slysi; **~unreinigen** óhreinka; saurga; **~untreuen** draga sér, stela; **~ursachen** valda, hafa í för með sér; **~urteilen** dæma; **~urteilung** F dómfelling *f*

ver|vielfältigen margfalda; fjölrita; **~vollkommnen** fullkomna; **~vollständigen** gera heilt; fullgera; **~wahren** V/T geyma, varðveita; *v/r* **(gegen etw)** andmæla (e-u); tryggja sig (gegn e-u); **~wahrung** F geymsla *f*; **in ~ nehmen** taka til geymslu

verwalt|en hafa umsjón með; stjórna; **~ung** F (umboðs)stjórn *f*; umsjón *f*

verwand|eln breyta; **~lung** F breyting *f*

verwandt skyldur; **~e** *f/m* frænka *f*, frændi *m*; **~schaft** F skyldleiki *m*; skyldfólk *n*

ver|wechseln villast á; taka í misgripum; taka feil á; **~wechslung** F mistök *npl*; **~wegen** fífldjarfur; **~weigern** neita um; **~weis** M ákúrur *fpl*; **~weisen** vísa (til); **~welken** visna; **~wenden** nota; **~wendung** F notkun *f*; **~werfen** *fig* hafna; **~werten** hagnýta, koma í peninga; **~wesen** rotna; **~wicklung** F flækja *f*; vandræði *npl*; **~wirklichen** framkvæma; **~wirrt** truflaður, ringlaður; **~wittert** veðraður; **~wöhnen** dekra við; **~wunden** særa; móðga; **~wunderung** F undrun *f*; **~wundung** F sár *n*, meiðsli *n*

ver|wünschen bölva (e-m); **~wüsten** eyðileggja; **~wüstung** F eyðilegging *f*

ver|zagen missa kjarkinn; **~zaubern** töfra, heilla; **~zehren** neyta (e-s); tæra; **~zeichnen** skrá, skrifa upp; **~zeichnis** N skrá *f*, listi *m*

ver|zeihen fyrirgefa, afsaka; **~zeihung** F fyrirgefning *f*, afsökun *f*; **~zerren** skæla, afmynda; **~zicht** M afsal *n*; **~zichten** afsala **(auf etw** *akk* sér e-u); **~zieren** skreyta; **~zinsen** ávaxta; **~zinsung**

F vextir *mpl*; **~zögern** fresta, draga á langinn; **~zollen** greiða toll af

verzweif|eln örvænta; **&lung** F örvænting *f*

verzweigen V/R greinast

verzwickt flókinn, erfiður

Veto N synjunarvald *n*, neitunarvald *n*; **~ einlegen** neita, synja, mótmæla; **~recht** N synjunarvald *n*, synjunarréttur *m*

Vetter M bræðrungur *m*, systrungur *m*, frændi *m*

Vieh N búfé *npl*, kvikfé *n*; **~zucht** F búfjárrækt *f*, kvikfjárrækt *f*

viel mikill; margir; **~ lieber** miklu heldur; **~erlei** margs konar; **~es** margt; **~fach** margfaldur; **~leicht** ef til vill; **~mals** oft; **~mehr** þvert á móti; **~sagend** íbygginn; mikilsverður; **~seitig** marghliða(ður); fjölhæfur; **~sprachig** á mörgum tungumálum

Vier|eck N ferhyrningur *m*; **&eckig** ferhyrndur; **~tel** N fjórði hluti (partur); **~teljahr** N ársfjórðungur *m*; **~telstunde** F stundarfjórðungur *m*; **&tens** í fjórða lagi

Villa F einbýlishús *n*, *sl* villa *f*

Violine F fiðla *f*

Virus N/M veira *f*, vírus *m*

Visitenkarte F nafnspjald *n*

Visum N vegabréfsáritun *f*

Vitamin N fjörefni *n*, bætiefni *n*

Vogel M fugl *m*

Vokabel F orð *n*

Vokal M hljóðstafur *m*; sérhljóð *m*

Volk N þjóð *f*

Völker|bund M þjóðabandalag *n*; **~recht** N þjóðaréttur *m*

Volks|entscheid M þjóðaratkvæði *n*; **~herrschaft** F lýðræði *n*; **~hochschule** F alþýðuskóli *m*; **~lied** N þjóðkvæði *n*; þjóðvísa *f*; **~schule** F barnaskóli *m*; **&tümlich** þjóðlegur; alþýðlegur; **~wirtschaft** F þjóðarbúskapur *m*; (*Fach*) hagfræði *f*; **~zählung** F manntal *n*

voll fullur; **~auf** í fullum mæli; **&bart** M alskegg *n*; **&blut** N kyngæðingur *m*; **~bringen** framkvæma; **~enden** fullgera; **~endet** fullgerður; alger

völlig alger; *adv* algerlega

voll|jährig fullveðja, myndugur; **&kaskoversicherung** F alkaskótrygging *f*; **~kommen** fullkominn; **&kornbrot** N heilhveitibrauð *n*; **&macht** F umboð *n*; **&milch** F nýmjólk *f*; **&mond** M fullt tungl; **&pension** F fullt fæði; **~ständig** fullkominn, alger; **~strecken** framkvæma; **~zählig** með tölu, allir

Volontär M starfsnemi *m* hjá dagblaði eða útgáfufyrirtæki
Volt N volt *n*
vom (*von dem*) **af, frá, eftir**; ~ **5. bis** (**zum**) **9. Mai** frá 5. til 9. maí
von (*mit dat*) frá; af; úr; ~ **außen** að utan; ~ **hier aus** héðan; ~ **mir aus** mín vegna; ~ **Neuem** að nýju; ~ **nun an** upp frá þessu; ~ **oben** að ofan; ~ **vorn** að framan; frá upphafi; ~ **wo?** hvaðan?; ~**einander** hvor (hver) af öðrum; hvor (hver) frá öðrum
vor fyrir, fyrir framan, frammi fyrir; *Zeit*: fyrir, á undan; ~ **allem** framar öllu (öðru); ~ **Hunger sterben** deyja úr hungri; ~ **vier Tagen** fyrir fjórum dögum; **nach wie** ~ framvegis; eins og áður
Vor|abend M kvöldið áður; ~**ahnung** F hugboð *n*; ≈**an** á undan; áfram; ~**arbeit** F undirbúningsvinna *f*
voraus á undan; **im** ≈ fyrir fram; ~**gesetzt**: ~, **dass** segjum sem svo að; ~**sagen** spá, segja fyrir; ≈**setzung** F skilyrði *n*, forsenda *f*; ~**sichtlich** sennilegur; *adv* væntanlega
Vorbe|dacht M íhugun *f*; ~**halt** M: **mit** ~ með fyrirvara
vorbei fram hjá; liðinn; ~**gehen**: **an j-m** ~ ganga fram hjá e-m; ~**lassen** hleypa fram hjá
vor|bereiten undirbúa; ≈**bereitung** F undirbúningur *m*; ~**bestraft** sem áður hefur verið refsað; ~**beugen** koma í veg fyrir; ≈**bild** N fyrirmynd *f*; ~**bildlich** til fyrirmyndar; ≈**bildung** F undirbúningsmenntun *f*; ≈**bote** M fyrirboði *m*
Vorder|ansicht F framhlið *f*; ~**grund** M forgrunnur *m*; ~**haus** N framhús *n*; ~**seite** F framhlið *f*; ~**sitz** M framsæti *n*; ≈**st**: **der** (**die, das**) ≈**e** hinn fremsti (hin, hið fremsta)
vor|dringen ryðjast fram; ≈**druck** M eyðublað *n*; ~**eilig** vanhugsaður; ~**enthalten** halda e-u eftir óleyfilega; ~**erst** fyrst og fremst; í bráðina
Vor|fahr M fyrirrennari *m*; *pl* forfeður *mpl*; ~**fahrtsstraße** F aðalbraut *f*; ~**fall** M atburður *m*; ≈**führen** sýna; ~**führung** F sýning *f*; ~**gang** M atburður *m*; ferli *n*; fordæmi *n*; ~**gänger**(**in**) M(F) fyrirrennari *m*; ~**garten** M forgarður *m*; ≈**gehen** ganga á undan; gerast; *Uhr*: flýta sér; ~**gehen** N háttalag *n*; aðferð *f*; ~**gesetzte**(**r**) M/F(M) yfirmaður *m*; ≈**gestern** í fyrra dag
vor|haben hafa í huga; ≈**haben** N fyrirætlun *f*; ~**han-**

den fyrir hendi; **≈hang** M glugga- *od* dyratjald *n*; THEAT tjald *n*; **≈hängeschloss** N hengilás *m*

vorher áður; **am Abend ~** kvöldið áður; **~gehend** undanfarandi, undangenginn

vorherrschen bera mest á, ráða mestu

vorhin áðan; fyrir skemmstu

vorig: **~es Jahr** í fyrra; **~en Freitag** á föstudaginn var

Vor|kenntnis F undirbúningsþekking *f*; **≈kommen** koma fyrir; **~ladung** F stefna *f*; **~lage** F fyrirmynd *f*; (*Gesetz*) lagafrumvarp *n*; **≈lassen** láta e-n fara fram úr; veita aðgang; **≈läufig** bráðabirgða-; í bili; **≈laut** framhleypinn, hávær; **~leben** N fyrra líf; **≈legen** leggja fyrir (til úrlausnar); **~legeschloss** N hengilás *m*; **≈lesen** lesa upp fyrir; **~lesung** F háskólafyrirlestur *m*; **≈letzter** næstsíðastur; **~liebe** F dálæti *n*; **≈liegen** liggja fyrir, vera fyrir hendi; **≈machen** sýna; *fig* blekkja; **≈mals** áður fyrr; **~marsch** M framganga *f*; **≈merken** skrifa hjá sér; **~mittag** M fyrri hluti dags; **heute ~** fyrir hádegi í dag; **≈mittags** árdegis; **~mund** M fjárhaldsmaður *m*

vorn fyrir framan, fremst; **nach ~ hinaus** út að götunni; **nach ~** fram á við; **von ~** að framan

Vor|name M fornafn *n*, skírnarnafn *n*; **≈nehm** tiginn; (*Benehmen*) fyrirmannlegur; **~ tun** vera fínn með sig

vornehmen V/R taka sér e-ð fyrir hendur

vornherein: **von ~** frá upphafi

vornüber fram; fram yfir sig

Vorort M útborg *f*, úthverfi *n*

Vor|rang M: **~ haben** sitja í fyrirrúmi; **~rat** M birgðir *fpl*; **≈rätig** fyrirliggjandi; **~recht** N forréttindi *npl*; **~rede** F formáli *m*

Vor|richtung F útbúnaður *m*; **≈rücken** halda áfram; **~satz** M áform *n*; **~schlag** M uppástunga *f*; **≈schlagen** stinga upp á; **≈schreiben** fyrirskipa; **~schrift** F fyrirmæli *npl*

Vor|schuss M fyrirframgreiðsla *f*; **≈schützen** bera við, afsaka sig með; **≈sehen** V/R fara varlega; **~sehung** F forsjón *f*; **≈setzen**: **j-m etw ~** bera e-ð fram fyrir e-n; **~sicht** F varúð *f*; **≈sichtig** varkár

Vorsitz M: **den ~ führen** vera formaður (forseti *m*); **~ende(r)** M/F(M) formaður *m*, forseti *m*; **zweite(r) ~(r)** varaformaður *m*

Vor|sorge F forsjá *f*, umönnun *f*; **~speise** F forréttur *m*;

~spiel N forleikur *m*; **~sprung** M GEOG snös *f*; forskot *n*; **~stadt** F úthverfi *n*; **~stand** M stjórn *f*; forstöðumaður *m*; **~standssitzung** F stjórnarfundur *m*
vorsteh|en standa fram; (*leiten*) stjórna; **≈er(in)** M(F) forstöðumaður *m*, forstöðukona *f*
vorstell|en kynna; **≈ung** F kynning *f*; THEAT (leik)sýning *f*
Vor|stoß M árás *f*; **≈strecken** teygja fram; lána; **~studien** PL undirbúningsnám *n*
Vorteil M hagnaður *m*; **≈haft** hagkvæmur; klæðilegur
Vortrag M fyrirlestur *m*, erindi *n*; **≈en** flytja, lesa upp
vor|trefflich ágætur; **~treten** ganga fram; **≈tritt**: **j-m den ~ lassen** láta e-n ganga á undan sér
vorüber fram hjá; um garð genginn; **~gehen** ganga fram hjá; líða hjá; **~gehend** tímabundinn; skammvinnur
Vor|urteil N fordómar *mpl*; **~verkauf** M forsala *f*; **≈vorgestern** í hittifyrradag; **~wand** M yfirskin *n*, átylla *f*
vorwärts áfram
vorwegnehmen taka fyrir fram
vorwerfen: **j-m etw ~** álasa e-m fyrir e-ð
Vor|wort N formáli *m*; **~wurf** M álösun *f*; **~zeichen** N fyrirboði *m*; MUS formerki *n*; **≈zeigen** sýna; **≈zeitig** of snemma; **≈ziehen** kjósa heldur; **~zimmer** N biðherbergi *n*, forherbergi *n*; **~zug** M kostur *m*; **≈züglich** ágætur; *adv* **≈zugsweise** einkanlega, öðru framar
Vulkan M eldfjall *n*; **≈isch** eldfjalla-

W

Waage F vog *f*, vigt *f*; *Sternzeichen* vog *f*; **≈recht** láréttur
Waagschale F vogarskál *f*
Wabe F vaxkaka *f*; **~nhonig** M vaxkökuhunang *n*
wach vakandi; **~ werden** vakna
Wache F vörður *m*; varðstofa *f*; **~ stehen** standa vörð
wachen vaka
Wachs N vax *n*
wachsam árvakur, aðgætinn
wachsen vaxa; aukast; BOT gróa; (*Wachs*) vaxbera; (*Fußboden*) bóna
Wachs|tuch N vaxdúkur *m*; **~tum** N vöxtur *m*
Wächter(in) M(F) vörður *m*
wackeln riða
Wade F kálfi *m*
Waffe F vopn *n*

Waffel F vafla *f*
Waffenstillstand M vopnahlé *n*
wagen þora, voga
Wagen M vagn *m*; bíll *m*; **~heber** M *s/* tjakkur *m*; **~ladung** F vagnhlass *n*; **~papiere** PL bílapappírar *mpl*; **~schlag** M vagnhurð *f*
Waggon M járnbrautar(vöru)vagn *m*
Wahl F val *n*, kosning *f*
wähl|bar kjörgengur; **~en** velja; kjósa; **~erisch** vandlátur
Wahl|fach N valfag *n*; **~kampf** M kosningabarátta *f*; **~recht** N kosningaréttur *m*; **~spruch** M kjörorð *n*; **~zettel** M kjörseðill *m*
Wahn M hugvilla *f*, hugarórar *mpl*; **~sinn** M vitfirring *f*; **≗sinnig** vitstola
wahr sannur; **nicht ~?** er ekki svo?
währen vara, standa, haldast
während *Zeit*: á meðan e-ð stendur; **~ des Krieges** meðan á stríðinu stendur (stóð); **~ der Nacht** um nóttina; *konj* (á) meðan; **~dessen** á meðan
Wahrheit F sannleikur *m*
wahrnehm|bar skynjanlegur; **~en** skynja; taka eftir; *Gelegenheit* nota; **≗ung** F eftirtekt *f*
wahrsag|en spá; **≗er(in)** M(F) spámaður *m*, spákona *f*; **≗ung** F spádómur *m*
wahrscheinlich sennilegur; *adv* sennilega
Währung F gjaldeyrir *m*, gjaldmiðill *m*
Waise F munaðarleysingi *m*; **~nhaus** N munaðarleysingjahæli *n*
Wal M hvalur *m*
Wald M skógur *m*
Walfang M hvalveiðar *fpl*
Wall M (virkis)veggur *m*, garður *m*; **≗fahren** fara pílagrímsför; **~fahrer** M pílagrímur *m*; **~fahrt** F pílagrímsför *f*
Walnuss F *Baum* valhnotutré *n*; *Nuss* valhneta *f*
walten ráða, drottna; *(Amt)* gegna, rækja
Walze F valtari *m*; **≗n** valsa
Walzer M *(Tanz)* vals *m*
Wand F veggur *m*; skilrúm *n*
Wandel M hegðun *f*, lifnaður *m*; breyting *f*; **≗bar** breytilegur; **≗n** V/I ganga, reika; *v/t* breyta; *v/r* breytast
Wander|er M göngumaður *m*; **~in** F göngukona *f*; **~karte** F göngukort *n*; **≗n** ganga, ferðast; **~schuh** M gönguskór *m*; **~ung** F gönguferð *f*; **~weg** M stígur *m*, gönguleið *f*
Wandlung F breyting *f*; þróun *f*
Wand|malerei F veggmynd *f*; **~tafel** F vegg- *od* skólatafla *f*
Wange F vangi *m*, kinn *f*

wankelmütig hverflyndur, reikull
wanken reika, riða
wann? hvenær?; **dann und ~** við og við; **seit ~?** síðan hvenær?
Wanne F baðker *n*, bali *m*
Wanze F veggjalús *f*
Wappen N skjaldarmerki *n*
Ware F vara *f*, varningur *m*; **~nbestand** M vöruforði *m*; **~nhaus** N vöruhús *n*; **~nprobe** F vörusýnishorn *n*; **~nzeichen** N vörumerki *n*
warm hlýr; heitur
Wärm|e F hiti *m*; hlýja *f*; **zehn Grad ~** tíu stiga hiti; **≗en** hita; **~flasche** F hitapoki *m*
Warmwasserheizung F hitaveita *f*
Warn|dreieck N viðvörunarþríhyrningur *m*; **≗en** aðvara, vara við; **~ung** F viðvörun *f*, aðvörun *f*
warten bíða; (*pflegen*) hjúkra; TECH hirða
Wärter(in) M(F) varðmaður *m*, vörður *m*
Warte|saal M BAHN biðsalur *m*; **~zimmer** N biðstofa *f*
warum? hvers vegna?
Warze F varta *f*
was INT PR hvað?; *rel pr* það, sem; sem
Waschbecken N vaskur *m*
Wäsche F þvottur *m*; *Bett*: rúmfatnaður *m*; nærfatnaður *m*
waschecht þvottheldur
Wäsche|klammer F þvottaklemma *f*; **~korb** M þvottakarfa *f*; **~leine** F þvottasnúra *f*
waschen þvo
Wäsche|rei F þvottahús *n*; **~ständer** M þvottagrind *f*; **~trockner** M þurrkari *m*
Wasch|maschine F þvottavél *f*; **~mittel** N þvottaefni *n*
Wasser N vatn *n*; **≗dicht** vatnsþéttur; **~fall** M foss *m*; **≗fest** vatnsheldur; **~flasche** F vatnsflaska *f*; **~flugzeug** N sjóflugvél *f*; **~hahn** M vatnskrani *m*; **~kocher** M hraðsuðuketill *m*; **~leitung** F vatnsleiðsla *f*
wässern væta, veita vatni yfir
Wasser|nixe F hafmær *f*; **~stoff** M vetni *n*, vatnsefni *n*; **~stoffbombe** F vetnissprengja *f*; **~strahl** M vatnsbogi *m*; **~waage** F hallamælir *m*; **~weg** M sjóleið *f*; **~werk** N vatnsveita *f*; **~zeichen** N vatnsmerki *n*
waten vaða
Watt N ELEK vatt *n*; GEOG (*Nordsee*) flæðiland *n*, leirur *fpl*
Watte F bómull *m/f*
WC N salerni *n*, *umg* klósett *n*
Web M IT veraldarvefurinn *m*
weben vefa
Webseite F IT vefsíða *f*
Webstuhl M vefstóll *m*
Wechsel M breyting *f*; HANDEL víxill *m*; **~geld** N skipti-

mynt *f*; **~kurs** M (víxil)gengi *n*; **ꝏn** skipta, hafa skipti; **ꝏseitig** til skiptis; gagnkvæmur; **~strom** M riðstraumur *m*

weck|en vekja; **ꝏer** M vekjaraklukka *f*

wedeln veifa; **mit dem Schwanz ~** dingla rófunni

weder: **~ ... noch** hvorki ... né

weg burt; farinn; **weit ~** langt í burtu

Weg M vegur *m*

wegbleiben koma ekki

wegen (*mit gen*) vegna; **von Amts ~** í embættis nafni

weg|fallen falla burt; **~geben** gefa burt; **~gehen** ganga *od* fara burt; **~lassen** sleppa; fella undan; **~legen** leggja frá sér; **~nehmen** taka burt; taka af

Wegweiser M vegvísir *m*

wegwerfen kasta burt

weh sár, viðkvæmur; **~en** blása; **ꝏen** PL MED hríðir *fpl*; **ꝏmut** F angurblíða *f*

Wehr **1** F vörn *f*; vopn *n* **2** N varnar- *od* flóðgarður *m*; **~dienst** M herþjónusta *f*; **ꝏen** V/T verja, vernda; varna; *v/r* verjast; spyrna á móti; **ꝏfähig** vopnfær; **ꝏlos** varnarlaus; **~pflicht** F herskylda *f*

wehtun: **der Kopf tut mir weh** mér er illt í höfðinu

Weib N kona *f*, kvensnift *f*; **~chen** N kvendýr *n*; kvenfugl *m*; **ꝏlich** kvenlegur; kven-; kvenkyns

weich mjúkur, linur; **~es Ei** linsoðið egg

Weiche F nári *m*; BAHN skipti- spor *n*

weich|en víkja; **~lich** lingerður

Weide F víðir *m*, pílviður *m*; *Vieh*: hagi *m*; **ꝏn** V/I vera á beit; *v/r* gleðjast (**an** *dat* við e-ð)

weiger|n V/R færast undan; **ꝏung** F undanfærsla *f*, neitun *f*

weihen vígja; helga; **dem Tode geweiht** feigur

Weiher M (fiski)tjörn *f*

Weihnachten PL (*od* N) jól *npl*

Weihnachts|abend M aðfangadagskvöld *n*; **~baum** M jólatré *n*; **~ferien** PL jólafrí *n*; **~geschenk** N jólagjöf *f*; **~mann** M jólasveinn *m*

Weihrauch M reykelsi *n*

weil af því að; **ꝏe** F stundarkorn *n*; **~en** dveljast

Wein M vín *n*; vínviður *m*; **~bau** M vínrækt *f*; **~beere** F vínber *n*

weinen gráta

Wein|ernte F vínuppskera *f*; **~flasche** F vínflaska *f*; **~geist** M vínandi *m*; **~glas** N vínglas *n*; **~keller** M vínkjallari *m*; **~lese** F vínuppskera *f*, vínberjatínsla *f*; **~trau-**

be F vínber *n*; vínberjaklasi *m*
weis|e vitur; **%e** F háttur *m*; þjóðlag *n*; **%heit** F viska *f*, speki *f*; **~machen**: **j-m etw ~** telja e-m trú um e-ð
weiß hvítur
Weiß|brot N hveitibrauð *n*, franskbrauð *n*; **~kohl** M hvítkál *n*; **~wein** M hvítvín *n*
weit víður, víðáttumikill; langur; *adv* langt; **%e** F vídd *f*; lengd *f*; **~en** víkka; **~er** lengri; frekari; *adv* enn fremur; **bis auf %es** fyrst um sinn; **ohne %es** umsvifalaust; **~gehend** víðtækur; **~läufig, ~schweifig** langorður, margorður; **~sichtig** fjærsýnn; **%sprung** M langstökk *n*
Weizen M hveiti *n*
welche (**~r, ~s**) REL PR sem, er; *int pr* hver (hver, hvaða, hvaða)?; *indef pr* nokkur (nokkur, nokkurt)
welk visinn; **~ werden** visna; **~en** visna, blikna (*a. fig*)
Wellblech N bárujárn *n*
Well|e F bylgja *f*, alda *f*; TECH ás *m*, öxull *m*; **~enbrecher** M öldubrjótur *m*, brimbrjótur *m*; **~enlänge** F bylgjulengd *f*; **%ig** bylgjaður
Welt F heimur *m*, veröld *f*; **~all** N geimur *m*; alheimur *m*; **~anschauung** F lífsskoðun *f*; **%berühmt** heimsfrægur; **~geschichte** F mannkynssaga *f*; **~handel** M heimsverslun *f*; **~herrschaft** F heimsyfirráð *npl*; **~karte** F heimskort *n*; **~krieg** M heimsstyrjöld *f*; **%lich** veraldlegur; **~literatur** F heimsbókmenntir *fpl*; **~macht** F stórveldi *n*; **~markt** M heimsmarkaður *m*; **~meister(in)** M(F) heimsmeistari *m*; **~raum** M geimur *m*; **~raumforscher** M geimvísindamaður *m*; **~raumstation** F geimstöð *f*
wem? *dat v. wer* hverjum?
wen? *akk v. wer* hvern?
Wende F snúningur *m*; hvarfdepill *m*; tímamót *npl*; **~kreis** M hvarfbaugur *m*; **%n** V/T snúa; *v/r*: **an j-n ~** snúa sér til e-s
wenig lítill; *pl* fáir *pl*; **ein ~** dálítið, svolítið; **die ~sten** fæstir, hinir fæstu; **viel ~er** miklu minna; **nichts ~er als** allt annað en; **~stens** að minnsta kosti
wenn ef; (*Zeit*) þegar; **selbst ~** jafnvel þó að; **als ~** eins og; **~ möglich** ef mögulegt er
wenngleich þó að, enda þótt
wennschon þó að
wer INT PR hver?; *rel pr* sá sem, hver sem
werb|en sækjast (**um etw** eftir e-u); biðla (**um ein Mädchen** til stúlku), biðja (sér) konu (*gen*); HANDEL auglýsa; **%ung** F bónorð *n*, biðlun *f*; HANDEL auglýsing *f*
werden verða; (*Hilfsverb*)

munu, ætla
werfen kasta
Werft F skipasmíðastöð *f*
Werk N verk *n*, starf *n*; rit *n*; verksmiðja *f*; **~statt** F verkstæði *n*; **~tag** M virkur dagur; **~zeug** N verkfæri *n*
wert verður; kær; virtur
Wert M verð *n*, verðmæti *n*; virði *n*; **keinen ~ auf etw** (*akk*) **legen** hirða ekkert um e-ð; **~brief** M verðbréf *n*; **≈los** verðlaus; **~papier** N verðbréf *n*; **~sachen** PL verðmætir munir; **≈voll** verðmætur, dýrmætur
Wesen N vera *f*; eðli *n*; fas *n*; **≈tlich** mikilvægur, verulegur; helstur
weshalb? hvers vegna?
Wespe F *sl* vespa *f*; geitungur *m*
wessen? *gen v. wer* hvers?
Weste F vesti *n*
West|en M vestur *n*; **≈wärts** til vesturs, vestur
Wett|bewerb M samkeppni *f*; **~e** F veðmál *n*; **~eifer** M keppni *f*; **≈eifern** keppa; **≈en** veðja
Wetter N veður *n*; **~bericht** M veðurskýrsla *f*, veðurfréttir *fpl*; **~leuchten** N rosaljós *n*
Wett|kampf M kappleikur *m*, keppni *f*; **~rennen** N kappreiðar *fpl*; **~streit** M keppni *f*
wichtig mikilvægur; **≈keit** F mikilvægi *n*
wickeln vefja; reifa
wider á móti, gegn; **≈haken** M agnhald *n*; **≈hall** M bergmál *n*; **~legen** hrekja; **~lich** viðbjóðslegur; **~rechtlich** ólöglegur; **≈rede** F andmæli *npl*; **≈ruf** M afturköllun *f*; **≈sacher** M andstæðingur *m*; **≈schein** M endurskin *n*; **~setzen** V/R rísa gegn (e-u); **~sinnig** fráleitur; **~spenstig** þrjóskur; **~sprechen** mæla á móti; fara í bága við; **≈spruch** M mótmæli *npl*; mótsögn *f*; **≈stand** M mótspyrna *f*; andspyrna *f*; **≈standsbewegung** F andspyrnuhreyfing *f*; **~streben** spyrna á móti; **~wärtig** andstæður; andstyggilegur; **≈wille** M óbeit *f*; ógeð *n*; **~willig** tregur
widm|en V/T tileinka; helga; *v/r* helga sig; **≈ung** F tileinkun *f*; helgun *f*
wie hvernig?; hve?, hversu?; en hvað?; **~ heißt du?** hvað heitir þú?; **~ bitte?** hvað segir þú?; *konj* eins og; **~ viel?** hve mikill, mikil, mikið (*pl* margir, margar, mörg)?
wieder aftur, að nýju; hins vegar; **immer ~** aftur og aftur; **hin und ~** við og við; **≈aufbau** M endurreisn *f*, uppbygging *f*; **≈aufrüstung** F endurvígbúnaður *m*; **~beleben** endurlífga; **~erkennen** þekkja aftur; **≈gabe** F

upplestur *m*; eftirmynd *f*; **~gutmachen** bæta (tjón); **~herstellen** koma aftur í lag; endurreisa; **wiederhergestellt sein** vera orðinn frískur aftur; **~holen** endurtaka; **~holt** hvað eftir annað; **≗käuer** M jórturdýr *n*; **≗kehr** F afturkoma *f*, heimkoma *f*; **≗sehen** N: **auf ~!** vertu sæll *m*, sæl *f*; verið þið sælir *mpl*, sælar *fpl*; **~um** aftur, að nýju; hins vegar

Wiege F vagga *f*; **≗n** vagga, rugga; (*abwiegen*) vega, vigta

wiehern hneggja; *fig* skellihlæja

Wiese F engi *n*

wie|so? hvernig þá?; **~viel?** hve mikill, mikil, mikið (*pl* margir, margar, mörg)?; **~weit** að hve miklu leyti, hvort

Wikinger M víkingur *m*

wild villtur, hrikalegur; óræktaður; **≗** N veiðidýr *n*; **≗braten** M villibráð *f*; **≗ente** F villiönd *f*; **≗e(r)** M/F(M) villimaður *m*; **≗leder** N rúskinn *n*; **≗nis** F auðn *f*, óbyggð *f*; **≗schwein** N villisvín *n*

Wille M vilji *m*; **um Gottes ≗n!** í guðanna bænum!; **≗nlos** viljalaus

Willens|freiheit F frjálsræði *n*, frelsi viljans; **~kraft** F viljaþrek *n*

will|ig reiðubúinn; **~kommen** velkominn; **j-n ~ heißen** bjóða e-n velkominn

Willkür F geðþótti *m*; gjörræði *n*; **≗lich** gjörræðislegur; handahófslegur

wimmeln úa og grúa

wimmern kjökra, kveina

Wimpel M oddveifa *f*, veifa *f*

Wimper F augnahár *n*

Wind M vindur *m*, stormur *m*; **~beutel** M vindbelgur *m*; **~e** F TECH vinda *f*, dráttarvinda *f*; BOT vafningsjurt *f*; **~el** F bleyja *f*; **≗en** V/T vefja, vinda; reifa; *v/r* vindast; bugðast; **≗ig** hvass; *fig* Ótraustur; **~jacke** F úlpa *f*; **~mühle** F vindmylla *f*; **~pocken** PL hlaupabóla *f*; **≗schief** undinn, rammskakkur; **~schutzscheibe** F framrúða í bíl; **~stärke** F vindhraði *m*; **~stille** F logn *n*; **~stoß** M vindhviða *f*

Wink M bending *f*

Winkel M krókur *m*, skot *n*; MATH horn *n*; **≗ig** krókóttur

winken veifa

Winter M vetur *m*; **im ~** á veturna; **diesen ~** í vetur; **~reifen** M vetrardekk *n/npl*; **~schlussverkauf** M vetrarútsala *f*

Winzer(in) M(F) vínræktarmaður *m*

winzig örlítill

Wipfel M trjátoppur *m*

wir við; **~ sind es** það erum við

Wirbel M hringiða *f*; ANAT

hryggjarliður *m*; **≗n** þyrla(st); **~säule** F hryggur *m*; **~sturm** M fellibylur *m*

wirk|en starfa, verka; **~lich** raunverulegur; **≗lichkeit** F raunveruleiki *m*; **~sam** áhrifamikill; ötull; **≗ung** F afleiðing *f*; verkun *f*; **~ungslos** áhrifalaus

wirr flókinn; ruglingslegur; **≗warr** M ringulreið *f*

Wirt(in) M(F) *Restaurant* veitingahúsarekandi *m*, vert *m*

Wirtschaft F efnahagur *m*, efnahagslíf *n*; (*Gasthaus*) veitingahús *n*; **≗en** fara sparlega með, reka veitingahús stjórna heimili; **~erin** F ráðskona *f*; **≗lich** efnahagslegur, sparsamur; **~lichkeit** F sparsemi *f*; hagnýtni *f*

wischen þurrka

wissen vita; kunna; **weißt du noch?** manstu?; **≗** N þekking *f*, vitund *f*; **≗schaft** F vísindi *npl*; **≗schaftler(in)** M(F) vísindamaður *m*; **~schaftlich** vísindalegur; **~tlich** sjálfráður; af ásettu ráði

witter|n viðra; þefa; **≗ung** F þefur *m*; (*Wetter*) veður *n*, veðrátta *f*

Witwe F ekkja *f*; **~r** M ekkill *m*

Witz M brandari *m*, skrítla *f*, fyndni *f*

WLAN N IT þráðlaust net *n*

wo ~? hvar?; *rel pr* þar sem, sem; **~anders** einhversstaðar annarsstaðar; **~bei?** í hvaða sambandi?, í því sambandi?

Woche F vika *f*; **~nende** N helgi *f*; helgarfrí *n*; **≗nlang** vikum saman; **~ntag** M virkur dagur, vikudagur *m*

wöchentlich vikulegur; *adv* vikulega

Wodka M vodka *n*, vodki *m*

wo|durch ~? hvernig?; *konj* á þann hátt; **~für?** fyrir hvað?

Woge F bylgja *f*, alda *f*; **≗n** ólga, streyma

wo|her? hvaðan?; **~hin?** hvert?

wohl ADV vel; víst; að vísu; **≗** N velferð *f*, heill *f*; **auf Ihr ~!** yðar skál!; **~behalten** heill á húfi; **≗ergehen** N vellíðan *f*; **≗fahrt** F velferð *f*; **≗fahrtsamt** N framfærsluskrifstofa *f*; **~habend** efnaður; **≗stand** M velmegun *f*; **≗tat** F góðverk *n*; **≗täter** M velgerðamaður *m*; **≗tätigkeit** F góðgerða(starf)semi *f*; **≗wollen** N velvild *f*; **~wollend** góðviljaður

wohn|en búa; **~haft** búsettur, heimilisfastur; **≗haus** N íbúðarhús *n*; **≗mobil** N húsbíll *m*; **≗sitz** M heimilisfang *n*; **≗ung** F íbúð *f*; **≗ungsmangel** M húsnæðisskortur *m*; **≗wagen** M húsvagn *n*; **≗zimmer** N dagstofa *f*

wölb|en V/R hvelfast; **≗ung** F hvelfing *f*

Wolf M úlfur *m*

Wolk|e F ský *n*; **~enbruch**

M skýfall *n*, steypiregn *n*; **~enkratzer** M skýjakljúfur *m*; **≗ig** skýjaður
Woll|decke F ullarteppi *n*; **~e** F ull *f*
wollen (*Hilfsverb*) ætla, vilja
wollen ADJ (*aus Wolle*) úr ull, ullar-
wo|mit? með hverju?; **~nach?** eftir hverju?
wor|an? á hverju?; **~auf?** á hverju?; um hvað?; eftir hverju?; **~aus?** úr hverju?; **~in?** í hverju?, með hverju?
Wort N orð *n*; **≗brüchig** óorðheldinn
Wörterbuch N orðabók *f*
wort|getreu orðréttur; **~karg** orðfár; **≗laut** M orðalag *n*
wörtlich orðréttur, bókstaflegur
Wort|spiel N orðaleikur *m*; **~wechsel** M orðaskipti *npl*; orðasenna *f*
wo|rüber? um hvað?; **~rum?** um hvað?; **~runter?** undir hverju?, meðal hvers (hverra)?; **~von?** um hvað?; **~vor?** við hvað?
Wrack N skipsflak *n*
wringen vinda
Wucher M okur *n*; **~er** M okrari *m*; **≗n** okra; vaxa ört; **~zins** M okurvextir *mpl*
Wuchs M vöxtur *m*
Wucht F þungi *m*, farg *n*; **≗ig** þungur
wühlen róta, grafa
wund sár, særður; **sich ~ laufen** verða fótsár
Wunde F sár *n*
Wunder N undur *n*; kraftaverk *n*; **≗bar** dásamlegur; **~kind** N undrabarn *n*; **≗lich** undarlegur; **≗n** V/R undrast; **≗schön** undurfagur; **≗voll** dásamlegur
Wunsch M ósk *f*
wünschen óska; **~swert** æskilegur
Würd|e F tign *f*; virðuleiki *m*; **≗ig** verður; **≗igen** virða (e-s); **j-n keines Blickes ~** virða e-n ekki viðlits
Wurf M kast *n*
Würfel M teningur *m*; **~becher** M teningabikar *m*; **≗n** kasta teningum; **~zucker** M molasykur *m*
Wurfspeer M kastspjót *n*
würgen kyrkja
Wurm M ormur *m*; *fig* angi *m*; **≗stichig** ormsmoginn
Wurst F pylsa *f*, pulsa *f*, bjúga *n*
Würze F krydd *n*
Wurzel F rót *f*; **≗n** festa rætur
würz|en krydda; **~ig** kryddaður
wüst auður, eyðilegur; óræktaður; *fig* viðbjóðslegur; **≗e** F eyðimörk *f*; auðn *f*
Wut F æði *n*, ofsareiði *f*; **~anfall** M æðiskast *n*
wüten æða, vera æðisgenginn; **~d** bálreiður

X

X-beinig kiðfættur
x-beliebig hver sem vera skal
x-mal ótal sinnum

Y

Yacht F lystiskip *n*
Yoga N jóga *n*

Z

Zack|e F gaddur *m*, tindur *m*; **&ig** tindóttur; *fig* snar
zaghaft kvíðinn, hikandi
zäh seigur; þrautseigur; **~flüssig** þykkur, sem rennur dræmt
Zahl F tala *f*; **&bar** sem greiða ber, sem fallin er í gjalddaga
zahlen borga, greiða
zählen telja; **auf j-n ~** reiða sig á e-n
Zähler M teljandi *m*; MATH teljari *m*
Zahlkarte F póstávísun *f*
zahl|los óteljandi; **~reich** margur; **&tag** M greiðsludagur *m*
Zahlung F greiðsla *f*, borgun *f*
Zählung F talning *f*
Zahlungs|aufschub M greiðslufrestur *m*; **~fähigkeit** F greiðslufærni *f*
zahm taminn; spakur
zähm|en temja; **&ung** F tamning *f*
Zahn M tönn *f*; **~arzt** M tannlæknir *m*; **~ärztin** F tannlæknir *m*; **~bürste** F tannbursti *m*; **~fleisch** N tannhold *n*; **~geschwür** N tannkýli *n*; **~pasta** F tannkrem *n*; **~rad** N tannhjól *n*; **~radbahn** F tannhjólsbraut *f*; **~schmerzen** PL tannpína *f*; **~stocher** M tannstöngull *m*
Zange F töng *f*; naglbítur *m*
Zank M þræta *f*, rifrildi *n*; **&en** rífast
Zäpfchen N MED endaþarmsstíll *m*; ANAT úfur *m*
zapfen (af)tappa
Zapfen M tappi *m*
zappeln sprikla
zart fíngerður; grannur; viðkvæmur
zärtlich ástúðlegur
Zauber M töfrar *mpl*; galdrar *mpl*; **~er** M töframaður *m*; galdramaður *m od* -karl; **~in** F galdrakona *f od* -kerling;

≗haft heillandi; **~stab** M töfrasproti *m*
zaudern hika
Zaum M taumur *m*
Zaun M girðing *f*, limgarður *m*
z.B. ABK (zum Beispiel) t.d. (til dæmis)
Zebrastreifen M göngubraut *f*
Zeche F samdrykkja *f*; BERGB náma *f*; **≗n** drekka, svalla
Zehe F tá *f*
zehren neyta; tæra
Zeichen N merki *n*, bending *f*; tákn *n*; **~setzung** F greinarmerkjasetning *f*; **~sprache** F fingramál *n*; **~trickfilm** M teiknimynd *f*
zeichn|en teikna; afmynda; **≗ung** F teikning *f*
Zeige|finger M vísifingur *m*; **≗n** benda (á); sýna; **~r** M vísir *m*; **großer** (**kleiner**) **~** stóri (litli) vísirinn
Zeile F lína *f*
Zeit F tími *m*; **zur ~** sem stendur; **~abschnitt** M tímabil *n*; **~alter** N tímabil *n*, tími *m*, öld *f*; **≗gemäß** eftir kröfum tímans; **~genosse** M samtímamaður *m*; **≗genössisch** samtíma; **≗ig** tímanlegur; tímabær; **≗lebens** alla ævi; **≗lich** tímabundinn; **~mangel** M tímaskortur *m*; **~punkt** M tími *m*, stund *f*; **≗raubend** tímafrekur; **~raum** M tímabil *n*, tímaskeið *n*; **~schrift** F tímarit *n*
Zeitung F dagblað *n*; **~sstand** M blaðsölubúð *f*, blaðsöluturn *m*
Zeit|verlust M tímatap *n*; tímaeyðsla *f*; **~vertreib** M dægrastytting *f*; **≗weilig** um stundarsakir, bráðabirgða; **≗weise** við og við; **~zeichen** N tímamerki *n*
Zelle F klefi *m*; ANAT fruma *f*
Zellstoff M sellulósi *m*; tréni *n*
Zelt N tjald *n*; **≗en** tjalda; **~platz** M tjaldstæði *n*
Zement M sement *n*
Zensur F ritskoðun *f*; vitnisburður *m* (í skóla)
Zentimeter M sentimetri *m*
Zentner M vætt *f*, 50 kg
zentral miðsvæðis; **≗heizung** F miðstöðvarhitun *f*
Zentrum N miðbær *m*
Zepter N veldissproti *m*
zer|brechen V/T brjóta; *v/i* brotna; **~brechlich** brothættur; **~fallen** sundrast hrynja; **~fetzen** rífa (í tætlur); **~fließen** renna sundur, bráðna; **~gehen** leysast sundur, bráðna; **~gliedern** lima sundur; rekja sundur; **~kleinern** mylja, hluta í smátt; **~knirscht** yfirbugaður af iðrun; **~knüllen** böggla; **~lassen**: **~e Butter** F brætt smjör; **~legen** greina sundur; hluta sundur; **~platzen** springa; rifna; **~quetschen**

kremja sundur, mylja
zer|reißen VT rífa (sundur); *v/i* rifna sundur, slitna; **~ren** toga
zer|rinnen renna sundur, hverfa; **~rüttet** ruglaður, á ringulreið; spilltur; **~schellen** brotna (í spón); **~schlagen** brjóta; **~schmettern** VT brjóta; *v/i* brotna; **~setzen** leysa upp *od* sundur; **~splittern** VT kljúfa; *v/i* klofna; **~stören** eyðileggja; **∼störung** F eyðing *f*, tortíming *f*; skemmdir *fpl*; **~streuen** dreifa; **~streut** *fig* annars hugar, viðutan; **∼streuung** F dreifing *f*; skemmtun *f*; **~stückeln** hluta sundur; **~trümmern** mölva, eyðileggja; **~zausen** ýfa
Zettel M seðill *m*, miði *m*
Zeug N efni *n*, dúkur *m*; áhöld *npl*; **dummes ~** þvættingur *m*, bull *n*
Zeug|e M vitni *n*; **∼en** V/I bera vitni (**von** um); *v/t* geta (afkvæmi); **~enaussage** F vitnisburður *m*; **~nis** N vitni *n*; vottorð *n*; (*Schule*) einkunn *f*, vitnisburður *m*; **~ung** F getnaður *m*; **∼ungsfähig** getnaðarfær
Ziege F geit *f*
Ziegel M tígulsteinn *m*; **~ei** F tígulsteinaverksmiðja *f*
Ziegenpeter M hettusótt *f*
zieh|en draga, toga; (*großziehen*) ala upp; *Hut* taka ofan; *Wechsel* gefa út víxil (á e-n); **es zieht** það er dragsúgur; **∼harmonika** F harmóníka *f*; **∼ung** F (*Lotterie*) dráttur *m*
Ziel N takmark *n*; **∼bewusst** stefnufastur; **~scheibe** F skotkringla *f*; skotspónn *m*
ziemlich ADV tiltölulega, sæmilega, all-
Zier|de F prýði *f*, skraut *n*; **∼en** V/T prýða, skreyta; *v/r* vera með tilgerð; **~garten** M blómagarður *m*; **∼lich** fíngerður; snotur; **~rat** M skraut *n*
Ziffer F tala *f*, tölustafur *m*; **~blatt** N úrskífa *f*
Zigar|ette F sígaretta *f*, vindlingur *m*; **~illo** M smávindill *m*; **~re** F vindill *m*
Zimmer N herbergi *n*; **~arrest** M stofufangelsi *n*; **~decke** F loft *n*; **~mädchen** N herbergisþerna *f*; **~mann** M trésmiður *m*; **∼n** smíða (úr timbri)
zimperlich kvíðinn; teprulegur
Zimt M kanill *m*
Zink N sink *n*
Zinn N tin *n*; **~e** F þakstallur *m*; þak *n*
Zins M skattur *m*; afgjald *n*; (*Miete*) leiga *f*; **~en** PL vextir *mpl*; **~fuß** M vaxtastofn *n*
Zipfel M sepi *m*; tota *f*, horn *n*
Zirkel M sirkill *m*; *fig* hópur *m*
Zirkus M fjölleikahús *n*

zischen hvissa; hvæsa
Zit|at N tilvitnun *f*; **≗ieren** vitna í, vísa til
Zitrone F sítróna *f*; **~nlimonade** F gos *n*, límonaði *n*
zitt|ern titra, skjálfa; **~rig** skjálfandi
Zivil N: **in ~** óeinkennisklæddur; **~isation** F siðmenning *f*
Zofe F þerna *f*
zögern hika; dunda
Zögling M nemandi *m*; fósturbarn *n*
Zoll M tollur *m*; (*Maß*) þumlungur, tomma *f*; **~abfertigung** F tollafgreiðsla *f*; **~amt** N tollstofa *f*; **~beamte** M tollþjónn *m*; **~erklärung** F tollskýrsla *f*; **≗frei** tollfrjáls; **≗pflichtig** tollskyldur; **~schein** M tollmiði *m*; **~stock** M tommustokkur *m*
Zone F (jarð)belti *n*; (*Gegend*) svæði *n*
Zoo M dýragarður *m*
Zopf M flétta *f*
Zorn M reiði *f*; **≗ig** reiður
zu (*mit dat*) til; í; á; að; **zur See** á sjó, *sl* til sjós; **~ Hunderten** hundruðum saman; **~ zweien** tveir og tveir; **~ meinen Füßen** við fætur mér; **~ der Zeit, als** á þeim tíma, er; **gut ~ j-m sein** vera góður við e-n; **die Tür ist ~** dyrnar eru lokaðar; **auf- und ~machen** opna og loka; **~ groß** of stór; **auf etw** (*akk*) **~** í áttina til e-s; **ab und ~** við og við; **Tür ~!** lokaðu dyrunum!; (*vor Infinitiv*) að; **um ~** til þess að; **~ viel** of mikill; *pl* of margir
zuallererst allra fyrst
Zu|behör N allt sem fylgir, varahlutir *mpl*; **≗bereiten** tilbúa; elda, sjóða; **≗billigen** leyfa, veita; **≗binden** binda fyrir
Zucht F (*Pflanze*) ræktun *f*, (*Tier*) eldi *n*; siðsemi *f*
züchten rækta
Zuchthaus N hegningarhús *n*; **lebenslängliches ~** ævilöng fangelsisvist
Züchtung F (*Pflanze*) ræktun *f*; (*Tier*) undaneldi *n*
Zuchtvieh N kynbótafé *n*, kynbótagripir *mpl*
zucken titra; kippast við
Zucker M sykur *m*; **~krankheit** F sykursýki *f*; **≗n** sykra; **~rohr** N sykurreyr *m*; **~rübe** F sykurrófa *f*
Zuckung F kippur *m*
zu|decken breiða yfir; þekja; fela; **~dringlich** áleitinn; **~erkennen** úthluta, dæma (*etw* e-ð); **~erst** fyrst; fyrst og fremst; **≗fall** M tilviljun *f*; **~fällig** af tilviljun; **≗flucht** F hæli, athvarf *n*; **≗fluss** M aðstreymi *n*; **~folge** samkvæmt; **~frieden** ánægður; **~friedengeben: sich ~** láta sér lynda; **≗friedenheit** F ánægja *f*; **~frie-**

denstellen gera ánægðan; **~frieren** frjósa, leggja; **~fügen** (**etw**) bæta (e-u) við; **j-m Leid ~** gera e-m mein; **≗fuhr** F aðflutningur *m*, aðdrættir *mpl*
Zug M (*Gesicht*) dráttur *m*; BAHN (járnbrautar)lest *f*; (*Charakter*) einkenni *n*; (*Luft*) gustur *m*; súgur *m*
Zu|gabe F viðbót *f*; **~gang** M aðgangur *m*; inngangur *m*; **≗gänglich** aðgengilegur; alúðlegur
Zugbrücke F vindubrú *f*
zu|geben játa; láta í kaupbæti; **~gegen** viðstaddur; **~gehen**: **auf j-n ~** ganga (í áttina) til e-s; **das Fenster geht nach der Straße ~** glugginn snýr út að götunni; **~gehörig** sem fylgir e-u; sem er eign e-s
Zügel M taumur *m*; **≗n** beisla; *fig* hafa taumhald á
Zuge|ständnis N leyfi *n*; tilslökun *f*; **≗stehen** slaka til um; láta í té; **≗tan** vinveittur; hollur (e-m)
Zugführer M lestarstjóri *m*
zugig: **es ist ~** það er súgur
Zug|kraft F dráttarafl *n*; **≗kräftig** áhrifamikill
zugleich jafnframt; samtímis
Zugluft F súgur *m*
zugreifen taka til hendinni
zugrunde: **~ gehen** tortímast, verða að aumingja; **~ legen** (**~ liegen**) leggja (liggja) til grundvallar; **~ richten** eyðileggja
zugunsten (**von** *od mit gen*) e-m í hag, til málsbóta fyrir e-n
zugute: **~ kommen** vera (e-m) til góðs *od* að gagni
Zugvogel M farfugl *m*
zuhalten halda e-u lokuðu; **auf etw** (*akk*) **~** halda í áttina til e-s
zu|hören hlusta á; **≗hörer(in)** M(F) hlustandi *m*, áheyrandi *m*; **~kleben** líma saman; **~knöpfen** hneppa (saman)
Zukunft F framtíð *f*; **in ~** í framtíðinni
zukünftig framtíðar-
Zu|lage F launaviðbót *f*; **≗langen** seilast til, taka til matar síns; **≗lassen** *fig* leyfa (e-m e-ð); **≗lässig** leyfilegur; **~lassung** F leyfi *n*; **≗letzt** að síðustu; **nicht ~** ekki síst; **≗liebe**: **j-m ~** e-m til geðs
zu|machen loka, læsa; **~mindest** að minnsta kosti; **~muten** ætlast til af, vænta af; **≗mutung** F tilætlun *f*, krafa *f*
zu|nächst fyrst og fremst; fyrst um sinn; **~nageln** negla aftur; **≗nahme** F aukning *f*, vöxtur *m*; **≗name** M ættarnafn *n*
zünd|en kveikja; **≗holz** N eldspýta *f*; **≗kerze** F rafkerti *n*; **≗schlüssel** M ræsir *m*; *sl*

startari *m*; **≈ung** F kveiking *f*
zu|nehmen aukast, vaxa; **~neigen** V/R laðast (**j-m** að e-m); **≈neigung** F hneigð *f*; velvild *f*, ást *f*
Zunft F gildi *n*, iðnfélag *n*
Zunge F tunga *f*
zunichte: ~ **machen** ónýta
zuoberst efst
zupfen toga í; *s/* plokka
zu|raten ráðleggja; **~rechnungsfähig** sakbær; ábyrgur gerða sinna
zurecht í lag(i); **~finden** V/R átta sig; **~machen** V/T koma í lag; *v/r* snirta sig; **~weisen** ávíta; **≈weisung** F ávítur *fpl*
zu|reden hvetja, eggja; áminna; **~richten** útbúa, búa til; **j-n** ~ leika e-n illa; **~riegeln** loka með slagbrandi
zürnen reiðast, vera (e-m) reiður
zurück aftur, til baka; **~behalten** halda eftir; **~datieren** dagsetja aftur í tímann; **~denken** (**an** *akk*) minnast (e-s); **~erstatten** endurgreiða, bæta upp; **~fordern** endurkrefja; **~führen**: ~ **auf etw** (*akk*) kenna e-u um; **~gehen** snúa við; víkja aftur á bak; minnka; hnigna; **~gezogen** einangraður; **~haltend** óframgjarn; dulur; **~kehren** snúa aftur, halda heim; **~legen** *Geld* spara; *Weg* fara, leggja að baki sér; **~nehmen** taka aftur; *Versprechen* afturkalla; **~prallen** hrökkva til baka; **~schlagen** slá(st) til baka; **~schrecken** V/I hrökkva skelfdur frá; **≈setzung** F lítilsvirðing *f*, hjásetning *f*; **~stellen** *Uhr* seinka; **~stoßen** hrinda til baka; hrekja frá sér; **~treten** hörfa aftur, víkja; draga sig í hlé (*vom Amt*), láta af embætti; segja af sér; **~weichen** víkja til baka, hörfa; **~weisen** hafna, synja; **~zahlen** endurgreiða; **~ziehen** V/R draga sig í hlé; víkja
Zu|ruf M kall (til e-s) *n*; **~sage** F samþykki *n*, loforð *n*
zusammen saman; alls; **≈arbeit** F samvinna *f*; **~brechen** hníga niður; **≈bruch** M hrun *n*; gjaldþrot *n*; **~falten** brjóta saman; **~fassen** taka saman; innibinda; **~fügen** fella saman; **~gehörig** sem á saman, samstæður; **~gesetzt** samsettur; **≈hang** M samhengi *n*; atvik *npl*; **≈kunft** F mót *n*, fundur *m*; **~nehmen** V/R taka rögg á sig, herða upp hugann; **~rufen** kalla saman; **≈sein** N samvera *f*; **~setzen** setja saman; **≈spiel** N samleikur *m*; **~stellen** setja saman; **≈stoß** M árekstur *m*; **~stoßen** rekast á; **≈treffen** N samkoma *f*, fundur *m*; **~ziehen** draga saman; **~zucken**

hrökkva við
Zu|satz M viðbót *f*, viðauki *m*; **≗sätzlich** viðbótar-, auka-, til viðbótar
zu|schauen horfa á; **≗schauer(in)** M(F) áhorfandi *m*; **≗schauerraum** M áhorfendasvæði *n*; **~schicken** senda; **≗schlag** M viðbót *f*; aukagreiðsla *f*; **~schlagen** skella aftur, berja; **~schließen** loka, læsa; **~schneiden** sníða, klippa (til); **~schnüren** reyra saman; **~schreiben** *fig* eigna, kenna; **≗schrift** F bréf *n*; tilkynning *f*; **~schulden**: **sich** (*dat*) **etw ~ kommen lassen** gera sig sekan um e-ð; **≗schuss** M tillag *n*, viðbót *f*; **~schütten** moka yfir, fylla moldu
zusehen horfa á; **~ds** greinilega; á svipstundu
zu|senden senda; **~setzen** bæta við; leggja (fast) að; **j-m mit Fragen ~** þráspyrja e-n; **~sichern** tryggja, ábyrgjast; **~spitzen** V/R *Lage* versna; **≗spruch** M uppörvun *f*, huggun *f*
Zustand M ástand *n*, ásigkomulag *n*
zustande: **~ bringen** koma í lag; **~ kommen** komast í framkvæmd
zu|ständig réttbær, réttur; **~ sein** hafa með e-ð að gera; **~stehen** heyra til; **~stimmen** fallast á, vera samþykkur; **≗stimmung** F samþykki *n*; **~stoßen** *Tür* skella aftur; *Unglück*: verða fyrir (slysi); **≗strom** M aðstreymi *n*; **~tage**: **~ treten** koma í ljós; **≗taten** PL (*Kochen*) innihaldsefni *npl*; **~tragen** V/R gerast; **~träglich** gagnlegur; heilsusamlegur; **~trauen** treysta til, búast við af; **≗trauen** N traust *n*; **~traulich** fullur trúnaðartrausts; einlægur; **~treffend** viðeigandi; réttur; **~trinken** skála við (e-n); **≗tritt** M aðgangur *m*; **≗tun** N aðstoð *f*; **~unterst** neðst
zu|verlässig áreiðanlegur; **≗versicht** F trúnaðartraust *n*; **~versichtlich** vongóður; áreiðanlegur
zuvor áður; á undan
zuvorkommen verða fyrr til; **~d** alúðlegur, hjálpsamur; **≗heit** F alúð *f*
Zuwachs M vöxtur *m*, fjölgun *f*
zu|weilen stundum; **~wenden** snúa að; útvega; **≗wendung** F gjöf *f*; **~werfen** kasta (e-u) til (e-s); *Tür* skella aftur
zuwider á móti; **es ist mir ~** e-ð er mér á móti skapi; **~handeln** breyta á móti; (*Gesetz*) brjóta; **≗handlung** F afbrot *n*
zu|zahlen borga í viðbót; **~zählen** telja með; **~zie-**

hen V/T draga að; kveðja til; v/r baka sér e-ð; **♀zug** M (viðbótar) innflutningur *m*; liðsauki *m*; **~züglich** að viðbættu

Zwang M þvingun *f*; **sich ~ antun** þvinga sjálfan sig

zwängen þvinga, pressa; troða

zwanglos óþvingaður

Zwangs|arbeit F þvingunarvinna *f*; **~jacke** F spennitreyja *f*; **♀läufig** óhjákvæmilegur; **~versteigerung** F nauðungaruppboð *n*; **~vollstreckung** F fjárnám *n*; aðför *f*

zwar að vísu; raunar; **und ~** og það, nefnilega

Zweck M tilgangur *m*, markmið *n*; **♀los** tilgangslaus; **♀mäßig** hentugur, hagkvæmur; **♀s** PRÄP (*mit gen*) vegna

zwei: **zu ~en** tveir og tveir (í einu); **~beinig** tvífættur; **♀bettzimmer** N tveggja manna herbergi *n*; **~deutig** tvíræður

Zweifel M efi, efasemd *f*, vafi *m*; **♀haft** vafasamur; **♀los** vafalaus

zweifeln efast

Zweig M kvistur *m*, smágrein *f*; *fig* (atvinnu)grein *f*

zweigleisig tvísporaður

Zweig|linie F hliðarlína *f* (í ættartölu); **~stelle** F útibú *n*, deild *f*

zwei|händig tvíhentur; **♀kampf** M einvígi *n*, hólmganga *f*; **~mal** tvisvar sinnum; **♀rad** N reiðhjól *n*; **~seitig** tvíhliða(ður); **~sitzig** tveggja sæta; **~sprachig** jafnvígur á tvö tungumál; **~stöckig** tveggja hæða

Zwerchfell N þind *f*

Zwerg M dvergur *m*

Zwetschge F sveskja *f*

Zwieback M tvíbaka *f*

Zwiebel F laukur *m*

Zwiegespräch N tvítal *n*, samtal *n*

Zwielicht N ljósaskipti *npl*; rökkur *n*

Zwietracht F sundurþykki *n*

Zwilling M tvíburi *m*

zwingen neyða, kúga

zwinkern: **mit den Augen ~** depla augunum

Zwirn M tvinni *m*

zwischen (á) milli; **♀deck** N milliþilfar *n*; **~durch** út á milli; við og við; **♀fall** M atburður *m*; **♀glied** N milliliður *m*; **♀landung** F millilending *f*; **♀pause** F hlé *n*; **♀raum** M millibil *n*; **♀stock** M millihæð *f*; **♀wand** F milliveggur *m*; **♀zeit** F millibil *n*, hlé *n*; **in der ~** á meðan

Zylinder M TECH sívalningur *m*; strokkur *m*; (*Hut*) pípuhattur *m*; (*Lampe*) lampaglas *n*

zynisch óskammfeilinn; biturvrtur

Zypresse F kýprusviður *m*

Zahlwörter

Grundzahlen

0 *null* núll
1 *eins* einn, ein, eitt
2 *zwei* tveir, tvær, tvö
3 *drei* þrír, þrjár, þrjú
4 *vier* fjórir, fjórar, fjögur
5 *fünf* fimm
6 *sechs* sex
7 *sieben* sjö
8 *acht* átta
9 *neun* níu
10 *zehn* tíu
11 *elf* ellefu
12 *zwölf* tólf
13 *dreizehn* þrettán
14 *vierzehn* fjórtán
15 *fünfzehn* fimmtán
16 *sechzehn* sextán
17 *siebzehn* sautján
18 *achtzehn* átján
19 *neunzehn* nítján
20 *zwanzig* tuttugu
21 *einundzwanzig* tuttugu og einn
22 *zweiundzwanzig* tuttugu og tveir
30 *dreißig* þrjátíu
40 *vierzig* fjörutíu
50 *fünfzig* fimmtíu
60 *sechzig* sextíu
70 *siebzig* sjötíu
80 *achtzig* áttatíu
90 *neunzig* níutíu
100 *(ein)hundert* (eitt) hundrað
200 *zweihundert* tvöhundruð
572 *fünfhundertzweiundsiebzig* fimm hundruð sjötíu og tveir
1000 *(ein)tausend* (eitt) þúsund
1 000 000 *eine Million* ein milljón

Ordnungszahlen

f und *n* enden auf –a.

1. *erste* fyrsti (fyrsta)
2. *zweite* annar (önnur, annað)
3. *dritte* þriðji
4. *vierte* fjórði
5. *fünfte* fimmti
6. *sechste* sjötti
7. *sieb(en)te* sjöundi
8. *achte* áttundi
9. *neunte* níundi
10. *zehnte* tíundi
11. *elfte* ellefti
12. *zwölfte* tólfti
13. *dreizehnte* þrettándi
14. *vierzehnte* fjórtándi
15. *fünfzehnte* fimmtándi
16. *sechzehnte* sextándi
17. *siebzehnte* sautjándi
18. *achtzehnte* átjándi
19. *neunzehnte* nítjándi
20. *zwanzigste* tuttugasti
21. *einundzwanzigste* tuttugasti og fyrsti
22. *zweiundzwanzigste* tuttugasti og annar
30. *dreißigste* þrítugasti
40. *vierzigste* fertugasti
50. *fünfzigste* fimmtugasti
60. *sechzigste* sextugasti
70. *siebzigste* sjötugasti
80. *achtzigste* áttugasti
90. *neunzigste* nítugasti
100. *hundertste* hundraðasti
200. *zweihundertste* tvöhundruðasti
572. *fünfhundertzweiundsiebzigste* fimm hundruð sjötugasti og annar
1000. *tausendste* þúsundasti
1 000 000. *millionste* milljónasti

Bruchzahlen

$^{1}/_{2}$ *ein Halb(es)* hálfur, hálf, hálft
$^{1}/_{3}$ *ein Drittel* einn þriðji, þriðji hluti
$^{1}/_{4}$ *ein Viertel* einn fjórði, fjórði hluti
$^{1}/_{20}$ *ein Zwanzigstel* einn tuttugasti (hluti)
$^{3}/_{4}$ *drei Viertel* þrír fjórðu (hlutar)

$1^{1}/_{2}$ *anderthalb* hálfur annar, einn og hálfur
$2^{1}/_{2}$ *zweieinhalb* hálfur þriðji, tveir og hálfur
$3^{1}/_{2}$ *dreieinhalb* hálfur fjórði, þrír og hálfur

ein Pfund eitt pund (*od.* hálft kíló)
ein Viertelpfund einn fjórðungur úr pundi
$^{1}/_{4}$ *Meile* einn mílufjórðungur
ein Vierteljahr einn ársfjórðungur

Andere Verbindungen mit Zahlen

1	*einmal*	einu sinni
2	*zweimal*	tvisvar (sinnum)
3	*dreimal*	þrisvar (sinnum)
4	*viermal*	fjórum sinnum

1.	*erstens*	í fyrsta lagi
2.	*zweitens*	í öðru lagi
3.	*drittens*	í þriðja lagi
4.	*viertens*	í fjórða lagi

einerlei	eins konar
zweierlei	tvenns konar
dreierlei	þrenns konar
zweifach	tvöfaldur
fünffach	fimmfaldur
zehnfach	tífaldur
9-stellig	níu stafa
3-stellige Zahlen	þriggja stafa tölur

Uhrzeit

Es ist:	Klukkan er (kl. er):
drei Viertel neun, Viertel vor neun,	korter fyrir níu,
acht Uhr fünfundvierzig	átta fjörutíu og fimm
Viertel neun, Viertel nach acht, acht	korter yfir átta,
Uhr fünfzehn	átta fimmtán
1 ¹/₄ Stunden	fimm stundarfjórungar
³/₄ Stunden, eine ³/₄ Stunde	þrír stundarfjórðungar
Viertelstunde	stundarfjórðungur
um halb sieben (Uhr)	kl. hálf sjö
1 Tag (24 Stunden)	sólarhringur